■ 本书为国家社会科学

U0672014

中国古代著述思想研究

刘畅
—
著

百花洲文艺出版社
BAIHUAZHOU LITERATURE AND ART PRESS

图书在版编目（CIP）数据

中国古代著述思想研究 / 刘畅著. –– 南昌：百花洲文艺出版社,2021.5
ISBN 978–7–5500–3505–8

Ⅰ.①中… Ⅱ.①刘… Ⅲ.①学术思想 – 思想史 – 研究 – 中国 – 古代
Ⅳ.①B2

中国版本图书馆CIP数据核字（2019）第264589号

中国古代著述思想研究

刘 畅 著

出 版 人	章华荣
责任编辑	周振明
书籍设计	张诗思
制 作	何 丹
出版发行	百花洲文艺出版社
社 址	南昌市红谷滩新区世贸路898号博能中心一期A座20楼
邮 编	330038
经 销	全国新华书店
印 刷	南昌市红星印刷有限公司
开 本	787mm×1094mm 1 / 16
印 张	32
版 次	2021年5月第1版 2021年5月第1次印刷
字 数	485千字
书 号	ISBN 978–7–5500–3505–8
定 价	80.00元

赣版权登字 05-2019-345
邮购联系 0791-86895108
网 址 http://www.bhzwy.com
图书若有印装错误，影响阅读，可向承印厂联系调换。

序

契合历史语境，探求古人著述之心

刘畅教授的《中国古代著述思想研究》即将出版，作为老朋友，感到十分高兴。

我与刘畅教授的相识，和多数学者间的熟识一样，始于学术会议。记忆中，我们大概有两次面见，其余时候就是以文字通信联系为主了。见面虽然不多，但我觉得我们是君子之交，也是倾心之交，彼此都觉得可以相互信赖。刘教授是谦谦君子，端正朴质，低调，但让人过目不忘，我觉得与这种类型的人打交道特别容易、舒服。刘教授学术根底好，长于思辨，在政治思想史和古代文艺思想史方面卓有建树，这部著作恰是在他所长的领域积年所得，所以我对这部书有很高的期待。

据我所知，此著是刘畅教授的国家社科基金项目的结项成果。关于他的研究和这本书的写作，我有一些了解，也在出版前，阅读了书稿的大部分。我有一些想法，愿与诸君分享。

该著研究的是中国古代的著述思想，应该说，这是一个新的研究视角，也具有新的研究价值。在著述领域，我们以往比较习见的是各种冠以"思想"之名的

学科思想，比如"哲学思想""史学思想""文学思想""创作思想"等。这是近代以来受西学影响，在学科分类基础上产生的知识分类。这里面有两个问题，一是这些所谓分科的"思想"能否称为"思想"？二是它是否符合中国传统的著述思想内核？关于前者，我以为，"思想"应该是层级更高、追问更深、涵括更广的系统性思考，它不同于具体的分支理论。换言之，著述思想应该是囊括了哲学、史学、文学等各科著作在内的总体著述思想。在这个角度，我非常认同刘畅教授在该书前言中所说的"中国古代著述思想虽庞杂，但也并非毫无规律可循。我们应该从哲学的高度，寻找古人关于著述思想的普遍共性，一一开展对古代著述思想的个案研究，然后集合起来，使之成为一个系统，从而形成'中国古代著述思想'的整体思考框架"。关于后者，我们知道，中国古人对著述有各种表述："著""作""撰""述""述作""撰述"等。这套话语，囊括了中国古人对各类著作撰述的称呼。研究这套话语，并通过这套话语研究中国古人的著述思想，更能够贴合古人的语境，进而探求古人的著述之心。因此，这部著作，不仅有一个新的研究视角，而且具有新的研究价值。

关于著述思想，古人有很多论述，我觉得章学诚所说的"谓著书者之心术也"最得我心。若整体考察它，应该包括著述的动机、著述的目的、著述的价值、著述的内容等。刘教授此著，虽不是一部全面研究中国古代著述思想的体系严整的著作，但无疑是一部富有学术个性的著作。与一般四平八稳的概论性著述相比，我更喜欢刘教授这部专题式的研究著作。

该著不追求齐全，以创新性的研究思路，在研究体例和方法上有新的突破。从体例上看，作者以某种具体的理论和问题为纲，而不是以时代、著述类型或思想类型为纲。作者所选取的若干论题，在过往的研究中，是将其视为概念和范畴的，很少有人从思想的层面对其内涵和历史文化等外延进行更深入的开掘。也就是说，这些研究角度和论题，虽然看似是某个具体的理论范畴或概念，但刘教授实际上是从思想的高度去考察的。比如"立言不朽""述而不作""庄子三言""经国之大业"，这些论题，不是新的问题，过往学者已有丰富的研究，但刘教授的研究，别出心裁，从思想的层面，讨论"立言不朽"与"立言为公"

的关系，研究"述而不作"与古人思维模式的关系，探讨"庄子三言"作为一种思想修辞的表现，等等。这样的研究角度较以往的研究，显然视野更开阔，更深入。它体现的是一种新的研究方法，即传统的著述理论，不限于一种概念和范畴，而是与作者的"心术"特征、著述动机、心路历程以及更宏阔的历史背景、知识背景、学术渊源、思维方式等密切相关，从而更周密地研讨其内涵与外延，对著述思想进行多学科的融通互证。

正因为有了新的体例和方法，该著对一些重要的著述思想有了比前人更深入的探讨，比如对庄子"三言"的解说，讨论寓言的隐喻性，认为这是庄子深思熟虑的著述方式的选择；讨论"重言"，认为是真言的多维表述；对"卮言"，认为体现的是一种整体言说的风格及思维方式。并且，该著从隐喻与思想修辞的角度对"三言"进行更深入的开掘，这些都是饶有新意的解说。对曹丕的"经国之大业"之说，作者结合气候、物色之变化进行讨论；论述曹丕的著述思想，以"悲凉、速老、不朽"为切入点，梳理其著述思想的内在逻辑。这些论述，均胜意迭出，引人遐思。刘教授对多种著述思想展开多学科的观察，所涉及的领域包括史学、哲学、文献学、地理学、宗教学、修辞学、美学等。因此，该著在研究体例和方法上的创意，带来的是个案研究的广度和深度的深刻变化。

阅读中，我还发现刘教授特别注意开掘某种思想的独特性，如研究曹丕和萧统的著述思想，注意到它们与物色的关系，作者提出"物候审美"的概念，分析了古人"春秋优于冬夏"的物候感知，认为悲凉是"北方物候之花"，这是非常具有独特性的发现。此外，作者还注意到了著述思想的时代性特色，研究曹丕的悲凉意识，将之与楚辞的悲秋和建安的悲凉相联系，从"天问精神"到"宗南意识"，从人的"速老"到著述的"不朽"，在时光的流逝中，把握著述人心态的变化，提出了以往学者较少关注的课题，非常具有学术个性。在研究宋代的著述思想时，刘教授注意到它的二元对立又互补的特征，也是独特的思想发现。

此外，该著虽然是专题性的古代著述思想的研究，但并不是割裂的封闭式研究，相反，它体现了宏通的历史感和古为今用的责任感。论著所涉及的范围，从先秦至两宋，跨度大，但以思想为纲，以问题为目，选择的研究对象均为中国古

序

代影响比较大的思想范畴，所以重点突出，在论述分析中，又展示了时代性。如"立言不朽""述而不作""唯务折衷"等，均是在古今都有重要影响的论题，作者在研究中，对其思想史的意义进行了深入开掘，并注意古今结合，挖掘其现实意义和针对性。如有关"立言不朽"与"立言为公"的论题不仅有历史意义，也有鲜明的现实价值。作者在论述庄子"三言"问题时，注意到其思想修辞的特性，对今天的语言运用也有指导意义。因此，该著虽是一部研究古代著述思想的著作，但也具有较高的现实价值。

总而言之，刘畅教授此著立意高远，视野宏通，材料翔实，论证周详，洵为不多见的富有创意的学术著作。

为友人著作作序，不免美言，也不免挂一漏万。限于水平，未能识珠之处所在多有，刘教授嘱我作序，当不会怪我。期待像刘教授在后记中所言，古代著述思想的系统研究会有来哲进一步推进，以飨读者。

走笔至此，抬头望见窗外怒放的木棉花，这是广州的市花，一朵朵缀在光秃秃的枝干上，色泽殷红，人称英雄花。难道是因为它殷红似血才有此称的吗？我不知道。恍然想起这个庚子的冬春，"新冠病毒肺炎"虽然不见血迹，但"封城""恐慌""疫区""医护""呼吸机""ICU""ECMO"这些字眼，带给我们的创伤，似乎比殷红的血还更像血迹。庚子，疫情，屏居月余，谨记于此。

是为序。

孙 立

庚子初春于中山大学康乐园

目录

前　言

　　本书尝试将"著述思想"作为一个独立的研究对象展开论述。

　　从文化人类学的角度看，使用文字符号是文明起源的重要标志，是人作为一种高级智慧动物的类本质；而利用文字符号进行有意识的著述活动，则是人类特有的一种承袭、创造、传播精神财富的文化行为。个体存在短促，而群体生命无穷。一个民族精神与文化意义上的生存与繁衍，主要通过生生不息、薪火相传的著述活动来实现。中国古代著述丰富，文献浩如烟海，与之相应的是有关著述思想的庞杂纷繁。由于自周秦以来的中国文化具有极强的稳定性，所以，从中孕育出来的著述思想也与之相应地具有贯穿历史的同等稳定的特性。中国古代著述思想虽庞杂，但也并非毫无规律可循。我们应该从哲学的高度，寻找古人关于著述思想的普遍共性，一一开展对古代著述思想的个案研究，然后集合起来，使之成为一个系统，从而形成"中国古代著述思想"的整体思考框架。梳理与剖析古代著述思想，对中国文化的研究与发展具有建设性意义。这就是本书的基本思路。

　　著述思想，简而言之，就是人们对著述这种文化行为的看法，其中涉及一些问题。例如：著述的动机及目的为何？著书立说的意义和价值是什么？它在社会文化中的地位如何，对社会生活有什么样的影响？著与述即创新与承袭的关系

是什么？述而不作与作而不述，二者各有何优劣短长？各种著述思想的产生、发展、延续，有无贯穿中国古代历史始终的规律？如果有，它又具体是什么？如果有，决定这种规律的外部环境条件又是什么？

目前，由于对著述思想的研究尚未独立开展，学界产生了不少困惑。例如，曹丕的"盖文章，经国之大业，不朽之盛事"说，在文学史、学术史、文学批评史、文学思想史等著作中都曾被提到，但它究竟属于什么思想，却引起了广泛讨论。罗宗强先生就曾指出："这句话，常被当作用文章于治国来理解。这样理解，曹丕的文学观，当然就是功利主义的文学观了。其实，这样理解是不确的。……曹丕这话的意思，是把文章提到和经国大业一样重要的地位，以之为不朽之盛事。"① 这里显然是把曹丕之言作为文学思想。而刘跃进先生则认为：所谓"文章"并不等同于文学，如诗赋、散文等，认为"他所说的'不朽之盛事'是要靠著述留名，特别是经典著述"②。这样的理解，显然又异于将其视为文学思想，已很接近于将其视为著述思想了。这种仁智互见的讨论，引导着人们从另一角度思考问题：如果不把曹丕此言当成文学观或文学思想，而是当作著述思想，问题似乎更容易说清楚。笔者以为，"文章，经国之大业，不朽之盛事"是一种著述思想，而非文学思想或史学思想，汉魏之际流行的"速老"忧生心态是其生成的精神土壤，曹丕的这一思想并非对"立言不朽"观念的简单重复，与建安时代士人速老心态有关。研究这种心态的最后落脚点应是著述思想，即著述所体现的思想观念，而非史学思想或文学思想。

很明显，"史学思想""文学思想""创作思想"等称呼，并非以文言文为载体的中国传统文化中固有的词语，而是现代汉语兴起之后的概念，从语词意义上不能准确地反映历史原貌。而"著述"，则是传统文化中固有的概念，如《史记·老子韩非列传》："于是老子乃著书上下篇。"③《礼记·中庸》："父作

---

① 罗宗强：《魏晋南北朝文学思想史》，中华书局1996年版，第16页。
② 刘跃进：《门阀士族与永明文学》，生活·读书·新知三联书店1996年版，第13页。
③ 司马迁：《史记》，中华书局1959年版，第2141页。

之，子述之。"①《史记·太史公自序》："述往事，思来者。"②有时兼指二者，合而言之，如曹植《与杨德祖书》："世人之著述，不能无病。"③"著述"又称"述作"，曹丕《与吴质书》："德琏常斐然有述作意。"④所以，在特定研究语境下，以"著述"代替"史学""文学""创作"等，无论是从汉语语言形态上，还是从概念范畴上，或是从历史认识上，都更接近与符合历史原貌。随着古代文化研究的细化，笔者感觉十分有必要将著述思想从史学思想、文学思想或学术思想中剥离出来，使其成为一个独立的研究对象。著述思想所关注的应该是问题的共性，这种共性被总结和提炼出来之后，对某一特定的著述活动就具有普遍的指导意义。它受哲学、史学、文学、文献学及其他学科制约和影响，但又不完全与其等同。换言之，它包含史学、文学、哲学、文献学等理念，但其本身并不只是史学思想、文学思想、文献学思想或学术思想，而是在更广阔的历史背景下对著述这种文化行为的解释和说明。

　　著述思想，与文献学有千丝万缕的联系，因为文献是著述的载体，但"著述思想"本身却不是文献学研究的对象。文献学主要对各种著述的成果——文献——进行实用技术性的疏通和整理，包括文字、音韵、训诂、版本、目录和校勘等方面的具体操作环节，而著述思想显然是一种抽象理论形态。此外，著述思想与文献学理论也有区别。文献学理论是对文献学各个分支长期实践的总结概括，对后人的此方面工作具有操作意义上的指导作用。如校勘学理论，散见于刘向的《别录》、郑樵的《通志·校雠略》、叶德辉的《藏书十约》、陈垣《校勘学释例》、张舜徽《中国古代史籍校读法》等，讲述的都是如何校雠的具体方法和经验，所表现的是一种实用操作精神。而著述思想则是要对著书立说这一文化现象进行理论总结，是一种海纳百川的哲学理论形态。开展对它的研究，可以补

---

①　《十三经注疏》整理委员会整理，李学勤主编：《十三经注疏·礼记正义》，北京大学出版社1999年版，第1436页。

②　司马迁：《史记》，中华书局1959年版，第3300页。

③　萧统编：《文选》，上海古籍出版社1986年版，第1902页。

④　陈寿：《三国志》，中华书局1959年版，第602页。

充古典文献学理论研究的不足。在目前的古典文献学研究领域，从历史的角度叙述源流、从整理的角度讲述操作环节者居多，而像章学诚《文史通义》那样贯通古今、高度概括者则稀见。

应该看到，除了以上所展示的交叉现象外，"著述"这一词语还仅用于某一专门领域，如特指史家著作，章学诚就曾说："刘言史法，吾言史意；刘议馆局纂修，吾议一家著述。"[1]就史籍而言，他又将其分为"作"和"述"两类，章氏称之为"著述"与"比类"，其云："然古人一事必具数家之学，著述（即撰述——引者注）与比类（即记注——引者注）两家，其大要也。班氏撰《汉书》，为一家著述矣，刘歆、贾护之《汉记》，其比类也；司马撰《通鉴》，为一家著述矣，二刘、范氏之《长编》，其比类也；两家本自相因而不相妨害。"[2]他认为撰述较记注难而可贵。因为撰述应当有观点、有材料、有分析、有组织，是具有一定创造性的著作活动。而记注只不过是原始资料的记录、整理、选辑、汇编而已。他这种区分的理论根据是，学问分为"藏往之学"与"知来之学"两种："夫名物制度，繁文缛节，考订精详，记诵博洽，此藏往之学也；好学敏求，心知其意，神明变化，开发前蕴，此知来之学也。"[3]这里所论，尽管发端于史学，实际上已经超越了史学、史籍的领域，如"藏往之学"与"知来之学"，实际上已经涉及"述而不作"中的"述"与"作"的关系问题。

研究著述思想，应以思想和问题为纲，而不以时代和人物为纲，即凡是能构成一种思想范畴并基本能够贯穿古代社会始终的，就构成一个研究命题。在中国古代社会这一超稳定的文化系统中，由于社会土壤和文化气候大致相同，一种思想有其历史延续性和反复性，其承传和影响往往规律性地表现出来。所以，要弄清各种著述思想产生的规律性，即什么情况及背景下产生何种著述思想及其文化意义。以思想和问题为纲的依据是，一种著述思想范畴一旦形成，往往有其历史延续性，涵盖面极广，如"立言不朽"、"述而不作"、《庄子》"三言"、

---

① 章学诚著，仓修良编注：《文史通义新编新注》，商务印书馆2017年版，第818页。
② 章学诚著，仓修良编注：《文史通义新编新注》，商务印书馆2017年版，第634页。
③ 章学诚著，仓修良编注：《文史通义新编新注》，商务印书馆2017年版，第70—71页。

曹丕“文章经国”等。以“述而不作”为例，它如同“立言不朽”一样，是中国古代著述思想的重镇，具有普遍指导意义，产生了极大的历史影响。中国传统文化的基础，从政治文化角度看，是君权主义与王权思想；从风俗制度角度看，是庞杂烦琐的礼仪规范；从哲学思想角度看，是“太极”“天理”“道”“天道”“气”等抽象、绝对、终极之本体；从伦理哲学角度看，是仁、义、礼、智、信等道德规范；从时间顺序看，是三皇—五帝（大同）—三王（小康）的儒家道统秩序；而若从著述思想上考察，最具权威及影响力的则是“述而不作”的思想，其巨大影响力几乎贯穿了孔子之后整个中国古代社会。因而，应将“述而不作”思想视为一个研究对象。

以思想和问题为纲，研究著述思想还有一种情况：某一学者本人并未提出某一明确的概念和范畴来概括他的著述思想，但其有关著述的思想又确实是有价值并自成体系，这就需要我们从其基本材料中选择一个关键概念以统摄其著述思想，例如刘勰的“唯务折衷”著述思想。这一成词见于《文心雕龙·序志篇》：“夫铨序一文为易，弥纶群言为难 …… 同之与异，不屑古今，擘肌分理，唯务折衷。”[①]“唯务折衷”，即调和对立双方，取其中正，持论周洽，无所偏颇，可视为刘勰分析问题的一种原则性方法，《文心雕龙》通篇几乎都留下了这种思想痕迹。此外，还应注意到：刘勰的“唯务折衷”是中国传统中庸思想在著述思想方面的表现。传统中庸之道的一些思想原则，兼有人伦行为准则和艺术审美评价的双重内涵，因而天然地具有学术思维的特征，即中观思维。但中庸思想与中观思维不是完全对等、重合的，从中庸思想的普遍哲学原则到中观思维的具体学术方法之间有一个思维加工及模式转换的中间环节，这方面的代表是刘勰的“唯务折衷”的著述思想方法。这样，我们不仅把刘勰的这一著述思想纳入了传统中庸思想的范畴，还从中庸思想中触及了中观思维，有了更开阔的视野。本书承认中庸思想与中观思维具有极强的同构互释性，但不是在哲学思维和处世态度的意义上，而是在学术思想的方法意义上使用“中观思维”一词。本书所谓“中观

---

① 刘勰著，范文澜注：《文心雕龙注》，人民文学出版社1958年版，第727页。

思维"，是指一种善于融通研究对象的两端、在两个已知的学术观点和学术视角的中间地带发现问题、形成自己独特视角和学术切入点的思维方式。据此，本书把刘勰的"唯务折衷"作为一个分析个案，说明中庸思想有一个从哲学思维、处世态度到学术思维方式的转变，这个转变是在刘勰的手中完成的；并力图揭示："唯务折衷"中所体现的中观思维倾向具有很强的创新性，它善于在两个已知之间发现一个未知的思维中间地带，而这个中间地带往往就是创新型思维的起点。

以思想和问题为纲，研究著述思想，还应看到：思想和观念形态并不只是抽象的存在。探讨一种思想的形成，除了作者直接展示的成型的文献材料之外，还要注意到其生存的社会环境。例如刘勰的"唯务折衷"思想的形成。

此外，以思想和问题为纲，还要注意对某种著述思想的延伸思考。依笔者之见，研究古代著述思想固然是梳理、总结古代文化的精华，但也对当下的文化建设具有启发和借鉴意义。从思想脉络和思维规律的角度看，古代著述思想与现代思维不无联系，尽管这种联系有时是曲折、间接的。本书在这方面也进行了一些探索。例如，笔者曾指出，"述而不作"作为一种著述思想和思维方式一旦形成，就具有一定的历史延续性，将产生一定的历史影响，这突出表现在传统文化对于创新的理解上，这种延续和影响贯通古今。从这种意义上讲，"述而不作"又是一种集体无意识的"文化基因"，具有极强的生命力，其影响至今不衰。一种理论范畴一旦形成，并被普遍接受，就会形成一种心理惯性，并对实践产生指导作用。从直观常识上看，"述而不作"的著述观念含有"真理"颗粒，对中华文化产生了深远影响，并潜移默化地塑造着我们的民族性格。这种治学态度，有严谨、务实、不尚空言、基本功扎实的优点，也有守旧、保守、不思进取导致思想僵化、缺乏创造性思维的缺陷。尤其考虑到"述而不作"的首倡者孔子所代表的儒家思想，统治中华意识形态近两千年，成为一种著述理念上的"集体无意识"，一种渗入民族肌体内的"文化基因"，这种影响就更不可低估。

目前，就国内外汉学界而言，尚无学者把"著述思想"作为研究对象；就国内的相关研究而言，也无学者提出"著述思想"这一概念，并以此为线索展开相关的、专门的独立研究。在国内学界，"著述思想"尚未成为一个专门的研究对象。可以说，国内的相关研究还处于感性的、零星的、分散的、片段式的状态。故亟须整合，以"著述思想"为核心概念，对其进行系统性的研究。

总而言之，"著述思想"关注的应该是一种理论形态，即经过总结的系统性的具有普遍指导意义的理性认识。但由于中国文化思维重视直观实用的特点，即倾向于直观感悟和经验常识而轻视逻辑思辨和理论总结，大量有关著述思想的观念如同零金碎玉一样，散落埋没在浩如烟海的文献之中，亟须开展一些梳理、归纳和概括的工作。这对文化史、学术史及文献学的理论研究都有建设性意义。要之，著述思想包含著述和思想两个方面，就著述而言，它涉及一些传统文献学繁杂已知的知识；就思想而言，它又有自身的创造能力在内，含有探索未知的因素，它与文学、史学、哲学及学术思想联系密切。可以说，它是一种介乎以疏通整理、编述抄纂为主的文献学，以思辨创新为主的文学，以及史学、哲学等学科之间的一个门类。相关文献目前尚未被很好地系统挖掘整理，故其本身具有独立研究的价值。

如果说创新之处，本书或有以下几点：首先，其基本思路是把"著述思想"作为一个独立的研究范畴来看待，并据此线索和思路进行梳理和研究，试图将著述思想从文学、史学、文献学中剥离出来，挖掘总结古代著述思想，为研究传统文化提供一种新的视角。这本身就含有创新因素。其次，本书试图寻求著述思想在传统学术文化中一以贯之的精神痕迹，将其作为具有相对稳定性的传统文化精神来对待，这样不仅厘清了一个个具体的著述思想，也会对传统文化有整体的理解和把握。再次，本书不是简单地"还原"和"叙述"某一种著述思想的范畴，而是试图将其与其时代的学术思潮、文化思想的某一个问题联系起来考虑，例如讨论"立言不朽"时和"立言为公"结合起来，讨论"述而不作"时和传统文化对原创的理解结合起来。最后，由于把古代著述思想按照范畴进行梳理和分析，如"立言不朽""述而不作""唯务折衷"等，本书不仅清晰地梳理出中国古代著述思想的主要范畴，还为古代文学理论研究提供了一种参照和佐证。

笔者希望本书不仅可以为理解传统文化的著述精神提供一种新的角度，也可为古代文学、文论等专业开设中国古代著述思想相关课程提供一本可以利用的教材。

第一章　"立言不朽"与"立言为公"辨析

　　"三不朽"说在中国思想文化史上影响深远，在评价和征引这一思想时，学界已经形成一种认识泛化和思维惯性，使得"三不朽"成为一个无须进一步剖析的常识性思想范畴。在它面前，似乎只有"获取人生永恒价值""注重主体精神的永存"这一种解读方法。一说到"三不朽"，就要与个体人生价值观相联系。这种认识显然不全面。没有回到其产生的原始语境里去具体理解问题，是造成这种认识上偏差的原因之一。笔者将回到产生"三不朽"的原始语言环境，逐一梳理、分析组成它的各种精神元素，希望不仅能得出与现行主流认识不同的结论，而且可以对先秦的公私观念进行重新梳理和认识。

　　此外，"三不朽"中的"立言不朽"是中国古代较早的、成系统的、有明确概念内涵的关于著述思想的论述，其排名在"立德"与"立功"之后。这种排序不仅仅显示出世界观和价值判断的先后顺序，还昭示着"立言"不可避免地要受到"立德"和"立功"的影响，所谓"有德者必有言，有言者不必有德"（《论语·宪问》）。曹植在《与杨德祖书》中将此种观点表达得更为淋漓尽致、清楚明白："辞赋小道，固未足以揄扬大义，彰示来世也。昔杨子云先朝执戟之臣耳，犹称壮夫不为也。吾虽德薄，位为蕃侯，犹庶几戮力上国，流惠下民，建永世之业，留金石之功，岂徒以翰墨为勋绩，辞赋为君子哉！若吾志未果，吾道不行，则将采庶官之实录，辩时俗之得失，定仁义之衷，成一家之言，虽未能藏之于名山，将以传之于同好，非要之皓首，岂今日之论乎！"[1]即使同是"立言"，也有价值判断上的高低优劣，如中国图书四分法中的经、史、子、集的排序，其中的关键在于"立言为公"，即倡导一种群体、社会价值观高于个人思想、情感表达的"为公"的著述思想与观念。

第一节　问题的提出

　　源于《左传·襄公二十四年》的"三不朽"说，影响至巨，绵延至今。以往对这一问题的讨论中，研究者的精力和目光所聚焦的是它所蕴含的个体人生态度和价值追求，而对"三不朽"说产生的特定时代和语境背景以及由此限定的思想内涵往往不够注意。在"三不朽"说面前，人们似乎只有从抽象的积极意义上引用它这一种解读方法，也似乎只有肯定其个体生命价值追求这一种思维方式。"三不朽"，似乎已成为古代个体人生价值观的同义语。如有学者撰文《传统的人生价值观及其现代意义》，第一节标题即为"最早的人生价值思想——三不朽"，其云："中国古代关于人生价值问题的讨论，最早的材料见于《左传·襄公二十四年》……这里讨论的不朽问题，实际上就是人生价值问题。"[2] 也有人认为，"三不朽"说的价值在于对个体生命的超越："通过垂德后世、建功立业和著书立说，超越短暂而有限的生命，获取人生永恒的价值，在中国古代文化人士的观念中，带有普遍的意义，始终影响着他们的人生态度和价值追求。"[3] 又如："司马迁继承发扬的就是'立言'求不朽的生命价值观。这种价值观注重主体精神的永存，对后来的文士有着极为深远的影

---

①　萧统编：《文选》，上海古籍出版社1986年版，第1903—1904页。

②　钱逊：《传统的人生价值观及其现代意义》，《洛阳大学学报》2000年第1期。

③　王绍东：《论"三不朽"说对司马迁及〈史记〉创作的影响》，《内蒙古社会科学》1998年第5期。

响。"①顾易生、蒋凡撰写的《先秦两汉文学批评史》（"中国文学批评通史"之一）则从文学角度肯定其独立的价值，其云："这里的'言'主要是指表现于言辞的德教、政治而言，当包括著书立说赋诗作诵。穆叔虽然把'立言'的地位次在'立德''立功'之后，但毕竟把'立言'与'立德'、'立功'区别开来，肯定其独立地位和垂诸永久的价值。这种认识，常被后世文学批评用来作为讨论文学的地位和作用的理论依据。"②

　　一叶知秋。以上所论，基本可代表现今学界对"三不朽"说的认识及评价。显然，诸文所侧重的是个人的"主体精神"、个体的"人生价值观"及"立言"的"独立地位"。这说明，以往的讨论多从其积极意义上肯定"三不朽"的价值，而基本没有顾及分析这一思想其他层面的意义及作用。就承载着"三不朽"的那段《左传》文字而论，它确实包含了以上诸君所征引的积极意义，但这并非全象。笔者认为，理解和分析"三不朽"说，不能脱离其具体语境，就其产生的时代及语言背景来看，"三不朽"说强调更多的是"群体精神""公天下意识"以及"立言为公"的思想，依附性、群体性、为公性是它的本质规定。换言之，泛言"三不朽"说强调人生态度和价值追求大体是不错的，问题在于它所倡导的是什么样的人生态度和价值追求，是附丽于群体的，还是张扬个性的？简言之，"三不朽"说是一柄双刃剑，有其积极的一面，亦有其消极的一面：积极的一面多是后人抽象、阐扬、叠加的结果，而消极的一面则多蕴含在其产生的具体历史语境之中。就前者而言，古今学界的引用、论证已较为充分；而就后者而论，似乎还少有人提及，尚待挖掘，还有很大的讨论空间。而后者长期被忽略的一个重要原因就是具体的原始语境的失落。其一种表现是，在征引文本时，只征引穆叔论述有关"三不朽"的话，而忽略了范宣子之言，如顾易生、蒋凡的《先秦两汉文学批评史》；另一种表现是，征引时只注意抽象出"三不朽"的思想，而没有

① 陈允锋：《汉赋作家的生命欲望及其创作心理特点》，《武汉大学学报》（人文科学版）2001年第3期。

② 顾易生、蒋凡：《先秦两汉文学批评史》，上海古籍出版社1990年版，第47页。

顾及产生这一思想的具体历史背景，因此也难以准确把握其内涵。鉴于此，我们起码要从弄清产生"三不朽"说的历史背景的角度出发，也很有必要回到原始语境，重新做一番文献和思想的梳理。

"三不朽"之说出于《左传·襄公二十四年》：

> 二十四年，春，穆叔如晋。范宣子逆之，问焉，曰："古人有言曰，'死而不朽'，何谓也？"穆叔未对。宣子曰："昔匄之祖，自虞以上为陶唐氏，在夏为御龙氏，在商为豕韦氏，在周为唐杜氏，晋主夏盟为范氏，其是之谓乎？"穆叔曰："以豹所闻，此之谓世禄，非不朽也。鲁有先大夫曰臧文仲，既没，其言立。其是之谓乎？豹闻之：'大上有立德，其次有立功，其次有立言。'虽久不废，此之谓不朽。若夫保姓受氏，以守宗祊，世不绝祀，无国无之。禄之大者，不可谓不朽。"①

在此，至少有这样几个问题值得注意：一是"死而不朽"是当时已被广泛讨论的一个命题，否则不会在此被提出并作为一个中心论题；二是穆叔在论证"立言不朽"时特以鲁国卿大夫臧文仲为例，所以搞清臧文仲之"立言"究竟何指极为重要；三是"三不朽"的思想是在两种有关"不朽"观念的辩论中产生的，其中一方为范宣子的以世禄为不朽，另一方为穆叔的以"立德、立功、立言"为不朽。以下分节梳理之。

第二节 "死而不朽"的相关文献梳理

追求不朽，追求生命的永恒延续，是一种很古老的思想，春秋时代已经很流行。《左传》中共有几处提到了"死而不朽"：

一为秦将孟明视之言。僖公三十三年，晋军打败秦军，俘获孟明视、西乞

---

① 《十三经注疏》整理委员会整理，李学勤主编：《十三经注疏·春秋左传正义》，北京大学出版社1999年版，第1001—1004页。

术、白乙丙三员秦将。晋襄公听从母亲文嬴之言，释放三人，后悔悟，又派人追赶，此时孟明视等人已在舟中，孟明视对来人说："君之惠，不以累臣衅鼓，使归就戮于秦。寡君之以为戮，死且不朽。若从君惠而免之，三年将拜君赐。"①

二为晋臣知罃之言。成公三年，知罃被楚国俘虏，晋人愿以楚公子穀臣换回知罃。事成，楚共王送别知罃，知罃说："以君之灵，累臣得归骨于晋，寡君之以为戮，死且不朽。若从君之惠而免之，以赐君之外臣首，首其请于寡君，而以戮于宗，亦死且不朽。若不获命，而使嗣宗职，次及于事，而帅偏师，以修封疆，虽遇执事，其弗敢违，其竭力致死，无有二心，以尽臣礼，所以报也。"②

三为楚军主帅子反之言。成公十六年，子反被晋国军队打败。楚共王遣使安慰他，认为罪在己，子反说："君赐臣死，死且不朽。臣之卒实奔，臣之罪也。"子重（楚国令尹）派人对子反说："初陨师徒者，而亦闻之矣。盍图之！"对曰："虽微先大夫有之，大夫命侧，侧敢不义？侧亡君师，敢忘其死？"而后子反自尽。③

四为鲁国大臣季孙之言。昭公三十一年，晋臣荀跞指责季孙没有尽好臣道、事奉国君。"季孙练冠、麻衣，跣行，伏而对曰：'事君，臣之所不得也，敢逃刑命？君若以臣为有罪，请囚于费，以待君之察也，亦唯君。若以先臣之故，不绝季氏，而赐之死。若弗杀弗亡，君之惠也，死且不朽。若得从君而归，则固臣之愿也，敢有异心？'"④

综合这几条资料来看，它们有一共同特点，即均是为臣之言，其中大部分是败军之将，并且均以死于君命为"不朽"。可见，春秋时期，能够为君尽忠而死便为"不朽"代表了部分臣子心目中的"不朽"观念，这些臣子及主流意识形态

① 《十三经注疏》整理委员会整理，李学勤主编：《十三经注疏·春秋左传正义》，北京大学出版社1999年版，第476页。

② 《十三经注疏》整理委员会整理，李学勤主编：《十三经注疏·春秋左传正义》，北京大学出版社1999年版，第713页。

③ 《十三经注疏》整理委员会整理，李学勤主编：《十三经注疏·春秋左传正义》，北京大学出版社1999年版，第786页。

④ 《十三经注疏》整理委员会整理，李学勤主编：《十三经注疏·春秋左传正义》，北京大学出版社1999年版，第1519—1520页。

在这一点上已达成了共识。它不仅是一般的具体的行为准则，还是一种更高的抽象的道义原则。

除这几条之外，《左传》中尚有多处表达了同样的意思，虽没有用"死而不朽"之言，但均表达了此意。如《左传·僖公四年》载："凡诸侯薨于朝、会，加一等；死王事，加二等。于是有以衮敛。"① 诸侯有三等爵，上等为公，中为侯、伯，子、男为下等。衮为公爵之服，诸侯若死于君命王事，死后入殓便可获此殊荣。此举意在倡导忠君之风。

僖公九年，晋献公托孤于荀息，荀息"稽首而对曰：'臣竭其股肱之力，加之以忠贞。其济，君之灵也；不济，则以死继之。'公曰：'何谓忠贞？'对曰：'公家之利，知无不为，忠也；送往事居，耦俱无猜，贞也'"②。这表达了以死报"公家"君命的意愿。

文公十八年冬十月，鲁卿襄仲秉政，立宣公为国君，召叔仲入朝欲杀之。"其宰公冉务人止之，曰：'入必死。'叔仲曰：'死君命可也。'公冉务人曰：'若君命，可死；非君命，何听？'弗听，乃入，杀而埋之马矢之中。"③

宣公二年，晋灵公不行君道，赵盾屡谏。"公患之，使钽麑贼之。晨往，寝门辟矣，盛服将朝。尚早，坐而假寐。麑退，叹而言曰：'不忘恭敬，民之主也。贼民之主，不忠；弃君之命，不信。有一于此，不如死也。'触槐而死。"④钽麑之所以不忍杀赵盾，是由于赵盾"骤谏"而忠于君命；而钽麑之所以选择了"触槐而死"，也恰恰是因为不能遵君命。矛盾情境之中，他选择了死。而为君尽忠恰是矛盾的焦点所在。

宣公十五年，晋臣解扬不辱君命，楚王欲杀之，解扬说："谋不失利，以

① 《十三经注疏》整理委员会整理，李学勤主编：《十三经注疏·春秋左传正义》，北京大学出版社1999年版，第334页。

② 《十三经注疏》整理委员会整理，李学勤主编：《十三经注疏·春秋左传正义》，北京大学出版社1999年版，第359页。

③ 《十三经注疏》整理委员会整理，李学勤主编：《十三经注疏·春秋左传正义》，北京大学出版社1999年版，第575页。

④ 《十三经注疏》整理委员会整理，李学勤主编：《十三经注疏·春秋左传正义》，北京大学出版社1999年版，第595—596页。

卫社稷，民之主也。义无二信，信无二命。君之贶臣，不知命也。……臣之许君，以成命也。死而成命，臣之禄也。寡君有信臣，下臣获考死，又何求？"①

襄公二十五年，晏子说："臣君者，岂为其口实？社稷是养。故君为社稷死，则死之；为社稷亡，则亡之。"②定公四年，楚臣鬭辛说："君讨臣，谁敢仇之？君命，天也。若死天命，将谁仇？"③

综上可见，"死而成命""死于君命"，不仅仅是春秋时期部分臣子的行为准则，还是一种得到普遍认同的更高层次的道义准则，具有无须论辩、证明的真理性质。其理论概括即为："禁主之道，必明于公私之分，明法制，去私恩。夫令必行，禁必止，人主之公义也。必行其私，信于朋友，不可为赏劝，不可为罚沮，人臣之私义也。私义行则乱，公义行则治，故公私有分。人臣有私心，有公义：修身洁白，而行公行正，居官无私，人臣之公义也；污行从欲，安身利家，人臣之私心也。"④当然，也有人看出君主与社稷的二分，晏子说："君民者，岂以陵民？社稷是主。臣君者，岂为其口实？社稷是养。故君为社稷死，则死之；为社稷亡，则亡之。若为己死而为己亡，非其私昵，谁敢任之？"⑤君主虽与社稷二分，然而，社稷不是虚的，总要由君主来体现，在没有找到君主制度之外的社会体制之前，无论如何论证也逃不脱忠君、殉君、以死于君命为不朽的思维圈子。

据学者研究，春秋中期以后，"忠"观念的内涵发生了重大演变："作为政治伦理观念，'忠'由要求君主'忠于民'转变为要求臣下忠于社稷、忠于公家之事、忠于君主。《左传·僖公九年》载，晋献公疾，召大夫荀息，要求他傅

①　《十三经注疏》整理委员会整理，李学勤主编：《十三经注疏·春秋左传正义》，北京大学出版社1999年版，第667—668页。

②　《十三经注疏》整理委员会整理，李学勤主编：《十三经注疏·春秋左传正义》，北京大学出版社1999年版，第1015页。

③　《十三经注疏》整理委员会整理，李学勤主编：《十三经注疏·春秋左传正义》，北京大学出版社1999年版，第1556页。

④　王先慎：《韩非子集解》，中华书局1998年版，第128页。

⑤　《十三经注疏》整理委员会整理，李学勤主编：《十三经注疏·春秋左传正义》，北京大学出版社1999年版，第1015页。

奚齐，荀息表示要以'忠贞'的态度对待此事，献公与荀息对何为'忠贞'有个讨论：公曰：'何为忠贞？'对曰：'公家之事，知无不为，忠也；送往事居，耦俱无猜，贞也。'可见，春秋中期以后，作为政治伦理观念的'忠'已经不是对君主而是对臣下的规范和要求了，因而它也就成为对臣下评价的标准了"①。

"在战国时期的实际政治活动中，'忠'是对臣下的单方面的绝对要求，它要求臣下对君主知无不言，言无不尽，一切都以君主的利益、愿望为中心，绝对恭顺，而君主却可以为所欲为。对于君主的任何要求，臣下只能是绝对地服从。……在忠的对象上，社稷、公家之事退居于次要地位，以至几近于无，只有君主作为忠的对象被作了极端强调；臣下对君主的'忠'是无条件的、绝对的。这种转变是极其深刻的。"②当然，"主上"的概念是可以移换的，可以是君主，也可以是卿大夫或大臣、重臣；而当二者发生矛盾之时，家臣必须效忠于自己的直接主子，不得有二心。据《国语·晋语》记载，晋人辛俞是栾盈的家臣，栾盈出奔逃往楚国的时候，晋国国君下令不许栾氏的家臣跟从，否则处以死罪，而栾氏的家臣辛俞还是誓志跟从，结果被捉问罪。晋君面前受审时，辛俞辩解说："臣闻之曰：'三世事家，君之；再世以下，主之。'事君以死，事主以勤，君之明令也。自臣之祖，以无大援于晋国，世隶于栾氏，于今三世矣，臣故不敢不君。今执政曰'不从君者为大戮'，臣敢忘其死而叛其君，以烦司寇。"③在此，辛俞巧妙地偷换了"忠君"的概念，把"忠"的对象从晋国国君移换到了卿大夫栾盈，所依据的就是家臣必须效忠于主上、不得有二心的基本原则。以上所引几条"忠君""死于君命"的例子对"死而不朽"的核心问题所在，也是一种佐证。

关于先秦不朽观念的源流、嬗变轨迹以及内在的逻辑关系，有刘明《论先秦时期"不朽观"的嬗变及其在思想史中的地位》及宋小克《春秋战国时期的"不朽"观念及其新变——从群体到个体、死后到生前》两篇文章，对展开有关"死

第一章 「立言不朽」与「立言为公」辨析

---

① 曲德来：《"忠"观念先秦演变考》，《社会科学辑刊》2005年第3期。

② 曲德来：《"忠"观念先秦演变考》，《社会科学辑刊》2005年第3期。

③ 上海师范大学古籍整理组校点：《国语》，上海古籍出版社1978年版，第451—452页。

而不朽"的讨论很有启发。据两位学者研究，先秦时期的"不朽观"先后经历了三种主要形态：

一是灵魂不朽。刘文认为："最早的不朽观念起源于原始人类的灵魂信仰。考古资料证明，最晚至旧石器晚期人们就有了灵魂的观念。考古人员在上古人类的墓葬中发现了涂朱和随葬品现象。北京周口店发现的山顶洞人有意识地在死者身上和周围撒上了许多赤铁矿粉；在西安半坡遗址的尸骨上也有用朱砂涂染的痕迹。在仰韶文化的遗址，如北首岭、王湾、元君庙等的墓葬中也多撒有氧化铁矿粉；陶寺龙山文化的尸骨上撒有朱砂。考古学者推测，红色象征生命，撒赤铁矿粉和朱砂是生者对亡灵不死的最美好祝愿。在半坡遗址瓮棺葬的陶盆上，其下部有一个小孔；在云南元谋大敦子等新石器时代遗址出土的瓮棺上也有类似的小孔，有学者认为这可能是为灵魂出入预留的通道。还有半坡遗址、淅川下王岗遗址、陕西庙底沟遗址、大汶口遗址等同一氏族墓葬方向基本一致，说明同一氏族的人对于灵魂的归宿都有一致的认识，而且墓葬的方向还可能是通向死后世界的路标。这些考古发现表明上古人已经有了灵魂不朽的观念和死后世界的思想。"[1]而宋文则认为："周族人持'魂魄两分'观念，认为人的肉体必将消亡于地，而灵魂则可以升天。……周族人虽有灵魂升天的观念，但真正能升天的只有少数帝王、君主。对于一般人来说，灵魂的归宿不是天堂而是祖庙。死后灵魂归于宗庙，世代享受祭祀，便是古人的'不朽'。"[2]

二是家族世禄不朽。刘文指出："在三代时期，祖宗有灵的意识和祖宗崇拜的气氛显得格外炽热与浓郁。人们仍然在崇奉灵魂不朽，但是这一观念已开始世俗化、血缘化了，它属于已死去的祖宗。这种祖宗有灵的宗教信仰和宗法制度、孝道观念的结合，又赋予了祖先崇拜更为丰富的内涵。在这种炽热浓郁的祖宗崇拜的氛围笼罩下，生活的最高价值和最大目的，乃在于保有家族的宗庙，延续祖

---

① 刘明：《论先秦时期"不朽观"的嬗变及其在思想史中的地位》，《云南社会科学》2007年第2期。

② 宋小克：《春秋战国时期的"不朽"观念及其新变——从群体到个体、死后到生前》，《河南大学学报》（社会科学版）2010年第2期。

宗禋祀。因此，人们才会认为不朽就是能够保持家族繁衍，世不绝禄，自己死后能够配享宗祊。这种家族不朽观念正是以宗教信仰为基础、同宗法制度相结合演变的结果，并且在春秋时期成为人们普遍的不朽观念。"①刘文列举了孟明视、知䓨、子反、季孙氏等人的言论，总结道："根据这些材料，所谓'死而不朽'的意思是让他们死在自己的国家，死后的精神魂魄可以与自己家族祖先的魂魄在一起，可以在宗庙里享受祭祀。可见，当时人们的不朽观念是以祖先崇拜观念和宗族祭祀为基础的，仅属于宗教意义和祭祀范畴之内。"②宋文也指出："'死而不朽'是在宗庙祭祀中实现的。……其实，范献子所谓'死而不朽'并不是谈个体'名'的不朽，而是属于灵魂归宿的问题。就孟明、知䓨、子反、季孙氏、椒举等人面临死亡的情况看，孟明、知䓨是战俘，子反战败，季孙氏和椒举是戴罪之人，五人均没有可以称述的德行、功业，可见韦昭'身死而名不朽'的说法不能成立。相反，五人希望死后回归宗庙的倾向则非常明显。孟明云：'使归就戮于秦，寡君之以为戮，死且不朽。'知䓨说：'首其请于寡君而以戮于宗，亦死且不朽。'子反云：'君赐臣死，死且不朽。'季孙氏曰：'若以先臣之故，不绝季氏，而赐之死，死且不朽。'季孙氏言'不绝季氏'，即希望自己灵魂能在宗庙世代享受祭祀；椒举云：'若得归骨于楚，死且不朽。'知䓨说'戮于宗'，即在宗庙被杀，灵魂归于宗庙；椒举言'归骨于楚'，即希望灵魂回到故土，回归宗庙。孟明、子反，虽未明言，其言外之意已非常明显。"③由此可知，所谓"家族不朽"不仅是一个抽象的概念，而且是可以通过"宗庙祭祀"和"宗庙血食"的具体途径来实现的。此外，理解"世禄"，还可以参考上文所引《左传·襄公二十四年》中范宣子所谓"昔匄之祖，自虞以上为陶唐氏，在夏为御龙氏，在商为豕韦氏，在周为唐杜氏，晋主夏盟为范氏"，穆叔也曾说过"此

---

① 刘明：《论先秦时期"不朽观"的嬗变及其在思想史中的地位》，《云南社会科学》2007年第2期。

② 刘明：《论先秦时期"不朽观"的嬗变及其在思想史中的地位》，《云南社会科学》2007年第2期。

③ 宋小克：《春秋战国时期的"不朽"观念及其新变——从群体到个体、死后到生前》，《河南大学学报》（社会科学版）2010年第2期。

之谓世禄，非不朽也"。

三是个体价值不朽，即前文所引用的《左传·襄公二十四年》所提到的"立德、立功、立言"的"三不朽"。有了以上"家族不朽"的铺垫和对比，才显出"三不朽"的价值所在。恰如刘文所分析的："可见，当时人们的不朽观念是以祖先崇拜观念和宗族祭祀为基础的，仅属于宗教意义和祭祀范畴之内。所以范宣子才会以为'死而不朽'是指一个氏族世职世禄的传衍，并就此问题向叔孙豹请教。……家族不朽观念之中已包含着两层含义，其一是通过丧葬祭祀等仪式，人人都可以活在其子孙后代的记忆之中，这是家族不朽的第一层含义；其二是通过繁衍子孙后代，自己的生命也得到了延续，……然而，这样的家族不朽只能是在一个比较狭小的范围内，正如叔孙豹所说的那样'世不绝祀，无国无之，禄之大者，不可谓不朽'。……所谓死而不朽，是指一个人在道德、事功、言论的任何一个方面有所建树，受世人所景仰，为后代所传颂，虽死而其名永立世人心中，这才能称之为不朽。这样就把原来局限在宗族记忆范围内的不朽观念转变为存在于整个社会记忆中的不朽观念，把祭祀文化中的不朽观念转变成一个完全人本主义的不朽观念，赋予了不朽观以新的价值内涵，从而实现了不朽观念的根本转变。"①宋文也指出："至春秋战国时期，世卿世禄制瓦解，祖先神灵系统面临危机，'不朽'观念也发生新变。灵魂归于宗庙的'不朽观'显得老化，立足于个体的'不朽观'开始出现。叔孙豹的'三不朽'通过'立德'、'立功'、'立言'，实现个体'名'的不朽；老庄通过道破生命的本质，把生命融入自然，实现了个体精神的不朽；杨朱一派把生命局限在肉体本身，推崇世间的享乐和安逸，追求生命之花的短暂绽放；方仙道则希望延长人生，从而追求肉体的不朽。以上三类生命观念，价值取向虽大相径庭，然着眼于个体的不朽乃是其共同

---

① 刘明：《论先秦时期"不朽观"的嬗变及其在思想史中的地位》，《云南社会科学》2007年第2期。

之处。"①刘、宋二文将先秦时期关于"不朽"观念的起源、发展、嬗变做了细致的梳理和分层,不仅对于理解"死而不朽"观念本身的发展和演进大有裨益,对理解"三不朽"的产生和价值也是一种铺垫——正是由于脱离了"家族不朽"这种血缘关系的狭隘范畴,而追求更高层次的道德、事功、立言的不朽,才显示出其价值所在。

但是,我们也应看到,以上所举的《左传》几个例证中对"死而不朽"的认识强调以身殉君,属于"三不朽"的"立功"之列,是臣子们默契达成的一种集体无意识,他们将自己的个体生命价值依附于君主的利益和意志,基本谈不上什么个人的自由和追求。换言之,所谓"立功不朽",很难脱离王权主义及君主意志,因而也谈不上具有个体独立性。

第三节　臧文仲其人其言

承上,穆叔既然把臧文仲作为"立言不朽"的典范,所以弄清臧文仲"既殁,其言立"的内涵究竟是什么十分重要。臧文仲为鲁国高官,是春秋政坛上的活跃人物。其名在《论语》中凡两见。一为《公冶长》:"臧文仲居蔡,山节藻棁,何如其知也?"②一为《卫灵公》:"臧文仲其窃位者与?知柳下惠之贤而不与立也。"③《礼记》中凡一见,《礼器》:"孔子曰:'臧文仲安知礼!夏父弗綦逆祀而弗止也。燔柴于奥。'"④以上均是孔子对臧文仲的批评之言。另外《左传·文公二年》中也记有孔子对他的批评:"仲尼曰:'臧文仲,其不仁者三,不知者三。下展禽,废六关,妾织蒲,三不仁也。作虚器,纵逆祀,祀爰

① 宋小克:《春秋战国时期的"不朽"观念及其新变——从群体到个体、死后到生前》,《河南大学学报》(社会科学版)2010年第2期。

② 程树德:《论语集释》,中华书局1990年版,第328页。

③ 程树德:《论语集释》,中华书局1990年版,第1094页。

④ 《十三经注疏》整理委员会整理,李学勤主编:《十三经注疏·礼记正义》,北京大学出版社1999年版,第738页。

居，三不知也。’”①所谓臧氏"祀爰居"的故事亦见于《国语·鲁语》："海鸟曰'爰居'，止于鲁东门之外三日，臧文仲使国人祭之。展禽曰：'越哉，臧孙之为政也！夫祀，国之大节也；而节，政之所成也。故慎制祀以为国典。今无故而加典，非政之宜也。’"②这些批评有一共同特征，即所针对的都是臧氏为政的不足之处。据程树德《论语集释》引《群经义证》，臧氏世为鲁国司寇，"古者仕有世官，文仲盖居是位而子孙因之"③。据《国语》和《左传》的记载，臧文仲有以下特点：

一、执掌国政，长于辞令，鲁君对其言听计从。据《国语·鲁语》记载，鲁国大饥，臧文仲以为，国家铸名器、收宝物本来就是以备不时之需，现今国家有难，应献上所藏宝物去齐国买粮，并主动请求担当此任。到齐国后，他说："天灾流行，戾于弊邑，饥馑荐降，民羸几卒，大惧乏周公、太公之命祀，职贡业事之不共而获戾。不腆先君之币器，敢告滞积，以纾执事，以救弊邑，使能共职。岂唯寡君与二三臣实受君赐，其周公、太公及百辟神祇实永飨而赖之！"结果"齐人归其玉而予之籴"。④以上充分显示了他的口才和办事能力。《国语·鲁语》中还记载了他说服鲁僖公向晋侯说情，使卫国君王免于死罪，结果晋国和卫国都对鲁国很好之事。⑤又据《左传·僖公三十三年》："齐国庄子来聘，自郊劳至于赠贿，礼成而加之以敏。臧文仲言于公曰：'国子为政，齐犹有礼，君其朝焉。臣闻之，服于有礼，社稷之卫也。’"⑥

二、知识渊博，谙熟典章，常对列国时政发表个人见解。如《左传·僖公二十四年》所载："冬，王使来告难曰：'不穀不德，得罪于母氏之宠子带，鄙

① 《十三经注疏》整理委员会整理，李学勤主编：《十三经注疏·春秋左传正义》，北京大学出版社1999年版，第496—497页。

② 上海师范大学古籍整理组校点：《国语》，上海古籍出版社1978年版，第165页。

③ 程树德：《论语集释》，中华书局1990年版，第1096页。

④ 上海师范大学古籍整理组校点：《国语》，上海古籍出版社1978年版，第158页。

⑤ "臧文仲说僖公请免卫成公"，见上海师范大学古籍整理组校点：《国语》，上海古籍出版社1978年版，第161—164页。

⑥ 《十三经注疏》整理委员会整理，李学勤主编：《十三经注疏·春秋左传正义》，北京大学出版社1999年版，第475页。

在郑地氾，敢告叔父。'臧文仲对曰：'天子蒙尘于外，敢不奔问官守？'王使简师父告于晋，使左鄢父告于秦。"①又《左传·文公五年》："冬，楚子燮灭蓼。臧文仲闻六与蓼灭，曰：'皋陶庭坚不祀，忽诸，德之不建，民之无援，哀哉！'"②有时记载其言的形式颇像《论语》，如《左传·僖公二十年》："宋襄公欲合诸侯，臧文仲闻之，曰：'以欲从人则可，以人从欲鲜济。'"③

三、有见识和判断力。如《左传·庄公十一年》："秋，宋大水。公使吊焉，曰：'天作淫雨，害于粢盛，若之何不吊？'对曰：'孤实不敬，天降之灾，又以为君忧，拜命之辱。'臧文仲曰：'宋其兴乎！禹、汤罪己，其兴也悖焉；桀、纣罪人，其亡也忽焉。且列国有凶，称孤，礼也。言惧而名礼，其庶乎！'既而闻之曰：'公子御说之辞也。'臧孙达曰：'是宜为君，有恤民之心。'"④臧氏从宋国国君责己、罪己之言推测到其国将兴，可谓有一定见识。又《左传·僖公二十一年》："夏，大旱，公欲焚巫尢尪。臧文仲曰：'非旱备也！修城郭，贬食省用，务穑劝分，此其务也。巫尪何为？天欲杀之，则如勿生，若能为旱，焚之滋甚。'公从之。是岁也，饥而不害。"⑤据裘锡圭先生考证："焚烧巫尪以求雨，在鲁僖公的时代一定仍是一种相当普遍的现象。据上引《左传》下文，僖公由于臧文仲的谏止没有焚巫尪。这是特殊情况，所以《左传》才会记载下来。"⑥又《左传·僖公二十二年》："邾人以须句故出师。公卑邾，不设备而御之。臧文仲曰：'国无小，不可易也。无备，虽众不可恃也。

① 《十三经注疏》整理委员会整理，李学勤主编：《十三经注疏·春秋左传正义》，北京大学出版社1999年版，第424页。

② 《十三经注疏》整理委员会整理，李学勤主编：《十三经注疏·春秋左传正义》，北京大学出版社1999年版，第506—507页。

③ 《十三经注疏》整理委员会整理，李学勤主编：《十三经注疏·春秋左传正义》，北京大学出版社1999年版，第397页。

④ 《十三经注疏》整理委员会整理，李学勤主编：《十三经注疏·春秋左传正义》，北京大学出版社1999年版，第245—246页。

⑤ 《十三经注疏》整理委员会整理，李学勤主编：《十三经注疏·春秋左传正义》，北京大学出版社1999年版，第398—399页。

⑥ 裘锡圭：《说卜辞的焚巫尪与作土龙》，载胡厚宣主编：《甲骨文与殷商史》，上海古籍出版社1983年版，第21页。

《诗》曰：'战战兢兢，如临深渊，如履薄冰。'又曰：'敬之敬之，天惟显思，命不易哉！'先王之明德，犹无不难也，无不惧也，况我小国乎！君其无谓邾小，蜂虿有毒，而况国乎！'弗听。"臧氏援引《诗经》说明人不可无敬畏之心，邾国虽小，不可无备。僖公不听，终遭败绩，"邾人获公胄，县诸鱼门"。①于此可见臧氏之见识过人。

四、其言广为流传，为人征引。臧氏长于辞令，他自己的文辞，当有文献垂世，使《国语》《左传》的作者得以征引。如《左传·文公十七年》："襄仲如齐，拜穀之盟。复曰：'臣闻齐人将食鲁之麦。以臣观之，将不能。齐君之语偷。臧文仲有言曰：'民主偷，必死。'"②又《左传·文公十八年》，莒国太子仆杀其国君窃其宝玉，来投奔鲁国。

> 季文子使司寇出诸竟，曰："今日必达！"公问其故。季文子使大史克对曰："先大夫臧文仲教行父事君之礼，行父奉以周旋，弗敢失队，曰：'见有礼于其君者，事之，如孝子之养父母也；见无礼于其君者，诛之，如鹰鹯之逐鸟雀也。'先君周公制《周礼》曰：'则以观德，德以处事，事以度功，功以食民。'作《誓命》曰：'毁则为贼，掩贼为藏。窃贿为盗，盗器为奸。主藏之名，赖奸之用，为大凶德，有常无赦。在《九刑》不忘。'"③

这里所征引的臧氏之言，有形象化的比喻，运用了近乎骈俪的修辞手法，有较强感染力，易于记诵。引用者将其言与周公的言论相提并论，而周公则被儒家列入圣贤谱系之中，可见臧氏其言在当时的影响之大。

---

① 《十三经注疏》整理委员会整理，李学勤主编：《十三经注疏·春秋左传正义》，北京大学出版社1999年版，第402—403页。

② 《十三经注疏》整理委员会整理，李学勤主编：《十三经注疏·春秋左传正义》，北京大学出版社1999年版，第572页。

③ 《十三经注疏》整理委员会整理，李学勤主编：《十三经注疏·春秋左传正义》，北京大学出版社1999年版，第575—576页。

那么，臧文仲究竟"立"了什么"言"而有如此之大的影响呢？若逐条缕析材料就会发现，臧氏所言多是其从政生涯中发表的议论、见解，与鲁国的国事紧密相关，如禁烧巫尫之议、"众不可恃"之论，对于治国为政来说，它们具有概括性和普遍指导意义，所以在诸侯国间广为流传。换言之，臧氏的所谓"立言"，与"立德""立功"这两个不朽有着千丝万缕的联系，如果抽去"立德""立功"的成分，其"立言"的大厦就会瞬间坍塌、顷刻瓦解。也就是说，臧氏并无"成一家之言"的"立言"欲望，也没有自己关于人生及个体生命价值的独到理解，其"立言"的价值所在，还紧紧地依附于"立德"和"立功"，不能独立存在，如果再对照一下《左传》中对于"死而不朽"的普遍理解，这一点我们会看得更清楚——"皮之不存，毛将焉附？"理解这点，就会明白，至少在《左传》的具体语境中，"立言"并没有获得独立地位，事情并不像前文《先秦两汉文学批评史》所说的那样："穆叔虽然把'立言'的地位次在'立德''立功'之后，但毕竟把'立言'与'立德'、'立功'区别开来，肯定其独立地位和垂诸永久的价值。"①问题并不仅仅在于"立言"的名次排在"立德""立功"之后，还在于"立言"就是"立德""立功"本身，是"立德""立功"在话语或舆论层面的实践和操作，或曰从政记录，而看不见任何"独立"的成分。因此，说"三不朽"是生命个体"超越短暂而有限的生命，获取人生永恒的价值"（王绍东语，见上文），显然是缺乏实际根基的。对此，已有学者指出："按照'三不朽'的价值观，个体必须通过服务于群体、社会来展现自我存在的意义。为君、为臣、为民、为物、为事，为他人而活着而奋斗而牺牲，是人生的最高境界。古代许多文人都把这样的境界作为人生的最高目标与文学创作的最高追求。用历史的眼光看，这当然有值得商榷的地方。…… 在这样的文化语境中提倡个体的高境界，就极有可能把个体的奉献变成富于讽刺意味的无谓牺牲。"②

---

① 顾易生、蒋凡：《先秦两汉文学批评史》，上海古籍出版社1990年版，第47页。

② 李生龙：《"三不朽"人生价值观对古代作家文学观之影响》，《衡阳师范学院学报》2005年第2期。

实际上，若从"三不朽"产生的实际历史语境来考察，"立言不朽"诞生之初，就隐隐透出后世"文以载道""言以明道"的味道，它是注重正统意识形态的群体社会价值观，而非"注重主体精神的永存"（陈允锋语，见上文）的个体生命价值观。所以，至多只能说，从语言区分层面上，"立德""立功""立言"似乎已经分开，但若从精神实质上分析，所谓"立言"还依附或附属于前二者，并未获得真正的独立地位。历史地看，若不脱离其产生的具体语境来看，"立言不朽"的本质是"立言为公"，而在以宗法制为基础的传统社会中，所谓"为公"都具有以群体价值观排斥个体独立选择的含意。

第四节 "三不朽"中"公天下"的价值取向

除《左传》外，关于"三不朽"的对话还见于《国语·晋语》，文字略有出入。从二者提供的文献资料来看，"三不朽"说是在论辩中产生的，其对立面是范宣子以家族"世禄"为不朽的思想。范宣子，名士匄，晋国名臣。他从唐虞以上的陶唐氏一直到晋国的范氏历数自己的祖先，认为自己的宗氏家族一直绵延至今，恐怕就是所谓的"不朽"。范氏祖先"保姓受氏"的传说见于《左传·昭公二十九年》：

> 秋，龙见于绛郊。魏献子问于蔡墨曰："吾闻之，虫莫知于龙，以其不生得也，谓之知，信乎？"对曰："人实不知，非龙实知。古者畜龙，故国有豢龙氏，有御龙氏。"献子曰："是二氏者，吾亦闻之，而不知其故，是何谓也？"对曰："昔有飂叔安，有裔子曰董父，实甚好龙，能求其耆欲以饮食之，龙多归之，乃扰畜龙，以服事帝舜。帝赐之姓曰董，氏曰豢龙。封诸鬷川，鬷夷氏其后也。故帝舜氏世有畜龙。及有夏孔甲，扰于有帝，帝赐之乘龙，河、汉各二，各有雌雄。孔甲不能食，而未获豢龙氏。有陶唐氏既衰，其后有刘累，学扰龙于豢龙氏，以事孔甲，能饮食之。夏后嘉之，赐氏曰御龙，以更豕韦之后。龙一雌死，潜醢以食夏后。夏后飨之，既而使求

中国古代著述思想研究

之。惧而迁于鲁县，范氏其后也。"①

其中虽不无神秘色彩，但其勾勒的大体过程与范宣子所言多有吻合，且清楚说明了什么是"赐姓""赐氏"，故不惮其烦而录之。而穆叔则认为，这只是"世禄"，即一姓一氏的繁衍不绝。这种"保姓受氏，以守宗祊""世不绝祀"的现象"无国无之"，只是传宗接代意义上的血缘氏族延续，并无个人的努力建树在内。这种现象，哪一国都有，对治国建邦并无普遍的参照及指导意义，所以不能称为"不朽"。实际上，春秋时的所谓诸侯国都从早先一姓一氏的原始氏族发展而来，都带有"世禄"的特征，只不过其规模有大小之别。

《左传·隐公八年》："天子建德，因生以赐姓，胙之土而命之氏。诸侯以字，为谥，因以为族。官有世功，则有官族，邑亦如之。"②孟子曰："三代之得天下也以仁，其失天下也以不仁。国之所以废兴存亡者亦然。天子不仁，不保四海；诸侯不仁，不保社稷；卿大夫不仁，不保宗庙；士庶人不仁，不保四体。今恶死亡而乐不仁，是犹恶醉而强酒。"③赵伯雄先生在《周代国家形态研究》中指出："最初的姓，应当是指原始社会中的氏族。姓起源于母系氏族社会，不同的姓代表着不同的母系氏族。"④那么，氏与族的关系如何呢？"至于氏是一种怎样的族组织，文献材料表明，氏是比姓范围要小的、父家长制的宗族组织。我认为，杨宽先生对氏的理解是正确的，他说：'氏是姓的分支。天子、诸侯分封给臣下土地，就必须新立一个"宗"，即所谓"致邑立宗"，新立的"宗"需要有一个名称，就是氏。'"⑤赵先生在大量文献分析的基础上得出结论："从先秦文献中大量出现的姓字的辞例来看，先秦的'姓'实是表示一种出自共同祖

---

① 《十三经注疏》整理委员会整理，李学勤主编：《十三经注疏·春秋左传正义》，北京大学出版社1999年版，第1503—1505页。

② 《十三经注疏》整理委员会整理，李学勤主编：《十三经注疏·春秋左传正义》，北京大学出版社1999年版，第112—115页。

③ 杨伯峻译注：《孟子译注》，中华书局1960年版，第166页。

④ 赵伯雄：《周代国家形态研究》，湖南教育出版社1990年版，第55页。

⑤ 赵伯雄：《周代国家形态研究》，湖南教育出版社1990年版，第70页。

先的血缘团体。"这种"血缘团体"随着历史的进程而发展为"邦"和"国"，"本来一姓居于一地，但随着人口的繁衍和氏族的迁徙，一姓可以分裂为若干血族集团，每一集团后来都自成一邦，于是也就有了一姓数邦的现象。这正如姬姓的古国不只周邦一样"。①甲骨文、金文、《尚书》、《诗经》等古代文献中常有"万邦""多邦""多方""庶邦"等提法，兹不赘引。据《国语·晋语》载："凡黄帝之子，二十五宗，其得姓者十四人为十二姓。姬、酉、祁、己、滕、箴、任、荀、僖、姞、儇、依是也。唯青阳与苍林氏同于黄帝，故皆为姬姓。"②又据《国语·郑语》载，祝融之后分为己、董、彭、秃、妘、曹、斟、芈八姓。③《左传·僖公二十四年》提到周初封国："管、蔡、郕、霍、鲁、卫、毛、聃、郜、雍、曹、滕、毕、原、酆、郇，文之昭也。邗、晋、应、韩，武之穆也。凡、蒋、邢、茅、胙、祭，周公之胤也。"④《左传·襄公十一年》载有"七姓十二国"，据杜预注，晋、鲁、卫、郑、曹、滕，为姬姓；邾、小邾，为曹姓；宋，为子姓；齐，为姜姓；莒，为己姓；杞，为姒姓；薛，为任姓。⑤另外，成书于战国时代的《世本》对周代邦国的姓有较为详细的记载。除见于经传的姬姓诸国外，《世本》所载其他各姓之国共有姜、己、任、姒等十六姓，向、谢、彤、舒庸等四十七国。⑥又据严毅沉《周代氏族制度》考证梳理：

西周时大小封国之数，按《左传·昭公二十八年》说："昔武王克商，光有天下，其兄弟之国者十有五人，姬姓之国者四十人"。到成王时又封了武王、周公的后代。《左传·僖公二十四年》说："邗、晋、应、韩，武

① 赵伯雄：《周代国家形态研究》，湖南教育出版社1990年版，第53、59页。

② 上海师范大学古籍整理组校点：《国语》，上海古籍出版社1978年版，第356页。

③ 上海师范大学古籍整理组校点：《国语》，上海古籍出版社1978年版，第512页。

④ 《十三经注疏》整理委员会整理，李学勤主编：《十三经注疏·春秋左传正义》，北京大学出版社1999年版，第418—419页。

⑤ 《十三经注疏》整理委员会整理，李学勤主编：《十三经注疏·春秋左传正义》，北京大学出版社1999年版，第899页。

⑥ 赵伯雄：《周代国家形态研究》，湖南教育出版社1990年版，第52页。

之穆也;凡、蒋、邢、茅、胙、祭,周公之胤也。"是姬姓国已有五十个。所以《荀子·儒效篇》说:周公摄政时已"立七十一国,姬姓独居五十三人焉"。而《礼记·王制》说:九州之内共大小国千七百七十三个。《逸周书·世俘》说:武王征四方,凡服国六百五十有二。《吕氏春秋·观世》说:周之所封四百余,服国八百余。若照春秋时代还存在的大小诸侯二十余国,加上被大国并灭的一百二十余国,总共有名可查的不超过一百五十国。①

每个封国的名称,就是一个氏族的名称。而"氏族名称创造了一个系谱……这种氏族名称,现在应当证明具有这种名称的人有共同世系"(据原书脚注,语出《马克思恩格斯选集》第四卷——引者注)。如晋是姬姓氏族,宋是子姓氏族等。因而每个封国都有个国姓,凡是共国姓的人都称为国人。如春秋时代所称的楚人、秦人、陈人、郑人等就是指的芈姓的楚国人、嬴姓的秦国人、妫姓的陈国人、姬姓的郑国人等。凡是国人都有共同世系。周代的氏族世系包括周王和各封国诸侯的世系,从始祖的始封祖算起,代数和代传人名是很清楚的。周王世系从共和以来代有年数,诸侯世系如鲁国自第二代起即纪年数。到了春秋时代各诸侯国内的胞族(世卿),也都有世系可查,如齐之高氏、国氏、栾氏、崔氏、管氏等,鲁之臧氏、仲孙氏、叔孙氏、季孙氏等,晋之栾氏、士氏、韩氏、赵氏、魏氏等。

由于氏族的世系同氏族显贵的官位世袭继承是联系在一起的,一旦氏族失去官守,无人继承,氏族世系也就中断了。所以世卿的世系和诸侯的世系一样,世卿灭了族等于诸侯亡了国,绝了宗庙祭祀,世系也不复存在了。所以氏族成员的共同世系是氏族制度的一个特征。所谓"世不绝祀"就是氏族世代继承官守的世袭制,是氏族世系存在的条件。②

---

① 严毅沉:《周代氏族制度》,黑龙江人民出版社2001年版,第39页。
② 严毅沉:《周代氏族制度》,黑龙江人民出版社2001年版,第41页。

随着时间推移，生齿日繁，支脉蔓延，宗法制家庭内部就会发生分化。于是，在氏族姓氏分化之外，又出现了大小宗的分化。据学者梳理和分析，这是因为：

在氏族时代，由于人口增多，往往会从氏族分化出新的氏族，旧的氏族成为母亲氏族，新的为女儿氏族，它们成为胞族，它们之间有一定的联系，但很难有明确的权利和义务关系。大小宗则是宗法制下的分化形式，是从嫡庶制分化出来的，其内部有着特殊的结构。按照宗法制的原则，嫡长子继承宗子之位，别子就应该另立宗族，每一级宗法家庭都按此分化，于是形成不同层次的大小宗系统。

关于大小宗的分别，礼家这样描述："别子为祖，继别为宗，继祢者为小宗。有五世而迁之宗，其继高祖者也。是故祖迁于上，宗易于下。""有百世不迁之宗，有五世则迁之宗。百世不迁者，别子之后也，宗其继别子之所自出也，百世不迁者也。宗其继高祖者，五世则迁者也。"

所谓"别子"，就是"自为其子孙为（据卢文弨校本，此'为'字当删——作者）祖"，也就是说，凡别起一支而成为这支之祖的，就是别子。这表示了一种比较简单明确的观念：只要在亲属关系中别开一支，即成为本支后世的始祖。

由立祖而立宗，但所立之宗有两种，即大小宗。大宗即"继别为宗"的一支，即嫡长子的一支，这一支把祖当作别子来继承，另一支即"继祢者为小宗"，即支子的宗族，他们不能把祖当作别子来继承，只能把别子即自己的父亲当作祢来祭祀，也就是说他们自己必须又成为别子，成为新的祖，开创自己的宗族，于是他们这些小宗又成为自己宗族的大宗。如文王死，武王成为继别者，成为大宗，武王死，成王又成为继别者，大宗；以后康王、穆王，代代都是继别者，都是大宗，这叫做"百世不迁"；而周公封鲁，则成为继祢者，成为小宗，相对于周来说，鲁永远是小宗；但周公作为文王的别子，又建立鲁国之宗，成为鲁宗的祖，所以鲁国有周公庙，称祖庙，又有文王庙，称周庙。周公一直在周王室服务，实际没有之国，子伯禽代替周公封鲁，伯禽成为周公的继别者大宗，他的嫡长子也世世成为鲁国的继别者，大宗；而在诸侯国内又实行分封，诸侯的支子又成为继祢者小宗，可是在他们自己的采邑内成为别子——始祖，他们的嫡长子又成为继别者大宗，支子又成为继祢者小宗，成为士阶层，士还是别子为祖，他们的嫡长子又成为继别者大宗，支子成为继祢者小宗，再往下就无法再分封，因此也就无法再序宗法了，因为，士以下，已经没有可以不加分割地"传重"的东西了。从立宗之始的角度来说，一大宗四小宗，如周天子为大宗，周族的诸侯、大夫、士、士之子弟为四小宗；然而从宗的发展演变角度来看，反过来，四大宗一小宗，如周天子、诸侯、大夫、士又都是大宗，只有士之子弟为单纯的小宗身份，这是从两个角度看问题，都是对的，因为中间三个等级在宗法上的身份都是双重的，既是大宗又是小宗。[①]

总之，恰如以上学者所梳理、描述的那样，出于共同祖先血缘亲族的大大小小的"国""邦""宗"等按照血缘亲疏的远近，构成了一个井然有序的金字塔等级秩序结构，"西周、春秋间贵族的统治，就是以周天子为首的姬姓贵族为主，联合其他异姓贵族的统治。周天子分封同姓诸侯之时，又封异姓诸侯，诸侯也分封同姓和异姓卿大夫。由于实行同姓不婚制和贵族的等级内婚制，异姓贵族都成为姬姓贵族的姻亲。周天子称同姓诸侯为伯父、叔父，称异姓诸侯为伯舅、叔舅，诸侯也称异姓卿大夫为舅。周天子与诸侯，诸侯与卿大夫，固然有着政治上的组织关系，同时也存在着宗法和姻亲的关系，以加强彼此之间的团结和联合"[②]。这些以姓氏为基本单位的、出自共同祖先的"邦"和"国"由于错综复杂的原因，命运大不相同，其中的强者活跃在政治舞台上，成为诸侯强国，弱

---

① 施治生、徐建新主编：《古代国家的等级制度》，中国社会科学出版社2003年版，第15—16页。

② 杨宽：《西周史》，上海人民出版社1999年版，第451页。

者则沦为附庸，甚至被吞并，所谓"《春秋》之中，弑君三十六，亡国五十二，诸侯奔走不得保其社稷者不可胜数"①。但无论大小，它们都有一本质特征，即"地缘组织与血缘组织的统一体"。笔者征引这么多文献，无非是想说明，无论是晋国范宣子的氏族，还是鲁国国君的家族，皆是从远古一姓一氏的血缘共同体发展而来，都有自己宗族"保姓受氏，以守宗祊，世不绝祀"的目的。一姓一氏，是缩小了的"国"；而一邦一国，无非是放大了的"姓"或"氏"。从本质上看，二者都属于"世禄"之列，因为它们所维护的都是一姓一氏的以父权嫡长子继承制为特征的"私利"。因为"宗法制度确是由父系家长制变质和扩大而成。氏族制末期的祖先崇拜，此时扩展为宗庙制度；氏族的公共墓地，此时变为族墓制度；氏族成员使用氏族名称的权利，此时发展为姓氏、名字制度；氏族的族外婚制，此时变为同姓不婚制和贵族的等级内婚制；氏族的相互继承权，此时变为嫡长子继承制；氏族长掌管本族公共事务的制度，此时变为族长（宗主）主管制；氏族所设管账等人员，此时变为家臣制度，实质上成为贵族的基层政权组织。至于氏族'彼此予以帮助、保护及支援的相互义务'，此时变为宗族内部以及大小宗族之间相互帮助、保护及支援的义务"②。这种以宗法制为核心的政治制度反映在文化上，就构成了"帝王文化"或"官本位"文化：

先秦两汉时期，是中国文化形成的奠基时期，主要体现为帝王阶层的意志和利益。如果说西周时期周礼确立为帝王文化奠定了社会基础的话，那么春秋时期诸子百家思想则成为帝王文化的上层建筑；从秦始皇焚书坑儒，到汉武帝独尊儒术，都昭示出帝王阶层对于国家文化的掌握控驭能力是不可撼动的。因而，先秦两汉文学深受帝王文化的影响并打上深刻烙印，各种文学形式中都闪现着帝王情结的影子。③

---

① 司马迁：《史记》，中华书局1959年版，第3297页。

② 杨宽：《西周史》，上海人民出版社1999年版，第450页。

③ 宁稼雨：《中国文化"三段说"背景下的中国文学嬗变》，《中原文化研究》2019年第2期。

综上可知，先秦统治政权的特征是以宗法制为基石的"家天下"，其公私观念也有着鲜明的等级特征，可简单表述为：大宗为"公"，小宗为"私"。正如有的学者指出的那样："在宗法制度支配下，宗子有保护和帮助宗族成员的责任，而宗族成员有支持和听命于宗子的义务。大宗有维护小宗的责任，而小宗有支持和听命于大宗的义务。惟其如此，大宗和宗子对宗族组织起着支柱的作用，所以《诗经·大雅·板》说：'大邦维屏，大宗维翰，怀德维宁，宗子维城。'而小宗对大宗起着辅助的作用。"①比如，对诸侯而言，天子之事为"公"，诸侯之事则为"私"；而对卿大夫而言，诸侯之事为"公"，士之事则为"私"。所谓"三公者，所以参王事也，九卿者，所以参三公也，大夫者，所以参九卿也，列士者，所以参大夫也。故参而有参。是谓事宗，事宗不失，外内若一"②。在宗法系统中所占据的地位越高，其"公"的程度也就越高。所以，若从其本级来看，晋国范氏和鲁国姬姓所维护的都是自己一姓一氏的利益，从"保姓受氏""世不绝祀"的意义上看，如果维护一国一邦的利益可称为"不朽"，那么，维护一姓一氏的利益亦可称为"不朽"。因为如前所述：一姓一氏，不过是缩小了的"国"；而一邦一国，无非是放大了的"姓"或"氏"而已。再进一步分析，从范宣子的立场看，自己家族能维持"世不绝祀"，已经可以称为"不朽"了，这同鲁国君臣努力使鲁国"世不绝祀"并无本质区别。所以，范宣子这样说，自有他的道理，我们不能把他的话只当作可有可无的陪衬，而此前学界大多数人正是这样做的。穆叔的话也有其道理，道理就在于：首先，他是站在臣子的立场上说话；其次，他所奉为"不朽"楷模的臧文仲，也是鲁国大夫。然而，若从更高一级的宗法制层次来看，一国之利益也属于"私"的范畴，如《商君书·修权》所言："今乱世之君臣，区区然皆擅一国之利而管一官之重，以便其私，此国之所以危也。"③这是秦国重法家耕战说的典型言论，其最终目标在

第一章 「立言不朽」与「立言为公」辨析

---

① 杨宽：《西周史》，上海人民出版社1999年版，第450—451页。

② 刘向撰，向宗鲁校证：《说苑校证》，中华书局1987年版，第38页。

③ 商鞅等：《商君书》，上海人民出版社1974年版，第47页。

于灭掉六国，志存高远，所以除秦国之外的任何一国的利益都属于"私"。于是，我们看到了春秋战国时期的"公私"具有相对性、流动性、灵活性。公私是要讲，关键是看站在什么角度去讲，对谁讲，以及在什么情势下讲。钱穆先生曾比较过中西公私观念之悖论，得出结论说："今再要而言之，西方人多私，故贵公，乃重于物而轻于人。中国人多公，故贵私，乃厚于人而薄于物。东西文化相异略如此。"①

至此，问题似乎逐渐清楚了：原来在所谓的"三不朽"说的背后，有一种是否"为公"的价值判断标准，它构成了由"一姓一氏"到"卿大夫"，再到"诸侯列国"，最后到"天下共主"这样由低到高的等级判断台阶，表现出社会强势统治群体对"公"资源的占有欲望。越往层级的上面走，"为公"的程度就越高，"不朽"的程度自然也就越大。于是，范宣子和被穆叔奉为典范的臧文仲，一为私，一为公；一为一己姓氏之繁衍不绝，一为国君社稷之千秋大业。何者不朽，判然可分。换言之，只有脱离了自己一姓一氏之私利，为某一国的君主尽忠、为某一国的政事操劳，才称得上"不朽"；而若从更高一层的利益看，一国之社稷、利害，同样是"私"，因为它妨害统一以及达到更高一级的君主集权。

第五节　公私观念：文字学及相关先秦文献的梳理

由上文可知，在《左传》所示何为"不朽"的具体语境中，为公抑或为私是一重要的判断依据。那么，十分有必要搞清楚先秦时期公私概念的演变。首先是文字学和文献学方面的梳理。

先看文字学方面。

在"公""厶"（古"私"字）字义构形及释义问题上，历时最长、影响最大的当为"自环为厶，背厶为公"之说。其说首见《韩非子·五蠹》："古者苍颉之作书也，自环者谓之私，背私谓之公。公私之相背也，乃苍颉固以知之

---

① 钱穆：《晚学盲言》，广西师范大学出版社2004年版，第394页。

矣。"①许慎《说文解字》全面承袭了这种解释："厶，奸邪也。韩非曰：'仓颉作字，自营为厶。'凡厶之属皆从厶。""公，平分也。从八厶。八，犹背也。韩非曰：'背厶为公。'"②由于全袭韩说，没有自己独自的探索，加之没有见到甲骨文，许氏文字语源学意义上的缺陷不证自明。又："私，禾也。从禾，厶声。北道名'禾主人'曰'私主人'。"段玉裁注："盖禾有名私者也。今则假私为公厶。仓颉作字，自营为厶，背厶为公。然则古只作厶，不作私。北道，盖许时语，立乎南以言北之辞。"③

韩非此说有着鲜明的法家政治文化色彩，而缺乏严谨求实的治学态度，这一点已成学界共识。如徐中舒先生就曾批评说："《韩非子》说'自环为私，背私为公'，这完全是望文生义的附会之谈。公象瓮（罋）形，在古代大家经常要围在瓮旁取酒共饮，故公得引申为公私之公。私是农具，从㠯，象耒耜之耜形，是农夫用以耕作，作为自己私有的工具，故私得引申为公私之私。"④他又说："厶小篆作㠯，形与铜器中㠯字绝相似，私从禾，即耜之别体，耜为个人所有，故得引申为公私（或作厶）之私，《韩非子·五蠹篇》云：'古者苍颉之作书也，自环者谓之私，背私者谓之公；公私之相背也，乃苍颉固以知之矣。'（亦见《说文》引）此说与古代社会情况不合。铜器中公作 ᐱ（与小篆中公作 公不同），全无相背之形，可证其为臆说。"⑤但目前仍有学者将此视为古代公私观念的逻辑起点。如有文章就指出："《说文》释'公'曰：'公，平分也'，并引韩非的解释：'背厶（私）为公'。而韩非释'私'为：'自环者谓之私'。能够'平分'的是什么？能够'平分'的只能是'物'和能够按'物'的方式被'分'有的东西。而'自环者'，即圈占者，亦即不愿把有限好处'平分'与人的独占者。'平分''物'的'平分'者，在把'公'理解为对'物'的'平分'这一状态下，

① 王先慎：《韩非子集解》，中华书局1998年版，第450页。
② 许慎著，段玉裁注：《说文解字注》，上海古籍出版社1981年版，第436、49页。
③ 许慎著，段玉裁注：《说文解字注》，上海古籍出版社1981年版，第321页。
④ 徐中舒：《徐中舒历史论文选辑》，中华书局1998年版，第1441页。
⑤ 徐中舒：《徐中舒历史论文选辑》，中华书局1998年版，第93页。

显然已把自身放在分物者和持物者的位置，因而其自身已在此成为以'物'为生的持物者。这样，'公'，即是'平分'，即是以天下之福利归于天下。……'平分'和'自环'可以说是中国文化'公'、'私'观的核心意义。中国文化的权力体制和个人德性境界与以这种'平分'和'自环'的公、私界分观为基础的'道''理'论构成了不可割解的表里关系。"①所以，对"厶为自环，公为平分"之说，似乎大有辨明的必要。

从文字溯源角度看，所谓"自环为厶，背厶为公"云云有着先天的缺陷：既云"背厶为公"，则"厶"字先出，是产生"公"字的必然条件，最起码，二者也应同时存在，否则谈不上什么"背厶为公"。而验之以文字发展次序，是"公"字先出，"厶"字晚出，故二者明显缺乏反义对举的基本条件。据古文字学资料，甲骨文中只有"公"字，其母型主要有三：（1）为"）㡀"，（2）为"峃"，（3）为"屾"。②而按照李亚农《殷契杂释》里的说法，甲骨文中有"厶"字，与"丁"同形，为"口""■""〇"，词义及来源不明。③此为甲骨文中"厶"字所仅见。据徐中舒的考证，作为有文字依据可查的"厶"字，晚至春秋战国时代才出现。④按照文字产生的顺序，是"公"字在前，"厶"字在后，"私"字出现更晚。既然"厶"字晚出，何来"背厶为公"？明乎此，则韩非之"自环为厶，背厶为公"就失去了文字学的依据，很难站住脚了。

再看相关先秦文献。

除文字自身内部发展逻辑外，验之以西周、春秋、战国时文献对"公私"文字的使用，也可发现，起初"公私"只有具体义，而无抽象义；只是身份称谓，而非价值判断。价值判断层面的"公私"观念（所谓"自环为厶，背厶为公"）是后起之义，战国中期才真正大量使用。也就是说，"自环为厶，背厶为公"是

---

① 蒋荣昌：《中国文化的公私观》，《西南民族学院学报》（哲学社会科学版）1998年第4期。

② 徐中舒主编：《汉语古文字字形表》，四川人民出版社1981年版，第33页。

③ 李亚农：《殷契杂释》，《考古学报》1951年第5期。另参见日本学者松丸道雄、高岛谦一所编《甲骨文字字释综览》（东京大学出版会1994年出版）。

④ 徐中舒主编：《汉语古文字字形表》，四川人民出版社1981年版，第364页。

观念释义，而非字义构形释义。所以，很有必要对韩非"自环为厶，背厶为公"观念形成的历史脉络作一番清理。

"私"字在《尚书》中凡四见：一为《商书·说命》："惟治乱在庶官。官不及私昵，惟其能。爵罔及恶德，惟其贤。"[①]二为《商书·咸有一德》："非天私我有商，惟天佑于一德。非商求于下民，惟民归于一德。"[②]三为《周书·周官》："以公灭私，民其允怀。"[③]如上所论，第三条已经运用了抽象意义上十分成熟的"公私"概念，并且使用了反义对举；但这三篇经清人阎若璩辨析，为伪作，不甚可信。即使考虑到要走出"疑古时代"，其中是非曲直，也三言两语难以说清，故存疑。四为《周书·吕刑》："今天相民，作配在下，明清于单辞。民之乱，罔不中听狱之两辞；无或私家于狱之两辞。"孔颖达疏曰："汝狱官无有敢受货赂，成私家于狱之两辞。勿于狱之两家受货致富"。[④]这里的私，作具体的"个人""私人"解。据顾颉刚先生考证，《吕刑》属于《今文尚书》二十八篇中的第一种情况："这一组，在思想上，在文字上，都可信为真。"[⑤]"私"字如此。另外，在《尚书》中，"公"基本指爵位、身份，无抽象义。

《诗经》中亦然。传统中国是以宗法制度为根基的等级森严的社会，所谓"王者之制禄爵：公、侯、伯、子、男，凡五等"[⑥]。《庄子·天下篇》："古之丧礼，贵贱有仪，上下有等，天子棺椁七重，诸侯五重，大夫三重，士再

---

① 《十三经注疏》整理委员会整理，李学勤主编：《十三经注疏·尚书正义》，北京大学出版社1999年版，第251页。

② 《十三经注疏》整理委员会整理，李学勤主编：《十三经注疏·尚书正义》，北京大学出版社1999年版，第216页。

③ 《十三经注疏》整理委员会整理，李学勤主编：《十三经注疏·尚书正义》，北京大学出版社1999年版，第486页。

④ 《十三经注疏》整理委员会整理，李学勤主编：《十三经注疏·尚书正义》，北京大学出版社1999年版，第552页。

⑤ 刘起釪：《尚书学史》，中华书局1989年版，第507页。

⑥ 《十三经注疏》整理委员会整理，李学勤主编：《十三经注疏·礼记正义》，北京大学出版社1999年版，第330页。

重。"① 《礼记·郊特牲》："诸侯不敢祖天子，大夫不敢祖诸侯，而公庙之设于私家，非礼也，由三桓始也。"②

公，指王室、公侯或卿大夫，也用作君主王侯的代称，如《诗·召南·采蘩》："被之僮僮，夙夜在公。被之祁祁，薄言还归。"③又如《左传》《国语》中频繁出现的"鲁公""晋公"等。于是，与之相关的事物也被冠之以"公"字。如公庭，为国君宗庙的厅堂或朝堂，《诗·邶风·简兮》云："硕人俣俣，公庭《万》舞。"④

公堂，为君主厅堂，《诗·豳风·七月》云："跻彼公堂，称彼兕觥，万寿无疆。"⑤

公事，《诗·大雅·瞻卬》云："妇无公事，休其蚕织。"⑥朱熹集传："公事，朝廷之事也。"⑦

公室，指君主之家、王室，《论语·季氏》云："禄之去公室五世矣，政逮于大夫四世矣。"⑧

公家，犹公室，诸侯王国，《左传·僖公九年》云："公家之利，知无不为，忠也。"⑨这是从臣子的角度说。

公乘，指王室或诸侯国的兵车，《左传·文公二年》云："狼瞫取戈以斩

① 陈鼓应注译：《庄子今注今译》，商务印书馆2007年版，第991页。

② 《十三经注疏》整理委员会整理，李学勤主编：《十三经注疏·礼记正义》，北京大学出版社1999年版，第782页。

③ 《十三经注疏》整理委员会整理，李学勤主编：《十三经注疏·毛诗正义》，北京大学出版社1999年版，第66页。

④ 《十三经注疏》整理委员会整理，李学勤主编：《十三经注疏·毛诗正义》，北京大学出版社1999年版，第161页。

⑤ 《十三经注疏》整理委员会整理，李学勤主编：《十三经注疏·毛诗正义》，北京大学出版社1999年版，第507页。

⑥ 《十三经注疏》整理委员会整理，李学勤主编：《十三经注疏·毛诗正义》，北京大学出版社1999年版，第1259页。

⑦ 朱熹集注：《诗集传》，中华书局2011年版，第292页。

⑧ 程树德：《论语集释》，中华书局1990年版，第1145页。

⑨ 《十三经注疏》整理委员会整理，李学勤主编：《十三经注疏·春秋左传正义》，北京大学出版社1999年版，第359页。

囚，禽之以从公乘。”[①]

公席，古时尊者之席，《仪礼·燕礼》云：“小臣设公席于阼阶上，西乡，设加席。公升，即位于席，西乡。”郑玄注：“后设公席者，凡礼，卑者先即事，尊者后也。”[②]

公馆，指诸侯的宫室或别馆，《礼记·杂记上》云：“大夫次于公馆以终丧”，郑注：“公馆，公宫之舍也。”孔颖达疏：“‘公馆’，君之舍也”。[③]

而与“公”对举的“私”，则指“公”的家臣或低一等级的下属，属于下一等级的臣民。虽然在此“公私”都是具体义，而无抽象义，但已明显具有上下尊卑的内涵，即：在以宗法为基石的社会中，上一级之事为“公”，而下一级之事则为“私”。

试看《诗·豳风·七月》：“一之日于貉，取彼狐狸，为公子裘。二之日其同，载缵武功。言私其豵，献豜于公。”孔疏：“以经狐狸以下为公子裘耳，明于貉是民自用为裘也。”“豵入私，豜入公，则豜大豵小。……‘大兽公之，小兽私之’。”“‘狐貉之厚以居’，《论语》文，言其毛厚，服之居于家也。‘孟冬天子始裘’，《月令》文，言自此之后，臣民亦服裘也。……孟冬已裘，而仲冬始捕兽者，为来年用之。《天官·掌皮》：‘秋敛皮，冬敛革，春献之。’注云：‘皮革逾岁干，久乃可用，献之以入司裘。’……孟冬始裘，而《司裘》‘仲秋献良裘，季秋献功裘’者，豫献之，以待王时服用、颁赐故也。”[④]

据《周礼·天官》，有“兽人”一职司掌兽皮：“兽人掌罟田兽，辨其名物。冬献狼，夏献麋，春秋献兽物。……凡祭祀、丧纪、宾客，共其死兽生兽。

① 《十三经注疏》整理委员会整理，李学勤主编：《十三经注疏·春秋左传正义》，北京大学出版社1999年版，第492页。

② 《十三经注疏》整理委员会整理，李学勤主编：《十三经注疏·仪礼注疏》，北京大学出版社1999年版，第253页。

③ 《十三经注疏》整理委员会整理，李学勤主编：《十三经注疏·礼记正义》，北京大学出版社1999年版，第1158页。

④ 《十三经注疏》整理委员会整理，李学勤主编：《十三经注疏·毛诗正义》，北京大学出版社1999年版，第500—501页。

凡兽入于腊人，皮毛筋角入于玉府。凡田兽者，掌其政令。"①

"私人"一词，见于《诗·小雅·大东》："舟人之子，熊罴是裘。私人之子，百僚是试。"孔疏："此云私人，则贱者谓本无官职、卑贱之属，私居家之小人也。《崧高》云：'迁其私人'，以申伯为王卿士，称其家臣为私人……《玉藻》云：'大夫私事，使私人摈。'以臣仕于私家，谓之私人，非此类也。"②又《诗·大雅·崧高》："王命召伯，彻申伯土田。王命傅御，迁其私人。"毛传："私人，家臣也。"孔疏："私人者，对王朝之臣为公人，家臣为私属也。《有司彻》云：'主人降献私人。'注云：'大夫言私人。'明不纯臣。此申伯虽是王之卿士，亦是不得纯臣，故称私人也。"③私人，即申伯家臣，处于低一级的阶层。又《诗·周颂·噫嘻》："率时农夫，播厥百谷。骏发尔私，终三十里。"毛传："私，民田也。言上欲富其民而让于下，欲民之大发其私田耳。"孔疏："上意欲富其民而让于下，欲民之大发私田，使之耕以取富，故言私而不及公，令民知君于己之专，则感而乐业故也。"④《管子·明法》里也有"十至私人之门，不一至于庭"⑤的话。私人，又称"小人"，如《诗·小雅·大东》："周道如砥，其直如矢。君子所履，小人所视。"孔疏："此言君子小人在位，与民庶相对。君子则行其道，小人则供其役。"⑥所谓"周道"云云，无非是说"大路平直如箭，贵族在其上行走，庶民在一旁观望"，而这种身份的区别却被后人理解为"公私"价值的区别，如刘向《说苑·至公》："夫以公与天下，其德大矣。……《诗》云：'周道如砥，其直如

① 《十三经注疏》整理委员会整理，李学勤主编：《十三经注疏·周礼注疏》，北京大学出版社1999年版，第100—102页。

② 《十三经注疏》整理委员会整理，李学勤主编：《十三经注疏·毛诗正义》，北京大学出版社1999年版，第784—786页。

③ 《十三经注疏》整理委员会整理，李学勤主编：《十三经注疏·毛诗正义》，北京大学出版社1999年版，第1211—1212页。

④ 《十三经注疏》整理委员会整理，李学勤主编：《十三经注疏·毛诗正义》，北京大学出版社1999年版，第1318—1320页。

⑤ 赵守正：《管子注译》（下册），广西人民出版社1982年版，第64页。

⑥ 《十三经注疏》整理委员会整理，李学勤主编：《十三经注疏·毛诗正义》，北京大学出版社1999年版，第780、781页。

矢。君子所履，小人所视。'此之谓也。"①显然，在此种语境下社会地位差别意义上的"君子""小人"，具有了伦理观念差别上的意义。

这些例证说明，《尚书》《诗经》中的"公"和"私"虽有等级化的语义内涵，但并无道义上的"公""私"抽象对举之意，也不是按照占有财产多少而生成的褒贬之语。当然，正是这种等级化的因素，成为之后"公""私"观念由人身称谓嬗变为价值判断的逻辑依据。至于稍后的《左传》《国语》，仍延续"公""私"的这种具体义，例子俯拾即是，不赘。

另查孔孟论"公""私"，基本无抽象义，也未形成一个独立范畴。《论语》中"公"作为单字共出现了七次，基本的含义为"公事"。如《雍也》："非公事，未尝至于偃之室也。"②《季氏》："禄之去公室五世矣"③。"私"字只出现两次，含义是个人、私人。《为政》："退而省其私"④，《乡党》："私觌，愉愉如也"⑤。这里的"私"字还不含什么贬义。

孟子论"公""私"和孔子基本一致：《孟子》中"公"作为单字（不含"公曰"）共出现八次，基本含义一为"公事"，二为"爵位"。指"公事"的句子如《滕文公上》"惟助为有公田"⑥"同养公田"⑦，《万章下》"公养之仕也"⑧。指"爵位"的句子如《万章下》"公侯皆方百里"⑨"非王公之尊贤也"⑩，《尽心上》"柳下惠不以三公易其介"⑪。显然，这里的"公"字只是指"公事"和"爵位"，并无褒贬之义。

---

① 刘向撰，向宗鲁校证：《说苑校证》，中华书局1987年版，第343页。
② 程树德：《论语集释》，中华书局1990年版，第391页。
③ 程树德：《论语集释》，中华书局1990年版，第1145页。
④ 程树德：《论语集释》，中华书局1990年版，第91页。
⑤ 程树德：《论语集释》，中华书局1990年版，第663页。
⑥ 杨伯峻译注：《孟子译注》，中华书局1960年版，第118页。
⑦ 杨伯峻译注：《孟子译注》，中华书局1960年版，第119页。
⑧ 杨伯峻译注：《孟子译注》，中华书局1960年版，第240页。
⑨ 杨伯峻译注：《孟子译注》，中华书局1960年版，第235页。
⑩ 杨伯峻译注：《孟子译注》，中华书局1960年版，第237页。
⑪ 杨伯峻译注：《孟子译注》，中华书局1960年版，第314页。

《孟子》中"私"字出现十次，除《离娄下》中"私妻子"指"偏爱"外，其余均指"个人的""私人的"，如《公孙丑下》"沈同以其私问曰""不告于王而私与之吾子之禄爵；夫士也，亦无王命而私受之于子，则可乎""而独于富贵之中有私龙断焉"[①]，《滕文公上》"遂及我私""八家皆私百亩""公事毕，然后敢治私事"[②]，《离娄下》"予私淑诸人也"[③]，《尽心上》"有私淑艾者"[④]。

可见，孔孟所生活的春秋战国之交，"公"的含义是指"公事"或"爵位"，"私"字的基本含义只是"个人的""私下的"，并无价值对立褒贬的抽象意义，因而"公""私"也并无尖锐对立和势不两立的现象。据此推理，在孔孟之前还没有"自环为厶，背厶为公"这样的抽象用法。汉初贾谊的《新书·道术》中也有类似的定义："兼覆无私谓之公，反公为私。"[⑤]

第六节　公私观念：从身份称谓到价值判断的嬗变

中国古代崇公思想的形成，有一个从个人身份地位到价值评价观念的发展过程。在此应注意，身份地位与价值判断属于两种完全不同的范畴。前者是指一个人在等级社会中所处的位置，后者则指一种全社会认可的价值判断标准和褒贬系统。位尊者，德未必高。一般来讲，社会地位的尊卑并不能决定道德水平的高低，如高官的道德水平完全可以低于引车卖浆者流；反之亦然。然而，中国古代有关"公私"的概念却不然，其诞生之初，就带有鲜明的身份称谓与价值评判同生共体的特征。这种特征肯定了前者对后者的决定及控制作用，即个人身份的尊卑可以决定道德价值判断的褒贬、水平的高低，也即身份有高低、贵贱、尊卑、

---

① 杨伯峻译注：《孟子译注》，中华书局1960年版，第99、103页。

② 杨伯峻译注：《孟子译注》，中华书局1960年版，第118、119页。

③ 杨伯峻译注：《孟子译注》，中华书局1960年版，第193页。

④ 杨伯峻译注：《孟子译注》，中华书局1960年版，第320页。

⑤ 贾谊：《贾谊集》，上海人民出版社1976年版，第137页。

上下，前者对后者绝对控制；演变成观念之后，前者仍然对后者有绝对的控制权。

　　春秋战国时期，随着诸侯兼并激烈，君主专制加强，与此相应的王权意识也随之壮大，思想家们开始挖掘传统中的"公私"资源，将具有价值判断的抽象意义注入其中。至此，"公""私"概念已经从一般身份称谓上升为意识形态领域里尖锐对立的两个范畴。其结果正如刘泽华先生所说："西周时期的公、私基本是社会身份为主，大体在具象范围内，到春秋战国时期'公'、'私'的含义像连续乘方一样大扩张。"①据粗略统计，与"公"相搭配的词语有"至公""奉公""徇公""用公""贵公""公道""公正""公直""公平""公心""公识""公理""公义""公信""公审""公察""公议""公是""公忠""公利""公功""公患""公过""公然"等；与"私"搭配的词语有"私家""私门""私馆""私自""私利""私财""私藏""私属""私卒""私族""私欲""私心""私意""私好""私情""私善""私德""私廉""私恩""私惠""私道""私义""私荣""私为""私劳""私怨""行私""私行""私事""私求""私奸""奸私""私党""私人之党""私朝""私威""私曲""私交""私请""私言""私视""私听""私智""私虑""私议""私意""私名""私词""私术""私名"等。②验之以语言发展史，与"公""私"搭配而成的词语如此大量涌现，堪称史无前例。

　　这种骤变，无疑是与先秦圣化思潮与君主意识的逐步强化同步的。对此，荀子在《解蔽》中说得很清楚："天下无二道，圣人无两心。今诸侯异政，百家异说，则必或是或非，或治或乱。乱国之君，乱家之人，此其诚心莫不求正而以自为也，妒缪于道而人诱其所迨也。私其所积，唯恐闻其恶也；倚其所私，以观

　　①　刘泽华：《春秋战国的"立公灭私"观念与社会的整合（上）》，《南开学报》（哲学社会科学版）2003年第4期。

　　②　刘泽华：《春秋战国的"立公灭私"观念与社会的整合（上）》，《南开学报》（哲学社会科学版）2003年第4期。

异术，唯恐闻其美也。"①在此，"私"已经构成对君主之"公"的极大威胁。荀子之学，主体是儒学，但其倡导"法后王""群有分"，主张人治、性恶，已与原始儒家重视内在修身不同，这从其篇目命名《君道》《臣道》《王制》《强国》《富国》等即可见出，极其符合《汉书·艺文志》所描述的"法家者流，盖出于理官，信赏必罚，以辅礼制"②的基本特征。在荀子笔下，"公""私"二词已经完全演变成尖锐对立的价值褒贬概念，如《君道》："然后明分职，序事业，材技官能，莫不治理，则公道达而私门塞矣，公义明而私事息矣。如是，则德厚者进而佞说者止，贪利者退而廉节者起。"③"公道"与"私门"、"公义"与"私事"处于对立位置。"私"已直接威胁到君主制度，"故明主有私人以金石珠玉，无私人以官职事业，是何也？曰：本不利于所私也。彼不能而主使之，则是主暗也；臣不能而诬能，则是臣诈也。主暗于上，臣诈于下，灭亡无日，俱害之道也"④。原因在于"私"是一种邪恶的品质，几乎与乱臣贼子同义，即《臣道》中所谓"上不忠乎君，下善取誉乎民，不恤公道通义，朋党比周，以环主图私为务，是篡臣者也"⑤。而君主及其与之有关之物，都属于"公"的范畴，在此荀子引进了"道高于君"的思想，即普遍的社会公理高于具体的君主之上，《修身》曰："志意修则骄富贵，道义重则轻王公，内省而外物轻矣。传曰：'君子役物，小人役于物。'此之谓矣。身劳而心安，为之；利少而义多，为之。"⑥这是公私观念发展史上，第一次有人将"公"与"道"联系起来，使"公"具有了一种超越具体事物的普遍理性意义。这是特别值得注意的，正如其在《强国》篇中所说："夫主相者，胜人以埶也，是为是，非为非，能为能，不能为不能，并己之私欲，必以道夫公道通义之可以相兼容者，是胜人

---

① 王先谦：《荀子集解》，中华书局1988年版，第386—387页。

② 班固：《汉书》，中华书局1962年版，第1736页。

③ 王先谦：《荀子集解》，中华书局1988年版，第239页。

④ 王先谦：《荀子集解》，中华书局1988年版，第242页。

⑤ 王先谦：《荀子集解》，中华书局1988年版，第247页。

⑥ 王先谦：《荀子集解》，中华书局1988年版，第27页。

之道也。"①

如仔细寻绎，荀子笔下，仍能看到"公""私"具体义的残留痕迹，如《强国》："人其国（指秦国——引者注），观其士大夫，出于其门，入于公门，出于公门，归于其家，无有私事也，不比周，不朋党，倜然莫不明通而公也，古之士大夫也。"②在此，"公"指爵位门第，"私"指下一级士大夫。伺服、听命于"公"，是"大夫"的本职职能，如《左传·昭公七年》所谓"天有十日，人有十等，下所以事上，上所以共神也。故王臣公，公臣大夫，大夫臣士，士臣皂，皂臣舆，舆臣隶，隶臣僚，僚臣仆，仆臣台。马有圉，牛有牧，以待百事"③。又《说苑·臣术》："汤问伊尹曰：'古者所以立三公、九卿、大夫、列士者何也？'伊尹对曰：'三公者，所以参王事也，九卿者，所以参三公也，大夫者，所以参九卿也，列士者，所以参大夫也。故参而有参。是谓事宗，事宗不失，外内若一。'"④于是，"出入公门"的"公"字就处于"爵位之公"和"道义之公"两种语义内涵的交叉地带，"无有私事""不朋党"也与"出入公门"发生了联系，从而使"公"具备了从具体义向抽象义过渡的语言应用条件。在《荀子》中，这种转换确实发生了。标志之一就是把"公"作为儒家君子必备的高尚人格素养，如《修身》中所谓"君子贫穷而志广，隆仁也；富贵而体恭，杀执也；……劳倦而容貌不枯，好交也。怒不过夺，喜不过予，是法胜私也。《书》曰：'无有作好，遵王之道；无有作恶，遵王之路。'此言君子之能以公义胜私欲也"⑤。把"以公义胜私欲"作为君子的标志，在孔孟儒家先师那里是看不到的。君子是这样，大儒也是如此，《儒效》云："志忍私然后能公，行忍情性然后能修，知而好问然后能才，公修而才，可谓小儒矣。志安公，行安修，

---

① 王先谦：《荀子集解》，中华书局1988年版，第295页。

② 王先谦：《荀子集解》，中华书局1988年版，第303页。

③ 《十三经注疏》整理委员会整理，李学勤主编：《十三经注疏·春秋左传正义》，北京大学出版社1999年版，第1237页。

④ 刘向撰，向宗鲁校证：《说苑校证》，中华书局1987年版，第38页。

⑤ 王先谦：《荀子集解》，中华书局1988年版，第36页。

知通统类，如是则可谓大儒矣。"①古人甚至以"公"作为"士"的名称，如《不苟》："有通士者，有公士者，有直士者，有悫士者，有小人者。……不下比以暗上，不上同以疾下，分争于中，不以私害之，若是，则可谓公士矣。"②《正名》篇中还出现了"公心"这样的词语："以仁心说，以学心听，以公心辨。"③

韩非紧承荀子，将"公私"观念紧紧地捆绑在"是否对君主专制有利"的语言和思维逻辑上。韩非之学，上承荀子，曾"与李斯俱事荀卿"，其学术动机本身就有着强烈的功利性，所谓"于是韩非疾治国不务修明其法制，执势以御其臣下，富国强兵而以求人任贤"。④韩非认为尚公、抑私是人的道德理性所在，几乎是一种本能，如《解老》："所谓直者，义必公正，心不偏党也。"⑤《三守》："凡劫有三：有明劫，有事劫，有刑劫……群臣持禄养交，行私道而不效公忠，此谓明劫。"⑥对荀子所言的"公义"与"私欲"，韩非代之以"公义"和"私便"，或"私心""私誉"等，如《饰邪》："明主在上，则人臣去私心行公义。乱主在上，则人臣去公义行私心"⑦，又《八说》："此八者，匹夫之私誉，人主之大败也。反此八者，匹夫之私毁，人主之公利也。人主不察社稷之利害，而用匹夫之私誉，索国之无危乱，不可得矣。"⑧"匹夫有私便，人主有公利。不作而养足，不仕而名显，此私便也；息文学而明法度，塞私便而一功劳，此公利也。"⑨《韩非子》中还出现了"公民"这一词语，《韩非子·五蠹》："是以公民少而私人众矣。"陈奇猷集释："为公之民少，为

中国古代著述思想研究

---

① 王先谦：《荀子集解》，中华书局1988年版，第145页。

② 王先谦：《荀子集解》，中华书局1988年版，第49—50页。

③ 王先谦：《荀子集解》，中华书局1988年版，第424页。

④ 司马迁：《史记》，中华书局1959年版，第2146、2147页。

⑤ 王先慎：《韩非子集解》，中华书局1998年版，第137页。

⑥ 王先慎：《韩非子集解》，中华书局1998年版，第114页。

⑦ 王先慎：《韩非子集解》，中华书局1998年版，第128页。

⑧ 王先慎：《韩非子集解》，中华书局1998年版，第423页。

⑨ 王先慎：《韩非子集解》，中华书局1998年版，第425页。

私之人众。"①总之，与"私"搭配的词语都被打入了万劫不复的地狱，而"公义""公利"也堂而皇之地成为君主制度的代称，以及一种兼有等级身份和价值判断双重含义的正面范畴。荀子生活在公元前313年至公元前238年，韩非子生活在公元前280年至公元前233年，二人前后衔接，公私语汇在他们笔下大量涌现，绝非偶然。而被《说文解字》奉为圭臬的"公私"定义也恰恰出现在此时。为明了起见，不妨看看《韩非子·五蠹》对"公私"定义的上下文：

> 以是观之，夫父之孝子，君之背臣也。故令尹诛而楚奸不上闻，仲尼赏而鲁民易降北。上下之利若是其异也，而人主兼举匹夫之行，而求致社稷之福，必不几矣。古者苍颉之作书也，自环者谓之私，背私谓之公。公私之相背也，乃苍颉固以知之矣。今以为同利者，不察之患也。然则为匹夫计者，莫如修行义而习文学。行义修则见信，见信则受事；文学习则为明师，为明师则显荣。此匹夫之美也。然则无功而受事，无爵而显荣，有政如此，则国必乱主必危矣。故不相容之事不两立也……②

在此，"公""私"字义的解释与对政治文化的理解相互纠缠、互为释义，政治文化理念影响文字学判断的倾向十分明显。

要之，验之以文献，商周时期，"公""私"只有具体义，而缺乏抽象义；春秋时期，"公""私"文字对举、公私内涵对立的例子也不多见。至战国，随着君主专制意识的加强，社会才出现了对公私观念的旺盛需求，才催生出较为成熟的公私观念，于是才自然孕育出"自环为厶，背厶为公"的思想观念和文字学释义。总之，在先秦时期，公私观念的发展由具体到抽象，由身份称谓到价值判断，由不成熟到成熟，其内在嬗变逻辑是十分明晰的。明乎此，就更加可知"自环为厶，背厶为公"之说的缺陷何在了。

---

① 韩非著，陈奇猷校注：《韩非子新校注》，上海古籍出版社2000年版，第1120、1121页。
② 王先慎：《韩非子集解》，中华书局1998年版，第449—450页。

宁稼雨先生曾指出："先秦时期影响和促进散文繁荣的两个重要因素均与帝王文化背景有关。一是史官文化，二是士文化。史官文化促生了史传散文，士文化促生了诸子散文。得力于史官文化作用的史学发达是中国文化一大亮点，而史学发达的主要动力是帝王文化巩固和延续权力统治的需求。正是这一需求催生和缔造出中国史传文学的发展和繁荣。从《尚书》《左传》到《国语》《战国策》，形成了先秦史传散文的豪华阵容。以时为序的《左传》和以国为别的《国语》《战国策》，各逞所长，有很高的艺术性。而从西周'学在官府'走出的士人秉承了为帝王文化服务的基因，继续建言献策。在这个过程中，'百家争鸣'成为以追逐帝王文化主流来证明其社会价值的渠道。"① 从这一视角来审视"公私之辨"，可以看到：它与帝王政治文化联系密切，而非与所有制或私有财产有关。验之以历史真实，不是"自环为厶，背厶为公"，而是处于宗法等级社会中的上层（或与其相关的事物）为公，下层（或与其相关的事物）为私。换言之，公、私具有等级性，在以宗法为基石的社会中，上一级之人之事为"公"，而下一级之人之事则为"私"。这样的判断所得出的结论与"自环为厶，背厶为公"恰恰相反：那些占有绝对多私有财产的阶层恰恰是"公"的意志体现，而那些在宗法制度处于低级地位的阶层只能是"私"的代表。正是这种思想观念上的公私之辨合乎逻辑地导致了韩非对"公私"做出上文的文字定义和诠释。

当然，"公""私"作为两种矛盾、两种对立的势力具有相对性，其位置不是绝对的，而是处于流动变化之中，正如刘泽华先生所分析的："春秋时期诸侯简称'公'，卿大夫则简称为'私'。所谓'私肥于公'之'私'即指卿大夫之'私家'，'公'即指诸侯之'公室'。因此在一定意义上'公'、'私'是一个特定的社会阶层和权力单位。春秋时期作为权力的公、私之争，大致说来有两种情况、两种结果：一是'公'压倒和裁抑住'私'，如秦、楚、燕；另一种是'私'打倒了"公"，即卿大夫把诸侯打倒，如分晋的韩、赵、魏，代姜齐的田齐等。'私家'胜利了并不意味着'私家'势力的发展；取胜的'私家'

① 宁稼雨：《中国文化"三段说"背景下的中国文学嬗变》，《中原文化研究》2019年第2期。

对原来的诸侯是取而代之，自己上升为公侯，于是又形成新的'公'、'私'对立。"①而在这种社会身份角色的流动变化之中，"公""私"内涵所指就一目了然了。

从以上分析可见，与"公"相对的"私"，都是在森严的宗法等级社会中处于低一级的臣民及其所属之物。公，既是个人称谓及身份，又是社会伦理判断范畴，是个人角色与社会实体的双重体现，是实现个人占有欲望与维护社会公正的奇妙组合，是"大私"与"大公"的巧妙嫁接。《左传》《国语》中载，"公门"与"私门"斗争惨烈，即太史公言："《春秋》之中，弑君三十六，亡国五十二，诸侯奔走不得保其社稷者不可胜数。"②"弑君"者以下犯上，"亡国"者以强凌弱，实际都是"公"与"私"（即上下、尊卑）之间的斗争，胜利了就是"公"，失败了就是"私"。在利益争夺中，人控制的范围越大，统治的人越多，占有的"公"的资源就越多，反之亦然。费孝通先生曾形象地剖析了中国传统社会的结构特征："以'己'为中心，像石子一般投入水中，和别人所联系成的社会关系，不像团体中的分子一般大家立在一个平面上的，而是像水的波纹一般，一圈圈推出去，愈推愈远，也愈推愈薄。…… 我们儒家最考究的是人伦，伦是什么呢？我的解释就是从自己推出去的和自己发生社会关系的那一群人里所发生的一轮轮波纹的差序。"③他认为理解这种以"私"为核心的波纹差序是理解中国传统文化的关键："我们一旦明白这个能放能收、能伸能缩的社会范围就可以明白中国传统社会中的私的问题了。我常常觉得：'中国传统社会里一个人为了自己可以牺牲家，为了家可以牺牲党，为了党可以牺牲国，为了国可以牺牲天下。'这和《大学》的：'古之欲明明德于天下者，先治其国，欲治其国者，先齐其家，欲齐其家者，先修其身……身修而后家齐，家齐而后国治，国治而后天下平。'在条理上是相通的，不同的只是内向的和外向的路线，正面和反

---

① 刘泽华：《春秋战国的"立公灭私"观念与社会的整合下》，《南开学报》（哲学社会科学版）2003年第5期。

② 司马迁：《史记》，中华书局1959年版，第3297页。

③ 费孝通：《乡土中国 生育制度》，北京大学出版社1998年版，第27页。

面的说法，这是种差序的推浪形式，把群己的界限弄成了相对性，也可以说是模糊两可了。"①正因为在这种差序格局中所有社会关系是逐渐从一个一个人推出去的，是私人联系的增加，社会结构是由诸多上下尊卑的关系结成的私人联系网络，所以从本质上看，传统社会中所力倡的所谓"公"无不具有"私"的性质。

正如身份意义上"公"对"私"的控制是绝对的一样，在价值判断上，"公"对"私"的控制、剪除也是绝对的，二者表现为一种同构互动关系。明乎此，可知所谓"公"不过是更高一级的"私"而已。在所谓"大公"旗帜背后，往往掩藏着各种各样"大私"的龌龊与肮脏。恰如柳宗元《封建论》一针见血所道破："秦之所以革之者，其为制，公之大者也；其情，私也，私其一己之威也，私其尽臣畜于我也。然公天下之端自秦始。"②所以，其主流意识形态对人们言行的基本要求就是要"大公无私""以公克私"，以所谓"公"的名义把任何个人"私"的行为、领地剥夺压缩到极小极小，以至于无。这一点也会反映在"立言"的问题上。思想、观念、言辞、修辞、舆论等，无疑都属于"立言"的范畴，也会体现出"为公"的要求。

第七节　立言不朽：原始义、引申义与外延泛化

承接上文，我们该如何解释从"获取人生永恒价值""注重主体精神的永存""追求个人价值不朽"这一视角解读"三不朽"及"立言不朽"呢？这种视角是否还有价值呢？在此，似乎有追溯"具体原始义"与辨明"普遍引申义"的必要，然后可以指出：这只是看待同一问题视角的不同，可以同时并存，而不是相互否定。

所谓追溯原始义，即回到产生"三不朽"这段话的先秦原始语境之中，对组成"三不朽"尤其是立言不朽的各种资料进行认真的辨析，从而得出符合具体历

---

① 费孝通：《乡土中国　生育制度》，北京大学出版社1998年版，第29—30页。

② 柳宗元：《柳宗元集》，中华书局1979年版，第74页。

史语境的结论，正如本书前文所做的梳理和辨析一样。

所谓辨明引申义，即基本不细究或完全忽略产生"三不朽"的原始语境，通过历史比较，看到"三不朽"及立言不朽的历史进步价值，将"不朽"这个概念抽象出来，进行思考的延伸。

在此，所谓"历史比较"是说，与之前的"不朽"观念相比，"三不朽"或"立言不朽"有了哪些新的内容。在"三不朽"之说产生之前，社会流行的主要是"家族不朽"的观念，主张不朽是通过繁衍后代、宗族祭祀以永存子孙记忆之中，依靠血缘关系来维系，局限在宗族范围之内。而"三不朽"的最大贡献是在"祭祀不绝、家族不朽"之外找到了"价值不朽"这条思路，认为不朽是强调通过高尚人格、建功立业、著书立说为世人所敬仰，依靠个体生命对社会群体的价值贡献及对历史的作用与影响，从而永存于整个社会的群体无意识记忆之中。如有学者就指出："春秋是一个社会巨变时期，伴随着这种巨大变化，人们的价值观念也发生了根本变化。叔孙豹的不朽论正是价值观念变化的直接产物，他否定了范宣子那种以血缘家族为标准的宗教性的不朽观，提出了以立德、立功、立言为核心的价值不朽观，认为只有符合'三立'标准的人才能称之为死而不朽，才能进入人类社会的历史记忆之中。这在当时无疑是一个巨大的思想进步，这种不朽论到孔子那里又得到了进一步的发展和完善，成为构建儒家价值观体系的基本核心。"[1]显然，从"家族不朽"到"价值不朽"是一种进步。

在此，所谓"抽象"是说，论者不顾及其产生的具体语境、条件及确切所指，而是关注"三不朽"这个概念本身，把它从历史语境中抽象出来，使其外延泛化，从而具有一种普遍意义。应该说，这是长期以来对于"三不朽"的一种主流认识，如："无论是灵魂不朽还是家族不朽抑或是价值不朽，前提是承认个体死亡的存在，人们关注的焦点是生命个体存在的转换方式，探求的是死后如何不朽，还不是现世生命个体的不朽，然而，'对生的普遍重视，最终会自然导向对个体生命的特别关注'，当不朽观念和人们追求生命长寿的渴望结合在一起的时候，就出现了追求个体不朽的观

---

① 刘明：《论先秦时期"不朽观"的嬗变及其在思想史中的地位》，《云南社会科学》2007年第2期。

念。"①显然，这种分析有得有失——其"得"在于：把个人不朽从家族不朽中剥离出来，开始追求自我的生命价值；其"失"在于：没有看到在以宗法制为基础的社会中，即使是强调"立德、立功、立言"的"三不朽"也难以摆脱"为公"、依附于群体价值观的命运，难以真正实现所谓的"个体价值不朽"。立言不朽的本质，是立言为公。而这种内涵，是潜藏在其产生的具体的历史语境之中的。

不细究或完全忽略产生"三不朽"的原始语境，看到"三不朽"及立言不朽的历史进步价值，将"不朽"这个概念从具体的历史语境抽象出来进行思考的延伸，是对待"三不朽"的一种很普遍的方法。胡适先生就曾指出，"三不朽"之说影响很大，但却有三个缺点：一是不朽者仅限于墨翟、耶稣、哥伦布、华盛顿、杜甫、牛顿、达尔文等少数有道德、有功业、有著述的伟人，是一种精英式的"寡头的不朽论"；二是这种不朽论仅从积极方面着眼，而缺乏消极的裁制，不如宗教的灵魂不朽论兼顾积极和消极两方面，天国的快乐和地狱的苦楚并存；三是这种不朽论之"德""功""言"的范围过于含糊。胡适提出了"社会不朽论"，他认为："'小我'是会消灭的，'大我'是永远不灭的。'小我'是有死的，'大我'是永远不死，永远不朽的。'小我'虽然会死，但是每一个'小我'的一切作为，一切功德罪恶，一切语言行事，无论大小，无论是非，无论善恶，——都永远留存在那个'大我'之中。那个'大我'，便是古往今来一切'小我'的纪功碑，彰善祠，罪状判决书，孝子慈孙百世不能改的恶谥法。这个'大我'是永远不朽的，故一切'小我'的事业，人格，一举一动，一言一笑，一个念头，一场功劳，一桩罪过，也都永远不朽。这便是社会的不朽，'大我'的不朽。"②细究之，其实"社会不朽"是"三不朽"的另一种表述形式，因为如上所述，立德、立功、立言这"三不朽"都与社会和群体价值观息息相通。

如果把目光再放远一些，英国学者道金斯的高论也可以进入本书论述的"不朽"的视野，他的不朽论一言以蔽之曰"基因不朽"，现做一介绍，以和中国传

① 刘明：《论先秦时期"不朽观"的嬗变及其在思想史中的地位》，《云南社会科学》2007年第2期。

② 胡明编选：《胡适选集》，天津人民出版社1991年版，第73页。

50

中国古代著述思想研究

统文化的"三不朽"做一比较。道金斯认为,包括我们人在内的动物、植物和微生物这些世界上所有的千姿百态的生命体,只不过是基因借以生存的机器。从肉眼看不见的病毒,到巨型生物红杉、蓝鲸和大象,从最低级的细菌,到具有复杂结构和高级智慧的人类,它们都拥有同一类型的复制基因,即我们通常所说的DNA分子,它才是真正的不朽者:

> 基因颗粒性的另一个方面是,它不会衰老,即使是活了100万年的基因也不会比它仅活了100年更有可能死去。它一代一代地从一个个体转到另一个个体,用它自己的方式和为了它自己的目的,操纵着一个又一个的个体;它在一代接一代的个体陷入衰老死亡之前抛弃这些将要死亡的个体。

> 基因是不朽的,或者更确切地说,它们被描绘为接近于值得赋予不朽称号的遗传实体。我们作为在这个世界上的个体生存机器,期望能够多活几十年,但世界上的基因可望生存的时间,不是几十年,而是以千百万年计算的。[1]

而我们人类的一个个个体则生命短暂,如李白所说的"人生者,百代之过客"。道金斯指出:"个体是不稳定的,它们在不停地消失。染色体也像打出去不久的一副牌一样,混合以致被湮没。但牌本身虽经洗牌而仍存在。在这里,牌就是基因。基因不会被交换所破坏,它们只是调换伙伴再继续前进。它们继续前进是理所当然的,这是它们的本性。它们是复制基因,而我们则是它们的生存机器。我们完成我们的职责后就被弃于一旁,但基因却是地质时代的居民——基因是永存的。"[2]

在这种命运面前,人类也不是没有任何作为的,道金斯认为除了生物基因

---

[1] 理查德·道金斯:《自私的基因》,卢允中、张岱云、陈复加等译,中信出版社2012年版,第37—38页。

[2] 理查德·道金斯:《自私的基因》,卢允中、张岱云、陈复加等译,中信出版社2012年版,第38页。

之外，还有一种文化复制基因，它可以使人不朽，他指出："我们需要为这个新的复制基因取一个名字。这个名字要能表达作为一种文化传播单位或模仿单位的概念。'Mimeme'这个词出自一个恰当的希腊词词根，但我希望有一个单音节的词，听上去有点像'gene'（基因）。如果我把'mimeme'这个词缩短成为meme（觅母），切望我的古典派朋友们多加包涵。我们既可以认为meme与'memory'（记忆）有关，也可以认为与法语Même（同样的）有关，如果这样能使某些人感到一点慰藉的话。"[1]具体而言，所谓"觅母"就是有创新和流传价值的一种思想文化的人造物，"曲调、概念、妙句、时装、制锅或建造拱廊的方式等都是觅母。正如基因通过精子或卵子从一个个体转移到另一个个体，从而在基因库中进行繁殖一样，觅母通过从广义上说可以称为模仿的过程从一个大脑转移到另一个大脑，从而在觅母库中进行繁殖。一个科学家如果听到或看到一个精彩的观点，他把这一观点传达给他的同事和学生。他写文章或讲学时也提及这个观点。如果这个观点得以传播，我们就可以说这个观点正在进行繁殖，从一些人的大脑散布到另一些人的大脑"[2]。道金斯认为，"觅母"的传播可以使个体生命不朽，其云："我们死后可以遗留给后代的东西有两种：基因和觅母。我们是作为基因机器而存在的，我们与生俱来的任务就是把我们的基因一代一代地传下去。但我们在这个方面的功绩隔了三代就被人忘怀。你的儿女，甚至你的孙子或孙女可能和你相像，也许在脸部特征方面，在音乐才能方面，在头发的颜色方面，等等。但每过一代，你传给后代的基因都要减少一半。这样下去不消多久，它们所占的比例会越来越小，直至达到无足轻重的地步。我们的基因可能是不朽的，但体现在我们每一个人身上的基因集体迟早要消亡。伊丽莎白二世是征服者英王威廉一世的直系后裔，然而在她身上非常可能找不到一个来自老国王的基

之中

中国古代著述思想研究

---

①　理查德·道金斯：《自私的基因》，卢允中、张岱云、陈复加等译，中信出版社2012年版，第217—218页。

②　理查德·道金斯：《自私的基因》，卢允中、张岱云、陈复加等译，中信出版社2012年版，第218页。

因。"① 个体生命有限而短暂，唯有思想文化长存，其实这也是"三不朽"之说所关注的核心问题，只不过道金斯是从生物界的基因角度进行推理和思考，用另一种范式进行表述的：

> 我们不应指望生殖能带来永恒性。但如果你能为世界文明作出贡献，如果你有一个精辟的见解或作了一个曲子、发明了一个火花塞、写了一首诗，所有这些都能完整无损地流传下去。即使你的基因在共有的基因库里全部分解后，这些东西仍能长久存在，永不湮灭。苏格拉底在今天的世界上可能还有一两个活着的基因，也可能早就没有了，但正如威廉斯所说的，谁对此感兴趣呢？苏格拉底、达·芬奇、哥白尼、马可尼等人的觅母复合体在今天仍盛行于世，历久而弥坚。②

在此，若是进一步仔细分析的话，"三不朽"强调的是立德、立功、立言之不朽，而道金斯则强调"觅母不朽"，如果进行类比推理的话，"觅母不朽"有点类似于"立言不朽"，因为道金斯对"觅母"下的定义中有"如果你能为世界文明作出贡献，如果你有一个精辟的见解""写了一首诗"之语，还提到了苏格拉底、达·芬奇、哥白尼、马可尼等人，所谓"精辟的见解"属于思想领域，"一首诗"属于文学领域，"苏格拉底"属于哲学领域，这些都在"三不朽"中"立言"的范畴之内。但是与此同时，道金斯还提到"曲调、概念、妙句、时装、制锅或建造拱廊的方式等都是觅母"，"或作了一个曲子、发明了一个火花塞"也是觅母，这就不是"立言"所能涵盖的了。如果要概括道金斯所谓"觅母不朽"的内涵，可以说是"对于人类文明的创新性贡献"，或曰"创新性""独创性"是"觅母"的核心所在。

另外，值得一提还有王国维对此问题的见解，他虽然没有提到"三不朽"或

---

① 理查德·道金斯：《自私的基因》，卢允中、张岱云、陈复加等译，中信出版社2012年版，225—226页。

② 理查德·道金斯：《自私的基因》，卢允中、张岱云、陈复加等译，中信出版社2012年版，226页。

"立言不朽"，但其本质核心也是在强调思想文化之"不朽"，他说：

> 天下有最神圣、最尊贵而无与于当世之用者，哲学与美术是已。天下之人嚣然谓之曰"无用"，无损于哲学、美术之价值也。至为此学者自忘其神圣之位置，而求以合当世之用，于是二者之价值失。夫哲学与美术之所志者，真理也。真理者，天下万世之真理，而非一时之真理也。其有发明此真理（哲学家），或以记号表之（美术）者，天下万世之功绩，而非一时之功绩也。唯其为天下万世之真理，故不能尽与一时一国之利益合，且有时不能相容，此即其神圣之所存也。[①]

王国维此说可称为"美术哲学不朽"，他还把美术和哲学的价值与政治和实业的价值进行了比较，比较的尺度就是"永恒"与"短暂"，所谓"政治上之势力有形的也，及身的也；而哲学美术上之势力，无形的也，身后的也"[②]，王国维从人性构成分析说："夫人之所以异于禽兽者，岂不以其有纯粹之知识与微妙之感情哉？至于生活之欲，人与禽兽无以或异。后者政治家及实业家之所供给，前者之慰藉满足非求诸哲学及美术不可。就其所贡献于人之事业言之，其性质之贵贱，固以殊矣。至就其功效之所及言之，则哲学家与美术家之事业，虽千载以下，四海以外，苟其所发明之真理，与其所表之之记号之尚存，则人类之知识感情由此而得其满足慰藉者，曾无以异于昔。而政治家及实业家之事业，其及于五世十世者希矣。"[③]这与道金斯说的十分相似："我们的基因可能是不朽的，但体现在我们每一个人身上的基因集体迟早要消亡。伊丽莎白二世是征服者英王威

---

① 王国维：《论哲学家与美术家之天职》，载姚淦铭、王燕编：《王国维文集》（第三卷），中国文史出版社1997年版，第6页。

② 王国维：《论哲学家与美术家之天职》，载姚淦铭、王燕编：《王国维文集》（第三卷），中国文史出版社1997年版，第8页。

③ 王国维：《论哲学家与美术家之天职》，载姚淦铭、王燕编：《王国维文集》（第三卷），中国文史出版社1997年版，第6页。

廉一世的直系后裔，然而在她身上非常可能找不到一个来自老国王的基因。"①

在进行了语境、文字、文献和思想观念、价值判断等多层面的梳理之后，此处依次就梳理结果作一小结，看看"三不朽"及"立言不朽"的思想内涵究竟是什么。从梳理可知：1.春秋时代，"死而不朽"的思想主要指为君尽忠，死于君命，骸骨回归故国，获得宗庙血食和祭祀；2.臧文仲的所谓"立言"多依附于"立德"和"立功"，缺乏个人独立的判断和见解；3.产生"三不朽"说的具体语境中蕴含着浓厚的"公天下"或群体价值取向；4.先秦公私观念有一个从个人身份地位到价值评价观念的发展过程，在其中"公"对于"私"有绝对的控制、制约权力；5."立言不朽"与"立言为公"有着密切的联系。综上，可以得出这样的结论："三不朽"之说带有鲜明的"公天下"的色彩，而这种"公天下"的思想核心是处于宗法制度上一层的利益为公，下一级的利益为私，它本能地要求"立言"紧紧依附于"立德"与"立功"。"立言不朽"，并非如某些学者所说的那样，获得了独立的地位。

"立言不朽"说是一柄双刃剑，它有具体义，有抽象义。其具体义蕴含于具体的历史语境之中，其抽象义是后人阐扬、发挥、想象的结果。在运用引证它时，不能只强调抽象义，更应该注意回到原始语境，注重具体义，剖析组成"三不朽"的每一个精神元素，这样去理解三不朽，似乎能更全面一些。

---

① 理查德·道金斯：《自私的基因》，卢允中、张岱云、陈复加等译，中信出版社2012年版，第225—226页。

第二章 "述而不作"：著述思想与思维方式

　　中国古代著述丰富，文献浩如烟海，与之相应的是有关著述思想的庞杂纷繁。总结剖析古代著述思想，对学术史的研究与发展和从宏观上把握传统文化的脉络具有建设性意义。"述而不作"，即为其中较为重要的著述思想，值得花大气力挖掘、研究。为达此目的，很有必要对"作"与"述"进行一番历史的和文献的梳理，找出其间的内在逻辑和思想脉络。"述而不作"这一著述思想是一把双刃剑，具有两面性：它不仅负载着传承文化传统、不轻易自立新意的学术精神，也表现出因循、沿袭的保守学术立场，这主要体现在其内在所潜藏着的凡人难以达到的"三性"，即圣化原创性、心智神秘性和立言为公性。正由于此，古人一般都对"作"有一种敬畏心态，而宁愿以"述"即沿袭、因循的文化姿态和谦卑态度，去进行著述活动。本章即对此进行剖析。

第一节 "述而不作"溯源

　　首先从文字及文献溯源开始。从语源学角度考察，"述而不作"一词出于

《论语·述而》："述而不作，信而好古，窃比于我老彭。"①直译就是：传述而不创作，相信且喜好古人的东西，我私下把自己比作老彭。邢昺疏云："此章记仲尼著述之谦也。作者之谓圣，述者之谓明。老彭，殷贤大夫也。老彭于时，但述修先王之道而不自制作，笃信而好古事。孔子言，今我亦尔，故云比老彭。犹不敢显言，故云窃。"②以上，对于"述而不作"与"信而好古"之间的关系论述得十分清晰，不赘言。紧随"述而不作"后面的是"信而好古"，古者，古代典章制度礼仪礼乐之谓也。对此，孔子还说过"夏礼，吾能言之，杞不足征也。殷礼，吾能言之，宋不足征也"，并且将之归因于文献的不足——"文献不足故也。足，则吾能征之矣"。③在《论语》其他地方，虽未提到这一成词，但也表述了相同或相近的意思，如《述而》："盖有不知而作之者，我无是也。"④上引文字均体现出孔子对创新及标新立异持极其谨慎的态度。观其一生，孔子确实也只在"述"即传承的范围内整理、承袭、阐扬古典文化精华。而一旦涉及"作"，孔子及儒家后学则是十分谨慎的。《孟子·滕文公章句下》："世衰道微，邪说暴行有作，臣弑其君者有之，子弑其父者有之。孔子惧，作《春秋》。《春秋》，天子之事也；是故孔子曰：'知我者其惟《春秋》乎！罪我者其惟《春秋》乎！'"⑤在此，虽说是孔子"作"《春秋》，但由于"作《春秋》"乃天子之事，所以孔子才有"知我""罪我"唯在《春秋》的感叹。孟子素以"雄辩"闻名于世，《孟子》一书，雄辩滔滔，新思锐见不计其数，当然不无新意，但孟子在说到自己著书立说的动机时则言"不得已"，其云："予岂好辩哉？予不得已也。"原因在于："圣王不作，诸侯放恣，处士横议，杨

---

① 《十三经注疏》整理委员会整理，李学勤主编：《十三经注疏·论语注疏》，北京大学出版社1999年版，第84页。

② 《十三经注疏》整理委员会整理，李学勤主编：《十三经注疏·论语注疏》，北京大学出版社1999年版，第84页。

③ 《十三经注疏》整理委员会整理，李学勤主编：《十三经注疏·论语注疏》，北京大学出版社1999年版，第33页。

④ 《十三经注疏》整理委员会整理，李学勤主编：《十三经注疏·论语注疏》，北京大学出版社1999年版，第94页。

⑤ 杨伯峻译注：《孟子译注》，中华书局1960年版，第155页。

朱、墨翟之言盈天下。天下之言不归杨，则归墨。杨氏为我，是无君也；墨氏兼爱，是无父也。无父无君，是禽兽也。……杨墨之道不息，孔子之道不著，是邪说诬民，充塞仁义也。仁义充塞，则率兽食人，人将相食。吾为此惧，闲先圣之道，距杨墨，放淫辞，邪说者不得作。"①这也是对"作"这一称呼避之不及的一种文化姿态。

由上可见，"作"与"述"是有本质区别的。《礼记·乐记》说："作者之谓圣，述者之谓明。"②《汉书·礼乐志》沿袭此说曰："知礼乐之情者能作，识礼乐之文者能述；作者之谓圣，述者之谓明。"颜师古注曰："作谓有所兴造也。述谓明辨其义而循行也。"③作，亦称著，意为独创，自立新意。《史记·老子韩非列传》云："于是老子乃著书上下篇。"④述，为沿循、重复。《说文解字》云："述，循也。从辵，术声。"⑤清人刘宝楠在涉及这一问题时，也有类似的看法："《孟子》云'孔子作《春秋》'，《春秋》是述，亦言'作'者，散文通称。如周公作《常棣》，召公述之，亦曰'作《常棣》'矣。"⑥

学风溯源之一：官师一体，政教合途。上古之时，政教合途，官师一体，无私家著述之风。正如章学诚所云："古未尝有著述之事也，官师守其典章，史臣录其职载。文字之道，百官以之治，而万民以之察，而其用已备矣。是故圣王书同文以平天下，未有不用之于政教典章，而以文字为一人之著述者也。"⑦如周代大司徒一职，其所辖就涉及后来以解释名物术语为主的小学。《周礼·地官·大司徒》云："大司徒之职，掌建邦之土地之图与其人民之数，以佐王安扰邦国。以天下土地之图，周知九州之地域广轮之数，辨其山林、川泽、丘陵、

① 杨伯峻译注：《孟子译注》，中华书局1960年版，第154、155页。

② 《十三经注疏》整理委员会整理，李学勤主编：《十三经注疏·礼记正义》，北京大学出版社1999年版，第1089页。

③ 班固：《汉书》，中华书局1962年版，第1029页。

④ 司马迁：《史记》，中华书局1959年版，第2141页。

⑤ 许慎著，段玉裁注：《说文解字注》，上海古籍出版社1981年版，第70—71页。

⑥ 刘宝楠：《论语正义》，中华书局1990年版，第252页

⑦ 章学诚著，叶瑛校注：《文史通义校注》，中华书局1985年版，第62页。

坟衍、原隰之名物。"①《尔雅》中"释地""释山""释水""释木"等盖源于此。以文字为私人著述,始于王室衰微,政教分途,"至战国而官守师传之道废,通其学者,述旧闻而著于竹帛焉。中或不能无得失,要其所自,不容遽昧也……不知古初无著述,而战国始以竹帛代口耳"②。古时,诸侯向天子陈述职守为"述职",《左传·昭公五年》云:"朝聘有珪,享觐有璋,小有述职,大有巡功。"③《孟子·梁惠王章句下》解之曰:"诸侯朝于天子曰述职。述职者,述所职也。"④又如《仪礼·觐礼》:"侯氏升,西面立。大史述命。"疏曰:"读王命书也。"⑤可见"述"本是官员的一种职能,属于本职工作。又如畴人,本为天文历算之职。《史记·历书》云:"幽、厉之后,周室微,陪臣执政,史不记时,君不告朔,故畴人子弟分散,或在诸夏,或在夷狄。"⑥于是官学流散民间,诸子异端争鸣,立言争得与立功、立德同等的地位。《左传·襄公二十四年》云:"'大上有立德,其次有立功,其次有立言。'虽久不废,此之谓不朽。"⑦其后中国文人以立言求不朽的著述观念,盖滥觞于此。

从历史渊源分析,"述而不作"的思想与中华学术的官方"出身"有关,是上古时期学术与官职不分的产物,拖着一条官师一体的尾巴。所谓"古未尝有著述之事也,官师守其典章,史臣录其职载"⑧,又《史释》云:"以吏为师,三代之旧法也。…… 三代盛时,天下之学,无不以吏为师。《周官》三百六十,

---

① 《十三经注疏》整理委员会整理,李学勤主编:《十三经注疏·周礼注疏》,北京大学出版社1999年版,第241页。

② 章学诚著,叶瑛校注:《文史通义校注》,中华书局1985年版,第63页。

③ 《十三经注疏》整理委员会整理,李学勤主编:《十三经注疏·春秋左传正义》,北京大学出版社1999年版,第1218—1219页。

④ 杨伯峻译注:《孟子译注》,中华书局1960年版,第33页。

⑤ 《十三经注疏》整理委员会整理,李学勤主编:《十三经注疏·仪礼注疏》,北京大学出版社1999年版,第523页。

⑥ 司马迁:《史记》,中华书局1959年版,第1258—1259页。

⑦ 《十三经注疏》整理委员会整理,李学勤主编:《十三经注疏·春秋左传正义》,北京大学出版社1999年版,第1003—1004页。

⑧ 章学诚著,叶瑛校注:《文史通义校注》,中华书局1985年版,第62页。

天人之学备矣。其守官举职，而不坠天工者，皆天下之师资也。"①溯其源，在中华文化系统中，官与师承，吏与学术，一而二，二而一，在某种程度上，本为一物之两用，二者关联十分密切。在这种文化系统中，官师一体，政教合途，为官只要恪尽职守，做好分内之事，不鼓励创新，无须自成一家，当然没有私家著述存活的土壤与个人思想自由呼吸的氧气。所以著述无须署名，属于集体创作。其间的逻辑关系如章学诚《校雠通义》所辨析的那样："理大物博，不可殚也，圣人为之立官分守，而文字亦从而纪焉。有官斯有法，故法具于官；有法斯有书，故官守其书；有书斯有学，故师传其学；有学斯有业，故弟子习其业。官守学业皆出于一，而天下以同文为治，故私门无著述文字。私门无著述文字，则官守之分职，即群书之部次，不复别有著录之法也。"②《周礼》所详细记载的周代诸多官职的功能及所辖范围，许多都与后代的所谓"学术"有关。如前文已提到的周代大司徒一职。又如周时"占梦"这一官职，就是后世所谓阴阳家的源头——"占梦掌其岁时，观天地之会，辨阴阳之气，以日、月、星辰占六梦之吉凶。"③而"职方氏"又与后世的地理学关系密切："职方氏掌天下之图，以掌天下之地，辨其邦国、都鄙、四夷、八蛮、七闽、九貉、五戎、六狄之人民与其财用、九谷、六畜之数要，周知其利害。乃辨九州之国，使同贯利。"④至于采集、编纂诗歌也是一种官方的责任与职能。《汉书·艺文志》曰："诵其言谓之诗，咏其声谓之歌。故古有采诗之官，王者所以观风俗，知得失，自考正也。孔子纯取周诗，上采殷，下取鲁，凡三百五篇。"⑤后世某种学术的嬗变过程无论怎样复杂曲折，如要溯其源流，必然会上溯到上古时期的许多官职；《汉书·艺文志》的"诸子略"所涉子学学派九种，无一不与官职有关——"儒家者流，

① 章学诚著，叶瑛校注：《文史通义校注》，中华书局1985年版，第232页。

② 章学诚著，叶瑛校注：《文史通义校注》，中华书局1985年版，第951页。

③ 《十三经注疏》整理委员会整理，李学勤主编：《十三经注疏·周礼注疏》，北京大学出版社1999年版，第652页。

④ 《十三经注疏》整理委员会整理，李学勤主编：《十三经注疏·周礼注疏》，北京大学出版社1999年版，第869—870页。

⑤ 班固：《汉书》，中华书局1962年版，第1708页。

盖出于司徒之官，助人君顺阴阳明教化者也。…… 道家者流，盖出于史官，历记成败存亡祸福古今之道，然后知秉要执本，清虚以自守，卑弱以自持，此君人南面之术也。…… 阴阳家者流，盖出于羲和之官，敬顺昊天，历象日月星辰，敬授民时，此其所长也。…… 法家者流，盖出于理官，信赏必罚，以辅礼制。…… 名家者流，盖出于礼官。古者名位不同，礼亦异数。…… 墨家者流，盖出于清庙之守。茅屋采椽，是以贵俭；养三老五更，是以兼爱…… 纵横家者流，盖出于行人之官。…… 杂家者流，盖出于议官。兼儒、墨，合名、法，知国体之有此，见王治之无不贯，此其所长也。…… 农家者流，盖出于农稷之官。播百谷，劝耕桑，以足衣食，…… 小说家者流，盖出于稗官。街谈巷语，道听途说者之所造也。"①于是，这种关联必然导致"官师同构""吏学同体"的二元统一结构。即使是当时最具有自由精神和独立个性的诸子之学，也并非有意著书，诚如吕思勉先生所说："先秦诸子，大抵不自著书。今其书之存者，大抵治其学者所为；而其纂辑，则更出于后之人。"②这里虽然重点在于阐明读子书之法，贵在留意求其大义，但也透露出古时学在宫廷、无私家著述的风气。

这种渊源关系和文化结构，使中华学术从根子上就具有一系列先天性的"官"学的保守型特征，如崇古、服从、务实、因袭、沿循、模仿等。儒家在意识形态领域里坐稳了第一把交椅之后，其势愈演愈烈。因为"官"的天职是服从，本能是忠于职守，是做好分内工作，而不能也没有必要越俎代庖，自立新说，成一家之言。孔子所云"述而不作，信而好古"，就是对这一文化传统和心理定式的精练总结，虽然其中不无自谦的成分。孔子及其代表的儒家，以整理、承传、保存、讲授古代典籍和文化思想为己任，所谓"祖述尧舜，宪章文武"，反对自立新说。孔子本人就很好地贯彻了"述而不作"的著述原则，终其一生，他都在整理、删定、传播、讲习《诗》《书》《易》《春秋》等古代文献，其思想的结晶《论语》，也是学生弟子所记录片段之言，并非有意"作"之。

---

① 班固：《汉书》，中华书局1962年版，第1728—1745页。

② 吕思勉：《经子解题》，华东师范大学出版社1995年版，第102页。

学风溯源之二：六经皆史。章学诚著《文史通义》，开宗明义第一篇目即明言："六经皆史也。古人不著书，古人未尝离事而言理，六经皆先王之政典也。"①史，起初就是一种官职，其基本职能就是"不著书"，而只注重"述"，叙述或记述，洵如《汉书·艺文志》所说："古之王者世有史官，君举必书，所以慎言行，昭法式也。左史记言，右史记事，事为《春秋》，言为《尚书》，帝王靡不同之。"②关于左史、右史的分工，在《礼记·玉藻》中恰好相反，为："动则左史书之，言则右史书之。"③左史、右史之外，还有内史、外史之说，其职能在于掌管文籍。《周礼·春官》记载："内史掌王之八枋之法，以诏王治。……凡命诸侯及孤卿大夫，则策命之。凡四方之事书，内史读之。……内史掌书王命，遂贰之。外史掌书外令，掌四方之志，掌三皇五帝之书，掌达书名于四方。若以书使于四方，则书其令。"④史官立于柱下。相传老子曾为周代史官，后世以柱下为老子的代称。王国维则从文字学意义上解释说："史之本义，为持书之人，即为掌书之官，引申为大官庶官之称……故吏事二字，皆从史取义。而史吏事三字，古可互通。"⑤《说文·史部》释"史"字云："史，记事者也。从又持中。中，正也。"⑥《说文·一部》释"吏"字云："吏，治人者也。从一，从史。"⑦史，吏，一记言，一治人，二者联系密切。而史的原初职能之一，就是忠实记述所发生的事实，所谓"君举必书"，所谓"实录"。即《汉书·司马迁传》所谓"辨而不华，质而不俚，其文直，其事核，不虚美，不隐恶，故谓之实录"⑧。官与史，联系甚密。对此，王国维曾辨

中国古代著述思想研究

---

① 章学诚著，叶瑛校注：《文史通义校注》，中华书局1985年版，第1页。

② 班固：《汉书》，中华书局1962年版，第1715页。

③ 《十三经注疏》整理委员会整理，李学勤主编：《十三经注疏·礼记正义》，北京大学出版社1999年版，第877页。

④ 《十三经注疏》整理委员会整理，李学勤主编：《十三经注疏·周礼注疏》，北京大学出版社1999年版，第709—712页。

⑤ 转引自章学诚著，叶瑛校注：《文史通义校注》，中华书局1985年版，第953页。

⑥ 许慎著，段玉裁注：《说文解字注》，上海古籍出版社1981年版，第116页。

⑦ 许慎著，段玉裁注：《说文解字注》，上海古籍出版社1981年版，第1页。

⑧ 班固：《汉书》，中华书局1962年版，第2738页。

析曰："古之官名，多由史出。殷周间，王室执政之官，经传作'卿士'，而《毛公鼎》《小子师敦》《番生敦》作'卿事'，殷虚卜辞作'卿史'，是'卿士'本名史也。又天子诸侯之执政，通称'御事'，而殷虚卜辞则称'御史'，是'御事'亦名'史'也。又古之六卿，《书·甘誓》谓之'六事'；司徒、司马、司空，《诗·小雅》谓之'三事'，又谓之'三有事'。《春秋左氏传》谓之'三吏'，此皆大官之称'事'若'吏'，即称'史'者也。"[1]可见，史与官的联系十分密切，所以《隋书·经籍志》说："夫史官者，必求博闻强识，疏通知远之士，使居其位，百官众职，咸所贰焉。是故前言往行，无不识也；天文地理，无不察也；人事之纪，无不达也。内掌八柄，以诏王治，外执六典，以逆官政。"[2]史与官又有不解之缘，而史的基本职能又是尽量不带感情色彩地客观忠实记述，所谓"书法不隐""实录""以诏王治""以逆官政"，那么在某种意义上，中华学术从发源之初，就带有鲜明的"述而不作"的精神胎记及浓厚的官方职能色彩。这种特征，在史学领域表现得尤为明显。

接下来，区分下"述而不作"的原始义与引申义。同"立言不朽"一样，孔子"述而不作"思想的产生，也有其具体的历史语境——礼乐文化和口语文化，所以紧随其后的就是"信而好古"，古者，古代典章制度礼仪礼乐之谓也。充分尊重古代礼乐文化和古代文献的具体历史语境使得孔子只能"述"，不能"作"，此即"述而不作"的原始义。而如果脱离其原始所处的时代和语言环境，把"述"理解为因循、沿袭、不立新说，把"作"理解为创新、独创、自立新意，那么"述而不作"就成了一种普遍的思维方式，此即"述而不作"的原始义和引申义的区别。这一区别，是论析"述而不作"时必须要弄清楚的，否则就会造成许多不必要的概念和逻辑的纠缠。另外，原始义、引申义的辨析，只是看问题视角的不同，二者可以并存。提出它们的区别，并非势不两立式的、非此即彼式的否定。

---

① 王国维：《观堂集林》，中华书局1959年版，第269—270页。

② 魏徵、令狐德棻：《隋书》，中华书局1973年版，第992页。

先看其原始义。关于"述",有学者梳理了孔子之前先秦典籍文献中几乎所有含有"述"字的语句,其中:《礼记·中庸》四条,《诗经》一条,《左传》一条,《乐记》三条,《尚书》一条,《论语》三条,并得出结论说:"从相应的分析来看,'述'字在先秦所指义项只有一个,即'循也',那么,'述而不作'之'述',也应该作'循'解。若结合《述而》章的语境,以及《论论·阳货》'如有用我者,吾其为东周乎'、《孔子家语·困誓篇》'述先王、好古法'等话语,对'述'的解释应为遵循、继承先王之事业。"《礼记·乐记》中,"述"字出现三次:"故钟鼓管磬,羽钥干戚,乐之器也;屈伸俯仰,缀兆舒疾,乐之文也;簠簋俎豆,制度文章,礼之器也;升降上下,周还裼袭,礼之文也。故知礼乐之情者能作,识礼乐之文者能述。作者之谓圣,述者之谓明。明圣者,述作之谓也。"颜师古《汉书·礼乐志》注:"述,谓明辨其义而循行也"。该学者认为:"据《乐记》原文,'屈伸俯仰,缀兆舒疾'、'升降上下,周还裼袭'为礼乐之文,诸礼乐之文其实是礼乐的实践形式,重在遵行,并无训传之必要,需要训传的是'礼乐之情',故《乐记》接下来是对'礼乐之情'的论述。所以,'述'当如颜师古所解,为'循行'。"①

关于"作"。该学者云:"既然'述'作遵循、继承先王之事业解,那么,以'创作'来解释'作'也就失却了合理性。我们还可从当时有无私人著述的情况,来判断这一解释合理与否。……既然孔子之世尚无私人著述,那就谈不上创作与不创作,以'创作'解'作',自然就不成立了。"②于是,该学者认为,"述而不作"不是一种偏于著述的思想,而是孔子政治理想的表达,并非阐述经典而不创作或循旧而不创制礼乐的自白。如果再深入一步会发现,"述而不作"是宗法思想中孝道的延伸,这一点结合下面两条资料会看得更明白,《中庸》第十八章:"子曰:'夫孝者,善继人之志,善述人之事者也'",《论语·学而》:"父在,观其志;父没,观其行。三年无改于父之道,可谓孝

---

① 以上引文均出自周远斌:《"述而不作"本义考》,《理论月刊》2006年第1期。

② 周远斌:《"述而不作"本义考》,《理论月刊》2006年第1期。

矣。"①该学者认为："继志述事、无改于父道，是谓孝，简洁来说，就是'述而不作'为孝。《论语·学而》：'其为人也孝弟，而好犯上者，鲜矣；不好犯上，而好作乱者，未之有也。君子务本，本立而道生。孝弟也者，其为仁之本与！'虽然这话是有子说的，但一定程度上代表了孔子的观点。孝道是'本'，'本立而道生'，'述而不作'这一事父之道，也可延伸为事君之道。所以，孔子'述而不作，信而好古'，一定程度上是孝道思想的表白，与著述是没有关系的。"②还有一种意见认为，具体历史语境使得孔子只能"述"，不能"作"；这种视角从礼乐仪式语境和口语文字来追寻"述""作"原始初义对"述而不作"的潜在制约，有学者指出："'述''作'原本都深深根源于口传文化祝祷神灵的仪式语境，而后引申为撰述和创作，但各有倚重，'述'偏于卜筮祝祷技艺和仪式性言行信守与遵循、践行；而'作'偏于契刻、铭刻、建造等仪式性制作传统。'述作'的关键性区别在于述作主体知晓神圣启示的能力差异。孔子时代，主导性知识传承方式依旧是口述和礼乐仪式。"③对此，皇侃在《论语义疏》中讲得很明白："述者，传于旧章也。作者，新制礼乐也。孔子自言：我但传述旧章而不新制礼乐也。夫得制礼乐者，必须德位兼并、德为圣人、尊为天子者也。所以然者，制作礼乐必使天下行之。若有德无位，既非天下之主，而天下不畏，则礼乐不行。若有位无德，虽为天下之主，而天下不服，则礼乐不行，故必须并兼者也。孔子是有德无位，故'述而不作'也。"④如从礼乐文化这一特定语境出发，孔子确实只能"述"，不能"作"，因为礼乐征伐自天子出，不在其位，不谋其政，制礼作乐确实超出了孔子的职能范围和控制空间。恰如刘宝楠所云："述是循旧，作是创始。《礼·中庸记》云：'非天子不议礼，不制度，不考文。'议礼、制度、考文皆作者之事，然必天子乃得为之。故《中庸》又云：'今天下车同轨，书同文，行同伦。虽有其位，苟无其德，不敢作礼乐焉。

① 转引自周远斌：《"述而不作"本义考》，《理论月刊》2006年第1期。

② 周远斌：《"述而不作"本义考》，《理论月刊》2006年第1期。

③ 唐启翠：《"述而不作"与"圣贤"神话》，《文艺理论研究》2012年第2期。

④ 皇侃：《论语义疏》，中华书局2013年版，第153页。

虽有其德，苟无其位，亦不敢作礼乐焉。'郑《注》：'今孔子谓其时，明孔子无位，不敢作礼乐，而但可述之也。'"①可见，议礼、制度、考文、制礼作乐的要求很高，需要"德""位"兼备——无论是"虽有其位，苟无其德"，还是"虽有其德，苟无其位"，均"不敢作礼乐焉"。当其时也，孔子有德无位，故只能"述"，而不能"作"。

除了以上原因之外，孔子之所以"述而不作"，还因为其时先王文献大备，只需消化、吸收、传承即可，恰如清人焦循所分析的那样——"孔子之世，所作于前者已无不备，孔子从而明之，使古圣人之教续延于万世，非不作也，时不必作也。生伏羲、神农、尧舜之后，别思所以作之，则不知而作矣。故孔子曰：'殷因于夏礼，周因于殷礼，虽百世可知。'因，即述也，乃伏羲、神农、尧舜之教，三王之所因，非孔子述之，人莫能述也。孔子述之，而伏羲、神农、尧舜之教明于万世，此述之功所以独归孔子也，孔子所以为万事师也。"②

由以上梳理溯源可知，孔子提出"述而不作"有其特定的历史语境，组成这种原始语境的要件有四：一是周代宗法社会礼乐文化的大背景，制礼作乐，需要德位兼备，史称周公制礼作乐，确立宗法制就是其所制之礼的主要内容。二是口耳相传的"述"的方式，而非动笔记录写作，所谓"左史记言，右史记事，事为《春秋》，言为《尚书》"是也。三是官师一体、政教合途的风气。恰如冯天瑜在《"封建"考论》中所指出的："封建制与郡县制造成的文化类型也各不相同。如果说，权力分散的封建时代培植出多元的私学文化，那么，与中央集权的官僚政治相匹配的，是大一统的官学文化。"③上古之时，政教合途，官师一体，无私家著述之风，既然无私家著述风气，也就没有著述意义上的独创、创新之意。四是"六经皆史"的史官文化传统，在此传统中，"史"的基本职能又是尽量不带感情色彩地客观忠实记述，所谓"书法不隐""实录"等。这多元交错

---

① 刘宝楠：《论语正义》，中华书局1990年版，第251—252页。

② 焦循：《雕菰集》卷七，道光四年刻本，第12—13页，现藏南开大学图书馆三楼善本书库。

③ 冯天瑜：《"封建"考论》，武汉大学出版社2007年版，第58页。

的历史条件，都决定和制约着孔子"述而不作"思想的产生与形成。

再看其引申义或普遍义。上述诸多原始语境的制约并非理解"述而不作"的全部，若想全面把握在中国传统文化中影响至深的"述而不作"，还需要观照其引申义或普遍义。因为前人一种理论观点的流行和传播的过程，也是后人不断叠加式诠释的一个过程，在这一过程中，前人观点会逐步摆脱其初较为狭隘的原始义，而形成一个更具有普遍文化共识的引申义——"述而不作"正是如此。如前所言，如果脱离原始的时代和语言环境，把"述"理解为因循、沿袭、不立新说，把"作"理解为创新、独创、自立新意，那么，"述而不作"就成了一种普遍的思维方式，这就构成了"述而不作"的引申义和普遍义。其实，对这种意义的把握从汉代就开始了。如《汉书·儒林传》所记："周道既衰，坏于幽厉，礼乐征伐自诸侯出，陵夷二百余年而孔子兴，以圣德遭季世，知言之不用而道不行，乃叹曰：'凤鸟不至，河不出图，吾已矣夫！''文王既没，文不在兹乎？'于是应聘诸侯，以答礼行谊。……究观古今之篇籍，乃称曰：'大哉，尧之为君也！唯天为大，唯尧则之。巍巍乎其有成功也，焕乎其有文章！'又曰：'周监于二代，郁郁乎文哉！吾从周。'于是叙《书》则断《尧典》，称乐则法《韶舞》，论《诗》则首《周南》。缀周之礼，因鲁《春秋》，举十二公行事，绳之以文武之道，成一王法，至获麟而止。盖晚而好《易》，读之韦编三绝，而为之传。皆因近圣之事，以立先王之教，故曰：'述而不作，信而好古；''下学而上达，知我者其天乎！'"[1]在此，班固无疑是将孔子视为先朝周代礼乐文化的传承者。又《汉书·礼乐志》引《礼记·乐记》曰："知礼乐之情者能作，识礼乐之文者能述；作者之谓圣，述者之谓明。"颜师古注曰："作谓有所兴造也。述谓明辨其义而循行也。"[2]当然，对此最具权威性的是朱熹的解释，其解"述而不作"云："述，传旧而已。作，则创始也。故作非圣人不能，而述则贤者可及。……孔子删《诗》、《书》，定《礼》、《乐》，赞《周

---

① 班固：《汉书》，中华书局1962年版，第3589—3590页。

② 班固：《汉书》，中华书局1962年版，第1029页。

易》，修《春秋》，皆传先王之旧，而未尝有所作也。故其自言如此，盖不唯不敢当作者之圣，而亦不敢显然自附于古之贤人，盖其德愈盛而心愈下，不自知其辞之谦也。然当是时，作者略备，夫子盖集群圣之大成而折衷之。其事虽述，而功则倍于作矣，此又不可不知也。"①

综上，从焦循到班固再到朱熹的解释都蕴含着"述为沿袭、作为创新"的内涵，而若从坚守原始语境的角度看，这又显然是一种误读，如有学者就曾指出："笔者认为，孔子'述而不作'话语之本义并非如此，后人误读了是言，而这种误读早从班固那里就开始了。……显然，班固这里（指《汉书·儒林传》——引者注）把'述而不作'理解成了叙述而不创作，并由是延续至今。"②其实，这位学者在此所讨论的实质是执着固守原始义还是变通运用引申义的问题，二者确实有所区别，也有各自的道理，各有自己观照问题的视角，但区别不意味着对立，其间的关系应是兼顾并存而非二元对立、相互否定。简言之，在讨论"述而不作"时，没有必要用原始义否定引申义，反之亦然，关键要看是从哪种视角看待这个问题。本书的态度是：承认"述而不作"有其产生的特定时代语境，这种语境制约着孔子只能"述而不作"，但即使在当时的语境下，"述作"的对象也不仅仅是礼乐制度，也包括历史文化、前人文献、哲学、诗歌等，因此，把"述"理解为因循、沿袭、不立新说，把"作"理解为创新、独创、自立新意，是合乎历史事实和其内在逻辑的。换言之，区别其原始义和引申义就成为本书相关论述的依据和逻辑起点。

第二节　古人对"作"的敬畏心态

史载，有些古人不敢轻易称自己的著述为"作"。这里，虽然不无谦虚或谦卑的态度，但更有深一层次的尊卑有序的文化心理原因。试剖析两例。

---

① 朱熹：《四书章句集注》，齐鲁书社1992年版，第61页。
② 周远斌：《"述而不作"本义考》，《理论月刊》2006年第1期。

先看司马迁。在司马迁的著述思想中，存在着深刻的内在矛盾。一方面，他有志于"作"。司马迁有着源于太史世家的强烈的荣誉感和使命感，立志续接祖上的荣耀，继承如孔子作《春秋》一样的伟大修史工作，即《太史公自序》所说："先人有言：'自周公卒五百岁而有孔子。孔子卒后至于今五百岁，有能绍明世，正《易传》，继《春秋》，本《诗》《书》《礼》《乐》之际？'意在斯乎！意在斯乎！小子何敢让焉？"[①]这种气魄和口吻，与孔子如出一辙，据《史记·孔子世家》："子曰：'弗乎弗乎，君子病没世而名不称焉。吾道不行矣，吾何以自见于后世哉？'"[②]他曾反复申明，自己著《史记》的目的就是"究天人之际，通古今之变，成一家之言"。这种著述动机，在太史公笔下反复出现，无须赘举。这种强烈的著述欲望，无时无刻不萦绕于他内心，即使惨遭腐刑，生命力不仅没有湮灭，反而愈加顽强。其无端受辱，屈辱感固然强烈，即《报任安书》所谓"故祸莫憯于欲利，悲莫痛于伤心，行莫丑于辱先，而诟莫大于宫刑""每念斯耻，汗未尝不发背沾衣也"，而由此激发的创作意志则更为强大，洵如其言："所以隐忍苟活，函粪土之中而不辞者，恨私心有所不尽，鄙没世而文采不表于后也。"[③]这种口吻，在《太史公自序》《报任安书》中反复出现。无论从家族荣耀、孝祖、继圣情结，还是从受刑之后发愤著述的角度看，《史记》为太史公有意"作"之，其精神心理轨迹甚明。

而另一方面，他又不敢称自己的著作为"作"，只称为"述"。司马迁修《史记》，上大夫壶遂将其比作孔子修《春秋》，司马迁答曰："余所谓述故事，整齐其世传，非所谓作也。而君比之于《春秋》，谬矣。"[④]这里，他用以反驳壶遂称之为"作"的字是"述"，在此，"作"与"述"对举，很明显构成了一对含义不同的著述思想范畴。《史记》，鲁迅先生誉之为"史家之绝唱，无韵之《离骚》"，无疑是赞誉其具有极大的独创性，而司马迁却认定自己的工

---

① 司马迁：《史记》，中华书局1959年版，第3296页。

② 司马迁：《史记》，中华书局1959年版，第1943页。

③ 班固：《汉书》，中华书局1962年版，第2727、2736、2733页。

④ 司马迁：《史记》，中华书局1959年版，第3299—3300页。

作是"述"，是编辑、纂述而非创作——"于是卒述陶唐以来，至于麟止，自黄帝始。"①《史记》的最后一句话就是："太史公曰：余述历黄帝以来至太初而讫，百三十篇。"②在此，"述"与"作"的界限泾渭分明，毫不含混。这里面固然不无谦虚的成分，但似乎还有更深一层的原因。

再看王充。巧合的是，这种对"作"敬畏而远之的心理，在王充笔下也有表现。王充著《论衡》，意在"疾虚妄"，对传统旧说谬见一一进行批驳，独创性很强，其中不乏进步思想。有人认为："圣人作，贤者述，以贤而作者，非也。《论衡》《政务》，可谓作者。"③这里，像壶遂尊孔子为"作"一样，人们也将王充列入"作"的行列，而王充本人却不认可，并严明其间的界限："非作也，亦非述也，论也。论者，述之次也。五经之兴，可谓作矣。《太史公书》、刘子政序、班叔皮传，可谓述矣。桓山君《新论》，邹伯奇《检论》，可谓论矣。今观《论衡》《政务》；桓、邹之二论也，非所谓作也。"④在王充看来，所谓"论"，即个人有感而发的独立见解，其地位不仅在"作"之下，并且排在"述"之后，所谓"论者，述之次也"，其理由是："今《论衡》就世俗之书，订其真伪，辩其实虚，非造始更为，无本于前也。"也就是说他所讨论的问题，前人已经涉及，并非个人独创，自己所做的工作不过是"订其真伪，辩其实虚"，他还反问道："儒生就先师之说，诘而难之；文吏就狱卿之事，覆而考之。谓《论衡》为作，儒生、文吏谓作乎？"⑤其实，"订真伪""辩实虚"需要个人见解和视角，已经有"作"即独创的成分了，翻阅《论衡》，思想闪光点随处可见，无须赘举。而王充从各种角度一再申明《论衡》非"作"，亦非"述"，而只是"论也"——这里面虽然不无中华传统美德对做人、学问的谦虚姿态，但同时也反映出一种对"作"敬畏而远之的态度，以及"作"与"述"、

---

① 司马迁：《史记》，中华书局1959年版，第3300页。

② 司马迁：《史记》，中华书局1959年版，第3321页。

③ 黄晖：《论衡校释》，中华书局1990年版，第1180页。

④ 黄晖：《论衡校释》，中华书局1990年版，第1180—1181页。

⑤ 黄晖：《论衡校释》，中华书局1990年版，第1181页。

"作"与"论"之间的严格区分界限，这种界限虽无人明文规定，却被历代著述者所恪守。

以上所举两例，绝非偶然，它是"述而不作"这棵文化传统大树上所结出的两颗思维之果，值得仔细剖析。若究其表层原因，恐怕是受"六经皆史"的传统观念影响。如前所述，中国文化源于史官。史家习惯从史的"实录""有征"角度评价著述之事。司马迁本人就是史家。作，意味着独创，词必己出，而史的精神恰恰与此相反，强调原始要终，藏往知来，保存历史真貌，尊重、利用史料。所谓"文人之文，与著述之文，不可同日语也。著述必有立于文辞之先者，假文辞以达之而已"①。在此，"著述"就是著史之代称。太史公著《史记》、班固著《汉书》大量引用前人成果，都曾引起后人"裂取""剿掠"的非议，如苏洵之《史论》，如郑樵之《通志·自序》。起码，大量引用前人成果是否能算"作"，就很值得商榷。但是，如果从史的角度看这一问题就会得出截然不同的结论，章学诚就愤然驳之曰："此则全不通乎文理之论也。迁史断始五帝，沿及三代、周、秦，使舍《尚书》《左》《国》，岂将为凭虚、亡是之作赋乎？"并讥讽出此论者为"知一十而不知二五者矣""知白出而不知黑入者矣"。②究其原因，即"文士撰文，惟恐不自己出；史家之文，惟恐出之于己，其大本先不同矣。史体述而不造，史文而出于己，是为言之无征，无征，且不信于后也。识如郑樵，而讥班史于孝武前多袭迁书。然则迁书集《尚书》、《世本》、《春秋》、《国策》、《楚汉牒记》，又何如哉？充其所说，孔子删述六经，乃蹈袭之尤矣，岂通论乎！……史家诠次群言，亦若是焉已尔"③。所谓"惟恐出之于己"，就是"述"；所谓"诠次群言"，即搜集、整理、排列诸家之说，也在"述"的范围之内。要之，"六经皆史"不仅是一种古代著述史的事实，也是一种制约人们考虑问题、判定价值的强大传统，必然会影响到古人对"作""述"问题的思考。

第二章 『述而不作』：著述思想与思维方式

① 章学诚著，叶瑛校注：《文史通义校注》，中华书局1985年版，第489页。

② 章学诚著，叶瑛校注：《文史通义校注》，中华书局1985年版，第171页。

③ 章学诚著，仓修良编注：《文史通义新编新注》，商务印书馆2017年版，第405页。

考察古人对"作"的敬畏心态的另一思路，是传统政治文化中的"臣民原错"意识在著述思想方面的反映——敬畏思想与罪错意识隐然有一种内在的逻辑联系。刘泽华先生认为，中国传统思维中存在类似于基督教文明的"原罪"意识，其突出表现为一种"罪错意识"或"负罪意识"，并将载体基本定位于臣民，其云："在正常的情况下，臣民们在天子面前都是卑贱者，并形成了普遍性的罪感意识。就是说，在君主面前，一般而言，臣民都是天生的孽种、是君主的负债者、是谬误的载体、是有罪的。在某种意义上说，这也是一种'原罪'意识。……在臣下与君主对应关系中，君主是圣明的，臣下是愚昧的。臣下与君主对话时都要把自愚作为陈述的前提。不管是什么样的进谏，几乎都要称为'愚计''愚议''愚陋''鄙陋'以及各种自卑自贱之词，如'愚臣''贱臣''薄陋''虚薄''馊贱''刍贱''犬马''驽骀''鸟兽''葵藿''枯朽''奴才'等等。"①刘泽华先生曾以韩愈、柳宗元的表奏为典型个案，说明臣民的存在就是卑贱、无知的本身，就是谬误、罪过的物质载体，其云："为臣的不管事实上是否有罪，都必须在观念上披上'赭衣'。面对君主，臣下既是天然的错误体，又是负罪体，甚至与基督教的原罪有近似之处。臣下对君主的负罪意识或负罪感是多种原因造成的，这里暂且不论。在韩、柳的表奏中表现出来的主要是由负恩、谬误而负疚，由负疚而负罪；以死相报，死不足报；罪无轻重，有罪当死，死而无怨。'臣愚陋无堪，累蒙朝廷奖用'。'承命惊惶，魂爽飞越，俯仰天地，若无所容。''承命震骇，心神靡宁，顾己惭觋，手足无措。''闻命震骇，心识颠倒，非其所任，为愧为恐。''强颜为之，以塞诏旨，罪当诛死。'…… 在韩、柳的表奏中，不管是感恩、乞请，还是述职、请示，抑或检查、谢罪，几乎都要把死交给君主，请君主任意处理。在观念上不仅仅是被动的君叫臣死，臣不敢不死，而是臣首先请死。于是有'冒死陈闻'，'昧死陈情'，'彷徨阙庭，伏待斧质'，'臣等有死而已'，'陨首阙

下’，‘不敢惧死’等等。”①延伸这种思路，只要是“作者”的社会政治地位处于低一等级，那么，无论其著述是否具有原创性或创新性，就都要以“述”而非“作”的卑贱或愚昧姿态来评价自己的成果，以上所举的司马迁、王充皆是如此。

上述两例对于“作”的敬畏，只是同类文献之沧海一粟；而“六经皆史”“臣民原错”的分析，也只是管中窥豹、略启微端。实际上，在古人对“作”和“述”的不同态度背后，有着更加复杂的文化及心理原因。

第三节　“作”之难：圣化原创性

与“述而不作”密切联系的时代背景之一就是崇圣思潮，其状态恰如刘泽华先生所指出的：“崇圣，是中国传统文化的核心。圣人是天人合一的中枢，是社会和历史的主宰，是理性、理想、智慧和真、善、美的人格化，既是人们的认同对象，又是追求的目标。圣人，在各家各派、各行各业中是不同的，甚至是对立的，但从更高的抽象意义上看，上述品格几乎是相同的或一致的。普遍的崇圣意识形成于春秋、战国，定型于秦汉。”②而对“述作”本质的分析又恰恰与“圣明”相联系，如《汉书·礼乐志》引《礼记·乐记》对“述作”的定义：“知礼乐之情者能作，识礼乐之文者能述；作者之谓圣，述者之谓明。明圣者，述作之谓也。”颜师古注曰：“作谓有所兴造也。述谓明辨其义而循行也。”③据此，则“作”与“述”除了创新质量的差异外，还有着“圣”“明”之间的社会等级差异。

章学诚曾提出史籍基本可分为著述和比类两家：“古人一事必具数家之学，著述与比类两家，其大要也。班氏撰《汉书》，为一家著述矣，刘歆、贾

---

①　刘泽华：《中国的王权主义——传统社会与思想特点考察》，上海人民出版社2000年版，第276—277页。

②　刘泽华：《论由崇圣向平等、自由观念的转变》，《天津社会科学》1993年第4期。

③　班固：《汉书》，中华书局1962年版，第1029页。

护之《汉记》，其比类也；司马撰《通鉴》，为一家著述矣，二刘、范氏之《长编》，其比类也。"④这里，著述或撰述，就是"作"；比类或记注，就是"述"。为了说明两者性质不同，他用圆神方智来做比拟："撰述欲其圆而神，记注欲其方以智也。夫智以藏往，神以知来，记注欲往事之不忘，撰述欲来者之兴起，故记注藏往似智，而撰述知来拟神也。藏往欲其赅备无遗，故体有一定，而其德为方；知来欲其决择去取，故例不拘常，而其德为圆。"⑤在此，所谓"著述""撰述""圆神""知来之学"都属于"作"的范畴；而"比类""记注""方智""藏往之学"，则属于"述"的范畴。章氏此论虽由史学发端，其意义却不仅仅限于史学，对研析著述思想具有普遍指导意义。著述、撰述，即"作"，讲究个人独创性，但问题似乎不这么简单。

王充在申明自己的《论衡》不属于"作"之后，也给"作"下了八字定义——"造端更为，前始未有"，也是讲独创性，这与章氏所论并无不同。但这种独创能力并非人人具有，而只属于圣人，紧承上文他说："若仓颉作书，奚仲作车是也。《易》言伏羲作八卦，前是未有八卦，伏羲造之，故曰作也。"⑥所谓"水流湿，火就燥，云从龙，风从虎，圣人作而万物睹"⑦。这里，是一种广义上的"创作"，是"作"的泛化，它被赋予一种神圣色彩，只有圣贤才具备这种能力，普通凡人只能谦卑地"仰之弥高，钻之弥坚，瞻之在前，忽焉在后"。对于"作"与"述"的本质区别，清人焦循谈得更为透彻。焦循用更加明确的语言限定了"作为独创、述为因循"的内涵：

> 人未知而己先知，人未觉而己先觉，因以所先知先觉者教人，俾人皆知之觉之，而天下之知觉自我始，是为"作"。已有知之觉之者，自我而损

④ 章学诚著，仓修良编注：《文史通义新编新注》，商务印书馆2017年版，第634页。

⑤ 章学诚著，叶瑛校注：《文史通义校注》，中华书局1985年版，第49页。

⑥ 黄晖：《论衡校释》，中华书局1990年版，第1181页。

⑦ 《十三经注疏》整理委员会整理，李学勤主编：《十三经注疏·周易正义》，北京大学出版社1999版，第17页。

益之，或其意久而不明，有明之者，用以教人，而作者之意复明，是之谓
"述"。①

那么，究竟什么属于原创独造呢？值得注意的是，像王充一样，焦循的回答
也有着一种圣化情结，他举例说：

上古知母不知父，则夫妇不定，伏羲知夫妇定而后有父子、君臣、上
下，于是作八卦，而天下皆知有夫妇之别，而彝伦由是叙。……其他作杵
臼、作舟楫、作宫室、作棺椁、作弧矢、作书契、作车乘，凡自未知未觉而
使天下共知之共觉之，皆作也。②

可见，在解释何为"作"即创新的问题上，王充、焦循二人都不约而同地认为这
种能力归属于圣人。

其实，若追根溯源，司马迁、王充之说反映的是儒家思想对于著述这种文化
活动的基本认识，可概括为"著述等级制"。其排列等级的依据是由远及近的圣
贤谱系，孟子对其进行了大致的梳理，其基本脉络为："由尧舜至于汤，五百有
余岁；若禹、皋陶，则见而知之；若汤，则闻而知之。由汤至于文王，五百有余
岁，若伊尹、莱朱，则见而知之；若文王，则闻而知之。由文王至于孔子，五百
有余岁，若太公望、散宜生，则见而知之；若孔子，则闻而知之。由孔子而来至
于今，百有余岁，去圣人之世若此其未远也，近圣人之居若此其甚也，然而无有
乎尔，则亦无有乎尔。"③值得注意的是，这种圣贤谱系反映的首先是圣贤等级
的尊卑脉络，这种秩序不能乱，孟子曰："天下有道，小德役大德，小贤役大
贤；天下无道，小役大，弱役强。斯二者，天也。顺天者存，逆天者亡。"④

① 焦循：《雕菰集》卷七，道光四年刻本，第12页，现藏南开大学图书馆三楼善本书库。
② 焦循：《雕菰集》卷七，道光四年刻本，第12页，现藏南开大学图书馆三楼善本书库。
③ 杨伯峻译注：《孟子译注》，中华书局1960年版，第344页。
④ 杨伯峻译注：《孟子译注》，中华书局1960年版，第168页。

此外，这种等级制还是判断一种学说、言论是否具有创新性的依据，试看孟子的分析："王者之迹熄而诗亡，诗亡然后春秋作。晋之乘，楚之梼杌，鲁之春秋，一也：其事则齐桓、晋文，其文则史。孔子曰：'其义则丘窃取之矣。'"① 从著述角度看，在此排列的先后次序是王者之迹—《诗》—《春秋》—孔子；这不仅仅是著述的先后次序，还是判断尊卑的依据，在此链条上，孔子处于最末端，是往圣前贤思想言论的集大成者。这种地位恰如孟子所描述的："伯夷，圣之清者也；伊尹，圣之任者也；柳下惠，圣之和者也；孔子，圣之时者也。孔子之谓集大成。集大成也者，金声而玉振之也。金声也者，始条理也；玉振之也者，终条理也。始条理者，智之事也；终条理者，圣之事也。智，譬则巧也；圣，譬则力也。由射于百步之外也，其至，尔力也；其中，非尔力也。"② 在此，孟子虽然肯定了"作"的独创性内涵，但也透露出这种文化行为不是凡人所为，而是具有神圣性的，是圣人的专利。不错，"作"确实讲究原创性，但却是一种被圣化了的原创性，其中缠绕着古人难以摆脱的圣化情结。至此，我们似乎可以看出，除了谦虚、谦卑之外，古人对"作"充满敬畏之情的深层原因了。

广义上看，创出"造端更为，前始未有"文明器物的专利，都属于圣人，试看下文：

古者包牺氏之王天下也，仰则观象于天，俯则观法于地，观鸟兽之文，与地之宜，近取诸身，远取诸物，于是始作八卦，以通神明之德，以类万物之情。作结绳而为罔罟，以佃以渔，盖取诸离。包牺氏没，神农氏作，斫木为耜，揉木为耒，耒耨之利，以教天下，盖取诸益。日中为市，致天下之民，聚天下之货，交易而退，各得其所，盖取诸噬嗑。神农氏没，黄帝、

---

① 杨伯峻译注：《孟子译注》，中华书局1960年版，第192页。

② 杨伯峻译注：《孟子译注》，中华书局1960年版，第233页。

尧、舜氏作，通其变，使民不倦；神而化之，使民宜之。^①

　　在此，凡是先民所需之文明器物，都是圣人所"作"。很明显，这种"作"，都和其"王天下"的政治控制行为密切联系在一起，"作"成为一种圣人之事、官方行为，民间凡人连想都不要想。《礼记·中庸》云："非天子不议礼，不制度，不考文。今天下车同轨，书同文，行同伦。虽有其位，苟无其德，不敢作礼乐焉。虽有其德，苟无其位，亦不敢作礼乐焉。"孔颖达疏："'不制度'，谓不敢制造法度，及国家宫室大小高下及车舆也。'不考文'，亦不得考成文章书籍之名也。"^②很明显，文章著述之"作"，明显不同于典章制度之"作"；而给文章著述之"作"赋予一种典章制度之"作"的内涵，却是将"作"神圣化的关键之一。又《汉书·礼乐志》云："王者未作乐之时，因先王之乐以教化百姓，说乐其俗，然后改作，以章功德。《易》曰：'先王以作乐崇德，殷荐之上帝，以配祖考。'昔黄帝作《咸池》，颛顼作《六茎》，帝喾作《五英》，尧作《大章》，舜作《招》，禹作《夏》，汤作《濩》，武王作《武》，周公作《勺》。"^③这也暗示着：各种各样的"作"，即通变创新、自立新意的能力，不是凡人所为；凡人，只能去"述"，即因循、沿袭、重复"作"的成果。《论衡·对作篇》云："圣人作经，贤者传记，匡济薄俗，驱民使之归实诚也。"^④又《潜夫论·考绩》云："夫圣人为天口，贤人为圣译。是故圣人之言，天之心也。贤者之所说，圣人之意也。"^⑤在此，所谓"述"，所谓"译"，不仅仅具有知识学问上的重复、沿袭意义，还明显有社会等级的上下尊卑内涵，因为下一级圣贤在上一级圣贤面前，就像下一级官员在上一级官

第二章 「述而不作」：著述思想与思维方式

①　《十三经注疏》整理委员会整理，李学勤主编：《十三经注疏·周易正义》，北京大学出版社1999版，第298—300页。

②　《十三经注疏》整理委员会整理，李学勤主编：《十三经注疏·礼记正义》，北京大学出版社1999年版，第1457页。

③　班固：《汉书》，中华书局1962年版，第1038页。

④　黄晖：《论衡校释》，中华书局1990年版，第1177页。

⑤　王符著，汪继培笺：《潜夫论笺》，中华书局1979年版，第72页。

员面前一样，其职守、其功能、其姿态、其面孔只能是"述"，而永远不能称为"作"，所谓"圣人作经，贤者传记""作者之谓圣，述者之谓明"是也。"述"，永远在"作"之下，因为"明"，永远在"圣"之下。

于是，"作"与"述"之间的关系也染上浓郁的尊卑色彩："作"为圣，为尊，为贵，为上，是历代圣贤的文化专利；"述"为卑，为谦，为下，为贱，是后学晚辈、凡人应有的谦卑姿态。如此，以至于形成这样的习惯：对上一级的圣贤、权威，要称之为"作"，对自己要称"述"。这里体现的不仅仅是谦虚的态度，还是一种尊卑的序列、上下的等级关系。洵如清人焦循所言："然惟孔子能述伏羲、尧、舜、禹、汤、文王、周公，惟孟子能述孔子。孟子殁，罕有能述者也。"①

其实，即使像孔子这样的圣者，如果与其前面的圣人相比，也处于下风，所以也不能"作"，对此，刘宝楠《论语正义》有很精辟的剖解："述是循旧，作是创始。《礼·中庸记》云：'非天子不议礼，不制度，不考文。'议礼、制度、考文皆作者之事，然必天子乃得为之。故《中庸》又云：'今天下车同轨，书同文，行同伦。虽有其位，苟无其德，不敢作礼乐焉。虽有其德，苟无其位，亦不敢作礼乐焉。'郑《注》：'今孔子谓其时，明孔子无位，不敢作礼乐，而但可述之也。'"②例如孔子《春秋》与古代典籍的关系，他称自己为"述而不作"，因为他所面对的是三皇五帝、文武周公等大圣贤，自己属于下一级的小圣贤，在先贤往圣的巨大历史光辉的照耀下，他与凡人无异，所以不敢称"作"；而孔子以下之人，一旦面对孔子，就可以称其为"作"，如上大夫壶遂就说："孔子之时，上无明君，下不得任用，故作《春秋》"，并问司马迁："昔孔子何为而作《春秋》哉？"③而从司马迁的回答中，亦可见正统意识形态对"作"的要求之高："夫《春秋》，上明三王之道，下辨人事之纪，别嫌疑，明是非，

---

① 焦循：《雕菰集》卷七，道光四年刻本，第11页，现藏南开大学图书馆三楼善本书库。

② 刘宝楠：《论语正义》，中华书局1990年版，第251—252页。

③ 司马迁：《史记》，中华书局1959年版，第3299、3297页。

定犹豫，善善恶恶，贤贤贱不肖，……万物之散聚皆在《春秋》。"①"作"，不仅能经邦治国，还几乎是能经天纬地的百科全书；不仅如此，它还是接续往古圣王系统的必要环节，所谓"桀、纣失其道而汤、武作，周失其道而《春秋》作"②。在这样凡人之力几乎难以达到的"作"的面前，一切著述行为只能是沿袭、重复，即"述"，于是，司马迁有强烈的著述责任感，明明要"自成一家之言"，也不敢说是"作"，只能闷在心里，只能说"余所谓述故事，整齐其世传，非所谓作也"。再看司马迁所示"述""作"之一例——"天下方务于合从连衡，以攻伐为贤，而孟轲乃述唐、虞、三代之德，是以所如者不合。退而与万章之徒序《诗》《书》，述仲尼之意，作《孟子》七篇。"③这里，为何又说"作"，又说"述"呢？稍加分析就可看出，相对唐、虞、三代及孔子来说，孟子属下级圣贤，司马迁从孟子本身圣贤级别考虑，所以说是"述唐、虞、三代之德"；而相对司马迁来说，孟子又是上级圣贤，其名望、地位要高于自己，所以要称之为"作"。这种矛盾实际是太史公本人明明是"作"又违心地称为"述"的矛盾心理的曲折反映。

在此，有四点值得注意：一、"作"为原创，为创始，"述"为沿循，为承袭。二、"作"是圣人的专利，圣人之下只能去"述"。三、孔子之"述"，实际上是以"述"为"作"，所谓"其事虽述，而功则倍于作矣"。四、在"述""作"区分的序列中，具有鲜明的等级特征：相对于上一级别的圣贤而言，下一级别圣贤的文化姿态只能是"述"。

要之，"作"之难，在于它的几个基本规定性：第一，它具有独创性。第二，它具有一种被圣化了的独创性。第三，这种圣化独创性又与文明器物相联系。第四，推而衍之，文明器物又无疑与治理天下、典章制度相联系。于是，"作"与治理天下有密切的联系：文明器物是圣人所造，典章制度是圣人所制，天下理所当然要由圣人来治理控制。于是，在"作"的所谓原创性背后，我们发

---

① 司马迁：《史记》，中华书局1959年版，第3297页。

② 司马迁：《史记》，中华书局1959年版，第3310页。

③ 司马迁：《史记》，中华书局1959年版，第2343页。

现了这样一条逻辑锁链——由文明器物到学术思想，再由学术思想到政治控制术。这里，虽然不无对原创性的智力因素的强调，但更多的是对圣化的道德崇拜、对权威的伦理认同。难怪，司马迁、王充均不敢自称"作"，因为"作"，乃圣人之事；"作"之难，难于上青天。

第四节　"作"之难：心智神秘性

圣人之所以能"创"能"作"，还因为他们拥有与众不同的神秘心智结构。只有圣人能"作"，凡人只能去"述"、"论"、重复、沿袭的关键在于圣人有一种无须经过感官就能获得一切真知的奇妙心智结构和神秘本能。圣人之所以为圣人，就是因为占有了这种神秘性。而把心智神秘化的过程，又恰恰是贬低、压抑认识的感觉阶段和抬高、神化认识的思维阶段的过程。试剖解一下古代思想家对这一问题的认识。

从语源学角度考察，古汉语中用来表示人智商高的"聪明"之本义，最早都与感官有关。聪，指听觉，《易·夬》："'闻言不信'，聪不明也。"[1]明，指视觉、视力，《礼记·檀弓上》："子夏丧其子而丧其明。"郑玄注："明，目精。"[2]《易·鼎》："巽而耳目聪明。"[3]荀子在《性恶》中就曾指出，耳目之聪源于天赐："今人之性，目可以见，耳可以听。夫可以见之明不离目，可以听之聪不离耳，目明而耳聪，不可学明矣。"[4]古文《尚书·洪范》中所载"五事"，就包含感官的"视听"："一曰貌，二曰言，三曰视，四曰听，五曰思，貌曰恭，言曰从，视曰明，听曰聪，思曰睿。恭作肃，从作乂，明作晢，

①　《十三经注疏》整理委员会整理，李学勤主编：《十三经注疏·周易正义》，北京大学出版社1999版，第183页。

②　《十三经注疏》整理委员会整理，李学勤主编：《十三经注疏·礼记正义》，北京大学出版社1999年版，第202页。

③　《十三经注疏》整理委员会整理，李学勤主编：《十三经注疏·周易正义》，北京大学出版社1999版，第206页。

④　王先谦：《荀子集解》，中华书局1988年版，第436页。

聪作谋，睿作圣。"①但是，感官和心灵是有尊卑次序的。如荀子就将它们分出了类似君臣秩序的上下尊卑："耳目鼻口形能，各有接而不相能也，夫是之谓天官。心居中虚以治五官，夫是之谓天君。"②"君"者，君临天下、主宰一切之谓也。神世有帝君，俗世有人君，精神世界则有天君。心灵之于感官，类似君主之于臣下，"人君"是"人臣"的天然权威，"天君"自然也是"天官"的当然主宰。如《尚书·虞书·益稷》所载："帝曰：'臣作朕股肱耳目。……'"③在此，耳目感官作为心灵"臣仆"的地位一目了然。

圣、声、聪三字本相通，均从耳，即均与人的感觉器官相联系。圣，像聪一样，本指听觉。《说文解字》："圣，通也。从耳，呈声。"段玉裁注："圣从耳者，谓其耳顺。《风俗通》曰：'圣者，声也。言闻声知情。'按：声、圣字，古相假借。"又"聪"字："聪，察也。从耳，恖声。"④所以，从"聪明"到"圣明"，隐然有一条文字学的线索。另外，在"述而不作"的表述中，也不无"口耳文化"传承的痕迹，恰如学者所分析的那样："从传播媒介的偏向而言，'述''作'原本都深深根源于口传文化祝祷仪式语境，而后引申至以眼睛目视为主导媒介的书写性质的撰述和创作，但又各有倚重，'述'偏于'近取诸身'的卜筮祝祷技艺和仪式性言行遵循，因之表现出更显著的固守、因循传统，强调连续性，紧守神圣的信仰和道德传统；而'作'偏于'远取诸物'的契刻、作邑、作册等仪式性制作传统，虽然依旧是口传文化形态，但又从一开始即体现着某种不同于口耳相传瞬间即逝的永恒性偏向，无论是刻木、除木建造、作器、铭刻、作邑、作册等，更重视眼睛的视觉性知识寄存。"⑤"述"，偏向于口述，其传播途径是口耳相传，这也成为孔子为什么只"述"而不"作"的一种

---

① 《十三经注疏》整理委员会整理，李学勤主编：《十三经注疏·尚书正义》，北京大学出版社1999年版，第303页。

② 王先谦：《荀子集解》，中华书局1988年版，第309页。

③ 《十三经注疏》整理委员会整理，李学勤主编：《十三经注疏·尚书正义》，北京大学出版社1999年版，第116页。

④ 许慎撰，段玉裁注：《说文解字注》，上海古籍出版社1981年版，第592页。

⑤ 唐启翠：《"述而不作"与"圣贤"神话》，《文艺理论研究》2012年第2期。

诠释，因为他那个时代的文化传承主要是以口述为主，如学者所云："孔子时代，虽然口头传统日渐式微，礼乐崩坏，对文字、建筑、雕塑等日渐倚重，但真正书写性质的撰述和创作时代并未到来，主导的学习传承方式依旧是口述和礼乐仪式。而且'作'向着'创造'和'制作'两极分化，前者继续沿着'创始'之作的意向抬升圣化，后者则下降为工匠奚徒之事。孔子精通诗书礼乐射御，鄙事多能，但当时的语境下，最适合他的评价确实只是'述而不作'。"①这种解释，从"口耳文化"入手，较为新颖，为探析"述""作"之义提供了一个新的视角。

圣人耳聪目明，知识口耳相传，于是就占据了智慧的制高点，获得了一种心智神秘的地位，于是也就具有支配、辖制其他感官的权力。其心理学的依据如荀子《解蔽》所言："心者，形之君也，而神明之主也。"②其后，《吕氏春秋仲夏纪·适音》则对此作了细密的诠释："耳之情欲声，心不乐，五音在前弗听。目之情欲色，心弗乐，五色在前弗视。鼻之情欲芬香，心弗乐，芬香在前弗嗅。口之情欲滋味，心弗乐，五味在前弗食。欲之者，耳目鼻口也。乐之弗乐者，心也。心必和平然后乐，心必乐然后耳目鼻口有以欲之。"③心灵之于感官，如同君王之于臣属，有着很强的比附性，所谓"臣作朕股肱耳目"，又《吕氏春秋仲春纪·贵生》："圣人深虑天下，莫贵于生。夫耳目鼻口，生之役也。耳虽欲声，目虽欲色，鼻虽欲芬香，口虽欲滋味，害于生则止。在四官者不欲，利于生者则弗为。由此观之，耳目鼻口不得擅行，必有所制。譬之若官职不得擅为，必有所制。"④这里所谓"必有所制"，就是寻求一种上下尊卑关系，最后只能推导出心灵同于君主、感官同于奴仆的结论。这一逻辑被管子揭示得十分透彻："'心之在体，君之位也；九窍之有职，官之分也。'耳目者，视听之官也，心而无与于视听之事，则官得守其分矣。夫心有欲者，物过而目不见，声至而耳不

① 唐启翠：《"述而不作"与"圣贤"神话》，《文艺理论研究》2012年第2期。
② 王先谦：《荀子集解》，中华书局1988年版，第397页。
③ 许维遹：《吕氏春秋集释》，中华书局2009年版，第114页。
④ 许维遹：《吕氏春秋集释》，中华书局2009年版，第38页。

闻也。故曰：'上离其道，下失其事。'故曰：心术者，无为而制窍者也。故曰'君'。"①

孟子也注意到感官与心灵的关系，在他笔下，甚至还闪烁着一点五官与心灵平等的色彩："口之于味也，有同耆焉；耳之于声也，有同听焉；目之于色也，有同美焉。至于心，独无所同然乎？心之所同然者何也？谓理也，义也。圣人先得我心之所同然耳。故理义之悦我心，犹刍豢之悦我口。"②但这里关于"耳目"与"心"之同的逻辑推导指向却不是分析心理，而是论证伦理。孟子把耳目感官称为"小体"，即次要的，具从属性质；心灵称为"大体"，即主要的，具主宰性质。这种等级区分不仅仅是心理学上的，还具有伦理学的意义，"君子"和"小人"由此判然而分，所谓"从其大体为大人，从其小体为小人"，其分水岭在于一个"思"字："耳目之官不思，而蔽于物。物交物，则引之而已矣。心之官则思，思则得之，不思则不得也。此天之所与我者。先立乎其大者，则其小者不能夺也。此为大人而已矣。" ③

无须经过耳目感官就能通晓万物之理（包括"道"）为"心君"的主要特征，洵如荀子所言："（心——引者注）虚壹而静，谓之大清明。万物莫形而不见，莫见而不论，莫论而失位。坐于室而见四海，处于今而论久远，疏观万物而知其情，参稽治乱而通其度，经纬天地而材官万物，制割大理，而宇宙里矣。……明参日月，大满八极，夫是之谓大人。"④这些，似乎科技高度发达的信息时代才能做到。"大人"者，无所不能之"圣人"也，孟子早已把其中关系梳理得清清楚楚："充实而有光辉之谓大，大而化之之谓圣，圣而不可知之之谓神。"⑤伦理意义上"心"智的健全是"成圣"的首要条件，所谓"心全于

① 赵守正：《管子注译》（下册），广西人民出版社1987年版，第2页。
② 杨伯峻译注：《孟子译注》，中华书局1960年版，第261页。
③ 杨伯峻译注：《孟子译注》，中华书局1960年版，第270页。
④ 王先谦：《荀子集解》，中华书局1988年版，第397页。
⑤ 杨伯峻译注：《孟子译注》，中华书局1960年版，第334页。

中，形全于外，不逢天菑，不遇人害，谓之圣人"①。于是，从心理到伦理，从"聪明"到"圣明"，就基本决定了心灵与感官的主仆尊卑关系。在中国思想史上，这种观念一以贯之，具有极强的连贯性。如《淮南子·俶真训》："是故圣人内修道术，而不外饰仁义；不知耳目之（宣）[宜]，而游于精神之和。若然者，下揆三泉，上寻九天，横廓六合，揲贯万物，此圣人之游也。"②班固也说："圣人者何？圣者，通也，道也，声也。道无所不通，明无所不照，闻声知情，与天地合德，日月合明，四时合序，鬼神合吉凶。"③这种"无所不通"来源于无须经过耳目感官的"思"，如宋儒周敦颐分析的："匪思而无不通，为圣人。不思，则不能通微；不睿，则不能无不通。是则无不通生于通微，通微生于思。故思者，圣功之本，而吉凶之机也。"④而凡是有耳目参与的思维活动则是低级的，"是故圣人之学也，欲以反性于初，而游心于虚也。达人之学也，欲以通性于辽廓，而觉于寂漠也。若夫俗世之学也，则不然：擢德攓性，内愁五藏，外劳耳目，乃始招蚑振缱物之豪芒，摇消掉捎仁义礼乐，暴行越智于天下，以招号名声于世"⑤。这里，"圣人之学""达人之学""俗世之学"的基本分野就在于，级别越高，距离感官耳目就越远，以至于发展成一种难以为凡俗把握的神秘主义认识论："夫所以谓之观物者，非以目观之也。非观之以目，而观之以心也。非观之以心，而观之以理也。天下之物莫不有理焉，莫不有性焉，莫不有命焉。所以谓之理者，穷之而后可知也。所以谓之性者，尽之而后可知也。所以谓之命者，至之而后可知也。此三知者，天下之真知也。虽圣人无以过之也，而过之者非所以谓之圣人也。"⑥这种思想也出现在《庄子》中，不过说的是听觉："无听之以耳而听之以心，无听之以心而听之以气！耳止于听，心止于符。气也

① 赵守正：《管子注译》（下册），广西人民出版社1987年版，第78—79页。
② 刘安著，陈广忠译注：《淮南子译注》，上海古籍出版社2017年版，第61页。
③ 陈立：《白虎通疏证》，中华书局1994年版，第334页。
④ 周敦颐：《周敦颐集》，岳麓书社2007年版，第69—70页。
⑤ 刘安著，陈广忠译注：《淮南子译注》，上海古籍出版社2017年版，第66—67页。
⑥ 邵雍：《皇极经世书》，上海古籍出版社2017年版，第1175页。

者，虚而待物者也。唯道集虚。虚者，心斋也。"①

什么是"观之以心"和"听之以气"呢？《列子》里记载了这样一个故事："陈大夫曰：'吾国亦有圣人，子弗知乎？'曰：'圣人孰谓？'曰：'老聃之弟子有亢仓子者，得聃之道，能以耳视而目听。'鲁侯闻之大惊，使上卿厚礼而致之。亢仓子应聘而至。鲁侯卑辞请问之。亢仓子曰：'传之者妄。我能视听不用耳目，不能易耳目之用。'鲁侯曰：'此增异矣。其道奈何？寡人终愿闻之。'亢仓子曰：'我体合于心，心合于气，气合于神，神合于无。其有介然之有，唯然之音，虽远在八荒之外，近在眉睫之内，来干我者，我必知之。乃不知是我七孔四支之所觉，心腹六脏之所知，其自知而已矣。'鲁侯大悦。他日以告仲尼，仲尼笑而不答。"②可见，"圣人"的基本标志是"视听不用耳目"，而直接用有神秘性的"心"去"知"万物。可见，心灵的"圣化"与感官的"奴化"过程是逆向同时进行的，最终确定了"心"的尊贵神秘地位。1975年马王堆出土的帛书《五行篇》反映的是思孟学派之说，已把"聪明"与"圣明"结合起来，其云："聪也者，圣之藏于耳者也，明也者，智之藏于目者也。聪，圣之始也；明，智之始也"，又云："未尝闻君子道，谓之不聪；未尝见贤人，谓之不明。"③这样，由感官的"聪明"到心灵的"圣明"，心灵与感官的主仆地位由此而定："耳目鼻口手足六者，心之役也。心曰唯，莫敢不唯。心曰诺，莫敢不诺。心曰进，莫敢不进。心曰浅，莫敢不浅。"④尤其值得注意的是，此种区分因而具有了伦理学上褒贬优劣、区分尊卑的终极意义。此外，1993年出土的大量郭店楚简中发现了大量带"心"字偏旁的形声字，为上下结构，如"仁"字，写作上"身"下"心"；如"迷"字，写作上"米"下"心"；如"述"字，写作上"求"下"心"；如"为"字，写作上"为"下"心"。此中深意，尚待来哲分析研究。但圣人之心灵无所不到、无所不明，却是确凿无疑的，这种无须

第二章 "述而不作"：著述思想与思维方式

---

① 陈鼓应注译：《庄子今注今译》，商务印书馆2016年版，第139页。

② 严北溟、严捷：《列子译注》，上海古籍出版社2006年版，第92—93页。

③ 庞朴：《帛书五行篇研究》，齐鲁书社1980年版，第39—40、47页。

④ 庞朴：《帛书五行篇研究》，齐鲁书社1980年版，第60页。

经过感官就能获取真知的本领是圣人能"作"的心智基础，凡人根本不具备。

第五节　"作"之难：立言为公性

"作"之难，不仅在于它所规范的凡人难以企及的诸种道德圣化高度，还在于它所要求达到的原创性的智力高度和心智神秘性，正如前文所言。但事情似乎还不只如此简单，其中还有一个制约因素，就是"作"与"公"或曰"天下为公"思想倾向的瓜葛牵连。作，无疑属于立言的范畴，而传统政治思维对于"立言"是有一个基本假设规定的，即"立言为公"。

古代思想家论证"立言为公"的合理性，是从观察天道运行的"无为""无己""无私"等特征中类比、抽绎出来的，所谓"天道无私，是以恒正。天道常正，是以清明"①是也。"天道至公"的奥义在于"不得不"三字，《庄子·知北游》曰："天不得不高，地不得不广，日月不得不行，万物不得不昌，此其道与！"②《左传·僖公二十四年》已有这样的话："窃人之财犹谓之盗，况贪天之功以为己力乎？"③天道的最大特点就是无私，它养育万物，燮理阴阳，却从不炫耀自己的功劳，是人类社会学习的好榜样。天道这种"公"的特质可以类比一切，即《吕氏春秋》序所谓"盖闻古之清世，是法天地。…… 上揆之天，下验之地，中审之人，若此则是非可不可无所遁矣。……夫私视使目盲，私听使耳聋，私虑使心狂。三者皆私设精，则智无由公。智不公，则福日衰，灾日隆，以日倪而西望知之"④。于是，就自然由天之"公"类比推理到人之"公"，据《吕氏春秋·贵公》载："荆人有遗弓者而不肯索，曰：'荆人遗之，荆人得之，又何索焉？'孔子闻之曰：'去其荆而可矣'。老聃闻之曰：'去其人而可

---

① 严可均辑：《全上古三代文·全秦文》，商务印书馆1999年版，第54页。

② 陈鼓应注译：《庄子今注今译》，商务印书馆2016年版，第656页。

③ 《十三经注疏》整理委员会整理，李学勤主编：《十三经注疏·春秋左传正义》，北京大学出版社1999年版，第417页。

④ 高诱注，毕沅补注：《吕氏春秋》，载马明、宇林、安继民等校点：《诸子集成》（第八册），岳麓书社1996年版，第359页。

矣。'故老聃则至公矣。"圣人治理天下的秘诀也是一个"公"字，所谓"昔先圣王之治天下也必先公，公则天下平矣"。①于是，又从人之"公"关联、过渡到言之"公"。这样，天之公—人之公—言之公，天之无言—人之无言—言者无言，就构成一个完整的思维逻辑链条。

圣人大都是这方面的楷模，《文史通义·原道》云："夫文字之用，为治为察，古人未尝取以为著述也。以文字为著述，起于官师之分职，治教之分途也。夫子曰：'予欲无言。'欲无言者，不能不有所言也。孟子曰：'予岂好辨哉？予不得已也。'……夫道备于六经，义蕴之匿于前者，章句训诂足以发明之。事变之出于后者，六经不能言，固贵约六经之旨，而随时撰述以究大道也。太上立德，其次立功，其次立言，立言与立功相准。盖必有所需而后从而给之，有所郁而后从而宣之，有所弊而后从而救之，而非徒夸声音采色，以为一己之名也。"②孔子虽很重视言辞，曾说过"一言可以兴邦""一言可以丧邦""君子疾没世而名不称焉"③这样的话；但据《论语·阳货》载："子曰：'予欲无言。'子贡曰：'子如不言，则小子何述焉？'子曰：'天何言哉？四时行焉，百物生焉，天何言哉？'"④圣人之不"立言"，犹如天之默默"无言"，天虽无言，却控制四时，孕育万物，无所不生，却从不自矜为己有；圣人虽不立言，却规范着社会的典章制度、行为准则，虽无言，却又无所不言，所谓"有德者必有言"也。例如《六经》之"立言"，并非有意为之的私家著作，而是维护社会运转的文献记录，所谓"道不离器，犹影不离形。后世服夫子之教者自六经，以谓六经载道之书也，而不知六经皆器也。《易》之为书，所以开物成务，掌于《春官》太卜，则固有官守而列于掌故矣。《书》在外史，《诗》领大师，《礼》自宗伯，乐有司成，《春秋》各有国史。三代以前，《诗》《书》六艺，未尝不以教人，不如后世尊奉六经，别为儒学一门，而专称为载道之书者。……

第二章 『述而不作』：著述思想与思维方式

---

① 许维遹：《吕氏春秋集释》，中华书局2009年版，第25、24页。

② 章学诚著，叶瑛校注：《文史通义校注》，中华书局1985年版，第139页。

③ 程树德：《论语集释》，中华书局1990年版，第918、919、1102页。

④ 程树德：《论语集释》，中华书局1990年版，第1227页。

夫子述六经以训后世，亦谓先圣先王之道不可见，六经即其器之可见者也。后人不见先王，当据可守之器而思不可见之道。故表章先王政教，与夫官司典守以示人，而不自著为说，以致离器言道也。夫子自述《春秋》之所以作，则云：‘我欲托之空言，不如见诸行事之深切著明。’则政教典章，人伦日用之外，更无别出著述之道，亦已明矣"①。对"立言为公"进行系统论述的集大成者是清代的章学诚，他的《文史通义》专辟《言公》篇，分上中下三章，系统分析了"立言为公"的历史合理性，同时批驳了"立言为私"的荒谬性。其核心思想就是"古人之言，所以为公也，未尝矜于文辞，而私据为己有"②这几句话，简直是"立言为公"的一个经典式总结。总之，私家、个人、自我一旦有自立新异、自成一家的念头，就是"私念"，就是将"言"这种公器"私据为己有"，就会被传统群体道德体系所不容。无意为之，是"公"；有意为之，则属于"私"的领域。而任何形式的"私"——私心、私欲、私情、私念、私言、私学、私议、私名、私誉、私门等，与公心等泾渭分明，是历代圣贤们力加挞伐、贬抑的对象。这些话语在《韩非子》《荀子》中几乎俯拾皆是，兹不赘举。

总之，在传统政治思维中，所谓真正的、原装的"立言"，就像天生育万物那样，并非有意为之，而是不得已而为之，起初并非为一己之名而作，即《吕氏春秋·去私》所谓"天无私覆也，地无私载也，日月无私烛也，四时无私行也"③。名者，乃天下之公器，不得据为私有；言者，也属于"天下公器"之列，不得窃为己有。这是因为，"窃人之美，等于窃财之盗，……其弊由于自私其才智，而不知归公于道也"④。任何"立言为公"式的初衷，并没有丝毫的私人目的："古之所谓经，乃三代盛时，典章法度，见于政教行事之实，而非圣人有意作为文字以传后世也。"⑤又，"古人之言，所以为公也，未尝矜于文

① 章学诚著，叶瑛校注：《文史通义校注》，中华书局1985年版，第132页。
② 章学诚著，叶瑛校注：《文史通义校注》，中华书局1985年版，第169页。
③ 许维遹：《吕氏春秋集释》，中华书局2009年版，第29页。
④ 章学诚著，叶瑛校注：《文史通义校注》，中华书局1985年版，第183页。
⑤ 章学诚著，叶瑛校注：《文史通义校注》，中华书局1985年版，第94页。

辞，而私据为己有也。志期于道，言以明志，文以足言。其道果明于天下，而所志无不申，不必其言之果为我有也"①。一旦不小心写出些东西来，也有办法解释，谓之为"不得不""不得已"，尽量向"公"字上靠。举例来说，"孟子、庄子皆自言不得已。不得已三字，是论文论著述之要义"，所谓"君子恶夫盗人之言，而遽铲去其迹，以遂掩著之私也"。②那么，什么是"立言不朽"呢？这也应该是一个自然而然的"趋公"的过程，所谓"学者莫不有志于不朽，而抑知不朽固自有道乎？言公于世，则书有时而亡，其学不至遽绝也。盖学成其家，而流衍者长，观者考求而能识别也。孔氏古文虽亡，而史迁问故于安国，今迁书具存，而孔氏之《书》，未尽亡也。韩氏之《诗》虽亡，而许慎治《诗》兼韩氏；今《说文》具存，而韩婴之《诗》，未尽亡也"③。

可见，立言不是一种孤立的超社会行为，追求立言不朽、价值不朽，最终必然也要落入"天下为公"的社会监控器之中。

刘泽华先生指出："中国传统道德的本质和核心是'无我''无私''无欲'。它是天下之大公能够进行和实现的必要的伦理和逻辑前提，又是崇公抑私所采用的重要的道德手段。公天下其实完全是一个道德化、政治化的社会，任何人的一举一动举手投足无不在这个社会体系之中。"④而所谓"公天下"的本质在于对于个人的控制，刘泽华先生在《中国的王权主义——传统社会与思想特点考察》中说道："专制君主主持和主控下的公天下的一切社会生活，在内容上就表现为古圣先贤为世人指定的一切生活的方式和程式体系。每一个人的社会生活的每一个方面都必须严格按照一整套方式和程式去做，才算是合乎天下为公的本意，否则公天下的主持者就会以种种公的口实打击、压制、扼杀任何人的'非

① 章学诚著，叶瑛校注：《文史通义校注》，中华书局1985年版，第169页。
② 章学诚著，叶瑛校注：《文史通义校注》，中华书局1985年版，第187、186页。
③ 章学诚著，叶瑛校注：《文史通义校注》，中华书局1985年版，第184页。
④ 刘泽华：《中国传统政治哲学与社会整合》，中国社会科学出版社2000年版，第257页。

分'之想。"①明乎此，也就明白了历史上许多文史巨擘大家对"作"敬畏而远之的根本原因，也可以解释许多貌似矛盾的现象。例如颜氏对所谓"私家之作"的文学之士大加挞伐，而他本人对文学并不持完全反对的态度，他曾引刘逖之语"既有寒木，又发春华"反驳官僚"嗤薄文学"的迂腐态度；又如司马迁一方面说要"通古今之变，成一家之言"，另一方面又极力表明自己是在"述"，而不是在"作"。因为一旦说是"作"，不仅有僭圣的嫌疑，还有吞"公言"据为私有的危险，自己就会成为众矢之的，何况司马迁本人就是专制淫威的牺牲品。因此，慎言缄默成为一种普遍的社会心态。据载："孔子之周，观于太庙。右陛之前，有金人焉，三缄其口，而铭其背曰：'古之慎言人也。戒之哉！戒之哉！无多言，多言多败；无多事，多事多患。……'"②多言招致祸患，是社会的普遍共识，以至于对"出言"形成一种敬畏之情："口者关也，舌者机也，出言不当，四马不能追也。口者关也，舌者兵也，出言不当，反自伤。言出于己，不可止于人；行发于迩，不可止于远。夫言行者君子之枢机，枢机之发，荣辱之本也，可不慎乎！故蒯子羽曰：'言犹射也：括既离弦，虽有所悔焉，不可从而退已。'《诗》曰：'白珪之玷，尚可磨也；斯言之玷，不可为也。'"③

古代政治家早就对"私"心存戒心。《逸周书·文儆》云："呜呼，敬之哉！民之适败，上察下遂信。何向非私，私维生抗，抗维生夺，夺维生乱，乱维生亡，亡维生死。"④出言尚须如此谨慎，况且立言乎！写文章不仅属于"言"的范围，而且要白纸黑字、留下证据，就更应谨慎，避免堕入"私"的陷阱。于是，在著述这种文化行为中，我们也能看到"公"的敏感、锐利、苛刻的监视目光。对此，已有学者指出："儒家'三不朽'的价值观不仅对古代作家的人生观影响极大，而且深刻地影响着古代作家的文学观：立德、立功、立言都是要求个

---

① 刘泽华：《中国的王权主义——传统社会与思想特点考察》，上海人民出版社2000年版，第276页。

② 刘向著，向宗鲁校证：《说苑校证》，中华书局1987年版，第258页。

③ 刘向著，向宗鲁校证：《说苑校证》，中华书局1987年版，第402—403页。

④ 严可均辑：《全上古三代文·全秦文》，商务印书馆1999年版，第18页。

体通过服务于群体、社会来展现自我的意义。把立德放在立言之先，要求道德与文章统一。……同是立言，也有不同的价值标准，以功利划分，经、子、史的价值高于辞赋等纯文学作品的价值。"⑤

那么，具体到著述、写作，究竟什么属于"公"的范围呢？颜之推有一定义："夫文章者，原出《五经》：诏命策檄，生于《书》者也；序述论议，生于《易》者也；歌咏赋颂，生于《诗》者也；祭祀哀诔，生于《礼》者也；书奏箴铭，生于《春秋》者也。朝廷宪章，军旅誓诰，敷显仁义，发明功德，牧民建国，施用多途。"⑥据此为文才是"公"，问题似乎出在后之学者莫不有志于不朽，抛弃了"言公"之旨，所谓"后之学者，求工于文字之末，而欲据为一己之私者，其亦不足与议于道矣"⑦。无论是"述"还是"作"，其间均有"公""私"之分。洵如章学诚所述："是以后人述前人，而不废前人之旧也。以为并存于天壤，而是非失得，自听知者之别择，乃其所以为公也。君子恶夫盗人之言，而遽铲去其迹，以遂掩著之私也。"⑧只要是掺杂个人见解和情感，就误入了属于"私"的误区。记录个人观念之"私"，抒发个人情感之"私"，不仅要排在"公"之后，还不可避免地与"公"发生惨烈的碰撞，最后被所谓的"公"所绞杀，试看：

> 至于陶冶性灵，从容讽谏，入其滋味，亦乐事也。行有余力，则可习之。然而自古文人，多陷轻薄：屈原露才扬己，显暴君过；宋玉体貌容冶，见遇俳优；东方曼倩，滑稽不雅；司马长卿，窃赀无操；王褒过章《僮约》；扬雄德败《美新》；李陵降辱夷虏；刘歆反覆莽世；傅毅党附权门；班固盗窃父史；赵元叔抗竦过度；冯敬通浮华摈压；马季长佞媚获诮；蔡

---

⑤ 李生龙：《"三不朽"人生价值观对古代作家文学观之影响》，《衡阳师范学院学报》2005年第2期。

⑥ 颜之推著，王利器集解：《颜氏家训集解》，上海古籍出版社1980年版，第221页。

⑦ 章学诚著，叶瑛校注：《文史通义校注》，中华书局1985年版，第185页。

⑧ 章学诚著，叶瑛校注：《文史通义校注》，中华书局1985年版，第186页。

伯喈同恶受诛；吴质诋忤乡里；曹植悖慢犯法；杜笃乞假无厌；路粹隘狭已甚；陈琳实号粗疏；繁钦性无检格；刘桢屈强输作；王粲率躁见嫌；孔融、祢衡，诞傲致殒；杨修、丁廙，扇动取毙；阮籍无礼败俗；嵇康凌物凶终；傅玄忿斗免官；孙楚矜夸凌上；陆机犯顺履险；潘岳干没取危；颜延年负气摧黜；谢灵运空疏乱纪；王元长凶贼自诒；谢玄晖侮慢见及。凡此诸人，皆其翘秀者，不能悉记，大较如此。①

颜氏此说，用语严厉，标准苛刻，相对于此后长时间存在的文字狱，它只是一个雏形、一个警告、一个序幕。颜氏此说，完全代表正统意识形态对述作的要求，其评价标准只有一个：是否与以"公"的名义存在的专制制度发生冲突。同时他剖析了其中原因："每尝思之，原其所积，文章之体，标举兴会，发引性灵，使人矜伐，故忽于持操，果于进取。今世文士，此患弥切，一事惬当，一句清巧，神厉九霄，志凌千载，自吟自赏，不觉更有傍人。加以砂砾所伤，惨于矛戟，讽刺之祸，速乎风尘，深宜防虑，以保元吉。"②而实际上，细玩文史，就会发现上述诸位翘楚大多与时政产生了尖锐矛盾，实为当局所难容，尤其是魏晋之际的阮籍和嵇康，学者论之已多，无须赘述。这几乎是一部因私家之言而获罪的袖珍断代文祸史，如果抽去上述几十人，隋唐之前的中国文学史不仅不成片段，实际上也就不存在了。

要之，正统意识形态对"作"的要求具有鲜明的伦理政治色彩，不仅将其界定在狭窄的"圣"的范围内，还力图使其纳入"公"的轨道，使得百家腾越，终入环内。这样，"作"之难，不仅仅是一个智力和聪明的问题，还是一个道德化的政治问题。这就更使"作"之难，难于上青天了。

① 颜之推著，王利器集解：《颜氏家训集解》，上海古籍出版社1980年版，第221—222页。
② 颜之推著，王利器集解：《颜氏家训集解》，上海古籍出版社1980年版，第222页。

第六节 "述而不作"：思想力与教育理念

进入新世纪以来，不断有学者讨论中华民族的"思想力"问题。一个民族要生存，要发展，不但要有生产力作为物质基础，还要有思想力作为精神能源。进入2013年，还有这种声音："在当代中国，'创新'无疑是出现频率最高的词之一，它已被提高到了事关民族复兴的高度。创新常与'源泉'、'动力'、'灵魂'等打动人心的词语联系起来，充斥了各种媒体。"[①]所谓思想力，是指人类运用理论思维理解和把握自身命运的心智思维能力。其基本特征有四：一是反思与批判性，二是对社会前途和命运强烈的忧患意识，三是强烈的独立性和自主性，四是超前性或曰前瞻性。看看西方社会的每一个进步，无一不与一个或几个思想巨人联系在一起，显示出蓬勃旺盛的思想力。这方面，史料俱在，无须赘述。又如，目前全球正处于信息社会，1959年就有学者提出"后资本主义社会"的概念，1973年美国学者丹尼尔·贝尔出版《后工业社会的来临》，1980年托夫勒未来学专著《第三次浪潮》问世，指出信息社会的来临，1982年奈斯比特新作《大趋势：改变我们生活的十个新方向》则明言："我们正处于从旧社会向新社会的转变之中。"[②]他们都从理论高度十分准确地确定了当时及未来社会的性质，并纷纷提出有针对性的对策，显示出强大饱满的思想力。实际上，我们今天仍处于他们预言的社会形态中。

一个民族要有足够的思想力，才能认清自己真实的生存现状，恰当地根据环境的特点以及变化来设计和调整自己的生存方式和发展道路。反之，缺乏思想力或思想力严重不足，就只能在受穷、内耗、挨打的怪圈中走向衰亡甚至毁灭。中国古代，尤其是先秦，思想家灿若群星，但其总体的民族思想力究竟如何呢？吕思勉先生曾把中华学术分为先秦诸子之学、两汉儒学等七期，并分析说："七者之中，两汉、魏、晋，不过承袭古人；佛学受诸印度；理学家虽辟佛，实于佛学

---

① 唐科：《"创新"的悖论》，《读书》2013年第4期。

② John Naisbitt, Megatrends, *The New Directions Transforming Our Lives*(Warnet Books, NewYork,1982),p.1.

入之甚深；清代汉学，考证之法甚精，而于主义无所创辟；最近新说，则又受诸欧美者也。历代学术，纯为我所自创者，实止先秦之学耳。"①先秦诸子争鸣，思想活跃，士人自由，群星灿烂，已成学界不移之说。那么，若从思想力角度考察，先秦诸子争鸣的精神实质和总体状况又如何呢？刘泽华先生分析说："先秦诸子在众多问题上常呈现多方向、多线条的思维，一个问题常有数种不同见解。唯独在君主专制这个问题上，有百流归海之势。"②换言之，"先秦思想家可悲之处就在于，他们没有在君主专制制度外设计出一套与之抗衡的制度。他们的最高要求是君主与民同乐、通民利、顺民心而已，对君主制本身并没有提出怀疑。因此即使真的能够实现君主与民同乐，只不过是君主个人的恩德，而不是政治制度的产物。诸子的道义原则从理想的、普遍的角度肯定了君主专制制度"③。其结果是，百家争鸣极大地促进了君主专制主义理论的发展与完备。实际的政治发展与思想的这种趋势相一致，各诸侯国君主专制制度不断强化，最终汇合为秦朝高度的君主专制主义意识形态。近来亦有学者指出："集众多思想家的功夫，中国民族并没有把握着自己的近代命运，我们是在几乎浑然不觉的情况下被西方人硬拽上近代之路的，并且每挪一步都是借西方人的思想来指导行动，为此，我们已付出沉重代价。只此一点，即可令我们得到一个看法：中国民族固然创造了许多思想，但从总体上讲，它的思想力相对于它的需求来说，是严重不足的。直到今天，我们的思想主要还靠'进口'，在思想的'对外贸易'方面，'逆差'依然是鲜明的主题。"④历史，尤其是近现代史及当代史的经验教训明白无误地告诉我们："思想力"的强弱与民族"生命力"的盛衰有着极为密切的联系。心智若水，喜动而厌静。总体上看，人的精神不趋于此，则必流于彼，一强一弱，一富一贫，理所当然。思想力、创新能力贫弱，则必然导致记忆力、重复能力强

---

① 吕思勉：《先秦学术概论》，中国大百科全书出版社1985年版，第3页。

② 刘泽华、刘洪涛、李瑞兰：《士人与社会》（先秦卷），天津人民出版社1988年版，第215页。

③ 刘泽华、刘洪涛、李瑞兰：《士人与社会》（先秦卷），天津人民出版社1988年版，第213页。

④ 徐长福：《世纪之交若干哲学问题的逻辑梳理》，《天津社会科学》1999年第1期。

大。中华民族思想力的严重匮乏不足，与其对理论创新的理解有关。从文化渊源分析，"述而不作"的文化传统和思维习惯实在难辞其咎。

清代是封建统治的最后一个王朝，其政治文化决定了近代中国社会的走向，有清一代，学者把智慧、精力完全集中消耗在解释经典、整理古籍之中，使封建时代的中华学术以缺乏创新精神的"述而不作"结尾，其中利弊，颇令人深思。"述而不作"思想对民族性格及思维方式的塑造，虽不无积极意义，但其消极影响也是显而易见的。宏观而论，它尊崇古代，迷信经典，相信经验，重视已知，强调知识的积累，而忽视探索未知的欲望和兴趣，缺乏原创性及创新能力。即使想创新，也要在守旧的基础上，所谓"温故而知新，可以为师矣""书读百遍，其义自见""以复古为革新""熟读唐诗三百首，不会作诗也会吟"。不仅在古代科举考试以"八股文"取士的选拔人才系统中，在讲究死记硬背四书五经的旧式私塾教育中，"述"占据了绝大部分，就是在今天以"高考"为指挥棒的中小学教育中，"述"的部分，即需要背诵、记忆、重复、模仿的内容，也远远多于"作"。其中，实在有一种"述而不作"的文化心理惯性在起作用。

智力包含记忆力，即"述"的能力，但并不仅仅等同于记忆力，还有感受力、注意力、理解力、想象力、预见力等思维能力，以及由此综合而成的创新能力。美国学者罗斯19世纪时曾到中国，以其经历体验写成《变化中的中国人》一书，其中多次提及中国人缺乏创新、僵化保守的特性，并认为这主要是近代才形成的，据载："马丁博士，一名经验丰富的传教士，他在中国工作的时间已经超过半个世纪。在他看来，中国人非凡的创造力，只存在于中华民族刚刚进入文明社会的那个时期，到了当代，就消失了。他将这种现象产生的原因归结于中国畸形的教育制度，即科举制度。在这种灌输式的教育方法下，为了应付科举考试，中国人忙于背诵一些艰涩的语言，原本用来发挥想象力和创造力的时间和精力就变得所剩无几。不过，这种说法，我们不赞同，我们觉得导致中国人创造力减弱、智慧被遏制的，并不是教育上出了问题，而是人们的社会意识。"①具体体

---

① 罗斯：《变化中的中国人》，何蕊译，译林出版社2015年版，第31页。

95

第二章 "述而不作"：著述思想与思维方式

现为："他们作画不讲究手法；作曲或演奏音乐时，也从不关心是否曲调和谐；说话时，语句间很少用到关联词和关系代词；而汉字完全就是一种象形文字，就和古巴比伦文字和埃及文字差不多。一些革新社会的先进思想，极难撼动中国人意识里根深蒂固的保守观念。毕竟，这些观念的形成经历了上百年甚至上千年的时间。现在的中国人对古代圣贤有一种近乎盲目地崇拜，认为他们才是智慧的真正拥有者，而自己则对这个世界一无所知。在这样的自我认识下，现代中国人极少会主动地去挖掘自身潜在的创造力，如果想看到他们爆发出从未有过的创造力，其难度不亚于指望在10月份看到开花的苹果树。在保守思想盛行的大环境下，具备新观念的思想家要提出一种新思想，不得不冲破层层重压，但保守力量太过强大，他们总是无功而返。总而言之，在现代中国社会，早已看不到中华民族发展初期的充满活力和创造力的状态，而是笼罩在一种压抑和沉闷的氛围里。"①但他也同时指出，保守与缺乏创新并非中国人不可改变的民族性，其思维缺乏创新主要是思想观念受到极大束缚导致的："事实上，中国许多影响世界文明进程的伟大发明都是在那个时期诞生的，比如火药、指南针、活字印刷、瓷器、多舱船等，每一样发明无不反映了中国人在那个时代强大的创造力和杰出的智慧。""中国人是保守的，不过，这种保守绝不能和落后民族的保守性相提并论，当然，如果只是把它看作人们内在情感的外在表达也不够全面。中国人的保守性，是中华民族在前进的过程中，经由历史选择、发酵、沉淀而生的自然产物。所以，它形成的原因既不是在面对新兴事物或未知状况时的畏惧心理，也不和宗教一样虔诚地依赖现代社会里的那些思想体系有关。如果中国人的思想体系得到更新，他们的行为必然会随之产生改变。如果他们能获得一套全新的哲学理论，并将其吸收、消化，他们就能在对历史的质疑和对未来的期望中，信心十足地大踏步前进，他们所能取得的成绩一定像现在的德国人一样多。"②

笔者撰写本书时，翻阅文摘杂志，发现其中《素质教育在美国》一文竟与

① 罗斯：《变化中的中国人》，何蕊译，译林出版社2015年版，第31—32页。
② 罗斯：《变化中的中国人》，何蕊译，译林出版社2015年版，第32页。

上文观点有惊人的巧合之处，作者以自己孩子在美国学习的经历比较中美两国教育方法及效果的客观差异，并不作优劣的品评。学习知识，美国孩子兴趣在探索未知，故学少悟多，中国强调接受已知，故学多悟少；搞研究，美国提倡独立思考，自己动手，中国侧重接受现成知识、结论；智力开发，美国注重给车子加油，中国热衷于往车上装货；一幅画，美国孩子问"好不好"，中国孩子问"像不像"；整体方法上，美国授人以渔，中国授人以鱼。①实际上，长话短说，这里涉及的问题的核心是一个民族是注重"思想力"还是注重"记忆力"。从中亦可见"述而不作"这一文化因子生命力之顽强，以至于今天国人文化教育体系及认识能力还潜在地受其左右和困扰。美国哥伦比亚大学教育学院教授林晓东也指出："从相对优势看，中国学生学习勤奋、深入思考、友善、避免争执、持之以恒、擅长记忆并能较好处理负面反馈意见；美国学生善于独立思考、学习近乎勤奋、（乐于）提问并挑战他人的思维、沟通良好并对个人判断力保持自信。从相对弱点来看，中国学生沟通不畅、缺乏明确目标、不愿批评自己和别人的表现、难以提出个人观点、通常人云亦云、欠缺解决问题的技能且不愿提问；美国学生则不擅长处理负面反馈意见、粗枝大叶、过于自信、只想当'将军'不想当'士兵'、思考不够深入、喜欢表现但缺乏勤奋学习的支撑。"②

2009年5月2日，在南京召开的中外大学校长论坛上，来自十一个国家和地区的二十所世界知名大学的校长及一百二十一位国内大学校长济济一堂，就这些问题进行了讨论。记者专访了五位国内外著名高校的校长，请他们为中国高校把脉、"挑刺"，他们不约而同地认为，中国的大学绝对能办成世界一流大学，只是还需要一点时间，最快估计需要二十年。③

2013年5月，来自全球四十多个国家和地区的两万余名青少年齐聚美国田纳

---

① 黄全愈：《素质教育在美国》，《读者》2000年第13期。

② 詹妮·安德森：《中美学生，差异在哪儿》，丁雨晴译，《环球时报》2016年3月4日第6版。

③ 蔡蕴琦、张琳：《给点时间，中国绝对能办出世界一流大学》，《扬子晚报》2010年5月3日第A8版。

西州立大学，参加DI（Destination Imagination）全球青少年创新思维大赛。虽然中国孩子取得了不错的成绩，但是在想象力、独立沟通等方面却略逊一筹，到底是什么造成了他们"部分低能"？"中国孩子比较乖，各种表演虽然完成得不错，但想象力却有不足。"有国际裁判这样评价中国参赛小队员们。据悉，"我们的老师会逐字逐句地分析难点，找出成语，然后分段，再让孩子们记下中心思想，包括作者的名字等等；相反，国外老师讲这篇文章时，启发孩子们思考这篇文章有没有什么不符合逻辑的地方，然后当孩子们经过自己的思考发现'文中说，12点过后一切都变回了原样，只有水晶鞋没变'时，国外老师会兴奋地夸奖他们，告诉他们长大后只要努力会比这个作家还有成就！"。一位中方老师深有感触地说："我们的教育多在灌输知识，家长也在玩命地让孩子报各种补习班，通过死记硬背提高成绩，而国外却在培养能力，这是值得我们反思的。"[1]

美国耶鲁大学校长理查德·莱文认为，中国大学的本科教育缺乏两个非常重要的内容：一是跨学科的广度，二是对于评判性思维的培养。他尖锐地指出："和一些一流的欧洲大学及美国大学不同的是，中国的教学法是一种生搬硬套的模式，学生总是被动的倾听者、接受者，他们把注意力放在对于知识要点的掌握上，不去开发独立和评判性思维的能力，这样的一种传统亚洲模式，对于培养一些流水线上的工程师或者是中层的管理干部可能是有用的，但是如果我们要去培养具有领导力和创新精神的人才，那就不行了。"[2]牛津大学校长安德鲁·汉密尔顿也指出，中国需要敢挑战权威的学生，他说："如果要说到差异，在我看来最大的差异，是中国的学生缺乏自主的思维和创造性的思维，缺乏挑战学术权威的勇气。这也是我们要做的工作，要鼓励中国的学生成为更加主动的研究者、挑战者，而不是被动的接受者和倾听者。"[3]香港中文大学校长刘遵义则从另一角

---

① 殷莹：《孩子们输在太重结果——参加美国创新思维全球赛引发的思考》，《今晚报》2013年6月16日第11版。

② 蔡蕴琦、张琳：《给点时间，中国绝对能办出世界一流大学》，《扬子晚报》2010年5月3日第A8版。

③ 蔡蕴琦、张琳：《给点时间，中国绝对能办出世界一流大学》，《扬子晚报》2010年5月3日第A8版。

度提出了同一个问题，即"整个东亚要培养创新人才都很难"，他认为："培养创新人才不仅是中国高校面临的难题，也是整个东亚面临的困惑，这与中西方文化差异有关。……在中国、日本、韩国等东亚国家，尊师重道是个悠久传统，学生尊重权威，课堂上对教授观点不敢有异议，100%相信老师。在这种学术氛围下，何来创新。'爱因斯坦如果不是怀疑牛顿的观点，挑战权威，也不会有创新。'"刘遵义说，受文化差异的影响，中国大学培养创新人才比西方更困难。"如果一个学生从幼儿园到小学到中学，都不敢质疑老师，你怎么能指望他到大学能质疑老师，挑战权威？"[1]为何会形成这种"被动倾听"的教育方式和思维习惯上的"东亚模式"，答案无疑是多元的。而若熟悉"述而不作"的内在逻辑，尤其是看到以上"圣化原创性""心智神秘性""立言为公性"这样的分析，对此就会不难理解——现代原创性的缺乏与古代"述而不作"的文化基因有着千丝万缕的联系，尽管这种联系是曲折的、潜在的。

写作本书时，笔者恰好看到一篇文章——《我为什么忍不住对孩子"施暴"》，详细叙述了应试教育是怎样慢慢地扼杀一个孩子及家长的自信，这位家长本来"明白孩子需要自由成长，年龄过小灌输太多的知识不仅没什么好处，还有可能压抑他的创造才能"，但随着从学校、老师、同学和同学家长各方面传递来的压力，"我却变得越来越急躁。不仅早已经放弃了原来自己定下的原则：不打骂孩子，不把孩子和别人比较——我开始时不时地训斥他，而且絮絮叨叨。甚至现在已经发展到'轻微暴力'：开始打孩子的屁股，把他的本子撕碎然后扔在他的脸上"。[2]原因很简单：孩子在倾向于重复、记忆型的教育中屡屡处于下风——"每天放学时，老师都会打出今天全班同学在校表现的清单，一二三四五，一一列清。上面有学生完成作业质量、得小红花多少、考试总结、做操情况等等。每个孩子放学都会拿回来，请父母过目后签字，第二天再带到学

①　蔡蕴琦、张琳：《给点时间，中国绝对能办出世界一流大学》，《扬子晚报》2010年5月3日第A8版。

②　北京一读者：《我为什么忍不住对孩子"施暴"》，《中国青年报》2010年4月27日第6版。

校"，"都说现在中小学生不允许排名，可是每天学习内容的公布其实就是一次次排名。小学一年级学生只学100以内的加减法，和一两百个汉字，就能频繁地测验、排名，我无法想象今后会是什么样子。更可怕的是，孩子一次次面对这样的表扬和批评，毫无隐私。不得100分，哪怕上次考了98分，第二次考了99分，也只能被老师列进'有进步'一栏，要求家长帮助孩子继续努力。儿子得满分与不得满分的比例，好像是三七开，开始我已经很满足了，但是最近连续几次他都没能进入表扬栏。不是把减法算成加法，就是汉字少写一点，或者多写一笔。就在这些一笔一点之差中，我的耐心和淡定被一点点磨去"。①

这位家长所叙述的无疑只是一个个案，但是一种教育如此注重每一个个体的记忆、重复、沿袭能力，那么这个民族整体思想力的贫弱就毫不奇怪了。行文至此，再回头看以上几位大学校长所说的：中国学生是"被动的接受者和倾听者"，"缺乏对于评判性思维的培养"，"中国的学生缺乏自主的思维和创造性的思维"，"整个东亚要培养创新人才都很难"……中国高校距离世界一流大学到底还有多远？在耶鲁、牛津、剑桥、斯坦福这些国外顶尖大学校长的眼中，中国高校当前最需要变革的是什么？怎么才能解答"钱学森之问"，即："为什么我们的学校总是培养不出杰出人才？"这些问题的答案，实际上早已深埋在"述而不作"的思想文化惯性之中。

此外，还有资深专家学者所指出的我国高等教育的种种弊端，无不与"述而不作"的传统理念有着直接或间接的联系。刘道玉曾指出："我国高等教育问题丛生，原因就是两根紧箍咒紧紧地束缚着大学，即意识形态上的过于紧张和计划经济思维。""世界一流大学需要独特的办学理念，追求学术的终极目标。理念是大学的灵魂，回答大学是什么，大学做什么。"例如，"康德是近现代哲学家第一人，他第一个回答大学是什么：'大学是学术共同体，它的品格是独立追求真理和学术自由。'追求真理与学术自由，几乎是每一所精英大学的办学宗旨。例如，哈佛大学的校训是'与柏拉图为友，与亚里士多德为友，更要与真理为

---

① 北京一读者：《我为什么忍不住对孩子"施暴"》，《中国青年报》2010年4月27日第6版。

友'；耶鲁大学的校训是'真理与光明'；剑桥大学的校训是'此乃启蒙之地，智识之源'；斯坦福大学的校训是'愿学术自由之风劲吹'，等"①。在此，批评的关键词是"官办大学"，即官方意识形态的行政权力对中国大学的制约，而这恰恰是中国大学的普遍生态，与上述中国古代传统学术的官方出身在逻辑上是一致的，所谓"古未尝有著述之事也，官师守其典章，史臣录其职载。文字之道，百官以之治，而万民以之察，而其用已备矣。是故圣王书同文以平天下，未有不用之于政教典章，而以文字为一人之著述者也"②。而与此相反，"西方大学是自发产生的，自发就意味着大学独立和自治，是一种自由的教育，即不是灌输特定宗教规则和正统的政治思想。自由教育就是自由探讨思想和自由表达思想的教育，目的旨在培养深谋远虑和对新事物反应敏锐的人，他们应当是对人类未来负责的人"③。

官师一体，政教合途，述而不作，缺乏创新……历史与现实之间，隐然有一条内在血脉联系；官方意识形态和权力诉求高度渗透到高等教育中来，则会弊端丛生，其最大的危害则是对于"作"即创新精神的抑制与扼杀。因为"推进创新这一重大的责任，除了政府之外，再也无其他组织能够承担。于是，政府自然在推动创新上居于核心位置。近年来，无论是自然科学还是社会科学研究，国家的投入都有了巨大的增长，而这些投入往往是以'创新工程'、'创新计划'为名的，……可是，与此形成对照，是我国的创新能力依然偏低的事实，很难否认，创新力并没有和GDP那样取得令人惊叹的增长"④。还因为创造性、创新性的本质具有极强的个性化特征，如天赋、勤奋、灵感和不可预知的偶然性等因素，而非群体的组织化特征和政府的集中控制，而"国家操控创新活动的最大问题，就在于它规定的目标过于确定化。近年来，种种所谓'创新计划'，都有极为具体的目标，并有对成果的明确要求和完成期限。在这种指挥棒的带动下，高

① 刘道玉：《办几所象牙塔式大学又何妨》，《南方周末》2010年4月28日第F31版。

② 章学诚著，叶瑛校注：《文史通义校注》，中华书局1985年版，第62页。

③ 刘道玉：《办几所象牙塔式大学又何妨》，《南方周末》2010年4月28日第F31版。

④ 唐科：《"创新"的悖论》，《读书》2013年第4期。

校和研究院所的研究人员所从事的活动，也失去了创新活动所应有的复杂性和不可预测性，而是全力集中于发表论文这一极为明确的目标了。成果的发表本来只是研究工作的一个环节，但现在却成了全部"①。

在《自由文明的创造力》一文中，自由主义大师哈耶克对创新与官方计划的关系做出了精辟的分析。哈耶克指出，创新能不能够计划关键在于人类社会的知识是如何增长起来的，这是一个复杂的过程。"这种复杂性体现在：首先，创新往往并不具有明确的目标，而是人们不断摸索和试错的一种活动，在这种活动中，人的目标时常会发生变动。推动人们从事未知事物研究的，常常也不是明确和功利化的目标，而是对研究本身的兴趣"，"其次，人们不知道在这一过程中会用到什么已知的知识，以及需要何人的协作，政府很难为创新活动提供它所需要的帮助，常常是事倍功半"。②再次，创新过程充满了个人不可复制的灵感和偶然性，这不是能够事先"规划"的。哈耶克指出："绝大多数科学家都承认我们不能规划知识进步，在探索未知领域——亦即从事研究工作时，我们在很大程度上要依赖个别天才的怪异设想和身边环境的怪异变化，科学的进步，如同新观念突然闪现在个人的脑海之中，乃是社会带给个人的观念、习惯和环境等结合在一起的产物，它既源于有计划的努力，又同样源于纯偶然的机遇，两者所占的分量是相等的。"③

此外，国家意志组织下的"创新"活动，还不可避免地带来另一个带有负面色彩的副产品——创新与崇老的联姻，即创新活动往往与老龄相关联，或创新活动的老龄化倾向。1795年，清朝政府在京城举行了一场80岁以上的人参加的科举会试，称之为"兴文尊老"。按要求，共有报名者116人；三场考试下来，剩下92人，其中年龄最大的100岁。最后，通过考试者，均受封了不同的官爵，落得一个皆大欢喜的局面。巧合的是，这古代遥远的一幕也有了"现代版"——自

中国古代著述思想研究

---

① 唐科：《"创新"的悖论》，《读书》2013年第4期。

② 唐科：《"创新"的悖论》，《读书》2013年第4期。

③ 弗雷德里希·哈耶克：《自由宪章》，杨玉生、冯兴元、陈茅等译，中国社会科学出版社2012年版，第58页。

2000年到2011年的12年间共评选和颁发了11届（2004年空缺）国家最高科技奖，总共有20人获此殊荣。从学科分布看，获奖方涵盖了数学、物理、化学、化工、生物、计算机、材料、建筑、气象、地球、航天技术、医学、农业等13个学科，而且基本上是平均分配的。从获奖者的年龄分布看，60岁以下是空白，60多岁的只有1人，70多岁的4人，80多岁的12人，90岁以上的3人，获奖者的平均年龄为82.1岁，80岁以上的获奖者占了75%。而截至2013年初，共评选了13届国家最高科技奖，获奖者总共22人，平均年龄81.68岁（比2011年的平均年龄只下降了0.42岁）。[1]13届国家最高科技奖获奖者平均年龄81.68岁，若仔细深究，应与"述而不作"中透露出的崇古尊老倾向也有一定联系。如上，在"述而不作"的文化基因中，对"作"有着苛刻的要求，在所谓"圣化原创性""心智神秘性""立言为公性"的背后，实际上还隐藏着崇古尊老性，这个意识隐含在对"述而不作"的论述中。试看《文史通义·原学中》："古人之学，不遗事物，盖亦治教未分，官师合一，而后为之较易也。"[2]又《言公上》："古人之言，所以为公也，未尝矜于文辞，而私据为己有也。志期于道，言以明志，文以足言。"[3]又《言公中》："古人之言，欲以喻世；而后人之言，欲以欺世。非心安于欺世也，有所私而矜焉，不得不如是也。古人之言，欲以淑人；后人之言，欲以炫己。"[4]其实，在对"述作"层级地位的论述中，"古人"成为一个极具褒奖价值的判断范畴，被后人推崇备至。

　　"人心不古"，是中华文化中一个很古老的话题，它的老搭档是"世风日下"，都是慨叹今不如昔。古往今来，每当人们面对"世风日下"，都会慨叹一声"今不如昔"。每当人们对现实中的丑恶罪孽感到无奈之时，就"唉"的一声拾起了它。商品经济无情地撕去了人与人之间温情脉脉的面纱，它的使用频率更是看涨。这个词语所代表的文化心理，有浓厚的尊古崇老的中国文化特色。中华

---

① 刘道玉：《当代"兴文尊老"可以休矣》，《同舟共进》2013年第4期。
② 章学诚著，叶瑛校注：《文史通义校注》，中华书局1985年版，第150页。
③ 章学诚著，叶瑛校注：《文史通义校注》，中华书局1985年版，第169页。
④ 章学诚著，叶瑛校注：《文史通义校注》，中华书局1985年版，第182页。

文明崛起于北土，农业小家庭的生产方式形成了以血缘关系家长制为纽带的氏族社会结构，使得敬祖尊老成为一种毋庸置疑的权威传统。一部《周礼》，记载了一整套典章制度和以祭祀祖先为核心的烦琐原始礼仪。一部《礼记》，也显示出对长者的特殊尊重："六十者三豆，七十者四豆，八十者五豆，九十者六豆，所以明养老也。民知尊长养老，而后乃能入孝弟。"①孔子曾说："周监于二代，郁郁乎文哉！吾从周。"②以他为代表的儒家，也正是以承传、保留、整理、传播古代文献为己任，是崇古尊祖文化传统的专职保存者。出于职业原因，儒家崇尚"信而好古，述而不作"，墨守古人成说，反对自立新说，儒家取得统治地位后，尊古崇古的文化心理愈来愈浓厚，几乎成为一种民族的集体无意识、一种无法摆脱的心理定式。尊古守旧在古代文化传统中很有市场，如哲学上信奉"天不变，道亦不变"，学术上崇尚"信而好古，述而不作"，文学领域屡屡发生"古文运动""复古运动"，人一遇到不顺心的事，也习惯于向古代寻找寄托。

屈原时，人们就感觉人心坏了："众女嫉余之蛾眉兮，谣诼谓余以善淫。固时俗之工巧兮，偭规矩而改错；背绳墨以追曲兮，竞周容以为度。"（屈原《离骚》）说了这么多，通俗点讲，也就是人心不古，就像是说"唉，今天这些人啊……"；唐代诗文革新健将陈子昂感慨世无知音，愤而作《登幽州台歌》，也是从"人心不古"入手的："前不见古人，后不见来者；念天地之悠悠，独怆然而涕下！"他说得更为沉痛，只不过他这"人心不古"的内涵更为丰富，一两句阐释不清楚。比较起来，孟郊快人快语，更直接痛快："古人形似兽，皆有大圣德。今人表似人，兽心安可测？虽笑未必和，虽哭未必戚。面结口头交，肚里生荆棘。"③这位写下"慈母手中线，游子身上衣"诗句的才子，四十六岁才"春风得意马蹄疾，一日看尽长安花"，中了进士，一生坎坷，肚中想必块垒不少，对"今人"之内心叵测深有感触。也有不说古人好话的，李白眼中的古代就

① 《十三经注疏》整理委员会整理，李学勤主编：《十三经注疏·礼记正义》，北京大学出版社1999年版，第1632页。

② 程树德：《论语集释》，中华书局1990年版，第182页。

③ 周振甫主编：《唐诗宋词元曲全集·全唐诗》（第7册），黄山书社1999年版，第2752页。

不那么美好："战国何纷纷，兵戈乱浮云，赵倚两虎斗，晋为六卿分。奸臣欲窃位，树党自相群。果然田成子，一旦杀齐君！"（《古风五十九首》）连国君都杀了，可见也并非全是"古人形似兽，皆有大圣德"。曹丕一句"文人相轻，自古而然"（《典论·论文》），就几乎将所有能写字的先贤全罩进去了，也没给古人打高分，连写《汉书》的班固也没放过。写下皇皇巨著《文心雕龙》刘勰对古人也没客气，在《程器》一文中他几乎将古代文武名人都数落一遍，什么"相如窃妻而受金，扬雄嗜酒而少算"，"班固谄窦以作威，马融党梁而黩货"，还说"文既有之，武亦宜然"。①北齐颜之推上承刘勰，又扩大了打击面，在《颜氏家训·文章》篇中不仅说"屈原露才扬己，显暴君过；宋玉体貌容冶，见遇俳优""阮籍无礼败俗，嵇康凌物凶终"等文学圈内的事，甚至捎带上曹操、曹丕等帝王，并伤及儒家一脉，连子游、子夏、孟轲、荀子都未能幸免。②他们笔下，看不出一点"人心不古"的意思。

同样涉及古人，为何有的说好，有的说坏呢？我们稍微仔细分析一下崇古派所说的"古"，问题似乎就清楚了：这里的"古"已经不是原装的，而是经过时间筛选和历史提纯的"古"，换言之，是古代的精华。这些人在说"人心不古"之时，已经无形中偷换了概念，悄悄把自己的理想和一厢情愿揉了进去，这里的"古"已非"古"之原貌了。如陈子昂所说的"前不见古人"，就不是任何古人都能入选的。他有感于颓风不振，志在恢复汉魏风骨，追求一种"骨气端翔，音情顿挫，光英朗练，有金石声"③的美学思想。这里之"古"，乃他心目中古人的精华。杜甫曾云"怅望千秋一洒泪，萧条异代不同时"（《咏怀古迹》），入选的也都是古人中能达到"风流儒雅亦吾师""诸葛大名垂宇宙"这样水平的佼佼者。文天祥《正气歌》中开出的一长列古人名单更都是好样的，所以才有"在齐太史简，在晋董狐笔，在秦张良椎，在汉苏武节。……风檐展书读，古道照颜

① 刘勰著，范文澜注：《文心雕龙注》，人民文学出版社1958年版，第719页。

② 颜之推著，王利器集解：《颜氏家训集解》，上海古籍出版社1980年版，第221—222页。

③ 陈子昂：《陈子昂集》（修订本），上海古籍出版社2013年版，第16页。

色"①的推崇。他们都经历了历史的锤炼和时间的筛选，一个朝代都没有几个。而当某一特定社会时代中的人说"人心不古"时，实际上是把这些古代精华集中起来，以当今之品格涵养之低下者与古人之佼佼者来做比较，这么一比，古人准赢，结论准是"唉，人心不古啊！"。这就像赛马中非要以下等马比上等马，用业余足球队去拼世界明星队一样，二者明显不在一个起跑线上，所以，所谓"人心不古"中明显含有轻视现今的成分。时代在前进，人类在进步，社会形态从低级向高级已换了好几种，即使单从"人心"来看，怎么会总是"不古"呢？其实，今人若换一个角度看也就释然了，即每一时代都有精华，有糟粕，有大贤，有大恶，有美德，有丑恶，不能总拿今天的垃圾与昨天的精华比较，然后得出今不如昔的结论，因为今人眼中的"今天"毕竟还未经过历史和时间的筛选。

古人，今人；长者，少年……其中的逻辑，竟有惊人的相似性。简言之，在对"作"即创新、原创的苛刻诉求下，古人、老人成了原创的主力军，古代如此，现代亦有此痕迹，这里隐然有着一种文化基因上的集体无意识在起作用。恰如资深学者分析的那样，人创造力的发挥，也有一个"黄金年龄"。"美国经济研究局曾对5.5万名创新专利持有者进行调查，最后发现能够激发一个人创造力的年龄是29岁，这与以前认为30岁是人的创造黄金时期的观点是一致的。科学发明创造年龄的黄金律，几乎得到了世界各种大奖的证明，也受到了普遍的尊重。例如，菲尔兹奖被称为数学界的诺贝尔奖，获奖者年龄不得超过40岁；德国莱布尼兹奖获奖者平均年龄48.2岁，印度政府颁发的巴特纳加尔科学技术奖，获奖者年龄必须是45岁以下；法国国家科研中心颁发的科学研究奖章，平均年龄为62.2岁。自古英雄出少年，基本上少有老年结硕果的，这是自然规律。例如，英国劳伦斯·布拉格25岁获得诺贝尔物理学奖；……美国天才纳什21岁在仅仅27页的博士论文中，阐述了'纳什均衡博弈理论'；李政道和杨振宁获得诺贝尔物理学奖时分别是31岁和35岁；提出'创新理论'的经济学家约瑟夫·熊彼特时年仅29岁；钱学森36岁成为美国麻省理工学院终身教授；美国劳伦斯·萨默斯28岁成为

中国古代著述思想研究

---

① 文天祥：《文天祥全集》，中国书店1985年版，第375—376页。

哈佛大学教授，39岁获得美国经济学会克拉克奖，45岁任美国财政部部长，47岁成为哈佛大学第27任校长，等等。"①

古，是一种时间上的"老"；而老，则是一种生理上的"古"。于是，古的、老的、历史的、从前的，都被抹上了一层神秘色彩，成为人们崇拜、尊敬、褒奖的对象。当今，在最具权威性的自然科学创新奖项——国家最高科技奖的评选结果上，也呈现出严重老龄化现象，其中奥秘，不得不察。恰如刘道玉所分析的："我国是一个古老的国家，唯老是尊有着深厚的社会基础。于是，老年社会、老年科学、老年权威等，就成了重要的资源，社会各界见怪不怪，并形成思维定势。"②如果人们熟悉传统文化对于"述而不作"的认识和论述，又深谙"述而不作"对于创新的态度，对此现象就不难理解了。

第七节　"述而不作"：文化基因与历史影响

"述而不作"，作为一种著述思想和思维方式，一旦形成，就具有一定的历史延续性，产生一定的历史影响，其突出表现在传统文化对于创新的理解上。这种延续和影响贯通古今，从这种意义上讲，"述而不作"又是一种集体无意识的"文化基因"。

从某种意义上讲，中华文化可称为一种倾向于重复、承袭的记忆型文化。许多古代典籍都透露出这种讯息。其中，首推官修正史。因为官修正史不仅仅有记述一代兴亡的文献功能，还有惩善恶、寓褒贬、淳风俗、别优劣的评判功能，它本身就是一种价值认定及评判系统。所谓"孔子成《春秋》而乱臣贼子惧"③，所谓"在齐太史简，在晋董狐笔"，它往往代表着主流意识形态对社会文化人格尤其是人的素质的总体要求。其执笔者作为传统主流意识形态的代言人，无意中就能透露出丰富的信息。

---

① 刘道玉：《当代"兴文尊老"可以休矣》，《同舟共进》2013年第4期。

② 刘道玉：《当代"兴文尊老"可以休矣》，《同舟共进》2013年第4期。

③ 杨伯峻译注：《孟子译注》，中华书局1960年版，第155页。

笔者翻阅古籍，查找资料，常接触文史名人传记，发现在这种文献载体中，特别注重发展人的记忆、重复能力，即"述"的能力。其中赞扬当事人智商的语言似乎遵循着这样一条逻辑：判断一个人是否聪明，首先是看其超人的记忆、背诵能力，而非创新能力。据《汉书·艺文志》记载："汉兴，萧何草律，亦著其法，曰：'太史试学童，能讽书九千字以上，乃得为史。'"①有无超强的记忆能力，已成为评判能否为史的主要依据。而这种能力得力于幼年的培养，颜之推说："人生小幼，精神专利，长成已后。思虑散逸，固须早教，勿失机也。吾七岁时，诵《灵光殿赋》，至于今日，十年一理，犹不遗忘；二十之外，所诵经书，一月废置，便至荒芜矣。"②《抱朴子·助学篇》也说："盖少则志一而难忘，长则神放而易失，故修学务早，及其精专，习与性成，不异自然也。"③笔者读一些文史传记，常看到"自幼警敏""幼颖悟""少颖悟""儿时警颖"等褒扬性词语，紧随其后与之呼应的无一不是"博闻强记""过目成诵"一类的"早慧""聪颖"的事例。手头恰有几例。如"建安七子"之一王粲，史载："初，粲与人共行，读道边碑，人问曰：'卿能暗诵乎？'曰：'能。'因使背而诵之，不失一字。观人围棋，局坏，粲为覆之。棋者不信，以帊盖局，使更以他局为之。用相比校，不误一道。"④萧梁时文士到沆，史称："沆幼聪敏，五岁时，扔（到沆父——引者注）于屏风抄古诗，沆请教读一遍，便能讽诵，无所遗失。"⑤又如宋代"好古文奇字"的文献学家黄伯思，据称："自幼警敏，不好弄，日诵书千余言。每听履（黄伯思祖父——引者注）讲经史，退与他儿言，无遗误者。"⑥宋代江西诗派领袖黄庭坚，也有类似骄人的记录："幼警悟，读书数过辄成诵。舅李常过其家，取架上书问之，无不通，常惊，以为一日千

　　① 班固：《汉书》，中华书局1962年版，第1720—1721页。
　　② 颜之推著，王利器集解：《颜氏家训集解》，上海古籍出版社1980年版，第166页。
　　③ 转引自颜之推著，王利器集解：《颜氏家训集解》，上海古籍出版社1980年版，第27—28页。
　　④ 陈寿：《三国志》，中华书局1959年版，第599页。
　　⑤ 姚思廉：《梁书》，中华书局1973年版，第686页。
　　⑥ 脱脱等：《宋史》，中华书局1977年版，第13105页。

里。"①这样的范例和津津乐道的记述，在浩如烟海的古代人物传记中几乎俯拾即是。

此种以记述为美、以重复为荣的价值褒贬系统，一直绵延到近现代。据梁启超《中国历史研究法》记载："吾昔在友家见一八岁学童，其父面试以元、明两代帝王世次及在位年数，童对客偻数，一无漏讹。倘此童而以他朝同一之事项质客（我）者，客惟有忸怩结舌而已。吾既叹异此童之慧敏，转念以如此慧敏之脑而役以此等一无价值之劳动，其冤酷乃真无极也。"他因而感叹："不幸而中国现在历史的教育，乃正类是。"②这起码说明两个问题：其一，古代文化确实培养出大量记忆力超人的才子；其二，在历代史臣、史家对他们津津乐道的褒扬中，无意间流露出一种文化优势心态及价值判断标准，即重复、模仿、承袭等属于记忆的能力在人的智力活动中占有绝对优势，是学者应具备的基本素质。而这些，恰恰是记忆力文化中最活跃、最微小的原子和细胞。

自《隋志》以来，中华官方典籍向以四部分类，所谓经、史、子、集是也。这种分类法，除去文献学便于实际操作的依据外，从其先后排序中也可以看出"述"与"作"的地位。经，即经典，排在第一位。经者，天经地义，永恒不变之意，是官方意志的集中体现，所谓"《礼》以节人，《乐》以发和，《书》以道事，《诗》以达意，《易》以道化，《春秋》以道义"③。而仔细分析，六经基本都是官方意志的传达及典章制度的记述，即对所谓"先王之教"的总结与表达，属于集体整理和记录，缺乏个人独创，即"作"的痕迹。恰如班固所说："六艺者，王教之先典籍，先圣所以明天道，正人伦，致至治之成法也。……皆因近圣之事，目立先王子教，故曰：'述而不作，信而好古'。"④以《隋书·经籍志》为例，其中载录了当时传世的经书凡627部，5371卷，除了涉及小学的108部之外，其他的519部基本是对《诗》《书》《易》《礼》《春秋》的烦

---

① 脱脱等：《宋史》，中华书局1977年版，第13109页。

② 梁启超：《中国历史研究法》，华东师范大学出版社1995年版，第5页。

③ 司马迁：《史记》，中华书局1959年版，第3297页。

④ 班固：《汉书》，中华书局1962年版，第3589页。

琐注解、阐释、义疏、答问等，重复、复述、模仿的居多，个人创见稀少。而"五经"，又恰恰被后世视为文章之源泉，所谓："夫文章者，原出《五经》：诏命策檄，生于《书》者也；序述论议，生于《易》者也；歌咏赋颂，生于《诗》者也；祭祀哀诔，生于《礼》者也；书奏箴铭，生于《春秋》者也。"[1]

再看史，即史书。关于其功能及地位，章学诚之论"六经皆史"已有分析。作为以"述"为主的一代实录，史本身就有浓郁的官方色彩，是统治者意志的组成部分。有个人创见者如司马迁，明明有"成一家之言"的动机，也要自称"述"，而非"作"。但史中无疑已经有"作"的成分，如《史记》，但次序要在经之后。

子，基本是古代学者表达个人思想言论的书籍，其中最容易出现迥异于正统意识形态的新思路、新见解，如《老子》《庄子》《淮南子》等，是中国文化中最具活力的部分，但却要排行第三，地位在"以述为本"的经、史之后。

集，尤其是诗文集，则是完全抒发作者性情的著作，个性最为鲜明，主观色彩最为浓烈。所谓："文章者，盖情性之风标，神明之律吕也。蕴思含毫，游心内运，放言落纸，气韵天成。莫不禀以生灵，迁乎爱嗜，机见殊门，赏悟纷杂。"[2]其中"作"的成分最多，可它只能排名最后。[3]

于是，在经、史、子、集的传统经典排序中，我们也看到了一种"述"优于"作"的历史逻辑："述"的成分越多，越受尊重，排名越靠前；换言之，

---

① 颜之推著，王利器集解：《颜氏家训集解》，上海古籍出版社1980年版，第221页。

② 萧子显：《南齐书》，中华书局1972年版，第907页。

③ 左玉河先生《从"四部之学"到"七科之学"》（载《光明日报》2000年8月11日），详述近代以来传统"四部之学"如何演变成"七科之学"，其云："晚清时期，一个引人注目的学术现象，就是中国传统学术门类发生了变化，出现了现代性质的学术分科，并初步建立起了现代意义上的学术门类。从'四部之学'向'七科之学'转变，是中国传统学术向现代学术形态转变的重要标志之一。所谓'四部之学'，指'四部'之内的经学、史学、诸子学、词章学等传统学术门类，这是就中国学术研究范围而言的（研究范围主要集中于经、史、子、集'四部'之内）；所谓'七科之学'，指'七科'（文、理、法、农、工、商、医）之内的数、理、化、文、史、哲、政、经、法、地、农、工等诸多现代学术门类，也是从学术研究的范围来划定的。从'四部之学'到'七科之学'的转变，实际上就是从中国文史哲不分、讲求博通的'通人之学'向近代分科治学的'专门之学'的转变。"

"作"的成分随着排名的靠后而递增。这无疑是"述而不作"文化心理及集体无意识的表现。此外，中华学术史上曾出现六个高峰，即先秦百家争鸣、两汉经学、魏晋玄学、隋唐佛学、宋明理学、清代朴学。仔细分析，先秦诸子百家争鸣，虽曾异端蜂起，但最终以儒家独尊的局面结束；魏晋玄学只停留在空谈义理上，并留下"清谈误国"的恶名，从未形成实践性品格；隋唐佛学一度成为士人精神世界的支撑，亦未能在意识形态领域取得优势；宋明理学是对儒家心性义理作形而上的思辨，至明代已经留下空疏无实之名；真正代表了"旧学"文化品格，并塑造了国人主体性格的是两汉经学及清代乾嘉考据之学，在上述"六个高峰"中占三分之一。而兹二者都与"述而不作"的思想直接有关。两汉经学是对传统儒学的解释，带有浓厚的复古守旧色彩，思想方法上僵化、烦琐。汉儒墨守成说，尊经重师，所谓"后世经传既已乖离，博学者又不思多闻阙疑之义，而务碎义逃难，便辞巧说，破坏形体；说五字之文，至于二三万言。后进弥以驰逐，故幼童而守一艺，白首而后能言；安其所习，毁所不见，终以自蔽。此学者之大患也"[①]。查检目录学著作，汉儒多有以两三万言甚至十万言阐释原本只有几个字的经文，这种治学方法与复古守旧倾向互为表里，使重复、模仿、诠释他人成说成为一种学术本能。如给《文选》作注并开创"文选学"的唐人李善，似乎就缺乏一些创造力，史载李善"有雅行，淹贯古今，不能属辞，故人号'书簏'"。学术界公认，有四部古书的注解质量很高，不仅为原作增色，甚至有的超过原作，它们是：《三国志》裴松之注，《水经》郦道元注，《世说新语》刘孝标注，《文选》李善注。其中《水经注》的注文篇幅超过原著二十倍，引用书籍多至四百三十七种，且文采富赡，其价值远远超过地理学范畴，以至于世人只知郦氏之《水经注》而不知《水经》，实际上《水经》也正是借助、依附于《水经注》才得以流传。正是这种"述"的功夫，构成了所谓"旧学"的主体。恰如学者所分析的："孔子所开创的这一传统对日后中国经典诠释产生了重要影响。在一定意义上，'述而不作'成为了其后中国经典诠释上基本的形式特征。换言

---

① 班固：《汉书》，中华书局1962年版，第1723页。

之，孔子之后，通过'传先王（贤）之旧'而进行传述和创作，成为中国经典诠释的基本形态。这一点在作为中国传统学术之正统的儒家经学中得到了鲜明的表现。就文体而言，构成经学的著述可分为'经'和'传'两类。就其本意而言，'经'指原创性的经典，而'传'则指诠释经文的著述。"①而旧学所说的"学问"二字，主要是指"述"的能力，即对已知材料的积累、掌握和爬梳。可见作为一种著述思想和思维方式，"述而不作"思想影响之大、涵盖之广。

第八节　多元视角与异见并存

关于孔子述作的讨论，两千余年来从未停止过。如何理解与评判，取决于不同的视角。

归纳起来，除了本书所论之外，对"述而不作"，学界还有以下几种意见：

一、述作与"原本"观念。有学者指出，"圣作贤述"体现出"神圣原本"的意识，而在其背后，则表现出强烈的"述作"等级意识，其云："'神作圣述'与'圣作贤述'清晰地表现出'作'与'述'是一种等级性的文化制度。在当今世界上，'作者'成为很普通的名称，它可以指称任何独特文本的生产者；但无论在西方还是中国古代，'作者'都曾是一个极为郑重的名称。中国古人说，'夫圣人为天口，贤人为圣译'。而古希腊的柏拉图也只满足于作为苏格拉底的记述者。也就是说，并不是随便什么文本的生产者都可以被称为'作者'的。"②又云："在关于'文本流传'的解释学探讨中，'原本中心论'一向是个重要话题。中国古代的'圣作贤述'观念就体现了一种'神圣原本'的意识。在该意识支配下，'作'与'述'、'经'与'传'之间显示出强烈的等级差

---

① 李翔海：《从"述而不作"看中国经典诠释的理论特质》，《天津社会科学》2004年第5期。

② 李河：《从"圣作贤述"看"原本"概念》，《云南大学学报》（社会科学版）2004年第5期。

异。这种'等级差异'构成了通常所说的'文献传统'的体制性特征。"①在这种文化传承系统中，"作者"的身份恰恰是从"听写""转述""沿袭""传承"中获得的——"作为'听—写'者的先知或圣人显然不是上述意义的作者。但由于他们将彼岸的声音转译为诉诸特定文字的典籍并使之流传，由于他们根据所听的东西确立了相关的制度、规范和礼仪，所以在不同的文化共同体中便也具有了'作者'身份。"②要之，这种"作—述"背景下的"经—传"书写制度中呈现出一种"原本的神圣性"意识，其"归纳起来可以有如下特征：'经'为原本，'传'为解本或译本；'经'为圣言，'传'为圣译；'经'为密写的隐讳教导，'传'为注疏性的俗白教导。当然最重要的，'经'为作，'传'为述。这一切都展示了一种书写等级体制，一种支配—附属关系"。③

二、述中之作。即使是把"述而不作"视为消极、保守的元素，其也自有存在的价值，如有学者就指出："中国近代将'创新'与'保守'看作价值相反的两极，孔子的'述而不作'的文化态度便成为孔学研究的一个争论焦点。事实是，任何文明或文化要平稳前进，必须有'创新'和'保守'两股力量。对于孔子的'述而不作'，我们不必讳言'保守'，亦不能讥其'保守'。进言之，对于中国近代思想史来说，孔子的'述而不作'，正可以纠现代学人一味'创新'之偏。"④于是有学者提出了"述中之作"的概念，其云："因此，'述而不作'的重心，事实上就势必转入另一方向'述中之作'，'述'具体化为'作'。统观《论语》，孔子的基本思想——人的成熟与社会秩序的建立，就其根本性质而言，并不是死板的'述'，不是僵硬地、被动地被铸造，灌注为一个什么典范的翻版；而是'作'——积极

① 李河：《从"圣作贤述"看"原本"概念》，《云南大学学报》（社会科学版）2004年第5期。

② 李河：《从"圣作贤述"看"原本"概念》，《云南大学学报》（社会科学版）2004年第5期。

③ 李河：《从"圣作贤述"看"原本"概念》，《云南大学学报》（社会科学版）2004年第5期。

④ 邓军海：《"述而不作"的现代意义》，《武汉理工大学学报》（社会科学版）2008年第1期。

主动地、有着主体创造性、开放性的对传统的阐释、接受、选择、应用。凡读过《论语》的人，都会有一种感觉，其中显现的孔子形象，思维活跃，触机而动，灵感迸发，以自己的智慧去撞击'圣人之言'，以自己的智慧去启发弟子们的智慧，这样的思想者的个性和风采远胜过拘谨呆板的学问家模样。"①孔子"述中之作"的实质在于——"过程意义上的'述'化为过程之中每个人的'作'，每个人创造性的、主体的独特理解与阐释，但仍然是依托在对'原意'——'道'的发掘领悟之上，正是很切实、很生活化地基于这个层面、这个角度。"②

三、以述为作。有学者认为，更准确地界定孔子在"述作"中的地位的应是"以述为作"。其云："但事实上，正如孔子的有关工作所显示的，在他对既有内容的传述过程中实际上也包含了创始性的义涵。正如朱熹所指出的：'述，传旧而已。作，则创始也。故作非圣人不能，而述则贤者克及……孔子删《诗》《书》，定礼乐，赞《周易》，修《春秋》，皆传先王之旧，而未尝有所作也，故其自言如此……然当是时，作者略备，夫子盖集群圣之大成而折衷之。其事虽述，而功则倍于作矣，此又不可不知也。'这也就是说，孔子虽采取了'述'的形式，但却有着'作'的内容。因此，也可以把这种经典诠释方式称作'以述为作'。也正因如此，虽然孔子的有关工作在文本上的确是'皆传先王之旧'，但这并没有妨碍他成为儒家文化的开创者，成为推进中国文化完成由原初阶段向成熟形态转进的中心开启性人物之一。"③

四、三达德：孔子之"作"。所谓"三达德"，即智、仁、勇三种品德，有学者认为这是孔子的独创，其云："孔子自称'述而不作'，学者多以为是孔子的自谦。但孔子明言自己是'祖述尧舜，宪章文武'的'信而好古'者，其学

中国古代著述思想研究

---

① 王毅：《"述而不作"之于孔子——一个阐释学角度的解读》，《孔子研究》2000年第5期。

② 王毅：《"述而不作"之于孔子——一个阐释学角度的解读》，《孔子研究》2000年第5期。

③ 李翔海：《从"述而不作"看中国经典诠释的理论特质》，《天津社会科学》2004年第5期。

说当是在萃取前人成果的基础上整合、提升而成，其意义相当于再创作。孔子所推尊的智、仁、勇'三达德'虽非首创，但经其整理后，内涵更为深刻。章学诚'圣人学于众人'之说，适足说明孔学的源头活水是在社会生活之中。"①又："'述而不作'，是否表明孔子在思想上并无建树？不然。因为思想史不可能时时都处于创新状态。在思想的高峰出现之后，核心元素已经大致齐备，很难再有新创，处于这一时期的圣哲，面对的是如何继承和消化既有的文化遗产，形成更为完善的体系，使之真正造福于全社会。……故不必以为'述'逊于'作'。"②所谓"三达德"就是这样的"述中有作"的成果——"夫子之所以述而不作，是因为前贤所提出的道德要素已大致齐备，故可以'不作'，述之即可。但孔子的述古，绝非简单袭用前朝遗言，而自有其价值判断与取舍标准在内。《诗》《书》篇章，数量繁多，孔子仅删存其精要之篇。对思想界既有的成果，也是萃取精华，分出主从，重新整合，使之具有学术纵深。'三达德'即是典型的例证。"③

如前所述，本章侧重梳理与论述"述而不作"的引申义或普遍义，即把"述"理解为因循、沿袭、不求自立新说，把"作"理解为创新、独创、自立新意，并认为"传述而不创新"构成了一种民族文化基因，其对创新的认识贯穿历史过程本身，在今天也不无它的影响。但，这只是观察问题的一种视角而已，并非排斥或否定其他说法。这不仅仅因为这是一种学术规范，还因为围绕"述而不作"的问题的复杂性和多义性。"述""作"多义，对象复杂，剪不断，理还乱；创新之难，才下眉头，却上心头。如前所述，仅就"述而不作"产生的语境而言，其所涉及的历史文化现象就有：官学传统，六经皆史，口耳文化，圣贤级差，谦卑姿态，以述为作……其情形恰如学者所概括的那样："究竟应当怎样评判中国经典诠释'述而不作'之诠释范式的理论优缺？这是一个颇为复杂的问题。一方面，这一范式特别是其流弊确实与中国文化在发展过程中出现的趋于因

第二章 『述而不作』：著述思想与思维方式

---

① 彭林：《从"三达德"看孔子的"述而不作"》，《孔子研究》2012年第5期。
② 彭林：《从"三达德"看孔子的"述而不作"》，《孔子研究》2012年第5期。
③ 彭林：《从"三达德"看孔子的"述而不作"》，《孔子研究》2012年第5期。

应、保守的理论倾向有着某种程度的内在联系；另一方面，这一范式特别是其背后所体现出的文化精神又与传统中国人的生命存在形态、中国人的终极关怀直接相关。不仅如此，这一诠释范式特别是其中所浸润的注重文化的继承性，在生命精神的传递中来'善继人之态，善述人之事'以将前辈的志业发扬光大的文化精神，在相当程度上也是中国文化传统之所以能够呈现出'可久、可大'之生命气象的重要原因。"① 所以，本章对此问题所持的态度是多元视角和异见并存的态度，在秉持本书基本立场的同时，也承认其他观点、视角的存在。

如何认识"述而不作"及其在历史上的地位，只是视角的不同，是一个硬币的两面，或一头大象的各个部分，都有相应的事实、理论和资料的支撑，也都可以自圆其说，但这仅仅是一种视角而已，没有相互否定的必要，其最好的状态是并存，因为事物本身就是多元的。在一个多元复杂的时代，需要的是独特的视角和有包容性的思维，对同一个问题，也许A、B、C、D从不同视角出发的解释都有一定道理，都可以自圆其说，差异只在于视角的不同。A没有必要为了论述自己的正确而必须将B、C、D统统否定，D也没有必要为了证明自己的合理而将A、B、C像秋风扫落叶一样一扫而光——需要的是包容的态度和并存的思维。对于"述而不作"的讨论，亦应作如是观。

---

① 李翔海：《从"述而不作"看中国经典诠释的理论特质》，《天津社会科学》2004年第5期。

第三章　《庄子》"三言"：著述方式与思想方法

　　本章研究涉及两个议题：《庄子》"三言"——寓言、重言、卮言——的著述方式，并缘此著述方式提出及论证一种理论假设：思想修辞。

　　在此，之所以称《庄子》而非"庄子"，是因为笔者将《庄子》一书三十三篇作为整体研究对象，而并不深究《庄子》文本著述作者的真伪问题。经历代学者辨析，现今所见郭象本《庄子》全书三十三篇中有些明显不是庄子所写，而是庄子后学或庄子学派的手笔。《庄子》作者辨伪工作，自宋人苏轼发难以来，一直都在进行，其路径大致有三：一是从思想系统上辨别，如明人张四维；二是从文字风格上辨别，如宋人林希逸；三是从具体材料上辨别，如明人焦竑。其结论是："从思想系统和文风上辨别《庄子》内、外、杂篇的作者，不论存在着多少种相左的意见，有一点是比较一致的，那便是：多数研究者认为，内篇与外、杂篇不是出自一人之手。从思想系统看，内篇与外杂篇有许多观点相矛盾；从文风看，韵味也确实有异。"①罗宗强曾著《读〈庄〉疑思录——有关庄子文艺思想问题的片断思考》一文，提出在上述三种路径之外另辟蹊径，即从思维方法的差

------

　　① 罗宗强：《读〈庄〉疑思录——有关庄子文艺思想问题的片断思考》，《南开学报》（哲学社会科学版）1985年第2期。

异来探讨《庄子》内、外、杂篇作者的真伪，并指出："一个人的思维方法，有其自身的特点和习惯。这些特点和习惯既经形成之后，常常表现出一致性和稳定性。考察《庄子》，可以发现，内篇七篇和外篇个别篇的一些段落，思维方法完全一样；而其余各篇，思维方法却另是一样。内篇七篇和外篇个别篇的一些段落，思维方法带着浓厚的思辨色彩，在论述宇宙和人生问题时，往往离开具体事物的推理而进入纯思辨的领域。其余各篇，则带有明显的经验论方法的特点。"①

当然，对《庄子》内、外、杂篇的真伪问题，还有另一种意见，如王充闾先生所总结的："现今庄学界基本认定，内篇为庄子自撰，而且成篇较早；外篇与杂篇，有一些为庄子所作，有一些出自后学之手。我很赞同中国哲学史家严北溟先生的看法：年代湮远，史料残阙，要严格确定哪篇是庄子自著，哪篇是他人所作，是难得有一致结论的。好在庄子是道家学说的集大成者，这为历来所公认。他的思想对后世产生相当大的影响，正是以整部《庄子》为基础，而不是其中某一篇、某一节。也就是说，作者纵非一人，而发生影响的主体，则非庄子莫属。这样，我们就完全可以把《庄子》一书，看作是以庄子思想为主的一部具有完整体系的道家专著，不必对书篇作者为谁去做茫无结果的烦琐考证。"②资深庄学研究者方勇教授也有类似看法，其云："《庄子》篇目的真伪问题在宋代苏轼以后才为人们所关注。郭象将五十二篇本删订为三十三篇本时，就已有去伪存真的目的，从而删去那些'一曲之才，妄窜奇说'（《经典释文·序录》），不足为信的部分。陆德明也赞成此说，认为《庄子》经'后人增足，渐失其真'（同上）。但是郭象与陆德明以是否为庄子亲作来分辨真伪，显然是不合理的。先秦诸子著作如《论语》、《孟子》、《墨子》等，多为弟子记录先生言行或由师徒共著，后学续笔发挥也是常有的事，因此《庄子》在庄子亲作之外，还包括了其弟子或后学的部分著作，这也是正常的。并且由于庄子学派逍遥无拘、汪洋恣肆的思想与文学特点，庄子后学极可能对《庄子》内容不加拘束地自由发挥，由

　①　罗宗强：《读〈庄〉疑思录——有关庄子文艺思想问题的片断思考》，《南开学报》（哲学社会科学版）1985年第2期。

　②　王充闾：《逍遥游——庄子传》，作家出版社2014年版，第280页。

于时代及社会状况的限制，其中有些或许比较贴近庄子原意，有些则可能偏离较多，也是很好理解的。因此，在辨别《庄子》篇目真伪之时，必须首先将其作为整体的庄子学派思想汇集，而不应过分着眼于单个篇目的真伪校定。"①李大华也表示："我的意见是，不仅不能将内篇肢解开，也不能将外、杂篇从《庄子》中肢解开。尽管我们在做庄子作品的辨识时需要小心谨慎，但仍然不妨碍我们把《庄子》看作一个整体的存在，只是这个整体性是在经过我们细心的辨识之后，隐约而模糊地呈现出来的。这种整体从何而来呢？孔子说'吾道一以贯之'。何以人们不怀疑《论语》是孔子的作品呢？这不仅仅在于他被奉为圣人，而在于他的立场、方法与表达的特殊性。庄子之道是否也是'一以贯之'？我认为在《庄子》书里那个'一'是存在的，这个'一'就是他的所有特性聚成的一贯与唯一性，在完整性方面，既然我们不要求孔子、孟子，也不必要求庄子。"②

　　笔者同意并采纳上述三者的意见。当然，这并非说《庄子》辨伪的工作毫无意义，但由于本书的主要工作不是侧重于辨伪求真，而是对于中国古代著述思想的探讨，所以本章将《庄子》三十三篇视为以庄子思想为主的庄子学派的体系性著作。

第一节　寓言隐喻：庄子深思熟虑的著述方式选择

　　如前文所论，所谓著述思想，简言之，就是人们对著述这种文化行为的看法，其中涉及一些问题，例如：著书立说的意义和价值是什么？著述的思想动机及目的何在？表达这种思想动机及目的的最佳手段是什么？等等。

　　著述思想，有两种基本表现形态：显性的与隐性的。对此，我们不妨参照一下其他学科的经验。在谈到文学思想史的表现形态时，罗宗强先生曾指出："文学思想史的研究对象显然比文学理论批评史更为广泛。文学理论与批评当然反映

---

① 方勇：《庄子学史》，人民出版社2008年版，第5页。

② 李大华：《自然与自由：庄子哲学研究》，商务印书馆2013年版，第50页。

了文学思想，是文学思想史研究的主要对象。但是，文学思想除了反映在文学批评与文学理论中之外，它大量的是反映在文学创作里。有的时期，理论与批评可能相对沉寂，而文学思想的新潮流却是异常活跃的。如果只研究文学批评与理论，而不从文学创作的发展趋向研究文学思想，我们可能就会把极其重要的文学思想的发展段落忽略了。同样的道理，有的文学家可能没有或很少文学理论的表述，而他的创作所反映的文学思想却是异常重要的。这样的例子在中国文学思想史上为数不少。例如，李商隐的诗文思想。义山诗歌，无疑反映着一种异常独特而又十分重要的诗歌思想倾向，由于他追求凄美幽约，表现朦胧情思，他对于诗的特质与功能、诗的技巧与趣味，就都有着完全异于他之前对这些问题的不同理解。但是，他却几乎没有明确的理论表述。他的文的思想也有相似的表现。在中唐那样大规模的文体变革之后，他却复归于骈体文的创作，而且写得是那样用典圆融、结构谨严、典丽深美。他的骈文创作无疑是对中唐文体变革的一种反弹，但是他同样没有明确的理论表述。"① 在此，罗先生揭示了文学思想表现的两种形态：一为成型的、显性的理论形态，一为感性的、隐性的文学创作形态。

笔者认为，也可以借用此种思路来观照中国古代著述思想：一为明确地表明自己的著述主张，是为成型的著述理论形态；一为零散、直观的感性材料，这些材料虽然没有明言著述思想应该如何如何，但其表述形态已经透露出作者对著述这种文化行为的看法。就庄子而言，这两者兼而有之。具体而言，庄子不仅明确表示了自己采用寓言隐喻的著述主张，也在具体著述实践中将其落到实处，显示出积极主动的文化自觉性。对此，庄子有着明确的认识和解释说明。在《庄子·寓言》篇中，他曾明确指出自己的著述方式就是寓言，其云："寓言十九，重言十七，卮言日出，和以天倪。"② 在此，寓言，即寄托寓意之言；重言，即借重先哲时贤之言；卮言，即随机层出、无心散碎之言。庄子明言，在自己的著述中，寓意寄托的成分占到了十分之九，借重先哲时贤的成分占到了十分之七，

中国古代著述思想研究

---

① 张毅：《宋代文学思想史》，中华书局1995年版，序言第3—4页。
② 陈鼓应注译：《庄子今注今译》，商务印书馆2016年版，第836页。

而那些随文生发、无心散碎的言辞更是层出迭现，随处可见，而这样写作的目的则是合于自然之道的分际，即契合他心目中的自然之"道"。可见，以寓言为其主要著述方式，是庄子主动自觉的文化选择。对于这"三言"的区别及联系，历来仁智互见，王夫之就认为："至于天均而无不齐矣，则寓亦重也，重亦寓也。即有非重非寓者，莫非重寓也。无不然，无不可，则参万岁而通于一。"①也有学者指出："寓言重形象，就道之殊相言；卮言重抽象，就道之共相言；重言重史实，就道之理据言。内容与形式，道理与道言，实难以作宗本与非宗本划分也。"②还有学者指出："'寓言'、'重言'、'卮言'三者，如同'周、遍、咸三者，异名同实，其指一也。'（《知北游》）虽然表现形式不同，但在本质上却是相同的，都是本'道'之言，是'道言'的具体表现形式。"③张默生在《庄子新释》中指出："寓言的成分，已占有全书的十分之九了，剩下的也不过还有十分之一，为什么重言又占全书的十分之七呢？《庄子》书中，往往寓言里有重言，重言里也有寓言，是交互错综的，因此寓言的成分，即使占了全书的十分之九，仍无害于重言的占十分之七。这种交互引用的例子很多。"④方勇也指出："在《庄子》一书中，寓言、重言、卮言其实是'三位一体'，浑不可分的，它们互相辅助，互相映衬，构成了《庄子》'洸洋自恣'的艺术特色。"⑤这些均可备一说。

除了显性的理论形态和隐性的感性形态这一视角之外，考察庄子的著述思想还有"体"和"用"的视角。所谓"体"，即"文之体"，也就是著述的形式和体裁，在此处，即指寓言隐喻这种文体；所谓"用"，即"文之用"，也就是著述的内容和特点，在此，即指庄子想要表达的"道""无""天均""天倪"等。当然，在庄子的实际著述活动中，这二者很难分开，如盐在水，如影随形，

---

① 王夫之：《船山全书》（第13册），岳麓书社1996年版，第420页。

② 朱哲：《先秦道家哲学研究》，上海人民出版社2000年版，第233页。

③ 刁生虎：《说"不可说"——庄子的"道""言"悖论及其超越方式》，《兰州学刊》2004年第1期。

④ 转引自陈鼓应注译：《庄子今注今译》，商务印书馆2016年版，第837页。

⑤ 方勇：《庄子学史》，人民出版社2008年版，第23页。

第三章 《庄子》"三言"：著述方式与思想方法

具体而言：庄子之所以采用"寓言十九"的形式来写作，和他对于其表达内容的理解是紧密联系在一起的。即在《庄子》中，"文之体"是由"文之用"而决定的，而"文之用"又是必须要以这种"文之体"来表达的，二者很难截然分开。

此外，还要注意的是，在具体写作运用中，庄子所谓"寓言""重言""卮言"多有重合、交叉之处，所以才有"寓言十九，重言十七，卮言日出，和以天倪"这样的表述。换言之，寓言式的表述中也会包含着"重言"和"卮言"，反之亦然。《庄子》一书，向以扑朔迷离、恍惚朦胧、思维跳跃、旨意难求著称。但是，结合《庄子》中的其他材料，我们可以大致梳理分析一下庄子为什么采用了这种以"寓言"为主、掺杂"重言""卮言"的独特著述方式。概而言之，大致有以下几个层面。

一、借外论之，令人信服。紧承"寓言十九"云云，庄子分别论述了寓言、重言、卮言各自的特点和作用，以及为何采用这种方式。先看"寓言"：

> 寓言十九，借外论之。亲父不为其子媒。亲父誉之，不若非其父者也；非吾罪也，人之罪也。与己同则应，不与己同则反；同于己为是之，异于己为非之。①

在此，庄子解释其所谓"寓言"的含义及为何采取这种方式的原因：寓言之所以占到全书的十分之九，目的在于"借外论之"，即借助直接表述之外的间接方式——寓言——来论说。寓言具有间接性，不直接申明自己的主张，而是将自己寓意隐含在故事之中，让读者从故事本身去体悟其中的道理，这很像一个父亲不直接来为自己的儿子做媒，亲自赞誉自己孩子的好处，不如别人的论说更有说服力。之所以采取这种隐曲委婉的方式，是鉴于当时学术思想界论争的严峻现实——"与己同则应，不与己同则反，同于己为是之，异于己为非之"，从"非吾罪也，人之罪也"的表述中可知，庄子采用"寓言十九"的不得已和无奈。

---

① 陈鼓应注译：《庄子今注今译》，商务印书馆2016年版，第836页。

王国维先生曾说:"诗人对宇宙人生,须入乎其内,又须出乎其外。入乎其内,故能写之。出乎其外,故能观之。"①显然,入乎其内是第一个层次,也是遵循常理、常态的思想行为方式;而出乎其外,则是更高的一种思维形态,即能跳出自我的认知和著述范围,把自己的思想也当作一个认识对象来认知。若结合《庄子》文本,仔细剖解"借外论之"的"外"字,会发现它有如下特征:一是客观性,借助一个个外在的、生活中存在的寓言故事,来说明自己的思想。二是间接性,即不是直接地说明自己的主张,而是借一个个寓言人物之口来表达。三是多义性,由于寓言故事主要以形象为传达媒介,读者看到的是一个个寓言故事,故其表达含义具有多义性,可作多种理解,如历代对于"逍遥之义"的不同理解。四是参与性,读者可以参与到其中,对文本内涵提出自己的见解。五是开放性,寓言通俗易懂,生动形象,《庄子》是一个充分开放的文本,每个人都可结合自己的体验、感悟从中找到一个"熟悉的自我"。

恰如有学者所总结的那样:"《庄子》文本隐喻的多义性和模糊性,为读者留下了广阔的想象空间和再创造的可能,也使《庄子》一书成了一本有待读者参与书写的文本。钱锺书先生说:'比喻有两柄而复具多边。盖一事物而已,然非止一性一能,遂不限于一功一效。取譬者用心或别,着眼因殊,指同而旨则异;故一事物之象可以孑立应多,守常处变。'这里,钱先生深刻揭示了隐喻的运作机制,即对于同一个喻体,往往可以有不同的喻旨相随,能指虽然相同而所指可以完全相异。在隐喻暗示的活动中,庄子并不直说,更不限定话语的指向,而是采用沉默非言或题外妄言的方式,唤起读者的思想和创意,有时甚至偏要说些不合常理的'悖谬'之言,以激起读者的警目而去自寻要义。庄子常常以层层叠加的、如迷而难解、矛盾而悖理、挥霍而放肆的寓言故事来表达自己的思想,从而激发读者的探究热情,掩卷深思这些荒唐话语背后究竟潜藏着何种深意。汉人从政治伦理角度解读《庄子》,晋人以佛解庄,唐人以禅解庄,宋人合儒、道、佛为一体,明清则纷纭综合百家。近代以来,随着西学东渐,人们贯通中西,从西

① 谢维扬、房鑫亮主编:《王国维全集》(第一卷),浙江教育出版社、广东教育出版社2009年版,第478页。

方哲学的视角，对庄子作出新的评判。无论哪种解释，都有其合理之处，却又不是确指，这正是'视域融合'的典型表现，这也使《庄子》一书成了一本尚未完成，有待读者参与书写的'残缺'文本。"①

二、天下沉浊，道术分裂。在《庄子·天下》篇中，已经透露出庄子为什么要采取寓言这种特殊方式来说理弘道的另一个理由，这就是"以天下为沉浊，不可与庄语"，故要"以卮言为曼衍，以重言为真，以寓言为广"。②所谓"天下沉浊，不可庄语"的含义就是道术分裂，各家莫衷一是，互相攻讦。《史记·老庄申韩列传》载："庄子者，蒙人也，名周。周尝为蒙漆园吏，与梁惠王、齐宣王同时。其学无所不窥，然其要本归于老子之言。故其著书十余万言，大抵率寓言也。作《渔父》、《盗跖》、《胠箧》，以诋訾孔子之徒，以明老子之术。《畏累虚》、《亢桑子》之属，皆空语无事实。然善属书离辞，指事类情，用剽剥儒、墨，虽当世宿学不能自解免也。其言洸洋自恣以适己，故自王公大人不能器之。"③在此，"大抵率寓言"与"寓言十九"相呼应，而"诋訾孔子之徒""剽剥儒墨"则透露出庄子积极参与百家争鸣、捍卫老子之学的讯息。庄子大约与孟子同时，《孟子》中曾记载了当时百家争鸣攻讦的激烈程度：

公都子曰："外人皆称夫子好辩，敢问何也？"

孟子曰："予岂好辩哉？予不得已也。……世衰道微，邪说暴行有作，臣弑其君者有之，子弑其父者有之。孔子惧，作《春秋》。《春秋》，天子之事也；是故孔子曰：'知我者其惟《春秋》乎！罪我者，其惟《春秋》乎！'圣王不作，诸侯放恣，处士横议，杨朱、墨翟之言盈天下。天下之言不归杨，则归墨。杨氏为我，是无君也；墨氏兼爱，是无父也。无父无君，是禽兽也。公明仪曰：'庖有肥肉，厩有肥马；民有饥色，野有饿莩，此率兽而食人也。'

---

① 韩海泉：《略论庄子"三言"表达方式的本质特征》，《青海师范大学学报》（哲学社会科学版）2009年第4期。

② 陈鼓应注译：《庄子今注今译》，商务印书馆2016年版，第1016页。

③ 司马迁：《史记》，中华书局1959年版，第2143—2144页。

杨墨之道不息，孔子之道不著，是邪说诬民，充塞仁义也。仁义充塞，则率兽食人，人将相食。吾为此惧，闲先圣之道，距杨墨，放淫辞，邪说者不得作。作于其心，害于其事；作于其事，害于其政。圣人复起，不易吾言矣。昔者禹抑洪水而天下平，周公兼夷狄，驱猛兽而百姓宁，孔子成《春秋》，而乱臣贼子惧。《诗》云：'戎狄是膺，荆舒是惩，则莫我敢承。'无父无君，是周公所膺也。我亦欲正人心，息邪说，距诐行，放淫辞，以承三圣者；岂好辩哉？予不得已也。能言距杨墨者，圣人之徒也。"①

此处仅就儒家攻击的主要对象杨朱和墨家进行了说明，指出其邪说乱世的害处，体现出孟子之"好辩"乃出于"不得已"，即身处"圣王不作，诸侯放恣，处士横议"的乱世，不得不辩，不得不担负起"正人心，息邪说，距诐行，放淫辞"的使命。《外物》有云："饰小说以干县令，其于大达亦远矣。"鲁迅先生在解释庄子"小说"之意时说："然案其实际，乃谓琐屑之言，非道术所在，与后来所谓小说者固不同。"所谓"琐屑之言"又是指什么呢？他曾进一步解释说："'县'是高，言高名，'令'是美，言美誉。但这是指他所谓琐屑之言，不关道术的而说，和后来所谓的小说并不同。因为如孔子、杨子、墨子各家的学说，从庄子看来，都可以谓之小说；反之，别家对庄子，也可称他的著作为小说。"②可见当时各家抵触论辩之激烈。其实，庄子也有一段类似"不得已"即不得不辩的表述。同在《天下》篇中，庄子进一步解释了何为"天下沉浊"，首先是道术分裂，原先混沌为一、元气淋漓的大道由于百家争鸣、各执一词而分裂为无数散碎的"小道"，试看：

　　天下大乱，贤圣不明，道德不一，天下多得一察焉以自好。譬如耳目鼻口，皆有所明，不能相通。犹百家众技也，皆有所长，时有所用。虽然，不

① 杨伯峻译注：《孟子译注》，中华书局1960年版，第154—155页。
② 鲁迅：《中国小说史略》，人民文学出版社1973年版，第269页。

该不遍，一曲之士也。判天地之美，析万物之理，察古人之全。寡能备于天地之美，称神明之容。是故内圣外王之道，暗而不明，郁而不发，天下之人各为其所欲焉以自为方。悲夫，百家往而不反，必不合矣！后世之学者，不幸不见天地之纯，古人之大体，道术将为天下裂。①

在此，庄子发出"悲夫，百家往而不反，必不合矣"的感叹，表现出对"天下大乱，贤圣不明，道德不一"状态的极度焦虑，这与孟子对于"圣王不作，诸侯放恣，处士横议"的焦虑十分相似。各家固执己见，以己为是，以人为非，互相攻讦，大道不明，所谓"君子之人，若儒墨者师，故以是非相整也"（《知北游》）。这就犹如人的感官皆有所长，皆有所用，所谓"目彻为明，耳彻为聪，鼻彻为颤，口彻为甘，心彻为知，知彻为德"（《外物》）；但又互不相通，又如各种技艺，皆有所长，却又偏于一隅，致使纯粹之道"暗而不明，郁而不发"，当今学者不能"判天地之美，析万物之理，察古人之全"，使得后世学者再也见不到"天地之纯，古人之大体"，于是导致天下道术分裂的局面。由于"道"之不同，《庄子》中反复出现与儒家的对立立场，试看：

世之所谓忠臣者，莫若王子比干伍子胥。子胥沉江，比干剖心，此二子者，世谓忠臣也，然卒为天下笑。自上观之，至于子胥比干，皆不足贵也。丘之所以说我者，若告我以鬼事，则我不能知也；若告我以人事者，不过此矣，皆吾所闻知也。今吾告子以人之情，目欲视色，耳欲听声，口欲察味，志气欲盈。人上寿百岁，中寿八十，下寿六十，除病瘦死丧忧患，其中开口而笑者，一月之中不过四五日而已矣。天与地无穷，人死者有时，操有时之具而托于无穷之间，忽然无异骐骥之驰过隙也。不能说其志意，养其寿命者，皆非通道者也。丘之所言，皆吾之所弃也。②

中国古代著述思想研究

① 陈鼓应注译：《庄子今注今译》，商务印书馆2016年版，第984页。
② 陈鼓应注译：《庄子今注今译》，商务印书馆2016年版，第895页。

庄子也有对杨墨、儒家的抨击，所谓"灭文章，散五采，胶离朱之目，而天下始人含其明矣；毁绝钩绳而弃规矩，攦工倕之指，而天下始人含其巧矣。削曾史之行，钳杨墨之口，攘弃仁义，而天下之德始玄同矣。彼人含其明，则天下不铄矣"[1]（《胠箧》）。在《骈拇》中，庄子将儒家力倡的仁义道德喻为多余的足趾、手指和肉瘤，它们的存在，不仅多余，而且伤害本真之性，所谓"是故骈于足者，连无用之肉也；枝于手者，树无用之指也；骈枝于五藏之情者，淫僻于仁义之行，而多方于聪明之用也。是故骈于明者，乱五色，淫文章，青黄黼黻之煌煌非乎？而离朱是已。多于聪者，乱五声，淫六律，金石丝竹黄钟大吕之声非乎？而师旷是已。枝于仁者，擢德塞性以收名声，使天下簧鼓以奉不及之法非乎？而曾史是已。骈于辩者，累瓦结绳窜句棰辞，游心于坚白同异之间，而敝跬誉无用之言非乎？而杨墨是已。故此皆多骈旁枝之道，非天下之至正也"[2]。在《列御寇》里，庄子以一个小故事发端阐述其"道"与儒、墨之不同：

> 郑人缓也呻吟于裘氏之地。只三年而缓为儒，河润九里，泽及三族，使其弟墨。儒墨相与辩，其父助翟。十年而缓自杀。其父梦之曰："使而子为墨者予也，阖尝视其良，既为秋柏之实矣？"
>
> 夫造物者之报人也，不报其人而报其人之天。彼故使彼。夫人以己为有以异于人以贱其亲，齐人之井饮者相捽也。故曰今之世皆缓也。自是，有德者以不知也，而况有道者乎！古者谓之遁天之刑。
>
> 圣人安其所安，不安其所不安；众人安其所不安，不安其所安。[3]

郑国人缓学儒，而其弟学墨，儒墨相互攻讦辩论而莫衷一是，难定是非。这样强辩是非违反了造物者赋予人顺应自然的天性，而这却成为当世的常态，所

---

① 陈鼓应注译：《庄子今注今译》，商务印书馆2016年版，第306页。

② 陈鼓应注译：《庄子今注今译》，商务印书馆2016年版，第272页。

③ 陈鼓应注译：《庄子今注今译》，商务印书馆2016年版，第958页。

谓"今之世皆缓也"。《渔父》中的这段记载更是反映了庄子自然之"道"异于儒家仁义之"道"的分界:"孔子愀然而叹,再拜而起曰:'丘再逐于鲁,削迹于卫,伐树于宋,围于陈蔡。丘不知所失,而离此四谤者何也?'客凄然变容曰:'甚矣子之难悟也!人有畏影恶迹而去之走者,举足愈数而迹愈多,走愈疾而影不离身,自以为尚迟,疾走不休,绝力而死。不知处阴以休影,处静以息迹,愚亦甚矣!子审仁义之间,察同异之际,观动静之变,适受与之度,理好恶之情,和喜怒之节,而几于不免矣。谨修而身,慎守其真,还以物与人,则无所累矣……'"①在此,庄子巧妙地运用身与影的关系来说明儒家倡导仁义的徒劳:身行则影动,身静则影静,行愈疾则影愈乱,儒家领袖人物孔子在"再逐于鲁,削迹于卫,伐树于宋,围于陈蔡"等一系列遭遇后,恰如一个害怕自己影子的人却还要奔走忙乱,结果是"举足愈数而迹愈多,走愈疾而影不离身",可他还以为是自己走得慢的缘故,还"疾走不休",结果是"绝力而死"。庄子之著书立说,就是为了挽救这种分裂破碎的局面。孟子之"距杨墨",是为了捍卫、申扬孔子之道,而庄子之著"寓言",则是为了恢复"道德"归一、"道术"合一的明哲境界,消除物我、成败、是非、荣辱、生死、大小的界限。因为"物无非彼,物无非是。自彼则不见,自是则知之。故曰彼出于是,是亦因彼。彼是方生之说也,虽然,方生方死,方死方生;方可方不可,方不可方可。因是因非,因非因是。是以圣人不由,而照之于天……彼亦一是非,此亦一是非。果且有彼是乎哉?果且无彼是乎哉?彼是莫得其偶,谓之道枢。枢始得其环中,以应无穷。是亦一无穷,非亦一无穷也。故曰莫若以明"②(《齐物论》),而直接讲这些道理,亦有争是非、辩优劣、较短长、别彼此的嫌疑,所以不能用庄重的语言——所谓"庄语"——来表达,即庄子所谓"以天下为沉浊,不可与庄语",只能用寓言隐喻这种多义并存、意味深长的方式来表达。

三、言不尽意,"无言"之"言"。这一点涉及庄子对于"言"的看法。

---

① 陈鼓应注译:《庄子今注今译》,商务印书馆2016年版,第943—944页。

② 陈鼓应注译:《庄子今注今译》,商务印书馆2016年版,第67页。

因为无论寓言、重言、卮言多么玄妙，但毕竟还都是"言"，都要落实到语言层面上，这就与老庄道家之崇尚"无言"及"言不尽意"发生了矛盾。可以说，"无言"与"有言"，是《庄子》范畴的一对矛盾，而其解决办法则是"无言之言"。以老庄为代表的道家认为，其最高范畴、宇宙本源 —— "道" —— 本质上是不可言说的。《老子》："孔德之容，惟道是从。道之为物，惟恍惟惚。惚兮恍兮，其中有象；恍兮惚兮，其中有物；窈兮冥兮，其中有精。其精甚真，其中有信，自古及今，其名不去，以阅众甫。"①道，恍惚无形，似有若无，心灵能感觉得到，落实到语言层面又很难说清楚，即使要说，又不无勉强、强加的成分，所谓："有物混成，先天地生。寂兮寥兮，独立不改，周行而不殆，可以为天地母。吾不知其名，字之曰道，强为之名曰大。大曰逝，逝曰远，远曰反。故道大，天大，地大，王亦大。域中有四大，而王居其一焉。人法地，地法天，天法道，道法自然。"②庄子也说："夫道，于大不终，于小不遗，故万物备，广广乎其无不容也，渊渊乎其不可测也。"③（《天道》）由于道体玄妙，其根本上是无形态、不可知的，也是人的感觉器官难以接触和捕捉的，而人的认识、知识又无不来自感官的感觉经验，因此也是从根本上难以言说的，所谓"道不可闻，闻而非也；道不可见，见而非也；道不可言，言而非也。知形形之不形乎！道不当名"④（《知北游》）。所谓"知道易，勿言难。知而不言，所以之天也；知而言之，所以之人也；古之至人，天而不人"⑤（《列御寇》）。"至言去言，至为去为"⑥（《知北游》）。又"卮言日出，和以天倪，因以曼衍，所以穷年。不言则齐，齐与言不齐，言与齐不齐也，故曰言无言"⑦（《寓言》）。无言，亦称"忘言"，所谓"筌者所以在鱼，得鱼而忘筌；蹄者所以

① 王弼注：《老子道德经》，中华书局1985年版，第19页。
② 王弼注：《老子道德经》，中华书局1985年版，第22—24页。
③ 陈鼓应注译：《庄子今注今译》，商务印书馆2016年版，第411页。
④ 陈鼓应注译：《庄子今注今译》，商务印书馆2016年版，第688页。
⑤ 陈鼓应注译：《庄子今注今译》，商务印书馆2016年版，第958页。
⑥ 陈鼓应注译：《庄子今注今译》，商务印书馆2016年版，第677页。
⑦ 陈鼓应注译：《庄子今注今译》，商务印书馆2016年版，第836页。

在兔，得兔而忘蹄；言者所以在意，得意而忘言。吾安得夫忘言之人而与之言哉！"①（《外物》）。对此，庄子有一段上升到理性的概括性总结：

> 世之所贵道者书也，书不过语，语有贵也。语之所贵者意也，意有所随。意之所随者，不可以言传也，而世因贵言传书。世虽贵之，我犹不足贵也，为其贵非其贵也。故视而可见者，形与色也；听而可闻者，名与声也。悲夫，世人以形色名声为足以得彼之情！夫形色名声果不足以得彼之情，则知者不言，言者不知，而世岂识之哉！②

中国古代著述思想研究

庄子一派之所以不重视"言传"，是因为其认为，像"道"这样玄妙、飘忽、恍惚、变化无常、寂寞无形之物是难以言传的，它与我们视觉可见的"形与色"、听觉可闻的"名与声"不在一个层次上。对此，那些读书虽多的"言者"们是难以知晓的，而真正通达"道"那玄妙本质的"知者"又不必多"言"。对此，庄子还有一段形象的寓言性描述：

> 桓公读书于堂上，轮扁斫轮于堂下，释椎凿而上，问桓公曰："敢问，公之所读者何言邪？"公曰："圣人之言也。"曰："圣人在乎？"公曰："已死矣。"曰："然则君之所读者，古人之糟魄已夫！"桓公曰："寡人读书，轮人安得议乎！有说则可，无说则死。"轮扁曰："臣也以臣之事观之。斫轮，徐则甘而不固，疾则苦而不入。不徐不疾，得之于手而应于心，口不能言，有数存焉于其间。臣不能以喻臣之子，臣之子亦不能受之于臣，是以行年七十而老斫轮。古之人与其不可传也死矣，然则君之所读者，古人之糟魄已夫！"③

---

① 陈鼓应注译：《庄子今注今译》，商务印书馆2016年版，第832—833页。
② 陈鼓应注译：《庄子今注今译》，商务印书馆2016年版，第413—414页。
③ 陈鼓应注译：《庄子今注今译》，商务印书馆2016年版，第415页。

能够言传的都属于糟粕，而像轮扁那样运斤成风、得心应手的妙"数"是内心自知而"口不能言"的，也是难以传授给别人的，哪怕是自己的儿子，所谓"虽在父兄，不能以移子弟"①是也。古人那些真正揭示事物本质的要言妙道，是语言难以传授的，都已经失传了，你所读的，自然就是古人的糟粕了。但是，很明显，庄子并非无言，就近而言，轮扁运斤就是以语言文字的形式传达的；就远而论，通观《庄子》全书，都是在用"言"来揭示其心目中"天道""天均""天倪"的奥秘。于是，说"不可说"，言"不能言"，就构成《庄子》著述思想范畴的一个悖论，而其解决的方法，就是在一般的世俗之言之上再建立一个更高级的范畴。显然，庄子曾认真思考过这个问题，其云：

　　芴漠无形，变化无常，死与生与，天地并与，神明往与！芒乎何之，忽乎何适，万物毕罗，莫足以归，古之道术有在于是者，庄周闻其风而悦之。以谬悠之说，荒唐之言，无端崖之辞，时恣纵而不傥，不以觭见之也。以天下为沉浊，不可与庄语，以卮言为曼衍，以重言为真，以寓言为广。独与天地精神往来而不敖倪于万物。不谴是非，以与世俗处。其书虽瑰玮而连犿无伤也。其辞虽参差而諔诡可观。彼其充实不可以已，上与造物者游，而下与外死生无终始者为友。其于本也，弘大而辟，深闳而肆；其于宗也，可谓稠适而上遂矣。虽然，其应于化而解于物也，其理不竭，其来不蜕，芒乎昧乎，未之尽者。②

　　这段话内涵十分丰富，包含的内容很多，若从著述思想的角度分析，它不仅进一步解释和申明了庄子为何采用寓言、重言、卮言这种混合形式来进行写作，还说明了自己兼顾两端、中洽豁达的包容态度。就前者而言，它表明要用一种更高级的"言"辞或"言"说来表达自己的主张，所谓"谬悠之说，荒唐之言，无端崖之

---

①　萧统编：《文选》，上海古籍出版社1986年版，第2271页。
②　陈鼓应注译：《庄子今注今译》，商务印书馆2016年版，第1016页。

辞"，其特点是"恣纵不傥""弘大而辟""深闳而肆"，只有这种"言"才能弘扬庄子心目中的"道"，亦可称之为"道之言"，其特点是能够穷理尽性——"其理不竭，其来不蜕，芒乎昧乎，未之尽者"。就后者而论，庄子对自己的"言"表现出一种兼顾包容的态度，他既"独与天地精神往来"，又"不敖倪于万物"；既遗世独立、飘然世外，又"不谴是非，以与世俗处"；既"上与造物者游"，又不遗世俗，"而下与外死生无终始者为友"。同理，既一方面力主"无言"，因为"道"不可言，另一方面，又要宣弘"道"义，体"道"之妙，即"有言"。而这种"言"的形态，只能是"寓言""重言"和"卮言"。

四、周洽通融、不偏执一端。"不以觭见之也"是庄子处世论道的基本态度之一，这亦可在《山木》中得到证明：

庄子行于山中，见大木，枝叶盛茂，伐木者止其旁而不取也。问其故，曰："无所可用。"庄子曰："此木以不材得终其天年夫！"

出于山，舍于故人之家。故人喜，命竖子杀雁而烹之。竖子请曰："其一能鸣，其一不能鸣，请奚杀？"主人曰："杀不能鸣者。"

明日，弟子问于庄子曰："昨日山中之木，以不材得终其天年；今主人之雁，以不材死；先生将何处？"

庄子笑曰："周将处乎材与不材之间。材与不材之间，似之而非也，故未免乎累。若夫乘道德而浮游则不然，无誉无訾，一龙一蛇，与时俱化，而无肯专为；一上一下，以和为量，浮游乎万物之祖；物物而不物于物，则胡可得而累邪！此神农黄帝之法则也。若夫万物之情，人伦之传，则不然。合则离，成则毁；廉则挫，尊则议，有为则亏，贤则谋，不肖则欺，胡可得而必乎哉！悲夫，弟子志之，其唯道德之乡乎！"①

这段话有两层含义。第一层是以"俗"视之，山木以不材终其天年，哑雁

---

① 陈鼓应注译：《庄子今注今译》，商务印书馆2016年版，第579页。

以不材惨遭杀身，面对这一悖论，庄子的选择是"处乎材与不材之间"，这就是一种通融权变、不拘泥一端的"天均"态度。第二层是以"道"观之，在说出"材与不材"的选择之后，庄子笔锋一转，认为即使是这种两可的选择，还是一种俗世的无奈，与其心目中的"道德"至境不在一个层次上。因为在人伦的世俗层面上，人们拘泥是非，偏执一端——"合则离，成则毁；廉则挫，尊则议，有为则亏，贤则谋，不肖则欺"，故云"似之而非也，故未免乎累"；而"乘道德而浮游"则属于体道、悟道的至境层面，可以达到"无誉无訾，一龙一蛇，与时俱化，而无肯专为；一上一下，以和为量，浮游乎万物之祖；物物而不物于物"的境界，以获得绝对的精神自由。而表达这种至境的形态，只能是"寓言""重言"和"卮言"。可见，庄子对于自己特殊的著述方式，是经过深思熟虑的。

理解上文所言第二个层面，需要明了庄子"天""人"之辨、"道""俗"之别的两分哲学。关于前者，《秋水》中说得很清楚："'何谓天？何谓人？'北海若曰：'牛马四足，是谓天；落马首，穿牛鼻，是谓人。……'"[1]对"天""人"的选择立场，庄子的态度很清楚——"无以人灭天"。对于"道""俗"之别，《秋水》中也有明确说明："河伯曰：'若物之外，若物之内，恶至而倪贵贱？恶至而倪小大？'北海若曰：'以道观之，物无贵贱；以物观之，自贵而相贱；以俗观之，贵贱不在己。'"[2]在此，"物""俗"都属于"道"的对立面，是庄子所极力抨击、摒弃的事物和对象。力辨"天""人"，严别"道""俗"，是贯穿于《庄子》全书的鲜明态度和立场，可以说体现在《庄子》的字里行间，试看：

> 朱泙学屠龙于支离益，单千金之家，三年技成而无所用其巧。
>
> 圣人以必不必，故无兵；众人以不必必之，故多兵；顺于兵，故行有求。兵，恃之则亡。

---

① 陈鼓应注译：《庄子今注今译》，商务印书馆2016年版，第496页。
② 陈鼓应注译：《庄子今注今译》，商务印书馆2016年版，第487页。

小夫之知，不离苞苴竿牍，敝精神乎蹇浅，而欲兼济导物，太一形虚。若是者，迷惑于宇宙，形累不知太初。彼至人者，归精神乎无始而甘暝乎无何有之乡。水流乎无形，发泄乎太清。悲哉乎！汝为知在毫毛，而不知大宁！①

在此，"天""人"或"道""俗"演化为"至人"和"小夫"。小夫拘泥于细枝末节只是"知在毫毛"，是谓"小知"，难以窥见恍惚缥缈大道之根本，所谓"小知不及大知，小年不及大年。奚以知其然也？朝菌不知晦朔，蟪蛄不知春秋，此小年也"②，小年于此可知。至于何为"小知"，《齐物论》中有一段十分形象的描述，"大知闲闲，小知间间；大言炎炎，小言詹詹"，小知之为态也，"其寐也魂交，其觉也形开，与接为构，日以心斗。缦者，窖者，密者。小恐惴惴，大恐缦缦。其发若机栝，其司是非之谓也；其留如诅盟，其守胜之谓也；其杀若秋冬，以言其日消也；其溺之所为之，不可使复之也；其厌也如缄，以言其老洫也；近死之心，莫使复阳也。喜怒哀乐，虑叹变慹，姚佚启态；乐出虚，蒸成菌。日夜相代乎前，而莫知其所萌"③（《齐物论》）。

依据此种思路，可以说，在庄子心目中，"言"这一著述范畴也有两个层面，即"小言"与"大言"。前者属较低的世俗层面，这种"言"拘泥于是非之端，桎梏于黑白之际，纠结于得失毁誉之间，难以窥见大"道"之根本，所谓"天地有大美而不言"是也。后者则是较高的悟道层面，这一层面的"言"是"无言之言"，即明知"道"难以言说，还是要说，所谓"有物混成，先天地生。寂兮寥兮，独立不改，周行而不殆，可以为天地母。吾不知其名，字之曰道，强为之名曰大"，所谓"以卮言为曼衍，以重言为真，以寓言为广。独与天地精神往来"是也。

对于庄子这两个层面的"言"，已有学者指出，并且辨析、剖解甚详，其

中国古代著述思想研究

———————————

① 陈鼓应注译：《庄子今注今译》，商务印书馆2016年版，第961页。

② 陈鼓应注译：《庄子今注今译》，商务印书馆2016年版，第15页。

③ 陈鼓应注译：《庄子今注今译》，商务印书馆2016年版，第52页。

云："其实，《庄子》一书中有一系列很重要、富有启发性的命题一直为人所忽视，这就是：'是故高言不止于众人之心，至言不出，俗言胜也。'（《天地》）这里，庄子将'言'分为'至言'和'俗言'两类：'言而足，则终日言而尽道，言而不足，则终日言而尽物。'（《则阳》）这里，庄子又将'言'分为'尽道'之'言'和'尽物'之'言'两类。由此看来，在庄子思想中，始终存在着两类截然不同的语言：一是出于'成心'，有偏见和分辨性的对象化语言，即所谓的'俗言'、'物言'，它们由于自身的局限性而只能言说形而下的现象世界，为庄子所批判和否定；一是出于'道心'，不具偏见和分辨性的非对象化语言，即所谓的'至言'、'道言'，它们由于自身的超越性而能够言说形而上的本体之'道'，为庄子所主张和肯定。庄子正是通过摒弃'俗言'、'物言'等'思维的说'而借助'至言'、'道言'等'诗意的说'之言说方式克服了'道不可言'的语言困境，完成了'说"不可说"'的哲学使命。"①

五、无翼之飞，"心斋"通道。紧承上文所论，无言之"言"毕竟还属于"言"的范畴，尽管它属于较高范畴的"言"。在庄子的认识论中，还有一种"无言"之境，其境界要高于"言"的层面，这就是以"心斋"为代表的体悟认知系统，其形象的表述就是"无翼之飞"。"心斋"范畴，出自《人间世》："回曰：'敢问心斋。'仲尼曰：'若一志，无听之以耳而听之以心，无听之以心而听之以气！耳止于听，心止于符。气也者，虚而待物者也。唯道集虚，虚者，心斋也。'"②只要是"言"，就要有最基本的传播要素，比如文字要有形，出口要有声，接受者要有耳、目等接受信息的器官，还要有大脑对这些信息的分析与整合。颜回向孔子请教体悟大道的方法与途径，孔子回答以"心斋"，这是一种超越了一般认知途径、不依赖于人的感觉（如视觉、听觉、触觉等）的体悟真理的方式，其条件是"气"在空明虚静的心境中运行，摆脱了一切主观感觉、经验和故有知识的干扰和束缚，而志达真理之境，这种境界又是言语难以

---

① 刁生虎：《说"不可说"——庄子的"道""言"悖论及其超越方式》，《兰州学刊》2004年第1期。

② 陈鼓应注译：《庄子今注今译》，商务印书馆2016年版，第139页。

表达的。"心斋"强调的是纯以神行，不拘泥于语言文字，在《庄子》中，与之相互联系的是表达上略有区别而本质上又十分一致的体悟认知范畴，如"坐驰""坐忘""丧我""神遇"……

先看"坐驰"，出自《人间世》："绝迹易，无行地难。为人使易以伪，为天使难以伪。闻以有翼飞者矣，未闻以无翼飞者也；闻以有知知矣，未闻以无知知者也。瞻彼阕者，虚室生白，吉祥止止。夫且不止，是之谓坐驰。夫徇耳目内通，而外于心知，鬼神将来舍，而况人乎！是万物之化也，尧舜之所纽也，伏羲几蘧之所行终，而况散焉者乎！"①"坐驰"是对"心斋"的补充，是解释如何才能形成"心斋"的途径，如前所云，"心斋"是一种不依赖一般信息传播途径的对至道真理的直接体悟。任何"言"犹如"有翼飞者"，而"心斋"一类则属于"无翼之飞"，其要素是心室的空明宁静，摒弃一切外在事物、信息、主观情感的干扰，以达到一种形体不动而心灵已经驰骋万里的境界，即刘勰所谓"寂然凝虑，思接千载；悄焉动容，视通万里；吟咏之间，吐纳珠玉之声；眉睫之前，卷舒风云之色"②。在《知北游》中也有一段假托于"无有"以描述超越视听感官的"妙境"："光曜问乎无有曰：'夫子有乎？其无有乎？'无有弗应也。光曜不得问，而孰视其状貌，窅然空然，终日视之而不见，听之而不闻，搏之而不得也。光曜曰：'至矣！其孰能至此乎！予能有无矣，而未能无无也；及为无有矣，何从至此哉！'"③

再看"坐忘"，载于《大宗师》：颜回曰："回益矣。"仲尼曰："何谓也？"曰："回忘礼乐矣！"曰："可矣，犹未也。"他日，复见，曰："回益矣。"曰："何谓也？"曰："回忘仁义矣。"曰："可矣，犹未也。"他日，复见，曰："回益矣！"曰："何谓也？"曰："回坐忘矣！"仲尼蹴然曰："何谓坐忘？"颜回曰："堕肢体，黜聪明，离形去知，同于大通。此谓坐忘。"仲尼曰："同则无好也，化则无常也。而果其贤乎！丘也请从而后

---

① 陈鼓应注译：《庄子今注今译》，商务印书馆2016年版，第139—140页。
② 刘勰著，范文澜注：《文心雕龙注》，人民文学出版社1958年版，第493页。
③ 陈鼓应注译：《庄子今注今译》，商务印书馆2016年版，第670页。

也。"①"坐忘"，即肢体端坐而心无思虑的状态，也是通达庄子心目中大道至境——"夫虚静恬淡寂漠无为者，天地之本"②——的途径之一，与心斋十分接近，也可以理解为表述方式的不同。"坐驰"，是身体静坐而心意飞驰，是超越世俗人间的无翼之飞；而"坐忘"则是心室虚静，空无一物，是超越世俗的认知途径。颜回通过自己不间断的精神修行努力，不仅忘记了外在的礼乐仪式程序，也忘记了礼乐内在的仁义内容，还忘记了自身的形骸、所知等等，这样才能达到"大通"——无所不通——的境界，这也是语言文字难以达到的。

另观"丧我"。此语出于《齐物论》："南郭子綦隐机而坐，仰天而嘘，答焉似丧其耦。颜成子游立侍乎前，曰：'何居乎？形固可使如槁木，而心固可使如死灰乎？今之隐机者，非昔之隐机者也。'子綦曰：'偃，不亦善乎，而问之也！今者吾丧我，汝知之乎？汝闻人籁而未闻地籁；汝闻地籁而未闻天籁夫！'"③与此段文意相近的内容还见于《徐无鬼》："南伯子綦隐几而作，仰天而嘘。颜成子入见曰：'夫子，物之尤也。形固可使若槁骸，心固可使若死灰乎？'"④庄子本意在于：天下一指，万物一马，我亦是物之一种，由道观之，物我无等差。经过修行，南郭子綦已经达到这种境界，其"形如槁木，心如死灰"，摒弃自我，与道同体，与物同一，今日之我已非往日之我，故云"吾丧我"。《知北游》中有一段对话可与此互补：

冉求问于仲尼曰："未有天地可知邪？"仲尼曰："可。古犹今也。"冉求失问而退，明日复见，曰："昔者吾问'未有天地可知乎？'夫子曰：'可。古犹今也。'昔日吾昭然，今日吾昧然，敢问何谓也？"仲尼曰："昔之昭然也，神者先受之；今之昧然也，且又为不神者求邪！无古无今，无始无终。未有子孙而有子孙，可乎？"冉求未对。仲尼曰："已矣，未应

---

① 陈鼓应注译：《庄子今注今译》，商务印书馆2016年版，第240—241页。
② 陈鼓应注译：《庄子今注今译》，商务印书馆2016年版，第393页。
③ 陈鼓应注译：《庄子今注今译》，商务印书馆2016年版，第43页。
④ 陈鼓应注译：《庄子今注今译》，商务印书馆2016年版，第745页。

矣! 不以生生死, 不以死死生。死生有待邪? 皆有所一体。有先天地生者物邪? 物物者非物。物出不得先物也, 犹其有物也。犹其有物也, 无已。圣人之爱人也终无已者, 亦乃取于是者也。"①

冉求两次问孔子同一个问题: "未有天地可知邪?"孔子两次回答都是一样的: "可。古犹今也。"而冉求则感觉第一次明白, 第二次却糊涂。孔子破解其中的关键在于, 冉求第一次问时, 理解大道的必需之物"神"已经到了, 所谓"神者先受之", 所以理解得很顺畅; 第二次, 这种"神"已经缺失了, 所谓"且又为不神者求邪", 于是难以避免世俗之见的干扰, 于是智慧缺失, 就难以理解其中"且又为不神者求邪"的奥妙了。可见, "神受"与上述"心斋"等十分接近。那么, 如何做到"神受"或"神来"呢? 庄子接着借一个寓言来表达:

> 啮缺问道乎被衣, 被衣曰: "若正汝形, 一汝视, 天和将至; 摄汝居, 一汝度, 神将来舍。德将为汝美, 道将为汝居, 汝瞳焉如新生之犊而无求其故!"言未卒, 啮缺睡寐。被衣大说, 行歌而去之, 曰: "形若槁骸, 心若死灰, 真其实知, 不以故自持。媒媒晦晦, 无心而不可与谋。彼何人哉!"②

所谓"心斋""心驰""坐忘""丧我"等概括的都是庄子追求"虚静恬淡寂漠无为"大道的特殊认知方式, 由此构成了庄子认知的一个独特系统, 渗透在其文的字里行间, 虽然也用其他文字来表述, 但其本质是一致的。例如"神遇", 《养生主》中庖丁诠释自己解牛所达到的高超境界的奥秘就是"方今之时, 臣以神遇而不以目视, 官知止而神欲行"③, 这同"心斋"等一样, 都是指一种超越了身体四肢、视听感官的认知世界、解决问题的方式。而这种感知能力

---

① 陈鼓应注译:《庄子今注今译》, 商务印书馆2016年版, 第673—674页。
② 陈鼓应注译:《庄子今注今译》, 商务印书馆2016年版, 第653页。
③ 陈鼓应注译:《庄子今注今译》, 商务印书馆2016年版, 第116页。

的高低又与悟道境界的高低有着直接的关系。《天地》所谓："夫道，渊乎其居也，漻乎其清也。……万物孰能定之！夫王德之人，素逝而耻通于事，立之本原而知通于神。故其德广，其心之出，有物采之。故形非道不生，生非德不明。存形穷生，立德明道，非王德者邪！荡荡乎！忽然出，勃然动，而万物从之乎！此之谓王德之人。视乎冥冥！听乎无声。冥冥之中，独见晓焉；无声之中，独闻和焉。故深之又深而能物焉，神之又神而能精焉。"①又见于《知北游》："夫体道者，天下之君子所系焉。今于道，秋毫之端万分未得处一焉，而犹知藏其狂言而死，又况夫体道者乎！视之无形，听之无声，于人之论者，谓之冥冥，所以论道，而非道也。"②道，无形无声，充塞宇宙，渊乎寥乎，其妙唯有"王德之人"——得道之人——能够领会，而其与道及万物相接的渠道就是"神"，"神之又神，而能精焉"。

而达到这种境界的外在及内在标志之一就是《齐物论》中所描述的南郭子綦那"形如槁木，心如死灰"完全超越俗世的状态，这在《庄子》中多有表述。如《达生》："纪渻子为王养斗鸡。十日而问：'鸡可斗已乎？'曰：'未也，方虚憍而恃气。'十日又问，曰：'未也。犹应向景。'十日又问，曰：'未也。犹疾视而盛气。'十日又问，曰：'几矣。鸡虽有鸣者，已无变矣，望之似木鸡矣，其德全矣，异鸡无敢应，见者反走矣。'"③在此，斗鸡虚静养性、心无旁骛，全然超越斗鸡的常态，与那"隐机而坐，仰天而嘘，答焉似丧其耦"的南郭子綦达到了同样的状态。在《达生》的"佝偻承蜩"的寓言中，佝偻者历经"用志不分，乃凝于神"的长期训练，外在形貌也达到了"吾处身也，若橛株拘；吾执臂也，若槁木之枝"的状态，以至于"虽天地之大，万物之多，而唯蜩翼之知"。④同样，《达生》描述的"梓庆制鐻"的寓言也是同理，鲁侯问及梓庆削木为鐻"见者惊犹鬼神"的奥秘时，梓庆对曰："臣工人，何术之有！虽然，有

---

① 陈鼓应注译：《庄子今注今译》，商务印书馆2016年版，第352页。
② 陈鼓应注译：《庄子今注今译》，商务印书馆2016年版，第666页。
③ 陈鼓应注译：《庄子今注今译》，商务印书馆2016年版，第563—564页。
④ 陈鼓应注译：《庄子今注今译》，商务印书馆2016年版，第550页。

一焉。臣将为镶，未尝敢以耗气也，必齐以静心。齐三日，而不敢怀庆赏爵禄；齐五日，不敢怀非誉巧拙；齐七日，辄然忘吾有四枝形体也。"①在此，所谓"木鸡""槁木之枝""辄然忘吾有四枝形体"的道理是一样的，都是超越凡俗认知渠道以达到体悟、认知大道的必由之路。要之，"心斋""心驰""坐忘""丧我""神遇""木鸡""槁木"等构成了庄子对于认知表达的一个层面，它高于"无言之言"，由直觉性的心神直接抵达道之核心。因而，其表达方式只能是寓言、卮言等不寻常的方式。

第二节　"重言"辨析：真言的多维表述

《庄子》中有两处提到了"重言"：

> 重言十七，所以已言也，是为耆艾。年先矣，而无经纬本末以期年耆者，是非先也。人而无以先人，无人道也；人而无人道，是之谓陈人。②

> 以卮言为曼衍，以重言为真，以寓言为广。独与天地精神往来而不敖倪于万物……③

"重"为多音字，一读为重要之"重"（zhòng），一读为重复之"重"（chóng）。前者有"所重""借重""重要""德高望重"义涵，后者则有"重复""反复"之义。在解释何为"重言"的问题上，两种读音均有涉及；而读音不同，则训释各异。

认为应理解为"重（zhòng）言"的，始于郭象，其注云："世之所重，则十言而七见信。"成玄英疏："重言，长老乡闾尊重者也。老人之言，犹十信

---

① 陈鼓应注译：《庄子今注今译》，商务印书馆2016年版，第567—568页。

② 陈鼓应注译：《庄子今注今译》，商务印书馆2016年版，第836页。

③ 陈鼓应注译：《庄子今注今译》，商务印书馆2016年版，第1016页。

其七也。"陆德明《经典释文》："'重言'谓为人所重者之言也。"①林希逸《庄子口义》云："重言者,借古人之名以自重,如黄帝、神农、孔子是也。"又:"借重于耆艾之人,则闻者不敢以为非,可以止塞其议论也。"②姚鼐《庄子章义》云:"托己说于圣言以自重。""就寓言中,其托为神农、黄帝、尧、舜、孔、颜之类,言足为世重者,又十有其七。"③曹础基认为:"重言,庄重之言,亦即庄语,是直接论述作者的基本观点的话。……十一与十九对合。九成是借他人之口说的,一成是作者直接论说的。《庄子》一书实际也基本如此。"④陈鼓应先生认为:重言,就是"借重先哲时贤的言论"⑤涂光社先生亦循此说:"所谓'重言'指德高望重的长者有权威的言论,其论断有分量,可以制止争论。"⑥又:"作者欲借助德高望重先圣时贤有分量的言说来申述思想,其中出现最多的就是孔子。"⑦方勇先生也同意:"'重言'则是借重古代圣哲或是当时名人的话,来止塞天下争辩之言的。"⑧

认为应理解为"重(chóng)言"的,始于清朝学者,如王夫之《庄子解》云:"乃我所言者,亦重述古人而非己之自立一宗,则虽不喻者无可相遣矣。"⑨清代学者郭庆藩在其《庄子集释》中引用郭嵩焘的说法,认为应理解为重复的"重",其云:"家世父曰:'重,当为直容切。《广韵》:重,复也。庄生之文,注焉而不穷,引焉而不竭者是也。郭(指郭象——引者注)云世之所重,作柱用切者,误。'"⑩近人马叙伦《庄子义证》谓:"重为緟省。《说文》曰:'緟,增益也',即'重复'之'重'本字。重言者,重说耆老艾之言

① 郭庆藩:《庄子集释》,中华书局2013年版,第830—831页。

② 林希逸著,周启成校注:《庄子鬳斋口义校注》,中华书局1997年版,第431—432页。

③ 姚鼐:《庄子章义》卷四,光绪五年《惜抱轩遗书》本,第28页。

④ 曹础基:《庄子浅注》,中华书局1982年版,第421页。

⑤ 陈鼓应注译:《庄子今注今译》,商务印书馆2016年版,第837页。

⑥ 涂光社:《庄子心解》,学苑出版社2013年版,第309—310页。

⑦ 涂光社:《庄子心解》,学苑出版社2013年版,第634页。

⑧ 方勇:《庄子学史》,人民出版社2008年版,第23页。

⑨ 王夫之:《船山遗书》,北京出版社1999年版,第4046页。

⑩ 郭庆藩:《庄子集释》,中华书局2013年版,第831页。

也。"高亨《庄子今笺》云："重言者，古人所言我再言之者。"①宣英认为"重言"是《庄子》中的一种修辞手法，并说："'重言'即引用和反复，是对中国'记言'传统的承传和创新，是庄子时代理性思维的产物。……对于引用可理解为引用'重要之言'和'重要者之言'，也就是指为人所重之言和为人所重者之言两种。笔者认为两者皆可。……按照郭嵩焘、郭庆藩父子（原文有误，前者为后者者伯父——引者注）的理解，'重言'应该是'再三言之'之言，即重复的话语。笔者以为也是非常有道理的。用作'反复'的'重言'是为了表达一种强烈的甚至难以言说的感情，或是强调某种观点，庄子使意义或文字完全相同的语句反复地出现，来加深读者的印象，目的是收到一唱三叹的效果。"②陈启庆也认为："我们倾向于把'重言'作'重复之言'来理解，当然，所重复的绝非'古人说过的话'，恰恰重复的是自己说过的话、表达过的意思。只是因为这种重复好比老人说话唠叨重复一般，因此是不带私心成见的，也因此是真诚可信的，而这样的用例在全书中占有十分之七。"③唐少莲也认为："根据《庄子》中各色历史人物众多的事实，'重'当读为'重复'之'重'，意谓重述、引述古今历史人物的故事与言论，借以直接或间接地表达'道理'。杨柳桥详细考论了'所以已言也'之'已'，认为当作'己'，'己言，即综理众说之言'。甚是。这种引述当然有'借重'之意，但主要的是'重述'，事情发生在过去，已为人所记录或流传，引而用之，故谓'重'。"④

还有人认为应综合"重（zhòng）言"和"重（chóng）言"的内涵，兼容两种说法，张海指出："综上所述，关于'重言'便有两种说法。一种解释是：'重言'是引证一些历史故事及德高望重之人的话来表达作者的思想观点的一种艺术手法。这种解释以郭象、成玄英等为代表。另一种解释是：'重言'就是对

---

① 转引自张洪兴：《〈庄子〉"三言"研究综述》，《天中学刊》2007年第3期。

② 宣英：《中国"记言"传统的承传与创新——浅析"重言"在〈庄子〉中的运用》，《学术交流》2010年第11期。

③ 陈启庆：《互文见义：〈庄子〉"重言"新释》，《莆田学院学报》2009年第4期。

④ 唐少莲：《"三言"与庄子象思维》，《广西社会科学》2011年第2期。

于某一言辞或思想反复言之，再三强调。……通读《庄子》一书，我认为上述两种关于'重言'的解释都有可取之处。我想，或许'重言'这种手法本身就包含上述两种解释，用现代修辞手法换言之，则一为'引用'，二为'反复'，庄子把这两种修辞手法合二为一，名曰：'重言'。"①

除了借重圣贤、倚重权威和重复申论两种解释之外，目前学界对"重言"还有其他几种解释。

一是认为重言是夸张之言。如王运生说："我以为'重言'就相当于后来的'大言'或'夸张之言'。'重'有'增益'的意思，凡是'增益'语气、'增益'言语分量、程度的话语就叫'重言'。亦如今人所谓'重话'。这样解释应是合乎逻辑、合乎实际的。所谓合乎逻辑，一是字义有据，在义项范围之内，有此字源可凭，是可信的。二是词义切当，把'重言'作'增益语气'的'夸张之言'理解，与庄子书中对'重言'的种种说明无不相合。所谓合乎实际，这是指庄子书中运用了大量的夸张语言，读者闭目可想，不必举证。此说成立，连'寓言十九，重言十七'的比例也就显得自然合理了，而且，大家都知道，寓言中常常运用夸张语言，这正是庄子文章的特色。"②

二是认为重言是引用论证之言。曾昭式说："其（重言——引者注）特征是'借有见解、有才德之长者或先人的言论来论说'。就其规则而言，即便年长却无才、无德、无做人之道者，其言论亦不能作为论说之论据。……就其作用而言，即如《天下》篇所言'以重言为真'。此名人名言的论证形式与印度逻辑的'声量'、'圣言量'相似；但在形式逻辑里，则犯了'以人为据'或'诉诸权威'的错误，因而此'真'不是形式逻辑之'真'概念。"并指出了《庄子》"重言"的几种类型："（1）虚构一个人的言语作为论证之理由；（2）用真人虚构一个事件为论证之理由；（3）用真人真事为论证之理由。"③

三是认为重言就是道言。严平说："重言，是庄子的根本言说方式。重言，

_____

① 张海：《〈庄子〉"重言"初探》，《成都师专学报》2000年第3期。

② 王运生：《什么是重言、卮言》，《昆明师专学报》（哲学社会科学版）1995年第3期。

③ 曾昭式：《庄子的"寓言"、"重言"、"卮言"论式研究》，《哲学动态》2015年第2期。

以道为本，言道之真，是对道的言说，因此具备使人停止争辩，走出是非迷惑的能力，成为衡量言论的价值标准。荒谬与狂放，是庄子重言的语言风貌，但在这种荒谬之言中，又深深蕴藏着言说者的苦痛。庄子重言，在语言中建构了诗性的精神世界，而这个诗性的精神世界也只能存在于语言之中，从而使庄子重言成为可以栖息心灵的诗性家园。"进而认为庄子用"重言"构建了一种诗性的精神家园——"庄子重言，以道为本，言道之真，是庄子根本的言说方式。庄子重言，以其对自然与生命的深邃回答，以其建构于语言，又只能存在于语言的诗性精神家园，以其荒诞而又深藏痛苦的语言而貌，与寓言、卮言一起，形成了庄子诗性的言说形态，让庄子的哲学通向了生动活泼的诗与艺术的境界"。①

四是认为重言是一种"随说随扫"的言说方式。武云清指出："《庄子》'重言'的特点和禅宗所说的'随说随扫'的道理其实是有相通之处的。'随说随扫'是禅宗启发人的方法……佛教和佛学中'随说随扫'的方式可以自我消解之前陈述的话语，对己有说法进行清扫，这和《庄子》的'重言'是相通的，能够破除语言的局限性，能够达到'言无言'，这是非常重要的一方面。另外，它否定有固定的、单一的真理，从而使自己不会处于固定的立场，这也是符合庄子表达特点的。"②

五是认为重言是由赋中的记言演变而来的。徐秀认为："从众多例证中，我们看到'赋、比、兴'手法在早于《庄子》的《墨子》《孟子》等诸子的'重言'篇章中已得到日臻成熟和完善的发展。尤其是《孟子》，'赋'的肆意铺陈，'比体'、'兴体'的复杂运用已渐成浩大之势，比喻也已发展到它的最高形态——寓言故事。但遗憾的是，《孟子》'记言'以雄辩显胜，不以铺陈、比兴见长；《墨子》'记言'抽象晦涩，形象铺写无几。然而在《庄子》文本中，'重言'不但有了言者的形象，而且所设形象皆是超越现实的，充满了浪漫传奇

---

① 严平：《道言之真与诗性家园的建构——论庄子的重言言说方式》，《湖北师范学院学报》（哲学社会科学版）2015年第6期。

② 武云清：《"随说随扫"与〈庄子〉的"重言"》，《西北师大学报》（社会科学版）2011年第6期。

的色彩，言论中采用的'赋、比、兴'手法也发生了全新的变化，出现了博喻、寓言乃至寓言群，'重言'几乎完全由纪实（直笔）演变为艺术虚构（曲笔），真正成为一种以形象阐述抽象哲理的艺术手段。综上所述，'重言'源于'赋'中的'记言'，'比兴'手法的介入，使'重言'由不设其他形象的直言陈述演变为形象丰富的婉转言说，因此'重言'的形成与传统的'赋、比、兴'紧密相关，有着渊源关系，它的发展对后代各种文学体裁的形成都有着至关重要的影响。"①王莹也认为"已言"的本意应理解为"记言"，其云："大多数学者采用'所以已言也'的说法，即'已'做'止，停止'讲，'用以中止是非之言论'。但笔者认同高亨先生的论断，应作'己言'。'己，古纪字。己，正像束丝之绳。乃纪之初文。古者结绳记事，故记谓之纪。此文'己言'即记言也，通用纪字。''重言十七，所以己言也'是说重言占7／10，是用以记录人言的。形式上近于记载孔子及其弟子言行的《论语》所采用的语录体和以师徒、君臣问对为主要形式的《孟子》所采用的对话体。重言与寓言一样，均以'藉外论之'为手段，是包含在寓言中的一种写法，是指以人物形象为主角的寓言，包括传说历史中的人物及作者虚拟的得道之人和普通百姓。重言借助刻画他人言行而达到'真实'的效果。"②

　　《庄子》为开放、多义的文本，这在上述各家对"重言"的多元解释上也有所表现。应该说，各家训释，均有所本，也均有各自视角，对全面理解《庄子》之"重言"，启发思维，不无助益。本书读音上采取"重（zhòng）言"，释义上认为还是应该依据文本，以符庄子"重言"本意。如前，《庄子》中两次提到"重言"，所谓"重言十七，所以已言也，是为耆艾。年先矣，而无经纬本末以期年耆者，是非先也。人而无以先人，无人道也；人而无人道，是之谓陈人"（《寓言》）。"耆艾"通常是对老人的称呼，六十岁为耆，五十岁为艾。在此，"耆艾""年先""年耆""先人"等词明白无误地将"重言"的语义训

第三章　《庄子》"三言"：著述方式与思想方法

---

① 徐秀：《〈庄子〉"重言"与"赋比兴"的关系论》，《枣庄学院学报》2007年第4期。

② 王莹、云运：《关于〈庄子〉"寓言""重言"的思考》，《辽宁师范大学学报》（社会科学版）2010年第4期。

释指向了"德高望重""人重则其言亦重"这一方向，因而，自郭象至陈鼓应诸位先生将其理解为"先哲时贤"是符合庄子原意的。庄子申明倚重或借重先哲时贤的成分占到了全书的十分之七，其目的与多多使用"寓言"是一样的，就是"借外论之"以"已言"，即倚重权威，以平众议，制止彼此是非的无谓争论。当然，在此"年先""年耆"并非"重言"的唯一标准，庄子特别提到，重言所依仗的不仅仅是年长，即所谓"耆艾"，而是对揭示事物本质有自己真正独立见解的人，即所谓能明了"经纬本末"者，否则就是无用的"陈人"，纵然年长，也不被尊重；顺此逻辑，那么反之，如果确有独见新意，那么年轻者也可以发出"重言"。但借重先哲时贤以明己意只是"重言"的第一个层面，庄子在另一处提到"重言"说："以卮言为曼衍，以重言为真，以寓言为广。独与天地精神往来而不敖倪于万物。"（《天下》）这里明确说出了"重言"的一个标志：真。据此，也可以理解为"重言"就是"真言"。

于是，根据《庄子》文本提供的信息，"重言"有三重含义：一是借重先哲时贤之言。二是能明事物"经纬本末"（即事物本质）之言。三是真言。明于此，则前所引自郭象、成玄英、陆德明乃至于曹础基、陈鼓应等人关于"老人之言"或"借重先哲时贤的言论"的解释就显得有些单一和欠缺。而且细读《庄子》，单就其第一重含义（借重先哲时贤之言）而言，也感觉还是有探讨的空间。

如前所述，是否符合"重言"有三重含义，除第一重"先哲时贤"的含义之外，还有两个要素：一是否有"经纬本末"；二是否有"真言"。只有将三者结合起来综合考虑，才是对"重言"的全面理解。

根据"年先矣，而无经纬本末以期年耆者，是非先也。人而无以先人，无人道也；人而无人道，是之谓陈人"这些文字，庄子明言"重言"的标准不仅局限于"年先""年耆"者的范围，这是因为如果虽然是先哲往圣，虽然在时间上先于晚辈，但如果其言无新意，其人就是陈人，其言也就是陈腐而无新意的僵化的语言。而这里判断的标准则是其人是否明了于"经纬本末"。曹础基注："经纬本末，合指道理。"①林希逸注："无经纬本末：学无所见。"②显然，有"经纬本末"，就是对事物有自己的真知灼见，而不必以年齿、名望、权威为唯一评价标准。

根据"以重言为真"，则"重言"亦可理解为"真言"。但此处之"真"究竟何指，也不无探究余地。有一种解释为"真实"。如成玄英疏："重，尊老也。……而耆艾之谈，体多真实，寄之他人，其理深广，则鸿蒙、云将、海若之徒是也。"③陈鼓应译"以重言为真"为："引用重言使人觉得真实。"④但本书认为，这种解释似有未尽之意。

"真"，是道家哲学的核心概念之一，《老子》二十一章云："道之为物，惟恍惟惚。惚兮恍兮，其中有象；恍兮惚兮，其中有物；窈兮冥兮，其中有精。其精甚真，其中有信。"⑤五十四章云："修之于身，其德乃真。"⑥真，亦是庄子哲学中之重要范畴，在《庄子》中出现66次之多。《齐物论》云："若有真宰，而特不得其朕……其有真君存焉？如求得其情与不得，无益损乎其真。"⑦《达生》云："不厌其天，不忽于人，民几乎以其真！"⑧《应帝王》云："其知情信，其德甚真。"⑨《让王》云："道之真以治身。"⑩等等。

庄子心目中，究竟何为"真"？《渔父》篇提出同样的问题，并给出答案："孔子愀然曰：'请问何谓真？'客曰：'真者，精诚之至也。不精不诚，不能动人。故强哭者虽悲不哀，强怒者虽严不威，强亲者虽笑不和。真悲无声而哀，

① 曹础基：《庄子浅注》，中华书局1982年版，第422页。
② 转引自陈鼓应注译：《庄子今注今译》，商务印书馆2016年版，第838页。
③ 郭庆藩：《庄子集释》，中华书局2013年版，第964页。
④ 陈鼓应注译：《庄子今注今译》，商务印书馆2016年版，第1018页。
⑤ 王弼注：《老子道德经》，中华书局1985年版，第19页。
⑥ 王弼注：《老子道德经》，中华书局1985年版，第51页。
⑦ 陈鼓应注译：《庄子今注今译》，商务印书馆2016年版，第57—58页。
⑧ 陈鼓应注译：《庄子今注今译》，商务印书馆2016年版，第546—547页。
⑨ 陈鼓应注译：《庄子今注今译》，商务印书馆2016年版，第247页。
⑩ 陈鼓应注译：《庄子今注今译》，商务印书馆2016年版，第863页。

真怒未发而威，真亲未笑而和。真在内者，神动于外，是所以贵真也。'"①但这种"真"，不仅仅是世俗世界的"真情实感"，而是源于天道自然的根本之真，试看："礼者，世俗之所为也；真者，所以受于天也，自然不可易也。故圣人法天贵真，不拘于俗。愚者反此。不能法天而恤于人，不知贵真，禄禄而受变于俗，故不足。"②在此，庄子说明了"真"与道的关系——不能"法天"者不知"贵真"，"真"的要义在于"天"。"法天贵真"，简明地揭橥了庄子及道家本体论的宗旨：效法自然，追求本真；真，乃天道的一种表现形态。在此，"真"与"天"，"天"与"真"，浑然一体，难分彼此。曹础基注："真，真心话。"③这颇近庄子之"真"意。效法天道自然，一切以之为准绳，"得道""知道"，即为真，反之即为假，这就是《庄子》的"真心话"，如《天道》所云："夫虚静恬淡寂漠无为者，天地之本。"④

与"何谓真？"类似的问句还有"何谓天？"。《秋水》云："曰：'何谓天？何谓人？'北海若曰：'牛马四足，是谓天；落马首，穿牛鼻，是谓人。故曰，无以人灭天，无以故灭命，无以得殉名。谨守而勿失，是谓反其真。'"⑤源于自然，自由自在，天然自放，没有人为的痕迹，就是"天"；反之，人为地去"落马首，穿牛鼻"，束缚自然生物的自由，就是"人"、人为，而在此"人"是违反"天"道的。谨守这一原则而不会违反，就是"反其真"了。于此亦可见"天""真"之同构、同一的性质。

既然"真"具有与"天"相通的性质，如沉溺于世俗的各种利益、诱惑与欲望之中，就容易迷失方向，"失其本真"，即失去天然、自然的本性。《山木》载：

　　庄周游于雕陵之樊，睹一异鹊自南方来者，翼广七尺，目大运寸，感

① 陈鼓应注译：《庄子今注今译》，商务印书馆2016年版，第944页。
② 陈鼓应注译：《庄子今注今译》，商务印书馆2016年版，第944—945页。
③ 曹础基：《庄子浅注》，中华书局1982年版，第863页。
④ 陈鼓应注译：《庄子今注今译》，商务印书馆2016年版，第393页。
⑤ 陈鼓应注译：《庄子今注今译》，商务印书馆2016年版，第496—497页。

中国古代著述思想研究

周之颡而集于栗林。庄周曰："此何鸟哉，翼殷不逝，目大不睹？"寒裳躩步，执弹而留之，睹一蝉，方得美荫而忘其身；螳螂执翳而搏之，见得而忘其形；异鹊从而利之，见利而忘其真。庄周怵然曰："噫！物固相累，二类相召也！"捐弹而反走，虞人逐而谇之。庄周反入，三月不庭。蔺且从而问之："夫子何为顷间甚不庭乎？"庄周曰："吾守形而忘身，观于浊水而迷于清渊。且吾闻诸夫子曰：'入其俗，从其令。'今吾游于雕陵而忘吾身，异鹊感吾颡，游于栗林而忘真。栗林虞人以吾为戮，吾所以不庭也。"①

蝉因浓密树叶之利而忘其身，螳螂欲捕蝉而暴露在异鹊的攻击范围内，庄周因贪看上述景观而忘其身，受到"虞人"的斥责……世俗世界中物物相累相害，稍不留意就会"见利而忘其真"也。甚至留恋于人间世的"情"也会迷失，如《德充符》中庄子与惠子关于人"情"的讨论：

惠子谓庄子曰："人故无情乎？"庄子曰："然。"惠子曰："人而无情，何以谓之人？"庄子曰："道与之貌，天与之形，恶得不谓之人？"惠子曰："既谓之人，恶得无情？"庄子曰："是非吾所谓情也。吾所谓无情者，言人之不以好恶内伤其身，常因自然而不益生也。"惠子曰："不益生，何以有其身？"庄子曰："道与之貌，天与之形，无以好恶内伤其身。今子外乎子之神，劳乎子之精，倚树而吟，据槁梧而瞑。天选之形，子以坚白鸣！"②

在此，二人处于"天"与"人"的两种视角。惠子从人（世俗）的视角出发，认为喜怒哀乐等感情乃人之所以为人的本质要素，而庄子则从"天"（天道）的视角考察，人的外貌和形体乃源于天，认为过多地流连、牵挂于各种

---

① 陈鼓应注译：《庄子今注今译》，商务印书馆2016年版，第605—606页。
② 陈鼓应注译：《庄子今注今译》，商务印书馆2016年版，第193—194页。

"情"而不能自拔，纯属对于生命本真的损伤和戕害，所谓"大块载我以形，劳我以生，佚我以老，息我以死。故善吾生者，乃所以善吾死也"①，所谓"道与之貌，天与之形，无以好恶内伤其身"是也。人的外貌、形体甚至生命都是受之于天，所谓"死生，命也，其有夜旦之常，天也。人之有所不得与，皆物之情也"②，生死衰荣，阴晴圆缺，都是天道自然的体现，故不必纠结、沉溺于人间之"情"，于是庄子说了下面的名言："泉涸，鱼相与处于陆，相呴以湿，相濡以沫，不如相忘于江湖，与其誉尧而非桀也，不如两忘而化其道。"③（《大宗师》）还纠结、沉溺在"相濡以沫"的情感中，都是尚未"悟道""知道""得道"的表现。

那么，何人可以颖悟大道，效法自然呢？庄子的回答是一系列"真人"，亦称神人、至人、神人、天人、至德者、知道者等，认为他们是最接近"道"之本真或本体者。《秋水》云："河伯曰：'然则何贵于道邪？'北海若曰：'知道者必达于理，达于理者必明于权，明于权者不以物害己。至德者，火弗能热，水弗能溺，寒暑弗能害，禽兽弗能贼。非谓其薄之也，言察乎安危，宁于祸福，谨于去就，莫之能害也。……'"④而所谓"知道者"就是"真人"，这是因为"且有真人而后有真知"⑤（《大宗师》）。与"何谓真？""何谓天？"的句式一样，庄子亦有"何谓真人？"之问——对此，《大宗师》答曰："古之真人，不逆寡，不雄成，不谟士。若然者，过而弗悔，当而不自得也；若然者，登高不栗，入水不濡，入火不热。是知之能登假于道也若此。古之真人，其寝不梦，其觉无忧，其食不甘，其息深深。真人之息以踵，众人之息以喉。屈服者，其嗌言若哇。其耆欲深者，其天机浅。古之真人，不知说生，不知恶死；其出不䜣，其入不距；翛然而往，翛然而来而已矣。不忘其所始，不求其所终；受而

---

① 陈鼓应注译：《庄子今注今译》，商务印书馆2016年版，第209页。

② 陈鼓应注译：《庄子今注今译》，商务印书馆2016年版，第209页。

③ 陈鼓应注译：《庄子今注今译》，商务印书馆2016年版，第209页。

④ 陈鼓应注译：《庄子今注今译》，商务印书馆2016年版，第495页。

⑤ 陈鼓应注译：《庄子今注今译》，商务印书馆2016年版，第199页。

喜之，忘而复之。是之谓不以心捐道，不以人助天。是之谓真人。"①《刻意》亦云："能体纯素，谓之真人。"②真人，亦称"至人"。《天下》："不离于真，谓之至人。"③《天运》："古之至人，假道于仁，托宿于义，以游逍遥之墟，食于苟简之田，立于不贷之圃。逍遥，无为也；苟简，易养也；不贷，无出也。古者谓是采真之游。"④总之，"真人"就是"道"或"自然"的化身，或者说是"道"或"自然"在人身上所体现的最高境界，他们在感官、能力等方面都超越了常人、常识，具有与道同一的性质。

通过以上对《庄子》中的"真"及"真人"等范畴的梳理分析，再来看"以重言为真"的含义，就很好理解了：在此，"真"乃指庄子心目中"道"之本真的境界，甚至，"真"与"道"，与"天"具有同一性。换言之，在此，不妨将"真"理解为"道"或"天"的表现形态。在此，真，即应指"道义"之真。所谓"道义"，即庄子心目中天道之本义，凡是符合其道之本义的，就是"真"的，否则就是"假"的，就是"蔽道""离道""悖道""叛道"的；而"重言"的灵魂就在于"真"，所以才说"重言为真"。如果以"真实"来诠释"真"，也是指"道义"上的"真实"，而不是事实上、物理上、情理上或其他方面的"真实"。所以，"重言"，就是反映了道之本真的达道之言。

这样来理解"重言"，就可明了其意义包含但绝不仅仅局限于"借重先哲时贤之言"了。结合《庄子》文本所提到的"耆艾""年先""年耆者""经纬本末""真（言）"这几个要素，可知所谓"重言"所借重的对象有以下几种：

一、借重先哲时贤之言，以止塞天下争辩。有学者统计，《庄子》中提及黄帝36次、尧64次、舜46次、禹17次，亦可见其"借重"之意。⑤《庄子》中"重言"最明显的标志，就是其中出现的老聃、黄帝、孔子、颜回之言及一些明贤言

---

① 陈鼓应注译：《庄子今注今译》，商务印书馆2016年版，第199页。

② 陈鼓应注译：《庄子今注今译》，商务印书馆2016年版，第463页。

③ 陈鼓应注译：《庄子今注今译》，商务印书馆2016年版，第983页。

④ 陈鼓应注译：《庄子今注今译》，商务印书馆2016年版，第439页。

⑤ 王莹、云运：《关于〈庄子〉"寓言""重言"的思考》，《辽宁师范大学学报》（社会科学版）2010年第4期。

论。如《大宗师》所谓的"坐忘"，就是借儒家圣贤孔子和颜回来表达的：

> 颜回曰："回益矣！"仲尼曰："何谓也？"曰："回忘仁义矣！"
> 曰："可矣，犹未也。"他日复见曰："回益矣！"曰："何谓也？"曰：
> "回忘礼乐矣！"曰："可矣，犹未也。"他日复见曰："回益矣！"曰：
> "何谓也？"曰："回坐忘矣！"仲尼蹴然曰："何谓坐忘？"颜回曰：
> "堕肢体，黜聪明，离形去知，同于大通。此谓坐忘。"仲尼曰："同则无
> 好也，化则无常也，而果其贤乎！丘也请从而后也。"[①]

在此，就是借重孔子这位时贤之言，来说明庄子对仁义礼乐的不以为然和批判态度。在此一层面上，要看到：无论庄子借重的对象是谁，其本意都在宣扬道家无为、天道、自然之旨。恰如方勇先生指出的："但是庄子的实际用意，并不是为了推崇圣哲与名人。虽然庄子有'齐物论'之心，但却也不得不站出来说话，因此只好退而求其次，借着偶像说自己的话，以避免纠缠于世俗的是非之争。因此，在创作'重言'时，他时而借重黄帝，时而借重老聃，时而又求助孔子，当然，他们都得披上庄子的外衣，说庄子的话。所以，虚构圣哲与名人的言论在庄子笔下是司空见惯的事，甚至历史上的人物不够用了，他还会另造出许多'乌有先生'来，让他们谈道说法，互相辩论。例如孔子在《庄子》一书中，就是个形象不定、人格不一的人物：有时被抬得高高在上，满口道家言论，俨然成了另一个庄子；有时又被还原本来面目，让他屡受老聃的教训；而有时又沦落到屡遭痛斥，被冷嘲热讽的地步。"[②]

二、底层体力劳动者。另外值得注意的是，《庄子》所借重的对象并非仅仅局限在先哲时贤的范围内，也常借一些社会中的普通人甚至地位低下之人——庖丁、木匠、渔父、牧童、佝偻者、畸人甚至骷髅等——来表达，而这些人的训

---

① 陈鼓应注译：《庄子今注今译》，商务印书馆2016年版，第240—241页。

② 方勇：《庄子学史》，人民出版社2008年版，第23页。

诚或辩论对象则都是社会上位高权重者，像国君、知名学者、社会名流等。粗略浏览，即可列出以下的几组名单：如许由与尧帝（《逍遥游》），庖丁与文惠君（《养生主》），轮扁与齐桓公（《天道》），徐无鬼与武侯（《徐无鬼》），佝偻者与孔子（《达生》），梓庆与鲁侯（《达生》），为圃者与子贡（《天地》），渔父与孔子（《渔父》）……在这几组对话关系中，前者都处于社会较低或底层地位，但其所表达的"道"或真理往往使对方——社会地位较高者——折服，自愧不如。换言之，在此颇有些"卑贱者最聪明，高贵者最愚蠢"的意味。这种"重言"，充分表现出庄子对于功名利禄、仁义道德的鄙视，及对外在地位低下、形貌丑陋、肢体残缺而内在修养深厚之人的尊重。换言之，其"重"不在于外在的社会地位、权势、财富、形貌，而在于内在的修养及对"至道"之真的体悟。只要达到对"道"的理解和体悟，世俗眼中的至贱至卑者也可以说出"重言"——真实体道、悟道之言。

三、虚构的身残而德旺之人。此外，《庄子》中还有一种"重言"是借助身体畸形或残缺之人立言，表达对于"道"的理解，此种"重言"集中体现在《德充符》之中。《德充符》共六章，全为身体残缺但内在德行充足之人的训诫之言，如兀者王骀、申屠嘉、叔山无趾、丑人哀骀它等。这些人在庄子笔下，都是形貌有亏但心智道德完善之人，他们都有自己对自然社会的理解，其见解甚至高于孔子及其弟子。孔子，无疑是《庄子》"重言"多次借重的对象，尽管其形象和价值观前后不一。但在《德充符》中，孔子对兀者王骀的评价是："夫子，圣人也，丘也直后而未往耳。丘将以为师，而况不若丘者乎！奚假鲁国！丘将引天下而与从之。"[①]可见，在庄子笔下，兀者王骀之"重"要在孔子之"重"之上。兀者叔山无趾用脚后跟走路去见孔子，言论一番之后对老聃说："孔丘之于至人，其未邪？彼何宾宾以学子为？彼且薪以淑诡幻怪之名闻，不知至人之以是为己桎梏邪？"[②]他认为孔子其人远未达到"至人"的境界，还把桎梏人的名声

①　陈鼓应注译：《庄子今注今译》，商务印书馆2016年版，第171页。

②　陈鼓应注译：《庄子今注今译》，商务印书馆2016年版，第181页。

第三章　《庄子》「三言」：著述方式与思想方法

荣誉等身外无用之物当作宝物，鄙夷贬低之意跃然纸上。又《大宗师》记载子贡向孔子问道，什么是残疾之人（"敢问畸人"），孔子回答说："畸人者，畸于人而侔于天。故曰，天之小人，人之君子；天之君子，人之小人也。"①

四、其他借重的对象。由于重言的灵魂在于体道、悟道之"真"，说出庄子要说的"真心话"，而非年长、声望和文化地位。所以，这种道理无论由谁说出，都不重要，关键在于言辞的内涵是否触及"道"之真谛。例如在人世间令人恐怖的骷髅，也可以成为"借重"的对象，试看《至乐》的描述：

> 庄子之楚，见空髑髅，髐然有形，撽以马捶，因而问之，曰："夫子贪生失理，而为此乎？将子有亡国之事，斧钺之诛，而为此乎？将子有不善之行，愧遗父母妻子之丑，而为此乎？将子有冻馁之患而为此乎？将子之春秋故及此乎？"于是语卒，援髑髅，枕而卧。夜半，髑髅见梦曰："子之谈者似辩士。视子所言，皆生人之累也，死则无此矣。子欲闻死之说乎？"庄子曰："然。"髑髅曰："死，无君于上，无臣于下；亦无四时之事，从然以天地为春秋，虽南面王乐，不能过也。"庄子不信，曰："吾使司命复生子形，为子骨肉肌肤，反子父母妻子闾里知识，子欲之乎？"髑髅深矉蹙频曰："吾安能弃南面王乐而复为人间之劳乎！"②

在此，世俗以生为荣，骷髅以死为乐，因为不再有俗世种种羁绊和困扰，以至于即使有返回人间重生的机会，也被骷髅拒绝了。还有学者认为，于此还可以见出庄子平等思想："庄子心目中人与人之间、人与物之间的关系是相当平等的……在庄子的意识中人们的社会地位无关紧要。个人能达到的精神品味不可限止，超越凡俗精神上获得充分自由的人能'与造物者游'，'游于物之初'，'独与天地精神往来'。品味差别是精神境界的悬隔而非社会等级的区分，体现

---

① 陈鼓应注译：《庄子今注今译》，商务印书馆2016年版，第228页。
② 陈鼓应注译：《庄子今注今译》，商务印书馆2016年版，第527—528页。

出一种有特殊文化意义的人本思想。"①

　　庄子之道，以自然为本，以虚无为宗，明乎此，即使没有语言交流，心灵也会彼此相通，也会说出惊世骇俗的"重言"。《大宗师》描述这样一个故事：

　　　子桑户、孟子反、子琴张三人相与语曰："孰能相与于无相与，相为于无相为？孰能登天游雾，挠挑无极；相忘以生，无所终穷？"三人相视而笑，莫逆于心，遂相与为友。莫然有间而子桑户死，未葬。孔子闻之，使子贡往侍事焉。或编曲，或鼓琴，相和而歌曰："嗟来桑户乎！嗟来桑户乎！而已反其真，而我犹为人猗！"子贡趋而进曰："敢问临尸而歌，礼乎？"二人相视而笑曰："是恶知礼意！"子贡反，以告孔子，曰："彼何人者邪？修行无有，而外其形骸，临尸而歌，颜色不变，无以命之，彼何人者邪？"孔子曰："彼，游方之外者也；而丘，游方之内者也。外内不相及，而丘使女往吊之，丘则陋矣。彼方且与造物者为人，而游乎天地之一气。彼以生为附赘县疣，以死为决疣溃痈。夫若然者，又恶知死生先后之所在！假于异物，托于同体；忘其肝胆，遗其耳目；反复终始，不知端倪；芒然彷徨乎尘垢之外，逍遥乎无为之业。彼又恶能愦愦然为世俗之礼，以观众人之耳目哉！"……子贡曰："敢问其方。"孔子曰："鱼相造乎水，人相造乎道。相造乎水者，穿池而养给；相造乎道者，无事而生定。故曰，鱼相忘乎江湖，人相忘乎道术。"②

　　子桑户等三人均领悟与"无"为伴，与"无"始终，故心领神会，无须语言沟通。紧接着，子桑户死，孔子派子贡去吊丧，看到完全超出儒家对丧礼的理解的一幕——孟子反、子琴张二人鼓琴临尸而歌，认为死者已经返璞归真，而我们还滞留于俗世……这就是借助子桑户、孟子反、子琴张等人之口所说出的"重

――――――――――――――

① 涂光社：《〈庄子〉心解》，学苑出版社2013年版，第706—708页。

② 陈鼓应注译：《庄子今注今译》，商务印书馆2016年版，第227—228页。

言"。子贡不解，复问于孔子，孔子告知：主要是道术不同，他们游于方外，我们还在方内，故难以相互理解。只有忘乎死生、神形等拖累，才能"芒然彷徨乎尘垢之外，逍遥乎无为之业"。这又显然是把孔子道家化，属于以孔子之口来说庄子之语的"重言"了。

要之，纵观《庄子》全书，诠释何谓"重言"要兼顾三重含义：（1）"耆艾""年先"的长者要素；（2）"明经纬本末"的通达事理要素；（3）体悟道之本"真"的道本要素。只有将其综合考虑，才可窥见"重言"的全貌。其中，第一重含义给予"重言"借重先哲时贤的依据，第二重含义给予"重言"辩明事理的特质，而第三重含义将"重言"所论聚焦于道之本真的宣扬与辨析。这样来理解的话，可以说，庄子所谓"重言"所借重的对象有诸多维度和层面：一是往圣时贤（如黄帝、老聃、孔子），二是得"道"的普通人（如庖丁、轮扁），三是形残德全之人（如佝偻、兀者），四是其他借重的对象（如髑髅、虚构人物等）。这几个层面虽然表达方式不同，但其"重"、其"真"则一，即无论是谁，无论处在什么社会地位上，只要领悟了"至道"的妙处，其"德"就高于未领悟者，就在"重言"的范围之内。这样，所谓"重言"就不仅仅局限于自郭象至陈鼓应先生所说的"借重先哲时贤的言论"的范围之内了。

第三节 《庄子》"卮言"辨析：一种整体言说风格及思维方式

由于"卮言"问题较为复杂，故分为"材料梳理篇"和"思维辨析篇"两大部分论述之。

（一）材料梳理与文献综述

"卮言"的文本依据。对于"卮言"，庄子用墨多于"寓言"和"重言"，后人诠释也是众说纷纭、莫衷一是，可见其重要性及复杂性。语词意义上，《庄子》中直接提到"卮言"的有两处。其一，见于《寓言》篇：

寓言十九，重言十七，卮言日出，和以天倪。……卮言日出，和以天倪，因以曼衍，所以穷年。不言则齐，齐与言不齐，言与齐不齐也，故曰无言。言无言，终身言，未尝言；终身不言，未尝不言。有自也而可，有自也而不可；有自也而然，有自也而不然。……恶乎可？可于可。恶乎不可？不可于不可。物固有所然，物固有所可，无物不然，无物不可。非卮言日出，和以天倪，孰得其久！万物皆种也，以不同形相禅，始卒若环，莫得其伦，是谓天均。天均者天倪也。①

其二，见于《天下》篇：

芴漠无形，变化无常，死与生与，天地并与，神明往与！芒乎何之，忽乎何适，万物毕罗，莫足以归，古之道术有在于是者，庄周闻其风而悦之。以谬悠之说，荒唐之言，无端崖之辞，时恣纵而不傥，不以觭见之也。以天下为沉浊，不可与庄语，以卮言为曼衍，以重言为真，以寓言为广。独与天地精神往来而不敖倪于万物。不谴是非，以与世俗处。其书虽瑰玮而连犿无伤也。其辞虽参差而諔诡可观。彼其充实不可以已，上与造物者游，而下与外死生无终始者为友。其于本也，弘大而辟，深闳而肆；其于宗也，可谓稠适而上遂矣。虽然，其应于化而解于物也，其理不竭，其来不蜕，芒乎昧乎，未之尽者。②

但由于"卮言"之出现往往与"天倪"相伴随，所谓"卮言日出，和以天倪"，而《庄子》又说"天均者，天倪也"，而"天均"与"道枢""两行"等范畴概念又有关涉，因而就又扩大了如何理解、分析"何谓卮言"的材料范围，即对"天均""天倪""道枢""两行"等词语的诠释及其思维含义究竟何指，

① 陈鼓应注译：《庄子今注今译》，商务印书馆2016年版，第836页。
② 陈鼓应注译：《庄子今注今译》，商务印书馆2016年版，第1016页。

第三章　《庄子》「三言」：著述方式与思想方法

也纳入本书辨析"卮言"究竟何谓的范围。据此,《齐物论》中的一段话虽只论"天倪",但对理解何为"卮言"也十分重要:

> 既使我与若辩矣,若胜我,我不若胜,若果是也,我果非也邪?……其俱是也,其俱非也邪?我与若不能相知也,则人固受黮暗,吾谁使正之?使同乎若者正之?既与若同矣,恶能正之!使同乎我者正之?既同乎我矣,恶能正之!使异乎我与若者正之?既异乎我与若矣,恶能正之!使同乎我与若者正之?既同乎我与若矣,恶能正之!然则我与若与人俱不能相知也,而待彼也邪?化声之相待,若其不相待,和之以天倪,因之以曼衍,所以穷年也。何谓和之以天倪?曰:是不是,然不然。是若果是也,则是之异乎不是也,亦无辩;然若果然也,则然之异乎不然也亦无辩。忘年忘义,振于无竟,故寓诸无竟。①

"三言"中,"卮言"之解歧义纷出,最为扑朔迷离。可以从词语诠释和实际运用含义两个层面理解它,以下分别论述之。

1. "卮言":词语诠释层面

依据目前可见文献,在古代汉语中,《庄子》最早使用"卮言"一词,而郭象、成玄英等最早为其作注,对于"卮言日出,和以天倪",郭象注:"夫卮,满则倾,空则仰,非持故也。况之于言,因物随变,唯彼之从,故曰日出。日出,谓日新也,日新则尽其自然之分,自然之分尽则和也。"成玄英疏:"卮,酒器也。日出,犹日新也。天倪,自然之分也。和,合也。夫卮满则倾,卮空则仰,空满任物,倾仰随人。无心之言,即卮言也,是以不言,言而无系倾仰,乃合于自然之分也。又解:卮,支也。支离其言,言无的当,故谓之卮言耳。"②其后注庄者,受此影响较大,其中不乏全盘接受者。如曹础基《庄子浅注》:

---

① 陈鼓应注译:《庄子今注今译》,商务印书馆2016年版,第105—106页。

② 郭庆藩:《庄子集释》,中华书局2013年版,第831页。

"卮言，司马彪注：'谓支离无首尾言也。'支离的合音为卮。日出，时常出现。和，合。天倪，自然。可见卮言是穿插在寓言与重言之中，随其自然，经常出现的一些零星之言。"①陈鼓应《老庄新论》："在庄子而言，寓言或重言都是无心之言，这就是《寓言》所说的'卮言'。卮言是比喻思想言论无心而自然的流露，所以说'卮言日出，和以天倪'。意谓卮言层出不穷，合于自然的分际。"②由于《庄子》中"卮言"每与"天倪"相随，故欲得到"卮言"的确解，也必须理解何为"和以天倪"。据以上注解，和，即合；倪，即边界、分际；和以天倪，即合于自然的分际。

据《汉语大词典》："卮，古代盛酒器。《礼记·内则》：'敦牟卮匜。'郑玄注：'卮匜，酒浆器。'"并解"卮言"："卮言，谓随和人意，无主见之言。……清王韬《〈英语汇腋〉序》：'近且卮言日出，人人自矜秘本。'亦用以谦称自己的著作。……又如《诸子卮言》《经学卮言》。"又解"卮辞"："亦作'卮词'。谓随和人意，无主见之辞。清戴明世《丁丑房书序》：'无用之卮辞，不切之陈言，无所得入乎其间。'清梁章钜《北东园日记诗》：'一纸卮词何足算，三年五度遣杨枝。'"③其中颇有些"满纸荒唐言，一把辛酸泪"的意味；荒唐言，即卮言。其他以"卮言"命名的著作还有：明 王世贞《艺苑卮言》，姚灵犀《瓶外卮言》，徐书城《美学卮言》，张燕瑾《煮字斋卮言》，江瑔《读子卮言》，詹冬华《不惑卮言》，曾希圣《绘事卮言》，张柏然《译学卮言》等。

据《辞源》："卮，酒器，容量四升。《史记·项羽纪》：'项伯即入见沛公，沛公奉卮酒为寿。'"并解"卮言"："随人意而变，缺乏主见之言。一说为支离破碎之言。……后人用卮言，作为对自己著作的谦词。"又有"卮林"词条："明周婴撰。十卷，又补遗一卷。此书广征博引，纠正群书及其注疏的讹误，共四十家。每条以两字标目，系以作书人的姓氏。如《格鲍》是纠正鲍彪的

---

① 曹础基：《庄子浅注》，中华书局1982年版，第421页。
② 陈鼓应：《老庄新论》，商务印书馆2008年版，第362页。
③ 罗竹风主编：《汉语大词典》（第一卷），上海辞书出版社1986年版，第918页。

《国策注》，《驳鱼》是驳论鱼豢的《魏略》。书名《卮林》，取《庄子》'卮言日出'之意。"①

2.卮言：《庄子》实际运用意涵层面

据张洪兴《〈庄子〉"三言"研究综述》②，并结合其他材料，目前学界对于"卮言"约有如下诠释：

（1）因随变化、无心之言。卮言，郭象注："夫卮，满则倾，空则仰，非持故也。况之于言，因物随变，唯彼之从，故曰日出。日出，谓日新也，日新则尽其自然之分，自然之分尽则和也。"成玄英疏："卮，酒器也。日出，犹日新也。天倪，自然之分也。和，合也。夫卮满则倾，卮空则仰，空满任物，倾仰随人。无心之言，即卮言也，是以不言，言而无系倾仰，乃合于自然之分也。又解：卮，支也。支离其言，言无的当，故谓之卮言耳。"③

（2）支离破碎之言。《经典释文》引司马彪云："谓支离无首尾言也。"成玄英说："又解，卮，支也，支离其言，言无的当，故谓之卮言耳。"杨柳桥在《庄子译诂》序言中说："卮言就是'支言'，就是支离、诡诞、不顾真理、强违世俗、故耸听闻的语言。"钟泰等人也持此说。此种学说是音训的结果，与卮的形器不相关联。④

（3）酒器，引申为宴饮之辞，或祝酒词。罗勉道《南华真经循本》中说："卮言，如卮酒相欢之言。"陆西星《读南华真经杂说》："卮言者，旧说有味之言，可以饮人，看来只是卮酒间曼衍之说。"谭元春则说："繁绪单辞，触情触物，谓之卮言。此则手口之间，无日不出，如人饮酒，日弄一卮，天倪融美，穷年不休，所谓闭门著书多岁月也……庄子非如是立言，连犿无极，决难持久。"王闿运《庄子内篇注》说："卮，觯同字。觯言，饮燕礼成，举觯后可

---

① 广东、广西、湖南、河南辞源修订组、商务印书馆编辑部编：《辞源》（第一册），商务印书馆1979年版，第435页。

② 张洪兴：《〈庄子〉"三言"研究综述》，《天中学刊》2007年第3期。

③ 郭庆藩：《庄子集释》，中华书局2013年版，第831页。

④ 以上转引自张洪兴：《〈庄子〉"三言"研究综述》，《天中学刊》2007年第3期。

以语之时之言，多泛而不切，若后世清谈。"李炳海则进一步认为，卮言为"先秦祝酒辞"。[①]许慎《说文解字》："卮，圜器也。一名觛。所以节饮食，象人。"段玉裁注："《内则》注曰：'卮匜，酒浆器。'"[②]

（4）不一之言。王雱在《南华真经拾遗》中说："卮言，不一之言也。言之不一，则动而愈出，故曰'日出'。言不一而出之必有本，故曰'和以天倪'。天倪，自然之妙本也。言有其本，则应变而无极，故曰'因以曼衍'。言应变而无极，则古今之年有时而穷尽，而吾之所言无时而极也，故曰'所以穷年'。此周之为言，虽放纵不一而未尝离于道本也。"[③]

（5）"漏斗式"之辞。张默生在《庄子新释》中说："卮是漏斗，卮言就是漏斗式的话……漏斗之为物，是空而无底的，你若向里注水，它便立刻漏下，若连续注，便连续漏，就是江河之水，只要长注不息，它便常漏不息，汩汩涛涛，没有穷尽，几时不注了，它也几时不漏了，而且滴水不存。庄子卮言的取义，就是说，他说的话，都是无成见之言，正有似于漏斗。他是替大自然宣泄声音的，也可以说是大自然的一具传音机。"[④]

（6）圆言，圆通无障之言。章太炎说："此以圆酒器状所言，是取圆义，犹云圆言耳。"屠友祥《言境释四章》中说："卮言，为圆言，为道言。"[⑤]

（7）矛盾之言，悖论之言。孙以楷、甄长松《庄子通论》中说："'卮言'应释作矛盾之言……'卮言'即'是不是，然不然'之类超然于是非彼此的矛盾语式。"[⑥]

（8）合道之言。此解主要源于"合乎自然的分际"的理解。边家珍说："《庄子》中的'卮言'，是合乎'环中'、'道枢'之言，即合道之言。所谓

---

① 以上转引自张洪兴：《〈庄子〉"三言"研究综述》，《天中学刊》2007年第3期。

② 许慎著，段玉裁注：《说文解字注》，上海古籍出版社1981年版，第430页。

③ 转引自张洪兴：《〈庄子〉"三言"研究综述》，《天中学刊》2007年第3期。

④ 转引自张洪兴：《〈庄子〉"三言"研究综述》，《天中学刊》2007年第3期。

⑤ 转引自张洪兴：《〈庄子〉"三言"研究综述》，《天中学刊》2007年第3期。

⑥ 转引自张洪兴：《〈庄子〉"三言"研究综述》，《天中学刊》2007年第3期。

'寓言'、'重言',均可统领于'卮言';'寓言'、'重言'是为'卮言'服务的。'卮言'在语言形态上可以分为悟道之言、体道之言和'言无言'三个层面,成为庄子及其学派的基本言说方式。'卮言'是战国'百家争鸣'的产物,它包含着对言、意、道关系的认识,又与庄子的体道方式密不可分。"①

（9）卮言是一种直接的议论性文字。刘生良认为:"庄子把'寓言'、'重言'之外自己的直接议论文字称为'卮言',是有意和此前诸子的自言、直言相区别的,说明自己的议论是有所依托附丽的自然流衍,是替大自然宣泄声音而不主成见,是在乎天人之际、'和于天倪'而与物无伤的,不像其他诸子那样无所依托附丽,纯乎人为,全然成见,擅兴是非,使天下'樊然淆乱'。至于'卮言'在书中所占比重,庄子未曾提及,但以'寓言十九'推之,'卮言'盖为'十一',即大约占全书的十分之一。据笔者粗略统计,在全书约七万字中,作者的议论文字约为六、七千字,正好符合这个比例。庄子之所以运用'卮言',除能够'和以天倪'外,主要是为了'因以曼衍,所以穷年',即将文章的意旨以及读者的思路引向'道'的精神和境界,使人得以悟道而终其天年。"②

（10）卮言即"优语",即俳优滑稽之言。过常宝等认为:"'卮言'是《庄子》的一种写作方式。学者认为'卮言'是对散漫无谓之言的比喻性说法,或是先秦饮酒礼中的祝酒辞。事实上,'卮言'即'扬觯之语',它的散漫嘲戏的特点,说明它是俳优在酒席上的语言表演,又称'优语'。'优语'的内容包括插科打诨、谜语、神怪故事和说唱等。'优语'因其娱乐性质而享有豁免的权利,俳优可以利用这一职业特权进行劝谏,因此,'优语'又是一种有所承担的话语形式。'优语'因其似有似无的姿态和充满了隐喻性的表达方式,而得到道家的认同。《庄子》大量采用了'优语'即卮言的形式,或模仿了它的表达方式。《庄子》自云'卮言日出',确非虚语。"③

---

① 边家珍:《〈庄子〉"卮言"考论》,《文史哲》2002年第3期。

② 刘生良:《〈庄子〉"三言"新解说》,《中州学刊》2012年第1期。

③ 过常宝、侯文华:《论〈庄子〉"卮言"即"优语"》,《北京师范大学学报》(社会科学版)2007年第4期。

（11）卮言是一种事实论证。曾昭式认为："《庄子》的'卮言'论式要求不带有价值偏好等个人成见，是一种事实陈述。在庄子看来，自然规律不需要言说；如果真要言说，也只能合于自然的规律，即这种言说只是描述自然规律。就其作用而言，即如《天下》篇所言'以卮言为曼衍'。也就是'以卮言为曼衍'，其依据正如上引文'有自也而可，……物固有所然，物固有所可，无物不然，无物不可'。值得注意的是，此段话与《庄子·齐物论》篇的叙述完全一致，它要强调的是'事实胜于雄辩'的论证作用。"①

（12）卮言即"小说"。王光福等认为："中国的小说，源于何时？无人知晓；来自何方？人亦语焉不详。就是'小说'之名，亦最早见于庄子之口：'饰小说以干县令，其于大达亦远矣。'庄子所说的'小说'，与我们所要求的'小说'，不是一个概念，这是所有研究者的共识。那么，在庄子的意识里，有没有与现代'小说'相似的概念呢？有，那就是'卮言'。……它无牵无碍，张口就来，来去自如，收放随意，这自然是'自然随分'之言。它来无征兆，去无踪影，似真似幻，若有若无，这自然是'支离破碎'之言。"②

以上所列，仅为笔者目前所能搜集到的解释，即使这样，亦可见出"卮言"含义的多义性、模糊性和复杂性。

3. "天倪""天均"等诠释

"卮言日出，和以天倪"，可见欲明"卮言"义，不可不明"和以"及"天倪"义。据笔者所见，从语词意义上，目前学界对"天倪"一词，主要有三种解释：

一释为"自然之分"。天，自然之意；倪，分界、分际之意。《大宗师》云："假于异物，托于同体，忘其肝胆，遗其耳目，反复终始，不知端倪。"天倪，即天分、天边。此说已见于上所引郭象注、成玄英疏，不赘。

---

① 曾昭式：《庄子的"寓言"、"重言"、"卮言"论式研究》，《哲学动态》2015年第2期。

② 王光福、姜维枫：《"小说""卮言"》，《山东省农业管理干部学院学报》2009年第1期。

一释为"天然之音"。天，天然之意；倪，通兒（儿），小儿啼哭之声。提出此说的学者说："《庄子》中'天倪'一词通常解释为'自然之分'。'倪'被视为'厓'的通假字，解释为'边际、界限'。但是此种解释与《庄子》上下文意颇多扞格之处。我们通过考察'兒''倪''婗'字形和词源，发现'兒'字的字形当是描绘小儿啼哭状。其语源义也正是'啼哭'。'倪'与'兒'在早期时同源通用。再结合历代文献的使用情况和对《庄子》文本具体语境的理解，我们认为'天倪'意为'天然之音'，或如刘文典所云：'道家恒言。'而不应该理解为'自然之分'。"①

一释为"天然之和"，持此论的为涂光社先生，其云："'倪'在'天倪'中义即为'和'。'天倪'与'天均'也相通，经常互释、并用。……'天倪'是自然的和谐，'和之以天倪'中的'和'字是动词，指以'和'为宗旨的协调整合。"②

《寓言》篇又说："天均者天倪也。"则"天均"也应纳入诠释"天倪"的视野。晁福林认为："《庄子》书中钧、均两字混用无别，两字皆有平均、均齐之意。这两个字皆从匀，其造字本义，当出自陶均。制作陶器时，坯在陶轮上飞旋，手抚使平整均齐。《寓言》篇谓'始卒若环，莫得其伦'，《盐铁论·遵道》篇谓'辞若循环，转若陶钧'，正用其本义，皆由陶钧而取义。《释文》在解释此句时引崔氏说谓'钧，陶钧也'，是很正确的。庄子所说的'天钧'即自然均平的道理，一切是非都可以在它面前泯灭，故谓'和之以是非而体乎天钧'……'体乎天钧'之后的结果就是'两行'，各随其便。在这种状态下，外物和自我都各得其所，互不纠结干扰，达到绝对自然的境界，用庄子的话来说，这就是'道通为一'了。总之，庄子在《齐物论》中提出'天均'的概念是为了解决齐是非问题中的逻辑上不可避免的矛盾。"③据此，则"天倪"亦含有"自然均平""泯灭是非"的含义。《庚桑楚》篇亦提及"天钧"："学者，学其

---

① 胡海宝：《说"天倪"》，《宁夏大学学报》（人文社会科学版）2013年第5期。

② 涂光社：《〈庄子〉心解》，学苑出版社2013年版，第285—286页。

③ 晁福林：《读〈庄子·寓言〉篇札记》，《云南社会科学》2001年第5期。

所不能学也；行者，行其所不能行也；辩者，辩其所不能辩也。知止乎其所不能知，至矣；若有不即是者，天钧败之。""天钧"，成玄英疏云："自然之性。"①即人的自然天性，在此指人日新进取的本性永不满足，在求知悟道的过程中不断接近自然本真。《徐无鬼》中亦提到"知大均""大均缘之"，郭象注："因其本性，令各自得，则大均也。"②所谓的"大均"，亦即"天均"；大均缘之，意即人应当遵循天然自得的道路。又《天地》篇："天地虽大，其化均也；万物虽多，其治一也；人卒虽众，其主君也。"③《天道》："夫明白于天地之德者，此之谓大本大宗，与天和者也；所以均调天下，与人和者也。与人和者，谓之人乐；与天和者，谓之天乐。"④于上可知，天均普遍而没有偏私。天均、天倪、天德、天和、天乐等均属于"天"系列概念范畴，意蕴相通。

各家说法均有道理。在此，"天倪"一词，无论释为"自然之分"还是"天然之声"或是"天然之和"，均属于庄子阐释其自然之道的"天"范畴系列，与庄子心目中与"天"相关的道德至境息息相关，理解为自然之道即可。

（二）"和以天倪"还是"合于天倪"？

"和以"还是"合于"？虽只一词之差，但在决定"卮言"性质定义这个问题上，其所导致的理解方向却迥异，所谓"差之毫厘，失之千里"。

将"和以天倪"理解为"合于天倪"始于成玄英，其疏"卮言日出，和以天倪"云："卮，酒器也。日出，犹日新也。天倪，自然之分也。和，合也。夫卮满则倾，卮空则仰，空满任物，倾仰随人。无心之言，即卮言也，是以不言，言而无系倾仰，乃合于自然之分也。"⑤这样，原本"和以天倪"就成了"合于天倪"，而被一些学者接受并广泛传播。如曹础基亦云："日出，时常出现。和，

---

① 郭庆藩：《庄子集释》，中华书局2013年版，第698页。
② 郭庆藩：《庄子集释》，中华书局2013年版，第766—767页。
③ 郭庆藩：《庄子集释》，中华书局2013年版，第347页。
④ 郭庆藩：《庄子集释》，中华书局2013年版，第396页。
⑤ 郭庆藩：《庄子集释》，中华书局2013年版，第831页。

合。天倪，自然。"①陈鼓应注循此："和以天倪：合于自然的分际。"②又：
"和以天倪：合乎自然的分际。天倪，天道自然。"③其"卮言日出，和以天
倪，因以曼衍，所以穷年"译文云："无心之言层出不穷，合于自然的分际，散
漫流衍，悠游终生。"其"非卮言日出，和以天倪，孰得其久！"译文云："要
不是无心之言日出不穷，合于自然的分际，怎能维持长久！"④在《老庄新论》
中，陈鼓应又解释说："在庄子而言，寓言或重言都是无心之言，这就是寓言所
说的'卮言'。卮言是比喻思想言论无心而自然的流露，所以说'卮言日出，和
以天倪'。意谓卮言层出不穷，合于自然的分际。"⑤

此处"和以天倪"中"和"本义应为"调和""调适""中和"，而非"符
合"。《汉语大词典》："调和；调治；调适。《周礼·天官·食医》：'食
医掌和王之六食、六饮、六膳、百羞、百酱、八珍之齐。'郑玄注：'和，调
也。'"⑥《辞源》："和，调和。《国语·郑》：'和六律以聪耳。'含有相
反相成之意。《左传》昭二十年：'和如羹焉，水火醯醢盐梅以烹鱼肉。……
君臣亦然，君所谓可，而有否焉；臣献其否，以成其可。'此以水火相反而成
和羹，比喻可否相反相成以为和。"⑦此解最为接近"卮言日出，和以天倪"中
之"和"之本义。所谓"和"，是指一种状态，其中不是没有矛盾、对立、相
异的因素，而是以高度的智慧将其协调整合起来。恰如涂光社先生所总结的：
"'和'在华夏文化传统中是理想的境界：事物的构成和相互关系虽有多种相异
乃至矛盾对立因素，由于互补互动、互相制约或者相反相成而形成的一种协调平

中国古代著述思想研究

---

① 曹础基：《庄子浅注》，中华书局1982年版，第421页。

② 陈鼓应注译：《庄子今注今译》，商务印书馆2016年版，第837页。

③ 陈鼓应、林光华：《庄子解读》，中国人民大学出版社2014年版，第228页。

④ 陈鼓应注译：《庄子今注今译》，商务印书馆2016年版，第836、840页。

⑤ 陈鼓应：《老庄新论》，商务印书馆2008年版，第362页。

⑥ 罗竹风主编：《汉语大词典》（第三卷），汉语大词典出版社1989年版，第264页。

⑦ 广东、广西、湖南、河南辞源修订组、商务印书馆编辑部编：《辞源》（第一册），商务
印书馆1979年版，第502页。

衡状态。"① 《礼记·中庸》所谓："天命之谓性，率性之谓道，修道之谓教。道也者，不可须臾离也，可离非道也。是故君子戒慎乎其所不睹，恐惧乎其所不闻。莫见乎隐，莫显乎微，故君子慎其独也。喜怒哀乐之未发，谓之中；发而皆中节，谓之和。中也者，天下之大本也；和也者，天下之达道也。致中和，天地位焉，万物育焉。"又："万物并育而不相害，道并行而不相悖。"②

而查"合"字，本义为闭合、合拢、聚集、符合。《孟子·尽心下》："万子曰：'一乡皆称原人焉，无所往而不为原人，孔子以为德之贼，何哉？'曰：'非之无举也，刺之无刺也，同乎流俗，合乎污世，居之似忠信，行之似廉洁，众皆悦之，自以为是，而不可与入尧舜之道，故曰"德之贼"也。……'"③此处"合乎"，为符合、相配之义。《礼记·礼器》："先王之立礼也，有本有文。忠信，礼之本也。义理，礼之文也。无本不立，无文不行。礼也者，合于天时，设于地财，顺于鬼神，合于人心，理万物者也。"④此处"合于"，为相符相合之义。《礼记·礼运》："故治国不以礼，犹无耜而耕也。为礼不本于义，犹耕而弗种也。为义而不讲之以学，犹种而弗耨也。讲之于学，而不合之以仁，犹耨而弗获也。合之以仁，而不安之以乐，犹获而弗食也。安之以乐，而不达于顺，犹食而弗肥也。"⑤"合"之众义中，只有一义是"和同，融洽"，如《诗·小雅·常棣》："妻子好合，如鼓瑟琴。"⑥

在此，还应注意古汉语介词"以"和"于"的差别。以，用；"和以天倪"，用天倪去协调使之均衡无偏颇。于，及，到；"合于天倪"，与天倪相吻合，或合于自然的分际，即合于自然均衡无偏颇之道。要之，"和"还是

① 涂光社：《〈庄子〉心解》，学苑出版社2013年版，第278页。

② 阮元校刻：《十三经注疏》，中华书局1980年版，第1625、1634页。

③ 杨伯峻译注：《孟子译注》，中华书局1960年版，第341页。

④ 《十三经注疏》整理委员会整理，李学勤主编：《十三经注疏·礼记正义》，北京大学出版社1999年版，第717页。

⑤ 《十三经注疏》整理委员会整理，李学勤主编：《十三经注疏·礼记正义》，北京大学出版社1999年版，第711页。

⑥ 广东、广西、湖南、河南辞源修订组、商务印书馆编辑部编：《辞源》（第一册），商务印书馆1979年版，第478页。

"合"，"以"还是"于"，"和以天倪"还是"合于天倪"，虽只一词之差，却关乎文义的理解方向。如果是前者，那么"卮言"与"天倪"就具有相异、矛盾甚至对立的性质，因此才要用"天倪"去调和，最终使之与自然之道协调；如果是后者，那么"卮言"与"天倪"就具有同一、同构、同等的性质，就可理解为"卮言"是符合"天倪"的，是与"天倪"为一的，"卮言"就是"天倪"的具体体现。理解方向的不同，决定了对"卮言"含义界定的迥异。于是自然引出了第二个问题，"卮言"是否就等同于"天倪"？

（三）"卮言"是否等同于"天倪"？

如上，如果把"和以天倪"理解并诠释为"合于自然的分际"，那么，"卮言"就具有符合天倪并与之一致的性质。如前所论，"天倪"属于庄学范畴丛的"天"系列概念，具有公允、协调、调和、均衡的功能与性质，如果视"卮言"等同于"天倪"，那么，它也就具有了上述性质。自成玄英乃至于当今学界，这样理解的不在少数。

清人浦起龙《庄子钞》曰："卮者，和之象，所以只从'和'字著解也。一部《南华》，以此章（指《寓言》——引者注）蔽之，直以'和以天倪'一言蔽之，无余旨矣。"[1] 郭嵩焘也认为二者实为一物，据郭庆藩《庄子集释》："家世父曰：不言则齐，谓与为卮言，曼衍以穷年，犹之不言也。卮言之言，随乎言而言之，随乎不言而言之；有言而固无言，无言而固非无言，是之为天倪。"[2] "不言则齐""不言之言"云尔实为"天倪"而非"卮言"的特征。

涂光社先生也指出："'寓言'、'重言'在《庄子》中很容易看出来，那么具体的'卮言'又是哪些呢？它们当间出于各种议论之中，然而就其学术精神而言，我以为《天下》篇算的是'卮言'最集中处。公允'自然'（客观）地认识和肯定诸子各自的成就，是对先秦学术的'和以天倪'。'独与天地精神往

---

① 转引自方勇、陆永品：《庄子诠评》，巴蜀书社2007年版，第922页。

② 郭庆藩：《庄子集释》，中华书局2013年版，第833页。

来'的庄子笑傲尘俗，冷嘲的是世人观念的悖谬、陈腐、僵化和政治的残暴、伪善及其对人的异化。其出世的倾向决定了他不会为邀宠人主势要而力排众议，其高于同时代人的理性精神使他选择了'和以天倪'的学术态度。"①进而言之，甚至认为"卮言"的性质与"天倪"等同，其云："'卮言'则在日新月异的思想演变过程中承担着协调、整合的重任。它追求怎样的境界呢？《齐物论》已有'化声之相待，若其不相待，因之以曼衍，所以穷年也'之论，且这样解释：'何谓和之以天倪？曰：是不是，然不然。是若果是也，则是之异乎不是也亦无辩，然若果然也，则然之异乎不然也亦无辩。忘年忘义，振于无竟。'其中'曼衍'是不拘常规的演变和推而广之；'天倪'是自然而然的平衡协调；'无竟'是'无穷'的至境，也即'无待'之境或者'逍遥游'所至的'无何有之乡'。由此可知，《寓言》自谓'卮言日出，和以天倪'，所致力的有如自然天成的包容与和谐，既是一种'无辩'的理论境界，也是论者'所以穷年'、'忘年忘义'的人生境界，又是一种自然的'和'美充盈的艺术境界。"②他又说："阐释'卮言'的时候重申肯定与否定、是与非的相对性，既是为不断完善、修正自己的学说提供依据，有兼取诸子所长的意义，也是对'卮言'的一种描述。"③

方勇先生在《庄子学史》中论"卮言"也说："'卮言'在《庄子》中游衍不定，庄子以'卮言'命名，是想表明他自己所说的话便如酒器里的酒，'卮满则倾，卮空则仰，空满任物，倾仰随人'成立英语，都是无心之言，所以称为'卮言'。正因为是无心之言，时倾时仰，因此'卮言'大多是些不着边际的议论，想到哪便说到哪，在处于战国乱世之中的庄子看来，百家争鸣，各执一端，尤其儒、墨二家，他们妄分是非、善恶、贵贱、高下，完全是由于自私用智，为成见所固蔽，所以庄子想以'卮言'的形式，跳出是非争辩的圈子，避开自我成见的干扰，期合于天然的端倪，顺应大道的运行，而代为立论。"④在此值得注

第三章 《庄子》「三言」：著述方式与思想方法

---

① 涂光社：《〈庄子〉心解》，学苑出版社2013年版，第314页。

② 涂光社：《〈庄子〉心解》，学苑出版社2013年版，第316页。

③ 涂光社：《〈庄子〉心解》，学苑出版社2013年版，第381页。

④ 方勇：《庄子学史》，人民出版社2008年版，第23页。

意的是，方勇先生已经将"卮言"视为顺应自然之道运行的"代为立论"，因为大"道"本身无言，也无须言，如若言之，也是出于不得已，所谓"强为之名"，此即"道言"；如果循照"合于自然的分际"，将"卮言"理解为"代道立论"，那么，"卮言"又与"道言"等同一致了。刘生良也是这样理解的，认为："'天倪'，一般多释为'自然之分'，即自然的分际。最近有人考释其原型为'磨盘'，与'天钧'（轮子）同类，都环绕着'道枢'（转轴）轮转无穷。因而所谓'天倪'、'天钧'实即庄子所谓'道'的境界。和者，合也。那么，'卮言日出，和以天倪'，即如郭注、成疏所云：'夫卮，满则倾，空则仰，非持故也，况之于言，因物随变，唯彼之从'，'空满任物，倾仰随人'，其依附于负载之'物'的空满不时流出（'日出'），不待人为，'乃合于自然之分'，即'道'的境界。……由此可见'卮言'正是作者因随寓言、重言自然流衍而出且合乎'道'的精神和境界的引申、阐发式的议论文字。"[①]

仔细寻绎上述将"卮言"等同于"天倪（之言）"及"代道立论"的思维逻辑，有一点不能忽视，那就是从词语释义层面上因循成玄英以来将"和以天倪"（"用天倪来进行调和"）释为"合于天倪"（"合于自然的分际"）的说法，没有细辨二者的异同。

（四）"卮言"是否是合道之言？

如上，此一问题实际还是源于对"和以"还是"合于"的理解。如果是后者，那么，"和于天倪"就可理解为"合于自然的分际"，也就是合于自然之道，这样，卮言就是"道"言，就是"道"义的体现了。有些学者就是这样理解和诠释的。如王夫之《庄子解》："凡寓言重言与九、七之外，微言间出，辩言曲折，皆卮言也。和以天倪者，言而未尝言，无所凝滞；无言而不妨于有言，无所隐藏；要以合于未始出之宗也。"[②]如因循成疏，将"和以"释为"合于"，

---

① 刘生良：《〈庄子〉"三言"新解说》，《中州学刊》2012年第1期。

② 王夫之：《船山遗书》，北京出版社1999年版，第4045页。

那么，"卮言"即是"道言"的理解就难以避免，如边家珍所说："《庄子》中的'卮言'，是合乎'环中'、'道枢'之言，即合道之言。所谓'寓言'、'重言'，均可统领于'卮言'；'寓言'、'重言'是为'卮言'服务的。'卮言'在语言形态上可以分为悟道之言、体道之言和'言无言'三个层面，成为庄子及其学派的基本言说方式。'卮言'是战国'百家争鸣'的产物，它包含着对言、意、道关系的认识，又与庄子的体道方式密不可分。"[1]刘士林认为"卮"是一种形而上的象征道体的中空之物，"进而言之，《寓言》篇里的'卮言'是从这里直接起源的。它不过是老子十一章中'器'的形象化而已。卮在这里绝不是一种形而下的'圆酒器'，也不是'支'（'支离之言'），而是象征着道本身，而卮言就是描述道的'大言'、'大辩'和'不辩之言'。也正因为此，它才能'和以天倪'才能'不言则齐''得其久'，达到齐物的境界"[2]。高树海也指出："天钧即天轮之意。……'天倪'即天磨、天轮，即道磨、道轮，也就是说大道象磨盘、轮子一样，循环运转，演化无穷。'天倪'就是佛家所说的'法轮'一样，一切事理都随之运转，循环不已（所谓'始卒若环，莫得其伦'）、变化不尽（所谓'以不同形相禅'），正所谓'法论常转'。'卮'是一种酒器，《经典释文》引王云：'夫卮器，满即倾，空则仰。随物而变，非执一守故者也。'器随物而变，或倾或仰，如大道之演化无尽，故'卮言'实质上即'道言'，也就是符合'道'的、与道体衍流相一致的言论。"[3]郭吉军也说："庄子说'卮言日出，和以天倪'，这自然而然不着痕迹的言说，自然应和着'天倪'均化周流不应边际的轮廓，既是世界本然而然的道出，又是对任何阻限的衰败（'若有不即是者，天均败之'）。如果不是这样，语言又怎么可能生根于大地（'万物皆利也'），并生长出久远的生机呢。"[4]

---

① 边家珍：《〈庄子〉"卮言"考论》，《文史哲》2002年第3期。

② 刘士林：《庄子"卮言"探源》，《中州学刊》1990年第5期。

③ 高树海：《解庄的金钥匙——〈庄子〉"三言"论》，《河北师范大学学报》（社会科学版）1997年第1期。

④ 郭吉军：《〈庄子〉的语言世界：寓言、重言、卮言》，《科学·经济·社会》2013年第1期。

还有些学者虽没有明言将"和以天倪"释为"合于天倪"的思维逻辑，而是从其他方面解释"卮言"，最终也将其视为与"道言"等同，如从酒器入手，其云："从以上我们对'酒卮'形体及工艺制作的分析来看，无论它的叫法如何不一，制作材料、方法如何不一，但其中有一样是相同的，那就是：形状一定是有底的空心圆柱体。如果用它的形状作比拟，那就是：中虚。'卮言'就是'中虚之言'、'心斋'之言，是指人在'中虚'状态下的言语，'无我'、'无己'的得'道'之言，这个'道'即是'天倪'、'天均'，即自然造化之流行规律，没有丝毫人为之构想。达到了此种境界，那么，'卮言'就能随意说而不违造化之规则，故能'久'，故能'注焉而不满，酌焉而不竭，而不知其所由来'，故能忘年、忘义，无待而'物化'；故能两行而与万物为一。"① 又："我以为，卮器，像'道'之器，拟'道'之器也，卮言，道言也。卮器，圆而中空，满则倾，空而仰，不偏于一端，盛酒以饮人。道言，无心之言，自然流吐之言，中正之言，日新之言，无可无不可的圆言也，曼衍无终始、支离无首尾之言也，耐人体味之言也。"② 如从"酒言"入手，其云："'卮言'当为'酒醉后的荒诞之言'。随天地而流转，故把'卮言'理解为，犹如天地之言，不偏不倚，无任何成见，也无判断的言论，更为符合《庄子》语言的本质特征。……庄子的思想来源于天地精神，而天地精神就是无任何成见的，并对万事万物始终保持都不做任何评价的立场和态度。'卮言'就是庄子沐浴天地精神之后对待万千事物的集中体现。"③

将"卮言"直接理解为"合道之言"或"道言"，是将"卮言"视为"天倪"的结果；而将"卮言"视为"天倪"，则来源于对于"和以天倪"与"合于天倪"的不同理解。

---

① 魏崇周：《对"卮"的歧解与对"卮言"的误读》，《河南社会科学》2008年第6期。
② 朱哲：《先秦道家哲学研究》，上海人民出版社2000年版，第231页。
③ 赵德鸿：《〈庄子〉诗化语言："寓言、重言、卮言"辨析》，《北方论丛》2013年第2期。

（五）"卮言"：一种整体的言说形式与思维方式

笔者认为，"卮言"不同于"寓言""重言"，之所以歧解纷出、莫衷一是，在于它不是一种具体的、可直接感知的"言"，而是一种整体的言说形式与思维方式。因而，不能像理解"寓言十九""重言十七"那样去理解"卮言"，坐实计算其占全书的比例。例如就有学者认为"卮言"在《庄子》中所占的比重应为十分之一，其云："按照笔者对庄文的理解，并参考有关解说，认为'卮言'当是依附于寓言、重言随时自然流衍而出的作者的引申议论之言。……至于'卮言'在书中所占比重，庄子未曾提及，但以'寓言十九'推之，'卮言'盖为'十一'，即大约占全书的十分之一。据笔者粗略统计，在全书约七万字中，作者的议论文字约为六、七千字，正好符合这个比例。"①曹础基也认为重言应占十分之一："重言，庄重之言，亦即庄语，是直接论述作者的基本观点的话。七，疑是'弍'之坏字，十一与十九对合。九成是借他人之口说的，一成是作者直接论说的。《庄子》一书实际也基本如此。"②其实，《寓言》篇已经明确说了"卮言"的特点是"日出"。郭象注："日出，谓日新也，日新则尽其自然之分，自然之分尽则和也。"成玄英疏循其说："日出，犹日新也。"③陈鼓应亦循此注："日出：谓日新（郭象《注》）。"④唯有曹础基注："日出，时常出现。"曹解最为贴近原义，因为"日出"是说其出现的频率很快，每天都在出现，也就是时常出现。既然是"日出"，时常出现，其占比例也不会仅是"十一"。

另外，此处之"出"并无"新"的含义，郭注和成疏"日新"的含义是从对于"日出日新"的理解上顺延而来的。所谓"卮言日出"，是说卮言时常出现，是形容其普遍性，在《庄子》一书中无处不在，曼衍渗透，弥漫全篇，所谓"因以曼衍，所以穷年"（《寓言》），所谓"以卮言为曼衍"（《天下》）是也。

① 刘生良：《〈庄子〉"三言"新解说》，《中州学刊》2012年第1期。

② 曹础基：《庄子浅注》，中华书局1982年版，第421页。

③ 郭庆藩：《庄子集释》，中华书局2013年版，第831页。

④ 陈鼓应注译：《庄子今注今译》，商务印书馆2016年版，第837页。

陈鼓应注"曼衍"为："散漫流衍，不拘常规。"①符合庄子文义。而这种"曼衍"显然不是具体的"言"的形态，而是一种整体上的言说方式和思维方式。

对此，已有学者做了相应探索。如赵德鸿就指出："'卮言'与'酒'的联系尤为紧密。但从《庄子》全文的语言特征来看，'卮言'似乎不是确指，而是《庄子》文中弥漫的一种基调和色彩。似乎庄子把自己的话比喻成酒后的荒诞之言，或者是代天地而言，可能更符合庄子的本意。"②张梅也认为"卮言"具有全局统摄性："我认为，《庄子》文中最突出的并不是寓言，而是卮言；卮言与寓言、重言的关系是统言之与析言之的关系。庄子的语言，从整体上来说，可以用'卮言'来概括。它是载庄子之道的语言，体现着庄子的语言观与立言态度，涵盖了庄子语言的内容、形式与风格等各方面的规定性。"③在此，所谓"统言"，就是全面抽象言之；"析言"，就是分别具体言之。张涅也有同样的认识，但将其限定在内篇，其云："'卮言'是《庄子》'内篇'特有的语言表达形式和思想形式。它由片断组合而成，体现了一种旁逸跳跃、汪洋恣肆的语言风格，呈现了'内篇'各篇的思想脉络，是其自我不断否定和超越的思想过程的记录。"具体而言："'卮言'是'内篇'特有的由思想片断组合而形成的表达形式，它表面上看是一种旁逸跳跃、汪洋恣肆的语言风格，内在则是庄子思想不断自我否定和超越、不断流变发展的过程的记录。"④

具体落实到"卮言"而言，它具有整体性、全局性、统摄性、渗透性和人间性，左右着全书的整体构思、布局与结构。在这种判断下，我们只能找到"卮言"的一些表现，而难以确定具体的坐实的"卮言"的比例。

---

① 陈鼓应注译：《庄子今注今译》，商务印书馆2016年版，第838页。

② 赵德鸿：《〈庄子〉诗化语言："寓言、重言、卮言"辨析》，《北方论丛》2013年第2期。

③ 张梅：《重估〈庄子〉的语言艺术——卮言》，《东方论丛》2003年第2期。

④ 张涅：《〈庄子〉"卮言"的意义所在》，《学术月刊》2005年第4期。

（六）卮言的具体意蕴以及思想表现

行文至此，自然难以回避这样的问题：卮言的具体意蕴及表现究竟是什么？如上所论，"卮言"不同于"寓言""重言"，它不是一种具体的、可以直接感知的"言"，而是一种更为抽象的整体的言说形式与思维方式。具体而言，"卮言"在《庄子》中有如下体现。

1.散漫流衍，不拘常态。《寓言》云："卮言日出，和以天倪，因以曼衍，所以穷年。"《天下》云："以卮言为曼衍，以重言为真，以寓言为广。"据此，则"曼衍"实为"卮言"的本质特征之一。成玄英疏："曼衍，无心也。随日新之变转，合天然之倪分，故能因循万有，接物无心；所以穷造化之天年，极生涯之遐寿也。"[①]曹础基注："曼衍，支蔓推衍，犹今说穿插、发挥。"[②]陈鼓应注："'曼衍'，散漫流衍，不拘常规。"[③]《齐物论》云："化声之相待，若其不相待。和之以天倪，因之以曼衍，所以穷年也。"成玄英疏："曼衍，犹变化也。因，任也。穷，尽也。和以自然之分，所以无是无非；任其无极之化，故能不滞不著。既而处顺安时，尽天年之性命也。"[④]曹础基注循之："曼衍，变化。"[⑤]因《庄子》文本多次用"曼衍"来描述"卮言"的特征，则曼衍实为"卮言"的主要特征。曼衍者，变化多端，不拘常态，散漫流衍，不拘常规，随心所欲，不拘常形。恰如《天下》所描述的："芴漠无形，变化无常，死与生与，天地并与，神明往与！芒乎何之，忽乎何适，万物毕罗，莫足以归，古之道术有在于是者，庄周闻其风而悦之。以谬悠之说，荒唐之言，无端崖之辞，时恣纵而不傥，不以觭见之也。以天下为沉浊，不可与庄语，以卮言为曼衍，以重言为真，以寓言为广。"恰如清人吴世南所说："有实写，有空写；有

---

① 郭庆藩：《庄子集释》，中华书局2013年版，833页。

② 曹础基：《庄子浅注》，中华书局1982年版，第422页。

③ 陈鼓应注译：《庄子今注今译》，商务印书馆2016年版，第838页。

④ 郭庆藩：《庄子集释》，中华书局2013年版，第102、103页。

⑤ 曹础基：《庄子浅注》，中华书局1982年版，第40页。陈鼓应注如前："曼衍：散漫的流衍，不拘常规。"见陈鼓应注译：《庄子今注今译》，商务印书馆2016年版，第106页。

顺写，有反写；有淡写，有浓写；有远写，有近写；有半写，有全写；有加倍写，有分帮写等不同写法。言外立言，意中出意，层层相生，段段回顾，忽而羊肠鸟道，忽而重峦叠嶂。文法之变化，如行云流水，天马行空。"①如《秋水》所载：

　　夔怜蚿，蚿怜蛇，蛇怜风，风怜目，目怜心。夔谓蚿曰："吾以一足跨踔而行，予无如矣。今子之使万足，独奈何？"蚿曰："不然。子不见夫唾者乎？喷则大者如珠，小者如雾，杂而下者不可胜数也。今予动吾天机，而不知其所以然。"蚿谓蛇曰："吾以众足行，而不及子之无足，何也？"蛇曰："夫天机之所动，何可易邪？吾安用足哉！"蛇谓风曰："予动吾脊胁而行，则有似也。今子蓬蓬然起于北海，蓬蓬然入于南海，而似无有，何也？"风曰："然。予蓬蓬然起于北海而入于南海也，然而指我则胜我，鰌我亦胜我。虽然，夫折大木，蜚大屋者，唯我能也。故以众小不胜为大胜也。为大胜者，唯圣人能之。"②

　　此段文字出人意表，虚构了夔、蚿、蛇、风之间的对话，把这些世间本来毫不相干之物用"怜"（羡慕）字结合起来，随心所欲，不拘常规，要义是说明"无"的妙处，主要在"风"上体现出来。

　　2.荒唐谬悠，恣纵无端。有学者指出："因为卮言充满悖论，无可无不可，层出不穷，支离无首尾，所以以物心观之，皆是荒唐谬悠之辞。肩吾闻之惊怖其言犹河汉而无极也，公孙龙闻之茫然异之，东郭子闻之惑而不应，惠子以之为大而无用之言，孔子以之为孟浪之言，皆由是也。"③整体上看，卮言是看似无心的随机机智之言，荒唐诡异，不择地而出，遍布于《庄子》文本之中，无处不在，有时，以凝练的格言方式出现，有时则以寓言的方式出现。在这种情况

---

① 王充闾：《逍遥游——庄子传》，作家出版社2014年版，第291页。
② 陈鼓应注译：《庄子今注今译》，商务印书馆2016年版，第498页。
③ 洪之渊：《卮言考释》，《温州师范学院学报》（哲学社会科学版）2005年第6期。

中国古代著述思想研究

下，"卮言"与"寓言"就有重叠交叉之处。例如，在《齐物论》中，有一段关于事物是非标准的较为抽象的论述："物固有所然，物固有所可。无物不然，无物不可。故为是举莛与楹，厉与西施，恢恑憰怪，道通为一。其分也，成也；其成也，毁也。凡物无成与毁，复通为一。唯达者知通为一。"①这无疑是关于万物齐一、物无是非的抽象议论。但紧接着，庄子笔锋一转，以"劳神明为一，而不知其同也"为过渡句，将其"谓之朝三"。随后紧承上句，解释"何谓朝三？"，将一个小寓言穿插其中——"狙公赋芧，曰：'朝三而暮四。'众狙皆怒。曰：'然则朝四而暮三。'众狙皆悦"。②这个寓言之短，只有26个字，它机智地穿插在庄子关于万物齐一、无拘泥于是非的议论之中，是为了说明"名实未亏而喜怒为用，亦因是也"的道理，进而引申出庄子心目中理想的处世立身之道——"是以圣人和之以是非而休乎天钧，是之谓两行"。③所以，这个小故事是寓言——一个生动的小故事，也是卮言——随机曼衍，变化无常，时露机锋。

还有穿插于《知北游》中的这段"卮言"："光曜问乎无有曰：'夫子有乎？其无有乎？'光曜不得问，而孰视其状貌：杳然空然。终日视之而不见，听之而不闻，搏之而不得也。光曜曰：'至矣，其孰能至此乎！予能有无矣，而未能无无也。及为无有矣，何从至此哉！'"成玄英《庄子疏》曰："'光曜'者，是能视之智者。'无有'者，所观之境也，智能照察，故假名光曜；境体空寂，故假名无有也。"④在此，庄子借助"光曜""无有"这两个托名，来说明"无"是"道"的至高境界。在此，也是卮言、寓言并重。就前者而言，它体现出飘忽不定、随机曼衍的特征；就后者而论，它显然是一个假托虚拟的小故事，即寓言。

3.支离散碎，自由穿插。这是从总体结构上对"卮言"的把握。成玄英疏："卮，支也。支离其言，言无的当，故谓之卮言耳。"⑤庄文整体，以意运之，

① 陈鼓应注译：《庄子今注今译》，商务印书馆2016年版，第75—76页。
② 陈鼓应注译：《庄子今注今译》，商务印书馆2016年版，第76页。
③ 陈鼓应注译：《庄子今注今译》，商务印书馆2016年版，第76页。
④ 陈鼓应注译：《庄子今注今译》，商务印书馆2016年版，第670、671页。
⑤ 郭庆藩：《庄子集释》，中华书局2013年版，第831页。

行于所当行，止于不得不止，因而在具体的结构安排上，《庄子》也不拘常态，时常以一些"思想片断"跳跃穿插其中，使整篇活泼灵动。

张涅先生就认为："'卮言'是《庄子》'内篇'特有的语言表达形式和思想形式。它由片断组合而成，体现了一种旁逸跳跃、汪洋恣肆的语言风格，呈现了'内篇'各篇的思想脉络，是其自我不断否定和超越的思想过程的记录。"究竟何为思想的"片断"，其云："众所周知，《庄子》一书有'寓言'和'重言'这些思想表达形式。这些'寓言'、'重言'传统上称为章。笔者为了强调其意义的相对独立性（即并非属于整体结构中的一部分），称之为片断。具体分析这些片断就能发现'内篇'的一个特点，即'内篇'每一篇的各片断有相同的思想范畴，没有统一的思想观点。用通俗的话说，论题相同，论点却不同。这些片断的组合，使思想呈现出流变的状态；片断思想处在时间之'流'中。"[①]而这种思想片断的穿插、流变，构成了"卮言"的主要特征："'内篇'的另外五篇，也都可以寻觅到思想的流变轨迹。这正是前人所谓的'无心之言'、'不一之言'、'随日而出，不论是非'的表现。由此可知，把篇当作基本单位，采用题解或专论的形式去阐述核心观点，必然存在着以偏概全的问题。许多学人虽然在文本疏解时也分章进行，但是因为没有认识到'内篇'的基本单位是片断不是篇，'卮言'的基础由'内篇'的片断思想的组合所构成，因此也就不能充分认识片断独立存在的思想意义，不能把'卮言'的意义落实到文本分析中，解释得具体明白。"[②]他由此得出结论说："《寓言》篇、《天下》篇阐述的'卮言'，是针对'内篇'由片断组合形成的、呈现思想流变性的表述特征而言。因此落实到《庄子》文本中，我们理解'卮言'，就是对'内篇'各篇思想脉络的把握。'寓言'和'重言'也是'内篇'的基本表达形式，但是它们指片断表述特征，而且在'外杂篇'和其他先秦诸子著作中也普遍运用，没有特殊性，唯'卮言'为'内篇'所特有。此也可以作为'内篇'基本上为庄子自著的证

---

① 张涅：《〈庄子〉"卮言"的意义所在》，《学术月刊》2005年第4期。

② 张涅：《〈庄子〉"卮言"的意义所在》，《学术月刊》2005年第4期。

据。"①洪之渊也指出："支离为离析、分散、历历然分布之义……卮言是对无穷无尽的殊相的言说，而层出不穷的殊相之间多无逻辑和时间上的承续关系，也无主次之分，形成了'始卒若环，莫得其伦'的无首尾的圆形结构。…… 一方面，卮言与卮言之间往往相互独立，历历然分布，从整个篇章来看，形式上自然也就没有了严格的逻辑结构，离析分散。所以，阅读的时候从任何地方开始，似乎都无问题，'始卒若环，莫得其伦'。但另一方面，《庄子》一书千说万说，总归不离一个'道'字，万变不离其宗，在阅读的时候也同样要'枢始得其环中，以应无穷。'"②

试以《逍遥游》为例，此篇结构的每一段落，自成一个思想片断，在"至人逍遥"的思想统领下，组成一篇文章，而其结构带有极大的随意性，即如何组合全凭思想意识的统领。此篇分为八段，虽不能说其顺序可以任意颠倒，但其结论为"若夫乘天地之正，而御六气之辩，以游无穷者，彼且恶乎待哉！故曰，至人无己，神人无功，圣人无名"③，出现在第四段，按行文常理，结论若放置在末段最佳。而其末两段分别以"大瓠"和"大树"发端论述"无用之大用"之理，应视为"至人无己，神人无功，圣人无名"的论据，似乎应在第四段之前。又《齐物论》共17段，在抒发了一大段"辩无胜"的抽象道理后，笔锋突然一转，又以寓言式的两个思想片段结尾，第16段："罔两问景曰：'曩子行，今子止；曩子坐，今子起；何其无特操与？'景曰：'吾有待而然者邪？吾所待又有待而然者邪？吾待蛇蚹蜩翼邪？恶识所以然！恶识所以不然！'"第17段："昔者庄周梦为胡蝶，栩栩然胡蝶也，自喻适志与！不知周也。俄然觉，则蘧蘧然周也。不知周之梦为胡蝶与？胡蝶之梦为周与？周与胡蝶，则必有分矣。此之谓'物化'。"目前这种结构，全凭思想意识的流动，得道于心，纯以神行，而不拘泥于结构安排，看似支离破碎，实则在自由穿插之中显示思维的灵动。

4.幽默滑稽，戏谑诙谐。有人认为卮言即"优语"，即俳优滑稽之言。过常

---

① 张涅：《〈庄子〉"卮言"的意义所在》，《学术月刊》2005年第4期。

② 洪之渊：《卮言考释》，《温州师范学院学报》（哲学社会科学版）2005年第6期。

③ 陈鼓应注译：《庄子今注今译》，商务印书馆2016年版，第20页。

宝等认为："'卮言'是《庄子》的一种写作方式。学者认为'卮言'是对散漫无谓之言的比喻性说法，或是先秦饮酒礼中的祝酒辞。事实上，'卮言'即'扬觯之语'，它的散漫嘲戏的特点，说明它是俳优在酒席上的语言表演，又称'优语'。'优语'的内容包括插科打诨、谜语、神怪故事和说唱等。'优语'因其娱乐性质而享有豁免的权利，俳优可以利用这一职业特权进行劝谏，因此，'优语'又是一种有所承担的话语形式。'优语'因其似有似无的姿态和充满了隐喻性的表达方式，而得到道家的认同。《庄子》大量采用了'优语'即卮言的形式，或模仿了它的表达方式。《庄子》自云'卮言日出'，确非虚语。"①而幽默滑稽、戏谑诙谐则是俳优之语的本质特征。据《大宗师》所载：

中国古代著述思想研究

> 子祀、子舆、子犁、子来，四人相与语曰："孰能以无为首，以生为脊，以死为尻，孰知死生存亡之一体者，吾与之友矣。"四人相视而笑，莫逆于心，遂相与为友。俄而子舆有病，子祀往问之。曰："伟哉夫造物者，将以予为此拘拘也！曲偻发背，上有五管，颐隐于齐，肩高于项，句赘指天。"阴阳之气有沴。其心闲而无事，跰𨇨而鉴于井，曰："嗟乎！夫造物者又将以予为此拘拘也！"子祀曰："汝恶之乎？"曰："亡，予何恶！浸假而化予之左臂以为鸡，予因以求时夜。浸假而化予之右臂以为弹，予因以求鸮炙。浸假而化予之尻以为轮，以神为马，予因以乘之，岂更驾哉！且夫得者，时也，失者，顺也；安时而处顺，哀乐不能入也，此古之所谓县解也。而不能自解者，物有结之。且夫物不胜天久矣，吾又何恶焉！"②

此段文字在于申明道之无为、泯灭生死等庄学要旨，但其采取的方式却是怪诞诙谐，充满幽默意味。其论泯灭物我、生死等差别却说要把"无"当作头颅，把"生"视为脊梁，把"死"看作尻骨，以示生死有无为一体；子舆生病，腰弯

---

① 过常宝、侯文华：《论〈庄子〉"卮言"即"优语"》，《北京师范大学学报》（社会科学版）2007年第4期。

② 陈鼓应注译：《庄子今注今译》，商务印书馆2016年版，第222页。

背驼，五脏血管向上，面颊隐藏在肚脐之下，肩膀高过头顶，发髻在颈项后面，但他闲适自得，毫不嫌恶，更进一步说：如将我的左臂变成公鸡，就用它报晓；右臂变作弹弓，就用它弹射；尻骨变成车轮，就化神为马，乘其周游四方……，这些不仅与《德充符》中出现的那些外形残而内德充者如出一辙，更增添了怪诞诙谐、谐谑滑稽的成分。

5.前后不一，矛盾悖论。王雱《南华真经拾遗》将"卮言"诠释为"不一之言"，其云："卮言，不一之言也。言之不一，则动而愈出，故曰'日出'。言不一而出之必有本，故曰'和以天倪'。天倪，自然之妙本也。言有其本，则应变而无极，故曰'因以曼衍'。言应变而无极，则古今之年有时而穷尽，而吾之所言无时而极也，故曰'所以穷年'。此周之为言，虽放纵不一而未尝离于道本也。"[1]其对于"卮言"与"天倪"关系的理解很值得商榷，但其指出《庄子》中充满了"不一之言"，即前后矛盾、难以统一之处，却很有价值。江合友指出："'卮言'即'悖论之言'，它描述了'道'与'言'之间的悖论性关系，'悖论之言'（本真、变化、无限）避免了'独断论'（抽象、静止、有限）的谬误，因此'卮言'给予读者理解的开放性，在悖论的张力结构中蕴含着无限生成的可能性。三言之间没有宗本与非宗本的关系，卮言、重言和寓言之间互相交融，共同为着体道的目的而言说，共同构成《庄子》语言的本真、变化、无限的基本特征。"[2]洪之渊也认为："历来对卮言的解释众说纷纭，原因在于尚未把握住卮言的本质。卮言就是德言，从本质上说是无心之言；为了体现这一本质而采取了悖论之言的手段；悖论之言从内容上说是中正之言，是无可无不可的圆言；从形式上说是日新之言，从形式的结构上说是支离无首尾之言；从读者接受的角度上说，不善读者以之为荒唐谬悠之言，善读者以之为有味之言。《庄子》之所以把这种言说方式命名为卮言，是因为卮是圆而中空的酒器，这和悖论之言恰形成了隐喻关系。就悖论之言的本质而言，是无心，亦即虚（中空）。就悖

① 转引自张洪兴：《〈庄子〉"三言"研究综述》，《天中学刊》2007年第3期。
② 江合友：《〈庄子〉"卮言"新释》，《船山学刊》2003年第4期。

论之言的内容而言，是中正、无可无不可的圆言；就悖论之言的形式而言，是日新、支离无首尾的圆言。"①

在此，不妨将"悖论之言"视为"不一之言"的另一种表述。作为"卮言"特征的"不一之言"，不是一种可以确指的具体言辞，而是一种"不一"即矛盾的思维方式。这种矛盾悖论贯穿于整部《庄子》中，这也是上述"散漫流衍、不拘常态""支离散碎、自由穿插""荒唐谬悠、恣纵无端"等特征另一种表现形态和必然结果。方勇先生在《庄子学史》中指出："例如孔子在《庄子》一书中，就是个形象不定、人格不一的人物：有时被抬得高高在上，满口道家言论，俨然成了另一个庄子；有时又被还原本来面目，让他屡受老聃的教训；而有时又沦落到屡遭痛斥，被冷嘲热讽的地步。"②他还指出，《庄子》中的孔子形象，至少也有三张面孔，一是以儒家面貌出现的孔子，二是由儒家向道家转化的孔子，三是纯以道家面貌出现的孔子。因而，对于《庄子》中的孔子形象，后世也就有司马迁之"诋孔说"，苏轼之"助孔说"，刘鸿典等人之"尊孔说"。③各家之说均有依据，实源于《庄子》中孔子形象前后不一，因而才有相互矛盾龃龉的理解。

这种前后不一的矛盾悖论现象，弥漫于《庄子》全书，可以说，《庄子》是一个矛盾体，里面充满了悖论，有很多前后矛盾不一之处。笔者认为，之所以如此，是因为庄子之学以道为宗，以无为本，超越世俗社会的认识论和价值观，几乎向所有世俗之"物"提出了质疑和挑战，荀子所谓庄子"蔽于天而不知人"是也。世俗社会是以"有"为最基本常识的。而庄子标新立异，处处欲挑战世俗社会，否定世俗常识，因而必然形成各种矛盾。例如"无知与有知"，从根本上，庄子是否定人的认识的，《养生主》云："吾生也有涯，而知也无涯。以有涯随无涯，殆已；已而为知者，殆而已矣。"④这种观念在《知北游》中表达得更为

①　洪之渊：《卮言考释》，《温州师范学院学报》（哲学社会科学版）2005年第6期。
②　方勇：《庄子学史》，人民出版社2008年版，第23页。
③　方勇：《庄子学史》，人民出版社2008年版，第123—126页。
④　陈鼓应注译：《庄子今注今译》，商务印书馆2016年版，第113页。

中国古代著述思想研究

彻底与生动：

　　知北游于玄水之上，登隐弅之丘而适遭无为谓焉。知谓无为谓曰："予欲有问乎若：何思何虑则知道？何处何服则安道？何从何道则得道？"三问而无为谓不答也，非不答，不知答也。知不得问，反于白水之南，登狐阕之上，而睹狂屈焉。知以之言也问乎狂屈。狂屈曰："唉！予知之，将语若，中欲言而忘其所欲言。"知不得问，反于帝宫，见黄帝而问焉。黄帝曰："无思无虑始知道，无处无服始安道，无从无道始得道。"①

　　不仅不知何为"道"，怎样"知道"，就连"回答"这种行为也是"不知"，但《庚桑楚》篇中却提到："学者，学其所不能学也；行者，行其所不能行也；辩者，辩其所不能辩也。知止乎其所不能知，至矣；若有不即是者，天钧败之。""天钧"，成玄英疏云："自然之性。"②即人的自然天性，在此指人日新进取的本性永不满足，在求知悟道的过程中不断接近自然本真。很明显，这里还是肯定学习、求知的价值。又《逍遥游》的"小大之辩"以相对论泯除大与小的界限，但在《徐无鬼》中却申明"尚大"之旨——"知大一，知大阴，知大目，知大均，知大方，知大信，知大定，至矣。大一通之，大阴解之，大目视之，大均缘之，大方体之，大信稽之，大定持之。"③尽管这里的"大"是"以道观之"，而非"以俗观之"。再如无用与有用，庄子尚无用，但其落脚点确是"大用"，据《外物》："惠子谓庄子曰：'子言无用。'庄子曰：'知无用而始可与言用矣。天地非不广且大也，人之所用容足耳。然则厕足而垫之致黄泉，人尚有用乎？'惠子曰：'无用。'庄子曰：'然则无用之为用也亦明矣。'"④此外，"无言与有言""无材与有材"等命题，也均有此类矛盾现

　①　陈鼓应注译：《庄子今注今译》，商务印书馆2016年版，第645页。
　②　陈鼓应注译：《庄子今注今译》，商务印书馆2016年版，第700页。
　③　陈鼓应注译：《庄子今注今译》，商务印书馆2016年版，第762页。
　④　陈鼓应注译：《庄子今注今译》，商务印书馆2016年版，第824页。

象。可以说，在《庄子》中，有多少"无"，就有多少"有"，"有"与"无"构成一组组类似"无言与有言""无用与有用""无知与有知"的矛盾范畴。

6.当道不让，涉道必辩。庄子讲齐物，崇尚不辩，因为没有客观的、统一的标准，所谓"辩不胜"。对于"无辩""不辩"的道理，庄子在《齐物论》讲得很清楚："既使我与若辩矣，若胜我，我不若胜，若果是也，我果非也邪？……其俱是也，其俱非也邪？我与若不能相知也，则人固受黮暗，吾谁使正之？使同乎若者正之？既与若同矣，恶能正之！使同乎我者正之？既同乎我矣，恶能正之！使异乎我与若者正之？既异乎我与若矣，恶能正之！使同乎我与若者正之？既同乎我与若矣，恶能正之！然则我与若与人俱不能相知也，而待彼也邪？"①但另一方面，庄子善辩，也是事实。在此，"无辩"与"有辩"就又构成《庄子》中一组矛盾悖论。

庄子倡"无辩"，出于道法自然、与道为一的宗旨；庄子善辩，亦是为了维护道本身的严肃性、唯一性。《庄子》中充满辩论锋芒，较为著名的有"小大之辩""无用与有用之辩""无材与有材之辩""无情与有情之辩""濠梁之辩"。使得崇尚"不辩""无辩"的庄子不得不进行各种辩论的主要原因之一是天下沉浊、世道昏暗。"以天下为沉浊，不可与庄语"的另一层含义是生逢乱世，世道昏暗，人心不古，生存艰难，难以用所谓"庄语"即常规、常态的语言来表达自己的思想，于是不得不辩。刘向《战国策书录》："仲尼既没之后，田氏取齐，六卿分晋，道德大废，上下失序。至秦孝公，捐礼让而贵战争，弃仁义而用诈谲，苟以取强而已矣。夫篡盗之人，列为侯王；诈谲之国，兴立为强。是以传相放效，后生师之，遂相吞灭，并大兼小，暴师经岁，流血满野，父子不相亲，兄弟不相安，夫妇离散，莫保其命，湣然道德绝矣。晚世益甚，万乘之国七，千乘之国五，敌侔争权，盖为战国。贪饕无耻，竞进无厌；国异政教，各自制断；上无天子，下无方伯；力功争强，胜者为右；兵革不休，诈伪并起。当此之时，虽有道德，不得施谋；有设之强，负阻而恃固；连与交质，重约结誓，以

① 陈鼓应注译：《庄子今注今译》，商务印书馆2016年版，第105页。

守其国。故孟子、孙卿儒术之士，弃捐于世，而游说权谋之徒，见贵于俗。"①

处此乱世，生存艰难，庄子也不例外。至于庄子的生活困境，《外物》中有其夫子自道：

> 庄周家贫，故往贷粟于监河侯。监河侯曰："诺。我将得邑金，将贷子三百金，可乎？"庄周忿然作色曰："周昨来，有中道而呼者。周顾视车辙中，有鲋鱼焉。周问之曰：'鲋鱼来！子何为者耶？'对曰：'我，东海之波臣也。君岂有斗升之水而活我哉？'周曰：'诺。我且南游吴越之土，激西江之水而迎子，可乎？'鲋鱼忿然作色曰：'吾失我常与，我无所处。吾得斗升之水然活耳，君乃言此，曾不如早索我于枯鱼之肆！'"②

庄子尚无、不仕、无累、不摧眉折腰事权贵的人生态度决定了其生活困苦是一种必然，有时甚至要去向权贵借粮接济为生，但遇到了像监河侯这样无心救助却以托词拒绝的龌龊之辈，庄子的反击也是十分有力的。但其"忿然作色"不是直接的反击和讽刺，而是讲了一个寓言故事——救活鲋鱼只需少量的斗升之水即可，但救助者却说将来要引西江之水来救鲋鱼，而现在却无能为力。这实际上是将其置于死地，乃有鲋鱼的"忿然作色"，给监河侯以尖锐的讽刺，揭露了这类权贵者的丑恶嘴脸。另一段文字也是这种"不可与庄语"的寓言式表达：

> 庄子衣大布而补之，正緳系履而过魏王。魏王曰："何先生之惫邪？"庄子曰："贫也，非惫也。士有道德不能行，惫也；衣弊履穿，贫也，非惫也；此所谓非遭时也。王独不见夫腾猿乎？其得楠梓豫章也，揽蔓其枝而王长其间，虽羿、蓬蒙不能眄睨也。及其得柘棘枳枸之间也，危行侧视，振动悼栗，此筋骨非有加急而不柔也，处势不便，未足以逞其能也。今处昏上乱

第三章 《庄子》"三言"：著述方式与思想方法

---

① 刘向集录：《战国策》，上海古籍出版社1985年版，第1196—1197页。
② 陈鼓应注译：《庄子今注今译》，商务印书馆2016年版，第810页。

相之间，而欲无惫，奚可得邪？此比干之见剖心征也夫！"①

　　庄子贫寒，衣衫近褴褛，以麻绳系鞋，来见魏王，魏王评之以"惫"，而庄子则辩之以"贫"，并仔细辨析了二者的区别：读书人有学问真知却不能施行于世，可以叫作"惫"，惫是内在的；但如果是衣衫、鞋子破旧，显然是"贫"而不是"惫"了，贫是外在的。于是顺势讲了一个故事，说跳跃的猿猴充满活力，上下腾挪，在林木中腾跃，即使善射者也奈何它不得，而一旦落入荆棘丛中，就难以那样腾跃了，并非其本身无能，而是环境、世道发生了改变，使其不能尽展其才——现在他处于昏君庸相当道的乱世，若想不"惫"，又怎么可能呢？此段文字，显示庄子"好辩"的本色，魏王一个"惫"字评价不当，引发庄子对于天下沉浊、士无作为的感慨，字字击中要害。"贫""惫"之辨，显露机锋，显示出庄子理性辨析的深度，但庄子又不是以推理而是以故事来表达的。这两个故事，源自庄子的生活体验，显然比直接论述要有力量，讥讽之中，意味深长。《庄子》中还有的更为直接地把批判锋芒指向统治者：

　　　　人有见宋王者，锡车十乘，以其十乘骄稚庄子。庄子曰："河上有家贫恃纬萧而食者，其子没于渊，得千金之珠。其父谓其子曰：'取石来锻之！夫千金之珠，必在九重之渊而骊龙颔下，子能得珠者，必遭其睡也。使骊龙而寤，子尚奚微之有哉！'今宋国之深，非直九重之渊也；宋王之猛，非直骊龙也；子能得车者，必遭其睡也。使宋王而寤，子为鳌粉矣！"②

　　有人得宋王赐车十乘而夸耀于庄子之前，庄子没有直接驳斥其目光短浅，而是讲了一个贫子得骊龙千金之珠而遭其老父痛斥的故事，以此来比喻政治险恶、统治者贪婪凶恶，直指问题本质，痛快淋漓中又意味深长。至于"吮痈舐痔"或

① 陈鼓应注译：《庄子今注今译》，商务印书馆2016年版，第598页。
② 陈鼓应注译：《庄子今注今译》，商务印书馆2016年版，第973—974页。

"舐痔结驷"的故事更是揭示了其时天下沉浊、世道昏暗的程度，表现出小人为得势所采取的手段的卑劣和自己胸中的愤慨。

> 宋人有曹商者，为宋王使秦。其往也，得车数乘；王说之，益车百乘。反于宋，见庄子曰："夫处穷闾阨巷，困窘织屦，槁项黄馘者，商之所短也；一悟万乘之主而从车百乘者，商之所长也。"庄子曰："秦王有病召医，破痈溃痤者得车一乘，舐痔者得车五乘，所治愈下，得车愈多。子岂治其痔邪？何得车之多也？子行矣！"①

要之，庄子善辩，在此"无辩"与"有辩"之所以构成又一组矛盾悖论，是由《庄子》中充满了矛盾悖论所决定的。庄子法天贵真，以道为根，必然要与当世的种种俗事、俗物、俗人发生矛盾，必然会产生价值观等方面的碰撞。儒家讲"当仁不让"，用于庄子，则是"当道不让"。当道必辩，是庄子对于"辩"的基本态度，于是有了《庄子》中丰富多彩的论辩场景。

（七）"卮言"异于"天倪"，与"化声"处于同一层面

笔者认为，欲确切诠释《庄子》"卮言"本义，必须确切诠释"卮言日出，和以天倪"的本义，《寓言》两次提及此句，可知其为理解的关键。笔者不同意上述将"和以天倪"诠释为"合于天倪"，从而将"卮言"视为与"天倪""道言"等同的论断；而是认为"卮言"异于"天倪"，所以才要"和以天倪"而不是"合于天倪"。

如上所论，除《寓言》外，《齐物论》中也有类似"和以天倪"的文字："化声之相待，若其不相待。和之以天倪，因之以曼衍，所以穷年也。"郭象注："是非之辨为化声。"②曹础基注："这（指郭注）是颇得作者本意的。大

---

① 陈鼓应注译：《庄子今注今译》，商务印书馆2016年版，第963—964页。

② 郭庆藩：《庄子集释》，中华书局2013年版，第102、103页。

道能产生一切，变化一切。它变成人的形体就叫成形，变成人的精神就叫成心，变成各种言论就叫化声，变成各种物象就叫物化。故此《大宗师》中称道为'造化者'、'造物者'。万物虽是道变化出来的，但只是道的一点一滴的体现，故有彼此对立，互为是非，并由此产生物与物论的不齐。但这种对立，似乎并不是真的相对立，故下句说：'若其不相待。'待，对立；相待，相对立。"①陈鼓应采纳此说，其解"化声之相待"云："是非之辨相互对待而成。"②

比较《齐物论》的这段文字（"化声之相待，若其不相待。和之以天倪，因之以曼衍，所以穷年"）与《寓言》的这段文字（"卮言日出，和以天倪，因以曼衍，所以穷年"），无论句式、句法、含义上都十分相似。且《齐物论》出自庄子手笔，千古无异议；而《寓言》篇则为庄子后学中翘楚者所为，这样，从《齐物论》"和之以天倪"中便可见出"卮言"与"天倪"的关系。恰如陈治安所云："《寓言》一篇，乃《齐物论》之义疏，因是之宗旨也。言唯取适，而不与物争，然不然，可不可，谓之卮言。"③当然，笔者不同意陈氏将"卮言"与"天倪"等同起来，但这里将《寓言》篇视为《齐物论》的因循拓展，则极具启发性。如果我们按照《齐物论》将《寓言》这段文字补齐，将会出现下面的句子：

卮言（之）日出，（若超越卮言），和（之）以天倪，因（之）以曼衍，所以穷年。

显然，在《齐物论》中，"化声"与"天倪"是相互矛盾、不协调的，而要使之消除对立、达到协调，即"若其不相待"，才要"和之以天倪"。庄子生怕读者不清楚，还有以下解释文字，其云："何谓和之以天倪？曰：是不是，然不然。是若果是也，则是之异乎不是也，亦无辩；然若果然也，则然之异乎不然也

中国古代著述思想研究

① 曹础基：《庄子浅注》，中华书局1982年版，第40页。
② 陈鼓应注译：《庄子今注今译》，商务印书馆2016年版，第106页。
③ 转引自张洪兴：《再论〈庄子〉卮言》，《中国文学研究》2011年第1期。

亦无辩。忘年忘义，振于无竟，故寓诸无竟。"①这里，对什么是"和以天倪"作了十分简明的解释——忘却、泯除一切俗世间的彼此、大小、是非、对立、矛盾，以臻于自然之境。同在《齐物论》中，还有一段更为细致的解释：

> 物无非彼，物无非是。自彼则不见，自是则知之。故曰彼出于是，是亦因彼。彼是方生之说也，虽然，方生方死，方死方生；方可方不可，方不可方可。因是因非，因非因是。是以圣人不由，而照之于天……彼亦一是非，此亦一是非。果且有彼是乎哉，果且无彼是乎哉？彼是莫得其偶，谓之道枢。枢始得其环中，以应无穷。是亦一无穷，非亦一无穷也。故曰莫若以明。②

在此，又出现了诸多与"天倪"等同的概念，如"道枢""环中""以明"，但其本质都是要"齐物"，泯除差异，万物齐一，都是要解决"化声之相待"这一纠结、凝滞于俗世的是非争辩的问题的。显然，我们不能说"化声"就是"天倪"，就体现了"天倪"，这显然是和庄子本意相悖的。因为，简言之：在此，"化声"是否定性词语，是和"天倪"不协调的。

比照《寓言》篇，在给出"卮言日出，和以天倪，因以曼衍，所以穷年"的文字后，也有一段对于什么是"和以天倪"的解释：

> 不言则齐，齐与言不齐，言与齐不齐也，故曰言无言。言无言，终身言，未尝言；终身不言，未尝不言。有自也而可，有自也而不可；有自也而然，有自也而不然。……恶乎可？可于可。恶乎不可？不可于不可。物固有所然，物固有所可，无物不然，无物不可。非卮言日出，和以天倪，孰得其久！万物皆种也，以不同形相禅，始卒若环，莫得其伦，是谓天均。天均者

---

① 陈鼓应注译：《庄子今注今译》，商务印书馆2016年版，第105—106页。
② 陈鼓应注译：《庄子今注今译》，商务印书馆2016年版，第67页。

天倪也。①

只不过，这里没有"何谓和之以天倪？"之问，但其句式、内涵、意旨是极其相似的。除《齐物论》和《寓言》外，这类倡导"齐物"、泯除物我之别、是非之争、大小之辩的议论还有很多，均有"齐物"之旨。如《秋水》：

> 夫物，量无穷，时无止，分无常，终始无故。是故大知观于远近，故小而不寡，大而不多，知量无穷；证向今故，故遥而不闷，掇而不跂，知时无止；察乎盈虚，故得而不喜，失而不忧，知分之无常也；明乎坦途，故生而不说，死而不祸，知终始之不可故也。计人之所知，不若其所不知；其生之时，不若未生之时；以其至小求穷其至大之域，是故迷乱而不能自得也。由此观之，又何以知毫末之足以定至细之倪！又何以知天地之足以穷至大之域！②

又《秋水》：

> 河伯曰："若物之外，若物之内，恶至而倪贵贱？恶至而倪小大？"北海若曰："以道观之，物无贵贱；以物观之，自贵而相贱；以俗观之，贵贱不在己。以差观之，因其所大而大之，则万物莫不大；因其所小而小之，则万物莫不小；知天地之为稊米也，知毫末之为丘山也，则差数睹矣。以功观之，因其所有而有之，则万物莫不有；因其所无而无之，则万物莫不无；知东西之相反而不可以相无，则功分定矣。以趣观之，因其所然而然之，则万物莫不然；因其所非而非之，则万物莫不非；知尧桀之自然而相非，则趣操睹矣……"③

---

① 陈鼓应注译：《庄子今注今译》，商务印书馆2016年版，第836页。
② 陈鼓应注译：《庄子今注今译》，商务印书馆2016年版，第482—483页。
③ 陈鼓应注译：《庄子今注今译》，商务印书馆2016年版，第487—488页。

中国古代著述思想研究

上述自《齐物论》《寓言》以至《秋水》关于"齐物"以泯除俗世是非争辩的议论都与如何理解"和以天倪"相关联，有的直接点明，如"何为和之以天倪？"，有的虽没有"和以天倪"的字眼，但其语义内涵则很接近，也可以理解为是对"天倪"或"和以天倪"的解释。

但这里需要注意的是，这些有关"齐物"的议论都是在解释"何谓和之以天倪"，而非在解释"何谓卮言"；但由于《寓言》中两次出现了"卮言日出，和以天倪"，"卮言"与"天倪"的联系如此亲密，所以这些"齐物"的议论很容易被认为是在解释"卮言"，将"是不是""然不然""可不可""言不言"这些"天倪"的天然属性视为"卮言"的基本特征。

涂光社先生在论述"天倪"即"天和"时曾说："'倪'在'天倪'中义即为'和'。'天倪'与'天均'也相通，经常互释、并用。……'天倪'是自然的和谐，'和之以天倪'中的'和'字是动词，指以'和'为宗旨的协调整合。'和以天倪'之意即以'天（自然）'之'倪'为参照、为楷模、为法则不断地去整合、去协调之。'天倪'无须人为，为人们提供可以效法的参照。大自然（天地万物）在不停地运动变化，新的变数随时出现，也随时在协调整合，不断实现新的平衡和谐。"[1]涂先生认为："欲解读'和以天倪'，随后补充的那一段似乎无所谓是、非、然、可，不以言辩为然的议论不可忽略。《寓言》篇'和以天倪'之后也有一并认同和兼取'言'与'不言'，'可'与'不可'，'然'与'不然'……的表述。"[2]在此基础上，他进一步解释道："'和以天倪'的基本立场是认可各种事物现象的并存，各家学说以及相异的是非、然与不然、可与不可……的判断，也许都有能够成立的理由，都有其产生、存在和发展演化的可能性和合理性。……万物的杂然共存、相互矛盾、相互制约、互为补充而又具有总体上的和谐，庄子认为，处理形形色色的事物现象和学说上的分歧和

---

①　涂光社：《〈庄子〉心解》，学苑出版社2013年版，第285—286页。

②　涂光社：《〈庄子〉心解》，学苑出版社2013年版，第286页。

论争应该以此为参照。"①这样解释"天倪"符合庄子原意，因为上引几段文字可以充分佐证。但由于文本中"天倪"与"卮言"如影随形，诠释"天倪"之语就很容易被移换来诠释"卮言"。

如涂光社先生就指出："'卮言'则在日新月异的思想演变过程中承担着协调、整合的重任。它追求怎样的境界呢？《齐物论》已有'化声之相待，若其不相待，因之以曼衍，所以穷年也'之论，且这样解释：'何谓和之以天倪？曰：是不是，然不然。是若果是也，则是之异乎不是也亦无辩，然若果然也，则然之异乎不然也亦无辩。忘年忘义，振于无竟。'其中'曼衍'是不拘常规的演变和推而广之；'天倪'是自然而然的平衡协调；'无竟'是'无穷'的至境，也即'无待'之境或者'逍遥游'所至的'无何有之乡'。由此可知，《寓言》自谓'卮言日出，和以天倪'，所致力的有如自然天成的包容与和谐，既是一种'无辩'的理论境界，也是论者'所以穷年'、'忘年忘义'的人生境界，又是一种自然的'和'美充盈的艺术境界。"②这种解释很有启迪意义，令人获益匪浅，但还有商榷余地的在于："协调、整合"云云都是"天倪"的功能，而非"卮言"的，由于文本上"卮言"与"天倪"前后比邻，如影随形，所以很容易将二者混而为一，即将"天倪"的功能视为"卮言"的特性。又如其云："反复强调'以卮言为曼衍'，'和以天倪'，可见'卮言'之重要。……'日出'的不间断，表明了一个永不停步的渐进过程：是无可穷尽的'道术'不断被体认，是理论的不断推衍、不断充实、丰富、修正和不断整合。……在阐释'卮言'的时候重申肯定与否定、是与非的相对性，既是为不断完善、修正自己学说的提供依据，有兼取诸子所长的意义，也是对'卮言'的一种描述。论者虽在拓展人们的思维空间，改造其思维方式，重新确立是非美丑的标准培养新的审美取向，却不拒斥其他各家的思想成果；而以一种开放和宽容的态度，辩证地吸纳之、整合之，力求达到新的理想的和谐——'天倪'。"③而这种理解是很容易转移到如

① 涂光社：《〈庄子〉心解》，学苑出版社2013年版，第286页。
② 涂光社：《〈庄子〉心解》，学苑出版社2013年版，第316页。
③ 涂光社：《〈庄子〉心解》，学苑出版社2013年版，第313—314页。

中国古代著述思想研究

何定义"卮言"上的，如云："'寓言'、'重言'在《庄子》中很容易看出来，那么具体的'卮言'又是哪些呢？它们当间出于各种议论之中，然而就其学术精神而言，我以为《天下》篇算的上是'卮言'最集中处。公允'自然'（客观）地认识和肯定诸子各自的成就，是对先秦学术的'和以天倪'。……其出世的倾向决定了他不会为邀宠人主势要而力排众议，其高于同时代人的理性精神使他选择了'和以天倪'的学术态度。"①那么，《天下》又是如何体现了"'卮言'最集中处"的呢？或者如何体现出"和以天倪"的呢？涂先生继而指出："《天下》篇被誉为中国第一部学术史，其中对先秦各家的学术思想作了比较公允的概述，评价了从儒学到墨翟、禽滑厘、宋钘、尹文、彭蒙、田骈、慎到、关尹、老聃、庄周、惠施、桓团、公孙龙等诸子的学说，肯定他们'皆有所明'、'皆有所长'，显示出兼容并包的大家气度。《天下》篇没有孟子、荀子、韩非等人著作中那种对其他学派的猛烈抨击。尤其难能可贵的是，它并未特别突出自己一派的观点和建树，从篇幅和介绍的方式上都把庄周作为诸子中平等的一员。"②显然，在此，"天倪"的特征已成为"卮言"的特性，二者具有同一性和互换性。如其又云："阐释'卮言'的时候重申肯定与否定、是与非的相对性，既是为不断完善、修正自己的学说提供依据，有兼取诸子所长的意义，也是对'卮言'的一种描述。"③这里，将"天倪"的特性诠释为"卮言"的特性的趋向很明显，因为均衡、公允、兼取是"天倪""天均""天和"的特征，而非"卮言"的特征。

方勇先生对"卮言"的看法也有这种现象，其云："'卮言'在《庄子》中游衍不定，庄子以'卮言'命名，是想表明他自己所说的话便如酒器里的酒，'卮满则倾，卮空则仰，空满任物，倾仰随人'（成玄英语），都是无心之言，所以称为'卮言'。正因为是无心之言，时倾时仰，因此'卮言'大多是些不着边际的议论，想到哪便说到哪。在处于战国乱世之中的庄子看来，百家争鸣，各

---

① 涂光社：《〈庄子〉心解》，学苑出版社2013年版，第314页。

② 涂光社：《〈庄子〉心解》，学苑出版社2013年版，第314页。

③ 涂光社：《〈庄子〉心解》，学苑出版社2013年版，第381页。

执一端，尤其儒、墨二家，他们妄分是非、善恶、贵贱、高下，完全是由于自私用智，为成见所固蔽，所以庄子想以'卮言'的形式，跳出是非争辩的圈子，避开自我成见的干扰，期合于天然的端倪，顺应大道的运行，而代为立论。"①

要之，上述对何为"天倪"、何为"和以天倪"、《天下》篇如何体现"天倪"的解释都很透彻与全面，给人启迪多多。但问题在于，这样理解的对象如果是"天倪""和以天倪"都很相符，但将其转而解释"卮言"则需商榷。笔者认为，"卮言"与"天倪"相异，不能用解释"天倪"的含义移换而解释"卮言"。如前所论，《齐物论》中有一段与论"和以天倪"十分类似的文字，即"化声之相待，若其不相待。之以天倪，因之以曼衍，所以穷年"。由于其用语、句法、含义都相似，因而，可以用其来理解"卮言"。笔者认为，"卮言"与"化声"处于同一层面上，都是要"和之以天倪"的对象，而非与"天倪"相符、吻合、等同（合于自然的分际）的事物。如上所论，显然，在《齐物论》中，"化声"与"天倪"是相互矛盾、不协调的，而要使之消除对立、达到协调，即"若其不相待"，才要"和之以天倪"。同理，"卮言"与"天倪"也不在一个层面上，它与天倪也有相异、不协调之处，所以才要"和以天倪"。至于"是不是""然不然""可不可""言不言"等论述，不是论述"卮言"的，而是论述"天倪""天均""两行""道枢"等道本特质的；即使其与"卮言"有涉，也是在用"天倪"对"卮言"进行协调、调和、均衡之后，不可理解为其就是"卮言"本身的特征。"天倪"所具备的，恰是"卮言"所缺乏的；其关系恰如"天倪"所具备的，恰是"化声"所缺乏的。从这种意义上，笔者认为，虽然不能直接将"卮言"理解为"化声"，但"卮言"中不无类似"化声"的成分，至少是与"化声"都处于需要用"天倪"来调和的同一层面上。

综上，作为一种整体的言说形式与思维方式，"卮言"具有整体性、全局性、统摄性、渗透性和人间性，左右着全书的整体构思、布局与结构。具体而言，"卮言"在《庄子》中主要表现为以下方面：（一）散漫流衍，不拘常态。

---

① 方勇：《庄子学史》，人民出版社2008年版，第23页。

（二）荒唐谬悠，恣纵无端。（三）支离散碎，自由穿插。（四）幽默滑稽，戏谑诙谐。（五）前后不一，矛盾悖论。（六）当道不让，涉道必辩。这几方面的特点渗透、弥漫、贯穿于《庄子》各篇之中。通过以上对"卮言"具体特征的梳理，可以看到"卮言"与"化声"有密切的联系，这是因为：

首先，二者在《庄子》中出现的行文、语境极其相似。试看，《寓言》云："卮言日出，和以天倪，因以曼衍，所以穷年。"成玄英疏："曼衍，无心也。随日新之变转，合天然之倪分，故能因循万有，接物无心；所以穷造化之天年，极生涯之遐寿也。"[1]《齐物论》云："化声之相待，若其不相待。和之以天倪，因之以曼衍，所以穷年也。"[2]

其次，二者所论述的问题极其相似，都是泯物我、是不是、然不然、可不可等"齐物"理论在语言、认知及思辨方面的落实。《寓言》在上文之后紧接着说："不言则齐，齐与言不齐，言与齐不齐也，故曰言无言。言无言，终身言，未尝言；终身不言，未尝不言。有自也而可，有自也而不可；有自也而然，有自也而不然。……恶乎可？可于可。恶乎不可？不可于不可。物固有所然，物固有所可，无物不然，无物不可。"[3]《齐物论》在上文之前则说："既使我与若辩矣，若胜我，我不若胜，若果是也，我果非也邪？……其俱是也，其俱非也邪？我与若不能相知也，则人固受其黮暗，吾谁使正之？使同乎若者正之，既与若同矣，恶能正之！使同乎我者正之？既同乎我矣，恶能正之！使异乎我与若者正之？既异乎我与若矣，恶能正之！使同乎我与若者正之！既同乎我与若矣，恶能正之！然则我与若与人俱不能相知也，而待彼也邪？"[4]二者"和以天倪"以不辩息争的思想脉络如出一辙。

最后，显然，在《齐物论》中，"化声"（即是非争辩之声）与"天倪"是相异的，根据文义，正因为是非争辩之声不断（"化声之相待"），才要用"天

①　郭庆藩：《庄子集释》，中华书局2013年版，第833页。

②　郭庆藩：《庄子集释》，中华书局2013年版，第102页。

③　陈鼓应注译：《庄子今注今译》，商务印书馆2016年版，第836页

④　陈鼓应注译：《庄子今注今译》，商务印书馆2016年版，第105页。

倪"来调和,以达到"不相待"(泯灭是非辩争,不辩息争)的境界。但细品文意,"若其不相待"只是一种假设,而非现实的事实,现实的事实是"化声之相待",它是与《齐物论》中那段关于"既使我与若辩矣,若胜我,我不若胜,若果是也,我果非也邪"的议论相异的。同理,《寓言》中所说"卮言日出,和以天倪,因以曼衍,所以穷年"的"卮言"与"化声"所处的位置是一样的,而通过以上分析,卮言具有散漫流衍、荒唐谬悠、支离散碎、戏谑诙谐、矛盾悖论、涉道必辩等特征,而这些特征与"天倪""天均"的境界是不同的,尤其是"卮言"之"当道不让,涉道必辩"的特性,明显就是一种"化声",就是"化声之相待"。因而,可以说,"卮言"与"化声"处于同等地位,都是要"和以天倪"的对象。化声相待,和以天倪;卮言日出,和以天倪,其义一也。

要之,如何定义"卮言",如何理解"卮言日出,和以天倪",实际牵涉很广。这一问题涉及这些问题和结论:一、"和以天倪"还是"合于天倪"?结论应是"和以天倪"。二、卮言是否等同于"天倪"?结论是"卮言"异于"天倪"。三、"卮言"是否是合道之言?结论是不能把"卮言"视为与道齐同。四、"卮言"究竟是什么?结论是:卮言是一种整体的言说形式与思维方式。五、卮言内涵六方面的具体表现。这一层面将"卮言"整体特征一一坐实,尤其是其中的"前后不一、矛盾悖论"和"当道不让、涉道必辩"这两个特征,更是把"卮言"坐实到"化声"的层面,还在庄子"天人之辨"中"人"的层面,"道俗之辨"的"俗"的层面,而非"天倪""天均""齐物""道枢""两行"的道本层面。

第四节　寓言隐喻与思想修辞

以上对庄子的主要著述方式"三言"即寓言、重言、卮言进行了梳理和论述,笔者认为,寓言隐喻是庄子主动自觉的著述选择,重言是真言的多维表现,卮言是一种整体言说和思维方式。

寓言隐喻,作为庄子运用得十分娴熟并臻于炉火纯青的著述方式,无疑有着很强烈、鲜明的修辞色彩，因为，寓言归根到底是一种比喻的艺术，只不过比体和喻体有所区别，而比喻无疑又是一种最为常见的修辞格。但是，像《庄子》寓言这样以隐喻贯通全书的著述方式，又明显超越了纯粹语言层面的修辞。这并非只体现在《庄子》中。许多哲学家相信，语言与思想是隐喻性的。例如，关于思想的隐喻性，尼采就认为，"哲学家的活动是通过隐喻进行的"，正是在这个意义上，人们能够说，"形成隐喻的冲动是人类的根本冲动。人们在思想中一刻也不能丢掉它，因为那样就会丢掉人本身"。[①]此外，如学者所指出的，"美国修辞学家肯尼斯·伯克的隐喻观实际上隐含了语言与思想是隐喻性的观点。在伯克之前，理查兹也曾认为，所有的思维，只要它运用语言或者来自语言的概念，它就是隐喻性的。隐喻不仅仅是一种思维方式，对于讲语言的动物来说，所有的思维都是隐喻性的"[②]。鞠玉梅在谈到美国修辞学家肯尼斯·伯克的隐喻理论对隐喻研究的贡献时指出："摒弃对隐喻现象的表面观察，超出语言层次的局限，对隐喻进行了更为宏观的探讨，拓宽了对隐喻本质理解的视野，有助于人们认识隐喻的本质。其对隐喻的认识有着哲学上的意义。"[③]而所谓"超越语言层次"显然就是进入了哲学思想的层面。在此，所谓"隐喻"无疑也就具有了"语言"和"思想"的双重内涵及探讨意义。

于是，顺理成章地，就自然要区分一般意义的修辞和《庄子》寓言这样将其作为一种整体构思和思维方式的修辞。本书倾向于将前者视为语言修辞，而将后者视为思想修辞。于是，由庄子寓言隐喻的著述思想发轫，可以延伸思考一种思维方式与修辞方式的交叉范畴——思想修辞。所谓思想修辞，就是运用修辞的方法去进行的思维活动，或者说是其思维活动中带有强烈的修辞色彩。从思想或哲学的角度看，它是一种思维的方式；而从修辞的角度看，它又有着十分鲜明的修辞元素。鞠玉梅在谈到肯尼斯·伯克修辞学思想对汉语修辞学发展的可借鉴之

---

① 尼采：《哲学与真理——尼采1872—1876年笔记选》，田立年译，上海社会科学院出版社1993年版，第52、112页。

② 鞠玉梅：《肯尼斯·伯克修辞学思想研究》，中国社会科学出版社2017年版，第57页。

③ 鞠玉梅：《肯尼斯·伯克修辞学思想研究》，中国社会科学出版社2017年版，第59页。

处时说："第一，要从哲学的层面观照修辞学研究。修辞学研究既要有科学的描写，也要有哲学的阐释，有必要从哲学层面去研究修辞学和修辞现象。西方的修辞学大家基本上都是哲学家与修辞学家的双重身份。修辞学结合哲学进行研究，不仅可以为我们找到研究的突破口，扩展修辞学研究的范围，同时可以使我们的修辞学研究提高其理论层次。"[1]而庄子无疑是具备"哲学家与修辞学家"这样的高度和身份的，所以从修辞学角度，尤其是思想修辞角度看，研究庄子是很有必要的。

一、问题的提出

笔者认为，受庄子一类著作启发，除语言修辞外，还有一种"修辞"尚待研究，这就是"思想修辞"。当然，语言是思想的载体，无论多高明的思想，终究都要通过语言来实现。但不是任何语言都有思想，而表达思想，显然是有技巧的。所以，笔者提出"思想修辞"的概念，以期与"语言修辞"相区别。如果说，"语言修辞"是表达者通过各种手段，以求达到语言运用的最佳效果，那么"思想修辞"就是表达者通过各种手段，以求达到思想传达的最佳效果。二者的共性在于，它们都要通过"修辞"手段以达到自己的最佳效果；二者的区别在于，它们围绕的核心，一是语言，一是思想。简言之，前者是语言润色，后者是思想润色；前者着重的是如何使语言漂亮、更有感染力、说服力，后者着重的是如何使思想更有感染力、说服力、更为普遍接受。

在此要特别说明的是，本章所谓"思想修辞"是以"广义修辞"或"大修辞"观为观照视角的，其学理基础是源自研究讲演与劝说技巧的西方修辞学，而"汉语里所说的修辞或修辞学与西方的rhetoric具有很大的不同，实际上，我们的修辞学相当于'作文与修辞'中的'修辞'，主要包括措辞、辞格、风格等。这个意义上的'修辞'并不是西方修辞的主流"[2]。鞠玉梅进一步指出我国汉语修

① 鞠玉梅：《肯尼斯·伯克修辞学思想研究》，中国社会科学出版社2017年版，第96—97页。

② 鞠玉梅：《肯尼斯·伯克修辞学思想研究》，中国社会科学出版社2017年版，第37页。

辞学与西方修辞学的三大差异："第一，语言性与非语言性。汉语修辞学强调对语言的修饰，修辞表现在对语言材料的选择与加工之中；西方修辞学强调人文性与社会交往性，修辞表现在对他人的劝说与对达成同一的追求之中。第二，有界性与无界性。由于以语言为核心，传统的汉语修辞学研究往往局限于对句子和句子以下单位的分析上，对于句子之外的单位则认为不属于自己的研究领地。由于以人为核心，无论是西方古典修辞学还是当代修辞学研究的领域都远远超出语言本身，修辞研究的领域是无限拓展的。第三，微观性与宏观性。汉语修辞学研究注重微观与归纳，偏重语料整理。西方修辞学研究关注的内容既有微观的语言层面，更有宏观的社会与哲学层面。"①

作为一门古老的人文学科，西方修辞（rhetoric）传统上就一直被等同于"言说的艺术"（the art of speaking），或者"说服的艺术"（the art of persuasion）。在西方，"修辞"作为一种艺术起源于公元前5世纪的罗马，其时西西里岛推翻了寡头统治，形成了"民主"制度的雏形，政治权力由公民议事会议行使，于是普通公民可以通过"竞选"途径参政议政，这就使得改进口才、善于雄辩成为一时之需，"修辞被比拟为大权在握、使人不能不从的王公，被描绘成口吐天宪、神通广大的女神，被讴歌为'使饥渴难当的人感到精神饱满，哑然无声的人变得振振有词，双目失明者重见光明'的一种魔力"②。于是一些"修辞手册"应运而生，指导人们掌握论辩的技巧，一些雄辩大师也随之出现，当然还有对此的理论上的总结：柏拉图的《对话录》和亚里士多德的《修辞学》。

在中国，修辞活动起源也很早，杨树达《中国修辞学》开篇列举了许多《左传》中的例子，说明修辞作为一种追求最佳效果的积极的语言活动，在春秋时代的政治、外交等场合出现已是很频繁的了，此不赘言。《易经》上也有"修辞立其诚"的话。战国时期，权力多元，百家蜂起，雄辩、论辩、游说成为某些士人的谋生手段，极大地刺激了有中国特色的修辞学的发展，《文心雕龙·论说》所

---

① 鞠玉梅：《肯尼斯·伯克修辞学思想研究》，中国社会科学出版社2017年版，第93—95页。

② 刘亚猛：《西方修辞学史》，外语教学与研究出版社2008年版，第1页。

谓"暨战国争雄，辨士云涌；纵横参谋，长短角势；转丸骋其巧辞，飞钳伏其精术；一人之辨，重于九鼎之宝，三寸之舌，强于百万之师"①。

像其他概念一样，究竟什么是"修辞"，也有众多的解释，但无论如何界定，都会在"修辞是语言的艺术"这一点上达成共识，都认为所谓"修辞"是对语言的技巧性应用，及对语言最佳应用效果的积极追求。但其根本特点正如有的学者所指出的那样："传统上看来，现代汉语修辞学占主导地位的陈望道的'以语言为本位'的修辞观，虽然汉语修辞学的定义不下十种，诸如调整说、辞格说、修饰说、美辞说、加工说、选择说、组合说等，但共同的核心都是以'修饰言辞'为轴心，以追求表达效果为最终目的，对辞格、华丽词语、艺术表现手法特别关注。"②

16世纪的法国学者拉米斯曾把思辨和言辞视为两个截然不同的领域，他说：

> 自然赋予人类理性和言辞这两种人人享有的一般天赋。辩证是有关前者的理论，语法和修辞则事关后者。因此，辩证应当从人类理性中汲取力量，以便对［话语的］主题思想和材料的组织安排进行思考。语法应该从词派、句法、韵律等角度分析言辞的纯正性，同时还应该关注正字法，以达到正确言说和正确书写的目的。修辞则应该揭示如何首先应用转义和非转义辞格，然后通过采用富有尊严的各种表达方式，对言辞加以修饰……如果将这些艺术的管辖范围清楚地加以区分，使其各司其职，那么语法在其合法领域中所讲授的内容就不会跟修辞混杂起来，而辩证也不至于侵犯其他艺术的研究范围。③

既然思辨和修辞分属两个不同的领域，于是，"从思维和言辞是人类截然不同的两种禀赋这一大前提出发，拉米斯认定西塞罗以修辞的名义所孜孜追求的理想，即'脑和舌的统一'，是大错而特错的糊涂观念。修辞与思想的生成和意义

---

① 刘勰著，范文澜注：《文心雕龙注》，人民文学出版社1958年版，第328—329页。
② 鞠玉梅：《肯尼斯·伯克修辞学思想研究》，中国社会科学出版社2017年版，第90页。
③ 转引自刘亚猛：《西方修辞学史》，外语教学与研究出版社2008年版，第222—223页。

的构筑无涉，其作用只局限于对通过非修辞途径产生的想法和念头加以修饰，以便准确、生动、有力地表达它们。因此，有必要在将思维的艺术和言说的艺术，即辩证和修辞，严加区分的基础上，对修辞进行再认识。修辞的正当研究对象应该只包含文体和表达两项，而它一向承担的中心任务，即念头、话题、话点的发明以及材料的组织和安排，必须划归辩证学"①。中国学者王希杰在《汉语修辞法》中也明确指出："修辞学，是研究提高语言表达效果的规律的语言科学，是以修辞活动为自己的研究对象的一门科学。它是语言学的组成部分，是一门独立的学科，它的研究对象是语言的社会功能，是如何有效地使用语言的问题。"②

翻开一些讲修辞的著作，其核心都是围绕着如何使用语言以期达到最佳效果进行的，如陈望道的《修辞学发凡》中，就列出了"消极修辞"和"积极修辞"两大类别，在"积极修辞"中，又列出了"譬喻""借代""映衬""摹状""双关"等辞格——这些明显属于"语言修辞"的范畴。③另外，翻查一些修辞学著作，也可常见到"譬喻""比拟""摹状""对偶""排比""错综""借代""移就"等修辞格，并以此为主要内容进行解释和论证。④

本书由庄子寓言隐喻发轫，试图提出并论证"思想修辞"的存在，但其基础是"语言修辞"。区别二者的难点在于：语言修辞的对象是语言，思想修辞的对象也必须以语言为中介，但语言修辞只是要把某一片段的意思表达清楚或完美，而思想修辞则是要系统、完整地把某一种思想表达清楚或完美。如毛泽东在《星星之火，可以燎原》结尾写道："它是站在海岸遥望海中已经看得见桅杆尖头了的一只航船，它是立于高山之巅远看东方已见光芒四射喷薄欲出的一轮朝日，它是躁动于母腹中的快要成熟了的一个婴儿。"⑤这明显就是"语言修辞"，而非"思想修辞"，因为它是运用了比喻的手法，将"新政权像什么什么……"这样

① 刘亚猛：《西方修辞学史》，外语教学与研究出版社2008年版，第223页。

② 王希杰：《汉语修辞学》，商务印书馆2004年版，第7页。

③ 陈望道：《修辞学发凡》，复旦大学出版社2008年版。

④ 详见陈汝东：《当代汉语修辞学》，北京大学出版社2004年版；王希杰：《汉语修辞学》，商务印书馆2004年版；吴礼权：《现代汉语修辞学》，复旦大学出版社2006年版。

⑤ 毛泽东：《毛泽东选集》（第一卷），人民出版社1991年版，第106页。

一个片段的意思表达得更加完美。

二、思想与修辞：历史的合理性

修辞究竟与理性和思想究竟有无联系，对此，有些学者的判断是肯定的，其云："随着现代科学的发展和修辞学研究的深入，虽然我国学术界基本上倾向于修辞学归属于语言学，但从中外修辞学研究的历史和现状看，修辞学已很难以划归或者局限于语言学范畴。实际上，修辞学被放置在了一个语言学与传播学乃至于哲学的交叉地带。"[1]并明确指出：

> 随着修辞学研究的深入，人们发现修辞在物化思想和知识的同时，实际上也参与了知识的形成和真理的创造。修辞学家人类修辞方法"隐喻"的研究表明，"隐喻"不仅是一个修辞格，而且还是一种认知方式。隐喻不仅存在于语言表达的层面，而且存在于思维层面，是一种思维模式。[2]

在谈及改变我国修辞学研究"以语言句子为中心"的现状时有学者指出："我们认为，当前汉语修辞学研究亟待解决的问题是如何汲取多方营养，拓宽研究范畴，开阔研究视野，更新修辞观念，摆脱狭隘修辞观的束缚，将修辞学研究置于一个更广阔的天地中。在这方面，西方的修辞观可以为我们提供一种有益的借鉴。"[3]因而，回顾一下西方修辞学史，补充一些营养，或不无益处。

修辞具有认知性质，存在于思维层面，是一种思维模式。这种认识，验之修辞学史，尤其是西方修辞学史，是有充分依据的。先看看亚里士多德的修辞理论。亚里士多德在《诗学》中论述悲剧的性质时曾指出："悲剧是对一个严肃、完整、有一定长度的行动的摹仿，它的媒介是经过'装饰'的语言，以不同的形式分别被用于剧的不同部分，它的摹仿方式是借助人物的行动，而不是叙述，

---

① 陈汝东：《当代汉语修辞学》，北京大学出版社2004年版，第42页。

② 陈汝东：《认知修辞学》，广东教育出版社2001年版，第460页。

③ 鞠玉梅：《肯尼斯·伯克修辞学思想研究》，中国社会科学出版社2017年版，第4页。

中国古代著述思想研究

通过引发怜悯和恐惧使这些情感得到疏泄。"①在分析"悲剧"的各种构成要素时，他说：

> 作为一个整体，悲剧必须包括如下六个决定其性质的成分，即情节、性格、言语、思想、戏景和唱段……情节是悲剧的根本，用形象的话来说，是悲剧的灵魂。性格的重要性占第二位……悲剧是对行动的摹仿，它之摹仿行动中的人物，是出于摹仿行动的需要。第三个成分是思想。思想指能够得体地、恰如其分地表述见解的能力；在演说中，此乃政治和修辞艺术的功用。昔日的诗人让人物像政治家似地发表议论，今天的诗人则让人物像修辞学家似的讲话。②

在此，亚里士多德明确做出了"思想指能够得体地、恰如其分地表述见解的能力；在演说中，此乃政治和修辞艺术的功用"这样的判断，在《诗学》的另一处，他也指出："关于思想，《修辞学》中已有过论述，因为这个成分主要是修辞学的研究对象。思想包括一切必须通过话语产生的效果，其种类包括求证和反驳，情感的激发（如怜悯、恐惧、愤怒等）以及说明事物的重要或不重要。很明显，在事件中，当诗人需要引发怜悯、恐惧，说明事物的重要或事发的可然性时，也应该使用同样的成分。"③由此可见，在亚里士多德心目中思想与修辞、理性与修辞无疑是有密切联系的。

梳理思想与修辞关系的另一条思路是雄辩学、辩论学或诡辩学。雄辩学或诡辩学是流行于古希腊、古罗马时代的一种"言说的艺术"。在此层面上，思想、情感、语言技巧是密不可分的，甚至诡辩学本身就被称为"修辞学"。洛克就曾批评说："修辞学的一切技术（秩序和明晰除外），和演说术中所发明的一切技巧的纡回的文字用法，都只能暗示错误的观念，都只能够动人底感情，都只能够

---

① 亚里士多德：《诗学》，陈中梅译注，商务印书馆1996年版，第63页。
② 亚里士多德：《诗学》，陈中梅译注，商务印书馆1996年版，第64—65页。
③ 亚里士多德：《诗学》，陈中梅译注，商务印书馆1996年版，第140页。

迷惑人底判断，因此，它们完全是一套欺骗。因此，在雄辩中，和演说中，这些把戏虽是可奖赞的，可是我们底议论如果在指导人，教益人，则我们应完全免除了这些。因为在真理和知识方面，这些把戏委实可以说是语言本身的缺点，或应用这些语言的人底过错。"[1]很明显，在此，他把"修辞学"嵌入了"雄辩学"之中。

但在古罗马著名的修辞学家西塞罗眼中，雄辩学却有着至高无上的地位。他指出，除了雄辩之外，没有任何其他东西可以"将散居各地的生灵聚集在一处，使他们脱离在蛮荒中的野性生存，进入作为人类以及作为公民所享有的那种文明状态，使他们在建立社群之后，能制定法律、建立审判庭、获得民权……完美的言说者不仅维持了自己的个人尊严，而且维护了整个国家的安全"[2]。这种褒扬和赞美不是无目的的，而是要指向一种方向——舌与脑的统一。他明确指出："就像雄辩由语言和思想组成一样，我们必须在保持我们的措词无误和纯洁——也就是使用良好的拉丁语——的时候，能够选择既'恰当'又有文采的语词。所谓'恰当'，就是要选择最优雅的语词；所谓有文采，就是要适度使用比喻，小心避免不着边际的对比。另一方面，就像有许多种思想一样，我在上面说过有许多种演讲风格。比如为了快乐，阐述和解释就应当是欢快的和诙谐的，为了激励情感，它们就应当是有分量的和给人印象深刻的。除此之外，有一种把语词放在一起的方式——一种结构——用来产生节奏和流畅这两种效果；还有一种安排观点的方式和一种最适宜证明某个案例的秩序。但所有这些都只是一座建筑物的组成部分，而它的基础是记忆，有了记忆才有可能表达。"[3]

很明确，在西塞罗心目中，统而言之，雄辩之组成有两大部分："语言"和"思想"；分而言之，还涉及风格意义上的"恰当"和"文采"，论证意义上的"阐述"和"解释"，构思意义上的"结构"和"秩序"，以及心理意义上的"记忆"。

---

① 洛克：《人类理解论》，关文运译，商务印书馆1959年版，第497页。

② 转引自刘亚猛：《西方修辞学史》，外语教学与研究出版社2008年版，第106页。

③ 西塞罗：《西塞罗全集·修辞学》，王晓朝译，人民出版社2007年版，第270页。

即使是在语言运用的层面上，西塞罗认为，也有思想或观念的参与。例如概念的定义，他解释什么是"定义"时说：

> 定义是解释被定义的对象是什么的一个陈述。定义有两个基本类别，一类定义存在的事物，另一类定义只能由心灵把握的事物。所谓存在的事物，我的意思是那些可见可触摸的事物，例如农村、房屋、墙壁、雨水、奴隶、动物、家具、食物，等等。有时候你不得不给这类物体下定义。另一方面，所谓不存在的事物，我指的是那些不可触摸或指出，但毕竟可以用心灵来接受和理解的事物，例如，你可以用长期占用、监护权、氏族、父系亲属来定义"获取"，这些事物没有形体，但可以在心灵中留下清晰的类型和理解，我称之为观念。在论证过程中，这种观念常常需要定义。[①]

可见，西塞罗心目中的雄辩学是多种要素的统一，其中自然包括理性思考、思辨和思想。恰如有的学者所分析的那样：

> 一方面，他所理想的修辞应该是雄辩和智慧的统一。通过自己长期投身罗马政治、法律、社会事务而获得的经验和阅历，他深知雄辩具有沛然莫之能御的力量，如果不用理智对它加以约束限制，听任其蜕变为煽动和蛊惑，则它对社群、公众和国家可能造成极其严重的危害和破坏。另一方面，他认为融雄辩和智慧于一体的修辞应该是至高无上的美德，是包括"哲学"在内的一切智力追求、一切学科艺术的最终归宿。为了说明后面这一点，西塞罗推出了可以称得上是"第一部西方智力史"的一个历史叙事。根据这一叙事，古希腊学术在其发端之后的很长一段时间内信奉一种雄辩和智慧合二而一，行动和思维密不可分的言、知、行统一观，雄辩家也就是智者，行动家

---

① 西塞罗：《西塞罗全集·修辞学》，王晓朝译，人民出版社2007年版，第285页。

跟思想家见之于同一人。^①

　　毫无疑问，既然雄辩学具有如此之高的地位，那么，修辞与思想、雄辩和智慧、雄辩家和智者、行动家与思想家就有着高融合度。换言之，在西塞罗看来，思想与修辞之间存在着直接的联系，这是无须争辩和论证的。

　　实际上，从广义修辞学的角度看，一些修辞技巧实际上包含了思想、情感、思维方式、语言技巧等多种因素。例如，成书于公元前一世纪的《献给赫伦尼厄斯的修辞学》，亦称《罗马修辞手册》，认为修辞有"表现""审议"和"法务"三大动因，修辞者应掌握"发明""谋篇""文采""记忆""发表"五大能力："发明，即构想出真实或大抵如此的说法，以便使所提出的论点使人信服；谋篇（arrangement），即分派言说材料的次序，使每一点排列在什么地方一清二楚；文采，即选用恰当的词句，使之顺应所构想出的说法……"^②此外，西塞罗曾写作《话题》一书，力图对修辞方式作出一种系统明晰的表述。他首先提出两个初始命题：第一，"一切论辩性话语所关注的无非两件事：论点的发明和所发明论点是否确当做出的判断"；第二，"论点应该被理解为使有疑问的事物变得可信的［那些因素］"。在这两个命题的基础上，他将"话题"界定为"论点蕴藏处"或"论藏"，并根据话题"内在于"还是"外在于"言说主题将它们分为两大类。"内在话题"是由主题的本质确定的，可以从主题的"整体、部分、意义、联系"中提取出来。西塞罗指出：

　　　　讲演者应当具有开题（invention）、布局（arrangement）、文体（style）、记忆（memory）、表达（delivery）的能力。所谓开题就是对那些真实的或者似乎有理的事情进行设想，从而使事例变得可信；所谓布局就是对整个事件进行安排或配置，从而使事情的每个要点所处的位置变得清

---

① 刘亚猛：《西方修辞学史》，外语教学与研究出版社2008年版，第107页。

② 转引自刘亚猛：《西方修辞学史》，外语教学与研究出版社2008年版，第82页。

晰；所谓文体就是针对构思出来的事情采用恰当的词句；所谓记忆就是把事情、用语和布局牢牢地记在心里；所谓表达就是优雅地使用声音、表情和姿态。①

显然，所谓"开题""布局""文体""记忆""表达"都不仅仅限于语言层面，而是涉及了思想和思维方式的层面。在另一处，西塞罗明白无误地论述了思想和讲演术、演说的关系，他借布鲁图之口说：

> 但就讲演术而言，我的快乐并不过多地取决于从讲演中得到的奖赏和名声，而在于它包含的学习和训练。……因为，不是一名健全的思想者，就不能成为一名优秀的演说家。因此，无论谁热心于真正的讲演术，都会献身于健全的思想，哪怕在伟大的战争时期也没有任何理由加以搁置。②

既然思想与修辞有着如此紧密的联系，思想已经参与到修辞中来，那么，在语言修辞已经有着自己林林总总的修辞格的情况下，思想修辞也应该有类似的修辞格或者范畴。这一点，在笔者思考"思想修辞的修辞格"问题之前，前人已经有了类似的思考。较早的，例如亚里士多德，他在《修辞学》中曾指出：

> 修辞术是论辩术的对应物，因为二者都论证那种在一定程度上是人人都能认识的事理，而且都不属于任何一种科学。人人都使用这两种艺术，因为人人都企图批评一个论点或者支持一个论点，为自己辩护或者控告别人。大多数人，有一些是随随便便地这样做，有一些是凭习惯养成的熟练技能这样做。既然这两种办法都可能成功，那么，很明显，我们可以从中找出一些法

---

① 西塞罗：《西塞罗全集·修辞学》，人民出版社2007年版，第3页。

② 西塞罗：《西塞罗全集·修辞学》，人民出版社2007年版，第665页。译者注："健全的思想"在这里的意思是哲学。它代表了作者在《论演说家》中提出来的观点，理想的演说家必定也是哲学家。

则来，因为我们可以研究为什么有些人是凭熟练技能而成功的，有些人却是碰运气而成功的。人人都承认这种研究是艺术的功能。①

也就是说，在承认思想参与到修辞中来的前提下，思想修辞也应该是有一些规律可循的。

在这一点上，已经有先贤提出了"思想辞格"这样的概念。例如希腊化时期的学者德米特里撰写了《风格论》，较早地对辞格进行了比较深入的讨论，并率先对"思想辞格"（figures of thought）和"语言辞格"（figures of speech）加以区分。②《罗马修辞手册》的作者对当时已知的辞格进行了一番大清点，通过定义和示例详细讨论了分为"思想内容"和"语言辞格"的两大类共计四五十个的辞格。③

此外，还有一些西方学者在更为宏观的层面上进行了修辞研究，例如西方提倡自由经济的鼻祖亚当·斯密，其修辞思想贯穿于语言和经济活动之中。恰如有的学者所指出的："斯密以关于人类的一个基本假定，即'人具有说服他人的本能'，为其修辞思想的出发点，以情感作为其理解修辞活动的切入点，通过同情共感机制的建立，突出了修辞过程不仅具有'说服'的一面，更是一个'求得认同'的过程。这样一种'大修辞观'将修辞的视角延伸到了人们生活的方方面面：在伦理上，修辞具有激发人们道德情感的作用；在经济生活中，修辞使得分工成为可能，进而产生交换、市场。"④寻求语言与市场的"同一性"，是亚当·斯密修辞学思想的最大特色——"斯密在论述社会的发展对语言产生的影响时始终强调，在语言为满足需求而发生的演进过程中，人们并不能有意识地对语言的整体发展设置方向。没有谁能就语言的发展方向和趋势下达一个命令或规范，让人们服从。一种具体的语言规则是在归纳长期习惯用法的基础上总结和

① 亚里士多德：《修辞学》，罗念生译，上海人民出版社2006年版，第19页。
② 刘亚猛：《西方修辞学史》，外语教学与研究出版社2008年版，第75页。
③ 刘亚猛：《西方修辞学史》，外语教学与研究出版社2008年版，第92页。
④ 张亚萍：《亚当·斯密修辞学思想研究》，浙江大学出版社2017年版，第15页。

中国古代著述思想研究

修改出来的。'那些最先开辟先河的人并没有任何明确的意向或远见，他们也并非有意要建立什么普遍的规则'，'普遍规则会自己不知不觉地，缓慢地建立起来'。正如 Otteson（2002：71）所指出的，这里我们应该注意斯密提出的三点：一是普遍规则是自己不知不觉建立起来的；二是这一过程是缓慢发生的；三是这是由人类的需求所推动的。"① 语言与市场，或市场与语言的共同之处在于"无意向性""无人为干预""自然而然发展"等特性。斯密从语言的效用出发阐述语言的发展，同时强调语言发展的"无意向性"，认为是先有语言的使用，再形成语言规则，语言规则"会自己不知不觉地，缓慢地建立起来"。Otteson 从斯密的上述论述中，解读出了一个'市场'模型。他在自己名为《亚当·斯密的第一个市场模型：语言发展》的论文中认为斯密所建构的语言发展过程是一个"市场"模型。Otteson 指出，斯密强调语言是一种"无意向性秩序系统：这是一个自我实行的有序的机制，由个人基于仅仅满足自己需要的欲望而进行的自由交换无意向创造出来的"。Otteson 认为，在斯密所构建的语言市场模型中，起到推动作用的是人们想要"互相理解彼此需求"的欲望，语言中的语法、语音规则是语言市场中不得不遵循的规则，流通的是人们的"想法和需求"，而语言本身就是最后所导致的"无意向性秩序系统"。②

也许，对于亚当·斯密，我们只知道《国富论》和《道德情操论》，却不知他在修辞学也颇有建树。而他的修辞学系统将语言、市场、伦理囊括在一起探讨，这已经远远超出了语言层面，而进入了思想层面。

另外，超越了语言层面来理解与进行修辞学研究的还有美国著名文论家韦恩·布斯。他的著作《小说修辞学》，顾名思义，是一本运用"广义修辞学"或"大修辞观"的概念来研究小说的著作。这里的所谓"修辞"，显然不是语言层面意义上的修辞。其主旨恰如周宪先生所指出的："在《小说修辞学》中，布斯最关心的问题，是作者、叙述者、人物和读者之间的关系。在他看来，这

第三章 《庄子》'三言'：著述方式与思想方法

---

① 张亚萍：《亚当·斯密修辞学思想研究》，浙江大学出版社2017年版，第27页。

② 张亚萍：《亚当·斯密修辞学思想研究》，浙江大学出版社2017年版，第28页。

种关系就是一种修辞关系，亦即作者通过作为技巧手段的修辞选择，构成了与叙述者、人物和读者的某种特殊关系，由此达到某种特殊的效果。他把该书取名为《小说修辞学》，并不是去探讨我们通常理解的措辞用语或句法关系，而是研究作者叙述技巧的选择与文学阅读效果之间联系，这便回到了古希腊的修辞学本义上去了。"[1]布斯本人也在书中辨析了传统意义上"可以辨识的修辞"与自己的"小说修辞"之间的区别。他申明："但是，这里我的主要论点并不依赖故意扩大'修辞'这一术语的范围，这种扩大在某些人看来仅仅是字面上的。更重要的是，在我们所称赞的作品中，狭义的修辞——可以辨识的、可以分离的，'读者之友'成分——是普遍存在的。……如果有人找到一部伟大的小说、戏剧或者诗歌，相当数量有资格的读者承认它是这样，而他却完全摆脱了可以辨识的修辞，我会感到惊奇，但不会感到不安。"[2]在具体实践中，布斯创造了一系列新概念来构建自己的修辞体系，诸如"第二自我""隐含作者""替身""不可靠叙述"等。他认为，在优秀的小说中，作者不是直接通过人物情节来直接表达自己意图的，而是采取了更为隐蔽与含蓄的间接化、陌生化的介入手法与技巧。布斯指出："在他写作时，他不是创造一个理想的、非个性的'一般人'，而是一个'他自己'的隐含的替身，不同于我们在其他人的作品中遇到的那些隐含的作者。对于某些小说家来说，的确，他们写作时似乎是发现或创造他们自己。"[3]然而，在小说研究中，却一直缺乏一个相适应的术语、概念来表达这种现象，恰如布斯所指出的："一个奇怪的事实是，无论是这个创造出来的'第二自我'，还是我们与他的关系，我们都没给出术语。我们对叙述者的各个方面规定的术语，没有一个完全精确地适用于它。我们有时使用'人物''戴面具者'和'叙述者'这些术语，但是它们更经常是指作品中的说话者，他毕竟仅

中国古代著述思想研究

---

① 韦恩·布斯：《小说修辞学》，华明、胡苏晓、周宪译，北京联合出版公司2017年版，序言第11页。

② 韦恩·布斯：《小说修辞学》，华明、胡苏晓、周宪译，北京联合出版公司2017年版，第96页。

③ 韦恩·布斯：《小说修辞学》，华明、胡苏晓、周宪译，北京联合出版公司2017年版，第66页。

是隐含作者创造的成分之一，可以用大量反讽把他同隐含作者分离开来。'叙述者'通常是指一部作品中的'我'，但是这种'我'即使有也很少等同于艺术家的隐含形象"。[1]于是，布斯创造了一系列新的概念来说明自己的发现，例如"替身"："我们必须说各种替身，因为不管一位作者怎样试图一贯真诚，他的不同作品都将含有不同的替身，即不同思想规范组成的理想。正如一个人的私人信件，根据与每个通信人的不同关系和每封信的目的，含有他的自我的不同替身，因此，作家也根据具体作品的需要，用不同的态度表明自己。"[2]还有"隐含作者"，他明确指出，在直接的作者背后，还有一个"隐含的作者"："'隐含的作者'（作者的'第二自我'）——即使那种叙述者未被戏剧化的小说，也创造了一个置于场景之后的作者的隐含的化身，不论他是作为舞台监督、木偶操纵人，或是默不作声修整指甲而无动于衷的神。这个隐含的作者始终与'真实的人'不同——不管我们把他当做什么——当他创造自己的作品时，他也就创造了一种自己的优越的替身，一个'第二自我'。一部小说并不能直接归结于这个作者，就此而言，作者与隐含的、非戏剧化的叙述者之间并无区别。例如，在海明威的《杀人者》中，除了海明威写作时所创造的隐含的第二自我而外，没有叙述者。"[3]由于"第二自我"和"隐含作者"的存在，布斯又发现了小说技巧中的又一个奥秘——"不可信的叙述"，而一部小说是否"可信"的关键在于这段叙述是否符合作者的"规范"（即作者秉持的立场和价值观）。对此种联系，他解释说："对于叙述者中的这种距离，我们几乎找不到恰当的术语名之。由于缺少更好的术语，当叙述者为作品的思想规范（亦即隐含的作者的思想规范）辩护或接近这一准则行动时，我把这样的叙述者称之为可信的，反之，我称之为不可信的。确实如此，大多数非常可信的叙述者喜欢作大量附带的冷嘲热讽，因而，就

① 韦恩·布斯：《小说修辞学》，华明、胡苏晓、周宪译，北京联合出版公司2017年版，第68页。

② 韦恩·布斯：《小说修辞学》，华明、胡苏晓、周宪译，北京联合出版公司2017年版，第67页。

③ 韦恩·布斯：《小说修辞学》，华明、胡苏晓、周宪译，北京联合出版公司2017年版，第141页。

其存在着潜在的欺骗而言，他们是'不可信的'……因而，不可信的叙述者之间依据他们距离作者的思想规范有多远，依据他们在什么方向上背离作者的思想规范，存在着显著差别：就像新近流行的术语'反讽'和'距离'一样，传统的术语'基调'涵盖了我们应该加以区别的诸多效果。"①至此，以"隐含作者"为横梁、以"替身""第二自我""不可信的叙述"等为支柱，布斯就完成其修辞大厦的宏观构建。纵观布斯所谓的"修辞"观，更多的是在"思想"（文学思想）上而非"语言"（语句修饰）上着力，这是很明显的。

综上，无论是从西方修辞史上，还是从一些学者的具体学术操作上，修辞超越语言层面而进入更为广阔的跨学科层面是很明显的，其中似乎也应该包括"思想"或"思维方式"的层面。可见，笔者所提出的"思想修辞"并非没有前人的学术积累，但是，如果以"思想修辞"为关键词在谷歌、百度、知网等上面进行搜索，却发现目前这一领域的研究并不充分。2013年以前，笔者运用"思想修辞"进行搜索，结果只有"修辞思想"，如"亚里士多德的修辞思想""钱锺书的修辞思想"等；有一篇名为《语言修辞与思想修辞》，是笔者发表在凤凰博客上的一篇博文。

如前所说，笔者深感有探究"思想修辞"的必要，深感在这一问题上，仅仅引用前人的权威语句——如亚里士多德和西塞罗等的论述——说明思想与修辞的关系是远远不够的，要紧的是要做一些具体的工作，其中更为要紧的是确立一些具有可分析和可操作的"思想修辞格"，或曰"思想修辞范畴"。笔者对"思想修辞"的基本认识是"整体、系统、发现、创新"，所谓"整体、系统"是说，语言修辞关注的对象是零散的、局部的语言现象，这一点在各种修辞学著作中可以轻易找到，而思想修辞是对一个问题整体的、系统的思考；所谓"发现、创新"是说，"语言修辞"关注的是语言层面上的创新，"思想修辞"关注的是思想层面上的创新。判断一种"修辞"究竟是"语言"性质的还是"思想"性质的，有一点很关键，那就是运用"思想修辞"，它往往能使问题深入一步而产生

---

① 韦恩·布斯：《小说修辞学》，华明、胡苏晓、周宪译，北京联合出版公司2017年版，第148—149页。

一种创新和发现，而"创新""发现"恰恰是"思想"的本质。

第五节　寓言假说：作为一种思想修辞

确立"思想修辞"的关键之一在于"修辞在物化思想和知识的同时，实际上也参与了知识的形成和真理的创造"，也就是说，一种修辞手段，可以发生在语言层面，也可以上升或深化为思想层面，形成一种新的知识系统——所谓"修辞学家人类修辞方法'隐喻'的研究表明，'隐喻'不仅是一个修辞格，而且还是一种认知方式。隐喻不仅存在于语言表达的层面，而且存在于思维层面，是一种思维模式"。①

由《庄子》寓言隐喻发轫，提出"思想修辞"，绝非陶醉于一种概念的文字游戏，除了有前人一定的合理的学术积累之外，还发现思维方式与修辞方式有密切联系，但又显然超越了语言修辞的层面。遵循这种思路，笔者尝试提出，"寓言假说"是一种思想修辞。所谓寓言，已如第一章所述；所谓假说，是指一种根据已知的事实、经验和知识来推论未知的理论假设。一些思想家为了使读者较为容易地理解其内容，他们往往要构思一个并不存在的故事来表达其抽象思想或核心观念。寓言式假说，即以寓言故事的形象方式来表达自己思想学说的某种假设。在此，所谓"某种假设"通常是作者核心观念的表达，具有整体性、系统性、创新性。由于其学说的抽象、深奥、难解，所以寓言故事的形象介入使得其所要表达的思想观点通俗易懂，达到了积极的修辞效果，这是思想修辞的一种表现形态。从这一角度看，《庄子》中已大量采取了寓言假说的方式。

如前所论，庄子的核心概念就是"道"，《庄子》全书就是以寓言、重言、卮言来表达、论证"道"的合理性，其云："夫道，有情有信，无为无形；可传而不可受，可得而不可见；自本自根。未有天地，自古以固存；神鬼神帝，生天生地；在太极之上而不为高，在六极之下而不为深，先天地生而不为久，长于上

---

① 陈汝东：《认知修辞学》，广东教育出版社2001年版，第460页。

古而不为老。狶韦氏得之，以挈天地；伏戏氏得之，以袭气母；维斗得之，终古不忒；日月得之，终古不息。"① （《大宗师》）又"夫道，覆载万物者也"② （《天地》），"夫道，于大不终，于小不遗，故万物备，广广乎其无不容也，渊渊乎其不可测也"③ （《天道》）。"道"的本质是"无"，所谓"夫虚静恬淡寂漠无为者，万物之本也。明此以南乡，尧之为君也；明此以北面，舜之为臣也。以此处上，帝王天子之德也；以此处下，玄圣素王之道也。以此退居而闲游，则江海山林之士服；以此进为而抚世，则功大名显而天下一也。静而圣，动而王，无为也而尊，朴素而天下莫能与之争美"④ （《天道》）。《庄子》全书的寓言隐喻式的表达犹如百川归海，众水朝东，都是为其服务的。为表述、宣扬、论证这种"至道"，庄子运用了大量寓言假说的方式，对于与"道"相违、与"道"相悖的言行进行了尖锐的讽刺和批判。这种寓言式修辞是多层面的。有时，直接以一相似的事物进行象喻，如《骈拇》："骈拇枝指，出乎性哉！而侈于德。附赘县疣，出乎形哉！而侈于性。多方乎仁义而用之者，列于五藏哉！而非道德之正也。是故骈于足者，连无用之肉也；枝于手者，树无用之指也。"⑤ 骈拇，并生的足趾；枝指，旁生的手指，均为人体上多余且无用之物，以之象喻儒家仁义、礼仪之烦琐、多余与无用，不仅无用，还会伤及人的本性、真性，所谓"骈枝于五藏之情者，淫僻于仁义之行，而多方于聪明之用也。是故骈于明者，乱五色，淫文章，青黄黼黻之煌煌非乎？而离朱是已。多于聪者，乱五声，淫六律，金石丝竹黄钟大吕之声非乎？而师旷是已。枝于仁者，擢德塞性以收名声，使天下簧鼓以奉不及之法非乎？而曾史是已。骈于辩者，累瓦结绳窜句棰辞，游心于坚白同异之间，而敝跬誉无用之言非乎？而杨墨是已。故此皆多骈旁

① 陈鼓应注译：《庄子今注今译》，商务印书馆2016年版，第213页。
② 陈鼓应注译：《庄子今注今译》，商务印书馆2016年版，第350页。
③ 陈鼓应注译：《庄子今注今译》，商务印书馆2016年版，第411页。
④ 陈鼓应注译：《庄子今注今译》，商务印书馆2016年版，第393页。
⑤ 陈鼓应注译：《庄子今注今译》，商务印书馆2016年版，第272页。

枝之道，非天下之至正也"①。

有时，庄子言"道"，是一段意味深长的故事，如《渔父》所载孔子与渔父的对话：

　　孔子愀然而叹，再拜而起曰："丘再逐于鲁，削迹于卫，伐树于宋，围于陈蔡。丘不知所失，而离此四谤者何也？"客凄然变容曰："甚矣子之难悟也！人有畏影恶迹而去之走者，举足愈数而迹愈多，走愈疾而影不离身，自以为尚迟，疾走不休，绝力而死。不知处阴以休影，处静以息迹，愚亦甚矣！子审仁义之间，察同异之际，观动静之变，适受与之度，理好恶之情，和喜怒之节，而几于不免矣。谨修而身，慎守其真，还以物与人，则无所累矣。今不修之身而求之人，不亦外乎！"②

孔子困厄诸国，但不解其因所在，庄子假托渔父之口虚拟了一个故事：一个人害怕自己的影子却还老是奔走不停，他走得越快，影子越是不离其身，他还以为是自己走得太慢，结果"疾走不休，绝力而死"，提倡仁义道德的儒家就像这个人一样，徒劳奔忙而自取其辱。对于自己思考和主张的正确性，庄子深信不疑，认为其论远远高于其他战国诸子，于是在此方面的寓言隐喻，他几乎是信手拈来，点染生花。又如《秋水》所载：

　　公孙龙问于魏牟曰："龙少学先王之道，长而明仁义之行；合同异，离坚白；然不然，可不可；困百家之知，穷众口之辩；吾自以为至达已。今吾闻庄子之言，汒焉异之。不知论之不及与，知之弗若与？今吾无所开吾喙，敢问其方。"公子牟隐机太息，仰天而笑曰："子独不闻夫坎井之蛙乎？谓东海之鳖曰：'吾乐与！出跳梁乎井干之上，入休乎缺甃之崖；赴水则接腋

---

① 陈鼓应注译：《庄子今注今译》，商务印书馆2016年版，第272页。

② 陈鼓应注译：《庄子今注今译》，商务印书馆2016年版，第943—944页。

持颐，蹴泥则没足灭跗；还视虷蟹与科斗，莫吾能若也。且夫擅一壑之水，而跨跱坎井之乐，此亦至矣，夫子奚不时来人观乎！'东海之鳖左足未入，而右膝已絷矣。于是逡巡而却，告之海曰：'夫千里之远，不足以举其大；千仞之高，不足以极其深。禹之时十年九潦，而水弗为加益；汤之时八年七旱，而崖不为加损。夫不为顷久推移，不以多少进退者，此亦东海之大乐也。'于是坎井之蛙闻之，适适然惊，规规然自失也。且夫知不知是非之竟，而犹欲观于庄子之言，是犹使蚊虻负山，商蚷驰河也，必不胜任矣，且夫知不知论极妙之言而自适一时之利者，是非坎井之蛙与？"①

公孙龙，战国时期赵人，著名名辩学家，善于把事物的同和异合而为一，把事物的质地和颜色区分开来，以至于"困百家之知，穷众口之辩"。《庄子·天下》中对其说进行了抨击："桓团公孙龙辩者之徒，饰人之心，易人之意，能胜人之口，不能服人之心，辩者之囿也。"②

由于惠施、公孙龙等名辩学家只囿于狭窄范围内问题的探讨，未能领悟庄学一派"虚静恬淡寂漠无为"至道的奥妙，对此，庄子虚构井底之蛙赴汪洋东海的故事，以见其小，于是井底之蛙"适适然惊，规规然自失也"。这与上文所引孔子与渔父的对话有同一功用，由悟"道"的层次见出学术的高低及对自己学派的自信。有时，这种意愿还以十分诡异荒唐的方式表达出来，试看《至乐》虚构的一段寓言：

　　庄子之楚，见空髑髅，髐然有形，撽以马捶，因而问之，曰："夫子贪生失理，而为此乎？将子有亡国之事，斧钺之诛，而为此乎？将子有不善之行，愧遗父母妻子之丑，而为此乎？将子有冻馁之患而为此乎？将子之春秋故及此乎？"于是语卒，援髑髅，枕而卧。夜半，髑髅见梦曰："子之谈

①　陈鼓应注译：《庄子今注今译》，商务印书馆2016年版，第503—504页。

②　陈鼓应注译：《庄子今注今译》，商务印书馆2016年版，第1029页。

中国古代著述思想研究

者似辩士。视子所言，皆生人之累也，死则无此矣。子欲闻死之说乎？"庄子曰："然。"髑髅曰："死，无君于上，无臣于下；亦无四时之事，从然以天地为春秋，虽南面王乐，不能过也。"庄子不信，曰："吾使司命复生子形，为子骨肉肌肤，反子父母妻子闾里知识，子欲之乎？"髑髅深矉蹙頞曰："吾安能弃南面王乐而复为人间之劳乎！"①

在此，庄子借用一个髑髅将自己"贵生无为"的理念表达得淋漓尽致。人最宝贵的是生命，生命属于人只有一次，人生在世，无不想长寿、永生，于是有炼丹之行、服药之为，甚至去求不死药，以求万寿无疆。髑髅已死，庄子怜之，并表达了使其"重生"之意，但髑髅却十分享受死后的自在适意，所谓"死，无君于上，无臣于下；亦无四时之事，从然以天地为春秋，虽南面王乐，不能过也"。在此，对"死"的迷恋，实际上是一种求"生"贵"生"的态度。庄子善于运用寓言隐喻，在抽象理念和活泼泼的形象故事之间转换自如，在他的笔下，几乎每一个想法、每一个意念都有与之对应的寓言故事，试看他自述与惠子惺惺相惜的知音友情：

> 庄子送葬，过惠子之墓，顾谓从者曰："郢人垩漫其鼻端，若蝇翼，使匠石斫之，匠石运斤成风，听而斫之，尽垩而鼻不伤，郢人立不失容。宋元君闻之，召匠石曰：'尝试为寡人为之。'匠石曰：'臣则尝能斫之。虽然，臣之质死久矣。'自夫子之死也，吾无以为质矣，吾无与言之矣。"②

庄子与惠子同为战国著名学者，《庄子》一书中多次记载了与惠子的交往、辩论以及对其学说的批判性解读，如濠梁之辩、惠子相梁等。在《天下》篇中，庄子将惠施单独列为一派，至于篇末，足见对其的重视，所谓"惠施多方，其书

第三章 《庄子》"三言"：著述方式与思想方法

---

① 陈鼓应注译：《庄子今注今译》，商务印书馆2016年版，第527—528页。
② 陈鼓应注译：《庄子今注今译》，商务印书馆2016年版，第740页。

五车"，但对其学说却颇多微词，所谓"其道舛驳，其言也不中"，所谓"惠施不辞而应，不虑而对，遍为万物说，说而不休，多而无已，犹以为寡，益之以怪。以反人为实，而欲以胜人为名，是以与众不适也。弱于德，强于物，其涂隩矣"，而最终导致这样的评价"由天地之道观惠施之能，其犹一蚊一虻之劳者也。其于物也何庸"。①在批判、驳斥、诘难的同时，庄子也很欣赏惠施的智慧，不无惜才之叹——"惜乎！惠施之才，骀荡而不得，逐万物而不反，是穷响以声，形与影竞走也。悲夫！"②对这样一个既是辩论对手又是驳斥与诘难对象的学者，庄子从根本上还是十分敬重的，于是有了上述文字，对惠施的怀念与怜惜尽在匠石"尽垩而鼻不伤，郢人立不失容"的故事之中，匠石、郢人互为依存，缺一不可，匠石"运斤成风"的技术依赖于"质"（即对象）的存在，郢人逝矣，则"运斤成风"不再。在故事的讲述中，蕴含着多重怀念朋友的意蕴，远远胜于单一的怀念之词。有时，庄子用以表露意念的寓言飘忽无迹，十分出人意料，如《秋水》所载：

> 夔怜蚿，蚿怜蛇，蛇怜风，风怜目，目怜心。夔谓蚿曰："吾以一足趻踔而行，予无如矣。今子之使万足，独奈何？"蚿曰："不然。子不见夫唾者乎？喷则大者如珠，小者如雾，杂而下者不可胜数也。今予动吾天机，而不知其所以然。"蚿谓蛇曰："吾以众足行，而不及子之无足，何也？"蛇曰："夫天机之所动，何可易邪？吾安用足哉！"蛇谓风曰："予动吾脊胁而行，则有似也。今子蓬蓬然起于北海，蓬蓬然入于南海，而似无有，何也？"风曰："然。予蓬蓬然起于北海而入于南海也，然而指我则胜我，鰌我亦胜我。虽然，夫折大木，蜚大屋者，唯我能也。故以众小不胜为大胜也。为大胜者，唯圣人能之。"③

①　陈鼓应注译：《庄子今注今译》，商务印书馆2016年版，第1019、1029页。

②　陈鼓应注译：《庄子今注今译》，商务印书馆2016年版，第1029页。

③　陈鼓应注译：《庄子今注今译》，商务印书馆2016年版，第498页。

中国古代著述思想研究

如前所述，庄子之"道"，无象无形，但又实际存在，是天地万物的根本，幻化、衍生、制约着万物。从本质上看，它是不可言说的，但为了表达、描述这种自然之道，就要运用大量的寓言形象或假说。在此，夔乃虚构之兽，所谓"夔一足"也，它与蚿、蛇、风、目、心等貌似毫不相干之物相互怜惜、羡慕，但最终是"风"胜出。而风之无象无形、无处不在又难以运用视听感官来捕捉，十分像庄子之道的"虚静恬淡寂漠无为"，所谓"大块噫气，其名为风。是唯无作，作则万窍怒呺"，故其他皆为"小胜"，而唯有风可以"折大木，蜚大屋"①，是为"大胜"；而"为大胜者，唯圣人能之"。可见，在此"大胜"与"无己，无功，无名"的"至人，神人，圣人"同一意蕴。风，乃得"道"之象。除了风之外，影这种视觉可以捕捉、依赖光而存在之物，也是庄子象喻其道的喻体，如《寓言》所载：

> 罔两问于景曰："若向也俯而今也仰，向也括撮而今也被发，向也坐而今也起，向也行而今也止，何也？"景曰："搜搜也，奚稍问也！予有而不知所以。予，蜩甲也，蛇蜕也，似之而非也。火与日，吾屯也；阴与夜，吾代也。彼吾所以有待邪？而况乎以无有待者乎！彼来则我与之来，彼往则我与之往，彼强阳则我与之强阳。强阳者又何以有问乎？"②

"罔两"为影外微影，即一种见不到清晰轮廓边缘的、影影绰绰的虚影。它向有实体轮廓的影子提出了若干问题，都是对方前后不一致的行为，例如"刚才你附身而现在又仰起头，刚才你束发而现在又披发……"，影子的回答是自己的活动自己并不能左右。"有火光和太阳出现，我就显现；到了阴暗之处和夜晚，我就隐息。光来时我就随它而来，光走时我就随他而去，活动而已，这又有什么可问的呢？"这也充分体现出庄子一派对于"无待""适

---

① 陈鼓应注译：《庄子今注今译》，商务印书馆2016年版，第43页。

② 陈鼓应注译：《庄子今注今译》，商务印书馆2016年版，第847页。

意""随性"的理解。

要之，《庄子》中的寓言运用具有一种整体上的修辞功能，这种修辞不是语言层面上的，故可称为"思想修辞"，而"寓言假说"可视为其一种表现形式。《庄子》寓言，形象直观，活泼生动，且富含思想，是其思想观念最好的载体。读《庄子》寓言，常会感觉思想与形象如影随形、难分彼此。恰如闻一多所说："读《庄子》，本分不出那是思想的美，那是文字的美。那思想和文字，外形和本质的极端的调和，那种不可捉摸的浑圆的机体，便是文章家的极致。""读《庄子》的人，定知道那是多层的愉快。你正在惊异那思想的奇警，在那踌躇的当儿，忽然又发觉一件事，你问那精微奥妙的思想何以竟有那样凑巧的、曲达圆妙的辞句来表现它，你更惊异；再定神一看，又不知道那是思想那是文字了，也许甚么也不是，而是经过化合作用的第三种东西，于是你尤其惊异。这应接不暇的惊异，便使你加倍的愉快，乐不可支。这境界，无论如何，在庄子以前，绝对找不到，以后，遇着的机会确实也不多。"①当代学者姚曼波认为："在《庄子》中，形象思维与逻辑思维紧密结合，水乳交融，相互补充，其契合之巧妙，如同演双簧戏的两个角色，在形象思维的一举手一投足背后，都清晰地透出了逻辑思维的理性声音。它真正是思想的文字和幻想的文字的和谐结合。"②这已远非语言层面上的修辞能够解释与把握，属于思想修辞之一种，即具有整体性、系统性、创新性，发生在思想层面上的修辞方式。

寓言假说，作为一种思维方式或思想修辞，不仅仅体现在《庄子》一书中，在其他思想家的著作中也有所体现，尤其是在与庄子思想文化背景迥异的西方思想家、哲学家的笔下。

例如柏拉图在《理想国》（*The Republic*）中认为，国家应当由哲学家来统治，因为哲学家可以看到世界的真相——理念。柏拉图哲学的核心概念是"理念"，故其哲学亦被称为"理念论"。所谓理念，就是能够代表某一类事物或思

---

① 闻一多：《古典新义》，商务印书馆2017年版，第252、253页。

② 姚曼波：《从哲学到艺术的醇化——〈庄子〉艺术探源》，《学术月刊》1985年第3期。

想的观念，其特点有三：一是先验抽象性，理念代表的是事物的共性，是对实际事物的一种概括和抽象，理念是一切事物的原型，它是最完美的、真实的、永恒不变的本质。二是它不依赖具体事物而存在，它既存在于事物产生之前，也存在于其消亡之后。三是理念在最初存在于具有最高和谐的精神原则之中。如床、桌子、桥、大、小、真、善、美等，这些理念存在于人出生之前，后天的学习和认知不过是对这些先天理念的回忆而已。理念是世界的真相，但理念很深奥，一般人意识不到，也就难以看到世界、事物的真相，他们看到的只是事物的影子。为了说明这个道理，在柏拉图的《理想国》中，有这么一个著名的洞穴比喻来解释"理念论"："那些缺乏哲学的人可以比作是关在洞穴里的囚犯，他们只能朝一个方向看，因为他们是被锁着的；他们的背后燃烧着一堆火，他们的面前是一座墙。在他们与墙之间什么东西都没有；他们所看见的只有自己和他们背后的东西的影子，这些都是由火光投射到墙上来的。他们不可避免地把这些影子看成是实在的，而对于造成这些影子的东西却毫无观念。最后有一个人逃出了洞穴来到光天化日之下，他才第一次看到了实在的事物，才察觉到他前此一直是被影象所欺骗的。如果他是适于做卫国者的哲学家，他就会感觉到他的责任是再回到洞穴里去，回到他从前的囚犯同伴那里去，把真理教给他们，指示给他们出来的道路。但是，他想说服他们是有困难的，因为离开了阳光，他看到的影子还不如别人那么清楚。"①

又如李普曼在《公共舆论》中指出，新闻舆论是一种"拟态环境"。由于多种原因，我们作为一般读者很难直接"看到"真相，新闻报道构成了一种"虚拟环境"，塑造着我们头脑中关于外部世界的"图像"，左右着我们对于外部世界的认知。他指出："回过头来看，对于我们仍然生活在其中的环境，我们的认识是何等的间接。我们可以看到，报道现实环境的新闻传给我们有时快，有时慢；但是，我们总是把我们自己认为是真实的情况当作现实环境本身。……在所有这些实例中，我们必须特别注意一个共同的要素，那就是在人与他的虚假环境之间

---

① 伯特兰·罗素：《西方哲学史》，何兆武、李约瑟译，商务印书馆1963年版，第168页。

的插入物。他的行为是对于虚假环境的一种反应。……因为在社会生活的层次上，所谓人对于环境的调整当然是通过各种虚构作为媒介来进行的。这里所说的虚构，我并不是指撒谎，我指的是不同程度地由人们自己描绘的环境。……由于真正的环境总起来说太大、太复杂，变化得太快，难于直接去了解它。我们没有条件去对付那么多难以捉摸、那么多的种类、那么多的变换的综合体。然而我们必须在那种环境中行动，我们必须先把它设想为一个较简单的模式，我们才能掌握它。"[1]为了说明这一道理，李普曼"虚构"了一个故事：

> 1914年，有一些英国人、法国人和德国人住在一个海岛上。那个海岛不通电报，英国的邮船六十天才来一次。9月里，邮船尚未来到，岛上的居民仍在谈论不久前报纸上报道的关于即将审判凯劳克斯夫人枪击加斯顿·卡尔默特的事。因此，9月中旬的一天，全岛的居民都聚集在码头上，比往常更急于想从船长那里知道判决的情况。可是，他们了解到的却是英国和法国订立了神圣同盟，向德国开战已六个多星期了。在这不可思议的6个星期中，岛上的英、法居民和德国居民实际上已是敌人了，但他们相处得还是象朋友一样。

> 但是，他们的境况与欧洲的多数居民并没有多大不同。他们迟误了六个星期，在欧洲大陆上，这种间隔可能只有六天或六个小时。但都存在过一段间隔。当他们还没有从任何方面得到会打乱他们生活的消息以前，在这一段时间，人们仍然根据他们对欧洲的旧有认识来处理事物。每一个人都有一段时间照旧在适应环境，而实际上这种环境已经发生了变化。[2]

寓言假说另一例证，是英国著名动物学家、人类行为学家德斯蒙德·莫里斯的代表作《人类动物园》。在书中，作者从动物学观点出发，对现代都市生活和

① 李普曼：《舆论学》，林珊译，华夏出版社1989年版，第2—10页。
② 李普曼：《舆论学》，林珊译，华夏出版社1989年版，第1页。

现代人行为进行了批判性的考察，并将人类社会比作一个庞大的动物园。其云：

> 随着现代生活压力变得越来越沉重，受困的都市居民时常把自己居住的这个拥挤的世界比喻为"混凝土丛林"。诚然．若以此来比喻都市稠密的建筑群，确实很精彩，但就生活形态而言，任何一个研究过真正的丛林生活的人都肯定会说，这一比喻是很不准确的。……我们不应把都市居民比作野生动物，而应该把他们比作被关在笼子里的动物。现代人类动物已不再生活在适合于这一物种的自然环境中了。他们已遭囚禁。囚禁他们的不是动物管理员，而是他们自己的聪明才智。他们自己营造了一座庞大而喧嚣的"动物园"，并置身于其中。在那里，他们时时都有因为过度紧张而倒毙的危险。①

"人类动物园"的首要问题是拥挤，怎样才算拥挤，这并没有固定的客观标准。"拥挤（crowding）和密度（density）是两个不同的概念，密度是指在一定区域内的人数，而拥挤在很大程度上是一种主观感觉。……拥挤影响人的复杂工作能力，也对社会行为有消极影响，如影响人与人的接近，影响提供帮助。……拥挤引起高度生理激动。伊万斯（Evans）在1979年的一项研究中，让10个人挤在一间小房间内，呆上3.5小时。之后发现被试脉搏加快、血压升高。埃普斯坦（Epstein）等于1981年在另一项研究中，让被试3周内3次处于拥挤状态，他们都报告说感到紧张不安，感到烦躁，生理激动也较高。"②对此，莫里斯从动物学角度做出了类比式的解释："一大群同类动物被关在一个狭小的空间里，随即就会产生严重问题，就会出现相互倾轧、相互伤害乃至相互杀戮现象；当然，也会出现神经错乱。不过，实际上即使是由最无经验的人管理的动物园，也不会像现代都市那么拥挤。任何一个动物管理员都知道，过度拥挤会使动物行为失常，

① 德斯蒙德·莫里斯：《人类动物园》，刘文荣译，文汇出版社2002年版，引言第1—2页。

② 全国13所高等院校《社会心理学》编写组编：《社会心理学》，南开大学出版社2008年版，第348页。

所以要是有人建议他把一群猴子——或者一群食肉动物，或者一群啮齿动物——关在一个小笼子里以节省空间，他一定会惊讶地摇着头说，这种建议简直愚不可及。然而，人类却自愿地这么做了。他们大群大群地拥挤在都市的狭小空间里，每天熙熙攘攘地挣扎着，却几乎没有人真正想离开那里。"①在此，善意的嘲讽溢于言表。除了拥挤，还有孤独。拥挤，是就"人类动物园"这一整体而言；而孤独，则是就每一个个体而论。莫里斯指出："在真正动物园里，动物发现自己被孤独地囚禁在笼子里，此时它虽能看见或者听到其他笼子里的动物，却不能和它们真正有所交往。具有讽刺意味的是，人类都市生活的社会环境几乎和动物园环境完全相同。都市生活使人感到孤独，这种危险可说众所周知。在庞大的、非个人化的群体中，人很容易产生失落感，以家庭为单位的自然分群和部落式的个人关系很容易变形、分裂甚至崩溃。在一个村庄里，人与人之间不是熟识的朋友，就是熟识的敌人，反正是没有陌生人的。然而，在都市里，许多人甚至连自己的邻居姓什么叫什么都不知道。……但对于大多数'人类动物园'成员来说，这种出现在都市热闹生活中的个人与个人之间的相互隔离，却使他们意外地感到既紧张又痛苦。"②

将人比作动物，将人类社会的精华——都市比作拥挤不堪的动物园，并不是该书的目的，在这种比喻之下，作者其实是想揭示一个困扰人类的悖论——我们所谓的进步其实是在付出了高昂代价之后获得的，恰如他在书中所说："我在本书中所要表明的仅仅是：为了不断满足我们的这些欲望，我们也为此付出了越来越高的代价，而且我们总会找到聪明的方法来加以支付的，不管这代价有多高。总之，在人类与自然的这场赌赛中，赌注越下越大，风险越来越多，速度也越来越惊人，双方都有点气喘吁吁了。但不管怎么说，这仍是世界上最激动人心的一场赌赛。要想吹哨来结束它，那当然是愚蠢之举，但我们可以换一种方式来进行这场赌赛。再说，要是能进一步了解参赛双方的本性，我们就可能使自己得益，

---

① 德斯蒙德·莫里斯：《人类动物园》，刘文荣译，文汇出版社2002年版，第70—71页。

② 德斯蒙德·莫里斯：《人类动物园》，刘文荣译，文汇出版社2002年版，第29—30页。

就可能避开风险而不致使人类这一物种陷于灭顶之灾。"①

《人类动物园》与《裸猿》《亲密行为》被称为"裸猿三部曲",主要从动物行为学的角度研究人类行为,揭示人类社会的弊端和缺陷,批判视角中不无讽刺意味,击中了人类的弱点。如在《裸猿》中,莫里斯指出,在已知的193种猿猴中,只有一种猿猴全身赤裸,他们自诩为"智人",实际却是"裸猿"。于是,他写的每个字都成为受了创伤的"智人"争论的对象。《裸猿》一度成为禁书,地下流通的书被没收,教会将其付之一炬。因为这本书讥笑了人类进化的思想,无情地讽刺了人类独尊的观念,而这却让"裸猿三部曲"成为畅销书。30年后,当《裸猿》再版时,莫里斯依然倔强,他在序言中声称一字不改,因为尽管我们创造了瑰丽的文明,仍然受制于基本的生物规律。

综上,庄子、柏拉图、李普曼、莫里斯等人的思想(自然之道、理念论、拟态环境、揭示人类弱点)无疑是深刻且抽象的。但是,抽象高深的论述毕竟不容易理解,于是思想家们运用了类似比喻修辞的一种方法,即寓言假说,让寓言隐喻参与到思想活动中来,用一个通俗易懂的故事使其观点形象化。这就构成了一种思想修辞,即让修辞参与到整体构思和思维方式之中。

第六节 比喻延伸:作为一种思想修辞

比喻延伸,也是思想修辞的范畴之一。所谓比喻延伸,即不只是把"比喻"这种修辞格视为润色、修饰语言的手段,而是将其延伸到思维层面,形成一种新的思想或知识系统。

比喻,即打比方,其特点是借助另外一个形象或事物来表达、修饰自己想要说明的问题和意思。朱熹对此的解释是:"比者,以彼物比此物也。"它是一种通过联想将两个在本质上根本不同的事物由于某一点相似而联系在一起的修辞格。著名修辞学者陈望道先生解释说:"思想的对象同另外的事物有了类似点,

---

① 德斯蒙德·莫里斯:《人类动物园》,刘文荣译,文汇出版社2002年版,引言第3页。

文章上就用那另外的事物来比拟这思想的对象的，名叫譬喻。这格的成立，实际上共有思想的对象、另外的事物和类似点等三个要素，因此文章上也就有正文、譬喻和譬喻语词等三个成分。凭着这三个成分的异同及隐现，譬喻辞格可以分为明喻、隐喻、借喻三类。"① 如果细分，比喻或譬喻无疑是一个庞大的家族，"除了上述（三种）类型之外，人们还对比喻进行了更为细致的划分。比如，属喻、引喻、曲喻、联喻、回喻、缩喻、逆喻、对喻、顶喻、疑喻、合喻、弱喻、等喻、强喻、较喻、讽喻、物喻、事喻、潜喻、反喻、互喻、博喻等等，都是比喻的变体形式。这些比喻类型的划分，其根据多在本体与喻体之间的关系、喻体的属性以及比喻在话语层面上的表现形态"②。

之所以将"比喻"作为一种"思想修辞格"，是因为比喻本身所含有的认知和思想成分。此前，学者对此已有一定认识："我们认为，比喻既是一种修辞方法，也是一种修辞过程中的思维方式。本体和喻体只是思维过程中的两个支点。各种比喻类型，包括词语、句子成分、句子、句组、语段、语篇，只不过是比喻思维过程中话语层面的不同表现形态。因此，我们有充分的理由说，比喻是一种思维模式。它既有思维的心理基础，也有话语的外在形态。"③ 这不仅仅是一个学科的认识，而是具有普遍性、跨学科性的，如有的学者所分析的那样："到目前为止，比喻或隐喻的认知功能研究，已成为许多学科关心的课题，包括语言学、修辞学、哲学、文学、心理学等。人们对比喻的认知功能的阐发已远远超越了传统修辞学，达到了前所未有的高度。有的甚至把隐喻看作是人类的一种生活方式。这未免有些过头。不过，比喻确实具有认知功能。我们认为，比喻的认知功能体现在三个方面：一是有助于修辞者对思维对象认识的深化，二是有助于话语理解者对认知对象理解的深化，三是有助于对真理的揭示。"④ 学者们还认识到：在"比喻"这一修辞格中，语言修辞和思想修辞是相互联系的，即思想修辞

---

① 陈望道：《修辞学发凡》，复旦大学出版社2008年版，第59页。

② 陈汝东：《当代汉语修辞学》，北京大学出版社2004年版，第200页。

③ 陈汝东：《当代汉语修辞学》，北京大学出版社2004年版，第201页。

④ 陈汝东：《当代汉语修辞学》，北京大学出版社2004年版，第208页。

中国古代著述思想研究

要以语言修辞为基础，但又明显高于后者。其云：

> 综上所述，修辞者进行喻化思维和听读者进行比喻的解析时，都需要把不同领域中的事物进行认知比较，并把认知结果凝聚到话语层面或三话语还原到思维层面。其中都蕴涵了对表达对象的一系列的感知、分析、加工过程。比喻是具有认知属性和认知功能的。……人们认为它不仅是一种重要的修辞方法，而且也是重要的思维手段和认知手段，是完全合乎实际的，但这种定位也应该以言语领域或者修辞领域为价值参照系。离开了语言或言语，比喻或隐喻将失去载体，其认知功能也就无从谈起。①

在此基础上，还有人提出了修辞学"转向""大修辞观""政治修辞"等观念。其云："这里所说的'转向'，是指中国修辞学研究正在走出小修辞观，注意大修辞观。这种修辞学研究的发展会使修辞学研究从语言文字和文学领域逐步转向其他领域，比如政治领域和法律领域，特别是政治领域的修辞得到越来越多学者的关注。"②

综合以上征引和论述，可知：其一，比喻这一修辞格中含有思维和认知的成分。其二，比喻的认知功能是以语言层面的修辞为基础的。其三，虽然已有学者认识到了比喻的认知价值和思维功能，但这种价值究竟是怎样存在的，这种功能究竟是怎样实施和操作的，还有较大的探究空间与余地。换言之，在"比喻具有思想修辞的价值"这一问题上，到目前为止，学者们只是隐约感觉到了这一问题，或者说提出了这一问题，但在具体分析和论证的层面上，即"比喻"究竟怎样参与到思维尤其是创新思维的过程中，比喻作为一种思想修辞究竟是怎样实际运作的，还是一片空白。美国学者麦库姆斯在论述"议程设置理论"的发现过程时曾说：

---

① 陈汝东：《当代汉语修辞学》，北京大学出版社2004年版，第201—209页。

② 刘文科：《权力运作中的政治修辞——美国"反恐战争"（2001—2008）》，人民出版社2010年版，第22页。

很少有理论刚诞生就羽翼丰满。它们通常始自一种简明扼要的洞见，然后经由许多人的多年探索，才逐渐清晰起来。议程设置理论的形成正是这种情形。这个理论始自一个简单的假设，这个假设描述大众传播如何影响公众对社会与政治议题的关注。由此，这个理论逐渐扩展，又融入许多新的命题，如关于产生这些效果的偶发条件、塑造媒介议程的力量、媒介信息中具体因素的影响以及这个议程设置过程的各种结果。这样，议程设置理论成为关于大众媒介议程及其效果的一张详细图谱。[①]

"议程设置"理论是这样，作为"思想修辞格"之一的"比喻延伸"，也是如此。对此，前人研究到了哪里？哪些问题解决了，哪些还没有解决？没有解决的，就是我们研究的起点。如果说比喻与认知有联系，究竟是什么样的联系？如何把"比喻具有认知功能、参与到思想过程当中"落到实处，建立起具有可操作性的修辞格……在目前相关的研究情况下，笔者欲略人所详，而详人所略，即在目前学者提出了问题但未解决问题的基础上提出：比喻延伸，是思想修辞的一个重要范畴，或曰是一种重要的思想修辞格。

除了显性的"比喻延伸"之外，在有些学者的创新思维中，还存在着一种隐性的"比喻延伸"结构。所谓隐性，是说它们不像上述柏拉图和李普曼那样，直接用一个比喻阐述自己的思想，而是将其深深地"隐藏"在作者构思时的思维逻辑之中。在这方面，首先让人想到的例子是法国著名文艺美学批评家丹纳的《艺术哲学》。

丹纳之探究美学，不是从抽象的概念出发，从理论到理论，而是力图从更广阔的社会学视角来考察美学的艺术的发展，提出了"种族、时代、环境"三要素说。该书带有浓厚的法国实证主义社会学的色彩，初步确立了古典的文学社会学的理论体系。恰如他所分析的："过去的美学先下一个美的定义，比如说美是

---

① 马克斯韦尔·麦库姆斯：《议程设置：大众媒介与舆论》，郭镇之、徐培喜译，北京大学出版社2008年版，序言第2页。

道德理想的表现，或者说美是抽象的表现，或者说美是强烈的感情的表现；然后按照定义，象按照法典上的条文一样表示态度：或是宽容，或是批制，或是告诫，或是指导。我很欣幸不需要担任这样繁重的任务；我没有什么可指导你们，要我指导可就为难了。……我唯一的责任是罗列事实，说明这些事实如何产生。我想应用而已经成为一切精神科学开始采用的近代方法，不过是把人类的事业，特别是艺术品，看作事实和产品，指出它们的特征，探求它们的原因。"①丹纳认为："物质文明与精神文明的性质面貌都取决于种族，环境，时代三大因素。这个理论早在十八世纪的孟德斯鸠，近至十九世纪丹纳的前辈圣伯甫，都曾经提到；但到了丹纳手中才发展为一个严密与完整的学说，并以大量的史实为论证。他关于文学史，艺术史，政治史的著作，都以这个学说为中心思想；而他一切涉及批评与理论的著作，又无处不提供丰富的史料作证明。英国有位批评家说：'丹纳的作品好比一幅图画，历史就是镶嵌这幅图画的框子。'"②

　　在丹纳的理论表述中，多以自然环境比喻艺术的发展和艺术的成长。如云："我想做一个比较，是风俗和时代精神对美术的作用更明显。假定你们从南方向北方出发，可以发掘进到某一地带就有某种特殊的种植，特殊的植物。先是芦荟和橘树，然后是橄榄树或葡萄藤，然后是橡树和燕麦，再过去是松树，最后是藓苔。每个地域有它特殊的作物和草木，两者跟着地域一同开始，一同告终；植物与地域相连。"③从本书的视角来看，虽然丹纳所说的是"比较"，即比喻，但这明显是一种"思想修辞"，而非"语言修辞"，因为这种比喻是在构建一种思想体系，是对美学和艺术发展的系统思考。自然界有其特定的环境、气候，精神和艺术世界也是如此——"地域是某些作物与草木存在的条件，地域的存在与否，决定某些植物的出现与否。而所谓地域不过是某种温度，湿度，某些主要形势，相当于我们在另一方面所说的时代精神与风俗概况。自然界有它的气候，气候的变化决定这种那种植物的出现；精神方面也有它的气候，它的变化决定这种

---

① 丹纳：《艺术哲学》，傅雷译，人民文学出版社1963年版，第10—11页。

② 丹纳：《艺术哲学》，傅雷译，人民文学出版社1963年版，译者序第3页。

③ 丹纳：《艺术哲学》，傅雷译，人民文学出版社1963年版，第9页。

那种艺术的出现。我们研究自然界的气候，以便了解某种植物的出现，了解玉蜀黍或燕麦，芦荟或松树；同样我们应当研究精神上的气候，以便了解某种艺术的出现，了解异教的雕塑或写实派的绘画，充满神秘气息的建筑或古典派的文学，柔媚的音乐或理想派的诗歌。精神文明的产物和动植物界的产物一样，只能用各自的环境来解释。"①显然，在此，以自然环境比喻艺术环境已经不是简单的语言修辞；它是一种比喻，但已经不是简单的片断的语言层面上的比喻，而是一种比喻的延伸，即不只是把"比喻"这种修辞格视为润色、修饰语言的手段，而是将其延伸到思想层面，形成一种新的思想或知识系统。恰如丹纳所说："环境与艺术既然这样从头至尾完全相符，可见伟大的艺术和它的环境同时出现，绝非偶然的巧合，而的确是环境的酝酿，发展，成熟，腐化，瓦解，通过人事的扰攘动荡，通过个人的独创与无法意料的表现，决定艺术的酝酿，发展，成熟，腐化，瓦解。环境把艺术带来或带走，有如温度下降的程度决定露水的有无，有如阳光强弱的程度决定植物的青翠或憔悴。"总体看是这样，个案分析也是如此："与意大利文艺复兴期类似的风俗，而且是在那一类中更完美的风俗，在古希腊好战的小邦中，在庄严的体育场上，曾经产生一种类似而更完美的艺术。也是与意大利文艺复兴期类似的风俗，但在那一类中没有那么完美的风俗，以后在西班牙，法兰德斯，甚至在法国，也产生一种类似的艺术，虽则民族素质的不同使艺术有所变质，或者发生偏向。"于是导出了这样的"艺术环境论"，"因此我们可以肯定地说，要同样的艺术在世界上重新出现，除非时代的潮流再来建立一个同样的环境"。②纵观丹纳对于艺术分析的思路，思想修辞的内在思维轨迹是很明显的，其主要表现为一种显性的比喻延伸。

此外，从边沁到福柯的"全景敞视主义"也为我们理解什么是"比喻延伸"的隐性结构提供了一种佐证。

"全景敞视"建筑，是英国哲学家耶利米·边沁（Jeremy Bentham，1748—

---

① 丹纳：《艺术哲学》，人民出版社1963年版，第9页。

② 丹纳：《艺术哲学》，人民出版社1963年版，第144页。

1832）构思的一种由"权力技术"构成的建筑。其构造的基本原理如下："四周是一个环形建筑，中心是一座瞭望塔。瞭望塔有一圈大窗户，对着环形建筑。环形建筑被分成许多小囚室，每个囚室都贯穿建筑物的横切面。各囚室都有两个窗户，一个对着里面，与塔的窗户相对，另一个对着外面，能使光亮从囚室的一端照到另一端。然后，所需要做的就是在中心瞭望塔安排一名监督者，在每个囚室里关进一个疯人或一个病人、一个罪犯、一个工人、一个学生。通过逆光效果，人们可以从瞭望塔的与光源恰好相反的角度，观察四周囚室里被囚禁者的小人影。这些囚室就像是许多小笼子、小舞台。在里面，每个演员都是茕茕孑立，各具特色并历历在目。敞视建筑机制在安排空间单位时，使之可以被随时观看和一眼辨认。总之，它推翻了牢狱的原则，或者更准确地说，推翻了它的三个功能——封闭、剥夺光线和隐藏。它只保留下第一个功能，消除了另外两个功能。充分的光线和监督者的注视比黑暗更能有效地捕捉囚禁者，因为黑暗说到底是保证被囚禁者的。可见性就是一个捕捉器。"[1]

其后，法国思想家米歇尔·福柯将边沁的这一思想延伸，把其从具象的监狱建筑延伸到抽象的社会学范畴，提出了"全景敞视主义"的概念：

> 但是，全景敞视建筑不应被视为一种梦幻建筑。它是一种被还原到理想形态的权力机制的示意图。它是在排除了任何障碍、阻力或摩擦的条件下运作的，因此应被视为一种纯粹的建筑学和光学系统。它实际上是一种能够和应该独立于任何具体用途的政治技术的象征。[2]
> ············

> 如果说西方的经济起飞始于导致资本积累的技术，那么或许也可以说，人员积聚的管理方法导致了一种脱离传统的、讲究仪式的、昂贵和粗暴的权

第三章　《庄子》「三言」：著述方式与思想方法

---

① 米歇尔·福柯：《规训与惩罚——监狱的诞生》，刘北成、杨远婴译，生活·读书·新知三联书店1999年版，第224—225页。

② 米歇尔·福柯：《规训与惩罚——监狱的诞生》，刘北成、杨远婴译，生活·读书·新知三联书店1999年版，第230—231页。

力形式的政治起飞。那些陈旧的权力形式很快就被废弃了，被一种巧妙的、精致的征服技巧所取代。……我们可以说，规训（纪律）是一种能够用最小的代价把肉体简化为一种"政治"力量同时又成为最大限度有用的力量的统一技巧。资本主义经济的增长造成了规训权力的特殊方式。它的征服各种力量和肉体的一般公式和技巧，即"政治解剖学"能够运用于极其多样化的政治制度、机构和体制中。①

"微观权力"观念及其分析方法，是福柯思想中最有价值的理论遗产。福柯认为，权力分析应从国家机器、王权、司法权等传统观念中走出来，要"砍掉国王的头颅"，而代之以一种多元性、多极化的"微观权力"观。他指出："权力无处不在，这并不因为它有特权将一切笼罩在它战无不胜的整体中，而是因为它每时每刻，无处不在地被生产出来，甚至在所有关系中被生产出来。权力无处不在，并非因为它涵括一切，而是因为它来自四面八方。"②因此，他认为边沁的"全景敞视"道出了权力之"政治技术"的本质，指出："这是一种重要的机制，因为它使权力自动化和非个性化，权力不再体现在某个人身上，而是体现在对于肉体、表面、光线、目光的某种统一分配上，体现在一种安排上。这种安排的内在机制能够产生制约每个人的关系。……因此，由谁来行使权力就无所谓了。……全景敞视建筑是一个神奇的机器，无论人们出于何种目的来使用它，都会产生同样的权力效应。"③但是福柯的创新在于，他沿用边沁的"全景敞视"观念，但又有所延伸。他认为，所谓"全景敞视"不应仅仅局限于特定空间，如监狱，而是延展、弥漫到了社会的各个角落。例如：

---

① 米歇尔·福柯：《规训与惩罚——监狱的诞生》，刘北成、杨远婴译，生活·读书·新知三联书店1999年版，第247—248页。

② 转引自汪民安：《福柯与哈贝马斯之争》，《外国文学》2003年第1期。

③ 米歇尔·福柯：《规训与惩罚——监狱的诞生》，刘北成、杨远婴译，生活·读书·新知三联书店1999年版，第226—227页。

它在使用上具有多种价值。它可以用于改造犯人，但也可以用于医治病人、教育学生、禁闭疯人、监督工人、强制乞丐和游惰者劳动。它是一种在空间中安置肉体、根据相互关系分布人员、按等级体系组织人员、安排权力的中心点和渠道、确定权力干预的手段与方式的样板。它可以应用于医院、工厂、学校和监狱中。凡是与一群人打交道而又要给每个人规定一项任务或一种特殊的行为方式时，就可以使用全景敞视模式。除了做必要的修改外，它适用于"建筑物占用的空间不太大，又需要对一定数量的人进行监督的任何机构"。[①]

这样，所谓"全景敞视"就印证了他"权力无处不在"的观点，使得权力变成一种"关系中的存在"。它具有渗透性、生产性与创造性，可以延伸到任何地方，这又明显超越了边沁的"全景敞视"。福柯说："为了行使这种权力，必须使它具备一种持久的、洞察一切的、无所不在的监视手段。这种手段能使一切隐而不现的事物变得昭然若揭。它必须像一种无面孔的目光，把整个社会机体变成一个感知领域：有上千只眼睛分布在各处，流动的注意力总是保持着警觉，有一个庞大的等级网络。按照巴黎市长的意见，巴黎的这个网络应包括48名警察分局局长，20名视察员，定期付酬的"观察员"，按日付酬的"密探"，领赏钱的告密者，另外还有妓女。这种不停的观察应该汇集成一系列的报告和记录。在整个18世纪，一个庞大的治安本文（police text）借助于一种复杂的记录组织愈益覆盖了整个社会。"[②]

要之，从边沁的"全景敞视建筑"到福柯的"全景敞视主义"，无疑是一个思想提高和概念升华的过程。边沁导夫先路，提出"全景敞视"建筑的雏形，福柯在此基础上发展，将其升华为全面监控、管理社会的一种权力技术。"全景敞视主

---

① 米歇尔·福柯：《规训与惩罚——监狱的诞生》，刘北成、杨远婴译，生活·读书·新知三联书店1999年版，第231页。

② 米歇尔·福柯：《规训与惩罚——监狱的诞生》，刘北成、杨远婴译，生活·读书·新知三联书店1999年版，第240页。

义"的要义在于权力加技术，或曰"政治技术"，边沁的"环形监狱"首先是一种建筑技术，然后才可以实现权力"监视"的功能。而本书所论"旧的权力形式正依照新轨道进行重新分配"以及"多数人从少数人那里夺取权力"，首先强调的也是网络的技术功能，然后才是其"权力"功能和"思想"功能。借用边沁和福柯的思想，我们可以说，互联网的出现，也催生了一种新的"技术权力"，一种"反向全景敞视"，即监督与被监督者的位置发生了颠倒和置换，原先的监督者处于被监督的位置，而原先被监督者则处于监督者的地位。无论是边沁还是福柯的"全景敞视"，其所强调的都是"权力"对民众的监管和掌控，试看："全景敞视模式没有自生自灭，也没有被磨损掉任何基本特征，而是注定要传遍整个社会机体。它的使命就是变成一种普遍功能。瘟疫侵袭的城镇提供了一种例外的规训模式：既无懈可击但又极其粗暴。对于造成死亡的疾病，权力用不断的死亡威胁来对付。生命在这里只剩下最简单的表现。这里是细致地运用刀剑的权力来对付死亡的力量。反之，全景敞视建筑有一种增益作用。虽然它对权力进行了妥帖的安排，虽然这样做是为了使权力更为经济有效，但是它这样做并不是为了权力本身，也不是为了直接拯救受威胁的社会。它的目的是加强社会力量——增加生产、发展经济、传播教育，提高公共道德水准，使社会力量得到增强。"①

从一般角度看，这是一个思想前后接续、发展的过程；但如从思想修辞的角度看，这则是一个比喻延伸的过程——福柯的"全景敞视主义"的思想由边沁的"全景敞视建筑"而来，这很像是由一个小比喻（全景敞视监狱）到一个大比喻（全景敞视主义）的过程，尽管其内在的"比喻"逻辑是十分隐蔽和曲折的。

要之，尽管从亚里士多德到西塞罗，再到现代汉语修辞学家都曾指出了"思想"和"修辞"的联系，甚至已有人提出了"思想辞格"这样的概念，但究竟什么是"思想修辞"的辞格或范畴，还有着较大的探讨余地。本书试图把语言修辞的"辞格"移用到"思想修辞"中来，更试图构建一系列"思想修辞"的修辞格或范畴，于是就有了本书对于"寓言假说""比喻延伸""比喻延伸和范式

---

① 米歇尔·福柯：《规训与惩罚——监狱的诞生》，刘北成、杨远婴译，生活·读书·新知三联书店1999年版，第233页。

234

中国古代著述思想研究

转换"的关系的研究。本章所提到的庄子、柏拉图、李普曼、丹纳等人的著述及其思想，其创新思维中无疑都带有思想修辞的成分。关于寓言和比喻含有认知和思维成分，不是什么新的认识。前者如黑格尔指出的："寓言归根到底是一种比喻的艺术。"至于后者，如有学者就曾指出："比喻既是一种修辞方法，也是一种修辞过程中的思维方式。……它既有思维的心理基础，也有话语的外在形态。"①但是，比喻究竟怎样参与到了思维过程之中，尤其是在创新思维过程中，它又究竟怎样导致了研究范式的转换，这些话题似乎还缺乏探讨。一种理论，从概念提出到羽翼丰满，是一个渐进的积累过程。诚如麦库姆斯所言："大多数社会科学的发展是一个逐渐积累的过程，这与自然科学中的那些戏剧性的'发现'形成了鲜明对比。"②希望"思想修辞"也像许多新见解一样，"它们通常始自一种简明扼要的洞见，然后经由许多人的多年探索，才逐渐清晰起来"③。

从"广义修辞观"或"大修辞观"出发，探讨"思想修辞"的学理逻辑，以补齐我国修辞学偏于"以语言为中心"的短板，并非笔者一人的看法。陈浩在谈到我国修辞学古今研究现状时说："但是，不管这些定义在视角和措辞上是多么不同，它们所表达的共同的一点就是以语言为本位，'以修饰言辞'为轴心，最终的目的是为追求表达效果服务，研究对象也更多地局限于句子和句子以下的单位，基本上把句子以上的单位排除了在研究之外。这样一种'以语言为本位'的修辞观，使我国的修辞学研究一直摇摆在技巧之'术'与理论之'学'的暧昧处境之中。"④鞠玉梅也认为："中国修辞学理论特别是现代修辞学理论，长久以来，其研究的重点一直是语言表达的具体技巧，修辞研究以语体风格、修辞方

---

① 陈汝东：《当代汉语修辞学》，北京大学出版社2004年版，第201页。

② 马克斯韦尔·麦库姆斯：《议程设置：大众媒介与舆论》，郭镇之、徐培喜译，北京大学出版社2008年版，第149页。

③ 马克斯韦尔·麦库姆斯：《议程设置：大众媒介与舆论》，郭镇之、徐培喜译，北京大学出版社2008年版，序言第2页。

④ 陈浩：《论西方修辞理论中的认识论观念——兼论中国现代修辞学建设中的某些失误》，《浙江社会科学》2000年第4期。

235

第三章 《庄子》「三言」：著述方式与思想方法

法和辞格研究为主。因而，修辞就被定义为纯粹表达形式问题，修辞研究的内容局限于语言的表达技巧。这在一定程度上使修辞学的完整理论体系遭到割裂，修辞学内部缺少修辞哲学的反省。"[1]张亚萍也有这种看法："（改变汉语修辞学的措施之一，就是）发展修辞学中跨学科、交叉性的研究。如果仍只将修辞学看成一门研究纯语言的学科，必将故步自封，走入研究的死胡同。只有从跨学科的交叉性研究中寻找研究灵感和研究对象的突破，才能为修辞学研究开拓出一片崭新而大有可为的疆域。""如果仍将修辞学研究的对象停留在'语言技巧之术'的层面上，关注的焦点局限于文体风格、修辞方法和辞格，势必与当代西方修辞学的研究范式存在巨大的鸿沟，不仅在学术上无法与'国际接轨'，在现实层面上，也会因为修辞观的狭隘和局限而在外交和对外宣传的策略选择和运用方面，视野不够开阔，手段方法过于单一，往往不能很好地适应西方受众的审美认知水平，无法达到理想的交际效果。"[2]某种意义上，本章笔者对于"思想修辞"的探讨就是对于这种诉求及呼吁的回应。

至此，本章已完成了章首所提出的两个任务，一是对《庄子》中"三言"（寓言、重言、卮言）的著述方式的研究，二是缘此著述方式及西方修辞学的"广义修辞学"的大修辞观提出及论证一种理论假设：思想修辞。材料梳理和论证过程如上，不赘。

---

① 鞠玉梅：《当代西方修辞学哲学传统和中国修辞学研究的学科思考》，《外语教学》2008年第5期。

② 张亚萍：《亚当·斯密修辞学思想研究》，浙江大学出版社2017年版，第111页。

第四章　悲凉、速老、不朽：曹丕著述思想的逻辑

第一节　问题的提出

《左传·襄公二十四年》云："'大上有立德，其次有立功，其次有立言。'虽久不废，此之谓不朽。"①其后中国文人以著述求不朽的观念盖源于此。曹丕的著述思想主要见于《典论·论文》中的这段文字：

> 盖文章，经国之大业，不朽之盛事。年寿有时而尽，荣乐止乎其身，二者必至之常期，未若文章之无穷。是以古之作者，寄身于翰墨，见意于篇籍，不假良史之辞，不托飞驰之势，而声名自传于后。故西伯幽而演易，周旦显而制礼，不以隐约而弗务，不以康乐而加思。夫然，则古人贱尺璧而重寸阴，惧乎时之过已。而人多不强力，贫贱则慑于饥寒，富贵则流于逸乐，遂营目前之务，而遗千载之功。日月逝于上，体貌衰于下，忽然与万物迁

---

① 《十三经注疏》整理委员会整理，李学勤主编：《十三经注疏·春秋左传正义》，北京大学出版社1999年版，第1003—1004页。

化，斯志士之大痛也！融等已逝，唯幹著论，成一家言。①

对"文章，经国之大业，不朽之盛事"这一主张，文学史、文学批评史、文学思想史等著作都曾提到，历来视其为文学批评理论或文学思想。此方面最具代表性的是王运熙、杨明撰写的《中国文学批评通史——魏晋南北朝卷》，其云："魏晋时代（包括建安时期）的文学批评，正如这个时代的文学创作一样，出现了前所未有的繁荣景象，呈现出焕然一新的面貌。曹丕《典论·论文》论及作家、文体、文学批评、文章价值与作用等各个方面，提出了一些崭新的看法，在批评史上占有十分重要的地位。"②实际上，"文章，经国之大业，不朽之盛事"究竟属于什么思想，学界已经有一些讨论。罗宗强先生就指出："这句话，常被当作用文章于治国来理解。这样理解，曹丕的文学观，当然就是功利主义的文学观了。其实，这样理解是不确的。……曹丕这话的意思，是把文章提到和经国大业一样重要的地位，以之为不朽之盛事。"③这里显然是把曹丕所言作为文学思想。持这种意见的较为普遍，例如还有人指出："《典论·论文》的出现，预示着中国文论史上纯文学理论的开始，这在中国文论史上有着重要的意义。《典论·论文》第一次把文学作为一种独立的现象来加以研究，并提出文章是'经国之大业，不朽之盛事'的观点，这是对文学独立崇高地位的极大肯定，它标志着魏晋进入了'文学的自觉时代'。"④而刘跃进先生则认为：所谓"文章"并不等同于文学如诗赋、散文等，认为"他所说的'不朽之盛事'是要靠著述留名，特别是经典著述"。⑤实际上，曹丕在《典论·论文》中所说到的"文"确实不是单指诗歌、散文、辞赋等纯文学样式，"诗赋欲丽"的说法也是排在"奏议宜雅，书论宜理，铭诔尚实"之后。这一点，也可以从他对徐幹的评

---

① 萧统编：《文选》，中华书局1977年版，第720—721页。

② 王运熙、杨明：《中国文学批评通史——魏晋南北朝卷》，上海古籍出版社1996年版，第1页。

③ 罗宗强：《魏晋南北朝文学思想史》，中华书局1996年版，第16页。

④ 古春梅、王小平：《曹丕"不朽说"的超越及其归因》，《中华文化论坛》2009年第2期。

⑤ 刘跃进：《门阀士族与永明文学》，生活·读书·新知三联书店1996年版，第13页。

价中看出。《典论·论文》结尾说："融等已逝,唯幹著论,成一家言。"特别推崇徐幹。在《又与吴质书》中,曹丕又对徐幹评价道:"观古今文人,类不护细行,鲜能以名节自立。而伟长独怀文抱质,恬淡寡欲,有箕山之志,可谓彬彬君子者矣。著《中论》二十余篇,成一家之言,辞义典雅,足传于后,此子为不朽矣。"①徐幹《中论》为理论类著作,其20篇的内容没有专论文学的。综上,如果这样看的话,那么"文章,经国之大业,不朽之盛事"的观点就不是文学思想,而属于著述思想。

这种仁智互见的讨论,引导着人从另一角度思考问题:说曹丕"文章,经国之大业,不朽之盛世"是文学思想或是著述思想,确实是看问题的不同视角得出的不同结论,但视角的转换可以引发多元的讨论。如果不把曹丕此言当成文学观或文学思想,而是著述思想,就又多了一条思考问题的路径,问题也似乎更容易说清楚。笔者以为,"文章,经国之大业,不朽之盛事"是一种著述思想,而非文学思想或史学思想,汉魏之际流行的"速老"忧生心态是其生成的精神土壤。曹丕的这一思想并非对"立言不朽"观念的简单重复,它与建安士人普遍存在速老心态有关。研究这种心态的出发点和落脚点都是著述思想,而非史学或文学思想。如前所述,所谓"著述思想"要解决的问题是:作为一种人的高级行为与精神活动,著述的价值何在? 人,作为一种高级生物,为什么要有著述行为? 著述对于人来说又意味着什么? 这也是本章研究曹丕著述思想的出发点。

表面上看,曹丕此言论及立言不朽,似乎承接和沿袭《左传》"三不朽"说而来。但任何有价值的创见都不是对前人成说的简单摹写,都是与作者自身真切体验和鲜明的个人命运色彩紧密关联。恰如有的学者所指出的那样:"细细斟酌,这里的'不朽'似乎有点偏离了传统'三不朽'的含义。三不朽中的'不朽',无论是立德、立功还是立言,其追求的是一种公共的典律和规范,包括德行情操的持守、保家卫国、建立功勋、文化命脉的延续等等,这些'不朽'是一种超时间的不朽,具有跨越时代的永恒意义。易言之,三不朽中的时间意义还包

① 严可均辑:《全上古三代秦汉三国六朝文·全三国文》,中华书局1958年版,第1089页。

含着意识形态的成份，带有伦理、政治、文化等层面的价值期许。而文章的'不朽'更多地传达了个体存在论层面的时间意义，其功用在于，虽然肉身的生活已经'朽'掉了，但是精神生命却可以通过文字的形式被传之后世，经'他人'阅读，重现于他人的世界中。相对于'成一家之言'来说，这种精神的复现更为丰满和鲜活，它能让'曾在'重新获得一种生命。'成一家之言'强调的是思想层面的独立意义，它以超越时间的方式对抗时间。"①简言之，《左传》提出的"立言不朽"，还只是一个抽象概念，犹如一具骨架，而在曹丕这里，我们却看到了其之所以追求"不朽"的丰满血肉和内在逻辑，从而使"立言不朽"具有立体感。

为全面理解曹丕"文章，经国之大业、不朽之盛事"的著述思想，必须理解其创作的悲凉情调中所包含的生命情调，以及其中体现的"速老"的文人社会心态。悲凉、速老、不朽，构成理解曹丕著述思想的内在分析逻辑。

第二节　物候审美：春秋优于冬夏的分析

悲凉，不仅是建安文学的本质特征，也是曹丕诗歌的主要特色之一。悲凉，属于诗歌研究的物候审美范畴。所谓物候审美，即由四季景物变化所引发的情感生发及诗歌审美表现。在中国古典诗歌物候审美观照视野中，有两种基本类型：伤春和悲秋。对于前者，有所谓"春女悲，秋士哀，知物化矣""春女善怀"的表述；对于后者，也有"秋士易感""悲哉秋之为气也"的概括。

统计表明，在中国古典韵文系统中，春秋景物被采撷入诗词的比例，要远远高于冬夏景物。量的优势，促使人进行质的思考。这一现象背后所蕴藏的丰富的审美内涵，长期以来为人所忽略。重要的不仅仅是事实本身，为什么形成这种事实也同样值得关注与分析。古典诗词中，春秋景物优于夏冬，涉及审美愉悦发生的心理机制问题，所以要联系艺术审美原理对其做出合乎逻辑的解释。

①　詹冬华：《时间视野中的"文章不朽"说——对曹丕文学观的一种新解》，《中国文学研究》2005年第4期。

美国汉学家华生做过一次很有意思的统计，他把《唐诗三百首》作为中国古诗的代表，按四个季节对其中的各类自然意象进行了统计，结果表明，四季出现的次数分别为：春，76；秋，59；冬，2；夏，1。[1]又经笔者粗略统计，俞平伯所选编《唐宋词选释》[2]共收词251首，四季出现的频率分别为：春，73；秋，62；夏，8；冬，5。比例约与华生对《唐诗三百首》的抽样持平，春秋仍占有绝对优势。群体如此，个体亦然，仅以李煜和李清照为例。前者有"词至李后主而眼界始大，感慨遂深，遂变伶工之词而为士大夫之词"[3]（王国维《人间词话》）；后者亦被誉为"词家一大宗"（纪昀《四库全书总目提要》），均有一定代表性。查《全唐五代词》[4]共收李煜词45首，四季比例为：春，21；秋，12；夏，无；冬，无；其他12。《漱玉集注》[5]共收李清照词60首，其中：春，32；秋，12；夏，1；冬，1；其他13。春秋的压倒优势依然明显。此外，清康熙时，官修《佩文斋咏物诗选》收辑汉魏至元明各种体裁的诗14000余首，其中春、秋类作品的数量是夏、冬类作品的三倍以上。另外，这种明显的差异在《艺文类聚》《初学记》等类书的岁时部中也很明显。经查，《艺文类聚·岁时部》所收有关四季的各类材料分别为：春，6页；秋，6.5页；夏，2页；冬，3.5页。即使考虑到非韵文的因素，春秋内容也是夏冬的两倍之多。

传统诗词中，春秋意象优于夏冬的基本事实，从量的方面看是明显的；从质的方面看，众口传诵的名篇佳制也多与春秋季节有关。稍具古典文学知识的人都可毫不费力地开出一长列名单：宋玉《九辩》、曹操《观沧海》、曹丕《燕歌行》、王绩《野望》、杜审言《和晋陵陆丞早春游望》、张若虚《春江花月夜》、贺知章《咏柳》、王维《送元二使安西》、孟浩然《春晓》、李白《送孟浩然之广陵》、杜甫《春望》《春夜喜雨》《秋兴》、杜牧《江南春绝句》、王

① 周发祥：《意象统计——国外汉学研究方法评介》，《文学遗产》1982年第2期。

② 俞平伯编著：《唐宋词选释》，人民文学出版社1979年版。

③ 谢维扬、房鑫亮主编：《王国维全集》（第一卷），浙江教育出版社、广东教育出版社2009年版，第465页。

④ 张璋、黄畲编：《全唐五代词》，上海古籍出版社1986年版。

⑤ 李清照著，王延梯注：《漱玉集注》，山东人民出版社1979年版。

安石《泊船瓜洲》……相反，与夏冬季节有关的名作则较为稀少。这一点，在讲究"要眇宜修"的词中表现得更为明显，词中的景物描写几乎很少有夏冬的位置，从李煜的"林花谢了春红，太匆匆"到辛弃疾的"惜春常怕花开早"，从晏殊的"昨夜西风凋碧树"到李清照的"莫道不销魂，帘卷西风，人比黄花瘦"，伤春悲秋的声音几乎弥漫了整个诗坛，成为灵心易感的词人们的抒情主旋律。

此外，如果沿着"伤春""悲秋"的线索出发，在古典诗词中我们就不难发现这样的事实：一些感情色彩浓烈表示心理情绪的名词或动词经常与"春""秋"搭配，如"伤春""惜春""感春""春恨""春愁""春怨""春怀""春意"；"惊秋""悲秋""感秋""秋思""秋兴""秋怀""秋意"等；而再注意一下与"夏""冬"搭配的，则多是一些生理感觉（如触觉）的词汇，如"苦热""苦寒""苦雨""避暑"等，感情色彩很淡、很浅。这一事实也说明：中国古代诗（词）里人们之所以对"春""秋"倾注了大量的热情，显然是因为其中蕴含着拨动或刺激诗人心灵的艺术基因。与夏冬相比，春秋景物具有更为敏感、更容易产生诗意的基质。

然而，这一事实却没有在理论思维方面反映出来。有心人不难发现，在浩如烟海的中国古代文论中，学者对构成自然景物敏感因素之一的季节因素却很少触及，偶有所涉，也是持一种"四季均等"的态度。如刘勰《文心雕龙·物色》："春秋代序，阴阳惨舒，物色之动，心亦摇焉，……是以献岁发春，悦豫之情畅；滔滔孟夏，郁陶之心凝；天高气清，阴沉之志远；霰雪无垠，矜肃之虑深。"[1]钟嵘《诗品序》也说："若乃春风春鸟，秋月秋蝉，夏云暑雨，冬月祁寒，斯四候之感诸诗者也。"[2]刘、钟所言，不仅是对晋宋以来蓬勃兴起的山水诗的一种理论总结，而且在古典艺坛上具有一定的权威性。在他们看来，似乎四季景物被选入诗的机会是均等的。这种认识显然偏离了古典诗词创作中一个极为重要的事实，即春秋与冬夏两组季节被诗（词）人选择描写的机会是相当不均衡的。

---

① 刘勰著，范文澜注：《文心雕龙注》，人民文学出版社1958年版，第693页。

② 钟嵘著，曹旭集注：《诗品集注》，上海古籍出版社2011年版，第56页。

传统诗词中春秋意象明显优于夏冬究竟具有何种美学意义？春秋季节究竟在哪些方面与人的心灵、情绪相对应从而更富有诗意的感召？这是很有意思的美学课题。试分层论之：

（一）生命意识与"物化同构"

中国古代诗（词）人之所以偏爱春秋季节，大量采撷入诗词，首先与生命意识有关，春秋景物更容易与人的心灵产生一种"物化同构"。

人类的内在生命意识，在与种种不同的外部事物遭遇的时候，会作出种种不同的反应。"假如外部事物是一种类生命的结构，即具有动态平衡的结构，它作出的反应便是迅速的、强烈的和愉快的。这样一种反应本质上是一种契合和一种拥抱，是灵魂同自己的对话，是对自我之本质的发现。如果外部事物是一种'死'的结构，一点也不具有生命的活力，它的反应就十分微弱，更谈不上愉快。如果外部事物是一种异己的结构，它看上去就讨厌，甚至听而不闻视而不见……即使是具有简单结构的对象，它们的生命表现也有强弱之分，因而愉快感也不一样。举例说，一个圆形与一个椭圆相比，椭圆的动感就比规则的圆强得多，因而看上去就更愉快一些。其余如长方形之于正方形、曲线之于直线、有节奏的声音之于散乱的声音等等，都是这个道理，前者体现了生命的运动和有序的平衡，后者则接近于绝对的平衡。因而前者看上去比后者愉快和舒服。"[1]基于这样一种审美逻辑，可以说，春秋与夏冬的季节因素在古诗词中以极不均匀的比例分布，恰恰在于它们所蕴含的能够激起审美欲望的"生命意识"之不同。简言之，春秋景物更接近"一种类生命的'活'的结构，即具有动态平衡的结构"，所以诗（词）人对它们的反映就是敏感、强烈而迅疾的；反之，夏冬季节作为春秋之后的一种持续和极限状态，则更接近"一种'死'的结构"，虽谈不上"一点也不具有生命的活力"，但和春秋相比，却也"稍逊风骚"，所以诗人对其反应迟钝而接近冷漠。

---

① 滕守尧：《审美心理描述》，中国社会科学出版社1985年版，第324—325页。

热爱生命、眷恋生活是人类一切诗意的源泉，这其中的奥秘植根于生命有机体向往生存、厌恶死亡的本能。由于个体生命的存在过程是以时间为尺度的，又由于时间具有不可逆转的一维性质，所以在人类心目中时间就有与生命同等的价值和意义。生命只有一次，时间一去不返，也就往往引起人们永恒的伤感与遗憾。从西方智者赫拉克利特的冷静揭示——"我们不能两次踏进同一条河流"，到东方哲人孔子的深情咏叹——"逝者如斯夫，不舍昼夜"，都可见到这一普天下生命所共有的感叹。而艺术审美活动作为人类试图超越时间与物质现实、摆脱意志与欲望的控制、获取更大的精神自由的一种方式，对此就表现得更为敏感而强烈。春秋季节作为时间流逝的一种鲜明标志恰与人类的这种普遍的生命意识相通，而春的萌生与秋的衰残在中国古代农业社会中更有着特殊的意义。

在以农为本的中国古代社会中，春种秋藏、春耕秋获是农业生活的基本自然节奏。《尔雅·释天》云："春为发生……秋为收成。"[1]《礼记》云："东方者春，春之为言蠢也，产万物者圣也。……西方者秋，秋之为言愁也，愁之以时察，守义者也。"注："蠢，动生之貌也。……愁读为'揫'，揫，敛也。"[2]这样，春秋季节就处在农作物从萌芽到成熟、从种植到收获整个生长周期的两个端点，由春到秋的时间流程就标志着万物生命的一个自然发展过程。中国古老的史书即以《春秋》命名，与其农业社会的这种自然节奏不无关系。杜预解释为"年有四时，故错举以为所记之名也"[3]（《春秋序》），实际上并未揭示其内在的深层原因。陈梦家曾认为殷商时代只分为两季——春季和秋季，他在《殷虚卜辞综述》指出：

我们以为殷历的置闰常有先后，而当时的历法是不大精确的，这年与

① 《十三经注疏》整理委员会整理，李学勤主编：《十三经注疏·尔雅注疏》，北京大学出版社1999年版，第166页。

② 《十三经注疏》整理委员会整理，李学勤主编：《十三经注疏·礼记正义》，北京大学出版社1999年版，第1637页。

③ 《十三经注疏》整理委员会整理，李学勤主编：《十三经注疏·春秋左传正义》，北京大学出版社1999年版，第5页。

那年的天时月分可能很有出入；因此同是记载"八月"，在此年可能是"禾季"的末了，在那年可能是"麦季"的开始。此所谓"禾季""麦季"指一年的上半年（春夏季）和下半年（秋冬季）。由于卜辞的卜黍年、秬年等都在12，1，2，3等月，故定此为"禾季"的开始。卜辞卜年分为两段：一段在1，2，3，4等月，所卜为禾类的收成；一段在9，10，11等月，所卜为麦类的收成，故定后者为"麦季"的开始。卜辞的卜年和卜岁都应在收获以前，即每一"禾季"或"麦季"的前半段，即种植的时期。有此种假设，可试将一年分为两岁：

……

……此种假定与卜辞所记收获者相应：5月之获是获禾；12，3月之获与1月之食麦是获麦、食麦。……

后世春夏秋冬的分法，起于春秋以后。此以前恐怕只有两季，即上述的两岁。卜辞"下岁"可能即指下半年的一季。这两岁在卜辞中称为"春""秋"：

今春正勿黍——今春王黍于南 （《续》1.53.3，5.9.3）

今春王往田，若 （《甲》1134+1168）

来春不其受年 （《粹》881）

今岁秋不至兹商，二月——秋其至 （《河》687祖庚卜辞）[1]

由于从季节的变换中可见出时间的推移与生命的流变，春秋有着远比夏冬更鲜明的特性。春秋的这种季节特性与人类生命的成长变化之间有着一种微妙的默契与对应。《淮南子》云："春女悲，秋士哀，知物化矣。"[2]这就极其简明地揭示了春秋季节富于情绪色彩、能与诗人们心理相通，是通过"物化同构"这样一种审美中介来实现的。从广义上说，"人"亦为世界上千姿百态的"物"之

---

[1] 陈梦家：《殷虚卜辞综述》，科学出版社1956年版，第225—226页。

[2] 欧阳询：《艺文类聚》，上海古籍出版社1982年版，第41页。

一种，所谓"草木无情，有时飘零。人为动物，惟物之灵。百忧感其心，万事劳其形"①（欧阳修《秋声赋》），其生命来源于"物"，最后又复归于"物"，因而与自然万物有着奇妙的同构、同一的律动，所谓"春秋代序，阴阳惨舒，物色之动，心亦摇焉"②（刘勰《文心雕龙·物色》）。在大量的伤春悲秋作品中，物化—生命变化—人的变化，时间意识—生命意识—抒情冲动，这样的内在抒情逻辑是十分明晰的。李清照《声声慢》所云"乍暖还寒时候，最难将息"和《世说新语》记王子敬语"若秋冬之际，尤难为怀"，所谓"最难""尤难"决非仅仅道出古人对温度寒暖变化的敏感，更揭示了季节的骤变所刺激、诱发的心理反应和情绪骚动。在此季节诗人感时思变，情绪颤动，心理十分敏感，极容易为外物所触发。《长恨歌》写唐明皇思念杨贵妃，是"春风桃李花开日，秋雨梧桐叶落时"；《琵琶行》写琵琶女追忆往事是"今年欢笑复明年，秋月春风等闲度"；李煜抒发沉痛的故国乡关之思，是"春花秋月何时了，往事知多少？"（《虞美人》）；写"剪不断，理还乱，是离愁，别是一番滋味在心头"，是在"寂寞梧桐深院锁清秋"（《相见欢》）；忆江南，最使诗人难以忘怀的是"日出江花红胜火，春来江水绿如蓝"（白居易《忆江南》）和"春水碧于天，画船听雨眠"（韦庄《菩萨蛮》）：情绪最敏感的时间段都在春秋两季。灵心善感者索性就把春与愁等同——"来何容易去何迟？半在心头半在眉。门掩落花春去后，窗涵残月酒醒时"（石象之《咏愁》）；或把春秋两季作为引发情绪最敏感的两个端点——"荷叶生时春恨生，荷叶枯时秋恨成"（李商隐《暮春独游曲江》），春恨、秋恨，竟然与物候之寒暖、花木之荣枯有一种默契的同构。

在古典诗词伤春悲秋的传统中，秋之可悲，是很明显的。秋的萧瑟、肃杀、衰残与人厌恶衰老、珍爱生命的心理直接相通并默契对应。但春季万物萌发，充满生机与活力，相应触发起积极情绪，表面看来其中并无使人伤感的理由；而实际上"伤春"与"悲秋"的内在逻辑是一样的，即惋惜、留恋美好生命无可挽回

---

① 陈新、杜维沫选注：《欧阳修选集》，上海古籍出版社2016年版，第374页。

② 刘勰著，范文澜注：《文心雕龙注》，人民文学出版社1958年版，第693页。

地逝去，所谓"宦情羁思共凄凄，春半如秋意转迷。山城过雨百花尽，榕叶满庭莺乱啼"（柳宗元《柳州二月榕叶落尽偶题》）。在春的苏醒、萌发的背后是生命变化无常的事实：纵然年年花开花落、雁去雁来，但就生命的个体存在而言，今年所见之花，已非去年之花，今春所见之燕，亦非去年之燕，所谓"四顾何茫茫，东风摇百草。所遇无故物，焉得不速老"（《古诗十九首》）。春光明丽，却衰飒如秋，原因在于草经春来，虽是新物，但去年枯草，已成"故物"，今年已难以看到。由草的荣枯变换之速极其容易联想到人的盛衰也是同样的短暂，不禁悲感茫茫……所以古诗词中多有"目极千里兮伤春心""芳草年年与恨长""春日偏能惹恨长""望极春愁，黯黯生天际"之句。在此，春的勃勃生机既是一种"故物"逝去的符号，也是一种"新愁"萌发的暗示。试看："谁道闲情抛弃久，每到春来，惆怅还依旧。日日花前常病酒，不辞镜里朱颜瘦。河畔青芜堤上柳，为问新愁，何事年年有？独立小桥风满袖，平林新月人归后。"（冯延巳《蝶恋花》）何谓"闲情"？何为"新愁"？词未明言，可视为一种难以名状的生命痛苦张力，随着生命的成熟而发育壮大，其痛苦内核被庄子揭示得淋漓尽致："一受其成形，不亡以待尽。与物相刃相靡，其行进如驰，而莫止能止，不亦悲乎！终身役役而不见其成功，苶然疲役而不知其所归，可不哀邪！人谓之不死，奚益！其形化，其心与之然，可不谓大哀乎？"[1]（《庄子·齐物论》）这种四处弥漫的无端愁绪、寂寞愁怀，原本以为会随着寒暑推移的岁月流逝而被抛弃，谁料年年复生的春意、春色使得这些不确定的四处弥漫的情绪也在复苏、发育。春草年年生，新愁年年有，草长一寸，愁长一寸，所以是"每到春来，惆怅还依旧"；花发几枝，恨声几多，所以是"定定住天涯，依依向物华。寒梅最堪恨，常作去年花"（李商隐《忆梅》）。虽然人们通过宗教或道德的感悟能够在意识上超越时间和死亡，在与宇宙天地为一的精神世界获得永恒，但每一真实的个体生命终将不复存在，则是人人无法回避的严酷现实。这种现实在春秋代序、万物回薄的倏忽变化中得到了鲜明的物质印证：不仅去年之"故物"已荡然

---

[1] 陈鼓应注译：《庄子今注今译》，商务印书馆2016年版，第58页。

无存，随物奄化，就是今年之"新物"也在飞速逝去、步履匆匆……

诗人们对此十分关切，以极其敏感细微的艺术触角探测到了这种生命的律动："昨夜雨疏风骤，浓睡不消残酒，试问卷帘人，却道海棠依旧。知否，知否，应是绿肥红瘦。"（李清照《如梦令》）在常人眼中，自然似乎没有什么变化，但在感觉敏锐的词人眼中，随着"绿肥红瘦"的悄然变化，象征生命、青春、爱情的美好春光正在无可挽回地逝去，在"知否，知否"的反诘语气中，包含着多少对生命的怜爱与伤逝之情！暮春的这种变化体现在各个方面，都被敏感的诗（词）人们捕捉到——"花褪残红青杏小，燕子飞时，绿水人家绕。枝上柳绵吹又少，天涯何处无芳草。"（苏轼《蝶恋花》）花瓣零落，柳絮纷飞，无边的芳草铺展到天际，一个"又"字，蕴含着多少惋惜、多少怅惘！悼惜春残，自然感伤年华的飞逝，平添些许无可名状的哀愁。在这红衰绿茂的暮春季节，最令人难堪的是那些不忍相看的景物，却偏偏让人在触觉上感受到了——"一片飞花减却春，风飘万点正愁人"（杜甫《曲江二首》），"春风不解禁杨花，蒙蒙乱扑行人面"（晏殊《踏莎行》）。触觉属于非距离性感觉，更贴近生命本能，于是，在漫天飞舞的柳絮乱扑人面的直接身体接触中，令人更真切地感到了春归去那急促的脚步。诗人们把这种感受表达得摇曳多姿、情辞宛转——"更能消几番风雨，匆匆春又归去。惜春常怕花开早，何况落红无数。"（辛弃疾《摸鱼儿》）又："吹龙笛，击鼍鼓，皓齿歌，细腰舞。况是青春日将暮，桃花乱落如红雨。"（李贺《将进酒》）作者惜春爱美心切，以至于想到花若不开，也就不会凋残；若能使时间留滞，也就等于延长了生命。但发育、生长、衰老是生命有机体的共同规律，"落红无数""落红如雨"更是眼前无情的现实，从风雨飘摇、匆匆春归中，作者体验到的是生命无常、美景易逝的无可奈何；伤悼春残，及时行乐，皓齿细腰，色彩缤纷，也挡不住青春归去的脚步，掩盖不住生命易逝的本质；在此，青春热烈与迟暮凄怆奇异地组合在一起。另外，春季景物的多变还可以使由此而生发的生命意识得到进一步扩展和升华，其倏忽易逝的过渡性质与人生如梦的短暂本质相对照，不能不给人以强烈的心灵震撼。如："林花谢了春红，太匆匆！无奈朝来寒雨晚来风。胭脂泪，相留醉，几时重？自是人生长恨水长东！"（李煜《相见欢》）面对满林凋零的春花，作者发出了"太匆匆"的感叹，从风雨花落的表面现象，他直接体验到内在生命那无常与挫伤的痛苦，于是在此，每年都要循环发生的现象就被赋予"只有一次"的不可逆转的性质。这种审美感觉的产生，不仅仅是因为见到了自己"似曾相识"之物，而是春秋倏忽变化的"类生命的结构"在瞬息间就能展示出生命的整体真相以及由盛到衰的全过程，通过"物化"同构和物我共鸣的作用，使人在极短的时间内就经历了生命有机体可能毕生才能体验到的感觉。丘迟的《与陈伯之书》流传千古，为打动对方，所截取的正是暮春景物，其云："暮春三月，江南草长，杂花生树，群莺乱飞。见故国之旗鼓，感平生于畴日，抚弦登陴，岂不怆恨！"①能打动人的，正是春季中潜藏的那种强烈的"类生命"意识所引发的故国乡关之思。

春是如此，秋的凋零则更预示生命的衰残。欧阳修《秋声赋》："盖夫秋之为状也：其色惨淡，烟霏云敛；其容清明，天高日晶；其气慄冽，砭人肌骨；其意萧条，山川寂寥。故其为声也，凄凄切切，呼号愤发。……草拂之而色变，木遭之而叶脱。"②秋季是自然生命过程的另一端点，在经历了夏季的持续繁茂之后，"物化"的外在标志又变得明显起来——"渐霜风凄紧，关河冷落，残照当楼。是处红衰翠减，冉冉物华休"（柳永《八声甘州》）；"袅袅兮秋风，洞庭波兮木叶下"（屈原《九歌·湘夫人》）。与春相比较，秋季景物给人们的心理震撼更为直接，由"凉"而"悲"的内在精神逻辑更为明显，所谓"旻天兮清凉，玄气兮高朗。北风兮潦洌，草木兮苍唐。……岁忽忽兮惟暮，余感时兮凄怆"（屈原《九章·哀岁》）。于是就更容易触动身世的感慨和生命的感伤，对自己存在的意义及流逝的岁月进行一番梳理，所谓"桐风惊心壮士苦，衰灯络纬啼寒素。谁看青简一编书，不遣花虫粉空蠹"（李贺《秋来》）。秋来易感，于是在夏季看来很平常的风吹桐叶，也使诗人心惊魄动，思考自己呕心沥血写作的意义何在——它们不会无人赏识而被蠹虫蛀成粉末吧？秋凉，不仅使诗人思考

---

① 萧统编：《文选》，上海古籍出版社1986年版，第1947页。

② 陈新、杜维沫选注：《欧阳修选集》，上海古籍出版社2016年版，第374页。

自己行为的存在意义，更使其进一步思考其自身的存在意义："秋月颜色冰，老客志气单。冷露滴梦破，峭风梳骨寒。席上印病文，肠中转愁盘。疑虑无所凭，虚听多无端。梧桐枯峥嵘，声响如哀弹。"（孟郊《秋怀》）秋寒使所见所感都染上一种冰冷色调，生理感受之寒与心理感受之悲形成一种同构互动，景物的凄凉苦寒与心绪的灰冷无趣，如乳在水，高度融合无间，以至于诗人化视觉意象为触觉感受，更缩短了外物与生命距离。着一"滴"字，既写出寒夜难眠的情状，又衬托出诗人内心缓慢滋生而又持续散发的抑郁悲苦之情；用一"梳"字，冷峭风寒之直入骨髓，如梳子篦发而过，其寒其痛，读之如同身感亲受。这样由生理及心理，必然产生许多抒情冲动，所以在秋季顺理成章地产生了许多优秀之作，如"独坐悲双鬓，空堂欲二更。雨中山果落，灯下草虫鸣"（王维《秋夜独坐》），"静夜四无邻，荒居旧业贫。雨中黄叶树，灯下白头人"（司空曙《喜外弟卢纶见宿》）都是极好的例证。

世界上每个人都在活着，但并非都能到洞察生活的真谛，一旦发现生命的真相与奥秘，那种审美愉悦是难以言传的。春秋景物的"类生命"结构所传达出来的丰富的生命意识，使诗（词）人有机会对"生命"本身做一种观照和反思。诗（词）人创造的每一个真正的艺术形式，都会使作为欣赏者的"自我"感到似曾相识，因为它同时是主体又是客体，是形式又是生命。观赏者对艺术形式的欣赏和观照，实质上是对我们自身灵魂与生命的形式（包括了它的生存、成长与消亡过程）的整体上的领会。总之，生命意识以及由春到秋所显示的"物化同构"过程对诗（词）人们心理上的影响与震荡是非同小可的，人们热爱生命、厌恶死亡的本能以及对人生无常的深刻体验都在这一过程中得到了真实的印证。死是生命的最高体验，在实际生活中，任何人都没有真正经历过死亡，正如维特根斯坦所说："死不是生命的事件，人是没有体验过死的。"[1]但春荣秋凋、春耕秋获的"物化"过程却让人们的心灵间接经历了一次"死亡体验"，从春秋景物的迅疾变化中，人们逼真直观地看到时间那无可逆转的一维性，以及一切有机生命的

中国古代著述思想研究

---

① 维特根斯坦：《逻辑哲学论》，郭英译，商务印书馆1962年版，第96页。

最终结局，从而直觉到普天下生命所共有的哀感。古诗词中一些脍炙人口的名句如"年年岁岁花相似，岁岁年年人不同"（刘希夷《代悲白头翁》），"无可奈何花落去，似曾相识燕归来"（晏殊《浣溪沙》），"流光容易把人抛，红了樱桃，绿了芭蕉"（蒋捷《一剪梅》）等，抒发的都是这种生命体验。

　　而反观夏冬景物，则明显缺乏这种"物化同构"的鲜明刺激。平心而论，夏冬之季并非没有佳作，如"清江一曲抱村流，长夏江村事事幽。自来自去堂上燕，相亲相近水中鸥"（杜甫《江村》），"毕竟西湖六月中，风光不与四时同，接天莲叶无穷碧，映日荷花别样红"（杨万里《晓出净慈寺送林子方》），"别院深深夏席清，石榴开遍透帘明。树阴满地日当午，梦觉流莺啼一声"（苏舜钦《夏意》），"山光忽西落，池月渐东上。散发乘夕凉，开轩卧闲敞"（孟浩然《夏日南亭怀辛大》）等。但仔细品味，它们的内容大都停留在生理感知的层次上，抒发的都是生理体验的快感、惬意，即使有情绪因素，也较为简单、轻微，心理痕迹很浅。在审美理论上，它类似一种"游戏式的快乐"，远远达不到"以血书者""释迦、基督担荷人类罪恶之意"①（王国维评李后主语）的高层次审美愉悦。像"千山鸟飞绝，万径人踪灭"（柳宗元《江雪》）这样的佳作实在太少了。所以，诗（词）人对它们的反应之迟钝、怠倦、冷淡，完全合乎审美心理逻辑。

（二）春秋起始、突变的性质与"第一刺激力"

　　如上述，春秋景物与生命意识之间有一种奇妙的"物化同构"，但生命意识毕竟还不是审美意识。因此，首先应注意从生命意识到审美意识的过渡。在此方面，春秋景物也有较强的优势。美国学者阿恩海姆分析审美活动时曾说：

　　为了对感官的机能作出正确的解释，我们必须记住，它们并不是仅为

认识而存在的认识工具，而是为生存延续而进化出来的生物性器官，从一开始起，它们的目标就对准了或集中于周围环境中那些可以使生活变得更加美好和那些妨碍其生存活动顺利进行的方面。……"在观看一个物体时，我们总是主动地去探查它。视觉就象一种无形的'手指'，运用这样一种无形的手指，我们在周围空间中运动着，我们走出好远，来到能发现各种事物的地方，我们触动它们，捕捉它们，扫描它们的表面，寻找它们的边界，探究它们的质地。因此，视觉是一种主动性很强的感觉形式。……"①

　　先生存，后审美，在我们看来是"自然而然"的艺术审美活动，实质上带有极其强烈的生存竞争的原始遗迹色彩。适者生存。正因为一开始审美感官"并不是仅为认识而存在的认识工具，而是为生存延续而进化出来的生物性器官"，所以它们具有极其强烈的艺术上的"趋利避害"的主动选择性。换言之，对审美活动来说，并不是外部世界的一切都能使人获得审美愉快，只有那些由主体的整个心灵选择出来的与自己类似和相通的事物才能使其感动。当人类用审美的方式去观察自然时，其实是努力在整体的自然中发现"自我"的倒影，是同丰富的生命形式及人类生活自身的"对话"。具体到古典诗词，任何好作品都必然凝结着诗人独特的审美发现，这种发现依赖于主、客观两方面的条件。就主观方面来说，诗人要有一种能于同中见异的敏锐感受力，见常人之所不能见，所谓"世无诗人即无此种境界"（王国维）；就客观方面而言，所见外物本身要具备新鲜感、独特性，给创作主体以强烈的刺激。一般来说，客观外物越是具有初始、流动、变化的性质，就越容易被采纳入诗。

　　有心人不难发现，古典诗词中，月亮、风雨、黄昏、灯烛、钟声等意象之所以占据主流，正是因为它们具备初始、变化的性质，是对一种人们持续着的习以为常的沉闷状态的打破，而初始、变化则往往较持续的烦闷常态更具有"类生命"的气质，更容易引起人的注意。一些写静的名句，恰恰采用了"动"的手

_____

　　① 鲁道夫·阿恩海姆：《视觉思维——审美直觉心理学》，滕守尧译，四川人民出版社1998年版，第25页。

法，所谓"蝉噪林逾静，鸟鸣山更幽"（王籍《入若耶溪》）；"月出惊山鸟，时鸣春涧中"（王维《山中》）。还有日人松尾芭蕉那首著名的俳句："荒寂古池塘，青蛙'噗通'跳水，空谷传清响。"以上都是以瞬间的流动写出静态之魂，因为"对理智说来，只有引起它注意或关心的东西，才是对它最重要的东西。人总是使自己摆脱厌倦"①。《诗经·卫风·硕人》描写美人是："手如柔荑，肤如凝脂，领如蝤蛴，齿如瓠犀，螓首蛾眉。巧笑倩兮，美目盼兮。"朱光潜先生评价说，前五句最呆板，我们无法将嫩草、干油、蚕蛹、瓜子之类拼凑成一个美人，而后两句只寥寥八字，就活写出其风姿神韵，其奥妙在于"化美为媚"，媚，就是一种"流动的美"（beauty in motion）。②从这一逻辑观照，春秋季节恰恰具备起始、流动、变化的诸种特性，为诗人们提供了必要的"化美为媚"的第一艺术刺激力。

《周易·系辞》云："寒往则暑来，暑往刚寒来，寒暑相推而岁成焉。"③这里值得注意的是，《周易》把寒暑而非冷暖作为一年岁月的标志与象征。从一般感受而言，冷暖、寒暑给人的直接生理感受都是温度的升高或降低，但很明显，春暖、秋凉具有起始、变化、推移、过渡等性质，而夏暑、冬寒则具有持续、稳定、极限等性质。所以《周易》用具有稳定性质、达到一定极限的寒暑来代表一年。实际上，一年中"寒暑相推"的岁月变化是通过春暖、秋凉的起始、过渡或中介来完成的，冬夏的寒暑交替实际上起始于春秋的冷暖变化：春暖为夏暑之始，秋凉为冬寒之始。换言之，人们对自然冷暖温度变化最敏感的季节是产生突变的春秋两季，而冬夏的严寒或酷热则具有延续、接替的性质，不过是春暖或秋凉发展到了极限的结果。这种自然差异对于艺术审美活动的重要意义在于，客观景物的流动、变化、起始状态，往往是启发诗人灵感的极好契机。谢康乐诗

① 鲁道夫·阿恩海姆：《视觉思维——审美直觉心理学》，滕守尧译，四川人民出版社1998年版，第27—28页。

② 朱光潜：《朱光潜美学文集》（第二卷），上海文艺出版社1982年版，第132页。

③ 《十三经注疏》整理委员会整理，李学勤主编：《十三经注疏·周易正义》，北京大学出版社1999年版，第304页。

云："昏旦变气候，山水含清晖。清晖能娱人，游子憺忘归。"（《石壁精舍还湖中作诗》）在某种意义上，春秋景物的鲜明变化正如黎明、黄昏的万千气象一样，往往使人产生"第一刺激力"的新鲜感觉，其本身已蕴含着某些创造性的原质，最能刺激创作欲望，令人留恋不已。《尚书大传》云："东方者，动方也，物之动也。何以谓之春？春，出也。物之出，故谓东方春也。"[1]春季，天气下降，地气升腾。"东风解冻，蛰虫始振，鱼上冰，獭祭鱼，鸿雁来。""始雨水，桃始华，仓庚鸣，鹰化为鸠。"[2]（《礼记·月令》）秋季，草木摇落，万物萧条。"凉风至，白露降，寒蝉鸣。鹰乃祭鸟，用始行戮。""盲风至，鸿雁来，玄鸟归，群鸟养羞。"[3]（《礼记·月令》）

在长期完全持续着枯衰或茂盛的沉闷冬夏季节之后，春秋季节的突破、变化使人兴奋与惊异。欧阳修对秋声的感触是："异哉！初淅沥以萧飒，忽奔腾而砰湃，如波涛夜惊，风雨骤至。其触于物也，鏦鏦铮铮，金铁皆鸣；又如赴敌之兵，衔枚疾走，不闻号令，但闻人马之行声。"（《秋声赋》）而童子的回答"星月皎洁，明河在天，四无人声，声在树间"，更反衬出诗人的敏感。[4]杜审言《和晋陵陆丞早春游望》诗云："独有宦游人，偏惊物候新。"范仲淹《渔家傲》词云："塞下秋来风景异，衡阳雁去无留意。"所谓"物候新"，所谓"风景异"，都是指春秋季节的突变性特征而言，而"偏惊"则反映出作者在获取这种新鲜感受时的兴奋心理，这无疑是很利于审美创造的。春季转暖，适于室外活动，色彩、声音都丰富起来："二月二日江上行，东风日暖闻吹笙。花须柳眼各无赖，紫蝶黄蜂俱有情。"（李商隐《二月二日》）诗人甚至直接写出春是最富于诗情的季节："诗家清景在新春，绿柳才黄半未匀。若待上林花似锦，出门俱是看花人。"（杨巨源《城东早春》）柳枝上刚刚露出几颗嫩黄的柳芽，半

---

① 欧阳询：《艺文类聚》，上海古籍出版社1982年版，第40页。

② 《十三经注疏》整理委员会整理，李学勤主编：《十三经注疏·礼记正义》，北京大学出版社1999年版，第454、471页。

③ 《十三经注疏》整理委员会整理，李学勤主编：《十三经注疏·礼记正义》，北京大学出版社1999年版，第521、523页。

④ 陈新、杜维沫选注：《欧阳修选集》，上海古籍出版社2016年版，第374页。

中国古代著述思想研究

黄半绿，色彩尚未均匀，是诗人最喜爱的清新景色。如果繁花似锦，游人如云，已经是人人皆知，毫无新鲜感了。韩愈写初春草色是"遥看近却无"，朦朦胧胧中，似有一种极淡极淡的青青之色，走近了，却看不清是什么颜色，而它却"正是一年春好处，绝胜烟柳满皇都"（《早春呈水部张十八员外》）。"烟柳满皇都"同"上林花似锦"一样，都达到了事物的顶点，所以不受诗人青睐；而"才黄半未匀""遥看近却无"这种具有初始性质的变化，无疑只能出现在春季。又贺知章《咏柳》云："不知细叶谁裁出？二月春风似剪刀。"作者之所以有如此奇妙的联想，显然来自春柳变化对他的新鲜刺激。原本枯瘦的枝条上忽然缀满了尖尖的细叶，这就启发着作者寻找这一"奇迹"的制造者，于是把春风比作有意修剪枝条的剪刀。正是春天柳叶所特有的尖细而稀疏的形态，使作者联想到了剪刀的实际功用，显然，如果面对浓密茂盛的夏柳，则很难产生这种妙喻，因为剪刀实在"剪"不过来那么多柳叶。又如众口传诵的《春晓》，诗首句"春眠不觉晓"也是得之于春季时光暗换给人的新鲜刺激。春分之后，白日转长，习惯于冬眠节奏的人在春眠时自然不会感觉到黎明的悄然降临，仍在酣睡中，但那爬上窗棂的曙光已在提示人们时光流转、季节暗换，所以作者才会有"不觉晓"的感觉。很显然，这种感觉是无论如何也不会产生在具有持续性质的冬季，因为稳定的状态已经使人习以为常。其中的审美心理逻辑诚如阿恩海姆所分析的：

> 由于有机体的需要是经由眼睛加以调节的，对于变化的东西自然要比对不动之物感兴趣的多。……某些研究厌腻现象和适应现象的心理学家指出，当某种特定的刺激一次又一次出现时，动物，甚至是那些很低级的动物，都会停止它们的反应。视域中的某些永不变化的因素，如阳光照射时那种永不变化的色彩，很容易从意识中消失，正如一直出现的某种噪音或气味再也引不起人们的注意一样。…… 一种色彩，如果一直盯住它不放，就会脱色或变白，如果让眼睛紧盯住一个图形，不作任何扫视活动（在一般情况下，都要经常扫视），这一式样很快就会消失。对单一不变的东西的反应，有着从有意识的自卫，到纯粹是因为一种静止不变的情境在大脑中产生的生理反应

的疲劳等一系列不同的表现形态。它们都是理智不重视那些不能引起它注意的东西的最基本表现方式。[1]

此外，春秋景物虽有流动、变化等性质，但又未达到变化的顶点和极限，这是很利于审美创造的。莱辛认为，绘画艺术由于空间的限制，应选择"最富于孕育性的那一顷刻"，这一顷刻既包含过去，也暗示未来，"使得前前后后都可以从这一顷刻中得到最清楚的理解"[2]，这种分析对于认识其他艺术问题也不无启发和指导意义。春秋作为寒暑之间的过渡性季节，其特征可用王湾的两句诗来描绘——"海日生残夜，江春入旧年"（《次北固山下》）。夜色尚未退去，海上红日欲出；旧年将残未残，春意已临人间。这新旧交替、寒暑推移的微妙变化时刻，给诗人们提供了施展才华的绝好机会，诗人们那缠绵的情思、敏锐的感受、细致入微的观察力恰好遇到了"充满包孕性"这一契机。白居易诗云"几处早莺争暖树，谁家新燕啄春泥？乱花渐欲迷人眼，浅草才能没马蹄"（《钱塘湖春行》），韩愈诗云"天街小雨润如酥，草色遥看近却无"（《早春呈水部张十八员外》），杜牧诗云"千里莺啼绿映红，水村山郭酒旗风"（《江南春》），捕捉到的正是春季充满包孕性的特征。正由于处在起始性、过渡性的季节，莺才是"几处"，草才是"浅草"；如果莺飞处处，草深过膝，柳叶满枝头，也就不会产生"遥看近却无"的诗意了。

春暖为夏暑之始，而秋凉则为冬寒之始，从寒冷的气温角度看，秋季也具有起始性质。在经历了漫长的温暖、暑热之后，萧瑟秋意又带来新鲜的变化，尤其是夏季稳定的绿色开始变得色彩斑斓，富于变化。试看："山明水净夜来霜，数树深红出浅黄。试上高楼清入骨，岂如春色嗾人狂。"（刘禹锡《秋词二首》）"荆溪白石出，天寒红叶稀。山路原无雨，空翠湿人衣。"（王维《山中》）秋季新凉如水，但又未达到万物凋敝的程度，所以尚有稀疏的红叶和欲滴欲流的山

---

① 鲁道夫·阿恩海姆：《视觉思维——审美直觉心理学》，滕守尧译，四川人民出版社1998年版，第26—27页。

② 莱辛：《拉奥孔》，朱光潜译，商务印书馆2017年版，第91页。

中翠色给人以美感。

　　春秋季节的起始性、包孕性还易于突出事物的个性及个别特征，而个性特征恰恰是诗人们所孜孜以求的。相传齐己《早梅》诗云："前村深雪里，昨夜数枝开。"郑谷改"数枝"为"一枝"，遂被称为"一字师"。这说明，到底是数枝还是一枝，这种真实性诗人并不计较，他们所关心的只是如何更好地传达出事物的神韵。郑谷改诗的美学依据就是尽量突出对象的个别特征，把早梅傲雪凌霜的品格及春的讯息集中在"一枝"上。春秋（尤其是春季）景物变化多有与郑谷改诗的美学依据所暗合之处。又如："一树寒梅白玉条，迥临村路傍溪桥。不知近水花先发，疑是经冬雪未销。"（张谓《早梅》）早梅，能早到什么程度呢？恍惚迷离中，凌寒怒放的梅花好像是冬天残留的白雪，衔接着两个季节，把早春生命的神韵传达出来。如果不是"一树"，而是"树树"，就会韵味顿失。再略举几个脍炙人口的例子，就会发现景物的个别而非群体特征是多么易于激发起诗人的创作灵感，如"小荷才露尖尖角，早有蜻蜓立上头""春色满园关不住，一枝红杏出墙来""竹外桃花两三枝，春江水暖鸭先知"……自然，诗人的独特审美发现是重要的，但描写对象本身所独具的审美特质也是不容忽视的。

　　这方面，可以说明问题的是一个反面的例证。曾大兴先生在论及"岭南诗歌"时曾指出其风格最大的特征是"清淡"，这种风格难以产生真正伤春和悲秋的作品，"也不伤春，也不悲秋"。这主要是岭南地区缺乏四季变化因而缺乏外在的审美刺激因素而造成的，他说：

　　　　岭南气候在物候上的重要表现，就是季相不明显。所谓季相，是指植物在不同季节的表相。在不同的气候带，植物的季相不同。在温带地区，植物的季相是十分明显的，在寒带和热带地区就不明显。季相能给人以时令的启示，增强季节感。岭南大部分地区处于热带，季相不明显，容易给人一种错觉，以为一年到头都在过夏天。所谓岭南"四时皆是夏，一雨便成秋"，就是季相不明显给人们造成的错觉。①

　　他进而指出，岭南地区由于季相不明显，缺乏相应能够触发诗人伤春和悲秋之感的物候，所以就难以产生真正伤春和悲秋的作品。这是岭南诗歌的一个突出特点。这个特点，过去没有人发现过。而岭南诗歌之所以具有"清淡"的风格，与伤春和悲秋之作缺乏是有重要关系的。不仅岭南本地诗人是这样，就是外来诗人也是如此——"我国古代许多内地诗人，由于种种原因被流放、贬谪、迁徙到岭南，虽不乏去国怀乡之感，却鲜有伤春悲秋之作。不是他们的内心里没有伤悲，而是岭南这个地方，'四时皆似夏'，季节不分明，季相不明显，春花不谢，秋叶不凋，春无来燕，秋鲜归鸿，缺乏相应的物候触发他们的春怀和秋思。换句话说，触动他们的去国怀乡、衔冤抱屈、坎坷沉沦、怀才不遇之感的，并不是内地常见的春花秋叶、春鸟秋虫等物候，而是别的景物或人事，触发了他们对岭南这个流放、贬谪、迁徙之地的陌生感、疏离感，甚至是恐惧感，进而引起他们的伤悲"。循此，他得出结论说："伤春和悲秋，是由春天和秋天的特定物候，例如花开花谢、草长莺飞、落叶飘零、大雁南归等等，所引发的两种既有联系也有区别的令人伤感和悲戚的情绪。……伤春、悲秋之所以成为两个特别的主题类型，就是因为上述这些情感，是带有季节性的，是由春天或秋天特定物候所触发的。"②换言之，岭南地区的四季尤其是春秋景物缺乏变化，也就是缺乏了种种外在审美刺激，诗人的感觉也就会由迟钝转而麻木，最终缺席。

　　另外值得一提的是，春秋景物的流动变化增大了诗人与景物相遇的偶然性与"猝然"性。叶梦得《石林诗话》云："'池塘生春草，园柳变鸣禽。'世多不解此语为工，盖欲以奇求之耳。此语之工，正在无所用意，猝然与景相遇，借以成章，不假绳削，故非常情所能到。诗家妙处，当须以此为根本，而思苦言难者，往往不悟。"③这里所强调的诗思的偶发性与直觉性，是传统诗词的思维

---

　　① 曾大兴：《岭南诗歌清淡风格与气候之关系》，《学术研究》2012年第11期。

　　② 曾大兴：《岭南诗歌清淡风格与气候之关系》，《学术研究》2012年第11期。

　　③ 何文焕辑：《历代诗话》，中华书局1981年版，第426页。

中国古代著述思想研究

特征之一，从钟嵘倡"直寻"，严羽主"妙悟"，到王夫之讲"现量"，探索的正是这一特征。别林斯基认为"抒情作品本身，是刹那间的灵感的果实"[①]，春秋景物的瞬息多变、异彩纷呈恰恰是这种"刹那间"灵感浮现的绝好"触媒"，中国古代诗坛上有"一语天然万古新"之誉的"池塘春草"一联，就很能说明这个问题。在此联前作者这样写道："徇禄反穷海，卧疴对空林。衾枕昧节候，褰开暂窥临。倾耳聆波澜，举目眺岖嵚。初景革绪风，新阳改故阴。"（谢灵运《登池上楼》）披露出他见到池塘春草之前的心理状态：游宦江滨，情绪低落，加之长期卧病与衾枕为伴，竟感受不到节候的变化。处在这样生理与心理都较消极的状态中，自然会产生一种对活泼新鲜生命的期待之情。作者无意中眺望窗外，对眼前发生的春池草生、柳枝禽鸣的景物变化感到格外突然、新鲜，于是刹那间主客双方默契地相互融浃，遂留下"池塘生春草，园柳变鸣禽"这一千古名句。可见，在此景物的变换正是使诗人产生瞬间美感的客观刺激物。又如王昌龄的《闺怨》："闺中少妇不知愁，春日凝妆上翠楼。忽见陌头杨柳色，悔教夫婿觅封侯。"全诗情绪的转折点是具有偶然因素的"忽见"二字，感发的契机是陌头那青青的柳色，怀着欣喜赏春心情的少妇猝然与景相遇，于是由物及人，由生命的绿色联想到自己的寂寞青春，不禁黯然神伤。如果是绿草遍野，树荫匝地，视觉由于熟悉、习惯了持续的绿色而缺乏"第一刺激力"，就不是"忽见"，而是"惯见""习见""常见"了。在此，不可忽视的是，相对夏冬那持续、稳定的状态而言，春秋之时的景物具有突变、质变的性质，这就必然增大了"情"与"景"相遇的偶然性和突发性，为创出精品提供了良好的契机。

（三）离别、思归：季节性心理与行为

最后需要指出的是，在四季分明的中国大部分地区，春秋两季不仅是农作物及其他植物由萌生到衰残的两个端点，还是人们外出活动（如征戍、远游、赴任等）由去到归的两个端点。古代生产力水平低下，交通不便，人们外出活动受

① 别林斯基：《别林斯基选集》（第三卷），满涛译，上海译文出版社1980年版，第60页。

气候寒暖条件的限制很大，春季天气转暖，温度宜人，往往是人们外出远行、辞别亲人的季节；秋季，暑往寒来，万物凋零，他乡异客是容易萌生思乡、怀人等情绪的。自《诗经》始，已有这种春离秋归的咏叹："昔我往矣，杨柳依依；今我来思，雨雪霏霏。"（《诗经·小雅·采薇》）江淹著名的《别赋》开篇即将离别定在春秋两季："黯然销魂者，唯别而已矣！……或春苔兮始生，乍秋风兮暂起。是以行子肠断，百感凄恻。"[①]离别的行为多发生在春秋两季。这其实也就是春秋两季为何更多地激发意绪诗情的心理原因。中国传统诗词中有大量的离别、怀归、相思、思乡之作，其中大多数和春秋两季相关。再进而分析会发现，一般春季多离别、相思之作，而秋季多怀人、思归之作，这种现象无疑是古代实际生活中人们外出活动规律在创作中的反映。

人是一种高级生物，随季节变化而动乃生物的本能。"东方风来满眼春"（李贺《三月》），春季天暖，阳气萌动，室外活动开始增多，所谓"三月三日天气新，长安水边多丽人"（杜甫《丽人行》）。此时，外出远游之心也开始如草芽般悄悄萌发，试看——"客心如萌芽，忽与春风动。又随落花飞，去作西江梦"（梅尧臣《送门人欧阳秀才游江西》）。"枕上片时春梦中，行尽江南数千里"（岑参《春梦》），此时更适于外出远行。而出行则必然要辞别亲友，难免百感凄恻，所谓"悲莫悲兮生别离"（屈原《九歌·少司命》），"别方不定，别理千名。有别必怨，有怨必盈"[②]（江淹《别赋》）。其中的逻辑虽然简单，但却是春季多有离别佳作的重要原因。淮南小山《招隐士》云："王孙游兮不归，春草生兮萋萋。"江淹《别赋》云："春草碧色，春水渌波。送君南浦，伤如之何！"这就已经定下这种离别的"伤春"基调。在此，离别与春季联姻，其中的联系绝非偶然，是春季天暖易于出行的必然反映。但这种伤春与"无可奈何花落去"式的伤春不同，其主要内容是离情别绪。这固然是因为充满变化、流动性质的春季易于触发生命情思，若再推进一步分析，则更是因为春天是辞家远

260

中国古代著述思想研究

---

① 萧统编：《文选》，上海古籍出版社1986年版，第750页。
② 萧统编：《文选》，上海古籍出版社1986年版，第756页。

行的季节，古诗词中与春季有关的送别名篇、名句精彩绝伦，令人眼花缭乱，绝非偶然的巧合。试看："风吹柳花满店香，吴姬压酒劝客尝。金陵子弟来相送，欲行不行各尽觞。请君试问东流水，别意与之谁短长！"（李白《金陵酒肆留别》）春风骀荡，柳絮飞舞，满店酒香，吴姬款款劝客，一幅多么令人陶醉的美丽画面！其他送别名篇如"故人西辞黄鹤楼，烟花三月下扬州"（李白《黄鹤楼送孟浩然之广陵》），"劝君更尽一杯酒，西出阳关无故人"（王维《送元二使安西》），"细雨湿衣看不见，闲花落地听无声"（刘长卿《送严士元》），"江春不肯留行客，草色青青送马蹄"（刘长卿《送李判官之润州行营》）等等，均颇给人以美不胜收之感。而反观夏冬之季，则明显缺乏这样丰富的季节性行为因素。没有离别行为，当然不会有相关的情绪。春季，杨柳依依成为季节性标志物，于是送别又多与杨柳相联系，汉唐人有春季灞桥折柳离亭送别的习俗，就很能说明这一点。所谓"长安陌上无穷树，唯有垂杨管别离"（刘禹锡《杨柳枝词》），"含烟惹雾每依依，万绪千条拂落晖"（李商隐《离亭赋得折杨柳》）；在它们的陪衬下，离别情思更显得缱绻哀婉："扬子江头杨柳春，杨花愁杀渡江人。数声风笛离亭晚，君向潇湘我向秦。"（郑谷《淮上与友人别》）"杨柳渡头行客稀，罟师荡桨向临圻。惟有相思似春色，江南江北送君归。"（王维《送沈子福之江东》）在此，杨柳不仅是季节性符号，还是离别远行的标志物，所以古典离别名篇多与杨柳有不解之缘，此中真义，无须赘析冗述。

"秋期如约不须催，雨脚风声两快哉！"（范成大《秋前风雨顿凉》）秋季天气转凉，骤降的气温不仅使万物凋零衰残，而且易于激发思乡、念旧、怀人等丰富的心理情绪。此时，在持续了夏季的稳定状态之后，刺激人思归的季节性标志物又增多起来。它们可以是秋天的一个节日："独在异乡为异客，每逢佳节倍思亲。"（王维《九月九日忆山东兄弟》）也可以是一阵秋雨："君问归期未有期，巴山夜雨涨秋池。何当共剪西窗烛，却话巴山夜雨时。"（李商隐《夜雨寄北》）也可以是一阵凉风，试看："洛阳城里见秋风，欲作家书意万重。复恐匆匆说不尽，行人临发又开封。"（张籍《秋思》）有时甚至只是一只秋雁："晓发梳临水，寒塘坐见秋。乡心正无限，一雁度南楼。"（赵嘏《寒塘》）或几声秋虫的啼鸣："长相思，在长安。络纬秋啼金井阑，微霜凄凄簟色寒。"（李白《长相思》）明于此，就不难理解为何在秋季会有如此众多的名篇佳作了。

于是，季节所激发的丰富心理内涵使得秋季更富于"回归"的色彩。据统计，田园诗人经常描写黄昏晚照，陶渊明现存的120多首诗中，描写黄昏景象的就有35首，而孟浩然220首诗中，写到黄昏的有101首之多。田园诗人们之所以喜欢表现黄昏的田园，正在于太阳的回归与田园暮归在情感和结构上的一致性。黄昏的田园成为诗人们摆脱物累、摆脱异化的理想追求。在这种理想追求里存在着日之归—人之归—心之归的潜在逻辑，当人们的生存活动与暮归结构相适应时，即获得自适惬意的心灵愉悦。值得注意的是，思归不仅表现在黄昏，更体现在秋季。黄昏与秋季，有着一种奇妙的内在同构对应性，或可表述为：黄昏是一日之秋季，秋季为一岁之黄昏。若以一日计，黄昏为思归之时，所谓"斜阳照墟落，穷巷牛羊归。野老念牧童，倚仗候荆扉"（王维《渭川田家》）；而若以一年计，则凉秋为思归之季："秋风萧瑟天气凉，草木摇落露为霜，群燕辞归鹄南翔。念君客游多思肠。"（曹丕《燕歌行》）有时，索性把秋季与黄昏糅合在一起，试看："树树皆秋色，山山唯落晖。牧童驱犊返，猎马带禽归。"（王绩《野望》）"秋色""落晖"，浑然一体，一日之归，一年之归，难分彼此。

而由生理感受上的"凉"，到心理体验上的"悲"，由目触衰飒之景，而至牵动愁苦之情，极易产生思乡怀友的心理感应。试看王勃《山中》："长江悲已滞，万里念将归。况属高风晚，山山黄叶飞。"秋风凄紧，黄叶纷飞，加重乡愁，触发离思，促人归乡；而归乡无疑意味着又一次别离："飒飒秋风生，愁人怨离别。含情两相向，欲语气先咽。心曲千万端，悲来却难说。别后唯所思，天涯共明月。"（孟郊《古怨别》）思念亲人是这样，怀念朋友也是如此。杜甫名篇《天末怀李白》云："凉风起天末，君子意如何？鸿雁几时到，江湖秋水多。"一是满山黄叶，一是瑟瑟秋风、茫茫江湖，都是触发诗人思念朋友的重要季节性触媒。又如贾岛名句"闽国扬帆去，蟾蜍亏复团。秋风生渭水，落叶满长安"。其诗题就是《忆江上吴处士》。不仅思念尚在的朋友，就是发思古之幽情，也多在秋季，试看："牛渚西江夜，清天无片云。登舟望秋月，空忆谢将军。余亦能高咏，斯人不可闻，明朝挂帆席，枫叶落纷纷。"（李白《夜泊牛渚怀古》）另外，李白还有一首《秋登宣城谢朓北楼》，也是写于秋季，其云："人烟寒橘柚，秋色老梧桐。谁念北楼上，临风怀谢公！"杜甫怀宋玉，亦有"怅望千秋一洒泪，萧条异代不同时"（《咏怀古迹》）之句，触动他的正是萧瑟秋意——"摇落深知宋玉悲"。这些，绝非偶然的巧合。

　　除生命意识、初始刺激力等纯粹属于审美心理的精神原因之外，在秋季，古人最实际的问题是在外的亲人需要添置衣服，以御严寒，并由此为精神原点抽绎出千丝万缕的情思，向四外弥漫缠绕。如有人就想让秋凉放慢行进的脚步，所谓"丁丁漏水夜何长，漫漫轻云露月光。秋逼暗虫通夕响，征衣未寄莫飞霜"（张仲素《秋夜曲》），与"惜春常怕花开早"有异曲同工之妙。但秋风乍起、气温骤降的事实，自然会引起家人对外出亲人的殷殷挂念之意、浓浓关切之情："夫戍边关妾在吴，西风吹妾妾忧夫。一行书信千行泪，寒到君边衣到无？"（陈玉兰《寄夫》）而此时若亲人不在身边，则难免百感凄恻："秋月三五夜，砧声满长安。幽人感中怀，静听泪汍澜。"（吕温《闻砧有感》）既然裁制或捶洗衣服已成为家人们的季节性工作，而捣衣的砧声音响本身又是那么富于情感色彩，或者说砧声虽只一物，却而兼有季节性标志物及情感性标志物的双重功能，诗人们必然对它十分敏感："杜鹃声不哀，断猿啼不切。月下谁家砧？一声肠一绝。杵声不为客，客闻发自白。杵声不为衣，欲令游子悲。"（孟郊《闻砧》）捣衣的声响、动作本身就具有浓厚的感情色彩，极易成为抒情短制的捕捉对象，而砧声之哀，包含着深刻的人文内容，甚过杜鹃啼血，猿猴哀鸣，可见它对心灵的穿透力之强、之深。由此一途径，又产生出一大批优秀之作，如李白名篇《子夜吴歌》："长安一片月，万户捣衣声。秋风吹不尽，总是玉关情。何日平胡虏，良人罢远征。"种种担忧、惦念、希冀都从这声响中萌生、扩展，既有亲人即将收到寒衣的慰藉，也有边塞路远、怕征人换防收不到寒衣的担心："砧面莹，杵声齐，捣就征衣泪墨题。寄到玉关应万里，戍人犹在玉关西。"（贺铸《捣练子》）又"欲寄征衣问消息，居延城外又移军"（张仲素《秋闺思》）。很明显，这种情绪多萌发于秋季，或可称为"季节性情绪"。

离别、思乡、怀人之作在传统诗词中占有很大比重，由于中国古代农业社会人们"春日始别，秋季当归"的实际活动规律，这类情绪往往集中在春秋两季，因而也就合乎逻辑地产生了大量优秀之作。

第三节　楚辞悲秋与建安悲凉

本节分析从"楚辞悲秋"到"建安悲凉"的思想轨迹，需要借用"文学地理学"的批评方法。"文学地理学批评，又称'地理批评'，是一种运用文学地理学的理论和方法，以文本分析为主，同时兼顾文本创作与传播的地理环境的文学批评实践。……文学地理学批评不是文学的一种'外部研究'。中国某些学者以为文学地理学批评就是考察地理环境对文学的影响，甚至以为就是考察文学家的地理分布，而不涉及作品的内部分析，这是一种误解。"[①]悲凉，是建安文学的本质特征，也是曹丕诗歌的主要色调之一，带有鲜明的北方地域文化色彩，可以纳入"文学地理学"的研究视野。有学者指出："中国疆域辽阔，各地所处的纬度和海陆位置不一样，地形也不一样，季风的影响又特别显著，这就使中国各地的气候环境具有很大的差异性。例如：从热量来看，中国就有热带、亚热带、暖温带、中温带、寒温带和高原气候区等六个气候带；从降水量来看，中国又可分为湿润区、半湿润区、半干旱区和干旱区等四种气候类型。可以说，世界上没有哪几个国家的气候环境像中国这样具有如此大的差异性。气候的差异性导致了物候的差异性，气候的南北差异、东西差异、高下差异和古今差异导致物候的南北差异、东西差异、高下差异和古今差异。正是气候（物候）的南北差异、东西差异、高下差异和古今差异，深刻地影响了中国古典诗歌的地域性，使其呈现出不同的地域色彩。"[②]建安文学之审美风格——悲凉——的形成，就是如此。

[①]　曾大兴：《文学地理学批评的对象和性质》，《临沂大学学报》2016年第2期。

[②]　曾大兴：《气候（物候）的差异性与文学的地域性——以中国古典诗歌为例》，《浙江大学学报》（人文社会科学版）2013年第3期。

从文学地理学的视角来看，悲凉，属于诗歌研究的地域物候审美范畴。所谓物候审美，即由四季景物变化所引发的情感及诗歌审美表现。从这一角度看，在中国古典诗歌物候审美观照视野中，有两种基本类型：伤春和悲秋。对于前者，有所谓"春女悲，秋士哀，知物化矣"及"春女善怀"的表述；对于后者，也有"秋士易感""悲哉秋之为气也"的概括。而决定物候的关键因素又在于温度的寒暖凉热。对人而言，温度之寒暖凉热首先作用于体肤，即触觉；对草木等植物而言，温度之寒暖凉热则首先作用于其外在皮肤，即树叶等。所谓"萧瑟兮草木摇落而变衰"是也，草木变色，就是植物的皮肤受到寒冷空气的影响而发生的外在色彩变化，进而影响到视觉审美。

（一）悲秋与悲凉的内在联系

研究"楚辞悲秋"与"建安悲凉"的联系，需要引入文学地理学的"区域分异法"，具体而言："无论是对文学家的出生成长之地与迁徙之地的考察，还是对文学作品产生地的考察，无论是对有关地名、地景和名物的考证，还是对文本内外空间的研究，都涉及到不同的区域。既然涉及到不同的区域，就存在一个区域分异的问题，不可笼统言之。既然有区域分异之必要，相应地就有了'区域分异法'。'区域分异法'是与文学史研究的'分期分段法'相对而言的。"[①]文学史上，悲秋风气，起于楚辞，而悲凉风格，成于建安。二者不无承继关系。曹丕《感离赋》云："秋风动兮天气凉，居常不快兮中心伤。……柯条憯兮无色，绿草变兮萎黄。"不无从《九辩》"叶烟邑而无色兮，枝烦挐而交横。颜淫溢而将罢兮，柯仿佛而萎黄"演化而来的痕迹。因而，似有必要梳理剖析一下从"楚辞悲秋"到"建安悲凉"的审美轨迹。

李白《古风》评楚辞云："正声何微茫，哀怨起骚人。"刘勰《文心雕龙·时序》论建安云："世积乱离，风衰俗怨。"哀怨、悲慨抒情美学类型上的近似，隐然一线，把楚辞作家和建安文人联系起来。表面上看，楚辞作家和建

---

① 曾大兴：《文学地理学的研究方法》，《人文杂志》2016年第5期。

安文人无涉，但若沿悲怨一脉以讨源，二者似有比较研究的价值。钟嵘《诗品》置李陵为上品，评曰："其源出于《楚辞》。文多悽怆，怨者之流。"①而评价建安文人，又多上溯于李陵。如置王粲为上品，评曰："其源出于李陵，发愀怆之词，文秀而质羸。"②置曹丕为中品，评曰："其源出于李陵，颇有仲宣之体则。"③在此，以李陵为中介，钟嵘将楚辞作家和建安文人联系了起来。这一系列诗歌风气的基本特征为哀怨不平，如评晋太尉刘琨："其源出于王粲。善为悽戾之词，自有清拔之气。琨既体良才，又罹厄运，故善叙丧乱，多感恨之词。"④具体分析作品，建安文人受楚辞的滋养亦很明显。曹植《洛神赋》的创意、词句大致从宋玉《神女赋》脱胎而来；王粲《登楼赋》所云"登兹楼以四望兮，聊假日以消忧。览斯宇之所处兮，实显敞而寡仇"，与《离骚》"奏《九歌》以舞《韶》兮，聊假日以愉乐；陟升皇之赫戏兮，忽临睨夫旧乡"语句相类；曹丕《感离骚》云"秋风动兮大气凉，居常不快兮中心伤。柯条惨兮无色，绿草变兮萎黄"明显从《九辩》的"叶烟邑而无色兮，枝烦挐而交横；颜淫溢而将罢兮，柯仿佛而萎黄"演化而来。

文学史上，悲秋风气，起于楚辞，而悲凉风格，成于建安。二者都受到"物候审美"的影响，但值得注意的是，楚辞作家虽首倡悲秋，但悲凉这一美学风格，并没有在其手中完成，它的成型要晚至建安时期。从悲秋到悲凉，从幽渺温暖的南国到寥廓寒冷的北土，其间似乎隐隐有一条线索可循。首先，二者在情感上的审美类型很接近，都表现出悲怆、哀怨、慷慨激昂的美学特质；其次，它们都找到了衰瑟苍凉的外在景物作为咏情寄托的对象。更耐人寻味的是从悲秋到悲凉所隐含的南北地域审美因素：楚辞作家属南方集团，建安作家属北方群体，这一南一北的地理定位，无疑影响了二者的审美价值取向，对此还存有较大的探讨空间。楚辞、建安，一南一北；悲秋，悲凉，萧条异代。其中既有地理因素的影

中国古代著述思想研究

---

① 钟嵘著，曹旭集注：《诗品集注》，上海古籍出版社2011年版，第106页。
② 钟嵘著，曹旭集注：《诗品集注》，上海古籍出版社2011年版，第142页。
③ 钟嵘著，曹旭集注：《诗品集注》，上海古籍出版社2011年版，第256页。
④ 钟嵘著，曹旭集注：《诗品集注》，上海古籍出版社2011年版，第310页。

响，更有时代心态的印痕。此外，还应注意到：在楚辞系统内部，从屈原到宋玉，悲秋本身就经历了一种内敛和趋凉的审美嬗变，非宋玉独得之秘，对此似乎也可深入挖掘。

（二）屈原：天问精神与宗南意识

悲秋风气，始于楚人。明人胡应麟谓屈原《九歌》、宋玉《九辩》吟秋诗句"皆千古言秋之祖"（《诗薮》）。宋玉《九辩》云："悲哉秋之为气也！萧瑟兮草木摇落而变衰。"杜甫《咏怀古迹》诗："摇落深知宋玉悲，风流儒雅亦吾师。怅望千秋一洒泪，萧条异代不同时。"又潘岳《秋兴赋》："善乎宋玉之言曰，悲哉秋之为气也。"尊宋玉为悲秋之祖，颇有盖棺定论的意味。而笔者以为，悲秋的源头不在宋玉，而在屈原；自屈原起，就打下了"悲"的情思底色。一篇《离骚》，就是一曲悲愤之歌，而且屈原作品中也已明确出现了悲秋迹象，如《九章·抽思》"悲秋风之动容兮"，《悲回风》"悲回风之摇蕙兮，心冤结而内伤"。屈原之所以没在悲秋上大做文章以成气候，是因为其审美趣味偏向属于阳性的芬芳明丽，这与属于阴性的萧瑟秋季大异其趣，而这种倾向的形成，无疑又与屈子向外辐射型的精神世界有关。

悲秋是楚辞的审美特点之一，非宋玉独得之秘。它滥觞于屈原，成于宋玉；屈原不经意地点了一个逗号，宋玉认真地画了一个句号。在悲秋问题上，从屈原到宋玉，明显有一个审美趣味及物色取向上的由内敛到趋凉的嬗变过程。欲明此种变化，首先须对屈原精神及其审美取向的特点有一粗略了解。

最大限度地呈现向外开放辐射，是屈子精神的鲜明倾向，可用"天问精神"概括。这不仅在当时文坛上首屈一指，就是将其置于中国传统文化的大系统中，也是非常独特的。读屈赋，会感受到其精神世界的多维和博大，斑斓多姿，非浩渺的宇宙不能包容吸纳；其想象力瑰丽奇伟，或善鸟香草，或灵修美人，或虬龙驾凤，或飘风云霓……碧落黄泉，任意驰骋；日月星辰，并为我用。这种向外开放辐射精神倾向的形成，与屈子独特的人格构成密切相关。

屈原之为人，求知欲极强，对自然、人生、社会有一种浓厚的探索精神，对人之初、天之初、地之初怀有一种出于本能的浓烈兴趣。《离骚》开篇即云："帝高阳之苗裔兮，朕皇考曰伯庸。摄提贞于孟陬兮，惟庚寅吾以降。"出于生命的本能，作者第一关注的是自己来自何方的"人之初"，他漫长的精神探索历程，是以"我是谁"为开端的。高阳为中华始祖黄帝之孙，屈原上溯至此以为自己生命的来源，不仅获得了一种宗族和种族的认同感，而且表现出一种穷追不舍的生命追问态度。与这种探求"人之初"精神相映成趣的是，屈原在《天问》中对天地之初的好奇、困惑和追问："遂古之初，谁传道之？上下未形，何由考之？……"

若在整体上把宇宙视为一个生命有机体的话，同样也存在着一个"天是谁""天从何来"的问题，屈原带着人类早期特有的生气勃勃的稚气和好奇，对"之初"一类的起源性问题连连发问——"九天之际，安放安属？隅隈多有，谁知其数？天何所沓，十二焉分？日月安属，列星安陈？"《天问》中，屈原一口气提出了170个问题，涉及开天辟地、人类起源、日月经天、江河行地、神话传说及历史演变等方面。有些纯粹属于自然科学知识，如："九州安错，川谷何洿？东流不溢，孰知其故？"其中蕴含着非伦理、非人事的科学精神，其思维必然会精鹜八极，心游万仞，在小小寰球之外的广袤宇宙空间中纵横驰骋。有意识地探求自然科学奥秘，是屈子向外开放辐射精神宇宙的第一层面。

屈原向外辐射的精神世界的第二层面是对社会、人事的不懈求索态度。屈原秉忠贞之质，体清洁之性，而被谗害，惨遭放逐，忧心烦乱，悲愤交加。世道叵测，人事百变，是非混淆，忠奸不辨，更增加了他怀疑、探索精神，对社会充满了疑问，进而探求社会科学真理的奥秘。《天问》中，结合自己境遇，屈原对社会历史表现出同样的深情关切，发出一连串疑问："天命反侧，何罚何佑？……彼王纣之躬，孰使乱惑？何恶辅弼，谗诌是服？比干何逆，而抑沉之？雷开阿顺，而赐封之？……"现实扭曲，标准失衡，蝉翼为重，千金为轻，黄钟毁弃，瓦釜雷鸣——"惟夫党人之偷乐兮，路幽昧以险隘"，"众女嫉余之蛾眉兮，谣诼谓余以善淫……背绳墨以追曲兮，竞周容以为度"。而自己的拳拳之忠却无人体察——"岂余身之惮殃兮，恐皇舆之败绩！忽奔走以先后兮，及前王之踵武；

荃不察余之中情兮，反信谗而齌怒"。以屈子"伏清白以死直"的人格，是绝不肯与世沉浮，同流合污的——"宁溘死以流亡兮，余不忍为此态也！"社会现实中是非曲直既已难辨，于是诗人开始了"路漫漫其修远兮"上下求索的自我精神历程，而这种求索无疑是要超越狭隘的尘世，向外辐射，这就构成了屈原精神宇宙的第二层面，即《离骚》中的神话想象："饮余马于咸池兮，总余辔乎扶桑。折若木以拂日兮，聊逍遥以相羊。前望舒使先驱兮，后飞廉使奔属；鸾皇为余先戒兮，雷师告余以未具。吾令凤鸟飞腾兮，继之以日夜；飘风屯其相离兮，帅云霓而来御。纷总总其离合兮，斑陆离而上下……"这种源于"世溷浊而不分"的求索精神明显具有向外扩张、辐射的性质，需要去寻找能容纳其境界、人格的精神宇宙空间。

"天问精神"构成屈原向外探求的开放精神空间，而宗南意识则孕育了其崇昭质、爱明丽的审美趣味。如同他所赞美的"受命不迁，生南国兮"的橘树一样，屈原的南国情结也是深固难徙，其间荡漾着融融的暖意。王国维在《屈子文学之精神》中认为，屈子之思想情感为彻头彻尾北方模式。这似有以偏概全之嫌，令人难以苟同。实际上，就故国之思和审美趣味而论，屈原的南国意识是很强烈的。其《远游》即明言："嘉南州之炎德兮，丽桂树之冬荣。"屈原以此申明自己宗南的倾向。这中间既有乡土故国之思的爱国主义成分，又蕴含着丰富的地域审美因素。

炎德，即火德，热量，光明，能源来源于太阳，这明显与楚国的地理位置有关。楚国地处于温带和亚热带交界，南望洞庭之浩渺，北望汉水之萦回，而大江如带，在襟袂之间，水网纵横，山势俊秀，烟雨变幻，加之日光充裕，草木葳蕤，枝叶峻茂，经秋历冬而不凋，受惠于炎德极多。《说文解字·艸部》云："荆，楚木也。"《说文解字·林部》云："楚，丛木，一名荆也。"[①]可知楚国因所处地域草木繁茂而得名。司马相如《子虚赋》描述道："臣闻楚有七泽，尝见其一……云梦者，方九百里，其中有山焉……其东则有蕙圃，衡兰芷若，

---

① 许慎著，段玉裁注：《说文解字注》，上海古籍出版社1981年版，第37、271页。

芎藭昌蒲。茳蓠麋芜，诸柘巴苴……其高燥则生葳菥苞荔，薛莎青薠。其坤湿则生藏莨兼葭，东蘠雕胡。莲藕觚卢，庵闾轩于。众物居之，不可胜图。……其北则有阴林，其树楩楠豫章。桂椒木兰，檗离朱杨。楂梨梬栗，橘柚芬芳。"①草木葱笼，国家犹如一个巨大的植物园。所以屈原用"嘉"，用"丽"，用"冬荣"，表现出对南国故土的眷恋深情。"嘉炎德"，即崇拜光明，喜爱阳光，喜爱温暖如春的南方。据姜亮夫先生统计，在楚辞中，南方出现了48次，西方38次，北方35次，东方30次；而在屈赋中，南方出现32次，西方21次，东方18次，北方18次。南方明显占优。从描写内容看，写南方时，多有怀念、眷恋、寄托之情感，而写其他三方，或写实陈说，或神话想象，与内心情感世界毫无关系。《远游》中，诗人曾多次提到"去南巢""嘉南州""睨旧乡""往南嶷"。游毕东、西两方之后，作者没去北方，而是先游南嶷："指炎神而直驰兮，吾将往乎南嶷。"到南嶷之后，极力渲染诸神歌舞的热烈场景："祝融戒而还衡兮，腾告鸾鸟迎宓妃。张《咸池》奏《承云》兮，二女御《九韶》歌……"总共用了82字来描述，而东、西、北三方只有寥寥数语，其宗南、热爱故乡的倾向是何其鲜明。最后自西而南，途经楚地，不禁黯然神伤——"涉青云以泛滥兮，忽临睨夫旧乡，仆夫怀余心悲兮，边马顾而不行。"深厚的眷顾故乡之情缭绕心中，挥之不去。

南方温暖，火德旺盛，培育出一种"宗南"精神，而宗南必然要赞美太阳。热爱南方故土是与崇拜太阳、礼赞光明密切联系在一起的。考之楚史，楚民原始信仰中的远祖是火正祝融。《礼记·月令》："仲夏之月……其帝炎帝，其神祝融。"②《淮南子·天文训》："南方，火也，其帝炎帝，其佐朱明。"③又《淮南子·时则训》："南方之极……南至委火炎风之野，赤帝、祝融之所司

---

① 萧统编：《文选》，上海古籍出版社1986年版，第349—351页。

② 《十三经注疏》整理委员会整理，李学勤主编：《十三经注疏·礼记正义》，北京大学出版社1999年版，第498页。

③ 顾迁译注：《淮南子》，中华书局2009年版，第47页。

者，万二千里。"①又《国语·郑语》："夫黎为高辛氏火正，以淳耀敦大，天明地德，光照四海，故命之日'祝融'，其功大矣。"②无论从种族渊源或是地域环境，屈原都有充分的理由赞美太阳和光明。《天问》中，对昼夜交替现象也是大发疑问："日月安属？列星安陈？……自明及晦，所行几里？夜光何德，死则又育？"对寒暑冷暖问题也尤显关切："日安不到，烛龙何照？羲和之未扬，若华何光？何所冬暖？何所夏寒？"此外，他还专门写了《东君》《东皇太一》《云中君》来赞美太阳和光明。东君，即太阳神，驱尽黑夜，给人带来光明，"暾将出兮东方，照吾栏兮扶桑。抚余马兮安驱，夜皎皎兮既明"。他富有威仪，风云为伴——"驾龙辀兮乘雷，载云旗兮委蛇"；他孕育于大地，不忘根本——"长太息兮将上，心低徊兮顾怀"；他又是那么疾恶如仇，与黑暗、丑恶势不两立——"青云衣兮白霓裳，举长矢兮射天狼。操余弧兮反沦降，援北斗兮酌桂浆"。东皇太一是由太阳神升格的天帝，云中君是轩辕星女神，都是声名洋溢，光华四射的形象——"吉日兮辰良，穆将愉兮上皇。抚长剑兮玉珥，璆锵鸣兮琳琅。……灵偃蹇兮姣服，芳菲菲兮满堂。五音纷兮繁会，君欣欣兮乐康。"（《东皇太一》）"浴兰汤兮沐芳，华采衣兮若英。灵连蜷兮既留，烂昭昭兮未央。蹇将憺兮寿宫，与日月兮齐光！"（《云中君》）这些构造了一个光华四射，通体透明的玻璃世界。

开放的精神空间，嘉炎德的宗南意识，反映到屈原的审美价值取向上，就集中表现为崇昭质、爱芬芳、喜温暖的倾向。而这种倾向一旦形成，就会形成一种审美心理定式，潜移默化地左右着诗人的观物取象。崇尚太阳、光明，向往一个通体透明的光华世界，已如上所述。日照充足，必然草木繁茂，与嘉炎德、崇昭质相对应，屈原表现出浓郁的芳草情结。楚国受益炎德颇多，因而芳草繁茂，朝夕相看两不厌，自然赏心悦目，触发灵性。《离骚》云："芳与泽其杂糅兮，唯昭质其犹未亏。"昭质属于内美，其外部表现就是缤纷多姿的芳草日夕环绕，内

---

① 顾迁译注：《淮南子》，中华书局2009年版，第81页。

② 顾迁译注：《淮南子》，中华书局2009年版，第510页。

美外修，相得益彰，文质彬彬，然后君子：

> 扈江离与辟芷兮，纫秋兰以为佩。朝搴阰之木兰兮，夕揽洲之宿莽……
> 擥木根以结茝兮，贯薜荔之落蕊；矫菌桂以纫蕙兮，索胡绳之纚纚……
> 制芰荷以为衣兮，集芙蓉以为裳；佩缤纷其繁饰兮，芳菲菲其弥章……

　　除东皇太一、东君、云中君等代表光明的形象外，屈原笔下其他形象也多光洁芬芳，与南国草木有不解之缘：《山鬼》中，妩媚俏丽的女神"既含睇兮又宜笑，子慕予兮善窈窕"，其着装也是芳草满身——"被薜荔兮带女罗""辛夷车兮结桂旗""被石兰兮带杜衡"，实际上是作者自身喜芬芳形象的扩展；《湘君》中，"美要眇兮宜修"的湘君，也注意芬芳外饰——"薜荔柏兮蕙绸，荪桡兮兰旌""采薜荔兮水中，搴芙蓉兮木末"；《湘夫人》中，湘水女神乘袅袅秋风而来，周围更是芬芳满眼——"沅有茝兮醴有兰，思公子兮未敢言"，情景相宜，何等的婉约秀美……这里，草木情思中透露出的是一种温暖的信息，一股融融热流，一幅草木不凋的南方图景。《礼记·月令》："仲夏之月……其帝炎帝，其神祝融。"在炎帝和祝融的庇护、照耀下，南国风物呈现出孟夏之月的蓬勃生机，屈子观物取象也趋向于这样暖融融的世界。

　　屈子崇昭质爱芬芳喜温暖的审美价值取向已缕述如上。又屈子之人，敏感多思，屈子之情，迂回曲折，幽渺精微，一般熟语已不足以达其意。屈子笔下，表达心理情感的词汇已经相当丰富细腻，极富于表现力。如"劳心""悱恻""纡轸""烦冤""郁邑""烦惑""郁结""怫郁""悯怜""叹喟""怵惕""忼慨""震衍""惮伤""震悼"……一致百虑，层次分明，各司其职，增强了作品的审美意味。以屈子心灵之丰富敏感，不会注意不到季节变化与心理情感的联系，其美学追求中已初露以苍凉之物寄托怫郁之思的悲秋迹象。《离骚》即云："日月忽其不淹兮，春与秋其代序；惟草木之零落兮，恐美人之迟暮。"《抽思》亦云："心郁郁之忧思兮，独永叹乎增伤。……悲秋风之动容兮，何回极之浮浮。"又《悲回风》："悲回风之摇蕙兮，心冤结而内伤。物有微而阴性兮，声有隐而先倡。"秋风乍起，芳蕙摇落，心郁郁而伤于内者，不忍言也。悲美质之销铄，心虽悲之，而仅能暗自内伤，则哀伤之极无声，异于惨叫痛哭；秋风摇落，而能引起如此剧烈惨痛的感受，当然是内外因的一拍即合。

细读屈赋，会感觉其情感类型无疑具有悲剧审美性质，具体表现为凄怆、焦灼、悲慨、哀怨、愤懑、痛楚等一系列合目的的否定性情绪及心理倾向。这种具有悲剧性的阳刚之美无疑也要主动寻找相应的物质依托，即客观景物。一般而言，秋季衰瑟苍凉的景物与这种悲慨情思十分般配。但屈子其人，天分极高，精神世界斑斓多姿，况屈子之赋，并非仅为抒发个人冤屈，而是寄托了博大的故国忧患之思。所以其心物结合、情景交融之态缤纷多姿，悲怆之情与衰瑟秋景单独搭配的迹象并不明显。

崇尚芬芳光华之物，必然不好萧索阴晦之景，即使出于需要必须要写类似景物，其中也透露出融融暖意。如《湘夫人》："帝子降兮北渚，目眇眇兮愁予。袅袅兮秋风，洞庭波兮木叶下。"落叶萧萧，秋风袅袅，没有丝毫凉意。又《涉江》："深林杳以冥冥兮，乃猿狖之所居。山峻高以蔽日兮，下幽晦而多雨。霰雪纷其无垠兮，云霏霏而承宇。哀吾生之无乐兮，幽独处乎山中。"又《山鬼》："表独立兮山之上，云容容兮而在下。杳冥冥兮羌昼晦，东风飘兮神灵雨……雷填填兮雨冥冥，猿啾啾兮狖夜鸣。风飒飒兮木萧萧，思公子兮徒离忧。"而他之所以没有大肆渲染，刻意描画，是因为秋季景物萧瑟惨淡，属于阴性。对此，欧阳修《秋声赋》有精彩的描绘："盖夫秋之为状也：其色惨淡，烟霏云敛；其容清明，天高日晶；其气慄冽，砭人肌骨；其意萧条，山川寂寥。故其为声也，凄凄切切，呼号愤发……草拂之而色变，木遭之而叶脱。"[1]这明显与屈子"嘉炎德"、崇昭质、爱明丽、喜温暖的审美取向是大异其趣的，而这一点恰恰为宋玉的继承与发展留下了余地。

---

① 陈新、杜维沫选注：《欧阳修选集》，上海古籍出版社2016年版，第374页。

（三）从屈原到宋玉：内敛、趋凉、悲秋

悲与秋的结合之最终在宋玉《九辩》中完成，有其特定原因。

从创作动机和写作性质来看，楚辞由屈原发展至宋玉，已有了质的变化。宋玉《九辩》的性质既非悼师之作，也非自述之作，而是模拟之作，即模仿屈原的体验、口吻、技巧来创作。司马迁《史记·屈原贾生列传》云："屈原既死之后，楚有宋玉、唐勒、景差之徒者，皆好辞而以赋见称；然皆祖屈原之从容辞令，终莫敢直谏。"[1]《汉书·地理志》亦云："后有宋玉、唐勒之属慕而述之，皆以显名。"[2]王逸《九辩章句序》云："宋玉者，屈原弟子也。闵惜其师，忠而放逐，故作《九辩》以述其志。至于汉兴，刘向、王褒之徒咸悲其文，依而作词，故号为'楚词'。"[3]《隋书·经籍志》也说："弟子宋玉，痛惜其师，伤而和之。"所谓"皆祖屈原""慕而述之""以述其志""伤而和之"云云，都不是独创了，创作的情感原动力已发生了质变：不是源于内在灵魂的激情召唤，而是代人立言，在揣摩、想象、抒发他人之情中掺入自己的理解，融进了自己的牢骚和不平。

精神产品最讲究独创性、个性化，不像物质产品，可以模仿复制；技巧可以借鉴，性情和灵魂却无法模仿。如果硬要模仿，也只能得其形，而遗其神。从屈原到宋玉，无论在精神境界、人格抱负和审美取向上，都有一个由开放到向内收敛的趋势。从精神境界讲，是由博大瑰丽收缩到狭仄哀怨；而就审美取向而言，是由嘉炎德到悲秋气，明显由热趋凉，而后者受前者的制约。

从屈原到宋玉，创作主体变了，创作原动力变了。精神世界向内收敛，对自然、社会、历史充满稚气好奇的"天问精神"不见了，为"美政"理想至死不渝、九死未悔的殉道精神不见了，"长太息以掩涕兮，哀民生之多艰"的故国忧患意识不见了，取而代之的是一个向内收敛的个人精神世界。在《九辩》中，宋

---

① 司马迁：《史记》，中华书局1959年版，第2491页。

② 班固：《汉书》，中华书局1962年版，第1668页。

③ 洪兴祖：《楚辞补注》，上海古籍出版社2015年版，第292页。

玉也写了流放的孤独悲哀，如"悲忧穷戚兮独处廓，有美一人兮心不绎"；不得见君申诉的忧闷，如"岂不郁陶而思君兮，君之门以九重"；对黑暗现实的揭露，如"何时俗之工巧兮，背绳墨而改错"；时光流逝的感叹，如"岁忽忽而遒尽兮，老冉冉而愈弛"；对小人谗言的愤慨，如"纷纯纯之愿忠兮，妒被离而鄣之"；周游不得遇合的苦闷，如"然潢洋而不遇兮，直怐愗而自苦"等等；这些思想甚至语句都曾在《离骚》和《九章》中出现过，一再重合，"慕而述之"的模仿痕迹浓重。然而，《九辩》表现得更多的是与屈赋的差异。最明显的是精神世界向内收敛萎缩，屈原情感之滚滚滔滔，紧扣着楚国的命运，而到《九辩》中却变成了"贫士失职而志不平"的一己哀怨。《九辩》以"悲哉秋之为气也！萧瑟兮草木摇落而变衰，憭慄兮若在远行，登山临水兮送将归"开篇，气势不凡，但紧接着就透露出情思的重心所在——"憯凄增欷兮，薄寒之中人；怆怳懭悢兮，去故而就新；坎廪兮，贫士失职而志不平；廓落兮，羁旅而无友生；惆怅兮而私自怜"。定下了自怜、自悲的基调，篇中充斥着这样的句子，如"惆怅兮而私自怜"，"私自怜兮何极""余萎约而悲愁"，"然惆怅而自悲"；这与屈子"亦余心之所善兮，虽九死其犹未悔""路漫漫其修远兮，吾将上下而求索"的博大高远境界迥异。并且，在政治理想、对楚王的态度、坚持操守等方面，宋玉与屈原精神境界的反差亦很大，兹不赘举。

更重要的是，精神境界由外向内收敛导致屈宋在审美趣味和价值取向上也发生了由暖转凉的质变。屈赋中嘉炎德、爱芬芳、尚光明、喜温暖的审美趣味背后，是其可与日月争光的境界和品德；而宋玉只局限于"贫士失职而志不平"和悲悯其师的凄凄惨惨上，则必然要在物性上属于寒凉阴冷的景象中寻寻觅觅。精神心态的向内收敛与审美趣味上的由暖趋凉，本是同步的。对此，《九辩》中已经一语道破："无衣裘以御冬兮，恐溘死不得见乎阳春。"这样狭仄寒酸的句子，在屈原笔下是无论如何也见不到的。只思虑一己之温饱，自然备感瑟瑟凉意袭人，这与"嘉南州之炎德兮，丽桂树之冬荣""五音纷其繁会，芳菲菲兮满堂"的境界已是大异其趣了。这一暖一凉的变化，实际上揭示了宋玉悲秋的奥秘——精神向内收敛了，情感世界萎缩了，只在一己悲愁哀怨中徘徊咏叹，自然

就能更集中地体验心物交融的玄机，为悲愁找到合适的情感容器，心性内敛导致了物性趋凉，而趋凉则必然导致悲秋。于是，承接屈原"日月忽其不淹兮，春与秋其代序；惟草木之零落兮，恐美人之迟暮"的季节性咏叹，宋玉进一步发现了悲与秋之间的微妙联系，说出了一句对中国文学影响至大的话——"悲哉秋之为气也！萧瑟兮草木摇落而变衰"。《九辩》全篇，就是对这种情调氛围的渲染和演绎。能明白地指出悲为秋之气，确为屈子所未言，抓住这一点，《九辩》进行了刻意渲染，使自屈赋以来的嘉炎德、崇昭质、喜温暖的审美趋向骤然降温，变得凉意萧瑟，砭人肌骨——"皇天平分四时兮，窃独悲此廪秋。白露既下百草兮，奄离披此梧楸。去白日之昭昭兮，袭长夜之悠悠。离芳蔼之方壮兮，余萎约而悲愁"。

这里需要指出的是：同屈原一样，宋玉亦为楚人，生活在炎德旺盛、芳草鲜美的南国。与屈原相比，他在观物取象上发生由暖趋凉如此剧烈的变化，完全是内在精神心态使然。为与胸中的"贫士失职""私自怜惜"的情思相配合，他笔下的悲秋渲染明显带有刻意性质，甚至有想象中的北方秋季凋零萧索的特征，与他所处的地理环境并不一致——"秋既先戒以白露兮，冬又申之以严霜。叶菸邑而无色兮，枝烦挐而交横。颜淫溢而将罢兮，柯仿佛而萎黄。……靓杪秋之遥夜兮，心缭悷而有哀。春秋逴逴而日高兮，然惆怅而自悲"。身处温暖的南方而能曲尽北地寒冷之态，在文学史上并不罕见。"褒曾作《燕歌》，妙尽塞北苦寒之状，元帝及诸文士并和之，而竟为凄切之辞"①就是一例。南朝文人并没有直接的北方生活体验，却也同样能写出寒气逼人的诗篇，这主要是借助间接体验和想象之力。谢灵运为著名的南方山水诗人，所写的《苦寒行》也很像样："岁岁曾冰合，纷纷霰雪落。浮阳灭清晖，寒禽叫悲壑。饥爨烟不兴，渴汲水枯涸。"又如梁元帝的《陇头水》："衔悲别陇头，关路漫悠悠。故乡迷远近，征人分去留。沙飞晓成幕，海气旦如楼。欲识秦川处，陇水向东流。"也颇有"妙尽塞北苦寒"之意。但若细细读之，会感觉到其中地理、心理上的间接性质，有"隔"

---

① 李延寿：《北史》，中华书局1974年版，第2792页。

的感觉，有些只是辞藻的堆砌，为苦寒而苦寒。《九辩》似也有此病，它几乎囊括了秋季所有的景象，从秋之季节总体特性，进而为秋凉、秋风、秋雨、秋露……为悲秋而悲秋的迹象十分明显，有时则完全是同类物象的堆砌了。

正因为在审美趣味和物色取向上，从屈到宋，有一个由暖趋凉的变化，而且无论从哪方面来讲，屈赋都是楚辞的主体，因此若把楚辞作为一个整体来观察，它是暖凉参半，独立难以构成悲凉风格，故学界论及楚辞，鲜有"悲凉"之评。除了上面提到的原因外，还因为楚辞是南方艺术之花，其感物取象，受温带、亚热带环境制约很大。所以，尽管楚人发现了悲秋的奥秘，并刻意渲染描写，但从整体上看，其中总是透露出融融暖意。况且，宋玉等楚辞作家本属于南方创作群体，他们在悲秋问题上大肆渲染，带有人为堆砌的痕迹，这也使其悲秋的凉性大打折扣。

在悲秋问题上，屈原漫不经心地点了一个逗号，宋玉攻其一点，认真地画了一个句号；但在悲凉问题上，宋玉的句号只能算是一个逗号，悲凉美学风格的真正成型，要晚至建安时期，三曹七子用带有鲜明北方地域特色的建安风骨完成了这一句号。

（四）悲凉——北方物候之花

建安风骨的本色是慷慨悲凉，是较为普遍的认识。曹操《短歌行》云："慨当以慷，忧思难忘。"曹丕《燕歌行》名句云："秋风萧瑟天气凉，草木摇落露为霜。"曹植《前录自序》自称："少而好赋，其所尚也，雅好慷慨。"[1] 刘勰在《文心雕龙·时序》中对建安诗人的评价为"并志深而笔长，故梗中概而多气"[2]。钟嵘《诗品》亦云："曹公古直，甚有悲凉之句。"[3]《古诗归》论曹氏父子，称其"高古之骨，苍凉之气，乐府妙手"[4]。陈祚明《采菽堂古诗选》

① 欧阳询：《艺文类聚》，上海古籍出版社1982年版，第996页。

② 刘勰著，范文澜注：《文心雕龙注》，人民文学出版社1958年版，第674页。

③ 钟嵘著，曹旭集注：《诗品集注》，上海古籍出版社2011年版，第478页。

④ 钟惺、谭元春选定：《古诗归》卷七，明万历四十五年刻本。

评价曹操时称："本无泛语，根在性情，故其跌宕悲凉，独臻超越。"①后人之论建安风格为慷慨悲凉，概源于此。

慷慨原指歌声激越不平，后引申为心情思绪的起伏跌宕。盖建安诗人生于汉末，世态百变，人生无常，身经忧患，目击乱离，颇多人生朝露之感，故有激越不平之音；悲凉是就抒发情感思绪的风格类型而言，诗人感时伤怀，忧从中来，不可断绝，故偏爱采用与悲愁相对应的萧瑟苍凉秋冬景物入诗，自有悲凉之句。在此，"悲凉"虽是一种对心理、情绪类型的比喻性描述，但明显有着生理感觉的痕迹，是一种由生理感觉再到心理体验的情绪类型，而"凉"原本就是身体触觉对温度的一种感受。若再深究，这种由生理到心理的"悲凉"情思，又有着鲜明的北方地域的属性，是北方物候催生出的美学之花。

每个人都会感觉到季节的变化，但对于文学家来说，气候、物候的影响主要在于"生命意识"。恰如曾大兴所指出的："正是在生命意识（或精神）方面，文学家对气候有着特殊的反应。……所谓生命意识，是指人类对于生命所产生的一种自觉的情感体验和理性思考，它包含两个层面的内容：一是对生命本身的感悟和认识，例如对生命的起源、历程、形式的探寻，对时序的感觉，对死亡的看法，对命运的思索等等，可以称为'生命本体论'；一是对生命价值的判断和把握，例如对人生的目的、意义、价值的不同看法，可以称为'生命价值论'。人的生命意识的形成，是与人的时间意识同步的。时间是无限的，人的生命却是有限的。面对有限生命和无限时间的矛盾，人们采取了各种各样的应对方式，建立了各种各样的思想和学说，形成了各种各样的生命本体论和生命价值论。所以人的生命意识问题，从本质上来讲，乃是一个时间问题。文学家的生命意识与普通人的生命意识，就其内涵来讲是一样的。但是表现不尽一样。文学家的生命意识比普通人的更强烈，更敏感，也更细腻。尤其是对时序的感觉这一方面，文学家的优势特别明显。"②

① 陈祚明评选：《采菽堂古诗选》，上海古籍出版社2008年版，第126页。
② 曾大兴：《物候与文学家的生命意识——论气候影响文学的途径》，《学术研究》2015年第6期。

从静态看，南北方的不同仅是地理位置的差异；而从动态看，南北方的不同则是气候寒暖的区别。"春秋代序，阴阳惨舒，物色之动，心亦摇焉。"四季纷繁多姿变化的主宰，实际上是温度高低这只看不见的手。一定的温度决定着某种植物、动物的存在，也决定着其自然风景的基本形态，它们陶冶着人的气质性情和审美态度，最终影响到文学艺术的风格面貌。所以，物候寒暖中蕴含着极其丰富的审美因素。例如，位于巴尔干半岛南端的希腊，周围环绕着爱琴海和地中海，百余个岛屿星罗棋布，散落其间，气候温润宜人；在文明的中心雅典，南方最上品的果树不用栽培就能生长，夏季的炎热有海风调剂，温暖的气候简化了服装，衣着对他们只是一件松散的附属品，人们活动时衣服飘动，随时会暴露身体，全身裸露是希腊人特有的习惯。这就便于观察、研究人的身体比例，促成了对和谐、健美、成比例的肉体的崇拜，最终促使了古希腊雕刻艺术的产生。正如丹纳在《艺术哲学》中所说："在这样的气候中成长的民族，一定比别的民族发展更快，更和谐。没有酷热使人消沉和懒惰，也没有严寒使人僵硬迟钝。他既不会像做梦一般的麻痹，也不必连续不断的劳动；既不耽溺于神秘的默想，也不堕入粗暴的蛮性。"[1]

若追溯源流，发现悲与凉的联系似乎可以上溯到楚辞作家笔下，但笔者以为，这种内在联系虽由楚辞作家首次发现，但他们始终没有把"悲"和"凉"很好地结合起来，形成一种地域型风格。《离骚》等所要表达的情思不脱悲愤忧愁，从情感类型上与建安诗人很接近；但由于南北方地理环境的差别，这种情绪始终与地理意义上的寒冷、苍凉无缘，所以"悲凉"不起来。贯穿其中的，始终是一股暖流，一阵热风，一棵棵潮湿温润气候孕育出来的兰花芳草，一种明丽山水熏陶出来的眷恋爱美之心。郦道元《水经注·江水注》写沿江景色："春冬之时，则素湍绿潭，回清倒影，绝巘多生怪柏，悬泉瀑布，飞漱其间，清荣峻茂，良多趣味。"[2] 又《世说新语·言语》记："王子敬云：'从山阴道上行，山川

---

① 丹纳：《艺术哲学》，傅雷译，人民文学出版社1981年版，第245页。

② 郦道元：《水经注》，上海古籍出版社1990年版，第645页。

自相映发，使人应接不暇。若秋冬之际，尤难为怀。'"①春冬之时，仍良多趣味，秋冬之际，仍尤难为怀，这在寒冷的北方是难以想象的。在建安七子刘桢的笔下，北方的春天是这样的——"初春含寒气，阳气匿其晖。灰风从天起，沙石纵横飞。"与丘迟《与陈伯之书》中的"暮春三月，江南草长，杂花生树，群莺乱飞"形成鲜明对照。北方的秋天，西风凄紧，凉意彻骨，北雁南飞，飞向温暖和湿润，躲避干燥和漫长的严寒，曹丕《燕歌行》中写道："秋风萧瑟天气凉，草木摇落露为霜，群燕辞归鹄南翔。念君客游多思肠。"南人感觉娱悦耳目、尤难为好的秋冬之际，在北人笔下则是这样一幅图画，李陵《答苏武书》："胡地玄冰，边土惨裂，但闻悲风萧条之声。凉秋九月，塞外草衰，夜不能寐，侧耳远听，胡笳互动，牧马悲鸣，吟啸成群，边声四起。晨坐听之，不觉泪下。"②这真是对"悲"与"凉"之间联系的绝妙注解。

曾大兴在《气候、物候与文学——以文学家的生命意识为路径》一书中认为："物候所反映的是季节的迟早和时序的更替，它的实质是个时间问题；文学家的生命意识，是文学家对自身生命和时间的一种自觉，它的实质也是个时间问题。正是时间这个'节点'，把物候与文学家的生命意识有机地联结起来了。因此，在文学作品中，物候的出现与文学家的生命意识的流露，可以说是一种因果关系。"③北方寒，南方暖，这种温暖的差异首先作用于人的生理触觉，经过心理过滤升华为审美趣味。在此，地域因素像一只看不见的手，拨弄着弹奏文学审美之音的琴弦。气候温暖，则皮肤舒展，毛孔舒张，薄衫轻裘，人与自然的距离缩短，对风光景物自然持一种亲和、赏玩的审美态度，适合抒发阴柔之美。《世说新语·言语》记："简文入华林园，顾谓左右曰：'会心处不必在远，翳然林水，便自有濠、濮间想也，觉鸟兽禽鱼自来亲人。'"④自来亲人，是一种与自

---

① 徐震堮：《世说新语校笺》，中华书局1984年版，第82页。

② 萧统编：《文选》，上海古籍出版社1986年版，第1848页。

③ 曾大兴：《气候、物候与文学——以文学家生命意识为路径》，商务印书馆2016年版，第35页。

④ 徐震堮：《世说新语校笺》，中华书局1984年版，第67页。

然亲密无间的审美愉悦，物候宜人是其产生的必要外部环境条件。如同生命存在需要一定温度一样，审美感觉的存在也需要一种温度，尤其是山水审美，太冷或太热都会导致心灵的粗糙和迟钝，审美心理上"亲人""宜人""娱人"等高级精神享受是以身体、生理上的同等感觉为基础的，它们多发生于南方山水。谢灵运《石壁精舍还湖中作》诗云："昏旦变气候，山水含清晖。清晖能娱人，游子憺忘归。"流连忘返，赏玩不尽，需要在室外逗留很久，而这又是需要温暖的气候配合的，"欲把西湖比西子，淡妆浓抹总相宜"之所以能够成立，也是以"水光潋滟晴方好，山色空蒙雨亦奇"这种舒适、恰好的感觉为条件的。

而气候寒冷，则使人皮肤收缩，毛孔闭合，服装厚重，与自然的距离加大，对外界景物持一种疏隔、抗拒进而征服的审美态度，适宜寄托阳刚之气和哀愁、忧患之思。试看曹操的《苦寒行》："北上太行山，艰哉何巍巍！羊肠坂诘屈，车轮为之摧。树木何萧瑟，北风声正悲。熊罴对我蹲，虎豹夹路啼。溪谷少人民，雪落何霏霏！"温度在人与环境之间拉开了距离，自然不会有"鸟兽禽鱼自来亲人"的感觉，而征服、奋斗的意志与北方的寒冷一样，流贯全篇，这里，看不到丝毫"亲人""宜人""娱人"的迹象。

而以曹操为首的建安文人集团主要活动在以邺下为中心的北方地区，其耳濡目染、感物兴怀的自然景物无不具有北方属性。就像北方的气候主宰着北方作物草木的分布生存一样，北方偏凉的物候也在建安文学创作中顽强地留下了自己的痕迹。作为建安文学集团领袖的曹操就很偏爱凉物，多借用寒冷之境寄托情感，除《苦寒行》外，他在《步出夏门行》更是描绘出一幅寒气袭人的典型北方风土图画："孟冬十月，北风徘徊。天气肃清，繁霜霏霏。鹍鸡晨鸣，鸿雁南飞。鸷鸟潜藏，熊罴窟栖。钱镈停置，农收积场。逆旅整设，以通贾商……乡土不同，河朔隆寒。流澌浮飘，舟船行难。锥不入地，丰籁深奥。水竭不流，冰坚可蹈。士隐者贫，勇侠轻非。心常叹怨，戚戚多悲。""身之所历，目之所见，是铁门限"，非长期受北方物候熏陶，不会有如此真切的体验。此外，曹操的名篇《观沧海》也是借北方苍凉的景物起兴抒怀的——"东临碣石，以观沧海。水何澹澹，山岛竦峙。树木丛生，百草丰茂。秋风萧瑟，洪波涌起。"北方之凉，凉得彻底，凉人肌骨。建安文坛的另一健将曹植，亦多以凉物寄托情怀，如《赠丁仪》："初秋凉气发，庭树微销落。凝霜依玉除，清风飘飞阁。朝云不归山，霖雨成川泽。黍稷委畴陇，农夫安所获？"又如他著名的《赠白马王彪》："踟蹰亦何留，相思无终极。秋风发微凉，寒蝉鸣我侧。原野何萧条，白日忽西匿。归鸟赴乔林，翩翩厉羽翼。孤兽走索群，衔草不惶食。感物伤我怀，抚心长太息。"

作为建安文学集团领袖的三曹是这样，其羽翼建安七子亦有这种偏好，如王粲《从军诗五首》："日夕凉风发，翩翩漂吾舟。寒蝉在树鸣，鹳鹄摩天游。"陈琳《饮马长城窟行》："饮马长城窟，水寒伤马骨。"阮瑀《杂诗》："临川多悲风，秋日苦清凉。客子易为戚，感此用哀伤。"兹不一一赘举。繁钦《与魏文帝笺》论及音乐之美时，所推崇境界的是"暨其清激悲吟，杂以怨慕，咏北狄之遐征，奏胡马之长思，凄入肝脾，哀感顽艳。是时日在西隅，凉风拂衽，背山临溪，流泉东逝。同座仰叹，观者俯听，莫不泫泣殒涕，悲怀慷慨"①。明显以慷慨悲凉为美。七子中最典型的就是刘桢的名作《赠从弟三首》："亭亭山上松，瑟瑟谷中风。风声一何盛，松枝一何劲。冰霜正惨凄，终岁常端正。岂不罹严寒，松柏有本性。"写得清刚飘逸，活脱崇尚刚健之美的建安文人气质性情的集体写照，而其选择的恰恰又是北方之凉的物候背景，看似偶然的巧合中有着某种逻辑上必然性。故钟嵘《诗品》将其置于上品，评曰："其源出于'古诗'。仗气爱奇，动多振绝。贞骨凌霜，高风跨俗。"②悲凉，是建安文人的总体追求，除描绘目击实景外，他们往往把自己的审美趣味和追求灌注到景物中去，以我观物，使物皆着我之色彩，有意识捕捉容易引起人生无常、生命短促之感的意象入诗，如凉风、寒蝉、飞蓬、白露、孤鸟等等，从中体认、玩味悲凉之美。

虽然"悲凉"的美学内蕴远非地理意义上的自然景物所能涵盖，但北方偏凉的风土物候决定其基本的美学面貌，也是不争的事实。从《楚辞》时代起，作

中国古代著述思想研究

---

① 萧统编：《文选》，上海古籍出版社1986年版，第1822页。

② 钟嵘著，曹旭集注：《诗品集注》，上海古籍出版社2011年版，第133页。

家就意识到"悲"与"凉"的内在联系，但是在他们笔下，二者始终未能很好地结合起来，凝结为一种成型的美学风格。不具备"凉"的地理气候条件，只悲不凉，无疑是其主要原因。只有到了建安诗人笔下，既有"悲"的情思，又有"凉"的物候，二者如影随形，相得益彰，悲凉的风格才得以成型。

第四节　曹丕创作中的悲凉情调

曹丕创作是建安文学的重要组成部分，其创作的"悲凉"色彩也较为浓重。要理解这一点，须先明了曹丕人生、人格的主要组成部分及其情感类型。

（一）曹丕：人生、人格基调研究

首先，作为曹魏首位君主，曹丕向有其父"周公吐哺，天下归心"之志。其生命寄托之一就是建功立业，一统寰宇。曹丕生于乱世，幼年时经历了汉末董卓之乱。当年曹丕五岁，生于军，长于乱，曹操有意培养他各种本领和武艺："上以四方扰乱，教余学射，六岁而知射。又教余骑马，八岁而知骑射矣。以时之多难，故每征，余常从。建安初，上南征荆州，至宛，张绣降，旬日而反。亡兄孝廉子修、从兄安民遇害。时余年十岁，乘马得脱。"曹丕对自己的骑射、击剑等技能颇为自赏，每谈及此，得意之情，溢于言表，其云："生于中平之季，长于戎旅之间，是以少好弓马，于今不衰，逐禽辄十里，驰射常百步。日多体健，心每不厌。建安十年，始定冀州，濊貊贡良弓，燕代献名马。时岁之暮春，句芒司节，和风扇物，弓燥手柔，草浅兽肥，与族兄子丹，猎于邺西终日，手获獐鹿九，雉兔三十。"[①]这在其《诗》中也有所反映："行行游且猎，且猎路南隅。弯我乌号弓，骋我纤骊驹。走者贯锋镝，伏者值戈殳。白日未及移，手获三十余。"建安元年（197年）曹操攻张绣，交战中曹操被流矢所中，长子曹昂、侄子安民遇难，年仅11岁的曹丕因善骑在混乱中得以逃脱。其后，曹丕常随曹操出

---

① 严可均辑：《全上古三代秦汉三国六朝文·全三国文》，中华书局1958年版，第1096页。

征，较重要的有：建安十三年（204年）随曹操南征刘表；建安十四年（209年）随曹操驻军合肥；建安十七年（212年）至十八年（213年）随曹操征孙权等。曹操殁后，曹丕即皇帝位，又多次亲自率军伐吴，志在一统。

可以说，驰骋沙场，建功立业，军旅生涯，是曹丕人生的重要内容，这也在其创作中多有反映。如《董逃行》："晨背大河南辕，跋涉遐路漫漫。师徒百万哗喧，戈矛若林成山，旌旗拂日蔽天。"又《述征赋》："建安十三年，荆楚傲而弗臣，命元司以简旅，予愿奋武乎南邺。伐灵鼓之硼隐兮，建长旗之飘飘；跃甲卒之皓盰兮，驰万骑之浏浏；扬凯梯之丰惠兮，仰乾威之灵武；伊皇衢之遐通兮，维天纲之毕举；经南野之旧都，聊弭节而容与；遵往初之旧迹，顺归风以长迈；镇江汉之遗民，静南畿之遐裔。"①其《饮马长城窟行》写魏军远征，军容之雄壮："浮舟横大江，讨彼犯荆虏。武将齐贯鍪，征人伐金鼓。长戟十万队，幽冀百石弩。发机若雷电，一发连四五。"大兴水军，当为伐吴之役所作。《浮淮赋》与此呼应，其云："建安十四年，王师自谯东征，大兴水军，泛舟万艘，时予从行，始入淮口，行泊东山，睹师徒，观旌帆，赫哉盛矣！虽孝武盛唐之狩，舳舻千里，殆不过也。"②又《黎阳作诗》在行军的艰辛中抒发武王、周公安天下之志，其云："朝发邺城，夕宿韩陵。霖雨载涂，舆人困穷。载驰载驱，沐雨栉风。舍我高殿，何为泥中。在昔周武，爰暨公旦。载主而征，救民涂炭。彼此一时，唯天所赞。我独何人，能不靖乱。"在这类描写军旅生活的诗文中，没有曹丕笔下常见的忧伤、哀愁，而是代之以一种昂扬向上的气势和情感。其父曹操《苦寒行》云："延颈长叹息，远行多所怀。我心何怫郁，思欲一东归。水深桥梁绝，中路正徘徊。迷惑失故路，薄暮无宿栖。行行日已远，人马同时饥。担囊行取薪，斧冰持作糜。悲彼《东山》诗，悠悠使我哀。"而曹丕《至广陵于马上作诗》却表达了异样的情怀："观兵临江水，水流何汤汤。戈矛成山林，玄甲耀日光。猛将怀暴怒，胆气正纵横。谁云江水广，一苇可以航。不战屈敌虏，

①　魏宏灿校注：《曹丕集校注》，安徽大学出版社2009年版，第96页。
②　魏宏灿校注：《曹丕集校注》，安徽大学出版社2009年版，第89页。

戢兵称贤良。……兴农淮泗间，筑室都徐方。量宜运权略，六军咸悦康。岂如东山诗，悠悠多忧伤。"总之，作为一位政治家和一代君王，曹丕想在建功立业方面有所作为，也曾为此做出了种种努力，其中也包括一些政治策略。其为君主后，亦然显露很深城府，据载："《汉献帝传》曰：太史丞许芝条上魏王代汉图谶。王令曰：昔周文王三分天下有其二，以服事殷。公旦履天子之籍。听天下之断。终然复子明辟。吾虽德不及二圣。吾敢忘高山景行之义哉。吾作诗云云。庶欲守此辞以自终。卒不虚言也。诗云：丧乱悠悠过纪，白骨从横万里。哀哀下民靡恃，吾将以时整理。复子明辟致仕。"①《令诗》即《令》中之诗。其令为《答许芝上代汉图谶令》。据《三国志·文帝纪》载：建安二十五年（220年），汉献帝以众望在魏，乃召群臣，告祠高庙，准备禅位给魏王丕。②在此期间多人用所谓的"谶语""河图"等说明禅位必不可免。曹丕于此又一再谦让，表示仍维护刘汉政权。这当然不无历史禅让传统的虚伪成分，但亦可见在曹丕的人格构成中政治抱负和立功欲求是其重要的组成部分。知人论世，欲完整理解曹丕及其创作、著述思想，就要看到建功立业、驰骋沙场、军旅生涯，是曹丕人生的重要内容。但贵为君王，并不能使他得到满足，他有更高层次的精神世界追求。

其次，曹丕的另一个社会角色是情感丰富、多愁善感的文士。建功立业，贵为君王，并不是他人生追求的全部意义。他在世俗生活中感受到了生命无常、人生有限的无奈，这种无奈并不会因荣华富贵而消除，因而很需要寻求解脱之道。生命短暂，人生如寄；物犹如此，人何以堪。解脱之道之一就是在现世求长生，曹丕曾写过一首《折杨柳行》，试图从道家炼丹服药、修炼长生来获得解脱，其云："西山一何高，高高殊无极。上有两仙僮，不饮亦不食。与我一丸药，光耀有五色。服药四五日，身体生羽翼。轻举乘浮云，倏忽行万亿。流览观四海，茫茫非所识。彭祖称七百，悠悠安可原。老聃适西戎，于今竟不还。王乔假虚辞，

① 逯钦立辑校：《先秦汉魏晋南北朝诗》，中华书局1983年版，第403页。

② 陈寿：《三国志》，中华书局1959年版，第62页。

赤松垂空言。达人识真伪，愚夫好妄传。追念往古事，愦愦千万端。百家多迂怪，圣道我所观。"但细读相关资料，曹丕对于道教浸染并不深，此类作品也不多见，这种念头只是偶尔闪现，并未构成曹丕主流的心理和行为，但求道服药中所表现出的不朽意识确是很值得注意的。《古诗十九首》云："人生忽如寄，寿无金石固。万岁更相送，贤圣莫能度。服食求神仙，多为药所误。不如饮美酒，被服纨与素。"服药，求仙，并非曹丕解决忧生的最终选择与方案。其解决之道之一是及时行乐，因而饮美酒，服纨素，聆丝竹，酒酣耳热，诗歌酬酢，不断出现在他的诗文中，构成其人生解脱之道的重要组成部分。其《夏日诗》云："夏时饶温和，避暑就清凉。比坐高阁下，延宾作名倡。弦歌随风厉，吐羽含徵商。嘉肴重叠来，珍果在一傍。棋局纵横陈，博奕合双扬。巧拙更胜负，欢美乐人肠。从朝至日夕，安知夏节长。"白日如此，继之以夜晚，其《芙蓉池作诗》如此描述夜宴之乐："乘辇夜行游，逍遥步西园。双渠相溉灌，嘉木绕通川。卑枝拂羽盖，修条摩苍天。惊风扶轮毂，飞鸟翔我前。丹霞夹明月，华星出云间。上天垂光彩，五色一何鲜。寿命非松乔，谁能得神仙。遨游快心意。保己终百年。"诗中已经透露不从道家修炼中求得长生的信息，亦可印证从道修炼念头之于曹丕，只是偶尔闪现。《善哉行》更是细腻地描述了宴乐丝竹歌舞之美："有美一人，婉如清扬。妍姿巧笑，和媚心肠。知音识曲，善为乐方。哀弦微妙，清气含芳。流郑激楚，度宫中商。感心动耳，绮丽难忘。离鸟夕宿，在彼中洲。延颈鼓翼，悲鸣相求。眷然顾之，使我心愁。嗟尔昔人，何以忘忧。"俞绍初先生认为："建安文学以群体性的诗赋酬酢、互相倡和为其主要的创作方式。这种创作方式，大约起始于建安十四年。在此之前，建安文人可以说处于一种人各自为的阶段，创作格局大体上承继了两汉文学的余绪，没有呈现出显著的特色。到了建安十四年，王粲归附曹操未久，以七子为主体的邺下文士已然齐集于曹操手下，邺下文人集团由此而正式形成。就在这年春天，曹操因赤壁失利而回师北上，曾途次于汉水之滨的襄阳，文士们有鉴于汉水神女的故事，便受命撰写同题《神女赋》，其中王粲、陈琳、应玚和杨修之作至今犹残存于世。这即是诗赋唱和的开始，从此诗赋唱和或者同题命作便不绝如缕。及至建安十六年，因有南皮之游，遂将邺下文人集团群体性的诗赋创作推向了极致，呈现出高潮。这时候的诗作，以宴饮游乐为其主要题材内容。由于是在酒席宴上即兴写出的，文士们难免互相逞才使气，又受'世积乱离，风衰俗怨'（《文心雕龙·时序篇》）的时代环境的影响，往往洋溢着慷慨激昂之情；在语言风格上也由此而不事雕饰，很少用典使事，表现出直抒胸臆、爽朗平易的共同特色。"①

如此佳人美酒、轻歌曼舞、美轮美奂的情境下，带给曹丕的并非全是欢乐，还有哀伤，一种欢乐达到极限转向忧愁的悲哀。所谓"眷然顾之，使我心愁""嗟尔昔人，何以忘忧"都说明了这种哀愁之难以排遣，越是欢乐达到了极点，越易生悲。如《善哉行》："朝游高台观，夕宴华池阴。大酋奉甘醪，狩人献嘉禽。齐倡发东舞，秦筝奏西音。有客从南来，为我弹清琴。五音纷繁会，拊者激微吟。淫鱼乘波听，踊跃自浮沉。飞鸟翻翔舞，悲鸣集北林。乐极哀情来，寥亮摧肝心。"为摆脱生命之忧而寻求欢乐，而在欢乐的极限中又会感到哀愁的升级，所谓"乐极哀情来"，此时之哀、之愁，则更加难以排遣。这种心理和情感逻辑在曹丕诗中多次出现，又《大墙上蒿行》："奏桓瑟，舞赵倡。女娥长歌，声协宫商。感心动耳，荡气回肠。酌桂酒，鲙鲤鲂。与佳人期为乐康。前奉玉卮，为我行觞。今日乐，不可忘，乐未央。为乐常苦迟。岁月逝，忽若飞。何为自苦，使我心悲。"建安二十年（215年），曹操西征汉中，曹丕留驻于孟津小城，曾给他的旧交吴质写过一封信，即《与朝歌令吴质书》。其中追忆南皮之游，既有游宴之愉悦，亦有无常之感伤，其云："每念昔日南皮之游，诚不可忘。既妙思六经，逍遥百氏，弹棋闲设，终以六博，高谈娱心，哀筝顺耳。驰骛北场，旅食南馆，浮甘瓜于清泉，沉朱李于寒水。白日既匿，继以朗月，同乘并载，以游后园。舆轮徐动，参从无声，清风夜起，悲笳微吟，乐往哀来，凄然伤怀。"②据俞绍初先生考证，南皮之游，陈琳、阮瑀、徐幹、王粲、应玚、刘祯

---

① 俞绍初：《"南皮之游"与建安诗歌创作——读〈文选〉曹丕〈与朝歌令吴质书〉》，《文学遗产》2007年第5期。

② 严可均辑：《全上古三代秦汉三国六朝文·全三国文》，中华书局1958年版，第1089页。

第四章 悲凉、速老、不朽：曹丕著述思想的逻辑

及曹植等七人均参与其事。①曹植所作《公宴诗》即记载此事："公子爱敬客，终宴不知疲。清夜游西园，飞盖相追随。明月澄清景，列宿正参差。"此处"清夜"，明显与前文"继以朗月"相呼应。又吴质《答魏太子笺》中亦记载此事："昔侍左右，厕坐众贤，出有微行之游，入有管弦之欢。置酒乐饮，赋诗称寿。自谓可终始相保，并骋材力，效节明主。"②可知这种帝王权贵聚会文士的主要活动和主要内容为砺学、游戏、清谈、赏乐、饮酒、赋诗等。《文心雕龙·明诗》云："暨建安之初，五言腾踊。文帝陈思，纵辔以骋节；王徐应刘，望路而争驱；并怜风月，狎池苑，述恩荣，叙酣宴，慷慨以任气，磊落以使才；造怀指事，不求纤密之巧；驱辞逐貌，唯取昭晰之能；此其所同也。"③以上即是对这次游宴的最好概括。对此，《文心雕龙·时序》里亦有描述："仲宣委质于汉南，孔璋归命于河北，伟长从宦于青土，公幹徇质于海隅，德琏综其斐然之思，元瑜展其翩翩之乐，文蔚休伯之俦，于叔德祖之侣，傲雅觞豆之前，雍容衽席之上，洒笔以成酣歌，和墨以藉谈笑。观其时文，雅好慷慨，良由世积乱离，风衰俗怨，并志深而笔长，故梗概而多气也。"④

　　仔细玩味这类诗歌，会感到欢乐与忧伤情感的复杂交织状态，这种基调在曹操《短歌行》中就已奠定，在"对酒当歌""我有嘉宾，鼓瑟吹笙"的场景中，体验到的并非丝竹美酒的快乐，而是更深层次的忧伤，所抒发的情绪十分复杂。所谓"慨当以慷，忧思难忘。何以解忧？唯有杜康"，所谓"明明如月，何时可掇？忧从中来，不可断绝"，均是在欢乐场景中夹杂着痛苦和哀愁，乐到极处痛苦更深、哀愁更广。王夫之《姜斋诗话》所谓"以乐景写哀，以哀景写乐，一倍增其哀乐"并非只是一种艺术手法，而是一种生命情怀。从本质上看，这是人在俗世难以摆脱的宿命，恰如王国维《红楼梦评论》所云："生活之本质何？欲而已矣。欲之为性

中国古代著述思想研究

　　① 俞绍初：《"南皮之游"与建安诗歌创作——读〈文选〉曹丕〈与朝歌令吴质书〉》，《文学遗产》2007年第5期。

　　② 萧统编：《文选》，上海古籍出版社1986年版，第1825页。

　　③ 刘勰著，范文澜注：《文心雕龙注》，人民文学出版社1958年版，第66-67页。

　　④ 刘勰著，范文澜注：《文心雕龙注》，人民文学出版社1958年版，第673-674页。

无厌，而其原生于不足。不足之状态，苦痛是也。既偿一欲，则此欲以终。然欲之被偿者一，而不偿者什伯，一欲既终，他欲随之。故究竟之慰藉，终不可得也。即使吾人之欲悉偿，而更无所欲之对象，倦厌之情即起而乘之。于是吾人自己之生活，若负之而不胜其重。故人生者，如钟表之摆，实往复于苦痛与倦厌之间者也。夫倦厌固可视为苦痛之一种，有能除去此二者，吾人谓之曰快乐。然当其求快乐也，吾人于固有之苦痛外，又不得不加以努力，而努力亦苦痛之一也。且快乐之后，其感苦痛也弥深。故苦痛而无回复之快乐者有之矣，未有快乐而不先之或继之以苦痛者也。又此苦痛与世界之文化俱增，而不由之而减。何则？文化愈进，其知识弥广，其所欲弥多，又其感苦痛亦弥甚故也。"⑤

（二）曹丕创作：忧患意识与悲凉情调

读曹丕诗文，亦能感受到内中充满忧伤之情。细梳理之，其忧主要体现在如下方面：

一忧民生多艰。屈原《离骚》云："长太息以掩泣兮，哀民生之多艰。"曹丕生于汉末乱世，经历董卓之乱，对此，他在《典论·自叙》中有清楚的描述："初平之元，董卓杀主鸩后，荡覆王室。是时四海既困中平之政，兼恶卓之凶逆。家家思乱，人人自危。山东牧守，咸以《春秋》之义，卫人讨州吁于濮，言人人皆得讨贼，于是大兴义兵。名豪大侠，富室强族，飘扬云会，万里相赴。兖豫之师，战于荥阳。河内之甲，军于孟津，卓遂迁大驾，西都长安。而山东大者连郡国，中者婴城邑，小者聚阡陌，以还相吞并。会黄巾盛于海岳，山寇暴于并冀。乘胜转攻，席卷而南。乡邑望烟而奔，城郭睹尘而溃。百姓死亡，暴骨如莽。"⑥如此乱世，使人的生命更加短促，人生如朝露、飘蓬的感受会更加真切。曹丕《感物赋》云："丧乱以来，天下城郭丘墟，惟从太仆君宅尚在。南征荆州，还过乡里，舍焉。乃种诸蔗于中庭，涉夏历秋，先盛后衰，悟兴废之无

---

⑤　谢维扬、房鑫亮主编：《王国维全集》（第一卷），浙江教育出版社、广东教育出版社2009年版，第55页。

⑥　严可均辑：《全上古三代秦汉三国六朝文·全三国文》，中华书局1958年版，第1096页。

常，慨然永叹，乃作斯赋：伊阳春之散节，悟乾坤之交灵。瞻玄云之翁郁，仰沉阴之杳冥。降甘雨之丰霈，垂长溜之泠泠。堀中堂而为圃，植诸蔗于前庭。涉炎夏而既盛，迄凛秋而将衰。岂在斯之独然，信人物其有之。"①

二忧亲人离丧。离，离别；丧，辞世。曹丕一生，多经历亲人离丧，从中感受到深切的忧伤。其《感离赋》云："建安十六年，上西征，余居守，老母诸弟皆从，不胜思慕，乃作赋曰：秋风动兮天气凉，居常不快兮中心伤。出北园兮彷徨，望众慕兮成行。柯条慑兮无色，绿草变兮萎黄。脱微霜兮零落，随风雨兮飞扬。日薄暮兮无惊，思不衰兮愈多。招延伫兮良久，忽踟蹰兮忘家。"②离别的惆怅与痛苦，推己及人，试看其《见挽船士兄弟辞别诗》："郁郁河边树，青青野田草。舍我故乡客，将适万里道。妻子牵衣袂，拉泪沾怀抱。还附幼童子，顾托兄与嫂。辞诀未及终，严驾一何早。负笮引文舟，饥渴常不饱。谁令尔贫贱，咨嗟何所道。"《燕歌行》（其二）更是将离别的痛苦描述得淋漓尽致，其云："别日何易会日难，山川悠远路漫漫。郁陶思君未敢言，寄书浮云往不还。涕零雨面毁形颜，谁能怀忧独不叹。耿耿伏枕不能眠，披衣出户步东西。展诗清歌聊自宽，乐往哀来摧心肝。悲风清厉秋气寒，罗帷徐动经秦轩。仰戴星月观云间，飞鸟晨鸣，声气可怜，留连怀顾不自存。"离别如此，亲人辞世更令人悲从中来，其《悼夭赋》云："族弟文仲亡时年十一，母氏伤其夭逝，追悼无已，予以宗族之爱，乃作斯赋：气纤结以填胸，不知涕之纵横。时徘徊于旧处，睹灵衣之在床。感遗物之如故，痛尔身之独亡。愁端坐而无聊，心戚戚而不宁。步广厦而踟蹰，览萱草于中庭，悲风萧其夜起，秋气憯以厉情。仰瞻天而太息，闻别鸟之哀鸣。"③建安二十五年（220年）正月，曹操病逝，曹丕时年三十四岁，作《短歌行》思亲，以表怀念："仰瞻帷幕，俯察几筵。其物如故，其人不存。神灵倏忽，弃我遐迁。靡瞻靡恃，泣涕连连。呦呦游鹿，衔草鸣麑。翩翩飞鸟，挟子巢栖。我独孤茕，怀此百离。忧心孔疚，莫我能知。人亦有言，忧令人老。嗟我

中国古代著述思想研究

① 严可均辑：《全上古三代秦汉三国六朝文·全三国文》，中华书局1958年版，第1073页。

② 严可均辑：《全上古三代秦汉三国六朝文·全三国文》，中华书局1958年版，第1073页。

③ 严可均辑：《全上古三代秦汉三国六朝文·全三国文》，中华书局1958年版，第1073页。

白发，生一何早。长吟永叹，怀我圣考。曰仁者寿，胡不是保。"人的寿命本来就短暂，加之建安时期疾病流行，更加速了生命"无常"的速度，对此，曹丕在《又与吴质书》中有细致的描述："昔年（建安二十二年——引者注）疾疫，亲故多罹其灾，徐、陈、应、刘，一时俱逝，痛可言邪！昔日游处，行则连舆，止则接席，何曾须臾相失。每至觞酌流行，丝竹并奏，酒酣耳热，仰而赋诗，当此之时，忽然不自知乐也。谓百年已分，可长共相保。何图数年之间，零落略尽，言之伤心。顷撰其遗文，都为一集。观其姓名，以为鬼录。追思昔游，犹在心目，而此诸子，化为粪壤，可复道哉！"①

三忧离乡漂泊。严羽《沧浪诗话》中说："唐人好诗，多是征戍、迁谪、行旅、离别之作，往往能感动激发人意。"②曹丕生于军，长于乱，幼年即随父出征，多经战伐。可以说，以曹丕经历之丰富，征戍、迁谪、行旅、别离尽情品味，故其道路辛苦、羁旅愁思、离乡漂泊、类如转蓬等情感，屡屡见于笔端。其《离居赋》写出离乡客居的悲凉："惟离居之可悲，块独处于空床。愁耿耿而不寐，历终夜之悠长。惊风厉于闺闼，忽增激于中房。动帷裳之晻暧，对明烛而无光。"③离居，离开居处，流离失所。语出《尚书·盘庚下》："今我民用荡析离居，罔有定极。"孔颖达疏："播荡分析，离其居宅，无有安定之极。"④《文心雕龙·辨骚》："述离居，则怆怏而难怀。"⑤曹丕又有《杂诗》，叙述漂泊之苦："西北有浮云，亭亭如车盖。惜哉时不遇，适与飘风会。吹我东南行，行行至吴会。吴会非我乡，安得久留滞。弃置勿复陈，客子常畏人。"又作《陌上桑》，尽述军旅征战之苦："弃故乡，离室宅，远从军旅万里客。披荆棘，求阡陌，侧足独窘步。路局笮，虎豹嗥动，鸡惊禽失，群鸣相索。登南山，奈何蹈盘石，树木丛生郁差错。寝茇草，荫松柏，涕泣雨面沾枕席。伴旅单，稍

第四章　悲凉、速老、不朽：曹丕著述思想的逻辑

---

① 严可均辑：《全上古三代秦汉三国六朝文·全三国文》，中华书局1958年版，第1089页。

② 严羽著，郭绍虞校释：《沧浪诗话校释》，人民文学出版社1983年版，第198页。

③ 严可均辑：《全上古三代秦汉三国六朝文·全三国文》，中华书局1958年版，第1073页。

④ 《十三经注疏》整理委员会整理，李学勤主编：《十三经注疏·尚书正义》，北京大学出版社1999年版，第243页。

⑤ 刘勰著，范文澜注：《文心雕龙注》，人民文学出版社1958年版，第47页。

稍日零落。惆怅窃自怜，相痛惜。"在外漂泊，雨雪风霜，倍增艰难，《愁霖赋》："脂余车而秣马，将言旋乎邺都。玄云黯其四塞，雨蒙蒙而袭予。途渐洳以沉滞，潦淫衍而横湍。岂在余之惮劳，哀行旅之艰难。仰皇天而叹息，悲白日之不旸。思若木以照路，假龙烛之末光。"①

四忧王位不得。据载，曹丕在与曹植争夺王位继承中颇费心机，最终获胜："植既以才见异，而丁仪、丁廙、杨修等为之羽翼。太祖狐疑，几为太子者数矣。而植任性而行，不自雕励，饮酒不节。文帝御之以术，矫情自饰，宫人左右，并为之说，故遂定为嗣。"②可见，曹丕被定为魏太子、承继大统，最初并非板上钉钉，而是经历了诸多曲折，其心理煎熬可想而知。据学者分析："从建安十六年开始到建安二十二年得立太子的六七年之间，是曹丕生命中最艰难的时期，现实生存的困境，使得他时时处于一种'乐极哀情来，廖亮摧肝心'（《善哉行》）的尴尬境界，'何尝快独无忧？'（《艳歌何尝行》）没有一刻心灵的轻松。"③曹丕《杂诗》云："漫漫秋夜长，烈烈北风凉。辗转不能寐，披衣起彷徨。彷徨忽已久，白露沾我裳。俯视清水波，仰看明月光。天汉回西流，三五正纵横。草虫鸣何悲，孤雁独南翔。郁郁多悲思，绵绵思故乡。愿飞安得翼，欲济河无梁。向风长叹息，断绝我中肠。"据学者分析，如下资料证明此诗作于"魏武欲易太子时"：何焯《义门读书记》（《文选》卷三）说："此篇恐子建夺嫡而自言欲为泰伯而不能也。"张玉毂《古诗赏析》卷八："诗有疑惧意，应作于操欲易太子时。"吴淇《六朝选诗定论》卷五："此二首（杂诗）有疑惧意，应作于魏武欲易太子时。"张凤翼《文选纂注》卷十二里说："二诗（杂诗）有疑惧意，应是操欲易世子时作。"④牛建宏分析说："前人都从这首诗里看到了曹丕内心蕴涵的疑惧之意以及无法摆脱的悲凉感伤的情绪：秋夜天凉，北

---

① 严可均辑：《全上古三代秦汉三国六朝文·全三国文》，中华书局1958年版，第1072页。

② 陈寿：《三国志》，中华书局1959年版，第557页。

③ 牛建宏：《生命中不能承受之"忧"——试论曹丕的生存困境及其消解方式》，《山西大学师范学院学报》2002年第1期。

④ 以上皆转引自牛建宏：《生命中不能承受之"忧"——试论曹丕的生存困境及其消解方式》，《山西大学师范学院学报》2002年第1期。

中国古代著述思想研究

风烈烈，内心在一片忧情之中，辗转彷徨，不能入寐，以致于白露沾衣，明月西沉。感觉自己是那样地孤独无助，就像在草间悲鸣不已的小虫，就像在空中失群难飞的孤雁，欲飞不能，欲渡不得，心中的向往在无翼无梁的困境里化作一声声悲叹，回荡在漫漫秋夜无边的长风里，此情此景，怎不使人痛断中肠？观此诗，曹丕'忧'之深之切可见一斑。"①

五忧生命无常。曹丕贵为君王，享尽人间荣华富贵，但正因如此，根据马斯洛所揭示的人生需求层次的逻辑，已经实现的人生目标不再成为人生的动力，一欲既偿，他欲随之，故其内心时常萦绕着对人生短促、生命无常的忧虑之情，其焦虑往往倍于常人。恰如其《大墙上蒿行》所云："阳春无不长成，草木群类，随大风起，零落若何翩翩。中心独立一何茕，四时舍我驱驰，今我隐约欲何为？人生居天壤间，忽如飞鸟栖枯枝。今我隐约欲何为？……奏桓瑟，舞赵倡。女娥长歌，声协宫商。感心动耳，荡气回肠。酌桂酒，脍鲤妨。与佳人期为乐康。前奉玉卮，为我行觞。今日乐，不可忘，乐未央。为乐常苦迟，岁月逝，忽若飞，何为自苦，使我心悲。"岁月飞逝，人力难挽，美酒丝竹，倍增其哀。《与吴质书》中也透露出这种情绪："余顾而言，斯乐难常，足下之徒，诚以为然。今果分别，各在一方。元瑜长逝，化为异物，每一念至，何时可言？方今蕤宾纪时，景风扇物，天气和暖，众果具繁。时驾而游，北遵河曲，从者鸣笳以启路，文学托乘于后车，节同时异，物是人非，我劳如何！"②这在其《又与吴质书》中表达得更为充分："年行已长大，所怀万端，时有所虑，至通夜不瞑。志意何时复类昔日！已成老翁，但未白头耳。光武言'年三十余，在兵中十岁，所更非一'，吾德不及之，年与之齐矣。以犬羊之质，服虎豹之文，无众星之明，假日月之光，动见瞻观，何时易乎？恐永不复得为昔日游也。少壮真当努力，年一过往，何可攀援！古人思炳烛夜游，良有以也。"③

① 牛建宏：《生命中不能承受之"忧"——试论曹丕的生存困境及其消解方式》，《山西大学师范学院学报》2002年第1期。

② 严可均辑：《全上古三代秦汉三国六朝文·全三国文》，中华书局1958年版，第1089页。

③ 严可均辑：《全上古三代秦汉三国六朝文·全三国文》，中华书局1958年版，第1089页。

短暂、易逝的生命苦感使得建安诗人对同样充满变化、变幻无常的季节性因素十分敏感，恰如曾大兴所指出的那样："文学是一种生命体验。文学家不仅能够对动植物的生长荣枯和推移变迁等物候现象有着更敏锐、更细腻、更强烈的体验，不仅能够由此而感知生命的流程、状态、质量、价值和意义，而且能够用一种诗化的形式，把他们的这些体验和感知生动形象地表现出来。"①又："生命意识对所有思维健全的人都是重要的，对文学家尤其重要。一个文学家如果没有敏锐、细腻而强烈的生命意识，不能算是优秀的文学家；一个读者如果不能从优秀的文学作品中感受到生命的流程、状态、质量、价值和意义，他（她）对于生命的体验和思考，乃至他（她）的生命质量，也是要大打折扣的。"②曹丕也是如此，对于时节推移、物候变换十分敏感，并善于借助悲凉秋景抒发其人生情怀。这种审美逻辑也反映在曹丕的创作之中。

建安二十年，曹丕作《柳赋》，序云："昔建安五年，上与袁绍战于官渡，时余始植斯柳，自彼迄今，十有五载矣。左右仆御已多亡。感物伤怀，乃作斯赋。"颇有"物犹如此，人何以堪"之情。赋云："在余年之二七，植斯柳乎中庭。始围寸而高尺，今连拱而九成。嗟日月之逝迈，忽霣霣以遄征。昔周游而处此，今倏忽而弗形。感遗物而怀故，俯惆怅以伤情。"③由外物变化顿生忧生之叹，由物是人非感叹人生无常。其《感物赋》序云："丧乱以来，天下城郭丘墟，惟从太仆君宅尚在。南征荆州，还过乡里，舍焉。乃种诸蔗于中庭，涉夏历秋，先盛后衰，悟兴废之无常，慨然永叹，乃作斯赋。"④这里，则直接申明"感悟无常"是创作的直接心理动因。"春秋代序，阴阳惨舒，物色之动，心亦摇焉。"读曹丕诗，常能感受到其受到由外界景物触发所致的情感哀伤，从而体验人生无常。曹丕也喜欢采纳凉物入诗，一曲"秋风萧瑟天气凉，草木摇落露为

---

① 曾大兴：《气候、物候与文学——以文学家生命意识为路径》，商务印书馆2016年版，第27—28页。

② 曾大兴：《物候与文学家的生命意识——论气候影响文学的途径》，《学术研究》2015年第6期。

③ 严可均辑：《全上古三代秦汉三国六朝文·全三国文》，中华书局1958年版，第1075页。

④ 严可均辑：《全上古三代秦汉三国六朝文·全三国文》，中华书局1958年版，第1073页。

霜"流传百代，读来寒气灌注，凉意袭人，不让其父。他在《与吴质书》中回忆南皮之游的情趣是"高谈娱心，哀筝顺耳……清风夜起，悲笳微吟，乐往哀来，凄然伤怀"①。他的《感离赋》以悲凉之景写真切之情，也是满眼瑟瑟凉意：

> 秋风动兮天气凉，居常不快兮中心伤。
>
> 出北园兮彷徨，望众墓兮成行。
>
> 柯条憯兮无色，绿草变兮萎黄。
>
> 脱微露兮零落，随风雨兮飞扬。②

在此，"柯条憯兮无色，绿草变兮萎黄"，恰恰是从宋玉的《九辩》中演化而来，宋玉的原句为："叶菸邑而无色兮，枝烦挐而交横。颜淫溢而将罢兮，柯仿佛而萎黄。"曹丕作《寡妇诗》，序云："友人阮元瑜早亡，伤其妻孤寡，为作此诗。"其篇多以萧瑟秋景入诗，充满悲凉情调："霜露纷兮交下，木叶落兮凄凄。候雁叫兮云中，归燕翩兮徘徊。妾心感兮怅惘，白日急兮西颓。守长夜兮思君，魂一夕兮九乖。怅延伫兮仰视，星月随兮天回。徒引领兮入房，窃自怜兮孤栖。愿从君兮终没，愁何可兮久怀。"③哀怨悲情与萧瑟秋景，相互呼应，构成曹丕笔下的悲凉景观。

第五节　速老与不朽：曹丕著述思想的内在逻辑

（一）速老：曹丕时代士人普遍心态

如前述，人生之忧、离丧之忧、漂泊之忧、功业之忧、生命之忧……面对这么多的忧患，曹丕也曾试图排解，如建功立业、驰骋畋猎、丝竹美酒、及时行乐

---

① 严可均校辑：《全上古三代秦汉三国六朝文·全三国文》，中华书局1958年版，第1089页。

② 严可均校辑：《全上古三代秦汉三国六朝文·全三国文》，中华书局1958年版，第1073页。

③ 魏宏灿校注：《曹丕集校注》，安徽大学出版社2009年版，第77页。

……但这些均非最终解脱之道。曹丕深知：财富、王位可以遗传后代，而唯独打上个性痕迹的生命难以遗传，所谓"文以气为主；气之清浊有体，不可力强而致。譬诸音乐，曲度虽均，节奏同检，至于引气不齐，巧拙有素，虽在父兄，不能以移子弟"①。于是他最终将目光转向了具有个性特征的著述。曹丕之倡"盖文章经国之大业，不朽之盛事"，有着建安士人特定的社会文化心理背景，其或可一言以蔽之曰"速老"。细读曹丕这段有关文章不朽的论述，可以深深感觉到作者对岁月不居、时光飞逝的敏感和惧怕。他已认识到"年寿有时而尽，荣乐止乎其身"，寿命、享乐都有其终止之时，"日月逝于上，体貌衰于下，忽然与万物迁化"，是有为之士最大的痛苦。迁化，即迁移和物化的合称，迁移指时间的流逝和人寿的变化，物化指百年之后回归自然，与万物为一。

王瑶先生说："我们念魏晋人的诗，感到最普遍，最深刻，能激动人心的，便是那在诗中充满了时光飘忽和人生短促的思想与情感。"②曹丕以立言追求不朽的思想，与建安文人集团整体上的速老心态有关，而速老又与当时人的寿命长度、时间意识及心理年龄紧密联系。如若溯源，这种从时间意识出发所形成的心态老境实滥觞于创于汉末的《古诗十九首》，试看"思君令人老，岁月忽已晚"（《行行重行行》），"同心而离居，忧伤以终老"（《涉江采芙蓉》），"生年不满百，长怀千岁忧。昼短苦夜长，何不秉烛游！"（《生年不满百》），"四顾何茫茫，东风摇百草。所遇无故物，焉得不速老？"（《回车驾言迈》）。其中已是"老"字满眼，凉意袭人了。换言之，"日月逝于上，体貌衰于下，忽然与万物迁化"是"速老"的另外一种表述和合理延伸。

由于所处的末世战乱时代环境大致相同，这种速老的心态也就薪尽火传，由建安诗人继承下来，并发挥得淋漓尽致。人最宝贵的是生命，人生的生命只有一次。人生在世，本来就很短促，而汉末连绵不绝的战乱、瘟疫、灾荒更加快了人衰老、死亡的速度，所谓"焉得不速老"是也。一幅幅伤心惨目的人间图

---

① 萧统编：《文选》，上海古籍出版社1986年版，第2271页。

② 王瑶：《中古文学史论》，北京大学出版社1986年版，第132页。

景，使建安文人触目惊心。试看："铠甲生虮虱，万姓以死亡。白骨露于野，千里无鸡鸣。生民百遗一，念之断人肠。"（曹操《蒿里行》）"洛阳何寂寞，宫室尽烧焚。垣墙皆顿擗，荆棘上参天。不见旧耆老，但睹新少年。……中野何萧条，千里无人烟。念我平生亲，气结不能言。"（曹植《送应氏》）"出门无所见，白骨蔽平原。路有饥妇人，抱子弃草间。顾闻号泣声，挥涕独不还。"（王粲《七哀诗》）曹植写过一篇《髑髅说》，是对"白骨蔽平原"的最好注解，其云："曹子游乎陂塘之滨，步乎蓁秽之薮。萧条潜虚，经幽践阻，顾见髑髅，块然独居。"①曹操《军谯令》开宗明义就说："吾起义兵，为天下除暴乱。旧土人民，死丧略尽，国中终日行，不见所识，使吾凄怆伤怀！"②除了战乱，还有瘟疫，曹植《说疫气》文云："建安二十二年，疠气流行。家家有僵尸之痛，室室有号泣之哀。或阖门而殪，或覆族而丧。"③曹丕《与吴质书》就饱含深情地记述："昔年疾疫，亲故多罹其灾，徐、陈、应、刘，一时俱逝，痛可言邪！……何图数年之间，零落殆尽，言之伤心。"④

黑格尔《历史哲学》说："在感觉世界中，时间是否定性因素。"叔本华《论存在之虚伪》则对这一抽象表述做了详尽解释："人会十分惊讶地发现，在以前的千千万万年中他不曾存在，而后却突然地存在了；他只生存了很短的一段时间；随后，同样又会出现一段很长的时间，当然，此时他已不复存在了。人的内心是与此相对立的，并且觉得，这不可能是真的。知识粗浅的人，不可能对这个问题加以推究，因为他没有这样一种预感即时间从本质上讲是某种理想之物。"亦可以此来观照建安文人。人生短促，即使正常享其天年，亦如寄蜉蝣于天地，渺沧海之一粟。对此，敏感的建安文人已有领悟，曹操就曾慨叹——"对酒当歌，人生几何，譬如朝露，去日苦多"（《短歌行》）；"神龟虽寿，犹

---

① 严可均辑：《全上古三代秦汉三国六朝文·全三国文》，中华书局1958年版，第1152页。

② 严可均辑：《全上古三代秦汉三国六朝文·全三国文》，中华书局1958年版，第1060页。

③ 严可均辑：《全上古三代秦汉三国六朝文·全三国文》，中华书局1958年版，第1152—1153页。

④ 严可均辑：《全上古三代秦汉三国六朝文·全三国文》，中华书局1958年版，第1089页。

有竟时，腾蛇乘雾，终为土灰"（《龟虽寿》）。曹植云"天地无穷极，阴阳转相因。人居一世间，忽若风吹尘"（《薤露行》）。其他建安文人也正视这一现实，徐干说"人生一世间，忽若暮春草。时不可再得，何为自愁恼"（《室思诗》）；又阮瑀云"丁年难再遇，富贵不重来，良时忽一过，身体为土灰"（《七哀诗》）。此外，由战争、疾病所造成的非正常死亡使这一问题更为严重和突出，目睹一个个智慧、美好而又脆弱的生命的毁灭，对他们心灵的震撼是巨大的。黄初四年（223年），任城王曹彰暴薨于京城洛阳，曹植作诗哀悼之——"奈何念同生，一往形不归？孤魂翔故域，灵柩寄京师。存者忽复过，亡殁身自衰。人生处一世，去若朝露晞。年在桑榆间，影响不能追。自顾非金石，咄嗟令心悲！"（《赠白马王彪》）低回咏叹，欲说还休，哀婉之情，溢于言表。生命多么美好，昔日令人留恋，请看——"公子爱敬客，终宴不知疲。清夜游西园，飞盖相追随。明月澄清景，列宿正参差。秋兰被长坂，朱华冒绿池。潜鱼跃清波，好鸟鸣高枝"（曹植《公宴诗》），"行则连舆，止则接席……每至觞酌流行，丝竹并奏，酒酣耳热，仰而赋诗……谓百年已分，可长共相保"（曹丕《又与吴质书》）。①然而美好的东西往往又是脆弱的——"顷撰其遗文，都为一集。观其姓名，以为鬼录。追思昔游，犹在心目，而此诸子，化为粪壤，可复道哉！"（曹丕《又与吴质书》）

如果说"白骨露于野，千里无鸡鸣"的社会现状与他们的生活还有一定距离的话，那么周围亲友正当壮年就倏然先后"以为鬼录""零落略尽"，则是发生在身边的残酷现实，不可回避。建安文学集团中，只有曹操活了66岁，孔融56岁，其他都是多才而短命，平均寿命的上限为40岁。建安七子中，孔融死得最早，于建安十三年（208年）死于非命；随后建安十七年（212年），阮瑀死；建安二十二年（217年），洛阳地区大疫，王粲、徐干、陈琳、应玚、刘桢五人染病同年先后谢世，英年早夭。其中王粲享年41岁，徐、陈、应、刘约在40岁或更早。曹丕贵为帝王，也只享年40岁，曹植41岁。俞绍初认为："自此之后，随着

---

① 严可均辑：《全上古三代秦汉三国六朝文·全三国文》，中华书局1958年版，第1089页。

阮瑀、王粲相继去世，加以曹丕、曹植兄弟为争立太子之事而兄弟阋墙失和，邺下文人集团群体性的诗赋唱和遂日渐稀少。到了建安二十二年魏郡大疫，'徐陈应刘，一时俱逝'（曹丕《与吴质书》），邺下文人集团随之而自然解体，群体性的诗赋唱和的创作方式也就戛然而止了。从此，只有曹植一人仍专致于诗歌写作，因其遭受政治迫害，更多地采用隐喻、象征的手法来抒泄怨愤，吐露心声，导夫正始诗人阮籍的先路，与以南皮之游为标志的建安诗风大异其趣了。由此而言，南皮之游，包括西园宴集在内，其时所产生的诗作不仅昭示着建安文学创作高潮的到来，同时还集中地反映了建安文学的基本创作特征，在建安文学史上的意义是非同一般的。后世沈约以'南皮高韵'来指称建安文学，其原因也正在于此。"[1]生命苦短，英年早逝，这种现实，对他们的心灵震撼是十分强烈的，这就在建安文人中形成早衰速老的心态，他们普遍感觉衰老期提前来临。年龄有生理和心理之分，李贺《赠陈商》自称"长安有男儿，二十心已朽"，就是一种心理年龄。曹丕《又与吴质书》云："年行已长大，所怀万端，时有所虑，至通夜不暝。志意何时复类昔日！已成老翁，但未白头耳。"[2]此文作于建安二十三年（218年），曹丕方才32岁，就自称老翁，就是一种心理年龄上的提前衰老。这种感觉是以当时人们的平均寿命为参照尺度的，建安文人大多亡于40岁左右，30多岁确实也开始步入老年期。阮瑀卒时，不过40余岁，可这之前的《自述诗》已经是老态毕露了——"白发随栉堕，未寒思厚衣。四肢易懈倦，行步益疏迟。常恐时岁尽，魂魄忽高飞。自知百年后，堂上生旅葵。"（《自述诗》）

速老是建安文人的精神底色，处于这种心态，就使人生苦短、生命无常成为他们迫切关注的头等大事，使其对自己的寿命长度十分敏感。孔融为盛孝章向曹操求情，开头就提年岁："岁月不居，时节如流，五十之年，忽焉已至。公为始满，融又过二。海内知识，零落殆尽，惟会稽盛孝章尚存。"[3]（《论盛孝章

---

① 俞绍初：《"南皮之游"与建安诗歌创作——读〈文选〉曹丕〈与朝歌令吴质书〉》，《文学遗产》2007年第5期。

② 严可均辑：《全上古三代秦汉三国六朝文·全后汉文》，中华书局1958年版，第1089页。

③ 严可均辑：《全上古三代秦汉三国六朝文·全后汉文》，中华书局1958年版，第922页。

书》）在建安文人的诗文中，人生短促如寄，岁月漂流不居的句子俯拾皆是，兹不赘举。在中国文学史上，一个文学群体对生命本身如此关注，又如此敏感地低回咏叹，还是第一次。建安文学之浓烈的情思、细腻的情感世界，与建安文人中普遍存在的这种人生速老从而更加珍惜生命长度的心态有关。

与建安文人速老心态紧密联系的，是他们的忧患意识。如果说速老还只是对生命个体本身的忧虑的话，那么，忧患意识则扩展弥漫到生命个体之外的人生、社会、自然和宇宙。可以说，忧患意识是一种更深层次的文化心理意义上的悲凉，是速老心态的合理逻辑延伸。青春年少，血气旺盛，容易出现岁月无限延伸的幻觉，所谓"飘飘放志意，千秋长若斯"（曹植《公宴诗》），所谓"当此之时，忽然不自知乐也。谓百年已分，可长共相保"（曹丕《又与吴质书》）。只有步入老境，血气渐衰，生命处处拉响了示警的汽笛，才能真正静下来认真思考生命的意义、人生的价值，这包括生前和身后，恰如曹丕所云："年行已长大，所怀万端，时有所虑，至通夜不瞑。"（曹丕《又与吴质书》）

读建安诗文，会感觉其中弥漫着浓郁的忧患意识。曹操《短歌行》就唱出了这种声音："慨当以慷，忧思难忘。何以解忧？唯有杜康。……明明如月，何时可掇？忧从中来，不可断绝。"忧的是什么？未明言。人生朝露？战乱频仍？功业未建？思贤若渴？或许是，或许不是，或许由它们组合成一种难以言传的深层忧患，是一种模糊的存在，弥漫于建安文人的每一个神经细胞中。如曹植所言："抚剑而雷音，猛气纵横浮。泛泊徒嗷嗷，谁知壮士忧！"（《鰕鳝篇》）曹植还专门写过一篇《释愁文》，描述他对愁的感受："愁之为物，惟惚惟恍，不召自来，推之弗往。寻之不知其际，握之不盈一掌。寂寂长夜，或群或党。去来无方，乱我精爽。……温之以火石不消，摩之以神膏不稀，受之以巧笑不悦，乐之以丝竹增悲。"①在三曹和七子的诗文中，愁、忧、苦、哀、悴、伤、悲、凄、摧等表达否定性情感的字眼不可胜数，相互交织重叠，构成一种浓烈感人的忧患氛围。一接触它们，就会被感染，随便拾起一首，就有忧患，试看——"端坐苦

---

① 严可均辑：《全上古三代秦汉三国六朝文·全三国文》，中华书局1958年版，第1158页。

愁思，揽衣起西游。树木发春华，清池激长流。中有孤鸳鸯，哀鸣求匹俦。……欲归忘故道，顾望但怀愁。悲风鸣我侧，羲和逝不留。重阴润万物，何惧泽不周？谁令君多念，自使怀百忧。"（曹植《赠王粲诗》）短短一首小诗，这种否定性情绪的字眼就出现了8次之多；其所怀又是"万端"，又是"百忧"，可见心内郁结的忧患有多么深厚。苏东坡曾说自己"一生忧患，倍于常人"，借此来描绘建安文人的内心情感世界，也很恰切。

（二）著述立言：不朽的归宿

曹丕自幼受家庭影响遍读诗书，其《典论·自叙》云："上雅好诗书文籍，虽在军旅，手不释卷。每定省从容，常言：'人少好学则思专，长则善忘。长大而能勤学者，唯吾与袁伯业耳。'余是以少诵诗论。及长而备历五经四部、史汉、诸子百家之言，靡不毕览。所著书论诗赋，凡六十篇。至若智而能愚，勇而能怯，仁以接物，恕以及下，以付后之良史。"[1] 这种思考在《与王朗书》中表现得更为充分，其云："生有七尺之形，死唯一棺之土，唯立德扬名，可以不朽，其次莫如著篇籍。疫疠数起，士人凋落，余独何人，能全其寿。故论撰所著《典论》、诗、赋，盖百余篇。集诸肃城门内，讲论大义，侃侃无倦。"[2] 在此，曹丕清醒地认识到，在生死问题上，帝王贵胄与平民布衣无异。于是转向如何使生命延续的思考——"唯立德扬名，可以不朽，其次莫如著篇籍。"由此可知，他编纂《典论》的直接刺激来自建安二十二年的疾疫流行，其中文采斐然的徐、陈、应、刘，"一时俱逝"，活泼的生命转眼阴阳两隔，于是将"不朽"之意寄托于文章，将"三不朽"坐实到具体行为。于是才有了《典论·论文》这段议论，展示曹丕对生死不朽问题的全面思考：

> 盖文章，经国之大业，不朽之盛事。年寿有时而尽，荣乐止乎其身，

---

① 严可均辑：《全上古三代秦汉三国六朝文·全三国文》卷八，中华书局1958年版，第1097页。

② 陈寿：《三国志》，中华书局1959年版，第88页。

二者必至之常期，未若文章之无穷。是以古之作者，寄身于翰墨，见意于篇籍，不假良史之辞，不托飞驰之势，而声名自传于后。故西伯幽而演易，周旦显而制礼，不以隐约而弗务，不以康乐而加思。夫然，则古人贱尺璧而重寸阴，惧乎时之过已。而人多不强力；贫贱则慑于饥寒，富贵则流于逸乐，遂营目前之务，而遗千载之功。日月逝于上，体貌衰于下，忽然与万物迁化，斯志士之大痛也！融等已逝，唯幹著论，成一家言。[1]

值得注意的是，建安文人的忧患意识不是非理性的盲目躁动，而是充满了积极的理性反思精神。在感受到生命痛苦、人生无常的同时，他们主动地、有意识地对生命现象、人生价值进行思索。曹操就说："欲望封侯作征西将军，然后题墓道言：'汉故征西将军曹侯之墓'。此其志也。"[2]（《述志令》）56岁时已经在考虑身后事。其中最典型的是曹丕，《三国志·文帝纪》裴松之注引《魏书》曰："帝初在东宫，疫疠大起，时人凋伤，帝深感叹，与素所敬者大理王朗书曰：'生有七尺之形，死唯一棺之土，唯立德扬名，可以不朽，其次莫如著篇籍。疫疠数起，士人凋落，余独何人，能全其寿？'"[3]由时人凋伤，很理智地联想到自己，虽贵为帝王，也是血肉之躯，难免速朽而为"一棺之土"。于是要抓紧现世的时间，做点儿事情。曹植也曾说："如微才弗试，没世无闻，徒荣其躯而丰其体，生无益于事，死无损于数，虚荷上位而忝重禄，禽息鸟视，终于白首，此徒圈牢之养物，非臣之所志也。"[4]（《求自试表》）这种理智的论断不是来自传统的书本教诲，而是来自积极的思考，是由自己亲身体验到的生命的凋伤与痛苦推导出来的。这就常令他忧心忡忡，担忧自己是"以犬羊之质，服虎豹之文，无众星之明，假日月之光，动见瞻观，何时易乎？恐永不复得为昔

① 萧统编：《文选》，中华书局1977年版，第720—721页。
② 陈寿：《三国志》，中华书局1959年版，第32页。
③ 陈寿：《三国志》，中华书局1959年版，第88页。
④ 陈寿：《三国志》，中华书局1959年版，第567页。

中国古代著述思想研究

日游也。少壮真当努力，年一过往，何可攀援！古人思炳烛夜游，良有以也"[1]
（《与吴质书》）。想通了生死之理，其忧患意识就自然有了宣泄的方向和渠道。

正是在这样的社会心理背景下，献身创作、著书立说才被提到日程上。建安文学之繁荣，是有明确的理性思考和文化心态为基础的。除了热爱文学创作、陶冶情操之外，他们是把文学创作作为解决人生忧患问题的途径来看待的。人生意识的苏醒带来文章著述的苏醒，他们之追求文学著述，是主动的、自觉的，是从人生苦短中悟出来的，是要解决人生不朽的问题。在这方面，觉悟最高的首推曹丕，年寿有限和追求不朽的矛盾意识老是困扰着他，从士人凋落中他悟出了"余独何人，能全其寿"的道理。于是进而担忧时光的飞逝——"而人多不强力；贫贱则慑于饥寒，富贵则流于逸乐，遂营目前之务，而遗千载之功。日月逝于上，体貌衰于下，忽然与万物迁化，斯志士之大痛也！"（《典论·论文》）及时行乐，感官娱悦，虽可以暂缓生命的痛感，但任何快乐都是有长度的，难以持久，此为人生之大痛。经过自己头脑的思索，他才得出了这样的结论——"盖文章，经国之大业，不朽之盛事。年寿有时而尽，荣乐止乎其身，二者必至之常期，未若文章之无穷。是以古之作者，寄身于翰墨，见意于篇籍，不假良史之辞，不托飞驰之势，而声名自传于后。"[2]（《典论·论文》）在此，可以看出，追求文章著述始终是和生命的忧患意识紧紧联系在一起的，认识到寿命、享乐之有限，于是转而致力于"不朽""无穷"的文章事业。事实证明，这一认识含有真理的颗粒，经受住了时间的检验。曹丕声名之不朽，不是由于他贵为帝王，有何功业，而是由于其思想和著述，他生前的理想通过自己有意识的主动追求变成了现实，真正在历史长河中实现了"不朽"和"无穷"。现在我们正在讨论这一问题本身，就是证明。建安文人热衷创作的背后，是这种理性精神的指导。这种忧患和解决的方式无疑具有文化上的永恒意义。

---

① 严可均辑：《全上古三代秦汉三国六朝文·全三国文》，中华书局1958年版，第1089页。

② 萧统编：《文选》，中华书局1977年版，第720—721页。

（三）曹丕著述思想：以论为重

　　另外特别值得注意的是，曹丕所推重的著述文章，不是流俗所尚的诗赋，而是深思熟虑、足以传世的学术著作和批评性著作。结合其所处时代，有诸多原因。其一是：打破思想禁锢，改换治学方式，由烦琐的注经之学转向更有深度的刑名之学。傅玄所谓云："魏武好法术，而天下贵刑名；魏文慕通远，而天下贱守节。"①（《举清远疏》）《文心雕龙·论说》也说："魏之初霸，术兼名法，傅嘏王粲，校练名理。迄至正始，务欲守文；何晏之徒，始盛玄论。"②有学者研究认为："在曹操、曹丕的倡导下，刑名之学日渐兴盛。……当时'校练名理'的不只是王、傅二人。其他如邵俞'辩于论议，采公孙龙之辞以谈微理'；钟会'博学精练名理'；阮侃'有俊才，而饬以名理'；嵇康'研至名理'；王弼'好论儒道，辞才逸辩'，'通辩能言'，'（钟）会论议以校练为家，然每服弼之高致'。然而，汉魏之际大多数士人尚不能娴熟地运用名学知识于论体文的写作中，除少数作家外，多数操觚者还不善于持论，刘勰批评'孔融《孝廉》，但谈嘲戏；曹植《辨道》，休同书抄'。明张溥认为，'曹氏父子，词坛虎步，论文有余，言理不足。嗣宗视之，犹轻尘之于泰岱。'魏晋玄学家几乎都注重逻辑训练，人们常常称赞他们'善名理'，王弼自称：'不能辩名，则不可与言理；不能定名，则不可与论实。'李充在《翰林论》中指出：'研核名理，而论难生焉，论贵于允理，不求支离。'魏晋论体文之所以能'锋颖精密'，就是因为此时大多数论文作者自觉地应用刑名学的逻辑方法，有些玄学家还严格地遵循刑名学规则来建构其理论体系。"③其二是：魏晋时期，经过长期发展，论，作为一种文体，已蔚为大观，数量激增。据杨朝蕾统计："论，是一种用来议事说理或陈述意见的文体，是我国古代散文之大宗。作为一种文体，经过先秦的孕育、两汉的发展之后，论体文在魏晋时期繁盛起来，流传于今的作品

---

①　严可均辑：《全上古三代秦汉三国六朝文·全晋文》，中华书局1958年版，第1721页。

②　刘勰著，范文澜注：《文心雕龙注》，人民文学出版社1958年版，第327页。

③　杨朝蕾：《魏晋论体文兴盛之内部动因》，《广东广播电视大学学报》2011年第2期。

就达200多篇。这个数字大约是今存两汉400年间论体文总数的7倍，是南朝170年间论体文总数的3倍。另外，据《二十五史补编》中《补后汉书艺文志》、《补三国艺文志》与《补晋书艺文志》中辑录的魏晋时期论体文篇目有90多篇，论体文集有120多部，其时论风之盛于此可见一斑。在魏晋时期，论体文堪称仅次于诗、赋与书信的第四大文体。"①作于魏晋之时的桓范《世要论·序作》也推崇论述性的著述，其云："夫著作书论者，乃欲阐弘大道，述明圣教，推演事义，尽极情类，记是贬非以为法式。当时可行，后世可修。且古者富贵而名贱废灭，不可胜记，唯篇论俶傥之人，为不朽耳。"②其三是：汉末魏晋，言论一统的藩篱既被打破，同时也亟需有对事物是非的大致一致的标准，否则就会准的无依，言人人殊。曹丕《典论》曾对此作出评价云："桓灵之际，阉寺专命于上，布衣横议于下；干禄者殚货以奉贵，要名者倾身以事势；位成乎私门，名定乎横巷。由是户异议，人殊论；论无常检，事无定价。"③

《典论·论文》云："融等已逝，唯幹著论，成一家言。""成一家之言"，原为太史公司马迁之语，意在有自己独立的思想学术以传世，这显然不包括诗歌辞赋。在《又与吴质书》中，曹丕也提到，徐幹"著《中论》二十余篇，成一家之言，辞义典雅，足传于后，此子为不朽矣"，又说"德琏常斐然有述作之意，其才学足以著书，美志不遂，良可痛惜"。④考徐幹所著《中论》，显然以为学术著作价值高于诗赋，其《中论序》就清楚地说："见辞人美丽之文并时而作，曾无阐弘大义、敷散道教、上求圣人之中、下救流俗之昏者，故废诗、赋、颂、铭、赞之文，著《中论》之书二十二篇。"⑤桓范作《世要论》，也是有很清醒的"著述"意识，其云："夫著作书论者，乃欲阐弘大道，述明圣教，推演事义，尽极情类，记是贬非，以为法式。当时可行，后世可修。且古者富贵

① 杨朝蕾：《魏晋论体文兴盛之内部动因》，《广东广播电视大学学报》2011年第2期。
② 严可均辑：《全上古三代秦汉三国六朝文·全三国文》，中华书局1958年版，第1263页。
③ 严可均辑：《全上古三代秦汉三国六朝文·全三国文》，中华书局1958年版，第1094页。
④ 严可均辑：《全上古三代秦汉三国六朝文·全三国文》，中华书局1958年版，第1089页。
⑤ 严可均辑：《全上古三代秦汉三国六朝文·全三国文》，中华书局1958年版，第1360页。

而名贱废灭，不可胜记，唯篇论俶傥之人，为不朽耳。夫奋名于百代之前，而流誉于千载之后，以其览之者益，闻之者有觉故也。岂徒转相放效，名作书论，浮辞谈说，而无损益哉？"①（《世要论·序作》）可知自建安时，在诗歌辞赋繁荣的同时，思辨性学术著作尤其是文学理论性著作，在士人心目中的地位也很高。成一家之言，足以传世，是立言不朽的定义。曹丕本人就是一个典范。他之不朽，《典论·论文》功在其首，而诗赋次之。《四库全书总目·诗文评序》说："文章莫盛于两汉。浑浑灏灏，文成法立，无格律之可拘。建安、黄初，体裁渐备。故论文之说出焉，《典论》其首也。"②从中也可见出其历史地位之重要。

第六节　从对刘勰的影响看曹丕著述思想以论为重

（一）魏文、陈思优劣比较：刘勰的视角

承上，之所以说曹丕的著述思想是以论为重，还有一个佐证，那就是曹丕对于刘勰的影响。魏晋时代，文论大盛，曹丕《典论·论文》和刘勰《文心雕龙》作为此期文学批评的两大重镇，其间有一定的承继和影响关系。而曹丕、刘勰，二人均以文学批评名世，在厘清二者的关系之中更可看清曹丕著述思想所侧重倾斜的方面，此即为本节论述之目的。

作为建安文学的杰出代表，曹丕、曹植的优劣比较是南朝尤其是齐梁文坛上的热门话题之一。由于曹植超人的文学天赋和对文坛的突出贡献，陈思王优于魏文帝似乎已成不争的事实，南朝士人一般都持此种看法。沈约所作《宋书·谢灵运传论》曾说："自汉至魏，四百余年，辞人才子，文体三变。相如巧为形似之言，班固长于情理之说，子建、仲宣以气质为体，并标能擅美，独映当时。"③

---

① 严可均辑：《全上古三代秦汉三国六朝文·全三国文》，中华书局1958年版，第1263页。

② 纪昀总纂：《四库全书总目提要》，河北人民出版社2000年版，第5362页。

③ 沈约：《宋书》，中华书局1974年版，第1778页。

这里显然是把曹植、王粲视为建安文化的佼佼者，已给后人品评定下基调。

钟嵘也持这种态度，其《诗品序》云："故知陈思为建安之杰，公幹、仲宣为辅；陆机为太康之英，安仁、景阳为辅；谢客为元嘉之雄，颜延年为辅。斯皆五言之冠冕，文词之命世也。"① 他在《诗品》中，将曹植的作品列为上品，置曹丕的作品于中品，由于《诗品》是诗歌品第的专门著作，更具有一种品评的权威性，其评价曹植云："骨气奇高，词彩华茂。情兼雅怨，体被文质。粲溢今古，卓尔不群。嗟乎！陈思之于文章也，譬人伦之有周、孔，鳞羽之有龙凤，音乐之有琴笙，女工之有黼黻。"② 赞誉有加中，不无溢美之辞。《诗品序》中列举了古今"五言之警策者"，并誉之为"篇章之珠泽，文采之邓林"，首篇就是"陈思《赠弟》"（指曹植《赠白马王彪》诗）。③ 萧子显《南齐书·文学传论》里也说"若陈思《代马》群章，王粲《飞鸾》诸制，四言之美，前超后绝"。④

裴子野论文法古，著《雕虫论》，也以曹植为尊："其五言为家，则苏、李自出，曹、刘伟其风力，潘、陆固其枝叶。"⑤ 萧纲《与湘东王书》提到古今文人时说"远则扬、马、曹、王，近则潘、陆、颜、谢"⑥。

另察萧统所编纂《文选》，共收录曹植赋1篇，各体诗17首，七体8篇，表2篇，书2篇，诔1篇，总计31篇；收曹丕诗5首，书3篇，论1篇，总计9篇。仅从数量看，其收录的曹植诗文约是曹丕的3.5倍。《文选》是一部具有总结性的权威选本，其收录的都是魏晋至齐梁文坛公认的名篇佳作，时流已有定评，收录数量的多少，很能代表编者及其时代的评价。《文选》收录曹植作品如此之多，可见魏晋以来的文坛上，言及建安文学，必以曹植为代表，其在齐梁人心目中地

第四章　悲凉、速老、不朽：曹丕著述思想的逻辑

---

① 钟嵘著，曹旭集注：《诗品集注》，上海古籍出版社2011年版，第34页。

② 钟嵘著，曹旭集注：《诗品集注》，上海古籍出版社2011年版，第117—118页。

③ 钟嵘著，曹旭集注：《诗品集注》，上海古籍出版社2011年版，第459页。

④ 萧子显：《南齐书》，中华书局1972年版，第907—908页。

⑤ 严可均辑：《全上古三代秦汉三国六朝文·全梁文》，中华书局1958年版，第3262页。

⑥ 姚思廉：《梁书》，中华书局1973年版，第690页。

位不可撼动。甚至曹植字"子建"、王号"东阿"也成为能文的代名词，如梁简文帝萧纲曾很自负地说："文章未坠，必有英绝，领袖之者，非弟而谁。每欲论之，无可与语，思吾子建，一共商榷。"①赞誉萧绎文才，故称之为"子建"。据《梁书》本纪，萧纲六岁能属文，"读书十行俱下，九流百氏，经目必记，篇章辞赋，操笔立成，博综儒书，善言玄理"，梁武帝称赞他说："此子，吾家之东阿！"②而时人对曹丕的评价明显偏低，如钟嵘《诗品》置曹丕的诗作于中品，评云："新歌百许篇，率皆鄙直如偶语。唯'西北有浮云'十余首，殊美赡可玩，始见其工矣。不然，何以铨衡群彦，对扬厥弟者邪？"③"厥弟"，即曹植，疑问句式的口吻中，优劣立见。

而在齐梁另一论文巨著《文心雕龙》中，情况似乎起了变化，在陈思、魏文的作品优劣比较中，刘勰明显向后者倾斜，与"时流"定论有一定距离。将建安文学作为一个整体，刘勰是肯定的；而在涉及二曹的文字中，表面看来，刘勰也持一种均衡的态度，如《文心雕龙·乐府》篇云："至于魏之三祖，气爽才丽，宰割辞调，音靡节平。观其《北上》众引，《秋风》列篇，或述酣宴，或伤羁戍，志不出于淫荡，辞不离于哀思。"④此处并无优劣的比较，三曹的位置是一样的。《文心雕龙·时序》篇也是如此："自献帝播迁，文学蓬转，建安之末，区宇方辑。魏武以相王之尊，雅爱诗章；文帝以副君之重，妙善辞赋；陈思以公子之豪，下笔琳琅：并体貌英逸，故俊才云蒸。"⑤虽次序有先后，但在"以……之……"句式的引导下，对曹操、曹丕、曹植的评价也是等同的，用力较为平均。《文心雕龙·明诗》篇里也是这样："暨建安之初，五言腾踊，文帝陈思，纵辔以骋节；王徐应刘，望路而争驱。"⑥在此，丝毫看不到钟嵘那种

① 姚思廉：《梁书》，中华书局1973年版，第691页。

② 姚思廉：《梁书》，中华书局1973年版，第109页。

③ 钟嵘著，曹旭集注：《诗品集注》，上海古籍出版社2011年版，第256页。

④ 刘勰著，范文澜注：《文心雕龙注》，人民文学出版社1958年版，第102页。

⑤ 刘勰著，范文澜注：《文心雕龙注》，人民文学出版社1958年版，第673页。

⑥ 刘勰著，范文澜注：《文心雕龙注》，人民文学出版社1958年版，第66页。

"譬人伦之有周、孔，鳞羽之有龙凤"①的赞誉有加。

实际上，在这种同等视之的态度背后，已经透露出刘勰向曹丕的倾斜。因为在陈思王的作品优于魏文帝的作品这一点上已达共识的大气候下，同等视之，就是提高了曹丕的地位。

在陈思王、魏文帝的作品孰优孰劣已有定论的齐梁时期，刘勰这样说是很大胆的。这一点，结合分析《文心雕龙》其他篇章，会看得更清楚。在《文心雕龙·才略》篇中，刘勰对二者的优劣正式重新进行了总体评价："魏文之才，洋洋清绮，旧谈抑之，谓去植千里，然子建思捷而才俊，诗丽而表逸；子桓虑详而力缓，故不竞于先鸣。而乐府清越，《典论》辩要，迭用短长，亦无懵焉。但俗情抑扬，雷同一响，遂令魏文以位尊减才，思王以势窘益价，未为笃论也。"②所谓"未为笃论"，就含有向共识、定评挑战的意味。对曹丕的总体评价是这样，在论述具体问题时，刘勰也透露出抑陈思而崇魏文的倾向。对曹丕的观点，刘勰总是在肯定的语气中透出一种崇敬，如《文心雕龙·总术》篇："魏文比篇章于音乐，盖有征矣。"③《文心雕龙·知音》篇："故魏文称'文人相轻'，非虚谈也。"④即使曹丕有不当之处，刘勰也表现出一种大度和宽容，认为属于"智者千虑，必有一失"的范围，如《文心雕龙·诏策》篇："魏文帝下诏，辞义多伟，至于'作威作福'，其万虑之一弊乎！"⑤而他在提到曹植时，却多有微词，毫不客气，甚至有批评的意味。如《文心雕龙·诔碑》篇："陈思叨名而体实繁缓，《文皇诔》末，旨言自陈，其乖甚矣。"⑥对曹植不谙诔体写作规范颇有微词。又《文心雕龙·杂文》篇："至于陈思《客问》，辞高而理疏；庾敳《客咨》，意荣而文悴。斯类甚众，无所取裁矣。"⑦他认为曹植的问对毫

---

① 钟嵘著，曹旭集注：《诗品集注》，上海古籍出版社2011年版，第118页。

② 刘勰著，范文澜注：《文心雕龙注》，人民文学出版社1958年版，第700页。

③ 刘勰著，范文澜注：《文心雕龙注》，人民文学出版社1958年版，第656页。

④ 刘勰著，范文澜注：《文心雕龙注》，人民文学出版社1958年版，第714页。

⑤ 刘勰著，范文澜注：《文心雕龙注》，人民文学出版社1958年版，第359页。

⑥ 刘勰著，范文澜注：《文心雕龙注》，人民文学出版社1958年版，第213页。

⑦ 刘勰著，范文澜注：《文心雕龙注》，人民文学出版社1958年版，第255页。

无可取之处。又《文心雕龙·论说》篇："孔融《孝廉》，但谈嘲戏；曹植《辨道》，体同书抄；言不持正，论如其已。"[1]他认为曹植的有关论说的文章形同书抄，还不如不写，评价明显偏低。又《文心雕龙·封禅》："陈思《魏德》，假论客主，问答迂缓，且已千言，劳深绩寡，飚焰缺焉。"[2]他说曹植虽下笔千言，但风力和光彩都缺乏。又《文心雕龙·指瑕》篇："陈思之文，群才之俊也，而《武帝诔》云，'尊灵永蛰'；《明帝颂》云，'圣体浮轻'。浮轻有似于蝴蝶，永蛰颇疑于昆虫，施之尊极，岂其当乎？"[3]他对曹植用词不当提出了严厉的批评。又《文心雕龙·知音》篇："才实鸿懿，而崇己抑人者，班曹是也。"[4]他指责曹植缺乏自知之明。又《文心雕龙·事类》篇："陈思，群才之英也，《报孔璋书》云：'葛天氏之乐，千人唱，万人和，听者因以蔑《韶》《夏》矣。'此引事实之谬也。按葛天之歌，唱和三人而已。"属于"引事乖谬，虽千载而为瑕"之类。[5]"葛天氏之乐"为上古乐舞，究竟几人唱和，已无确证可考，刘勰所依据的是《吕氏春秋·古乐》的记载："昔葛天氏之乐，三人操牛尾投足以歌八阕。"[6]《吕氏春秋》编纂时，去古已远，对缺乏文献记载的远古"葛天氏之乐"的表演式样的描述，也只是一种揣度，并非事物原貌。曹植书之以"千人唱，万人和"，完全是一种文学之士的想象夸张之词，而这种不严谨的做派，恰恰是作为文学批评家的刘勰所看不惯的。这里近乎苛刻的批评口吻，明白无误地表明曹植在刘勰心目中的地位远远低于同代人的一般水平。

与此形成鲜明对照的是，刘勰几乎对曹丕所有重要论点都进行了引用。如《文心雕龙·程器》开篇就引用了"故魏文以为'古今文人之类不护细行'"[7]，《文心雕龙·知音》里也有"故魏文称'文人相轻'，非虚谈

---

① 刘勰著，范文澜注：《文心雕龙注》，人民文学出版社1958年版，第327—328页。

② 刘勰著，范文澜注：《文心雕龙注》，人民文学出版社1958年版，第394页。

③ 刘勰著，范文澜注：《文心雕龙注》，人民文学出版社1958年版，第637页。

④ 刘勰著，范文澜注：《文心雕龙注》，人民文学出版社1958年版，第714页。

⑤ 刘勰著，范文澜注：《文心雕龙注》，人民文学出版社1958年版，第616页。

⑥ 许维通：《吕氏春秋集释》，中华书局2009年版，第118页。

⑦ 刘勰著，范文澜注：《文心雕龙注》，人民文学出版社1958年版，第718页。

也"①。尤其值得注意的是：凡提及曹植，都用"陈思，群才之英也"，然后进行批评；而一涉及曹丕，用的都是"故魏文……"的句式，一个"故"字，透露出一种由衷的尊敬和信服。特别值得注意的是，这种用法在《文心雕龙·程器》和《文心雕龙·知音》中都处于开篇的位置，实际上具有导言的性质。

钟嵘等之推崇曹植，立脚点显然在于其文学成就；而刘勰之推崇曹丕，也不是姑妄言之，必然有他自己的理由；而找出这种理由，就可以知道曹丕究竟怎样影响了刘勰。对陈思、魏文一贬一褒的态度背后，刘勰显然有自己的立脚点和视角。笔者以为，这就是批评家的立脚点和视角，或称之为批评家的独立意识。从这一视角出发，我们可以看到曹丕对刘勰的主要影响。对此，任何泛泛而谈都失之空疏，需要的是具体、坐实的结论。王运熙、杨明所著《魏晋南北朝文学批评史》认为："从现存资料看，《文心》受挚虞、陆机两家之说影响更为明显。"理由是："上半部《明诗》、《诠赋》等篇章中论各体文章的体制和规格，往往采撷《文章流别志论》的见解；下半部论创作构思、文体风格、写作方法与技巧等，则较多接受《文赋》的影响。"②这样说，从具体方法和技巧的角度看，大体不错。但笔者以为，若从批评家的立脚点和视角等宏观思想角度考察，曹丕对刘勰的影响要更大些，而刘勰对曹丕的熟悉程度，就是沟通二者的主要精神渠道。下面试就此作一探讨。

（二）批评主体的剥离与确认

鲁迅先生曾说："用近代的文学眼光看来，曹丕的一个时代可以说是'文学的自觉时代'，或如近代所说是为艺术而艺术（Art for Art's Sake）的一派。"③这里"文学的自觉"，可作广义理解，不仅指文学创作，也涵盖了文学批评的自觉，或曰批评主体的独立与确认。魏晋南北朝时期，文学批评十分活跃，理论思辨群雄并起。古代文学批评史上的几大重镇，如曹丕《典论·论文》、陆机《文

---

① 刘勰著，范文澜注：《文心雕龙注》，人民文学出版社1958年版，第714页。

② 王运熙、杨明：《魏晋南北朝文学批评史》，上海古籍出版社1989年版，第328页。

③ 朱德发、韩之友选注：《鲁迅选集·杂文卷》，山东文艺出版社1990年版，第174页。

赋》、钟嵘《诗品》、刘勰《文心雕龙》都出现在这个时代，而刘勰为其中之翘楚。这种批评群体繁荣的文化现象再次印证了丹纳《艺术哲学》中的一段话："艺术家不是孤立的人。我们隔了几个世纪只听到艺术家的声音，但在传到我们耳边来的响亮的声音之下，还能辨别出群众的复杂而无尽的歌声，像一大片低沉的嗡嗡声一样，在艺术家四周齐声合唱。"[①]"例如莎士比亚，初看似乎是从天上掉下来的奇迹，从别个星球上来的陨石，但在他的周围，我们发现十来个优秀的剧作家。"[②]

刘勰也是如此，《文心雕龙》也不是天上掉下来的奇迹，而是继承、汲取、消化前人精华的结果。在他周围，也环绕着近"十来个"优秀的文论家。对此，刘勰说得很坦率，尽管是以一种俯视姿态："详观近代之论文者多矣：至于魏文述典，陈思序书，应玚《文论》，陆机《文赋》，仲洽《流别》，宏范《翰林》，各照隅隙，鲜观衢路……魏典密而不周，陈书辩而无当，应论华而疏略，陆赋巧而碎乱，《流别》精而少巧，《翰林》浅而寡要。又君山公幹之徒，吉甫士龙之辈，泛议文意，往往间出，并未能振叶以寻根，观澜而索源。"[③]这段文字，以"近代之论文者"把魏晋南北朝划入同一时代，它有三点值得注意：一是无论褒贬，都是以曹丕《典论·论文》作为论述的逻辑起点；二是表露对魏晋以来文论思想贫乏的不满；三是坦言自己构思、写作的思想来源：正是有前人如此之多的积累、铺垫及历史的筛选，才促成《文心雕龙》的写作。

在此方面，作为"近代"论文的逻辑起点，曹丕对刘勰最主要的影响是在宏观上批评主体意识的独立。要进行批评，就要把批评从文学创作中剥离出来，有一种独立的批评意识，否则，名不正则言不顺，根本无法进行批评活动。从现存资料看，曹丕之前，尚无专门论文的著述，也就是说，在当时文人心目中，文学批评还不是一种专门行当，地位很低。要进行批评活动的逻辑前提是要以批评家的身份进行批评。对此，曹丕首次进行了辨析，他认为，文人各有所长，若以作

中国古代著述思想研究

---

① 丹纳：《艺术哲学》，傅雷译，人民文学出版社1981年版，第6页。

② 丹纳：《艺术哲学》，傅雷译，人民文学出版社1981年版，第5页。

③ 刘勰著，范文澜注：《文心雕龙注》，人民文学出版社1958年版，第726页。

家的身份进行批评，必然存在着许多弊端："文人相轻，自古而然。……夫人善于自见，而文非一体，鲜能备善。是以各以所长，相轻所短。里语曰：'家有敝帚，享之千金。'斯不自见之患也。"（《典论·论文》）并列举孔融等建安七子为例，进行剖析："斯七子者，于学无所遗，于辞无所假，咸以自骋骥骥于千里，仰齐足而并驰，以此相服，亦良难矣。"①文各有体，人有短长，如果成见在胸，"各以所长，相轻所短"，"暗于自见，谓己为贤"，批评活动就很难进行，往往会不欢而散，所谓"以此相服，亦良难矣"。曹丕所论，确是魏晋以来文坛上存在的一个问题。如钟嵘《诗品·序》所言："观王公缙绅之士，每博论之余，何尝不以诗为口实，随其嗜欲，商榷不同？淄渑并泛……准的无依。"②这描述出文学批评活动的混乱局面。又如主要作为文学家出现的曹植，对文学批评就表现出一种近乎本能的轻视和怀疑，其《与杨德祖书》云："盖有南威之容，乃可以论其淑媛；有龙泉之利，乃可以议其断割。刘季绪才不能逮于作者，而好诋诃文章，掎摭利病。昔田巴毁五帝，罪三王，訾五霸于稷下，一旦而服千人，鲁连一说，使终身杜口。刘生之辩，未若田氏，今之仲连，求之不难，可无息乎！"③曹植认为，要有高于被批评对象的才华才能进行批评活动，显然，这里的"才"特指创作的才能。他要以作家之长来否定理论批评存在的合理性及必要性，要求批评家具备作家的才华之后才能品评别人，这样不仅失之苛刻，而且违反了理论思维的规律。对此，曹丕的看法则较为圆通，他认为，必须摆脱拘泥于作家的成见，以批评家的身份出现，才能进行文学批评。其意见可概括为："盖君子审己以度人，故能免于斯累而作论文。"审查自己之才而量度别人，才能够免除"文人相轻"的恶习，写出这篇《典论·论文》，从事文学批评活动。显然，这里的"审己而度人"指的是一种客观冷静的角度，它要超脱专门从事创作的文人之间优劣高下的比较，以一种独立的身份进行文学批评。曹丕在此虽没有展开论述，字数也不多，但在文学史上，这却是第一次明确了批评家的身份。

---

① 萧统编：《文选》，上海古籍出版社1986年版，第2270页。

② 钟嵘著，曹旭集注：《诗品集注》，上海古籍出版社2011年版，第74页。

③ 萧统编：《文选》，上海古籍出版社1986年版，第1902—1903页。

批评家的写作水平可能低于作家，照样可以从容论文，进行批评。

　　要进行批评，首先要具备批评的自信，对批评家的身份有强烈的自我认同。据《梁书》本传，刘勰文笔精妙，"京师寺塔及名僧碑志，必请勰制文"，并有"文集行于世"。①从《文心雕龙》所反映的写作水平来看，其文笔不让同时代的任何骈文高手。但作为一个主要从事理论总结的文论家、批评家，刘勰有着强烈的独立意识，他不仅没有追随流俗从事骈体文的创作，还表现出更高的理论追求。在《明诗》《情采》《风骨》《丽辞》等中，他一次次地对"近代"文学之失进行了严厉批评，口吻中毫无低于任何作家的谦卑之态。青出于蓝而胜于蓝，曹丕只是品评了建安七子，而刘勰则以一种集大成的姿态，对"近代"以来文坛得失进行了批评和总结，历代文人都是其品评对象。首先是以创作为本的作家，试看："而去圣久远，文体解散，辞人爱奇，言贵浮诡，饰羽尚画，文绣鞶帨，离本弥甚，将遂讹滥。盖《周书》论辞，贵乎体要；尼父陈训，恶乎异端；辞训之异，宜体于要。于是搦笔和墨，乃始论文。"②不仅对作家可以说三道四，就是对批评家，也可以品头论足。在《序志》篇中，他明确表露出对"近代"文论家的不满，批评他们"或臧否当时之才，或铨品前修之文，或泛举雅俗之旨，或撮题篇章之意"，都只着眼于局部，不够全面，不能够担当起羽翼经典、矫正文风的任务，所谓"并未能振叶以寻根，观澜而索源。不述先哲之诰，无益后生之虑"。③这样，刘勰不仅把自己从作家行列中冷静地剥离出来，而且将自己的身份置于一般的文论家之上，这种批评姿态源于曹丕，而无疑又比曹丕进了一步。因为曹丕身为太子、帝王，作为其品评对象的建安七子，尚在其权威控制之中；刘勰所面对的是古今文人，后者身份、地位、文学成就都高于自己，而他却没有丝毫胆怯，名正言顺地"搦笔和墨，乃始论文"，很有底气。由此点推测，他对曹植所谓"盖有南威之容，乃可以论其淑媛；有龙泉之利，乃可以议其断割"必然难以苟同，甚至相当反感，这或许是他抑陈思而扬魏文的重要原因之一。对

中国古代著述思想研究

---

　　①　姚思廉：《梁书》，中华书局1973年版，第712页。

　　②　刘勰著，范文澜注：《文心雕龙注》，人民文学出版社1958年版，第726页。

　　③　刘勰著，范文澜注：《文心雕龙注》，人民文学出版社1958年版，第726页。

此，看看《知音》篇中的一段话认识会更清楚："及陈思论才，亦深排孔璋，敬礼请润色，叹以为美谈，季绪好诋诃，方之于田巴，意亦见矣。"①刘勰认为，曹植的偏颇之处在于：其本人有文才，就极力贬低陈琳；丁廙请他修改文章，他就叹以为文坛佳话；刘修好批评别人的文章，他就将其比作古代乱说话的田巴；这样以作家的身份进行批评，准的无依，自然很难进行规范的批评活动。敬礼为丁廙字，曹植《与杨德祖书》说："昔丁敬礼尝作小文，使仆润饰之，仆自以才不过若人，辞不为也。敬礼谓仆：'卿何所疑难，文之佳恶，吾自得之，后世谁相知定吾文者邪？'吾常叹此达言，以为美谈。"②刘勰之批评，即指此而言。在他看来，曹植尚不具备批评家的基本素质。

由于坚信批评主体从作家群体中剥离出来的正确性，即使在自己的努力得不到"时流"承认的情况下，刘勰也没有自轻其文。据《梁书》本传："（《文心雕龙》——引者注）既成，未为时流所称。勰自重其文，欲取定于沈约。约时贵盛，无由自达，乃负其书，候约出，干之于车前，状若货鬻者。约便命取读，大重之，谓为深得文理，常陈诸几案。"③这段已经被学界多次引用的文字，完全也可以有另外一重意义，即证明刘勰对自己所从事的批评事业的自信：先是没得到社会承认，而刘勰却是"自重其文"；然后是敢于争取当时文坛领袖沈约的承认，尽管方法比较曲折。

另外，作为魏晋文学批评开山之作的《典论·论文》（"魏文述典"），其中的主要思想无疑也影响了刘勰，这比较集中地反映在《知音》篇中。《知音》篇换了一种说法来阐释"文人相轻"，刘勰称之为"知音其难"，导致了"文情难鉴"，即文学鉴赏和批评之难。其主要观点明显源于曹丕，但又有所深化。《典论·论文》论述"文人相轻"时，引"傅毅之于班固，伯仲之间耳，而固小之"④，《知音》亦引此例子为据，只不过词语排序稍有变化。又《知音》云：

---

① 刘勰著，范文澜注：《文心雕龙注》，人民文学出版社1958年版，第714页。

② 萧统编：《文选》，上海古籍出版社1986年版，第1902页。

③ 姚思廉：《梁书》，中华书局1973年版，第712页。

④ 萧统编：《文选》，上海古籍出版社1986年版，第2270页。

"夫古来知音，多贱同而思古，所谓'日近前而不御，遥闻声而相思'也。"①
《典论·论文》云："常人贵远而贱近，向声背实，又患暗于自见，谓己为贤。"②二者如出一辙。鉴赏和批评之难，难就难在"文非一体，鲜能备善"，"各以所长，相轻所短"。刘勰对这一观点进行了发挥："夫篇章杂沓，质文交加，知多偏好，人莫圆该。……会己则嗟讽，异我则沮弃，各执一隅之解，欲拟万端之变。所谓'东向而望，不见西墙。'也。"③这说得比曹丕更加深入细致。曹丕说："以此相服，亦良难矣。"刘勰也认识到："形器易征，谬乃若是；文情难鉴，谁曰易分？"④与曹丕一样，刘勰也认为若进行批评活动，必须摆脱作家本体意识，而代之以批评家本体意识。曹丕说："盖君子审己以度人，故能免于斯累，而作论文。"⑤刘勰也认为博学、冷静、客观是批评家必备的素质："故圆照之象，务先博观。阅乔岳以形培塿，酌沧波以喻畎浍，无私于轻重，不偏于憎爱，然后能平理若衡，照辞如镜矣。"⑥

在此圆融通识的基础上，刘勰提出了著名的"六观"说："是以将阅文情，先标六观：一观位体，二观置辞，三观通变，四观奇正，五观事义，六观宫商，斯术既形，则优劣见矣。"⑦在此不对六观的精蕴奥义进行剖解，只是从"六观"说可以看出，受曹丕的影响，或者说沿着曹丕的思路，刘勰的批评主体意识才充分确立起来，他"自重其文"，更加自信，相信自己独特的批评家的才华，因而议论也更加精彩，涉及一些文艺规律性的东西："夫缀文者情动而辞发，观文者披文以入情，沿波讨源，虽幽必显。世远莫见其面，觇文辄见其心。……故心之照理，譬目之照形，目瞭则形无不分，心敏则理无不达。"⑧作家的本领

① 刘勰著，范文澜注：《文心雕龙注》，人民文学出版社1958年版，第713页。
② 萧统编：《文选》，上海古籍出版社1986年版，第2271页。
③ 刘勰著，范文澜注：《文心雕龙注》，人民文学出版社1958年版，第714页。
④ 刘勰著，范文澜注：《文心雕龙注》，人民文学出版社1958年版，第714页。
⑤ 萧统编：《文选》，上海古籍出版社1986年版，第2270页。
⑥ 刘勰著，范文澜注：《文心雕龙注》，人民文学出版社1958年版，第714—715页。
⑦ 刘勰著，范文澜注：《文心雕龙注》，人民文学出版社1958年版，第715页。
⑧ 刘勰著，范文澜注：《文心雕龙注》，人民文学出版社1958年版，第715页。

是"情动而辞发"，由外至内；而批评家正好相反，是"披文以入情"，做到"心敏则理无不达"。由外在的形式风貌探索内在的情志意蕴，这样虽有"世远"的时空阻隔，但再幽深隐晦的内容也能显露出来。"心敏"，才能够"披文以入情""沿波以讨源"，这就是批评家独特的才能。因而我们可以说，《知音》篇的意义不仅在于承续、阐扬了《典论·论文》的思想，更大的价值在于彻底树立了批评的独立意识，以自己的理论思辨才能自诩，为自己的批评才华而自豪，表现出一种成熟的、独立批评意识。《知音》中的"六观"说就是这种独立批评意识成熟的标志。

对批评家的自身素质，刘勰也有自己的思考。首先不能利用独特的"话语权"，凌驾于作者之上。目空一切，所谓"历诋群才""竞于诋诃"，即"好骂"，是批评家之大忌。《程器》篇云："韦诞所评，又历诋群才。"[①]史载韦诞之"历诋群才"见于《三国志·魏书·王粲传》注懑："仲将云：'仲宣伤于肥懑，休伯都无格检，元瑜病于体弱，孔璋空自粗疏，文蔚性颇忿鸷。'"[②] 这里，对一些著名作家一一诋诃，无一句好话。刘勰对这种号称批评却利用职业之便骂倒一切的做法十分不满，特标出以示忌戒。《文心雕龙·奏启》又称："是以世人为文，竞于诋诃，吹毛取瑕，次骨为戾，复以善骂，多失折衷。若能辟礼门以悬规，标义路以植矩，然后逾垣者折肱，捷径者灭趾，何必躁言丑句，诟病为切哉！"[③]这些话本指"奏"中的情况，但从中也可看出作为批评家的刘勰对有人利用这一职业便利而"历诋群才"的不满。刘勰提出，解决的方法是树立规矩与标准，而不必"躁言丑句，诟病为切"，这或许更适合于文学批评。魏晋南北朝时期，有的作家（如曹植）偏颇地认为，批评家应该比作家更有创作水平，否则免开尊口。而批评家则开始认识到，有创作才能的作家只有超脱自己的作家身份才能正确地进行批评，批评家们以自己的理论水平自诩，他们或者就是偏具批评才能的人。批评家日益清醒地认识到自己的批评家的独立身份，于是，他就

---

① 刘勰著，范文澜注：《文心雕龙注》，人民文学出版社1958年版，第718页。

② 陈寿：《三国志》，中华书局1959年版，第604页。

③ 刘勰著，范文澜注：《文心雕龙注》，人民文学出版社1958年版，第423页。

要求自己不是以一个读者身份鉴赏式地对待作品，而是要有理性，自觉地进入批评状态；同时，批评家认识到自己有着批评家独特的社会责任与职业责任。这确实表明了此期批评家的成熟。

成熟的另一标志是，与出言谨慎相对应，刘勰亦清醒地认识到文学批评的社会价值和学术权威。《书记》篇尝云："公幹笺记，丽而规益，子桓弗论，故世所共遗，若略名取实，则有美与为诗矣。"①这里是说，建安七子之一的刘桢长于写笺记，其文采华丽而又有益于劝诫，而由于曹丕未加评论、弘扬，所以没能引起世人的重视，但如果不考虑声名而看实际，那么刘桢的笺记实在比诗歌写得更好些。刘桢以诗名世，文章不显，钟嵘《诗品》将其列为上品，而上品之中，其位又在王粲之上，评价云："其源出于'古诗'。仗气爱奇，动多振绝。贞骨凌霜，高风跨俗。但气过其文，雕润恨少。然自陈思已下，桢称独步。"②刘桢在魏晋时代诗人中的地位仅次于曹植，远在曹丕之上，故时人称建安文学，以"曹、刘"为代表。文献中记载其著述情况，最早为《三国志·魏志》："著文赋数十篇。"③裴松之注引《典略》有刘桢《答魏太子曹丕借廓落带书》1首。萧统编纂《文选》，共收刘桢作品10首，全为诗，计公宴1首，赠答8首，杂诗1首，不见文的踪迹，盖此时刘桢诗文共存，但昭明自有选编标准，故只收诗，不录文。又考《隋书·经籍志·集部》："魏太子文学《刘桢集》四卷（录一卷）。"后未注明"亡"字，可知隋时仍存其集四卷，并目录一卷。而著录"魏太子文学《徐幹集》五卷"之下就注明"梁有录一卷，亡"。④后严可均编纂《全上古三代秦汉三国六朝文》，从《三国志·魏志》注、《文选》注、《艺文类聚》、《初学记》、《太平御览》等辑出刘桢10首佚文，其中赋6首，书3首，碑文1首。严可均在序里称："有《毛诗义问》十卷，集四卷。"⑤可知刘桢还有

中国古代著述思想研究

---

① 刘勰著，范文澜注：《文心雕龙注》，人民文学出版社1958年版，第457页。

② 钟嵘著，曹旭集注：《诗品集注》，上海古籍出版社2011年版，第133页。

③ 陈寿：《三国志》，中华书局1959年版，第601页。

④ 魏徵、令狐德棻：《隋书》，中华书局1973年版，第1058页。

⑤ 严可均辑：《全上古三代秦汉三国六朝文·全后汉文》，中华书局1958年版，第828页。

其他著作行于世，由于散佚，难窥全貌。刘勰《书记》篇里说："公幹笺记，丽而规益。"可见齐梁时尚能见到其文采斐然的书信札记，据推测应在《隋志》所言的"魏太子文学《刘桢集》四卷"之内。古籍图书的散佚原因很多，齐梁至于隋唐，中华典籍屡遭劫难，《隋书·牛弘传》中就总结了古今千余年的图书"五厄"，仅承圣三年（554年）一次，梁元帝就尽焚古今图书十四万卷，使隋初书籍"比梁之旧目，止有其半"①。其后，唐武德五年（622年）伪郑王世充平，唐军收其典籍图书，尽载之以船，"行经底柱，多被漂没，其所存者，十不一二。其《目录》亦为所渐濡，时有残缺"②。可见，《隋志》所录《刘桢集》四卷散佚失传的原因很多，而刘勰却认为，刘桢之文，没有流传下来的重要原因在于：作为文学批评家的曹丕没有很好地评论宣传——"子桓弗论，故世所共遗"，并认为其文足以和其诗相媲美。以刘勰的文学鉴赏能力，可知此言不虚；又以刘桢之诗在《诗品》列为上品来推测，其文的档次也不会太低。这里，虽然暗含着对曹丕的批评，但其传达出的思想却与曹丕惊人地一致，即文学批评的独立意识已经成熟，它不仅可以品评、指导文学创作，而且可以决定其能否流传。文学批评家对自己所从事的事业充满了自信，这显示出，在起码在刘勰眼里，文学评论工作有其独特的重要性，这足以为刘勰"自重其文"作一注脚。

"生年不满百，长怀千岁忧"，人作为有理智、会思考的高级生物，对彼岸永恒的追求是一种与生俱来的本能，生与死是任何一种文明都必然要面对的问题，也是任何一个受过文明熏陶的人都要思考的问题。对此，西方及其他文化用宗教意识来解决。无论基督教，伊斯兰教还是佛教，几乎都假设了一个极乐世界来安抚慰藉生命无常的痛苦和焦灼，在那里此岸的灵魂被保证将获得永恒的幸福。而中国文化系统中没有纯粹意义上的宗教，统治中国文化思想的始终是意识形态化的儒家伦理哲学，儒家解决灵魂不朽问题的办法是立德、立功、立言。曹丕从周围士人速老的无情事实及自身体验中感悟到著述的迫切，将其置于与生命

---

① 魏徵、令狐德棻：《隋书》，中华书局1973年版，第1299页。

② 魏徵、令狐德棻：《隋书》，中华书局1973年版，第908页。

同等的地位。著述不朽这一思想经过曹丕自己深切人生体验的咀嚼和理论阐发，讲得更为清楚透彻，其文化涵盖面及影响力自然也就更大，衣被后学，非一代也。

本章主要讨论曹丕"文章不朽"的著述思想。表面上看，曹丕此言论及立言不朽，似乎沿袭和承接《左传》"三不朽"说而来，但实际上曹丕此说并非对前人成说的简单摹写，而是打上了自身真切体验的印记和个人命运的色彩。《左传》提出的"立言不朽"，还只是一个抽象概念，而在曹丕笔下，我们却看到了其内在的丰满血肉和逻辑，在中国古代著述思想史上，"立言不朽"从而具有了生命的立体感。而欲全面理解曹丕"文章经国大业，不朽盛事"的著述思想，必须理解其创作的悲凉情调以及"速老"的文人社会心态，而悲凉情调又牵涉到中国古代物候审美的一些问题，如"楚辞悲秋"与"建安悲凉"的联系，如悲凉作为北方物候之花的特质，还有曹丕本人创作的悲凉情调等。而分析这些问题又要借用"文学地理学"的研究方法，以及气候—物候—生命意识—文学面貌的分析逻辑及链条，从而使得问题更具有学理性。

总之，悲凉、速老、不朽，构成全面理解曹丕著述思想的内在分析逻辑。要看到，曹丕之倡"盖文章，经国之大业，不朽之盛事"，有着建安士人特定的社会文化心理背景，即"速老"。速老，即无可挽回地迅速地衰老，它本是人生的一种必然和无奈，但在以三曹为统领的建安文人的特殊群体意识中，它有着更为特殊的意义。可以说，"速老"是理解曹丕著述思想不可或缺的精神底色，并由此将著述作为追求"不朽"的最终归宿。另外特别值得注意的是，曹丕所重之"立言"著述，不是流俗所尚的诗赋，而是深思熟虑、足以传世的学术著作和批评评论性著作。魏晋时代，文论大盛，曹丕《典论·论文》和刘勰《文心雕龙》作为此期文学批评的两大重镇，其间有一定的承继和影响关系。而厘清二者的承继关系，从曹丕对刘勰的影响看清曹丕的著述思想以议论、理论为重，则更可看清曹丕著述思想之所侧重倾斜。

第五章 刘勰"唯务折衷"著述思想与中观思维

本章从中观思维的视角出发探讨刘勰的著述思想。从语源学及概念缘起考察，"中观思维"是指中国古代哲学中一种"非二分法"的思维方式，其突出表现为"中和""中道""允执厥中""执两用中"，也就是所谓的"中庸之道"。本章同意中观思维与中庸思想具有极强的同构互释性，但不是在哲学思维和处世态度的意义上，而是在学术思想的方法意义上使用"中观思维"一词。并且，以刘勰的"唯务折衷"作为一个分析个案，说明中庸思想可以从哲学思维、处世态度转变到学术思维方式，进而力图揭示："唯务折衷"中所体现的中观思维倾向，具有很强的创新性，它善于在两个已知之间发现一个未知的思维中间地带，而这个中间地带，往往就是创新思维的起点。

第一节 中庸之道：处世态度与思想方法

欲考察刘勰"唯务折衷"与"中观思维"的联系，须先明了后者与前者相较的不同内涵。

从语源学和概念定义范畴的角度考察，"中观"或"中观思维"，有两个来源。

一是源自佛教。中观，大乘佛学的两大基本潮流之一，创立人为大乘佛教思想家龙树。龙树哲学的中心论题是"空"。空，在原始佛教中就有流露，但龙树赋予它中道的含义。所谓中道，即是介于有与非有的断定之间。龙树并未肯定存在与非存在这两个极端，而仅仅是承认因果关系又否认因或果本身会有自性。龙树提出"八不"命题，即"不生不灭（从实体看）、不常不断（从运动看）、不一不异（从空间看）、不来不去（从时间看）"，以此表述作为他以中道和空论为基础的缘起学说。中观派发挥了大乘初期《大般若经》中空的思想，认为世界上的一切事物以及人们的认识甚至包括佛法在内都是一种相对的、依存的关系（因缘、缘会），一种假借的概念或名相（假名），它们本身没有不变的实体或自性（无自性）。所谓"众因缘生法，我说即是空，亦为是假名，亦是中道义"，在他们看来，只有排除了各种因缘关系，破除了执着名相的边见，才能证悟最高的真理——空或中道。有学者认为，佛教的"中观"思想在中国有一定影响，其云："魏晋时期，对中观思想的讨论开始上升到较为抽象的水平，对体用、本末、有无等中观的基本观念作了理论探讨。魏晋南北朝以后，中国传统哲学，尤其是中国大乘佛学吸收了印度佛学中的中观思想，提出了中国自己的佛教中观思想理论，天台宗和禅宗可作为其代表。"[1]

二是源自哲学。"中观思维"一词，语出胡伟希先生。他曾指出："相对于西方哲学的'二分法'思维，中国哲学可以概括为中观思维，其基本含义是'执两用中'。中观思维贯穿中国哲学的始终……中国哲学的这种'非二分法'思维，本文用一个词来表达，称之为'中观'。它不仅说明中国哲学思维是非二分法的，还要指出中国哲学在何种意义上是非二分法思维的。换言之，'中观思维'一词才是中国哲学非二分法思维的具体形态。"[2]胡先生认为，"中观思维"具有普适性，中西均有，但只有在中国发展得比较成熟和完备，可视为中国

---

[1] 胡伟希：《中国哲学的中观思维》，《中国人民大学学报》2008年第3期。
[2] 胡伟希：《中国哲学的中观思维》，《中国人民大学学报》2008年第3期。

哲学的标志性特征，其云：

> 但唯有在像中国这样的东方民族中，中观思维发展为较为成熟的形态，并且构成哲学思考的根本方式。只有从中观思维出发，中国哲学的其他基本特征，如"天人合一"、"内圣外王"之道，才能得以更好地理解其内涵以及其所以然。此外，中观思维也是中国哲学与其他西方文化传统得以区别的根本特性之一。因此，破解中国哲学的中观思维的密码，了解其形成的机制，对于进一步深化中国哲学的研究，以及对于中西哲学的比较研究，都有其必要。[1]

本章之论"中观思维"，与上述二义均有不同。本章虽用"中观思维"一词，但不是在佛学或哲学意义上，而是在学术思想的方法论意义上，使用这一概念。笔者认为，所谓"中观思维"，是指一种善于融会贯通研究对象的两端、在两个已知的学术观点和学术视角的中间地带发现问题、形成自己的独特视角和学术切入点的思维方式。它有着自己的内在逻辑和规律，具有一定的稳定性。中观思维，与中庸思想有着千丝万缕的联系。

在儒家之前，中庸或中和的思想，已经散见于各种典籍之中，这从孔子的话中人也可以得到证明。据《论语·雍也》："子曰：'中庸之为德也，其至矣乎！民鲜久矣。'"[2]程子释"中庸"为："不偏之谓中，不易之谓庸。中者，天下之正道，庸者，天下之定理。"朱熹释为："中者，不偏不倚、无过不及之名。庸，平常也。"[3]遍考历代诸家诠释，一般而言，"中"指合宜、适度、合理、正确、恰如其分、不偏不倚、无过无不及；"庸"，多训为"常"、"用"、不易、不变。其可理解为一种具有稳定性的不偏不倚的处世态度和思想方法，它往往处于两个端点的中间，兼有二者的特性，但又绝不偏向某一极端。

① 胡伟希：《中国哲学的中观思维》，《中国人民大学学报》2008年第3期。
② 朱熹：《四书章句集注》，中华书局1983年版，第91页。
③ 朱熹：《四书章句集注》，中华书局1983年版，第17页。

它是一种基本原则，有着极广的适用范围。

它可以是一种道德准则。如《尚书·大禹谟》就有"人心惟危，道心惟微，惟精惟一，允执厥中"①，成为后来儒家所推崇的"十六字心传"，即孔子所说的"允执其中"。什么是"允执其中"呢？具体而言，《尚书·皋陶谟》中有"九德"之说，分别为"宽而栗、柔而立、愿而恭、乱而敬、扰而毅、直而温、简而廉、刚而塞、强而义"②。

它可以解释国家和政府的治国理政行为。如《诗经·商颂·长发》描写商汤的政治状态就说："不竞不絿，不刚不柔，敷政优优，百禄是遒。"③《韩诗外传》卷五："诗曰：'不竞不絿，不刚不柔。'言得中也。"④《尚书·洪范》也说："无偏无陂，遵王之义。无有作好，遵王之道。无有作恶，遵王之路。无偏无党，王道荡荡。无党无偏，王道平平。无反无侧，王道正直。"⑤它们把持中、不偏执、不走极端作为一种执政原则。

它还是一种艺术审美原则。如《尚书·舜典》记载舜授命典乐之官夔的话："夔，命汝典乐，教胄子，直而温，宽而栗，刚而无虐，简而无傲。诗言志，歌永言，声依永，律和声。八音克谐，无相夺伦，神人以和。"⑥吴公子季札至鲁国观周乐时，也对《诗经》中的《颂》诗有类似的评价："直而不倨，曲而不屈……迁而不淫，复而不厌，哀而不愁，乐而不荒，用而不匮，广而不宣，施而不费，取而不贪，处而不底，行而不流。五声和，八风平，节有度，守有序，

① 《十三经注疏》整理委员会整理，李学勤主编：《十三经注疏·尚书正义》，北京大学出版社1999年版，第93页。

② 《十三经注疏》整理委员会整理，李学勤主编：《十三经注疏·尚书正义》，北京大学出版社1999年版，第104页。

③ 高亨注：《诗经今注》，上海古籍出版社1980年版，第530页。

④ 韩婴著，许维遹校释：《韩诗外传集释》，中华书局1980年版，第200页。

⑤ 《十三经注疏》整理委员会整理，李学勤主编：《十三经注疏·尚书正义》，北京大学出版社1999年版，第311页。

⑥ 《十三经注疏》整理委员会整理，李学勤主编：《十三经注疏·尚书正义》，北京大学出版社1999年版，第79页。

中国古代著述思想研究

盛德之所同也。"①《孔子家语·辨乐》曾载："子路鼓琴，孔子闻之，谓冉有曰：'甚矣，由之不才也。夫先王之制音也，奏中声以为节，流入于南，不归于北。夫南者，生育之乡；北者，杀伐之城。故君子之音，温柔居中，以养生育之气。……小人之音则不然，亢丽微末，以象杀伐之气。'"②《论语·八佾》云："子曰：《关雎》，乐而不淫、哀而不伤。"淫，过分而至于失当。《论语集解》引孔安国注："乐不至淫，哀不至伤，言其和也。"③朱熹《四书集注》："淫者，乐之过而失其正者也。伤者，哀之过而害于和者也。"④后来，《毛诗序》将其发挥为："是以《关雎》乐得淑女以配君子，忧在进贤，不淫其色。哀窈窕，思贤才，而无伤善之心焉，是《关雎》之义也。"⑤其后，"乐而不淫、哀而不伤""好色而不淫""发乎情，止乎礼义"等，就成为后世评价艺术作品的一个基本的美学尺度。所谓"淮南作《传》，以为《国风》好色而不淫，《小雅》怨诽而不乱。若《离骚》者，可谓兼之"⑥。

它还可以解释人的性情、性格和日常行为。《中庸》首章即云："喜怒哀乐之未发，谓之中；发而皆中节，谓之和。中也者，天下之大本也；和也者，天下之达道也。致中和，天地位焉，万物育焉。"朱熹释为："喜、怒、哀、乐，情也。其未发，则性也，无所偏倚，故谓之中。发皆中节，情之正也，无所乖戾，故谓之和。"中庸或中和，是君子之道。《礼记·中庸》载："仲尼曰：'君子中庸，小人反中庸。君子之中庸也，君子而时中；小人之中庸也，小人而无忌惮也。'"⑦具体而言，《论语·述而》说孔子"威而不猛"，因为"猛"就到了性格的一个极端。又，"君子和而不同，小人同而不和"，"君子泰而不骄，小

① 《十三经注疏》整理委员会整理，李学勤主编：《十三经注疏·春秋左传正义》，北京大学出版社1999年版，第1103—1104页。

② 高志忠译注：《孔子家语译注》，商务印书馆2015年版，第228页。

③ 程树德：《论语集释》，中华书局1990年版，第199页。

④ 朱熹：《四书章句集注》，中华书局1983年版，第66页。

⑤ 《十三经注疏》整理委员会整理，李学勤主编：《十三经注疏·毛诗正义》，北京大学出版社1999年版，第21页。

⑥ 刘勰著，范文澜注：《文心雕龙注》，人民文学出版社1958年版，第45页。

⑦ 朱熹：《四书章句集注》，中华书局1983年版，第18、19页。

人骄而不泰"（《论语·子路》）。"君子周而不比，小人比而不周"（《论语·为政》）。"君子矜而不争，群而不党"（《论语·卫灵公》）。"君子惠而不费，劳而不怨，欲而不贪，泰而不骄，威而不猛"（《论语·尧曰》）。反之则是："恭而无礼则劳，慎而无礼则葸，勇而无礼则乱，直而无礼则绞。"（《论语·泰伯》）孔子曾把人格分为四等：中行之人、狂者、狷者、乡愿。孔子说："不得中行而与之，必也狂狷乎，狂者进取，狷者有所不为也。"（《论语·子路》）所谓"中行"就是符合中和之道的行为，就是合情合理的行为，也就是无过不及的行为。"狂者"勇于进取，但又往往急躁冒进，急于求成；"狷者"处事谨慎，爱惜羽毛，宁愿不为而不妄为。显然，"狂"与"狷"是两种对立的品性，"中行"就是不偏于狂，也不偏于狷。人的气质、作风、德行都不偏于任何一个方面，对立的双方应互相牵制，互相补充，这样，才符合于中和的思想。[①]

如前所述，本章是从学术思想的方法意义上来分析、论证"中观思维"的，那么，中国传统的中庸或中和思想，和本章所论"中观思维"究竟有无联系？如果有，又是一种什么样的联系？这种联系具体细节又是怎样的？哪位学者的思想曾体现出这种思维？这些，都是本章要思考和解决的问题。笔者认为，中庸或中和思想作为一种处世态度和基本思想方法，具有哲学意义上的普遍性，必然也会在学术思想或思维上留下痕迹。恰如有学者所指出的那样：

> 儒家的"中和"思想，经过历代儒者的努力弘扬，渗透到了中国古代政治、法律、哲学、艺术、伦理等各个方面，对中国文化、中国哲学影响很大，构造了中国文化、中国哲学的基本精神，成为中国人立身处世、待人接物的行为准则，使中和之道成了治国安民的根本哲学与根本法则。[②]

---

① 韩星：《孔学述论》，陕西师范大学出版社2008年版，第60—79页。

② 韩星：《孔学述论》，陕西师范大学出版社2008年版，第65页。

同理，它也会潜移默化地渗透、体现在学术思维和治学方法上。例如"质胜文则野，文胜质则史；文质彬彬，然后君子"（《论语·雍也》），本为论人之语，是所谓"君子人格"的组成部分，也可以移用来作为一种艺术审美标准，强调文质兼备之美。又如《礼记·经解》："孔子曰：入其国，其教可知也。其为人也温柔敦厚，《诗》教也。……其为人也温柔敦厚而不愚，则深于《诗》者也。"孔颖达《礼记正义》释曰："温，谓颜色温润；柔，谓情性和柔。《诗》依违讽谏不指切事情，故云'温柔敦厚'，是《诗》教也。"① 很明显，在此，"温柔敦厚"既指一种人的伦理规范和行为准则，又可移用于艺术审美领域，作为一种艺术原则，故云"诗教"。清人况周颐《蕙风词话》就据此曾提出"柔厚"说，强调词在艺术表现上要蕴藉含蓄，微宛委曲；内容上要深郁厚笃，既不叫嚣乖张，又不浅显直露。即使有怨刺和批判，也要"止乎礼义"和"主文而谲谏"，只允许"怨而不怒"地委婉劝说，不能直接地、尖锐地揭露批判。叶嘉莹先生在谈到词之异于诗的特质时曾说："我们可以对词之特美归纳出一个触及本质的美感之共性，假如可容许我为之杜撰一个名词来加以指称的话，或可称之为一种'弱德之美'。这种美感所具含的乃是在强大之外势压力下，所表现的不得不采取约束和收敛的属于隐曲之姿态的一种美。如此我们再反思前代词人之作，就会发现凡被词评家们所称述为'低徊要眇''沉郁顿挫''幽约怨悱'的好词，其美感之品质原来都是属于一种'弱德之美'。"② 而这样命名的一个理由就是源于儒家之德 ——"词体的弱德之美，是指感情上那种承受，而在承受的压抑之中的自己的坚持。所以虽然是弱，但是是一种德。弱德之美，而弱德是我们儒家的传统，行有不得反求诸己，躬自厚而薄责于人，是我在承受压抑之中坚持我的理想、我的持守，坚持而不改变。这是从情理来说，之所以造成如此的美感，和词体产生的性别文化的语境有关。从体式来说，词体的那种抑扬顿挫，那

第五章 刘勰"唯务折衷"著述思想与中观思维

---

① 《十三经注疏》整理委员会整理，李学勤主编：《十三经注疏·礼记正义》，北京大学出版社1999年版，第1368页。

② 叶嘉莹：《从文学体式与性别文化谈词体的弱德之美》，《人文杂志》2007年第5期。

种吞吐低回，就是适合表现这种美感的。"①

由此可见，"中庸"或"中和"的原则，在"为人"和"为文"上有着极强的互通、同构及互动性。于是，中庸思想就可以合乎逻辑地转化为艺术准则、思维方式或学术思想，也就可以转化构成本章所讨论的思想方法意义上的"中观思维"。

第二节　亦南亦北：刘勰的社会角色之一

如上所述，中庸之道的一些思想原则，兼有人伦行为准则和艺术审美评价的双重内涵，因而天然地具有学术思维的特征，即中观思维。但中庸思想与中观思维不是完全对等、重合的关系，从中庸思想的普遍哲学原则到中观思维的具体学术方法，有一个思维加工及模式转换的中间环节。这方面的例子很多，其中之一，就是刘勰"唯务折衷"的思想方法。

唯务折衷，是贯穿《文心雕龙》通篇的一种原则。近年来，不断有学者提出从"唯务折衷"的角度重新认识《文心雕龙》。现实社会，是观念形态的土壤。"唯务折衷"，作为一种思想观念，其形成与刘勰所处的社会地位有着密切联系。因此，探讨"唯务折衷"问题，不仅要寻绎概念、范畴之间的联系，也要注意社会地位、社会距离等因素的影响。刘勰与当时领袖文坛之"时流"存在一定距离，处于一种若即若离的边缘性角色的微妙状态。即者，入乎其内也；离者，出乎其外也。不即不离者，既入乎其内，又出乎其外者也。入乎其内，故能写之；出乎其外，故能观之。如能对这种边缘性状态把握准确，分析透彻，无疑就找到了剖解"唯务折衷"思想形成的另一把钥匙。

刘勰与齐梁文坛主流究竟合拍还是异趣，他倾向于新变派还是复古派，学界仍有异议，今后还会争论下去。笔者以为，争论双方都能拿出能够自圆其说的确凿证据，说明《文心雕龙》本身就包含着"以子之矛，攻子之盾"的丰富原

---

① 叶嘉莹：《从文学体式与性别文化谈词体的弱德之美》，《人文杂志》2007年第5期。

质，具有极大的理论弹性，所以，导致"东向而望，不见西墙"式的剖解，毫不奇怪。攻其一点，是一种方法；窥其全貌，也不失为一种角度。《文心雕龙·序志》篇云："夫铨序一文为易，弥纶群言为难……同之与异，不屑古今，擘肌分理，唯务折衷。"[1]唯务折衷，即调和对立双方，取其中正，持论周洽，无所偏颇。这可视为刘勰分析问题的一种原则性方法，《文心雕龙》几乎通篇都留下了这种思维痕迹。

不断有学者从"唯务折衷"的角度重新认识《文心雕龙》。这些意见，笔者基本同意。这样，确实能使一些争执不休的问题得到圆满解释。例如刘勰思想属于儒家、道家还是佛家？他与文坛主流合拍还是异趣？他倾向于新变派还是复古派？他对"文贵形似"的时流风尚是赞同还是反对？等等。从资料分类还原梳理的层次看，这一问题似乎已解决。但是，深入探讨刘勰这一思想的成因，还有许多工作要做。笔者注意到，已有学者试图从齐梁时代文化崇尚多元入手，剖析"唯务折衷"思想形成的原因。确实，齐梁之际宽松的文化氛围是孕育多元思想的温床，但在时代氛围面前人人平等，多元的文化精神同样可以影响其他人，况且多元的时代也可产生较为偏激的见解，如裴子野的《雕虫论》。由此入手，只能解释问题的普遍性，却未能解释为何偏偏是刘勰产生了"唯务折衷"思想这一特殊性。具体情况还需具体分析。

笔者欲略人所详，而详人所略，拟从刘勰与时流的距离关系探讨"唯务折衷"思想的成因。时流者，一代之时尚名流也。《宋书·蔡廓传》："廓年位并轻，而为时流所推重。"[2]本书认为，刘勰与当时领袖文坛之"时流"存在一定距离，处于一种若即若离的边缘性微妙状态。实际上，《梁书·刘勰传》已透露出了这种消息。即者，入其环内也，其云："昭明太子好文学，深爱接之。"离者，出其圈外也，其云："(《文心雕龙》——引者注）既成，未为时流所称。"[3]结合二者，就是亦南亦北，不即不离。不即不离者，既入乎其内，又出

---

① 刘勰著，范文澜注：《文心雕龙注》，人民文学出版社1958年版，第727页。

② 沈约：《宋书》，中华书局1974年版，第1573页。

③ 姚思廉：《梁书》，中华书局1973年版，第710、712页。

乎其外者也。如对刘勰这种边缘性社会角色状态把握准确，分析透彻，就找到了解释"唯务折衷"思想形成的另一把钥匙。亦南亦北，是刘勰的边缘性社会角色之一。

刘勰与时流产生距离的原因之一，是他骨子和血脉里遗存的浓厚北人意识。

齐梁之际，南风劲吹。不仅政坛南人秉政，文坛也是南人的一统天下。作为南渡北人的后裔，刘勰有借助北方思想文化矫正时弊的意图。《文心雕龙·序志》中，他对前人文论最不满的就是"并未能振叶以寻根，观澜而索源。不述先哲之诰，无益后生之虑"①。而他用来"寻根""索源"的武器恰恰是北方儒家的思想意识。值得注意的是，这里的"寻根""索源""述诰"云云，并非书面上简单的引经据典，而是有深层的文化心理内涵。

从家世渊源看，刘勰的"根"和"源"都在北方。刘勰为南渡北人之后，其祖籍莒（今山东莒县），属齐鲁旧邦。莒，周时为莒国，春秋属齐。后又入楚，楚灭鲁后，迁鲁君于此。《论语·子路》所云"子路为莒父宰"，即此。《宋书·州郡志》记载，南东莞太守治下有三个县：东莞，莒，姑幕。"户一千四百二十四，口九千八百五十四。"②西晋末年之北人南渡，往往有举族迁徙、聚居的特点，易地而不移俗。《宋书·州郡志》载："南琅邪太守，晋乱，琅邪国人随元帝过江千余户，太兴三年，立怀德县。"③南东莞一郡领户不过千余，而琅邪郡④一次性过江就有千余户，几与之相埒。可见其整族迁徙之人多势众。东莞郡的迁徙也有千户规模。事见《晋书·徐邈传》："徐邈，东莞姑幕人也。祖澄之为州治中，属永嘉之乱，遂与乡人臧琨等率子弟并闾里士庶千余家，南渡江，家于京口。"⑤同属一郡，姑幕乱则莒必无宁日。以姑幕移民的数量推之，刘勰祖上一族由莒南迁的规模也不会太小。勰祖灵真，据《梁书》本传，灵

① 刘勰著，范文澜注：《文心雕龙注》，人民文学出版社1958年版，第726页。
② 沈约：《宋书》，中华书局1974年版，第1041—1042页。
③ 沈约：《宋书》，中华书局1974年版，第1039页。
④ 今山东省东南部地区。
⑤ 房玄龄等：《晋书》，中华书局1974年版，第2356页。

真为宋司空刘秀之的弟弟，而秀之则为刘宋开国元勋刘穆之的从兄子，《宋书》刘穆之本传云其"东莞莒人""世居京口"①。这种北人整族整郡南迁的直接结果就是易地而不改名，不移俗，身居南土，不忘北音，保留了许多北方的社会习俗，并把北方思想文化直接带到南方。正如《通典·州郡》所云："永嘉之后，帝室东迁，衣冠避难，多所萃止，艺文儒术，斯之为盛。"②处于这种特殊的南迁文化氛围中，刘勰祖上也不会例外。杨明照曾分析说："南朝之际，莒人多才，而刘氏犹众，其本支与舍人同者，都二十余人；虽臧氏之盛，亦莫之与京。是舍人家世渊源有自，于其德业，不无启厉之助。"③这不无道理。

这种聚族迁徙、群居的移民特征，不仅保留了北方风俗，而且遗传了北方的思想意识。中华文明，崛起北土；齐鲁旧邦，斯文尤盛。作为有着齐鲁文化背景的南迁北人后裔，其血脉和骨子里北方文化的正宗意识和自负感是非常浓厚的。如颜之推祖籍山东琅邪，永嘉南迁至之推这一代已历四代，可他《观我生赋》还念念不忘自己祖籍是北方："吾王所以东运，我祖于是南翔。去琅邪之迁越，宅金陵之旧章，作羽仪于新邑，树杞梓于水乡。"④同时，在刘勰的《文心雕龙·序志》篇中，我们也看到了这种痕迹："予生七龄，乃梦彩云若锦，则攀而采之。齿在逾立，则尝夜梦执丹漆之礼器，随仲尼而南行。"⑤一曰"南翔"，一曰"南行"，传播齐鲁文化的荣幸和自负之意溢于言表，可见其潜意识中根深蒂固的北土观念。正如汪春泓所说，假如刘勰的籍贯潜意识是世居之京口，淡忘了北方祖居之地，那就应称"迎"仲尼而南"来"，而不应称"随"仲尼而南"行"，这一"随"一"行"，明显透露出刘勰身为孔子乡人的骄傲。《文心雕龙·序志》又说："旦而寤，乃怡然而喜，大哉圣人之难见哉，乃小子之垂梦

---

①　沈约：《宋书》，中华书局1974年版，第2073页。

②　杜佑：《通典》，中华书局1988年版，第4850页。

③　杨明照：《文心雕龙校注拾遗》，上海古籍出版社1982年版，第388页。

④　李百药：《北齐书》，中华书局1972年版，第618—619页。

⑤　刘勰著，范文澜注：《文心雕龙注》，人民文学出版社1958年版，第725页。

欤！自生人以来，未有如夫子者也。"①梦里梦外，以与至圣孔子同乡为荣的口吻溢于言表。此外，在《原道》《征圣》《宗经》《正纬》诸篇中，刘勰一再盛赞孔子对中华文化的卓越贡献。《文心雕龙·原道》云："至夫子继圣，独秀前哲，熔钧六经，必金声而玉振；雕琢情性，组织辞令，木铎起而千里应，席珍流而万世响，写天地之辉光，晓生民之耳目矣。"②《文心雕龙·宗经》云："譬万钧之洪钟，无铮铮之细响矣。"③此不赘言。

作为圣人同乡和齐鲁移民后代，在心态感觉上，刘勰对南方主流社会不无俯视之态，内心深处始终有一种文化心理上的距离感和优越感。当他处于想进入又难以进入这种主流文化圈的边缘状态之时，这种距离感就尤为强烈，对圈内风气看得就更清楚，言辞也趋于激烈——"而去圣久远，文体解散，辞人爱奇，言贵浮诡，饰羽尚画，文绣鞶帨，离本弥甚，将遂讹滥。"④这种距离感使他本能地从北方圣贤的著述中去寻找思想武器，其见解超出圈内人士，超出南方时流，乃有一种逻辑上的必然——"盖《周书》论辞，贵乎体要；尼父陈训，恶乎异端；辞训之异，宜体于要。于是搦笔和墨，乃始论文。"⑤文化传承意义上的优越感溢于言表。可以这样说，当他以齐鲁文化后继者自任，有意识地借助北方儒家经典矫正时弊之日，就是他无意识地超越了自己所处的南方主流文化氛围之时。他在《文心雕龙·序志》中明确提出："唯文章之用，实经典枝条；五礼资之以成，六典因之致用，君臣所以炳焕，军国所以昭明，详其本源，莫非经典。"⑥

这种思想，与齐梁之际儒学衰微和文坛求新变、贵形似的整体风气是大异其趣的。《文心雕龙》成于齐末，这是学界较通行的认识，也有学者认为其书成于梁初。与日渐繁荣的文坛相比，此期儒术的情况很不妙。据《梁书·儒林传》，

① 刘勰著，范文澜注：《文心雕龙注》，人民文学出版社1958年版，第725—726页。

② 刘勰著，范文澜注：《文心雕龙注》，人民文学出版社1958年版，第2页。

③ 刘勰著，范文澜注：《文心雕龙注》，人民文学出版社1958年版，第21页。

④ 刘勰著，范文澜注：《文心雕龙注》，人民文学出版社1958年版，第726页。

⑤ 刘勰著，范文澜注：《文心雕龙注》，人民文学出版社1958年版，第726页。

⑥ 刘勰著，范文澜注：《文心雕龙注》，人民文学出版社1958年版，第726页。

魏正始时代以后，南方儒学，式微已甚——"自是中原横溃，衣冠殄尽，江左草创，日不暇给，以迄于宋、齐，国学时或开置，而劝课未博，建之不及十年，盖取文具，废之多历世祀，其弃也忽诸。乡里莫或开馆，公卿罕通经术，朝廷大儒，独学而弗肯养众，后生孤陋，拥经而无所讲习，三德六艺，其废久矣。"[①]刘勰之欲用北方儒家思想规范文体，提倡《原道》《征圣》《宗经》，其社会背景正是这种局面。这对以齐鲁文化传人自居的刘勰来说，更有一种文化优越感和责任感。何况他著书立说，本来就有弘扬圣贤经典之意，所谓"敷赞圣旨，莫若著经"是也。只是因为"马郑诸儒，弘之已精，就有深解，未足立家……于是搦笔和墨，乃始论文"[②]。可见，在他心目中，论文著述与著经有着同等地位。

刘勰生活在南北分裂之时，主要活动在以建康（今南京）为中心的江南地区，这些都明显限制了他对北朝或北方文学本质特征的观察与认识。但文学是一种通过书写符号传播、可以超越时间和空间限制的艺术形式。刘勰一生虽缺乏在北方生活的亲身体验，但并不缺乏间接了解、认识北方文学审美特质的精神渠道，这种渠道就是建安文学或"建安风骨"。

刘勰在《文心雕龙》中多次提到建安风骨，字里行间充溢着欣赏、赞美之意。如《文心雕龙·时序》篇："魏武以相王之尊，雅爱诗章；文帝以副君之重，妙善辞赋；陈思以公子之豪，下笔琳琅；并体貌英逸，故俊才云蒸。……傲雅觞豆之前，雍容衽席之上，洒笔以成酣歌，和墨以藉谈笑，观其时文，雅好慷慨，良由世积乱离，风衰俗怨，并志深而笔长，故梗概而多气也。"[③]其中不仅描绘出其文学活动的生动图画，而且指出其"雅好慷慨""梗概多气"这一精神上的本质特征。又《文心雕龙·明诗》篇："暨建安之初，五言腾踊。文帝陈思，纵辔以骋节；王徐应刘，望路而争驱；并怜风月，狎池苑，述恩容，叙酣宴，慷慨以任气，磊落以使才；造怀指事，不求纤密之巧；驱辞取貌，唯取昭晰

---

① 姚思廉：《梁书》，中华书局1973年版，第661页。

② 刘勰著，范文澜注：《文心雕龙注》，人民文学出版社1958年版，第726页。

③ 刘勰著，范文澜注：《文心雕龙注》，人民文学出版社1958年版，第673—674页。

之能。"①《文心雕龙·风骨》篇中，还从尚"气"这一理论高度总结了建安文人的整体美学追求，其云："故魏文称'文以气为主，气之清浊有体，不可力强而致'；故其论孔融，则云'体气高妙'；论徐幹，则云'时有齐气'；论刘桢，则云'有逸气'。公幹亦云，'孔氏卓卓，信含逸气，笔墨之性，殆不可胜'，并重气之旨也。"②可见他对建安文学的高度重视和积极评价，而他心仪和嘉许曹丕之意也溢于言表。这一点已在前面分析曹丕对刘勰的影响中有所论述，此不赘言。

无论从哪方面来看，建安文学都带有明显的北方文化审美特征。刘勰抓住了建安文学"多气""任气""重气"的特点，等于抓住了北朝或北方文学的核心审美特征。从多种角度观察，建安风骨具有鲜明的北方艺术审美属性，是北方精神孕育出的一朵文学之花。简略言之，其北方属性主要有以下几点：一为地域性文学集团，主要活动在中原一带，这决定了其慷慨悲凉带有鲜明的北方地域性特征；二为文武兼备型文学集团，尚武为其精神内核，不仅曹操一生戎马，曹丕亦"长于戎旅之间……逐禽辄十里，驰射常百步"，曹植也是"生乎军，长乎乱"，其《白马篇》中骁勇的幽并游侠儿就是他内心精神的写照，这与单一崇文的南方文学集团很不一样，很符合刘勰"文武之术，左右惟宜"的观点；三为征服意识、一统愿望强烈的军事集团，北方古为华夏政权中心所在，所谓"尧之都，舜之壤，禹之封"，北胜南是中国历史军政格局演变的规律之一，从地利上看，曹魏集团已处于征服者的地位，这就决定其诗多有忧患意识和刚猛之气。钟惺论曹氏父子，称其"高古之骨，苍凉之气"；谭元春评曹操云"此老诗歌中有霸气"③；《世说新语·豪爽》记："王处仲每酒后，辄咏'老骥伏枥，志在千里。……'以如意打唾壶，壶口尽缺。"④以上均就其刚健力度而言。

从三曹七子的籍贯、活动范围和其作品反映的内容三方面来看，建安文学具

---

① 刘勰著，范文澜注：《文心雕龙注》，人民文学出版社1958年版，第66—67页。

② 刘勰著，范文澜注：《文心雕龙注》，人民文学出版社1958年版，第513—514页。

③ 皆见钟惺、谭元春选定：《古诗归》卷七，明万历四十五年刻本。

④ 徐震堮：《世说新语校笺》，中华书局1984年版，第326页。

有浓烈的北方地域色彩，有一种"铁马秋风冀北"式的阳刚博大之美，是地道的北方文化产物。从籍贯看，三曹和七子都是北方人，血脉和骨子里就有北人的刚性血气；从身份看，他们是统一中原的君臣，以北方为基地，怀有进而扫荡天下的雄心霸气；从活动范围看，其洒笔酣歌、耳濡目染的环境都被南北分裂的条件限制在北方；从其接触的景物看，视野开阔、线条劲直的北方山川，不仅体积巨大，气魄雄伟，而且人文历史积蓄深厚，古代圣贤、帝王的精神灌注其中，易于寄托感悟人生、建功立业的博大情思；从其吟咏的对象看，由于建安文人所处动荡、战乱的社会环境的特殊性，局势变化不定，人的寿命变短，于是生命意识特别敏感、强烈，形成其独有的一种忧患意识和悲凉风格。这与处在温暖环境中、重感官享乐的南朝文化精神是大异其趣的。慷慨悲凉的人生感悟，建功立业的浓烈情思，哀怜民生多艰的人世咏叹，构成"建安风骨"重刚健、尚骨力的审美特征。

刘勰骨子和血脉里遗存着浓厚的北人意识，他对借助北方思想文化来规范文体和文坛风气，本来就有一种本能的自觉。

第三节　士庶之间：刘勰的社会角色之二

刘勰与时流产生距离的原因之二，是士庶之别。这种距离和区别不仅是社会地位上的，更是文化心理上的。关于刘勰究竟属于士族还是庶族，王元化的《刘勰的身世与士庶区别问题》一文对此辨析甚详，我倾向于刘勰是庶族出身这种判断。但感觉辨明刘勰士庶属性这一成果的学术价值尚未被充分利用，仍有思考延伸的空间。笔者认为，辨明刘勰士庶属性的最大价值在于：据此又找到了判定刘勰与时流保持不即不离之距离的另一把钥匙。

南朝齐梁，文在皇室宫廷，故社会主流和文坛主流、政治主体与文学主体具有同构共趋性，刘勰与社会时流的距离是由其庶族地位决定的。据《梁书》本传："家贫不婚娶，依沙门僧佑，与之居处。"①关于刘勰依僧佑的原因，有王

① 姚思廉：《梁书》，中华书局1973年版，第710页。

元化的逃避租役说，及张少康的结交名流说。逃避租役是由于出身微贱，结交名流是寻找登仕捷径，从不同角度证实了刘勰的庶族地位，也正微妙地说明了他与主流若即若离的社会地位因素。入寺清贫著书，而不是出没于官场文坛，这本身就是一种距离。《文心雕龙》约在此期成书，就是这种距离的产物。据《梁书》本传，书成后，无人赏识，而刘勰本人却是"自重其文"，可见时流所轻和他自己所重是矛盾的，其间有一段不可逾越的距离。

应该看到，形成这种距离，并非刘勰的主观愿望，而是"士庶天隔"的社会产物。刘勰想通过主观努力改变命运，但时代对他的接纳十分苛刻，尤其在《文心雕龙》构思、酝酿及写作的齐末梁初，他尚为贫寒庶族，与主流社会如隔天壤。距离既是一种拒绝，也是一种旁观者清的有利位置。处于社会底层，对锐意求仕进并且自视、自期均极高的刘勰来说，是难以接受的，其心态中常有压抑、愤懑、不满的阴影，对士庶天隔这一社会不平等现象提出了尖锐的批评。这在《文心雕龙》中时有表露。如《文心雕龙·史传》的尖锐批评："勋荣之家，虽庸夫而尽饰；迍败之士，虽令德而常嗤，理欲吹霜煦露，寒暑笔端，此又同时之枉，可为叹息者也！"[①]《文心雕龙·程器》中慨叹"将相以位隆特达，文士以职卑多诮，此江河所以腾涌，涓流所以寸折者也"[②]。又如《文心雕龙·知音》篇："知音其难哉！音实难知，知实难逢，逢其知音，千载其一乎！夫古来知音，多贱同而思古，所谓'日进前而不御，遥闻声而相思'也。"[③]结合《文心雕龙》终齐梁之世"未为时流所称"的史实，可以见出其中个人怀才不遇的愤激之情。出于庶族立场，刘勰对世家大族多有批评，集中表现在《程器》篇中。由于旁观者清，所言寄慨遥深，多愤世嫉俗之语。尤其可贵的是，在南朝狂热尚文的氛围中，刘勰能够指出："安有丈夫学文，而不达于政事哉。彼扬马之徒，有文无质，所以终乎下位也。"[④]

---

① 刘勰著，范文澜注：《文心雕龙注》，人民文学出版社1958年版，第287页。

② 刘勰著，范文澜注：《文心雕龙注》，人民文学出版社1958年版，第719页。

③ 刘勰著，范文澜注：《文心雕龙注》，人民文学出版社1958年版，第713页。

④ 刘勰著，范文澜注：《文心雕龙注》，人民文学出版社1958年版，第720页。

齐梁之世，举世崇文，所谓"二汉求贤，率先经术；近世取人，多由文史"①。刘勰此说，略显突兀。但考之史实，可知其有极强的针对性。刘跃进先生在考察了东南豪族尤其是吴兴沈氏在东晋南朝的兴衰遭际后，得出结论说："以吴兴沈氏在政治上的衰微及沈约在文化上的振起为显著标志，东南最有影响的豪族都已纷纷弃武从文，先后从武力强宗转向文化士族。""宋齐以来，同东南豪族一样，绝大多数侨姓士族也相继弃武从文，逐渐走上文化士族的道路。至齐梁之际，这种转变已经大体完成。"②《梁书·到洽传》载任昉对梁武帝语："臣常窃议，宋得其武，梁得其文。"③这极简洁地道出这一士风的嬗变。这种崇文时尚导致的弊端就是士人"迂诞浮华，不涉世务"，世中文学之士"品藻古今，若指诸掌，及有试用，多无所堪"，终日"褒衣博带，大冠高履，出则车舆，入则扶侍，郊郭之内，无乘马者"，其风俗柔脆至于此。及侯景乱起，这些"肤脆骨柔，不堪行步，体羸气弱，不耐寒暑"的虚弱文士，多不堪一击，"坐死仓猝者，往往而然"。④正是在这种背景下，刘勰提倡文武并重："文武之术，左右惟宜，却縠敦书，故举为元帅，岂以好文而不练武哉！孙武《兵经》，辞如珠玉，岂以习武而不晓文也！"⑤此种崇文弊端，害国误政不浅。以朱异为例，此人以文起家，"遍治《五经》，尤明《礼》《易》，涉猎文史，兼通杂艺，博弈书算，皆其所长"。"高祖召见，使说《孝经》、《周易》义，甚悦之，谓左右曰：'朱异实异。'"大同六年，"异启于仪贤堂奉述高祖《老子义》，敕许之。及就讲，朝士及道俗听者千余人，为一时之盛"。颇得宠任，所谓"四官皆珥貂……四职并趋卤簿，近代未之有也"。⑥而在是否收纳侯景这一关乎国家命运的问题上，朱异善窥人主之意，阿谀以承上旨，以致酿成梁末大

第五章　刘勰「唯务折衷」著述思想与中观思维

---

① 姚思廉：《梁书》，中华书局1973年版，第258页。

② 刘跃进：《门阀士族与永明文学》，生活·读书·新知三联书店1996年版，第62、64—65页。

③ 姚思廉：《梁书》，中华书局1973年版，第404页。

④ 王利器：《颜氏家训集解》，中华书局1993年版，第384、390页。

⑤ 刘勰著，范文澜注：《文心雕龙注》，人民出版社1958年版，第720页。

⑥ 姚思廉：《梁书》，中华书局1973年版，第537—540页。

乱。此为单纯崇文之恶果，亦可见刘勰不幸而言中，他对举世崇文、士人不堪器用的担忧含有一种"后之视今"的远见。

当然，《文心雕龙》是一部论文著作，但从贫寒庶族的立场和心态出发，刘勰可以把对社会的批判精神融注到文学批评之中。如他强调风骨，明显是针对文风靡弱；而文风之靡弱，又与士大夫重文轻武、其中多"肤脆骨柔"之辈有关。《文心雕龙》对柔靡文风批评的最原始动力，无疑来自他郁郁不得志的庶族地位，对此，《序志》篇已言之甚详。刘永济分析说："盖自魏文时创为九品中正之法，日久弊生……宋齐以来，循之未改……是六代甄拔人才，终不出此制，于是士流咸重门第，而寒族无进身之阶，此舍人所以兴叹也。于后义可见尔时显贵，但以辞赋为勋绩，致国事废弛。盖道文既离，浮华无实，乃舍人之所深忧，亦《文心》之所由作也。"①可谓切中肯綮。世风之重文轻武和文风之弃质崇文，本来就具有同根共生的性质；被社会主流拒绝，与被文坛主流排斥，也明显有一种内在联系。

欲接近主流社会而被排斥，自重其文而难遇知音，就决定了刘勰对南风劲吹的文坛有一种清醒冷峻的批判态度。齐梁之际，以沈约为代表的南方派统领文坛，追求新变，构成"近代"文坛主流。《文心雕龙·程器》云"近代词人，务华弃实"②，《文心雕龙·物色》云"自近代以来，文贵形似，窥情风景之上，钻貌草木之中"③，《文心雕龙·明诗》云"俪采百字之偶，争价一句之奇，情必极貌以写物，辞必穷力而追新，此近世之所竞也"④，《文心雕龙·定势》云"自近代辞人，率好诡巧，原其为体，讹势所变，厌黩旧式，故穿凿取新"⑤，《文心雕龙·通变》云"今才颖之士，刻意学文，多略汉篇，师范宋集，虽古

① 刘勰著，刘永济校释：《文心雕龙校释》，中华书局1962年版，第189页。
② 刘勰著，范文澜注：《文心雕龙注》，人民文学出版社1958年版，第718页。
③ 刘勰著，范文澜注：《文心雕龙注》，人民文学出版社1958年版，第694页。
④ 刘勰著，范文澜注：《文心雕龙注》，人民文学出版社1958年版，第67页。
⑤ 刘勰著，范文澜注：《文心雕龙注》，人民文学出版社1958年版，第531页。

今备阅，然近附而远疏矣"①。在这种对"近代"极高的批评频率中，可见刘勰对文坛上南风劲吹的态度。这里"近代""近世"云云，即指由北趋南、至齐梁达到极盛的文风演变，这种南北风气易位的变化实滥觞于魏晋。刘师培认为，建安七子还"悲哀刚劲，洵乎北土之音"，但到魏晋之际，"文体变迁，而北方之士，侈效南文……嵇、阮诗歌，飘忽峻侠，言无端涯，其旨开于庄周，及其弊也，则宅心虚阔，失所旨归。左思歌赋广博沉雄，慨慷卓越，其旨开于苏、张，及其弊也，则浮嚣粗犷，味厥修辞。北方文体至此始涓……诗歌亦然，故力柔于建安，句工于正始。此亦文体由北趋南之渐也"②。此期文学，颇染浓厚的南国地域色彩，讲究形式美的文风弥漫朝野内外。理论的研讨，也都围绕着文学特质、形式技巧进行，如文笔之辨，模山范水之作，声律音韵的探索，格律诗雏形的出现，用典使事的讲求，骈体文的成熟，宫体诗的流行等。其主流趋势一言以蔽之曰：文贵形似，气尚阴柔。其文学思想如影随形，同样重文轻质，求新思变，所谓"若无新变，不能代雄"。萧纲《与湘东王书》，萧绎《金楼子·立言》，萧子显《南齐书·文学传叙》，都十分注重"文"的特质。萧统编纂《文选》，更是迂回委婉地把经、史、子、传排除在外，向辞采情思倾斜："若其赞论之综辑辞采，序述之错比文华，事出于沉思，义归于翰藻。"他把佳诗美文比作愉悦视听感官的音乐锦绣——"譬陶匏异器，并为入耳之娱；黼黻不同，俱为悦目之玩。"③这就是环绕着刘勰的时流风尚，刘勰对"近代""近世"的频繁批评，多指此而言。

士庶天隔，郁郁不得志，是刘勰指摘社会弊端的动力，也是批评文坛病态的角度。与时流所保持的距离使他能站在主流圈外，清醒地观察，冷静地思考，看到表面热闹喧嚣背后的种种病态。这种视角，主流圈内的人是不会具备的。加之以上所举萧纲至萧统、沈约等"贵盛"者，都是倡导一时风气的人物，他们独步文坛，领袖群伦，常醉心于自己所倡导的时尚之中，口吻中多有欣赏、自负、得意之态。萧

---

① 刘勰著，范文澜注：《文心雕龙注》，人民文学出版社1958年版，第520页。

② 刘师培：《中国中古文学史讲义》，凤凰出版社2011年版，第260—261页。

③ 萧统编：《文选》，上海古籍出版社1986年版，序言第2、3页。

纲就说："文章未坠，必有英绝，领袖之者，非弟而谁。"①沈约也认为"音律调韵"乃为诗之关键，很自负地说："自《骚》人以来，多历年代，虽文体稍精，而此秘未睹。"②他把声律视为一己独得之秘。有这种孤芳自赏心态，不可能意识到自己所热衷倡导、参与的文学运动中的弊端。因为无论时代或社会，都没有赋予他们这种冷眼旁观的位置和视角。刘勰被主流社会排斥，始终"未为时流所称"，从他个人发展、命运角度看，是不幸；但从他因此得以冷眼旁观文学主流圈内弊病的角度看，又是大幸之事。身在圈外，才能看到圈内的弊端；知道什么是弊端，才会萌生矫正、超越的意识。犹如人不能拔着自己的头发离开地球一样，贵形似、尚阴柔的南方文坛本身显然也不会提供这种自我批评与更新的武器。于是，借助北方的气质风骨以纠其偏、矫其弊，乃有一种文学理论逻辑上的必然。

从思想意识角度，刘勰借用纠偏的武器是儒家伦理政教；而从文质角度，刘勰矫弊的武器则是建安风骨。《文心雕龙》的《时序》《明诗》《风骨》中多次提到建安文学"雅好慷慨""梗概多气"的特征，尤其是《风骨》篇强调了曹丕的"文以气为主"，并一一分列孔融、徐幹、刘桢"气"之不同，总结建安文学特点为"重气"。值得注意的是，《风骨》篇中，有时"风""骨"对举，有时"风骨"连用，在这两种情况下，都能找到与气同等的关系。前者如"情之含风，犹形之包气"，后者如"若风骨乏采，则鸷集翰林，采乏风骨，则雉窜文囿"。③刘勰作《程器》篇，是提倡政事练达，文武兼备，纠士风之靡柔，作《风骨》篇，则是提倡情感饱满，刚柔相济，矫文风之靡弱，从而合南北两长，树立一种"风清骨峻，篇体光华"④的理想文风。"辞之待骨，如体之树骸，情之含风，犹形之包气"⑤，这本来就是以人体生理之道喻为文之理；所以，《程器》与《风骨》，一说人，一论文，实有内在联系。

① 姚思廉：《梁书》，中华书局1973年版，第691页。

② 沈约：《宋书》，中华书局1974年版，第1779页。

③ 刘勰著，范文澜注：《文心雕龙注》，人民文学出版社1958年版，第513、514页。

④ 刘勰著，范文澜注：《文心雕龙注》，人民文学出版社1958年版，第514页。

⑤ 刘勰著，范文澜注：《文心雕龙注》，人民文学出版社1958年版，第513页。

中国古代著述思想研究

第四节　若即若离与"唯务折衷"

若离，是排斥，是异趣，但这只是问题的一个方面；还有另一面：若即，即接近和趋同。若离，使他获得一种思想原则上的把握；而若即，则使他得以接触、熟悉圈内风气，从内行的角度和眼光分析文学现象，公允地看到南方文学重特质和形似的长处。学者之论《文心雕龙》与当时主流合拍，多从这一角度立脚。刘勰向文坛圈内靠拢，是在向主流社会的接近中同时进行的。同传统文人一样，刘勰的仕进意识很强，他正常的、理想的生活道路是"摛文必在纬军国，负重必在任栋梁"①。通观其一生，也是朝此方向实践的。无机会仕进时，他选择了"穷则独善其身"，入寺闭门读书。清贫的环境中仍跳动着一颗炽热焦灼的功名心——"是以君子藏器，待时而动，发挥事业，固宜蓄素以弸中，散采以彪外，楩楠其质，豫章其干"②。而一旦有"达时奉时以骋绩"的机会，他马上就离开寺庙，登仕去也。他自称感梦而撰《文心雕龙》，梦见的是主张"用之则行，舍之则藏"的孔子，而非主张遁世的佛教祖宗释迦牟尼，可见即使身在寺庙，其用世之心仍很强烈。天监初年，儒学复兴，梁武帝四年诏曰："今九流常选，年未三十，不通一经，不得解褐。若有才同甘、颜，勿限年次。"③并置《五经》博士各一人。这无疑让贫寒庶族士人看到了一线希望，《文心雕龙·序志》中所表现出的功名心如此炽热，其文化背景正是儒学衰微后的复兴局面。

刘勰著《文心雕龙》，以文章求显达的动机很明显。书成之后，又急于表露于世——"既成，未为时流所称。勰自重其文，欲取定于沈约。约时贵盛，无由自达，乃负其书，候约出，干之于车前，状若货鬻者"，这番良苦用心取得了成功，"约便命取读，大重之，谓为深得文理，常陈诸几案"。④又据《梁书·昭明太子传》载："（萧统——引者注）引纳才学之士，赏爱无倦。恒自讨论篇

---

① 刘勰著，范文澜注：《文心雕龙注》，人民文学出版社1958年版，第720页。
② 刘勰著，范文澜注：《文心雕龙注》，人民文学出版社1958年版，第720页。
③ 姚思廉：《梁书》，中华书局1973年版，第41页。
④ 姚思廉：《梁书》，中华书局1973年版，第712页。

籍，或与学士商榷古今；闲则继以文章著述，率以为常。于时东宫有书几三万卷，名才并集，文学之盛，晋、宋以来未之有也。"①而刘勰也身在昭明太子所引纳的才学之士的行列中，本传云："昭明太子好文学，深爱接之。"②后来刘勰成为萧统的东宫通事舍人，二人有过直接交往。萧统以太子之尊雅爱诗章，沈约以尚书之重妙善辞赋，并为文坛盟主，均为倡导一代风气的人物。其中萧统编纂《文选》，为文坛一时盛事，影响深远，功在百代；沈约发现音韵的奥妙，从根本上影响和左右了中国此后韵文学的发展轨迹。沈约对《文心雕龙》的态度是"谓深得文理，常陈诸几案"，萧统对刘勰的态度是"深爱接之"。可见刘勰虽未为时流所重、达到心目中的理想境界，但他又明显接触到了圈内的领袖人物，呼吸到了圈内的空气，所谓"若即"是也。

《文心雕龙·序志》称："盖《文心》之作也，本乎道，师乎圣，体乎经，酌乎纬，变乎骚，文之枢纽，亦云极矣。"③枢纽者，提纲挈领之关键也。笔者以为，"文之枢纽"说集中体现了刘勰"唯务折衷"的文学思想。其中，《原道》《宗经》《征圣》三篇是为"人文"寻找理论依据，借助儒家思想意识规范文体，是尚北；《辨骚》篇则是肯定南方文学的特质和技巧，是宗南。其中典型体现了"唯务折衷"的精神。这样说，理由有二：一是《离骚》等楚辞作品本身是南国风土的产物，带有鲜明的地域特色，所谓"若乃山林皋壤，实文思之奥府……然屈平所以能洞监《风》《骚》之情者，抑亦江山之助乎！"④。二是刘勰讲宗经，并非呆板地强调文以载道，亦很重视文学特质。相对《诗经》来说，楚辞是一种变体，所谓"正声何微茫，哀怨起骚人"（李白《古风》），所以楚辞在"文之枢纽"中的地位是"变乎骚"。经是正，骚是变。无经来规范，则脱离圣贤正道；无骚以新变，则背离文学特质。讲变，是在合乎经典的前提下为文学技巧找到了一条合理出路，给形式美留下一席之地，而形式、技巧恰恰是南朝

中国古代著述思想研究

---

① 姚思廉：《梁书》，中华书局1973年版，第167页。

② 姚思廉：《梁书》，中华书局1973年版，第710页。

③ 刘勰著，范文澜注：《文心雕龙注》，人民文学出版社1958年版，第727页。

④ 刘勰著，范文澜注：《文心雕龙注》，人民文学出版社1958年版，第694—695页。

尤其是齐梁文坛之所崇尚的。尤其值得一提的是，刘勰之强调"变"，有着鲜明的时代烙印和极强的针对性。《文心雕龙》酝酿及成书前后，齐梁文坛正处于由古体诗向近体诗转型的"新变"关键时期。以沈约为代表，讲求声律的永明作家步入文坛，其特点是厚今薄古，骛奇追新，如萧子显所云"习玩为理，事久则渎，在乎文章，弥患凡旧。若无新变，不能代雄"[1]。刘勰对新变派的态度较为复杂，从宗经角度看，如上所论，不无微词；而从文艺规律出发，他又主张"通变无方""日新其业"，对"变"和"新"都持肯定态度。从某种意义来说，楚辞之"变"与永明文学之"变"，在"文律运周，日新其业"上有惊人的相似之处，并且都是南风劲吹的产物，他在文之枢纽中强调要"变乎骚"，在《通变》中提出"望今制奇"，实际是对齐梁文坛新变派的一种委婉迂回的肯定。

辨骚，就是辨析骚的价值；骚的价值何在？就是"奇"。《辨骚》开篇就以"奇文"相称："自风雅寝声，莫或抽绪，奇文郁起，其《离骚》哉！"[2]相对《诗经》的正而言，奇是一种变化，有着浓郁的南方地域特色。从宗经文学观出发，刘勰认为《离骚》有四点合乎经典，即"典诰之体""规讽之旨""比兴之意"和"忠怨之辞"，而这四点，恰为北方思想文化特点；又说它有四点异于经典，即"诡异之辞""谲怪之谈""狷狭之志"和"荒淫之意"。这四点，又明显多染南方文化色彩。就刘勰对骚的总体看法而言，有抽象否定，但更多的是具体肯定，多赞誉之词，如"固已轩翥诗人之后，奋飞辞家之前，岂去圣之未远，而楚人之多才乎"。又"故能气往轹古，辞来切今，惊彩绝艳，难与并能矣"，并称"其衣被词人，非一代也"，"乃《雅》《颂》之博徒，而词赋之英杰也"，具有全篇总结性质的赞中更是这样——"不有屈原，岂见《离骚》。惊才风逸，壮志烟高"。[3]

在"文之枢纽"关键的五个座位中给《辨骚》篇留下一席之地，其意义要远远大于五分之一：它在带有浓重北方文化色彩的宗经思想之外另辟出一片天地，

---

① 萧子显：《南齐书》，中华书局1972年版，第908页。

② 刘勰著，范文澜注：《文心雕龙注》，人民文学出版社1958年版，第45页。

③ 刘勰著，范文澜注：《文心雕龙注》，人民文学出版社1958年版，第45、47、48页。

使讲求文学特质、形式、技巧的南方文风有所依归。可以说，正因为有了《辨骚》，才会有《丽辞》《声律》《事类》《夸饰》《情采》《神思》《物色》这一系列讲求艺术审美血脉存在的合理性的篇章，而其背后活跃的恰恰是肯定文学特质、注重形式技巧的南方审美因素。

从《声律》篇中，就可见出刘勰对时流风气即"近代文学"的参与程度。音韵声律属于纯粹技巧方面的探讨，以宗经文学观视之，纯属雕虫小技。沈约也看到了这一点："若斯之妙，而圣人不尚，何耶？此盖曲折声韵之巧，无当于训义，非圣哲立言之所急也。"[1]但他又十分自负，称"自《骚》人以来，多历年代，虽文体稍精，而此秘未睹"[2]。对这种"新变"之物，裴子野专门著《雕虫论》反对，钟嵘也有异议，甚至持批评否定态度——"于是士流景慕，务为精密。襞绩细微，专相凌架。故使文多拘忌，伤其真美"[3]。而刘勰却专著《声律》篇，从文艺科学角度认真研究了这一"新变"之物。篇中所论多有与沈约意见相合者，如沈约认为宫商音韵出于自然情性，"天机启，则律吕自调；六情滞，则音律顿舛也"[4]；刘勰也说："夫音律所始，本于人声者也。声含宫商，肇自血气……故言语者，文章神明枢机，吐纳律吕，唇吻而已。"[5]二者如出一辙。当然，《声律》篇中更多的是对永明声律说的进一步阐发。如刘勰认为："古之教歌，先揲以法，使疾呼中宫，徐呼中徵。夫商徵响高，宫羽声下；抗喉矫舌之差，攒唇激齿之异，廉肉相准，皎然可分。"[6]这里提到喉、舌、唇、齿之别，辨析显然更为精细。自范晔、谢庄，直至王融、谢朓、沈约、周颙都没有涉及声律论和喉、舌、齿、唇等发音部位的关系，只有《声律》篇才明确指出：人的声音存在着"抗喉""矫舌""攒唇""激齿"的差异。这揭示了除众所周

① 萧子显：《南齐书》，中华书局1972年版，第900页。
② 沈约：《宋书》，中华书局1974年版，第1779页。
③ 钟嵘著，曹旭集注：《诗品集注》，上海古籍出版社2011年版，第452页。
④ 萧子显：《南齐书》，中华书局1972年版，第900页。
⑤ 刘勰著，范文澜注：《文心雕龙注》，人民文学出版社1958年版，第552页。
⑥ 刘勰著，范文澜注：《文心雕龙注》，人民文学出版社1958年版，第552页。

中国古代著述思想研究

知的律吕五音之别外，还存在着喉、舌、唇、齿的差异。这显然是对沈约声律说的创造性补充。又如，沈约提出"欲使宫羽相变，低昂互节，若前有浮声，则后须切响"①，但什么是"浮声""切响"，并无确解。刘勰对此作了扼要的描述："凡声有飞沉，响有双叠，双声隔字而每舛，叠韵杂句而必睽；沉则响发而断，飞则声飏不还，并辘轳交往，逆鳞相比迕其际会，则往蹇来连其为疾病，亦文家之吃也。"②这种种见解，不仅高于钟嵘，就是与声律论倡导者沈约等相比，也不遑多让。纪昀认为刘勰《声律》篇"论声病详尽于沈隐侯"③，洵为旷世知音。

此外，其他篇章中也多表现出刘勰对"近代文学"的热情参与和积极肯定这一基本态度。例如《物色》篇。笔者以为，《物色》一篇，南国情味最重，最能流露出刘勰对"近代文学"的立场和态度，因为它本质上是肯定形式美的，是感性的，而非理念判断的。《物色》结尾有赞："山沓水匝，树杂云合。目既往还，心亦吐纳。春日迟迟，秋风飒飒。情往似赠，兴来如答。"纪昀评曰："诸赞之中，此为第一。"④既为"第一"，必有不同凡响之处，究竟好在哪里？窃以为，好就好在它本身就是一首情景交融的山水小诗，而非严谨的理论思辨。

细读《物色》及《情采》《原道》涉及自然形式美的部分，会感觉不是在读逻辑严密的理论著作，而是在欣赏一首诗、一幅画。试看："云霞雕色，有逾画工之妙；草木贲华，无待锦匠之奇……林籁结响，调如竽瑟；泉石激韵，和若球锽。"⑤"水性虚而沦漪结，木体实而花萼振……虎豹无文，则鞟同犬羊；犀兕有皮，而色资丹漆。"⑥此外，你还会感受到作者面对美丽自然景物所产生的情绪兴奋——"物色之动，心亦摇焉""目既往还，心亦吐纳"。⑦其中充溢着

① 沈约：《宋书》，中华书局1974年版，第1779页。
② 刘勰著，范文澜注：《文心雕龙注》，人民文学出版社1958年版，第552—553页。
③ 刘勰著，黄叔琳注：《文心雕龙辑注》，中华书局1957年版，第307页。
④ 刘勰著，范文澜注：《文心雕龙注》，人民文学出版社1958年版，第695、697页。
⑤ 刘勰著，范文澜注：《文心雕龙注》，人民文学出版社1958年版，第1页。
⑥ 刘勰著，范文澜注：《文心雕龙注》，人民文学出版社1958年版，第537页。
⑦ 刘勰著，范文澜注：《文心雕龙注》，人民文学出版社1958年版，第693、695页。

一种欣赏、把玩、惊喜的审美愉悦，这就不由使人产生一种身临其境地探求作者用心的好奇。可以说，刘勰不是以一个理论家的身份来写作《物色》篇的，当然，这样说丝毫无损他的理论素养和思维能力；他是以一个自然界的普通生命来响应美丽风景的感召的。好一个"物色相召，人谁获安！"。人与动植物都源于自然，面对自然母亲相召，有谁能够无动于衷呢？刘勰写作本篇时的用心，在心理上有很强的移情于物的审美倾向，这时他甚至就化作了自然界里一个微小的生命，感受着外界的温度寒暖的变化，体验着作为自然生命一员的愉快——"一叶且或迎意，虫声有足引心。况清风与明月同夜，白日与春林共朝哉"①。这不由使人联想到谢灵运、何逊、吴均笔下的那些充溢南国情趣的山水诗文——"昏旦变气候，山水含清晖。清晖能娱人，游子憺忘归。出谷日尚早，入舟阳已微。林壑敛暝色，云霞收西霏"。"自富阳至桐庐，一百许里，奇山异水，天下独绝。水皆漂碧，千丈见底；游鱼细石，直视无碍。……泉水激石，泠泠作响；好鸟相鸣，嘤嘤成韵"②。面对自然风光的感召，二者有着极其相似的审美娱悦。如果这种联系能够成立，其本身就把我们的视线引向另一个观点，即刘勰对晋宋以来形成的带有南国色彩的山水审美情趣基本上是认同的，可见，他就身在主流之中。这使《物色》的字里行间充溢着一种欣赏、把玩、喜爱的审美态度，而这正是南朝士人尤其是文坛盟主对自然美所持的一种普遍态度。

南国物性的细致、精巧，培养出审美心性感觉的细腻、精微，如同音乐会促使产生欣赏"音乐的耳朵"一样，特定的景物也会培养出"物色的眼睛"，即主体的审美敏感。《世说新语·言语》记："简文入华林园，顾谓左右曰：'会心处不必在远，翳然林水，便自有濠、濮间想也，觉鸟兽禽鱼自来亲人。'"③对刘勰"深爱接之"的萧统也说：

> 与其饱食终日，宁游思于文林。或日因春阳，其物韶丽，树花发，莺鸣

中国古代著述思想研究

---

① 刘勰著，范文澜注：《文心雕龙注》，人民文学出版社1958年版，第693页。
② 欧阳询：《艺文类聚》，上海古籍出版社1982年版，第129—130页。
③ 徐震堮：《世说新语校笺》，中华书局1984年版，第67页。

和，春泉生，暄风至，陶嘉月而嬉游，藉芳草而眺瞩。或朱炎受谢，白藏纪时，玉露夕流，金风多扇，悟秋山之心，登高而远托。或夏条可结，倦于邑而属词，冬云千里，睹纷霏而兴咏。①

审美趣味盎然。又《梁书·萧子显传》曰：

> 追寻平生，颇好词藻，虽在名无成，求心已足。若乃登高目极，临水送归，风动春朝，月明秋夜，早雁初莺，开花落叶，有来斯应，每不能已也。②

所谓"有来斯应，每不能已"，也就是刘勰"物色相召，人谁获安"之意。又如《文心雕龙·总术》篇专论方法、技巧，说理想的文章是"视之则锦绘，听之则丝簧，味之则甘腴，佩之则芬芳"③，这与萧统所云"譬陶匏异器，并为入耳之娱；黼黻不同，俱为悦目之玩"④，用意、语句都很相似。由此，再联系一下梁元帝萧绎所说："至如文者，惟须绮縠纷披，宫徵靡曼，唇吻遒会，情灵摇荡。"⑤可见刘勰说的都是内行话，与文坛时流的主导观念十分接近。

笔者认为，从理论批评和学术思维的角度看，正是刘勰完成了从中庸思想到学术思维、从行为态度到思想方法的转变。如前所说，本章对"中观思维"的定义，是"一种善于融会贯通研究对象的两端、在两个已知的学术观点和学术视角的中间地带发现问题、形成自己的独特视角和学术切入点的思维方式"。就刘勰而言，就是他提出的"唯务折衷"的思想方法。在具有申明《文心雕龙》创作主旨、思想原则的《序志》篇中，刘勰提炼出这样的思想：

---

① 严可均辑：《全上古三代秦汉三国六朝文·全梁文》，中华书局1958年版，第3064页。
② 姚思廉：《梁书》，中华书局1973年版，第512页。
③ 刘勰著，范文澜注：《文心雕龙注》，人民文学出版社1958年版，第656页。
④ 萧统编：《文选》，上海古籍出版社1986年版，序言第2页。
⑤ 刘勰著，范文澜注：《文心雕龙注》，人民文学出版社1958年版，第662页。

夫铨序一文为易，弥纶群言为难，虽复轻采毛发，深极骨髓，或有曲意密源，似近而远，辞所不载，亦不胜数矣。及其品列成文，有同乎旧谈者，非雷同也，势自不可异也。有异乎前论者，非苟异也，理自不可同也。同之与异，不屑古今，擘肌分理，唯务折衷。①

所谓"唯务折衷"，即调和对立双方，取其中正，持论周洽，无所偏颇，避免"过"和"不及"。《文心雕龙》几乎通篇都留下了这种痕迹，这可视为刘勰观察、分析问题的一种原则性思维方式。

这种思想方法，不是无本之木、无源之水，而是源于孔子和儒家所提倡的中庸思想。如前所述，刘勰受孔子及儒家思想的影响很大，并且，他明确地提出要把《五经》作为文章典范来学习，所谓"唯文章之用，实经典枝条，五礼资之以成，六典因之致用，君臣所以炳焕，军国所以昭明，详其本源，莫非经典"②。

那么，经典之文究竟好在哪里呢？刘勰认为："故文能宗经，体有六义：一则情深而不诡，二则风清而不杂，三则事信而不诞，四则义直而不回，五则体约而不芜，六则文丽而不淫。"③庞朴先生曾把中庸分成四种类型，第一种是A而B，如"温而厉"；第二种是A而不B，如"威而不猛"；第三种是不A不B，如"不卑不亢"；第四种是既A又B，如"允文允武"。④刘勰宗经的"六义"说属于第二种——"A而不B"。可见，刘勰在此是把中庸之不偏不倚的思想移来论文，于是而有"文丽而不淫"等判断，这实际上是孔子所谓"乐而不淫、哀而不伤"思想的具体运用。对于骈俪之风、形似之文，刘勰不是一味否定，但反对舍本逐末，走向事物的极端，即"丽而淫"。如《诠赋》篇所批判的那样："丽词

---

① 刘勰著，范文澜注：《文心雕龙注》，人民文学出版社1958年版，第727页。

② 刘勰著，范文澜注：《文心雕龙注》，人民文学出版社1958年版，第726页。

③ 刘勰著，范文澜注：《文心雕龙注》，人民文学出版社1958年版，第23页。

④ 庞朴：《从一分为三谈中国人的智慧——在华东师范大学的演讲》，《科技文萃》2005年第12期。

雅义，符采相胜，如组织之品朱紫，画绘之著玄黄。文虽新而有质，色虽糅而有本，此立赋之大体也。然逐末之俦，蔑弃其本，虽读千赋，愈惑体要，遂使繁华损枝，膏腴害骨，无贵风轨，莫益劝戒，此扬子所以追悔于雕虫，贻诮于雾縠者也。"[1] 还有《杂文》篇也指出追求极端形似的弊害："观其大抵所归，莫不高谈宫馆，壮语畋猎。穷瑰奇之服馔，极蛊媚之声色。甘意摇骨体，艳词洞魂识，虽始之以淫侈，而终之以居正。然讽一劝百，势不自反。"[2] 在《奏启》篇中，刘勰明确地以"折衷"为标准，对那些诋诃过度的"善骂"之文提出了批评："《诗》刺谗人，投畀豺虎；《礼》疾无礼，方之鹦猩；墨翟非儒，目以豕彘；孟轲讥墨，比诸禽兽；《诗》《礼》儒墨，既其如兹，奏劾严文，孰云能免。是以世人为文，竞于诋诃，吹毛取瑕，次骨为戾，复似善骂，多失折衷。"[3] 这与《序志》篇中强调"唯务折衷"的态度是一致的。在其他许多地方，刘勰都对偏于一端、"多失折衷"的做法提出了批评。如《物色》篇："自近代以来，文贵形似，窥情风景之上，钻貌草木之中。吟咏所发，志惟深远；体物为妙，功在密附。故巧言切状，如印之印泥，不加雕削，而曲写毫芥。故能瞻言而见貌，印字而知时也。"[4] 《程器》篇："而近代词人，务华弃实。"[5] 他又强调文武兼备——"安有丈夫学文，而不达于政事哉。彼扬马之徒，有文无质，所以终乎下位也。昔庾元规才华清英，勋庸有声，故文艺不称，若非台岳，则正以文才也。文武之术，左右惟宜，却縠敦书，故举为元帅，岂以好文而不练武哉！孙武《兵经》，辞如珠玉，岂以习武而不晓文也！"[6]

"唯务折衷"的另一表现是文质兼顾，情文并茂。《论语·雍也》所谓"质胜文则野，文胜质则史；文质彬彬，然后君子"，以"文"与"质"作为一组对

① 刘勰著，范文澜注：《文心雕龙注》，人民文学出版社1958年版，第136页。
② 刘勰著，范文澜注：《文心雕龙注》，人民文学出版社1958年版，第255—256页。
③ 刘勰著，范文澜注：《文心雕龙注》，人民文学出版社1958年版，第423页。
④ 刘勰著，范文澜注：《文心雕龙注》，人民文学出版社1958年版，第694页。
⑤ 刘勰著，范文澜注：《文心雕龙注》，人民文学出版社1958年版，第718页。
⑥ 刘勰著，范文澜注：《文心雕龙注》，人民文学出版社1958年版，第720页。

立统一的评价标准，并把二者的高度融合作为做人的最高境界。在刘勰笔下，"文"与"质"也是一对重要的文学批评范畴，如《时序》："时运交移，质文代变……蔚映十代，辞采九变。枢中所动，环流无倦。质文沿时，崇替在选，终古虽远，旷然如面。"①把"蔚映十代，辞采九变"的基本变化归结于"质文"，即质朴与华丽。面对"质""文"的任何一端，刘勰的基本态度是既肯定，又保留一定余地，这余地就是既不要达不到，也不要过度——过犹不及。这实际上是儒家的中庸思想在文学批评中的体现。在《文心雕龙》中，这种思想贯穿始终。"文心雕龙"的名字就透露出这种讯息，《序志》篇云："夫'文心'者，言为文之用心也。昔涓子《琴心》，王孙《巧心》，心哉美矣，故用之焉。古来文章，以雕缛成体，岂取驺奭之群言雕龙也。"②又《情采》篇："圣贤书辞，总称文章，非采而何！夫水性虚而沦漪结，木体实而花萼振，文附质也。虎豹无文，则鞟同犬羊；犀兕有皮，而色资丹漆，质待文也。"③对于能够文质兼备、情文并茂这一标准的，刘勰多以赞美的口吻。如《史传》篇："及班固述汉，因循前业，观司马迁之辞，思实过半。其《十志》该富，赞序弘丽，儒雅彬彬，信有遗味。"又："唯陈寿《三志》，文质辨洽，荀张比之迁固，非妄誉也。"④《封禅》篇："构位之始，宜明大体，树骨于训典之区，选言于宏富之路，使意古而不晦于深，文今而不坠于浅，义吐光芒，辞成廉锷，则为伟矣。"⑤又《章表》篇："是以章式炳贲，志在典谟；使要而非略，明而不浅。表体多包，情伪屡迁，必雅义以扇其风，清文以驰其丽。然恳恻者辞为心使，浮侈者情为文使，繁约得正，华实相胜，唇吻不滞，则中律矣。"⑥又《情采》篇："夫能设谟以位理，拟地以置心，心定而后结音，理正而后摛藻，使文不

① 刘勰著，范文澜注：《文心雕龙注》，人民文学出版社1958年版，第671—676页。
② 刘勰著，范文澜注：《文心雕龙注》，人民文学出版社1958年版，第725页。
③ 刘勰著，范文澜注：《文心雕龙注》，人民文学出版社1958年版，第537页。
④ 刘勰著，范文澜注：《文心雕龙注》，人民文学出版社1958年版，第284、285页。
⑤ 刘勰著，范文澜注：《文心雕龙注》，人民文学出版社1958年版，第394—395页。
⑥ 刘勰著，范文澜注：《文心雕龙注》，人民文学出版社1958年版，第408页。

中国古代著述思想研究

灭质，博不溺心，正采耀乎朱蓝，间色屏于红紫，乃可谓雕琢其章，彬彬君子矣。""夫铅黛所以饰容，而盼倩生于淑姿；文采所以饰言，而辩丽本于情性。故情者，文之经，辞者，理之纬；经正而后纬成，理定而后辞畅，此立文之本源也。"①

第五节　中观思维之于刘勰：发现与创新的起点

如前所述，本章所谓"中观思维"，是指一种"善于融会贯通研究对象的两端、在两个已知的学术观点和学术视角的中间地带发现问题、形成自己的独特视角和学术切入点的思维方式"。在此，关键词是发现和创新。刘勰持守"唯务折衷"的学术态度，收获的不仅仅是客观、公允、通融看待问题的思维方式，更重要的是，其中还蕴含着很强的思维创新性。其具体表现就是，他在文学史上，首次较为清楚且系统地提出了"合南北文学两长"的问题。

融合南北文化两长、重铸与实践一种新的美学理想，为六朝文学向盛唐文学转变的一大理论关键，历来为治文学思想史者所关注。历史上第一次正式提出这一理论主张的"专利"，似乎已无可争议地归之于唐初史臣，如魏徵、李延寿等。目前学术界讨论、涉及这一问题，也多引其议论为依据。对世人颇多微词的南朝媚软、齐梁香艳，初唐君臣采取了较为宽容、兼收并蓄的态度，其思想集中体现在魏徵等所撰的《隋书·文学传序》之中：

> 然彼此好尚，互有异同。江左宫商发越，贵于清绮，河朔词义贞刚，重乎气质。气质则理胜其词，清绮则文过其意，理深者便于时用，文华者宜于咏歌，此其南北词人得失之大较也。若能掇彼清音，简兹累句，各去所短，合其两长，则文质斌斌，尽善尽美矣。②

---

① 刘勰著，范文澜注：《文心雕龙注》，人民文学出版社1958年版，第538—539页。
② 魏徵、令狐德棻：《隋书》，中华书局1973年版，第1730页。

相似的文字还出现在李延寿所撰的《北史·文苑传序》中，可视为唐太宗君臣的文学思想。在学术界，这段话一直被公认为是第一次提出融合南北文学两长的主张。这样说，粗看上去，不无道理，然而若深究慎思之，却并不严密。

在刘勰所著《文心雕龙·风骨》篇中，有这样一段话：

> 夫翬翟备色，而翾翥百步，肌丰而力沉也。鹰隼乏采，而翰飞戾天，骨劲而气猛也；文章才力，有似于此。若风骨乏采，则鸷集翰林，采乏风骨，则雉窜文囿，唯藻耀而高翔，固文笔之鸣凤也。[1]

在此，虽未明言南朝尚"清绮"、北方重"气质"以及融合二者的必要，却形象地提出了风骨与文采、形式与内容的对立统一问题，实际上已触及了魏徵等人所言的融合南北问题。刘勰以其文学批评家的感觉敏锐地指出，辞采华茂，缘情绮靡，如同五彩缤纷的野鸡，肌肉丰腴，羽毛美丽，但难以展翅高翔；而质朴无华，骨劲气猛，则像毛羽粗糙的老鹰，可以一飞冲天，却无文采可观。文采和骨力，本是文学的两翼，只注重发展其中之一端，都失之偏颇。只有结合二者的长处，文采绚丽多姿又有翰飞戾天的骨力，才是一种理想的美学境界。这与魏徵等人所说的"各去所短，合其两长，则文质斌斌，尽善尽美矣"，颇有异曲同工之妙，二说可以互相参照，互为注释。

这种惊人的相似之处，不由地把我们的研究目光从魏徵、李延寿等移向刘勰，移向《文心雕龙》的有关篇章。如果沿着其《风骨》篇中的提示再深入一步，我们会发现：实际上，刘勰比魏徵等人更早地提出了融合南北这一至关重要的理论问题。这样，就可以把"融合南北文学两长"的思想提前至南朝齐梁时代，比魏徵、李延寿等人所论提早了约100年。这是一个发现，而这种发现无疑是源于刘勰"唯务折衷"、文质兼顾、不失度亦不过当的思维方式，体现出"中

---

① 刘勰著，范文澜注：《文心雕龙注》，人民文学出版社1958年版，第514页。

观思维"的典型特征——"善于在两个已知的学术观点和学术视角的中间地带发现问题、形成自己的独特视角和学术切入点"。

刘勰所生活的萧梁时期，由于社会上层的倡导，文学蔚成风气，极度繁荣，文贵形似，气尚阴柔。刘熙载所谓："齐梁小赋，唐末小诗，五代小词，虽小却好，虽好却小，盖所谓'儿女情多，风云气少'也。"[1]向内收敛的偏安心态，任情适意的精神自足，与物性的细腻、精巧、富于层次感交相作用，培养出南朝士人特有的精微、细致的审美心性。较之前人，南朝士人的审美感觉敏锐、细腻多了，概括而言，就是追求形式美的唯美主义倾向空前发展。南朝五代，文在宫廷，《南史·文学传序》云："自中原沸腾，五马南度，缀文之士，无乏于时。降及梁朝，其流弥盛。盖由时主儒雅，笃好文章，故才秀之士，焕乎具集。"[2]对南朝君臣来说，文学是感官欲望的精神升华。故此期各种文学实践和理论上的探索，无一不围绕着追求、增强形式美而进行。如文笔之辨，山水诗的兴起，音韵声律的探讨，用典使事的讲求，骈体文的成熟，宫体诗的流行等。洵如王瑶先生所言：

> 对偶和数典用事的追求，是要求一种建筑雕刻式的美；辞采声色和永明声律的调谐，是追求一种图画音乐式的美；而题材逐渐转换到宫闱私情，则是追求一种戏剧式的美。[3]

公允地说，在狂热的唯美主义思潮的推动下，南朝人在追求纯文学形式、技巧及艺术本位精神上的智慧和贡献堪称前无古人，其后来者如唐宋人只是在其规范好的领域里锦上添花。文学本身就是一种艺术形式，要讲形式美，但问题是他们在弃质崇文的道路上走得太远了。其结果是：南朝君臣在把形式美推向极致的同时，也把阴柔之美推向了极限，把《楚辞》以来的柔婉哀怨变成了香软、绮

---

① 刘熙载著，袁津琥校注：《艺概注稿》，中华书局2009年版，第575页。

② 李延寿：《南史》，中华书局1975年版，第1762页。

③ 王瑶：《中古文学史论集》，上海古籍出版社1982年版，第130页。

艳，使南朝文学总体上呈女性化倾向："'采'是一天天地缛下去，'力'是柔得几乎没有了。追求采缛的结果便发展凝聚到声律的协调，这就是永明体；力柔的结果便由慷慨苍凉的调子，逐渐软化到男女私情的宫体诗。"①

身处这种大的社会气候和文化氛围中，刘勰对南朝文学的利弊有着清醒的认识，其基本态度是有肯定，亦有批评。对文学要不要讲求辞采和形式美，他的态度是很鲜明的。《文心雕龙·情采》篇开头就说："圣贤书辞，总称文章，非采而何！夫水性虚而沦漪结，木体实而华萼振，文附质也。虎豹无文，则鞟同犬羊；犀兕有皮，而色资丹漆，质待文也。"②在《原道》篇中，他把凡物皆有文采的原则扩大到人类社会之外的宇宙空间，描绘了一幅"日月叠璧，以垂丽天之象；山川焕绮，以铺理地之形"的美丽图画，自然界万物也是这样：

> 傍及万品，动植皆文：龙凤以藻绘呈瑞，虎豹以炳蔚凝姿；云霞雕色，有逾画工之妙；草木贲华，无待锦匠之奇；夫岂外饰，盖自然耳。至于林籁结响，调如竽瑟；泉石激韵，和若球锽。……夫以无识之物，郁然有彩，有心之器，岂无文欤！③

可见，刘勰对讲求形式美基本是持肯定态度的。

但在肯定的同时，刘勰对南朝文坛上唯美主义倾向的过度泛滥也有尖锐批评。对此，前文已多有引证，此不赘言。这种认识和分析，实际上已很接近其后隋代李谔，唐初魏徵、陈子昂等人所达到的认识水平。试看李谔对江左齐梁的批评："竞一韵之奇，争一字之巧。连篇累牍，不出月露之形，积案盈箱，唯是风云之状。"④魏徵的批评为："竞采浮艳之词；争驰迂诞之说，骋末学之博闻，

---

① 王瑶：《中古文学史论集》，上海古籍出版社1982年版，第130页。
② 刘勰著，范文澜注：《文心雕龙注》，人民文学出版社1958年版，第537页。
③ 刘勰著，范文澜注：《文心雕龙注》，人民文学出版社1958年版，第1—2页。
④ 魏徵、令狐德棻：《隋书》，中华书局1973年版，第1544页。

354

中国古代著述思想研究

饰雕虫之小伎，流宕忘反，殊途同致。"①陈子昂的批评为："文章道弊五百年矣。汉、魏风骨，晋、宋莫传，然而文献有可征者。仆尝暇时观齐、梁间诗，彩丽竞繁，而兴寄都绝，每以永叹。思古人，常恐逶迤颓靡，风雅不作，以耿耿也。"②两相比较，不仅思想观念、认识水平接近，就连用词、句式也不无相同之处。因此可以说，刘勰虽身处南朝，却并未因身在此山而不识其真面目，他对南朝文学利弊得失的认识显然是先于魏徵、陈子昂等人的。

刘勰对南朝文学的认识基本已如上述，对北朝或北方文学的认识前已详论，此不赘述。

尚刚健，重骨力，精神气韵饱满，是建安文学北方文化审美属性的特征。刘勰重视并推崇建安风骨，实为找到了一条与北方文化审美精神沟通的渠道。他总结的建安文学"雅好慷慨""梗概多气"，抓住了问题的关键之处。这种评价不仅适用于建安文学，而且可以扩展到评价整个北方文学的审美特征，为他进一步思考融合南北文化两种长处的问题奠定了基础。

认识到南朝文学偏重形式，尽得"杏花春雨江南"式的阴柔之美，又了解到以建安风骨为代表的北方文学偏重气质，崇尚"铁马秋风冀北"式的阳刚之气，刘勰进一步思考如何避免二者的偏颇，融合二者的长处，创造出一种兼有南北文学优点的美学类型。这种融合、兼美的思想主要体现在《文心雕龙》的《情采》《风骨》《物色》等篇章之中。如前所说，在刘勰的文学视野中，"唯务折衷"主要表现为文质兼顾、情文并茂、避免偏颇、兼顾两端，是"文质彬彬"在论文时的具体体现。他论文与质、情与采、内容与形式时，总是能兼顾两端，避免偏颇，有一种辩证的态度。此不赘。

于是，在《风骨》篇中，刘勰系统地论述了两种不同美学类型的对立统一问题，从而也涉及了如何兼融南北文学两长，创造一种兼有二者优点的美学风格。《风骨》篇中，有时"风"与"骨"对举；有时"风骨"二字并用，与文采构成

---

①　魏徵等：《群书治要》，商务印书馆1937年版，序言第1页。

②　陈子昂：《陈拾遗集》，上海古籍出版社1992年版，第10页。

一对范畴；其主旨在于强调一种内在精神气韵充实的生动之美，"风"与"骨"实际上都与思想感情有关。其云："是以怊怅述情，必始乎风，沉吟铺辞，莫先于骨。故辞之待骨，如体之树骸，情之含风，犹形之包气。结言端直，则文骨成焉；意气骏爽，则文风清焉。"③这里是"风"与"骨"对举讨论，骨如身体形骸，风如精气神采，都是一种从属于创作主体的内在之美。紧随上文，刘勰又说："若丰藻克赡，风骨不飞，则振采失鲜，负声无力。"④文采丰富而没有风骨内在精神的树立，那么文章就会缺乏感人的力量，这里明显又是以文采与风骨对立并举。值得注意的是，在此作者又将风骨与气联系起来，其云："是以缀虑裁篇，务盈守气，刚健既实，辉光乃新，其为文用，譬征鸟之使翼也。"⑤上文提到过"情之含风，犹形之包气"，下文还说"思不环周，索莫乏气，则无风之验也"，这里又提到"务盈守气"，可见"气"与"风骨"有一种同等的关系。风骨饱满，气韵生动，就有一种刚健之气充盈其中，作品就有新的光辉，就能气势飞动，高翔冲天。可见"气"在讨论风骨时的重要性。这里的"气"究竟何指，刘勰有自己的解释，在讨论"风骨"问题时，他以一定篇幅提到了建安文学之"重气"，其云："故魏文称'文以气为主，气之清浊有体，不可力强而致'；故其论孔融，则云'体气高妙'；论徐幹，则云'时有齐气'；论刘桢，则云'有逸气'。公幹亦云，'孔氏卓卓，信含逸气，笔墨之性，殆不可胜'，并重气之旨也。"⑥

对"近世之所尚"，即片面追求形式美，刘勰是明确、严厉批评的。除上文所引外，又如《诠赋》篇："然逐末之俦，蔑弃其本，虽读千赋，愈惑体要，遂使繁华损枝，膏腴害骨。"⑦《情采》篇："而后之作者，采滥忽真，远弃风

---

③ 刘勰著，范文澜注：《文心雕龙注》，人民文学出版社1958年版，第513页。

④ 刘勰著，范文澜注：《文心雕龙注》，人民文学出版社1958年版，第513页。

⑤ 刘勰著，范文澜注：《文心雕龙注》，人民文学出版社1958年版，第513页。

⑥ 刘勰著，范文澜注：《文心雕龙注》，人民文学出版社1958年版，第513—514页。

⑦ 刘勰著，范文澜注：《文心雕龙注》，人民文学出版社1958年版，第136页。

中国古代著述思想研究

雅，近师辞赋，故体情之制日疏，逐文之篇愈盛。"①《定势》篇："自近代辞人，率好诡巧，原其为体，讹势所变，厌黩旧式，故穿凿取新。"②这种眼光，与几百年后唐代文学革新健将陈子昂已很接近，其云："仆尝暇时观齐、梁间诗，彩丽竞繁，而兴寄都绝，每以永叹。"③而对只讲气质骨力，不讲究文采修饰，刘勰的意见也很明确——"夫以无识之物，郁然有彩，有心之器，岂无文欤！"④"虎豹无文，则鞟同犬羊；犀兕有皮，而色资丹漆。"⑤北方尚刚，南方偏柔，一个讲文采，一个重气质，都有其片面处。正如刘勰所指出的："夫翚翟备色，而翾翥百步，肌丰而力沉也。鹰隼乏采，而翰飞戾天，骨劲而气猛也；文章才力，有似于此。"⑥文采和骨力，本是文学的两翼，南方绮丽华美的形式需要北方那刚猛苍劲的气质去灌注，同时，后者也需前者去修饰。

于是刘勰总结道："若风骨乏采，则鸷集翰林，采乏风骨，则雉窜文囿，唯藻耀而高翔，固文笔之鸣凤也。"⑦倘使只有风骨而缺乏文采，文艺园林中就只有老鹰一样的猛禽；而只具文采而缺乏风骨，就只能看到野鸡在文苑中乱窜。理想的美是结合二者的长处，既文采照耀又骨劲冲天，才是文苑中的凤凰。这是刘勰心目中的理想之美。对此种理想，他还描述道："若能确乎正式，使文明以健，则风清骨峻，篇体光华。"⑧"若能"云云，只是一种对未来的推测和想象，这与后来魏徵等人所言"各去所短，合其两长，则文质斌斌，尽善尽美矣"，口吻相同，有异曲同工之妙。另外，初唐陈子昂提出理想的文风是"骨气端翔，音情顿挫，光英朗练，有金石声"⑨。盛唐时人殷璠编著《河岳英灵

第五章 刘勰「唯务折衷」著述思想与中观思维

---

① 刘勰著，范文澜注：《文心雕龙注》，人民文学出版社1958年版，第538页。

② 刘勰著，范文澜注：《文心雕龙注》，人民文学出版社1958年版，第531页。

③ 陈子昂：《陈拾遗集》，上海古籍出版社1992年版，第10页。

④ 刘勰著，范文澜注：《文心雕龙注》，人民文学出版社1958年版，第1—2页。

⑤ 刘勰著，范文澜注：《文心雕龙注》，人民文学出版社1958年版，第537页。

⑥ 刘勰著，范文澜注：《文心雕龙注》，人民文学出版社1958年版，第514页。

⑦ 刘勰著，范文澜注：《文心雕龙注》，人民文学出版社1958年版，第514页。

⑧ 刘勰著，范文澜注：《文心雕龙注》，人民文学出版社1958年版，第514页。

⑨ 陈子昂：《陈拾遗集》，上海古籍出版社1992年版，第10页。

集》，提出其审美标准是——"文质半取，风骚两挟。言气骨则建安为传，论宫商则太康不逮"①。这些都与刘勰有相似之处。众所周知，盛唐之音是成功地融合了南北文学两长的结果，魏徵、陈子昂、殷璠所论，与刘勰多有暗合之处，可见身处齐梁文风炽盛之时，刘勰感觉之敏锐，认识、把握之准确，有一种正确预测未来文学发展脉络的理论前瞻能力。

要之，在《文心雕龙》中，虽未明确出现关于南北文学的区别及融合二者的文字，但从审美思想和理论思维层面上着眼，贯穿各篇，触类旁通，刘勰实际上已经触及这一问题。刘勰身处齐梁之际，不仅对尚文采、重形式美的南朝审美思潮有切身的体验和一定程度的参与，还对以建安文学为代表的尚刚健、重骨力的北方文学思想也有整体的把握。二者一北方，一南方，各有所短，亦各有长处，未来理想的美学类型应是内容形式并重，风骨、文采齐飞，风清骨峻，篇体光华。这种理想的美学境，刘勰只是从理论思维的层面上去想象和预测，它的真正完成和具体实施操作，是在结束南北分裂局面、客观上提供了融合二者的社会、文化条件之后，即盛唐之音的来临。

单独地看，刘勰之论合南北文学两长只是他的一种文学思想；但若综合考虑，结合其"唯务折衷"的整体思想和一般原则，结合"中观思维"这一体系，可以说这种具有创新意义的思想得益于"中观思维"的思想原则。

第六节　中观思维：两个已知与一个未知

曾有学者指出："应该说，中观思维作为一种思维方式，它不只属于中国，而是人类思维的'共法'，在不同民族与文化传统中，都有中观思维的表现。"② 换言之，"中观思维"具有普遍性，古今中外，都可以看到它的思维踪迹。考察和分析中观思维，还有一个视角，即它善于在两个已知的知识点和范畴

---

①　王克让：《河岳英灵集注》，巴蜀书社2006年版，第4页。

②　胡伟希：《中国哲学的中观思维》，《中国人民大学学报》2008年第3期。

的中间地带发现一个未知的领域，形成自己独特的视角。此种范式或可称为"两个已知与一个未知"。许多学者的研究都体现了这一特征。

例如罗宗强教授首先提出"文学思想史"这一概念，就是"中观思维"较为典型之一例。罗先生提出的"文学思想史"，是在对两个已知学科——文学史和文学理论批评史——的思考中产生的。罗先生认为，在中国文学史和中国文学理论批评史的中间地带，还存在着一个被人忽略的学科范畴——文学思想史。在大量研究的基础上，他认为："文学思想史应该是一个独立的学科，它与文学批评史、文学理论史既有联系又有区别。"道理在于很多文学思想不仅仅体现在已经成型的文学理论范畴之中。所以，"文学思想史的研究对象显然比文学理论批评史更为广泛。文学理论与批评当然反映了文学思想，是文学思想史研究的主要对象。但是，文学思想除了反映在文学批评与文学理论中之外，它大量的是反映在文学创作里。有的时期，理论与批评可能相对沉寂，而文学思想的新潮流却是异常活跃的。如果只研究文学批评与理论，而不从文学创作的发展趋向研究文学思想，我们可能就会把极其重要的文学思想的发展段落忽略了。同样的道理，有的文学家可能没有或很少文学理论的表述，而他的创作所反映的文学思想却是异常重要的。这样的例子在中国文学思想史上为数不少。例如，李商隐的诗文思想。义山诗歌，无疑反映着一种异常独特而又十分重要的诗歌思想倾向，由于他追求凄美幽约，表现朦胧情思，他对于诗的特质与功能、诗的技巧与趣味，就都有着完全异于他之前对这些问题的不同理解。但是，他却几乎没有明确的理论表述"。此外，文学思想史研究与文学史研究也有区别，他指出："同是研究一种文学现象，文学史研究的是这种现象本身，而文学思想史研究的是这种现象所反映的文学思想。……它只注意文学现象中那些反映出新的文学思想倾向的部分，而忽略其余。"[1]就这样，罗先生在已有的两个传统学科——文学史和文学理论批评史——的中间地带又发现了一个大有潜力的新领域，他将其命名为"文学思想史"，从而发展成一个新学科。从思维规律的角度讲，他所运用的方法属于

---

[1] 张毅：《宋代文学思想史》，中华书局1995年版，序言第2—5页。

"中观思维"，即在两个已知的思维对象的中间地带发现一个新的领域，从而产生一种新的思想和思维角度。这种现象，在人文社会科学的研究中，不是一个个案，而是具有普遍性的，所以将其命名为"中观思维"。

要之，所谓"中观思维"是指：在两个已知的知识或思想中间发现未知因素，从而创立一个新的思想角度或知识体系。如上所举的就是罗先生发现"文学思想史"的例子。

这种方式不仅仅是一个个案，而是具有一定的普遍性。试再以法兰克福学派学者之一弗洛姆的《逃避自由》为例。弗洛姆指出："除了理解产生法西斯主义的经济和社会条件之外，还有一个人性的问题需要探讨。本书目的就是分析现代人性格结构中的一些动态因素，正是这些因素使法西斯国家的人们甘愿放弃自由，并如此广泛地充斥于我们数百万同胞的心灵中。"[1]他的这种把心理性格和社会政治文化结合起来的思路，是受到两个人的启发，一是马克思，二是弗洛伊德。在对马克思主义、弗洛伊德主义的研究、"综合"中阐发的关于人的存在、本性、异化与解放的理论构成了弗洛姆学说的核心。一方面，弗洛姆认真研究了《1844年经济学—哲学手稿》等马克思著作，认为其异化劳动理论具有合理性，但过分强调经济、政治因素，虽提出经济基础和上层建筑的概念和关系，但并未说明二者是如何实现转化的；另一方面，弗洛姆深受弗洛伊德的影响，认为其较前人高明之处在于：他引导人们注意观察和分析决定人类若干行为的非理性和无意识力量，但尚缺乏科学论证，其性本能说也过于偏颇。于是，弗洛姆在二者的学说中发现了一个中间地带——"我也试图找出弗洛伊德学说中那些仍然闪烁着真理光辉的思想和那些需要修正的论断，对于马克思的理论，我也是这么做的。在理解和批评这两位思想家后，我最终达到了一种综合。"[2]换言之，在吸取了马克思和弗洛伊德学说的精华之后，他同时看到了二者的缺陷：马克思过分强调上层建筑和意识形态对社会发展的作用，弗洛伊德则过分强调了纯粹生理和本能

---

① 埃里希·弗洛姆：《逃避自由》，工人出版社1987年版，第17页。

② 埃里希·弗洛姆：《在幻想锁链的彼岸——我所理解的马克思和弗洛伊德》，张燕译，湖南人民出版社1986年版，第8页。

对人的影响作用。于是他试图"综合"二者。弗洛姆认为，"怀疑一切"的理论出发点、相信真理的力量、强调人道主义和运用辩证法的动力学研究方法，是实现二者结合的基础。他用弗洛伊德的"无意识""性格"补充马克思之不足，提出"社会无意识"和"社会性格"，作为联结经济基础和上层建筑的纽带，实现了二者的"综合"。①

为深入理解"中观思维"，再举一个西方学者的例子——梅洛维茨和他的《消失的地域：电子媒介对社会行为的影响》。这是一部主要以电视为对象、论述"媒介场景"的著作。仔细剖解其学术思想的萌芽会发现：梅洛维茨的思想方法也有"中观思维"的影子，即善于在两个已知的思想范畴之间发现一个新的视角和切入点。梅洛维茨曾对麦克卢汉和戈夫曼十分崇拜，前者提出了"媒介是人的延伸"，是研究新媒介的大师；后者前是"角色理论"或"拟剧论"的代表性人物。梅洛维茨这样描述他对二位学者的感受：

> 当我还是大学生时，曾试图将我所学过的和所经历的综合成一个整体，我对这两种理论的不完整感到不安，但对他们对社会秩序的看法感到好奇。戈夫曼和麦克卢汉为理解社会行为提供了不同的思路。戈夫曼提出了影响行为的一个因素："环境的限定"，它是由特定的交往地点以及观众所决定的。戈夫曼显然忽略了角色和社会秩序的变化。而另一方面，麦克卢汉指出了电子媒介的应用所产生的社会角色的普遍变化，但是没有清楚地解释电子媒介"怎样"和"为什么"会引起这些变化。②

这种想法一直延续到梅洛维茨攻读博士学位，并决定以此作为自己的学术突破方向，他说：

---

① 埃里希·弗罗姆：《逃避自由》，陈学明译，工人出版社1987年版，第6页。

② 约书亚·梅罗维茨：《消失的地域：电子媒介对社会行为的影响》，肖志军译，清华大学出版社2002年版，第4页。

当我攻读博士学位时，我对分析媒介和人际行为的相互作用产生了兴趣。我惊奇地发现这两个领域的研究是完全孤立的。当然，人们观察了媒介如何影响真实的行为，真实的行为如何与媒介的内容相关。然而，未将两个传播系统截然分开，作为整体进行研究的模型几乎没有。绝大多数的研究都关注"人们模仿在电视上看到的行为"，或者电视所展示的内容不是现实的确切反映，现实生活与媒介有冲突。很少有人将媒介和人际交往在同一"行为"系统中或"对他人行为响应"系统中进行研究。好像也无人研究社会行为信息的新的获取模式在如何影响人们扮演旧时角色的能力。[①]

于是，他把麦克卢汉和戈夫曼各自的不足，即二者学说的中间地带作为自己突破点，最终形成了自己的学术兴趣。他这样描述自己的学术历程："将这两种理论流派合二为一的兴趣，以及经过10多年的努力，终于形成了这本书。我认为戈夫曼和麦克卢汉二人的优势和劣势是互补的。戈夫曼侧重研究了面对面的交往，而忽视了媒介对于他所描述变量的影响和作用。而麦克卢汉侧重媒介的效果，却忽略了面对面交往的结构特征。……面对面的行为和有中介的传播是完全不同类型的交往，即现实生活和媒介。"[②]《消失的地域：电子媒介对社会行为的影响》提出了一个新的概念———一种"能够将面对面交往与媒介的研究联系起来的共同基础"，即社会"场景"的结构。他指出："我认为电子媒介影响社会行为的原理并不是什么神秘的感官平衡，而是我们表演的社会舞台的重新组合，以及所带来的我们对'恰当行为'认识的变化。这是显而易见的。因为观众变化的同时，社会行为也会变化。"[③]于是，在此认识的基础上，他实现了媒介分析与社会场景的结合。

中国古代著述思想研究

---

① 约书亚·梅罗维茨：《消失的地域：电子媒介对社会行为的影响》，肖志军译，清华大学出版社2002年版，前言第8—9页。

② 约书亚·梅罗维茨：《消失的地域：电子媒介对社会行为的影响》，肖志军译，清华大学出版社2002年版，第4页。

③ 约书亚·梅罗维茨：《消失的地域：电子媒介对社会行为的影响》，肖志军译，清华大学出版社2002年版，第4页。

要之，本章所论"中观思维"，是基于儒家中庸思想所形成的一种学术思维方式，其基本特征是指一种善于融会贯通研究对象的两端、在两个已知的学术观点和学术视角的中间地带发现问题、形成自己独特视角和学术切入点的思维方式。它有一个从处世态度、哲学思想到学术思维的演变转型过程。这种演变和转型，是在刘勰手中完成的。从学术思维的角度，中庸思想转变为"中观思维"，"唯务折衷"是一个重要的思维中介。"唯务折衷"之于《文心雕龙》，具有整体性、全局性、指导性，是刘勰批评思想的一个基本原则，亦可视为"中观思维"的具体应用。本章虽然分析刘勰和《文心雕龙》，但不是沿袭传统，就事论事，就篇言篇，而是侧重指出，在刘勰"唯务折衷"这一中观思维的视角下，蕴藏着一种"形成自己的独特视角和学术切入点的思维方式"的创新意义。刘勰持守"唯务折衷"的学术态度，收获的不仅仅是较为客观、公允、通融地看待问题的态度，避免走极端，导致思维偏见，更重要的是，其中还蕴含着很强的思维上的创新性。这种创新的体现，就是在文学史上，是刘勰首次较为清楚且系统地提出了"融合南北文学两长"的问题，将对这一问题的认识提早了近100年；而这种问题的提出，无疑与其"唯务折衷"这一中观思维的视角有关。在当今学术领域，虽然已有学者提出了有别于佛家"中观思维"的概念，但还只是停留在抽象的哲学层面上，没有进入人文社科领域思维方式的视野。本书试图弥补这一缺憾，在对刘勰进行个案分析的基础上，进而将"中观思维"的特征界定为"两个已知与一个未知"，归纳出人文社科学术研究的一种思维规律，对于创新思维及理论创新的相关研究或有启发和指导意义。正是出于这种考虑，笔者才引用了罗宗强、弗洛姆、梅罗维茨等几个例子，来说明这一问题。

第六章　萧统著述思想的审美角度观照

　　学界对于萧统编纂《文选》的著述动机呈多元化分析倾向，至今尚无定论。对此问题，本章重在向这种方向倾斜：萧统的著述思想中含有浓厚的审美成分，他对文学及文史著述的基本态度是赏玩式的，"睹物兴情，更向篇什"，就极其简洁地道出了其由自然审美到杂玩文史的过渡与延伸。较少受理性政教的监督和干扰，是昭明著述思想的精神底色，决定着他对文学的最基本态度。尽管出于各种后天社会人际理性的需求和制约，这种底色上面覆盖了重重叠叠的政教功利甚至是"官方"色彩，但其本质还是会顽强地表现出来。这一点不仅从昭明编纂《文选》的动机和著述思想中可以看出，而且从《文选》选篇立目的取舍也可以看出来。此外，它还可以解释萧统二元对立统一的人格构成的矛盾复杂性，昭明太子偏好陶渊明作品的审美原因，昭明与萧纲、萧绎及"宫体诗"的瓜葛，昭明崇尚"丽而不浮，典而不野"文学观念等问题。当然，从审美态度观照萧统的著述思想，只是一种分析角度，它意在强调与侧重，并不意味着一种非此即彼的绝对判断。

第一节　审美态度与萧统著述思想

将萧统编纂《文选》的文化活动也纳入"著述思想"的视野，重点在于"述"，即通过编纂文集这样传承前代文学精华的活动来促进文化事业的发展，以利传播、推广与延续。仅这一点，就很有些"述而不作"的姿态，即只在"述"即传承的范围内整理、承袭、阐扬古典文化精华。根据学者统计整合，对于《文选》的编纂宗旨，截至目前，主要有如下意见：

骆鸿凯先生在《文选学》（中华书局，1989）、顾农先生在《〈文选〉的三重背景》（《天津师范大学学报》，1994）、傅刚先生在《论〈文选〉的编辑宗旨、体例》（《郑州大学学报》，1997 年第 6 期）、冈村繁先生在《〈文选〉之研究》（上海古籍出版社，2002）、清水凯夫先生在《从全部收录作品的统计上看〈文选〉的基本特征》（《长春师范学院学报》，1999 年第 1 期）中对《文选》的编纂宗旨进行了探讨。

有部分学者对上述观点提出了质疑，如力之先生对"'昭明太子病中托付刘孝绰编纂，为满足疾病缠身的昭明太子赏读需要'说"进行了商榷，认为不管从文献层面，还是从逻辑角度，此说均不能成立。钟其鹏也对前贤学者的"'便来学之省览'说""为解决'览者之劳倦'说""辨析文体、为读者提供各类文体的精品范本""'为宣传萧统的折衷派文艺政策服务'说""'对前代文学进行全面总结'说"等观点进行了商榷，并以《文选》及《文选序》为依据进行考察，认为昭明太子酷爱文籍的生活情趣与南朝统治上层爱好文学风气的盛行是《文选》编纂的主要原因，《文选》的编纂宗旨是为方便读者阅读与欣赏内容雅正、形式华美的作品。

对于《文选》的编纂宗旨问题，目前学界还没有达成共识。[①]

---

① 邱宏香：《〈文选〉编纂研究述略》，《长春师范大学学报》2017年第3期。

本章认为，萧统编纂《文选》的动机及思想，是一个复杂的多面体，具有多个层面，难以只从一种角度、一个层面来界定。仅是上面这段资料就列出了六种说法及观照角度："赏读说""便览说""范本说""文艺政策说""全面总结说""情趣说"。

如再细心搜罗，对于萧统编纂《文选》的动机，还有这样的解释："梁武帝编纂的《历代赋》、萧统编纂的《文章英华》及《正序》，使赋、诗、文三类'英华'各有所归，然萧统缘何还要编纂集三者于一体的《文选》？经爬梳史籍和探究文本，萧统编纂《文选》的真实意图变得清晰可鉴，即试图以集义章之'清英'的《文选》，通过美德业、宣忠孝的方式尊帝王，再以尊帝王、美教化的方式透过'至尊在'的底线，最终实现厚人伦、致哀悼的目的，并以陆倕卒年为参照，隐秘祭悼丁贵嫔。"[①]此可称为"尊王教化说"。还有学者提出这样的观点："所以当梁武帝致力于礼、乐、经学、史学和佛学著作的编纂工作时，把文学方面的事情交给自己的太子去主管是完全可能的。……《梁书·徐勉传》载，徐勉的修五礼上表中，讲到吉、凶、军、宾、嘉五礼的《仪注》都以天监年间开始，至普通五年始告完成。我们从《答湘东王求文集及〈诗苑英华〉书》看来，《诗苑英华》的成书，大约和'五礼仪注'成书时间大致相近。这时梁武帝已年逾六十，在古代已属老龄，他既要致力于礼、乐、经、史，不暇再顾及文学，而把文学方面的事交给儿子萧统去作，也是合乎情理的。从这个意义上说，《文选》应该具有一定的'官书'性质。"[②]这又可称为"官书说"。至此，上文所提的六种说法，即"赏读说""便览说""范本说""文艺政策说""全面总结说""情趣说"，再加上"尊王教化说""官书说"，在此问题上，我们已知有八种说法了。当然，这只是择其要者而言之，还未穷尽所有说法。

本章欲略人之所详，而详人之所略，试图从一个前人尚未充分展开研究的角度展开讨论。本章认为：昭明太子萧统的著述思想中有很浓厚的审美意味，而

中国古代著述思想研究

---

① 陈祥谦、谭亚菲：《萧统编纂〈文选〉的真实意图考论》，《武汉科技大学学报》（社会科学版）2009年第2期。

② 曹道衡：《关于萧统和〈文选〉的几个问题》，《社会科学战线》1995年第5期。

这种审美意味又与他对于自然物候的赏玩有着某种联系，简而言之，他对于文学的性质判断就是"入耳之娱"和"悦目之玩"。在文学的实用功能、认识功能、教化功能和审美娱乐或娱玩功能中，他更向娱玩功能倾斜。这就决定了他对文学及著述的基本态度是欣赏和把玩，在赏玩式审美中潜移默化地获得一种超越世俗欲望的高级精神愉悦。所谓"炎凉始贸，触兴自高，睹物兴情，更向篇什"①就是"夫子自道"，极简洁地道出了其中的玄机。这种倾向，在《文选序》中亦有所流露，简述各种文体发展之后，总结说："譬陶匏异器，并为入耳之娱；黼黻不同，俱为悦目之玩。作者之致，盖云备矣！"②这样以"陶匏""黼黻"为喻并导向"入耳之娱"和"悦目之玩"，绝非偶然，无疑有出自性情、趣味的本能心理惯性在起作用。一个人的心灵就像一幅油画，上面涂抹着层层叠叠、厚薄不均的色彩，有的出自本能性情，有的出自后天习染，有的则是立身处世的社会人际需求……表面看这幅画的完成状态，是一个着色平均的协调整体，而仔细剖解之，即可分辨出其精神底色与后来着色层次的不同。就萧统而言，赏玩式审美态度是其对待外物的精神底色，也左右着他对文学的基本态度，其他观念如"白璧微瑕，惟在《闲情》一赋""有助于风教"③则属于后来涂抹上的色彩，在其文学观念中属于次要、辅助的地位。故不论后来着色多重，其审美精神底色总是要借机会顽强地表露出来。

此外，还应注意到，"睹物兴情，更向篇什"中体现着一种内在逻辑，即对文章篇什的赏玩兴致发源于一种欣赏自然的审美意味，是其自然审美态度向其他文化领域的扩散与延伸。实际上，也不乏学者从"层次说"这一视角思考问题。如罗书华先生就曾指出："萧统《文选》是我国文学史上影响最大的选本，其选文标准历来众说纷纭。《文选》的选文标准并不是单一的，而是有着多个层次。第一层标准是看文章是否篇什（即单篇），这是最表层也最直观的标准；第二层标准是看文章是否表现了作者的思想情感和缤纷文才，这是更为内在的一

---

① 严可均辑：《全上古三代秦汉三国六朝文·全梁文》，中华书局1958年版，第3064页。

② 萧统编：《文选》，上海古籍出版社1986年版，序言第2页。

③ 严可均辑：《全上古三代秦汉三国六朝文·全梁文》，中华书局1958年版，第3067页。

层标准；第三层标准是看文章是否具有娱玩性，这是萧统选文内在的、隐藏的但却是更加高级与根本的标准。这样的选文标准与他在其他场合所说的'夫文典则累野，丽亦伤浮'等论述并不矛盾，既包含了萧统对文学的独特感受、体会与要求，也是那个时代对于文学的共同认识。"[①]在此种认识语境下，"娱玩性"处于较深的层次，且历来为研究者所忽视，很值得进行较为深入的分析与研究。

作这种分析，并非要否定和排斥其他因素（如"盛世修典说""尊王教化说""官书说"等）对萧统文学观念形成的影响，因为所谓"萧统编纂思想"是一个多元的、多层次的复杂对象；而是想有所侧重，强化原先相对比较弱势的研究角度，意在更为全面、准确地把握萧统文学思想，或亦有助于认识其他一系列有关问题，如典丽文质并重的文学观念，《文选》的编纂原则和选入标准，昭明的著述思想，昭明与萧纲、萧绎"宫体诗派"的联系等等。

美的实质是感性现实世界对个体自由的肯定。审美体验的核心是一种"非功利态度"，其对立面是功利和欲望，只有心灵先从用世意志和利害欲望中解脱，才会获得生命内部的审美愉快。得失利害等功利性的快乐在于占有，而审美愉悦恰恰在不占有对象时产生。审美情趣浓厚之人，物质欲望一般较为淡薄。对时流所尚的世俗快乐，萧统表现出一种清淡视之的淡泊态度，其所著《陶渊明集序》云："处百龄之内，居一世之中，倏忽比之白驹，寄遇谓之逆旅。宜乎与大块而盈虚，随中和而任放。岂能戚戚劳于忧畏，汲汲役于人间。齐讴赵女之娱，八珍九鼎之食，结驷连骑之荣，侈袂执圭之贵，乐既乐矣，忧亦随之。"[②]这种认识中明显有庄子美学的色彩，《庄子·至乐》："夫天下之所尊者，富贵寿善也；所乐者，身安厚味美服好色音声也；所下者，贫贱夭恶也；所苦者，身不得安逸，口不得厚味，形不得美服，目不得好色，耳不得音声；若不得者，则大忧以惧，其为形也，亦愚哉！"[③]昭明之时，儒、释、道、玄并昌，士林多受其熏染。结

中国古代著述思想研究

---

① 罗书华：《萧统文学观念与〈文选〉选文标准之重释》，《求是学刊》2008年第1期。

② 严可均辑：《全上古三代秦汉三国六朝文·全梁文》，中华书局1958年版，第3067页。

③ 陈鼓应注译：《庄子今注今译》，商务印书馆2016年版，第519页。

合昭明所云"披庄子之七篇，逍遥物外；玩老聃之两卷，恍惚怀中"①，就更能看出老庄尚淡泊无为的审美态度痕迹。史载，萧统之为人，功利性、物质性的占有式欲望十分淡薄，"出宫二十余年，不畜声乐。少时，敕赐太乐女妓一部，略非所好"②。这里当然有昭明所处境遇的特殊原因，史载武帝弘儒崇佛，生活节俭，晚年自称"朕绝房室三十余年……至于居处不过一床之地，雕饰之物不入于宫，此亦人所共知。受生不饮酒，受生不好音声，所以朝中曲宴，未尝奏乐……昔要腹过于十围，今之瘦削裁二尺余，旧带犹存，非为妄说"③。在这种尚俭朴的宫廷气氛中身为东宫太子，饮食起居既在君父监察视野之内，当然要遵从君父之意。普通七年，萧统之母丁贵嫔薨，统哀毁骨立，不进饮食，武帝多次派顾协等人劝止，宣旨曰："有我在，那得自毁如此！""正为汝如此，胸中亦圮塞成疾。"④可见武帝对其寄望之重、监管之严。当然，萧统之节欲尚俭不无传统理性的监督与约束，他"三岁受《孝经》《论语》，五岁遍读《五经》，悉能讽诵"⑤。但同时也应看到，在此其性情本能亦顽强地表露出来。对能陶冶性情的自然山水，他表现出浓郁的兴趣，史称其"性爱山水，于玄圃穿筑，更立亭馆，与朝士名素者游其中。尝泛舟后池，番禺侯轨盛称'此中宜奏女乐'。太子不答，咏左思《招隐诗》曰：'何必丝与竹，山水有清音。'侯惭而止"⑥。《招隐诗》"何必丝与竹，山水有清音"之后，紧接有"何事待啸歌，灌木自悲吟"之句。桓温尝问孟嘉："听伎，丝不如竹，竹不如肉，何也？"答曰："渐近自然。"⑦而在昭明看来，不仅置丝竹、奏女乐是人为，就连发自喉咙的啸歌也不自然，属于人籁；接受"敕赐太乐女妓"和"女乐"，是占有，只能产生世俗的感官愉快。而山水清音，自然天籁；清风明月，无须占有，使心灵自由的审美意味，尽在其中。人以

---

① 严可均辑：《全上古三代秦汉三国六朝文·全梁文》，中华书局1958年版，第3062页。

② 姚思廉：《梁书》，中华书局1973年版，第168页。

③ 姚思廉：《梁书》，中华书局1973年版，第549页。

④ 姚思廉：《梁书》，中华书局1973年版，第167页。

⑤ 姚思廉：《梁书》，中华书局1973年版，第165页。

⑥ 姚思廉：《梁书》，中华书局1973年版，第168页。

⑦ 徐震堮：《世说新语校笺》，中华书局1984年版，第221页。

群分，他身边环绕的也是志趣相投的人，与昭明"情兼师友"的张瓒亦"性爱山泉，颇乐闲旷，虽复伏膺尧门，情存魏阙，至于一丘一壑，自谓出处无辨，常愿卜居幽僻，屏避喧尘，傍山临流，面郊负郭。依林结宇，憩桃李之夏阴；对径开轩，采橘柚之秋实"①。自然风物与人的心灵、精神相通，是一种"活"的生命。依据美学原理，"假如外部事物是一种类生命的结构，即具有动态平衡的结构，它作出的反映便是迅速的、强烈的和愉快的。这样一种反应本质上是一种契合和一种拥抱，是灵魂同自己的对话，是对自我之本质的发现。如果外部事物是一种'死'的结构，一点也不具有生命的活力，它的反应就十分微弱，更谈不上愉快"②。萧统正是在这种"类生命"结构中找到了纯粹属于自己心灵的愉悦。

具体分析，萧统之自然审美观有两点值得注意，一为四季自然审美观念，二为注重审美的初级生理感觉，二者合一，都表现出其审美感觉的精微细腻。以下分别论之。

第二节 萧统的季节性审美意识

探究萧统的季节性审美意识，不妨引入文学地理学"从气候到物候"的审美视角。曾大兴曾指出："气候影响文学的途径问题是一个世界性的学术问题。自从法国批评家斯达尔夫人提出气候影响文学这一问题之后，其他学者也有过类似表述，但是他们都没有找到气候影响文学的途径。要找到气候影响文学的途径，必须借助气候学与物候学知识，必须借助中国智慧。气候不能直接影响文学，它必须以物候为中介；物候也不能直接影响文学创作，它必须以文学家的生命意识为中介。气候影响物候，物候影响文学家的生命意识，文学家的生命意识影响文学创作。因此物候与文学家的生命意识，就成为气候影响文学的途径。"③ 在萧

① 欧阳询：《艺文类聚》，上海古籍出版社1982年版，第1164页。

② 滕守尧：《审美心理描述》，中国社会科学出版社1985年版，第324页。

③ 曾大兴：《物候与文学家的生命意识——论气候影响文学的途径》，《学术研究》2015年第6期。

统的审美视野中，在气候、物候、审美意识、著述思想四者之间，隐然有一条精神纽带将其贯穿起来。

从四季的微妙迁移变化切入物色，是晋宋以来自然审美观不断趋于成熟的表现。而萧统也从"四时之动物深矣"的角度赏玩自然之美，其云："与其饱食终日，宁游思于文林。或日因春阳，其物韶丽，树花发，莺鸣和，春泉生，暄风至，陶嘉月而嬉游，藉芳草而眺瞩。或朱炎受谢，白藏纪时，玉露夕流，金风多扇，悟秋山之心，登高而远托。或夏条可结，倦于邑而属词，冬云千里，睹纷霏而兴咏。"①"游思文林"与赏玩自然，一气呵成；春夏秋冬，四季感受细腻分明。此外，萧统还作了一首《十二月启》，分别以"太簇""夹钟""姑洗"等十二音律配十二个月份，物候季节的变化中流动着音乐的旋律，审美意味愈发浓郁：

> 伏以景逼徂春，时临变节。啼莺出谷，争传求友之音；翔蕊飞林，竞散佳人之靥。

> 麦陇移秋，桑律渐暮。莲花泛水，艳如越女之腮；蘋叶漂风，影乱秦台之镜。炎风以之扇户，暑气于是盈楼。冻雨洗梅树之中，火云烧桂林之上。

> 节届玄灵，钟应阴律。愁云拂岫，带枯叶以飘空；翔气浮川，映危楼而叠迥。②

其赏玩兴致如此。这种趣味在《文选》中也有反映。查《文选》赋庚，有为"物色"类，收有潘岳《秋兴赋》一篇，其云："四时忽其代序兮，万物纷以回薄。览花蒔以时育兮，察盛衰之所托。感冬索而春敷兮，嗟夏茂而秋落。虽

---

① 严可均辑：《全上古三代秦汉三国六朝文·全梁文》，中华书局1958年版，第3064页。

② 严可均辑：《全上古三代秦汉三国六朝文·全梁文》，中华书局1958年版，第3062、3063页。

末士之荣悴兮，伊人情之美恶。"①这亦曲折地反映出选者的季节审美观念。昭明"深爱接之"的刘勰所著的《物色》，就注重从四季审美观切入自然，其开篇即描绘出一幅心物交感的和谐图画："春秋代序，阴阳惨舒，物色之动，心亦摇焉。盖阳气萌而玄驹步，阴律凝而丹鸟羞，微虫犹或入感，四时之动物深矣。若夫珪璋挺其惠心，英华秀其清气，物色相召，人谁获安！是以献岁发春，悦豫之情畅；滔滔孟夏，郁陶之心凝；天高气清，阴沉之志远；霰雪无垠，矜肃之虑深；岁有其物，物有其容；情以物迁，辞以情发。"②对自然的亲和赏玩之情，溢于言表。

在文学史上，四季审美态度由粗犷到精细，显示出自然审美观念的进化。自《诗经》《楚辞》始，古人就已注意到物候变化、时序迁移对人类活动的影响。如《诗经·豳风·七月》以"七月流火，九月授衣"为起兴之词，记叙了北方农业社会全年的活动情况，其中已触及物候变迁所引起的情感变化，如"春日迟迟，采蘩祁祁；女心伤悲，殆及公子同归"；但其主旨是铺排记叙一年的农业活动，而非赏玩自然之美，故审美意识淡薄。像《小雅·采薇》中"昔我往矣，杨柳依依；今我来思，雨雪霏霏"这样的妙句，如凤毛麟角。至于《楚辞》，抒情色彩既重，审美意趣渐浓，四季物候逐渐脱离了对农业生活的记叙功能，具有纯粹审美意义。如《离骚》已经注意到"日月忽其不淹兮，春与秋其代序；惟草木之零落兮，恐美人之迟暮"，四季变迁直接触发了时光不居的生命痛感。但屈子其人，天分极高，精神空间向外开放，审美趣味上又有强烈的宗南意识，所谓"嘉南州之炎德兮，丽桂树之冬荣"（《远游》），故崇昭质、爱明丽、喜温暖是其基本观物取象的原则，他虽敏悟到季节对情绪的影响，但并未在此大做文章。从屈原到宋玉，精神世界向内收敛，从博大的殉道精神到一己哀愁的感叹，所以合乎逻辑地找到了秋季景物作为载体——"皇天平分四时兮，窃独悲此廪秋。白露既下百草兮，奄离披此梧楸。去白日之昭昭兮，袭长夜之悠悠。离芳蔼

中国古代著述思想研究

---

① 萧统编：《文选》，上海古籍出版社1986年版，第586页。

② 刘勰著，范文澜注：《文心雕龙注》，人民文学出版社1958年版，第693页。

之方壮兮，余萎约而悲愁。"这导致其审美取向由暖趋凉，对悲秋进行了大肆渲染，"悲哉秋之为气也！萧瑟兮草木摇落而变衰，憭慄兮若在远行，登山临水兮送将归"（《九辩》）。此外，《周易》从哲学角度观察宇宙和自然，也注意到季节的迁移变化——"日往则月来，月往则日来，日月相推而明生焉。寒往则暑来，暑往则寒来，寒暑相推而岁成焉。"①《礼记·月令》云："孟春行夏令，则雨水不时，草木蚤落，国时有恐。行秋令，则其民大疫，飙风暴雨总至，藜莠蓬蒿并兴。行冬令，则水潦为败，雪霜大挚，首种不入。"②

当然，真正从审美角度关注四季变化，自晋宋始。南方优美山水的发现提高了人的审美趣味，培育了"音乐的耳朵"和"物色的眼睛"，对自然的观察也就更细腻，四季审美观就是其结果之一，如上面所提到的潘岳《秋兴赋》。而陆机《文赋》则是其理论总结："遵四时以叹逝，瞻万物而思纷。悲落叶于劲秋，喜柔条于芳春。"③此外，钟嵘《诗品·序》也是如此："若乃春风春鸟，秋月秋蝉，夏云暑雨，冬月祁寒，斯四候之感诸诗者也。"④从这一简略的历史梳理可见，四季审美观的成熟，是以山水诗的兴起培养了人们细腻的审美感受为条件的。萧统于此，体物细腻，观察精微，有着鲜明的时代烙印。

第三节　萧统与广义"物色"态度

此外，萧统所编《文选》第十三卷有"物色"类赋，收文四篇：宋玉《风赋》、潘岳《秋兴赋》、谢惠连《雪赋》、谢希逸《月赋》。李善注云："风虽无正色，然亦有声。"⑤意思是说，风虽无可视之象，但其生于虚无之境，

373

第六章　萧统著述思想的审美角度观照

---

① 《十三经注疏》整理委员会整理，李学勤主编：《十三经注疏·周易正义》，北京大学出版社1999年版，第304页。

② 《十三经注疏》整理委员会整理，李学勤主编：《十三经注疏·礼记注疏》，北京大学出版社1999年版，第467页。

③ 萧统编：《文选》，上海古籍出版社1986年版，第762页。

④ 钟嵘著，曹旭集注：《诗品集注》，上海古籍出版社2011年版，第56页。

⑤ 萧统编：《文选》，上海古籍出版社1986年版，第581页。

所发之声为天籁，亦可成为审美对象。《周易·说卦》云："动万物者，莫疾乎雷。桡万物者，莫疾乎风。"①对风之美，《庄子·齐物论》曾有精彩描述："夫大块噫气，其名为风。是唯无作，作则万窍怒呺，而独不闻之翏翏乎？山陵之畏佳，大木百围之窍穴，似鼻、似口、似耳、似枅、似圈、似臼、似洼者、似污者；激者、謞者、叱者、吸者、叫者、譹者、宎者、咬者。前者唱于而随者唱喁。泠风则小和，飘风则大和，厉风济则众窍为虚。而独不见之调调之刁刁乎？"②如按照审美生理感觉分类，则《月赋》为视觉，《风赋》为听觉，《雪赋》为触觉，《秋兴赋》为综合感觉，风花雪月，有声有色，视、听、触、感，无一遗漏，其中透露出审美感受细腻、敏感的讯息。另外，成书稍前于《文选》的《文心雕龙》既注重"流连万象之际"，又注意到审美的生理基础，强调要"沉吟视听之区"，与萧统趣味不无暗合之处。《文选》和《文心雕龙》相辅相成的关系，已有不少学者注意到，如清人孙梅《四六丛话》："彦和则探幽索隐，穷形尽状，五十篇之内，百代之精华备矣。其时昭明太子纂辑《文选》，为词宗标准。彦和此书，实总括大凡，妙抉其心。二书宜相辅而行者也。"③又黄侃《文选评点》："读《文选》者，必须于《文心雕龙》所说能信受奉行，持观此书，乃有真解。"④据此，分析一下《物色》或许不无益处。

《物色》论述的展开，有一点值得注意，即它是从审美过程的初级阶段——生理感觉刺激入手的。六朝的"物感"说，对心物交感的审美经验，只是泛泛而论，如陆机《文赋》和钟嵘《诗品序》都触及："气之动物，物之感人，故摇荡性情，形诸舞咏。"但都未谈及心与物相互感应、沟通所必经的生理感官渠道。而《物色》则敏锐地捕捉住了这一点，在指明"诗人感物，联类不穷。流连万象之际"后，刘勰特别强调要"沉吟视听之区"，即审美意象的构成首先是通过外

① 《十三经注疏》整理委员会整理，李学勤主编：《十三经注疏·周易正义》，北京大学出版社1999年版，第329页。

② 陈鼓应注译：《庄子今注今译》，商务印书馆2016年版，第43页。

③ 王利器校笺：《文心雕龙校证》，上海古籍出版社1980年版，第355页。

④ 黄叔琳注，李详补注，杨明照校注拾遗：《增订文心雕龙校注》，中华书局2000年版，第664页。

界事物对视觉和听觉的刺激来完成的，其中视觉是主角。试看"山沓水匝，树杂云合"之后，紧接着是"目既往还，心亦吐纳"，视觉张开搜索美的讯息的雷达，内心才有所感受，需要倾吐，"情往似赠，兴来如答"的高级复杂的审美过程也才能够完成。①外界物质信息进入人的精神领域，主要是通过视觉来完成的，《芬奇论绘画》就认为："被称为灵魂之窗的眼睛，乃是心灵的要道，心灵依靠它才得以最广泛最宏伟地考察大自然的无穷作品。"②《旧约·创世纪》记载上帝创造万物，做的第一件事就是"要有光"，于是有了光，让人能看得见万物。可见视觉之光对人类生存的重要。法国文艺批评家丹纳说得更妙："眼睛和嘴巴一样馋，风景是供养眼睛的珍馐美味。"（《艺术哲学》）刘勰说"目既往还，心亦吐纳"，虽仅寥寥八字，却揭示了审美过程主要依赖视觉感官这样一个局部真理。除视觉外，刘勰还注意到人的其他感觉在审美中的作用，请看他所赞赏的"'灼灼'状桃花之鲜，'依依'尽杨柳之貌，'杲杲'为出日之容，'瀌瀌'拟雨雪之状，'喈喈'逐黄鸟之声，'喓喓'学草虫之韵"③，都是从人最基本的心理感觉出发的。这里，"灼灼""依依""杲杲"是视觉，"喈喈""喓喓"是听觉，"瀌瀌"是触觉，性灵、情趣"流连万象之际"的必要审美条件是"沉吟视听之区"。指明这一点很重要，复杂高级的审美体验与初级的生理感觉是什么关系，尚无人深究。如果把审美过程比作一条锁链，那么，初级的生理感觉和高级的审美体验就是链条的两端，后者以前者为生理基础。除刘勰外，其他论者只看到锁链的末端，即处于已经"完成"状态的审美体验。如陆机《文赋》："遵四时以叹逝，瞻万物而思纷。悲落叶于劲秋，喜柔条于芳春，心凛凛而怀霜，志眇眇而临云。"④钟嵘《诗品·序》："若乃春风春鸟，秋月秋蝉，夏云暑雨，冬月祁寒，斯四候之感诸诗者也。"⑤而几乎很少有论者注意这

——————————————

① 刘勰著，范文澜注：《文心雕龙注》，人民文学出版社1958年版，第693、695页。
② 达·芬奇：《芬奇论绘画》，戴勉编译，人民美术出版社1980年版，第21页。
③ 刘勰著，范文澜注：《文心雕龙注》，人民文学出版社1958年版，第693—694页。
④ 萧统编：《文选》，上海古籍出版社1986年版，第762页。
⑤ 钟嵘著，曹旭集注：《诗品集注》，上海古籍出版社2011年版，第56页。

第六章 萧统著述思想的审美角度观照

条锁链的起始阶段，即"视听之区"的生理感受。刘勰则注意到"物沿耳目，而辞令管其枢机""物以貌求，心以理应"①，强调心灵"流连万象之际"的关键是"沉吟视听之区"，只有"目既往还"，才会"心亦吐纳"，并分别从视觉、听觉、触觉角度总结前人成功的经验，显然严密细腻了许多，为"物感说"注入了新的活力。尤其在自然审美中，美丽的风景使人愉快，首先在于其色彩、光影、线条等形式美本身，然后才是这些形式所蕴含与象征的情思和意味。"各种单纯的色彩或质地之所以会在各个不同的时期和文化背景中具有种种象征意义，表现出不同的情调，首先就在于它们能通过初级的感官给人在生理上造成一定的快感，没有这种初级的生理感受，更高级的情感和想象活动就失去了基础。"②中国传统文学理论向来重感悟而轻思辨，萧统和刘勰一样，都能注意到审美初级阶段即生理感觉的重要，可见其思考之精微和细腻。这种暗合或一致性再次说明刘勰与萧统审美趣味的一致性。

此外，还应注意到，《文选》的编纂思想中表现出一种"广义的物色"观念，明显有一种游览观赏的态度。其赋类所选分别为：京都、郊祀、耕藉、畋猎、纪行、游览、宫殿、江海、物色、鸟兽、志、哀伤、论文、音乐、情。其中，除了"志""哀伤""情"三类属于情感思绪外，其他均属于对外在物色风貌的铺陈描述。另外，诗类中也专有"游览""行旅""军戎""赠答"等项，赏玩意味浓郁，如著名的嵇康《赠秀才入军》就收在"赠答二"中："息徒兰圃，秣马华山。……目送归鸿，手挥五弦。俯仰自得，游心泰玄。嘉彼钓叟，得鱼忘筌。郢人逝矣，谁与尽言？"③又谢灵运《酬从弟惠连》："倘若果归言，共陶暮春时。暮春虽未交。仲春善游遨。山桃发红萼，野蕨渐紫苞。鸣嘤已悦豫，幽居犹郁陶。梦寐伫归舟，释我吝与劳。"④《文选》共收诗文762篇，其中赋74篇，诗437篇，共计占67%，游览、行旅类占很大比重，可见萧统游赏趣味

① 刘勰著，范文澜注：《文心雕龙注》，人民文学出版社1958年版，第493、495页。

② 滕守尧：《审美心理描述》，中国社会科学出版社1985年版，第54页。

③ 萧统编：《文选》，上海古籍出版社1986年版，第1128—1129页。

④ 萧统编：《文选》，上海古籍出版社1986年版，第1200页。

中国古代著述思想研究

之浓郁。已有学者注意到这一点，专撰《浅论〈文选〉的旅游文学视野》一文，认为萧统最早注意到了旅游文学，兹不赘述。① 《文心雕龙·物色》云："自近代以来，文贵形似，窥情风景之上，钻貌草木之中。吟咏所发，志惟深远；体物为妙，功在密附。故巧言切状，如印之印泥，不加雕削，而曲写毫芥。"② 此论带有中性色彩，只是客观地概括了"文贵形似"的流行风气，也对萧统《文选》赋类"广义的物色"选择作了解释。白居易《与元九书》曾批评"至于梁、陈间，率不过嘲风雪、弄花草而已"③，认为写物色要有所寄托。而萧统《文选》不避风、花、雪、月，可见他受文贵形似时流风气习染之重。若再深究，这与萧纲、萧绎所倡的"宫体诗"也不无一种血缘联系，兹不赘述。

第四节　"物色""娱玩"审美态度在选篇标准中的渗透

曾大兴在谈到气候如何影响文学活动时曾指出："气候的变化引起了物候的变化，物候的变化触发了文学家对时序的感觉（生命意识），文学家对时序的感觉（生命意识）被触发之后，才有了文学作品的产生。气候并不能对文学家的时序感觉（生命意识）产生直接的影响，它必须以物候为中介；物候也不能对文学作品产生直接的影响，它必须以文学家的时序感觉（生命意识）为中介。因此物候与文学家的生命意识，就成为气候影响文学的途径。"④ 在萧统的文学欣赏及编纂活动中，也有这种精神轨迹。

从以上分析中可见，在萧统的赏玩态度中，带有"类生命"愉情性质的自然外物是其审美心路历程的起始点，所谓"睹物兴情"是也；但它不仅仅局限于自然景物，还要向其他领域弥漫和延伸。《周易·序卦》认为，盈天地间唯物，

---

① 刘德谦：《浅论〈文选〉的旅游文学视野》，《旅游学刊》1996年第1期。

② 刘勰著，范文澜注：《文心雕龙注》，人民文学出版社1958年版，第694页。

③ 刘昫等：《旧唐书》，中华书局1975年版，第4346页。

④ 曾大兴：《物候与文学家的生命意识——论气候影响文学的途径》，《学术研究》2015年第6期。

"有天地，然后万物生焉。盈天地之间者唯万物"①，这种泛物观对文化上崇尚多元的齐梁人也不无影响。在齐梁人观念中，"物"和"文"本有相通之处，物可以是一种"文"，如"夫玄黄色杂，方圆体分，日月叠璧，以垂丽天之象；山川焕绮，以铺理地之形；此盖道之文也"②。而文章作为人情志精华的凝结，像自然一样，同样具有"活"的生命性质，于是"文"也可以是一种"物"——"惟人参之，性灵所钟，是谓三才。为五行之秀，实天地之心，心生而言立，言立而文明，自然之道也"③，这明显是一种泛文学观。

另外，在《文选·序》中，萧统引用了《易经·贲卦》的一段话："观乎天文，以察时变；观乎人文，以化成天下。"然后赞叹曰："文之时义远矣哉！"④可见，同刘勰一样，在萧统心目中，天文与人文相通，其宏观视野所持也是一种泛文学观。正是在这样的哲学认识背景下，萧统巧妙地实现了由"物"到"文"的美学过渡——"炎凉始贸，触兴自高，睹物兴情，更向篇什"⑤，赏玩的审美情致由自然之"物"触发，而又自然向具有同样"类生命"结构的"文"——文章篇什延伸扩散。在《与何胤书》中，这种思想表达得更为清楚："方今朱明在谢，清风戒寒。想摄养得宜，与时休适。耽精义，味玄理，息嚣尘，玩泉石，激扬硕学，诱接后进。志与秋天竞高，理与春泉争溢，乐可言乎！岂与口厌刍豢，耳聆丝竹之娱同年语哉！"⑥这里，由自然审美到文学审美的内在逻辑十分清晰。"朱明在谢，清风戒寒"的物色悄然变化触动了审美情趣兴起，所谓"物色之动，心亦摇焉"，然后是这种情趣从自然向文化学术领域的弥漫延伸。可见在昭明心目中，思想学术的精言妙语同可人的物色一样，具有同等的审美内涵。于是，"耽精义""味玄理""息嚣尘"与"玩泉石"一样，也

中国古代著述思想研究

---

① 《十三经注疏》整理委员会整理，李学勤主编：《十三经注疏·周易正义》，北京大学出版社1999年版，第335页。

② 刘勰著，范文澜注：《文心雕龙注》，人民文学出版社1958年版，第1页。

③ 刘勰著，范文澜注：《文心雕龙注》，人民文学出版社1958年版，第1页。

④ 萧统编：《文选》，上海古籍出版社1986年版，序言第1页。

⑤ 严可均辑：《全上古三代秦汉三国六朝文·全梁文》，中华书局1958年版，第3064页。

⑥ 严可均辑：《全上古三代秦汉三国六朝文·全梁文》，中华书局1958年版，第3064页。

具有同等的赏玩价值，由自然所触发的审美感受可以延伸到文化典籍、义理思辨，其间的衔接过渡十分自然。在昭明留下的文字中，这种以赏玩自然的审美态度对待的学术文章随处可见，"玩"字出现的频率很高，如"披庄子之七篇，逍遥物外；玩老聃之两卷，恍惚怀中"①。又"栖神鹤驾，眷想龙门，披玩之间，愿无捐德"②。又"得五月二十八日疏并诗一首，……首尾裁净，可为佳作，吟玩反覆，欲罢不能"③。又"静然终日，披古为事，况观六籍，杂玩文史"④。又"与其饱食终日，宁游思于文林"⑤。又"并为入耳之娱"，"俱为悦目之玩"⑥。又"轮动文学乘，筵鸣宾从静。……伊予爱丘壑，登高至节景"⑦。"披玩""吟玩""杂玩""悦目之玩"，在涉及文章学术时，"玩"字出现的频率如此之高，明显具有与赏玩自然同功的审美意味，这绝非偶然，而是体现了作者审美思维的较稳定的内在逻辑。

在萧统的文化视野中，吟诵篇什和赏玩自然经常联袂而行，文史篇章和山水一样，也是一种"物"，可以联袂而行，陶冶性情——"居多暇日，殽核坟史，渔猎词林，上下数千年间无人，致足乐也。知少行游，不动亦静。不出户庭，触地丘壑。天游不能隐，山林在目中。冷泉石镜，一见何必胜于传闻；松坞杏林，知之恐有逾吾就。"⑧即使面对森严的儒家经典，也不无赏玩意味——"静然终日，披古为事。况观六籍，杂玩文史。见孝友忠贞之迹，睹治乱骄奢之事，足以自慰，足以自言。"⑨所涉虽为严肃的经典要籍，但崇仰、宣扬教化的色彩却很淡薄，其目的只是"自慰""自言"而已。这种以赏玩审美、愉悦精神为主的态

① 严可均辑：《全上古三代秦汉三国六朝文·全梁文》，中华书局1958年版，第3062页。
② 严可均辑：《全上古三代秦汉三国六朝文·全梁文》，中华书局1958年版，第3063页。
③ 严可均辑：《全上古三代秦汉三国六朝文·全梁文》，中华书局1958年版，第3064页。
④ 严可均辑：《全上古三代秦汉三国六朝文·全梁文》，中华书局1958年版，第3064页。
⑤ 严可均辑：《全上古三代秦汉三国六朝文·全梁文》，中华书局1958年版，第3064页。
⑥ 萧统编：《文选》，上海古籍出版社1986年版，序言第2页。
⑦ 逯钦立辑校：《先秦汉魏晋南北朝诗》，中华书局1983年版，第1797页。
⑧ 严可均辑：《全上古三代秦汉三国六朝文·全梁文》，中华书局1958年版，第3064页。
⑨ 严可均辑：《全上古三代秦汉三国六朝文·全梁文》，中华书局1958年版，第3064页。

度落实到文学上，就容易导致一种"纯文学"的观念，把"篇什"从经、史、子、传中剔除出来。在萧统看来，文学最重要的功用就是给人以审美的愉悦，其他因素则处于辅助地位。在最能体现其文学观的《文选·序》中，虽然也提到了诗歌的"六义"、诗歌"志之所之"的正统定义，及"风雅之道，粲然可观"，但醉翁之意不在酒，这不过是些不得不说的门面话，一触及问题的本质，即自己心目中纯文学的位置，其"以能文为本"的赏玩式审美态度就表露无遗。在那段著名的区分文与经、史、子界限的论述中，昭明先赞之以"与日月俱悬，鬼神争奥""冰释泉涌，金相玉振""事美一时，语流千载"等语，然后委婉地用"岂可""不能""不取""不同"等语巧妙地将经、史、子、传等典籍排除在外，理由是其种种非文学的属性——"孝敬之准式，人伦之师友"，"盖以立意为宗"，"虽传之简牍，而事异篇章"，"所以褒贬是非，纪别异同"。属于文学范畴的只有那些符合"综辑辞采""错比文华""事出于沉思，义归乎翰藻"等篇什标准之作。① 对此，笔者同意《中国美学史》（李泽厚、刘纲纪主编）中的意见，尤其考虑到要结合萧统的赏玩式审美态度来观察其文学观念，这里的"沉思"不能理解为一般之深思，"沉"应为"沉吟"之意，"思"应为"属文之道，事出神思"（《南齐书·文学传论》）之"思"。故"沉思"是一种审美创造状态，即刘勰所说的"诗人感物，联类不穷。流连万象之际，沉吟视听之区；写气图貌，既随物以宛转；属采附声，亦与心而徘徊"②。这种状态包括审美感受、联想、想象、构思、形成意象等。这里的"事"也不是一般意义的，而是受社会自然外物刺激感发之"事"。"事出沉思"，是说文学不像经、史、子等出于伦理的阐发、义理的辨析及事实的陈述，而是要遵从文学形象思维的规律，出于对外物的审美感受，即钟嵘《诗品·序》所云："或骨横朔野，或魂逐飞蓬……塞客衣单，孀闺泪尽；又士有解佩出朝，一去忘返；女有扬娥入宠，再盼倾国。"③ 或如萧纲所云："至如春庭乐景，转蕙成风；秋雨且晴，檐梧初下。

---

① 萧统编：《文选》，上海古籍出版社1986年版，序言第2—3页。

② 刘勰著，范文澜注：《文心雕龙注》，人民文学出版社1958年版，第693页。

③ 钟嵘著，曹旭集注：《诗品集注》，上海古籍出版社2011年版，第56页。

浮云在野，明月入楼，时命亲宾，乍动严驾……或乡思凄然，或雄心愤薄，是以沉吟短翰，补缀庸音，寓目写心，因事而作。"①所谓"因事而作"，即有感而发、言之有物之意，与白居易所说"歌诗合为事而作"意思不同，而是要向赏玩式审美倾斜，可视为对"事出沉思"的最好注解。这种赏玩物色的态度极大地影响了《文选》的选文标准。

另外，应注意到，赏玩，并非意味着只面对愉悦之物，哀怨伤感也属"事出于沉思"一类，所谓"大凡物不得其平则鸣"是也，亦可成为审美赏玩的对象。钱锺书先生曾指出："韩愈的'不平'和（司马迁的——引者注）'牢骚不平'并不相等，它不但指愤郁，也包括欢乐在内。"②依照此理反推之，则赏玩式审美也并非仅局限于欢乐愉悦之物，而是包含愤懑哀伤等情思在内。人"性"的原始状态是平静，"情"是"性"遭到了外物的触动骚扰，失去了平静。正如《乐记》所说："人生而静，天之性也。感于物而动，性之欲也。"③后儒发挥了这一说法："性之与情，犹波之与水，静时是水，动则是波；静时是性，动则是情。"④"湛然平静如镜者，水之性也。及遇沙石，或地势不平，便有湍激；或风行其上，便为波涛汹涌。此岂水之性也哉？……然无水安得波浪，无性安得情也？"⑤可见，任何形式的"情"都是本"性"失去了平静的结果，韩愈《送高闲上人序》就说："喜怒窘穷，忧悲愉佚，怨恨思慕，酣醉无聊不平，有动于心，必于草书焉发之。"⑥明乎此，则更能了解萧统之"睹物兴情，更向篇什"无疑也含有"喜怒窘穷，忧悲愉佚"两方面。实际上，萧统也是这样做的。查《文选》赋辛为"哀伤"立目，收文7篇：司马相如《长门赋》、向秀《思旧

---

① 萧纲著，肖占鹏、董志广校注：《梁简文帝集校注》，南开大学出版社2015年版，第757页。

② 钱锺书著，舒展选编：《钱钟书论学文选》（第六卷），花城出版社1990年版，第155页。

③ 《十三经注疏》整理委员会整理，李学勤主编：《十三经注疏·礼记正义》，北京大学出版社1999年版，第1083页。

④ 《十三经注疏》整理委员会整理，李学勤主编：《十三经注疏·礼记正义》，北京大学出版社1999年版，第1423页。

⑤ 程颢、程颐：《二程集》，中华书局1981年版，第204页。

⑥ 韩愈著，马其昶校注：《韩昌黎文集校注》，上海古籍出版社2014年版，第303页。

赋》、陆机《叹逝赋》、潘岳《怀旧赋》《寡妇赋》、江淹《恨赋》《别赋》。其或表现女性失宠的哀怨，或感叹时光的流逝，或是对离情别绪的渲染，等等；完全突破了儒家"哀而不伤"的诗教规范。史载，昭明之母丁贵嫔染病，"太子还永福省，朝夕侍疾，衣不解带。及薨，步从丧还宫，至殡，水浆不入口，每哭辄恸绝。……虽屡奉敕劝逼，日止一溢，不尝菜果之味。体素壮，腰带十围，至是减削过半"①。从其真情至性富于哀伤悲艳之美，可知萧统立"哀伤"一目的用心所在。《颜氏家训·文章篇》认为文章出于《书》《易》《诗》《礼》《春秋》五经，之后说："至于陶冶性灵，从容讽谏，入其滋味，亦乐事也。行有余力，则可习之。"②将五经之文视为大道，而"陶冶性灵""入其滋味"之作不过是小技，而萧统之所重，正是颜之推所轻，可见其趣味所在。

这种内在逻辑洵如有学者所分析的那样："回过头来再看刘勰不录经书、子书、史书的几条理由，如说经书'与日月俱悬，鬼神争奥，孝敬之准式，人伦之师友'，子书'盖以立意为宗，不以能文为本'，史书'所以褒贬是非，纪别异同'，原来都是因为它们太崇高、太严肃、太道德、太说教、太正经、太公众、太没有个人情味，总而言之，都表现出与'入耳之娱''悦目之玩'背道而驰的性质。至于'沉思''翰藻'与'篇什'，则只不过是'入耳之娱''悦目之玩'性质的表现。……正因为此，像论赞这样本来不是单篇，却具有一定的娱玩性，兼具'沉思''翰藻'的特点，能够使人'心游目想，移晷忘倦'的话，萧统仍然会变通地将它们剪裁编入《文选》。"③

由此，还可以透析萧统与萧纲、萧绎文学集团的瓜葛。学界有一种说法，认为萧统的文学思想有别于萧纲、萧绎，罗宗强先生就指出："但它也与重娱乐、求轻艳的宫体诗一派明显不同。"④这是就其异者而言之；而就其同者而观之，二者又有着千丝万缕的联系，甚至有人说《文选》与《玉台新咏》出于同一

---

① 姚思廉：《梁书》，中华书局1973年版，第167页。

② 王利器：《颜氏家训集解》，中华书局1993年版，第286页。

③ 罗书华：《萧统文学观念与〈文选〉选文标准之重释》，《求是学刊》2008年第1期。

④ 罗宗强：《魏晋南北朝文学思想史》，中华书局1996年版，第405页。

审美机制——"萧统与萧纲的文化心理和审美追求不可能有根本性的区别，事实上这两书都是同一种审美机制的不同表现形式。"①这虽不无偏颇，但能看出二者的联系，确有一定道理。如萧统追求纯文学观念，典丽之中，偏重于"丽"，讲究"综辑辞采""错比文华"，"沉思"与"翰藻"并重，并在诗赋中立有"哀伤"一目，恰与萧绎所说的"吟咏风谣，流连哀思者，谓之文"暗合。萧统又云："至如文者，惟须绮縠纷披，宫徵靡曼，唇吻遒会，情灵摇荡。"②所追求的也是一种纯文学观念。萧纲也说："未闻吟咏情性，反拟《内则》之篇；操笔写志，更摹《酒诰》之作；迟迟春日，翻学《归藏》；湛湛江水，遂同《大传》。"并批评复古派先锋裴子野"乃是良史之才，了无篇什之美"③。而篇什之美正是萧统所尚。可见二者确实形成于同一文化土壤之中，思想意趣十分接近。

此外，这种非功利的审美态度还体现在萧统的著述思想上。齐梁之际，文化昌盛，朝野著述成风。所谓"制造礼乐，敦崇儒雅，自江左以来，年逾二百，文物之盛，独美于兹"④。细考之，时流所热衷的文化活动主要有三：一为吟咏性情、流连哀思的诗赋，以山水、声律、宫体诗为代表；二为对儒、道、释三家经典的注释与阐发，如萧衍著《尚书大义》《老子讲疏》《涅盘》经义等，涵盖三教；三为史书的编纂，如沈约著《晋书》《宋书》《齐纪》等二百余卷。据《梁书·吴均传》记载："寻有敕召见，使撰《通史》，起三皇，迄齐代，均草本纪、世家功已毕，唯列传未就。"⑤这种风尚，仅从梁武帝萧衍一人著述中就可见出。据《梁书·武帝纪下》，萧衍著有《周易讲疏》《毛诗答问》《春秋答问》《中庸讲疏》《孔子正言》等，共二百余卷，称制断疑何佟之等所修五礼凡一千余卷，《涅盘》《大品》诸经义记数百卷，《通史》及序赞共六百卷，诸文集百二十卷，《金策》三十卷（其中当然不无水分）。据《梁书》载，著述超

---

① 查屏球：《由〈文选〉诗赋立目看萧统情感意识及宫体诗审美机制》，《江海学刊》1994年第4期。

② 刘勰著，范文澜注：《文心雕龙注》，人民文学出版社1958年版，第662页。

③ 姚思廉：《梁书》，中华书局1973年版，第690、691页。

④ 李延寿：《南史》，中华书局1975年版，第225—226页。

⑤ 姚思廉：《梁书》，中华书局1973年版，第699页。

过百卷的还有沈约、任昉、裴子野、萧子显、吴均等32人，可见当时著述风气一斑。而观察萧统，于此并不热衷，颇有述而不作之风。

编纂《文选》，是萧统文学活动的主要成果，与直接著书立说相比，这种行为中透着一种淡泊功利的意味。而编纂这种著述形式正是昭明对外物持赏玩态度的结果。《文选·序》尝叙及昭明编纂动机，其云："余监抚余闲，居多暇日，历观文囿，泛览辞林，未尝不心游目想，移晷忘倦。自姬汉以来，眇焉悠邈，时更七代，数逾千祀……自非略其芜秽，集其清英，盖欲兼功，太半难矣！"①编纂的初衷是"略其芜秽，集其清英"，以便更好保存，更便于"泛览辞林""心游目想"。与同时代人比较，这种编纂而不创作的著述思想功利色彩很淡薄。萧统殁后，简文帝萧纲入主东宫，热衷轻艳，成为"宫体诗"的开创者，他在给萧绎的一封信中就说："文章未坠，必有英绝，领袖之者，非弟而谁。每欲论之，无可与语，思吾子建，一共商榷。辩兹清浊，使如泾、渭；论兹月旦，类彼汝南。"②俨然以文坛盟主自居，可见其文学活动有极强的目的性。而萧绎《金楼子》也说："余于天下为不贱焉。窃念臧文仲既殁，其立言于世，曹子桓云'立德著书，可以不朽'，杜元凯言'德者非所企及，立言或可庶几'，故户牗悬刀笔，而有述作之志矣。常笑淮南之假手，每蚩不韦之托人。由是年在志学，躬自搜纂，以为一家之言。"③著述不朽之意，溢于言表。

第五节　《风骨》论："入耳之娱""悦目之玩"批判

（一）萧统、刘勰同异论

本节讨论萧统与刘勰著述思想与文学观念的同与异。

---

① 萧统编：《文选》，上海古籍出版社1986年版，序言第2页。

② 姚思廉：《梁书》，中华书局1973年版，第691页。

③ 萧绎著，陈志平、熊清元疏证校注：《金楼子疏证校注》，上海古籍出版社2014年版，第1页。

就其同者而言，昭明太子萧统与刘勰的关系，或曰《文选》与《文心雕龙》（以下亦称《文心》）的联系，对治齐梁文学者，颇具魅力。二者一编纂《文选》，为出色选家；一巧雕《文心》，为文论大家。《文选》，《文心》，辉映当时；《选》学，《龙》学，泽润百世。直接记录二者关系的可靠史料，只有《梁书·刘勰传》一条："天监初，起家奉朝请……除仁威南康王记室，兼东宫通事舍人……迁步兵校尉，兼舍人如故。昭明太子好文学，深爱接之。"①另有一条较间接，似为对"深爱接之"的具体注释："（昭明太子——引者注）引纳才学之士，赏爱无倦。恒自讨论篇籍，或与学士商榷古今；闲则继以文章著述，率以为常。"②"赏爱无倦"与"深爱接之"，在语气甚至用词上都很接近，从情理上揣测，刘勰当在与萧统"讨论篇籍""商榷古今"的文士行列之中。

关于二人交往的时间长度和亲疏密度，顾农君曾作过详细考辨，兹不赘述。③本书将从另一角度——审美情趣的相通——分析二者的关系。正式展开论述之前，有必要对前贤在此领域的工作做一番梳理。就笔者见闻所及，学界认为刘勰与萧统有联系，约有五种意见：一、崇佛思想接近。杨明照《梁书刘勰传笺注》："又《梁书·昭明太子传》：'太子亦崇信三宝，遍览众经，乃于宫内别立慧义殿，专为法集之所。招引名僧，谈论不绝。'（《南史》统传同）舍人本博通经论，长于佛理，与昭明之爱接，或亦有关。"④二、折衷倾向相通。王运熙《刘勰文学理论的折中倾向》一文认为，梁代文坛鼎足三分，一为讲究"典"的复古派，以裴子野为代表；二为崇尚"丽"的新变派，以萧纲、萧绎为首；三为折衷于典丽文质之间。从大的分野来说，萧统与刘勰同属一派。⑤三、崇文倾向接近。杨明照《梁书刘勰传笺注》："舍人深得文理者，与昭明相处既久，奇

---

① 姚思廉：《梁书》，中华书局1973年版，第710页。

② 姚思廉：《梁书》，中华书局1973年版，第167页。

③ 顾农：《试论〈昭明文选〉与〈文心雕龙〉的关系》，《南开学报》1995年第1期。

④ 杨明照：《文心雕龙校注拾遗》，上海古籍出版社1982年版，第402页。

⑤ 王运熙：《刘勰文学理论的折中倾向》，载中国文心雕龙学会编：《文心雕龙研究荟萃》，上海书店1992年版，第194—202页。

文共赏，疑义与析，必甚得君臣鱼水之遇，其深被爱接也固宜。"①四、具体文学见解相类。户田浩晓《文心雕龙研究》："两者不仅在文学样式的分类上存在不少共通点，且在关于文学本质的想法方面也极为相似，《文选》的编纂曾受到《文心雕龙》的巨大影响是不容否定的。即使说《文选》实际上是依据《文心雕龙》文学论而构成的诗文集形式的著作，恐怕也不过分。"②五、文体观念近似。骆宏凯《文选学》："《文选》分体凡三十有八，七代文体，甄录略备，而持较《文心》，篇目虽小有出入，大体实适相符合。"③又杨明照认为："又按昭明生于齐中兴元年九月，时《文心》书且垂成，而后来选楼所选者，往往与《文心》之'选文定篇'合；是《文选》一书，或亦受有舍人之影响也。"④

以上五种意见，为目前学界研究二者关系之大观。很明显，其研究轨迹中多有"或亦""是岂""很可能""必其""大约总是"等揣度之词，可证目前有关这一问题的研究尚处于"有依据的猜测分析"状态。在这种认识性质的定位下，笔者不避续貂之嫌，聊存美芹之意，试图在这五种说法之外再添加一种研究思路，即从《物色》所反映出的自然审美情趣入手，测析昭明和刘勰的关系。⑤笔者认为，刘勰的自然审美观念可作如下归纳：一为赏玩、亲近的态度；二为注重从四季变化观赏自然；三为注重审美经验的低级阶段，即生理感觉。如本章前文所分析的，萧统的审美趣味与之一一对应。在从审美趣味相通的角度分析萧统和刘勰的关系之后，或许能在学界已有的五种意见之外，为我们观察二人的关系，或曰《文心雕龙》和《文选》的关系，提供一种新的视角。文化多元的思想意识相近，主张典丽的文学思想类似，加上审美情趣的相通，再来看"昭明太子好文学，深爱接之"，就又多了一种联系，显得更有依据。

就其异者而论，刘勰又与萧统颇多不同之处。首先是著述思想的明显差

中国古代著述思想研究

---

① 杨明照：《文心雕龙校注拾遗》，上海古籍出版社1982年版，第402页。

② 户田浩晓：《文心雕龙研究》，曹旭译，上海古籍出版社1992年版，第2—3页。

③ 骆鸿凯：《文选学》，中华书局1989年版，第124页。

④ 杨明照：《文心雕龙校注拾遗》，上海古籍出版社1982年版，第402页。

⑤ 刘畅：《从〈物色〉测析昭明对刘勰的"深爱接之"》，《天津大学学报》（社会科学版）2000年第1期。

异。刘勰在《文心雕龙·序志》中申明自己的创作动机："岁月飘忽，性灵不居，腾声飞实，制作而已。……是以君子处世，树德建言，岂好辨哉，不得已也！"①又《文心雕龙·诸子》云："诸子者，入道见志之书。太上立德，其次立言。……君子之处世，疾名德之不章。唯英才特达，则炳曜垂文，腾其姓氏，悬诸日月焉。"②刘勰之著《文心雕龙》，明显有甄选经典、致用当世的功利性目的，是对自己"梓材"理论的一次实践。他对前人文论，均不满意，就是因其"不述先哲之诰，无益后生之虑"，于世无补。其以文学活动甄选经典政教的目的十分明确："摛文必在纬军国，负重必在任栋梁，穷则独善以垂文，达则奉时以骋绩，若此文人，应梓材之士矣。"③这些均源于传统的三不朽说："'太上有立德，其次有立功，其次有立言。'虽久不废，此之谓不朽。"④而在萧统所涉及的著述观念中，却很难看到这种功利色彩的踪影，相反，常见的是本章前文所分析的"娱玩"式著述思想。恰如有学者所指出的："文学虽然在不断地发展变化之中，但所有的文学都有源流，有脉络，它们有着内在的一致性。变本加厉，但是根本还在冰异于水，但水的性质并没有变。'物既有之，文亦宜然。'这个一致性就是'并为入耳之娱'，'俱为悦目之玩'。这就是萧统所理解文学的本质，也是他选录文章的当然标准。正是因为文学有这样的特点，所以他会'历观文囿，泛览辞林'，并且能够在其中'心游目想，移晷忘倦'，也正是因为体会到文学这样的美妙，他才会在古今文海中做这样一番'略其芜秽，集其清英'的工作，成就这样一部《文选》。而这点也是萧统不把子书、史书当作'文'看，排除在'文选'之外的真正原因。"⑤

此外，刘勰和萧统最大的不同在于对"娱玩"式著述思想和文学观念的认识。简言之，萧统是接受、向往和崇尚，刘勰则是既有接受，亦有批判。萧统

---

① 刘勰著，范文澜注：《文心雕龙注》，人民文学出版社1958年版，第725页。

② 刘勰著，范文澜注：《文心雕龙注》，人民文学出版社1958年版，第307—308页。

③ 刘勰著，范文澜注：《文心雕龙注》，人民文学出版社1958年版，第720页。

④ 《十三经注疏》整理委员会整理，李学勤主编：《十三经注疏·春秋左传正义》，北京大学出版社1999年版，第1003—1004页。

⑤ 罗书华：《萧统文学观念与〈文选〉选文标准之重释》，《求是学刊》2008年第1期。

《文选》的"娱玩"观念代表了其时代的一种审美思潮和认识,恰如学者所指出的:"这样的选文标准与他在其他场合所说的'夫文典则累野,丽亦伤浮'等论述并不矛盾,既包含了萧统对文学的独特感受、体会与要求,也是那个时代对于文学的共同认识。"①

风骨论在《文心雕龙》中的地位十分重要,洵如罗宗强先生所论:"风骨论是刘勰最激动人心而又最扑朔迷离的理论命题,也是他的理论的最出色成就之一。"②自20世纪初,以黄侃先生在北京大学独立讲授《文心雕龙》为标志,现代"龙学"已有80多年的历史。这期间,像其他理论命题一样,风骨论的内涵和外延已在学者的精耕细作中得到了充分阐释,风骨究竟何指?风骨命题的确切含义是什么?其理论价值何在?学界的分析论证莫衷一是。有人曾作一统计,列出对风骨的不同解释共10组57种,可见研究之细腻。③研究刘勰的风骨论,有两种途径:一为微观的,对风骨范畴确切含义的探讨;二为宏观的,对风骨论形成的社会文化背景的考察。第一种工作,已经做得较为透彻,相比之下,第二种工作则显得薄弱,成果不多。

本书不纠缠于风骨范畴本义的探讨,而试图从《文心雕龙》的《程器》篇入手,考察刘勰风骨论形成的社会文化因素。在众说纷纭的风骨命题定义中,笔者采用罗宗强先生的解释:"风与骨,均指作品之内在力量,不过一虚一实,一为感情之力,一为事义之力。感情之力借其强烈浓郁、借其流动与气概动人。事义之力,借其结构谨严之文辞,借其逻辑力量动人。风骨合而论之,乃是提倡一种内在力量的美。"④由"内在之力"这一定义立脚,本书认为,《程器》与《风骨》,一论世,一论文,一为社会批评,一为文学批评,二者实有内在逻辑联系。其理论锋芒所指向的是齐梁时期尚文轻武、无骨乏力的文化弊病。刘勰社会批评的思想左右着他文学批评的态度,而其文学批评中又明显含有社会批评的投

---

① 罗书华:《萧统文学观念与〈文选〉选文标准之重释》,《求是学刊》2008年第1期。

② 罗宗强:《魏晋南北朝文学思想史》,中华书局1996年版,第330—340页。

③ 罗宗强:《魏晋南北朝文学思想史》,中华书局1996年版,第330页。

④ 罗宗强:《魏晋南北朝文学思想史》,中华书局1996年版,第338—339页。

影。换言之，《程器》是社会批评中的风骨论，而《风骨》则是文学批评中的程器说。

（二）由《程器》观《风骨》

如前所述，萧统与刘勰所处的齐梁时代文坛，务华弃实，彩饰压倒了风骨。这就是环绕着刘勰的时流风尚，它是举世狂热崇文的必然结果。这种"近代"文学，美则美矣，丽则丽矣，可正如《风骨》篇所概括的，是"丰藻克赡，风骨不飞，则振采失鲜，负声无力"，是"瘠义肥辞，繁杂失统""思不环周，索莫乏气"。①所谓"近代""近世"文学之失，大略难逃此寥寥数语。

这样，从《程器》到《风骨》，由社会批评到文学批评，由人之无骨到文之无骨，其中的逻辑联系就十分清楚了。单从美学角度来说，靡弱文风本身已经有待于纠正，而刘勰本人的贫寒庶族地位，使得他对士族政治的不满极容易转移投射到文化及文学领域，对产生靡弱文风的根源看得更清，纠偏矫弊的心情就更迫切。这无疑使他看问题又深入一层，又多了一种角度，风骨论正是在这样的文化心理背景下产生的。

针对近代词人"务华弃实"之弊，刘勰强调文人要通政事、达实务、贵器用。《文心雕龙·程器》开篇即云："《周书》论士，方之'梓材'，盖贵器用而兼文采也。"②《梓材》为《周书》中一篇，其云："若作梓材，既勤朴斫，惟其涂丹雘。"孔传曰："为政之术，如梓人治材为器，已劳力朴治斫削，惟其当涂以漆丹以朱而后成。"③实用是根本，丹漆是修饰。齐梁之际，狂热崇文，士大夫肤脆骨柔，多不堪器用。为此，他提出理想的文人应是"摛文必在纬军国，负重必在任栋梁，穷则独善以垂文，达则奉时以骋绩，若此文人，应梓材之士矣"。而他理想的士人人格则是"君子藏器，待时而动，发挥事业，固宜蓄素

①　刘勰著，范文澜注：《文心雕龙注》，人民文学出版社1958年版，第513页。

②　刘勰著，范文澜注：《文心雕龙注》，人民文学出版社1958年版，第718页。

③　《十三经注疏》整理委员会整理，李学勤主编：《十三经注疏·尚书正义》，北京大学出版社1999年版，第386页。

以弸中，散采以彪外，梗楠其质，豫章其干"①。器用文采，相得益彰，文质彬彬，然后君子。而当时"时流"所重的风气却是崇文而轻器，与刘勰的理想相去甚远。翻阅《梁书》，士人因文采风流而获皇室宠任的记载随处可见，于此可观时流所重：

一重阐扬经术。《梁书·徐摛传》："摛文体既别，春坊尽学之，'宫体'之号，自斯而起。高祖闻之怒，召摛加让，及见，应对明敏，辞义可观，高祖意释。因问《五经》大义，次问历代史及百家杂说，末论释教。摛商较纵横，应答如响……更被亲狎，宠遇日隆。"②又"之遴好属文，多学古体，……是时《周易》《尚书》《礼记》《毛诗》并有高祖义疏，惟《左氏传》尚阙，之遴乃著《春秋大意》十科……合三十事以上之。高祖大悦，诏答之曰：'省所撰《春秋》义，比事论书，辞微旨远'"③。

二重辞章之美。《梁书·刘孝绰传》："高祖雅好虫篆，时因宴幸，命沈约、任昉等言志赋诗，孝绰亦见引。尝侍宴，于坐为诗七首，高祖览其文，篇篇嗟赏，由是朝野改观焉。"④又《柳恽传》："（柳恽——引者注）少工篇什。……尝奉和高祖《登景阳楼》中篇云：'太液沧波起，长杨高树秋。翠华承汉远，雕辇逐风游。'深为高祖所美。"⑤又《张率传》："率又为《待诏赋》奏之，甚见称赏。手敕答曰：'省赋殊佳。相如工而不敏，枚皋速而不工，卿可谓兼二子于金马矣。'又侍宴赋诗，高祖乃别赐率诗曰：'东南有才子，故能服官政。余虽惭古昔，得人今为盛。'……其恩遇如此。"⑥张峰屹曾著文指出："魏晋南朝诗坛，普遍存在着逞竞才学、游戏文字的创作情境。此种情形之形成，与其时张扬才学的社会文化氛围、帝王权贵常常招聚文士酬唱的风气以及寒

① 刘勰著，范文澜注：《文心雕龙注》，人民文学出版社1958年版，第720页。
② 姚思廉：《梁书》，中华书局1973年版，第447页。
③ 姚思廉：《梁书》，中华书局1973年版，第574页。
④ 姚思廉：《梁书》，中华书局1973年版，第480页。
⑤ 姚思廉：《梁书》，中华书局1973年版，第331页。
⑥ 姚思廉：《梁书》，中华书局1973年版，第475页。

士以文才求仕进的现实密切相关。"①具体而言，这种"逞才游艺"风气与重娱乐、尚轻艳文学（诗学）思潮有着密切的联系——"重娱乐、尚轻艳，是南朝文学思想的主潮，也是其时诗歌创作的风尚。察《艺文类聚》卷五六《杂文部二·诗》收录的三十馀类杂体诗，除柏梁、离合、两头纤纤、藁砧、五杂组五体外，其他各体都是南朝诗人首创。谢灵运、鲍照、何长瑜、谢惠连、王融、范云、沈约、庾肩吾、庾信、萧纲、萧绎、沈炯这些活跃于南朝的诗人，都是杂体诗的重要作手。这便足以说明：南朝诗坛流动着一股浓烈的以作诗为娱乐的风气。萧纲《诫当阳公大心书》所谓'立身之道，与文章异：立身先须谨重，文章且须放荡'（《艺文类聚》卷二三），即鲜明地表述着文学追求娱乐、轻艳的风气。由于这些诗歌一般并无真情实感之抒发，故往往表现为逞才游艺，诗人们更多在雕琢诗歌形式上用力。"②

三重风神容止。此为贵形似风气在容貌上的另一种表现。《谢览传》："览为人美风神，善辞令，高祖深器之。尝侍座，受敕与侍中王暕为诗答赠，其文甚工。高祖善之，仍使重作，复合旨。乃赐诗云：'双文既后进，二少实名家；岂伊止栋隆，信乃俱国华。'"③又《王峻传》："峻少美风姿，善举止。……高祖甚悦其风采，与陈郡谢览同见赏擢。"④又《康绚传》："绚身长八尺，容貌绝伦，虽居显官，犹习武艺。高祖幸德阳殿戏马，敕绚马射，抚弦贯的，观者悦之。其日，上使画工图绚形，遣中使持以问绚曰：'卿识此图不？'其见亲如此。"⑤"东南有才子，故能服官政"二句，准确传神地道出齐梁时期才学与仕途的微妙联系。

齐梁文化氛围及世风，大略如此。

身处这种大的崇文氛围之中，能征惯战的武将深感压抑，不由慨叹："我昔

第六章　萧统著述思想的审美角度观照

---

① 张峰屹：《逞才游艺与魏晋南朝诗歌及诗学》，《文学评论》2011年第5期。
② 张峰屹：《逞才游艺与魏晋南朝诗歌及诗学》，《文学评论》2011年第5期。
③ 姚思廉：《梁书》，中华书局1973年版，第265页。
④ 姚思廉：《梁书》，中华书局1973年版，第320—321页。
⑤ 姚思廉：《梁书》，中华书局1973年版，第291页。

在乡里，骑快马如龙，与年少辈数十骑，拓弓弦作霹雳声，箭如饿鸱叫。平泽中逐獐，数肋射之，渴饮其血，饥食其肉，甜如甘露浆。觉耳后风生，鼻头出火，此乐使人忘死，不知老之将至。今来扬州作贵人，动转不得，路行开车幔，小人辄言不可。闭置车中，如三日新妇。遭此邑邑，使人无气。"[1]这种心态，与文士形成鲜明对照。

此种崇文风气，害国误政亦不浅。梁末浩劫，始乱于侯景，再祸于西魏，均与此种风气有关。

侯景之祸，朱异干系极大，已如前述。再看西魏之祸，元帝萧绎对此负有直接责任。其为人如何呢？史载，梁元帝萧绎"性好书，常令左右读书，昼夜不绝，虽熟睡，卷犹不释，或差误及欺之，帝辄惊寤。作文章，援笔立就。常言：'我韬于文士，愧于武夫。'论者以为得言"[2]。所著《孝德传》《古今同姓名录》近400卷。承圣三年（554年）冬十一月，西魏铁骑攻陷江陵，"帝入东阁竹殿，命舍人高善宝焚古今图书十四万卷，将自赴火，宫人左右共止之。又以宝剑斫柱令折，叹曰：'文武之道，今夜尽矣！'……或问：'何意焚书？'帝曰：'读书万卷，犹有今日，故焚之！'"[3]。王夫之著《读通鉴论》，认为元帝自取灭亡，非仅读书之故："而抑未尝非读书之故也。取帝之所撰著而观之，搜索骈丽、攒集影迹以夸博记者，非破万卷而不能。于其时也，君父悬命于逆贼，宗社垂丝于割裂，而晨览夕披，疲役于此，养不能振，机不能乘，则与六博投琼、耽酒渔色也，又何以异哉？""玩"书，与"玩"物，对象不同，本质实一，"有所玩者，未有不丧者也"，王夫之一个"玩"'字，抓住了问题要害，"其穷也，以教而锢人之子弟；其达也，以执而误人之国家"。[4]史载，元帝遇害后，魏师"收府库珍宝及宋浑天仪、梁铜晷表、大玉径四尺及诸法物；尽俘王公以下及选百姓男女数万口为奴婢，分赏三军，驱归长安，小弱者皆杀之。得免者

中国古代著述思想研究

---

① 姚思廉：《梁书》，中华书局1973年版，第181页。
② 司马光编著：《资治通鉴》，中华书局2013年版，第4295页。
③ 司马光编著：《资治通鉴》，中华书局2013年版，第4293、4294页。
④ 王夫之：《读通鉴论》，中华书局1975年版，第593、594页。

三百余家，而人马所践及冻死者什二三"①。亡国之祸，惨烈至此！万卷藏书，毁于兵燹，齐梁斯文，焚毁殆尽，为中华文化典籍之一厄。此为单纯崇文不重器用之恶果。

（三）重器用与贵风骨

"务华弃实"，其枝叶在文坛，而根则在政坛：政坛轻器用，则文坛无风骨。贵器用与重风骨，一指人，一指文，实为一种思想的两种表现形式。而要在为人上强调器用，就必然要在文风上提倡风骨，二者实有密切内在逻辑联系。如上所云，风骨是一种内在情感之力，最忌华而不实，"故辞之待骨，如体之树骸，情之含风，犹形之包气。结言端直，则文骨成焉；意气骏爽，则文风清焉"②。风骨是一美学概念，较为抽象，考之刘勰本人所举具体之例，会更清楚地看到其心目中风骨与器用联系之密切。《文心雕龙·才略》篇谓："刘琨雅壮而多风，卢谌情发而理昭，亦遇之于时势也。"③可见，刘琨之"多风"和"时势"联系密切，什么样的时势呢？《祝盟》篇又云："刘琨《铁誓》，精贯霏霜。"④《章表》亦云："刘琨《劝进》……文致耿介，并陈事之美表也。"⑤《铁誓》，指《与段匹磾盟文》，事在建武元年（317年），刘琨临危受命，任并州刺史，四面受敌，乃谋与幽州刺史段匹磾结盟，以讨石勒。文见《全晋文》。此文先述国家危难是"百罹备臻，死丧相枕，肌肤润于锋镝，骸骨曝于草莽，千里无烟火之庐，列城有兵旷之邑"，一派伤心惨目，"兹所以痛心疾首，仰诉皇穹者也"，继而盟誓，共赴国难，"自今日既盟之后，皆尽忠竭节，以蓟夷二寇。有加难于琨，磾必救；加难于磾，琨亦如之。缱绻齐契，披布胸怀，

---

① 司马光编著：《资治通鉴》，中华书局2013年版，第4295页。

② 刘勰著，范文澜注：《文心雕龙注》，人民文学出版社1958年版，第513页。

③ 刘勰著，范文澜注：《文心雕龙注》，人民文学出版社1958年版，第701页。

④ 刘勰著，范文澜注：《文心雕龙注》，人民文学出版社1958年版，第178页。

⑤ 刘勰著，范文澜注：《文心雕龙注》，人民文学出版社1958年版，第407页。

书功金石，藏于王府。有渝此盟，亡其宗族，俾坠军旅，无其遗育"。①全文出乎民族大义，情怀激越，义正词严。《劝进》，指劝晋元帝称制江左，创建东晋王朝，亦有功于当世，事见《晋书·刘琨传》："西都不守，元帝称制江左，琨乃令长史温峤劝进。"②《文选》李善注引《晋纪》云："刘琨作《劝进表》，无所点窜，封印既毕，对使者流涕而遣之。"③查严可均《全晋文》收刘琨《劝进表》凡四篇，精忠报国之心，溢于言表，如"臣每览史籍，观之前载，厄运之极，古今未有。苟在食土之毛，含气之类，莫不叩心绝气，行号巷哭"④，故称"精贯日月""文致耿介"。又刘琨赠卢谌诗的序中曾提到"自顷辀张，困于逆乱，国破家亡，亲友凋残。负杖行吟，则百忧俱至，块然独坐，则哀愤两集"⑤，情调悲慨激越，雅壮多风，"雅壮，义正而近于悲壮，指其报国之情怀。雅壮之情怀反映在作品中，便是那感人的感情力量，这便是'风'"。⑥可见，器用和风骨具有一定联系，很符合刘勰那"摛文必在纬军国，负重必在任栋梁"的"梓材"标准。钟嵘置刘琨于中品，评曰："善为凄戾之词，自有清拔之气。琨既体良才，又罹厄运，故善叙丧乱，多感恨之词。"⑦

"风"是如此，再看"骨"，《文心雕龙·檄移》篇云："陈琳之檄豫州，壮有骨鲠。"⑧陈琳《为袁绍檄豫州》，历数曹操生平之恶迹，言辞激烈，诸如"操赘阉遗丑，本无懿德，猋狡锋协，好乱乐祸"，"爵赏由心，刑戮在口，所爱光五宗，所恶灭三族，群谈者受显诛，腹议者蒙隐戮，百寮钳口，道路以目"。⑨字字千钧，刻骨入木，通篇以一种无法辩驳的力量证明，曹操应受到惩

---

① 严可均辑：《全上古三代秦汉三国六朝文·全晋文》，中华书局1958年版，第2083页。

② 房玄龄等：《晋书》，中华书局1974年版，第1685页。

③ 萧统编：《文选》，上海古籍出版社1986年版，第1701页。

④ 严可均辑：《全上古三代秦汉三国六朝文·全晋文》，中华书局1958年版，第2080页。

⑤ 萧统编：《文选》，上海古籍出版社1986年版，第1169页。

⑥ 罗宗强：《魏晋南北朝文学思想史》，中华书局1996年版，第332页。

⑦ 钟嵘著，曹旭集注：《诗品集注》，上海古籍出版社2011年版，第310页。

⑧ 刘勰著，范文澜注：《文心雕龙注》，人民文学出版社1958年版，第378页。

⑨ 萧统编：《文选》，上海古籍出版社1986年版，第1970页。

治，正义之师必然胜利，这是一种内在之力，一种用精心选择、严密组织的言辞表达出的思想力量。陈琳之才，冠绝一时，史载："琳作诸书及檄，草成呈太祖。太祖先苦头风，是日疾发，卧读琳所作，翕然而起曰：'此愈我病。'数加厚赐。"[1]其文才如此。何逊《登石头城》诗云："薄宦恧《师表》，属辞惭愈疾。"典故即出于此。陈琳虽为文士，却有经国之器，史载："琳前为何进主簿。进欲诛诸宦官，太后不听，进乃召四方猛将，并使引兵向京城，欲以劫恐太后。琳谏进曰：'《易》称"既鹿无虞"，谚有"掩目捕雀"。夫微物尚不可欺以得志，况国之大事，其可以诈立乎？今将军总皇威，握兵要，龙骧虎步，高下在心；以此行事，无异于鼓洪炉以燎毛发。但当速发雷霆，行权立断，违经合道，天人顺之；而反释其利器，更征于他。大兵合聚，强者为雄，所谓倒持干戈，授人以柄；功必不成，只为乱阶。'进不纳其言，竟以取祸。"[2]可见，陈之文章"壮有骨鲠"，背后无疑有他人格上器用风骨的支撑。

很明显，这里所举刘琨、陈琳之文都属于经国务实的应用文体，刘、陈作为文人，无疑都有"纬军国""任栋梁"之材。当然，不是说风骨必然与军国器用相联系，但军国大事、大理、大情关乎家国命运、社稷存亡，比较容易产生激越刚健、风清骨峻之作，也是不争的事实。刘勰所举两例来具体说明自己的美学概念，一风一骨，均与"纬军国""任栋梁"有关，体现出贵器用与重风骨的明显逻辑关系，绝不是偶然的。

由《程器》观《风骨》，实际上是对刘勰一种思想两种表现方式的考察。它涉及两个独立又相互关联的方面：从社会批评到文学批评，及从贵器用到重风骨。《文心雕龙》是一部体大思深的论文力作，其产生有其特定的社会文化背景，这样，就又多了一种考察刘勰风骨论的角度。

简言之，"贵器用"与"重风骨"，是对以文学为"入耳之娱"和"悦目之玩"的批评与反拨，其大的环境背景就是魏晋齐梁以来诗文趋于绮靡轻艳的风

---

① 陈寿：《三国志》，中华书局1959年版，第601页。

② 陈寿：《三国志》，中华书局1959年版，第600页。

气。更具体而言，是弥漫于帝王君臣周围"逞才游艺"的风气，其形态恰如张峰屹先生所指出的：

> 魏晋南朝诗坛，普遍存在着逞竞才学、游戏文字的创作情境。此种情形之形成，与其时张扬才学的社会文化氛围、帝王权贵常常招聚文士酬唱的风气以及寒士以文才求仕进的现实密切相关。逞才游艺的诗歌创作，其社会价值固然不是很大，但对于文学自身发展却有着不可忽视的重要意义：从创作和诗体而言，它对魏晋南朝时期诗歌风貌的形成，对诗歌表现艺术的进步，乃至古典诗歌某些基本特质的形成，都发生了重要作用；从文学观念之形成而言，它与南朝"文笔之辨"以及重娱乐、尚轻艳的诗学主潮，都有显见的因果关系。[1]

"逞才游艺"的本质，不是"为情造文"，而是"为文造文"，把文学作为一种驰骋才华以迎合主上、争竞诗才以显示才华、追求辞藻声韵以游戏人生的工具。张峰屹先生指出："逞才游艺的诗歌创作普遍存在于魏晋南朝时期，只要翻检一下相关的史传、笔记尤其是总集、别集，即可得到深刻印象。约略言之，这个时期逞才游艺的诗歌，主要在以下四类之中：（一）杂体诗；（二）游宴诗；（三）拟代诗；（四）宫体诗。当然，这四类诗歌逞才游艺之表现有所不同：一般地说，杂体诗、游宴诗和宫体诗，逞竞才学、游戏文字的特征比较明显；而拟代诗则往往逞才游艺与言情述志兼而有之。但总的说来，这四类诗作显然并非郁结在心、不得不发之属，而主要是在某些无关实际社会人生的情境下诗人的逞才游艺欲望——也即并非"为情造文"，而是"为文造文"。值得注意的是，这个时期很多诗人尤其是一些著名诗人和名流雅士，如曹植、傅玄、张华、潘岳、陆机、陶渊明、谢灵运、鲍照、王融、庾信、江淹以及萧衍、萧统、萧纲、萧绎、刘孝绰、庾肩吾、何逊、吴均、徐陵、沈炯、陈叔宝等，都有为数

---

[1] 张峰屹：《逞才游艺与魏晋南朝诗歌及诗学》，《文学评论》2011年第5期。

不少的逞才游艺诗作。"①游艺、游戏、赏玩、娱玩等词语，表述各异，本质实同，也就是把文学视为"入耳之娱"和"悦目之玩"。验之历史，萧统实处于这种大的氛围之中，因而"睹物兴情，更向篇什"就合乎情理与逻辑地成为促成他编纂《文选》的动机要素之一。

综上，"入耳之娱，悦目之玩"是萧统对待精神文化的底色，这也必然影响到其著述思想。萧统的著述思想有浓郁的审美色彩，体现为一种广义的"物色"态度，即著述取舍与自然审美具有同一性，都有赏玩的痕迹。这样，"物色"的审美态度影响到他以"娱玩"作为《文选》的选篇标准。这代表着齐梁时期"务华弃实"、重文轻质的美学思潮和著述倾向。萧统对刘勰"深爱接之"，二人观念有同有异。就其同者而言，刘勰对齐梁文风所表现出的尚华彩、贵形式的风气不是绝对排斥的；就其异者而论，刘勰对萧统深深卷入的"娱玩"式文风和著述态度也表现出不满和批判，风骨论就是这种批判态度的结晶。

当然，从审美态度观照萧统的著述思想，本章所论只是一种分析角度，它意在强调与侧重，在强调与侧重中把问题挖深说透，并不意味着一种非此即彼的绝对判断。之所以这样说，是因为学界对于萧统编纂《文选》的动机有各种解释和相应材料的支撑。综观其文献和立论剖析，以"尊王教化说"和"官书说"为例，都有一定材料和文献的支撑，也就都具有一定的合理性。在此尚有探讨余地的空间在于：尽管不无"尊王""教化""修官书"的背景，但作为具体负责编纂全局的萧统个人也不是毫无作为，也会在所谓编纂"官书"中注入自己的个性化因素，而这种"个性化因素"无疑应该包括其个人的审美态度及其对文学的基本判断。

要之，由于文学和著述思想的复杂性，构成一个问题的原因往往也是复杂的、多元的、多层面的，而由于立论、持论的明晰性要求，作为一篇论文的分析角度又往往是单一的，而单一又往往容易流于片面。本章所论，只是一种分析角度，并力求从这一角度把问题挖深说透，它并不否定其他说法，而是和其他分析

① 张峰屹：《逞才游艺与魏晋南朝诗歌及诗学》，《文学评论》2011年第5期。

角度一起，构成问题的全貌。本章之论萧统编纂《文选》的动机就是如此。

要之，萧统的著述思想有浓郁的审美色彩，体现为一种广义的"物色"态度，即著述取舍与自然审美具有同一性，都是赏玩的对象，即所谓"入耳之娱""悦目之玩"。如上所论，这样的"物色"审美态度显然潜移默化地影响到了他以"娱玩"作为《文选》的选篇标准。这背后的大环境、大氛围就是齐梁时期"务华弃实"、重文轻质的美学思潮和著述倾向，"时运交移，质文代变"，"歌谣文理，与世推移"。[①]如同丹纳《艺术哲学》所说的"精神气候"，制约着这种或那种"精神产品"的出现、发育和生长。当然，这种判断只是理解问题的一种角度，只是一个侧面，只有和其他因素结合起来，才是问题的全貌，才可窥见"全象"。此前学界对此讨论得并不充分，故撰此章详尽论析之。

中
国
古
代
著
述
思
想
研
究

---

① 刘勰著，范文澜注：《文心雕龙注》，人民文学出版社1958年版，第671页。

第七章　二元矛盾互补：宋型文化与宋人著述思想

　　宋型文化的特点之一就是文官政治，其结果之一是："文"与"官"的距离从来没有贴得这样密切、这样直接。如王水照先生所说："宋代士人的身份有个与唐代不同的特点，即大都是集官僚、文士、学者三位于一身的复合型人才，其知识结构一般比唐人淹博融贯，格局宏大。"他还说："政治家、文章家、经术家三位一体，是宋代'士大夫之学'的有机构成。"①欧阳修、苏轼、黄庭坚等宋代大家，也具备这种三位一体的特点。官僚、文士、学者三位一体的有机构成，使宋代文人同时具备参政主体、文学领袖及学术楷模的身份，也使政局的跌宕变化无一不影响到文学。"文"与"官"的结盟使宋人的心理结构极富弹性，维系社会政治规范的群体自觉与珍视个体生命价值和内心丰富情感这两极在宋人身上巧妙地结合起来。在宋代，几乎是随便拿出一位大家来，都可以在其身上看到这种双重心理结构的表现。与之相对应，宋人著述思想中，极多二元互补、对立统一的命题和范畴。而这种著述思想上所具备的互补、转化、并存的兼容性特征，明显又与宋代文人多变命运所塑造的双重人格及心智类型有关。这样，复杂

---

　　①　王水照主编：《宋代文学通论》，河南大学出版社1997年版，第27页。

矛盾—多变命运—双重人格—二元互补心态—矛盾对立统一理论范畴，就构成观察宋代著述思想的又一条思维逻辑链条。同理，其他宋代著述思想中比较重要的问题，例如"向内收敛与向外辐射"及"豪放、婉约现象并存"等问题，也都体现出这种二元互补、矛盾并存的特征，这是考察宋代著述思想时要特别注意的。

第一节　宋型文化的社会背景分析

（一）文官政治：宋型文化的制度基础

文章气运，与世推移。正如自然界的气候变化决定这种或那种植物的生存兴衰，精神世界的气候变化也决定了这种或那种文艺的出现。精神文明的产物和动植物界的产物一样，只能用各自的环境来解释。[①]1972年，台湾学者傅乐成先生在《唐型文化和宋型文化》中首次提出"宋型文化"的概念，以高度成熟、发育定型及向内收敛作为其基本特征。[②]宋型文化的高度成熟性，首先表现为一种博大精深的人文气象，它深刻地影响和塑造了宋代文学及文学思想。从形成这种人文气象的社会文化心理探究，文官政治是构成宋型文化人文气象的精神基因；而文官政治之贯穿宋代始终，是由其军政格局决定的。

可见，终宋之世，在军政格局上，始终没能摆脱"但悲不见九州同"的被动局面。这种军政格局决定了宋王朝只能采取守势。守成，是宋朝帝王心态的基本底色。

真宗景德三年（1006年），邵晔向宋帝献上邕州至交址水陆路及控制宜州山川等图，帝曰："祖宗辟土广大，唯当慎守，不必贪无用地，苦劳兵力。"[③]这就决定其"守内"基本国策的制定，或可概括为8个字：守内虚外，重文轻武。

守内虚外，即对内加强中央集权制，防止叛乱，对外采取守势甚至妥协。

---

① 丹纳：《艺术哲学·序言》，安徽文艺出版社1991年版。

② 傅乐成：《汉唐史论集》，联经出版事业公司1977年版，第339—382页。

③ 脱脱等：《宋史》，中华书局1977年版，第131页。

立国于干戈不息的晚唐五代之后，宋代统治者最关切的是一个"治"字。司马光著史书成，"神宗皇帝以鉴于往事，有资于治道，赐名曰《资治通鉴》，且为序其造端立意之由"①。一部史书，由帝王赐名"治"并作序，其中含义，值得深思。它发生在宋代，绝非偶然。鉴于晚唐五代以来藩镇割据、武将专权的教训，加之自己黄袍加身的亲历经验和切身体会，赵匡胤在开国之初就采取"杯酒释兵权"的措施，收夺了高级将领的兵权，取消殿前都点检和副都点检的官职设置，次一级的军官则以资历浅者充任，且时常更换，使"兵无常将，将无常师"。为避免宰相实权过高，其下添设参知政事，并把晚唐五代权宜设置过的枢密使和三司定为常设官员。以枢密使分取宰相的军政大权，以三司分取其财政大权，枢密使和三司的实权与宰相相等，以相互牵制。枢密使有发号施令之权，但不能统领军队；高级将领虽能统领军队，但却无发号施令之权。这样二者都不可能重演"陈桥兵变"。宋王朝始建，南北受敌，太祖和赵普等审时度势，共同商定了"先南后北"的整体战略，对南方割据政权采取攻势，对北方异族政权则采取守势。但在两次北伐均为辽军所败之后，宋王朝对外开始采取全面守势，维持一种偏安局面。

从使用人才角度，守内虚外的必然结果，就是重文轻武。乾德三年（962年）蜀平时，太祖已有"作相须读书人"之语，并"由是大重儒者"。②淳化三年（992年），太宗又谆谆告诫天下士人："尔等各负志业，效官之外，更励精文采，无坠前功也。"③全国统一后，为防止"藩镇权重，君弱臣强"的局面再现，宋政府规定，军队高级将领必以文人充任，并削减州郡民官的权力，严禁其兼任州郡以上的职务。州郡的财权和兵权收归中央政府。又规定，州郡民官改由文人充任，民官之外另设通判，以相互钳制，并分全国州郡的财赋司法诸事。此种情形，正如朱熹所说："本朝鉴五代藩镇之弊，遂尽夺藩镇之权，兵也收了，

---

① 司马光编著：《资治通鉴》，中华书局2013年版，序言第24页。

② 脱脱等：《宋史》，中华书局1977年版，第50页。

③ 脱脱等：《宋史》，中华书局1977年版，第3608页。

财也收了，赏罚刑政一切都收了。"①在中央与地方的关系上是"以文臣知州，以朝官知县，以京朝官监临财赋，又置运使，置通判，皆所以渐取其权。朝廷以一纸下郡县，如身使臂，如臂使指，无有留难，而天下之势一矣"②。

这种旨在强化内部控制的用人制度必然导致重文轻武，需要一个庞大的文官集团来运作。太宗尝谓侍臣曰："朕欲博求俊彦于科场中，非敢望拔十得五，止得一二，亦可为致治之具矣。"③要实施这种"十得一二"金字塔式的选拔思路，就要扩大招生规模，为"致治"提供可靠的庞大人事后备保证。据统计，北宋一代共开科69次，取正奏名进士19281人，诸科16331人，合为35612人，如加上特奏名及史料缺载者，总共取士约61000人，平均每年取360人，"名卿钜公，皆繇此选"④。太宗太平兴国二年（997年），因郡县缺官员，一举拔士几五百，又"仁宗之朝十有三举，进士四千五百七十人"⑤。这不仅与唐代每次取士二三十人相差悬殊，且为元明清所不及，堪称空前绝后。除进士外，尚有九经、二礼、三传、明经、明法诸科。常选之外，又有制科，有童子举。这种取士规模无疑要实现最大限度的开放性，为大批贫寒士人提供机会均等的公平竞争，正如太祖所说："向者登科名级，多为势家所取，致塞孤寒之路，甚无谓也。今朕躬亲临试，以可否进退，尽革畴昔之弊矣。"⑥宋代科举实行锁院、弥封及誊录试卷之法，使考官"莫知为何方之人，谁氏之子，不得有所憎爱薄厚于其间"⑦。据《宋史》，北宋166年间有传者凡1533人，以布衣入仕者为844人，占55%；北宋一至三品官中来自布衣者平均数为53.7%，而至北宋末已达64.4%。另外，宋代宰辅大臣中，除了吕夷简、韩琦为世袭士族外，如赵普、寇准、范仲淹、王安石等名相，多数起家布衣寒门。而唐代科举虽比魏晋门阀制度大为进步，但士

① 黎靖德编：《朱子语类》，中华书局1986年版，第3070页。
② 冯琦原编：《宋史纪事本末》，中华书局1955年版，第8页。
③ 脱脱等：《宋史》，中华书局1977年版，第3607页。
④ 脱脱等：《宋史》，中华书局1977年版，第3611页。
⑤ 脱脱等：《宋史》，中华书局1977年版，第3616页。
⑥ 李焘：《续资治通鉴长编》，中华书局1993年版，第336页。
⑦ 李逸安点校：《欧阳修全集》，中华书局2001年版，第1716页。

族势力仍很强，仅崔氏十房前后就有23人任相，占全部唐代宰相369人的1/15。为最大限度网罗才学之士，两宋的士大夫政策较为宽松，太祖曾定三条戒律，"勒石，锁置殿中，使嗣君即位，入而跪读"，其二就是不杀士大夫及读书人。故"终宋之世，文臣无欧刀之辟。张邦昌躬篡而止于自裁，蔡京、贾似道陷国危亡，皆保首领于贬所"。①文官待遇之优，俸禄之厚，赏赐之多，亦空前绝后，这在《宋史·职官制·体禄制》中有十分详细的记载，所谓"恩逮于百官者，惟恐其不足"②。要之，有宋一代，推行的是一种在中央集权控制下的文官政治，这是实施守内虚外、重文轻武基本国策的必然结果。

文官政治，是理解宋型文化的入手处，也是理解宋代文学的第一把钥匙，宋代文化及文学思想与它有着千丝万缕的联系。"文"与"官"的结盟，潜移默化地影响着宋代文学的基本面貌，浸润到宋代文坛的方方面面。大批文人入仕，形成了一个有文化的稳定的官僚阶层，其价值取向左右着一代社会风气，其好恶取舍塑造着一代文风。宋代社会的崇文风气，宋代文人的社会责任感，宋代文学浓厚的人文意味、思辨气质，及文人命运多舛和忧患意识，都可以从中寻觅到踪迹。

（二）书卷风流：宋型文化的知识底蕴

大批文士通过科举途径进入政界，使宋型文化弥漫着浓郁的文人气。书卷气息，文教风流，浸润两宋。元人曾称宋代与汉、唐为"后三代"。以国势气魄论，宋代显然不及汉、唐，但若以整体文化实力而论，宋代文化超越前贤，且为后世所不及。陈寅恪曾称："华夏民族之文化，历数千年之演进，造极于赵宋之世。"③邓广铭亦云："宋代是我国封建社会发展的最高阶段。两宋期内的物质文明和精神文明所达到的高度，在中国整个封建社会历史时期之内，可以说是空前绝后的。"④王国维也赞扬"宋代学术方面最多进步，亦最著"，并描绘了一

① 王夫之：《宋论》，商务印书馆1936年版，第4—5页。
② 赵翼：《廿二史札记》，上海古籍出版社2011年版，第473—474页。
③ 陈寅恪：《金明馆丛稿二编》，上海古籍出版社1980年版，第245页。
④ 邓广铭：《谈谈有关宋史研究的几个问题》，《社会科学战线》1986年第2期。

幅宋型文化全景图："其在哲学，始则有刘敞、欧阳修等，脱汉唐旧注之桎梏，以新意说经；后乃有周敦颐、程颢、程颐、张载、邵雍、朱熹诸大家，蔚为有宋一代之哲学。其在科学，则有沈括、李诫等，于历数、物理、工艺均有发明。在史学，则有司马光、洪迈、袁枢等，各有庞大之著述。绘画，则董源以降，始变唐人画工之画，而为士大夫之画。在诗歌，则兼尚技术之美，与唐人尚自然之美者，蹊径迥殊。考证之学，亦至宋而大盛。故天水一朝人智之活动与文化之多方面，前之汉唐，后之元明，皆所不逮也。"又："近世学术多发端于宋人，如金石学亦宋人所创学术之一。宋人治此学，其于搜集、著录、考订、应用各面无不用力，不百年间，遂成一种之学问。"[1]

仅就文学而言，宋人就已创新多多，诗歌有所谓"宋调"，与"唐音"双峰并峙；散文唐宋八大家中，宋人占六席之多；词，滥觞于晚唐五代，至北宋方蔚为大观，变伶工之词为士大夫之词，遂成"一代有一代文学"之标志。史学方面，司马光所撰《资治通鉴》，采用编年史书一体，与传统的纪传体遥相辉映；南宋袁枢所撰《通鉴纪事本末》，为第一部纪事本末体史书。另外，如上所说，宋人在哲学、文学、艺术、金石学诸领域，成就皆灿然可观。

宋世文教大昌，基础在开国之初就已打下。询如史家所言："（太祖）在位十有七年之间，而三百余载之基，传之子孙，世有典则。遂使三代而降，考论声明文物之治，道德仁义之风，宋于汉、唐，盖无让焉。"[2]宋人之守内虚外、强化文治的表现，既有如上所言实施文官政治，还有大规模的文化建设。前者是外在制度上的落实，后者是内在精神上的保证。内外结合，才能保证中央集权制的长治久安。太宗尝云："国家若无外忧，必有内患。外忧不过边事，皆可预防。惟奸邪无状，若为内患，深可惧也。帝王用心，常须谨此。"[3]所谓"帝王用心，常须谨此"的另一层意思就是提高修养，端正心术，关注文治。真宗也重申"崇儒"国策，大中祥符二年（1009年）诏曰："读非圣之书及属辞浮靡者，皆

① 姚淦铭、王燕编：《王国维文集》（第四卷），中国文史出版社1997年版，第12页。
② 脱脱等：《宋史》，中华书局1977年版，第51页。
③ 李焘：《续资治通鉴长编》，中华书局1993年版，第719页。

严谴之。已镂板文集，令转运司择官看详，可者录奏。"①宋朝的"祖宗家法"之一就是振兴文教，太祖赵匡胤将朝廷正殿命名为"文德殿"，礼遇士大夫，优待读书人，扩大科举名额，广开仕进之门。史载："上性严重寡言。独喜观书，虽在军中，手不释卷。闻人间有奇书，不吝千金购之"。他跟从周世宗平寿州，聚书数千卷，"世宗亟召上，谕曰：'卿方为朕作将帅，辟封疆，当务坚甲利兵，何用书为！'上顿首曰：'臣无奇谋上赞圣德，滥膺寄任，常恐不逮，所以聚书，欲广闻见，增智虑也。'"②太祖亦有诗才，其《咏月》诗有句："未离海底千山黑，才到中天万国明。"颇有宏大帝王气魄。太宗自幼喜好读书，文化素质也很高，据《贡父诗话》载："太宗好文，进士及第赐闻喜宴，常作诗赠之，景祐朝因以为故事。"③他即位后，更热衷于文化建设，其子真宗称赞他："始则编小说而成《广记》，纂百氏而著《御览》，集章句而制《文苑》，聚方术而撰《神医》。次复刊广疏于九经，较阙疑于三史，修古学于篆籀，总妙言于释老，洪猷丕显，能事毕陈。"④真宗踵事增华，又主持修撰了大型类书《册府元龟》，显示了盛世修典的宏大气魄。

与文治相应，印刷术方面，北宋发明了活字印刷，较发明于唐代的雕版印刷大为进步，加快了印书速度和书籍流通。北宋之前，印刷技术落后，限制了知识的流通。发明活字印刷术后，一书多有复本。复本既多，流传遂广，知识普及速度加快，社会整体文化素质必然提高。苏轼云："余犹及见老儒先生，自言其少时，欲求《史记》《汉书》而不可得……近岁市人转相摹刻诸子百家之书，日传万纸，学者之于书，多且易致如此。"⑤技术逐渐进步，使宋代文教兴国的战略如虎添翼。北宋初便兴建崇文院收藏图书，仁宗时，王尧臣、欧阳修等奉敕编纂成《崇文总目》66卷，收书凡36000余卷。宋室南迁后，淳熙间成《中兴馆

---

① 脱脱等：《宋史》，中华书局1977年版，第140页。

② 李焘：《续资治通鉴长编》，中华书局1993年版，第171页。

③ 转引自阮阅编：《诗话总龟》（前集），人民文学出版社1987年版，第1页。

④ 四川大学古籍整理研究所编，曾枣庄、刘琳主编：《全宋文》（第七册），巴蜀书社1990年版，第120页。

⑤ 孔凡礼点校：《苏轼文集》，中华书局1986年版，第359页。

阁书目》，著录图书44000余卷。另外，太宗至真宗年间，朝廷聚集南北文士，编纂了四部大型文史典籍，后人称之为宋代"四大书"，即《太平御览》1000卷，《太平广记》500卷，《文苑英华》1000卷，《册府元龟》1000卷，均篇幅巨大，卷帙浩繁，堪称隆世盛典，没有先进印刷术的配合是不可能的。宋皇室本身就十分重视刊刻书籍，成立了"兴文署"。王磐云："朝廷悯庠序之荒芜，叹人材之衰少，乃于京师创立兴文署，署置令、丞并校理四员，咸给禄廪，召集良工，刬刻诸经子史版本，颁布天下。"①上层这种重诗书的风气对社会的影响是明显的，正如王磐所说："昔圯上老人出袖中一书，而留侯为万乘师；穆伯长以《昌黎文集》镂版，而天下文风遂变。今是书一布，不及十年，而国家人材之盛可拭目而观之矣。"②

读书多，学问广博深厚，宋代士人的身上，散发着浓郁的书卷气息，并影响和塑造着宋代文学和文学思想。刘克庄论宋代文学云："迨本朝，则文人多，诗人少。三百年间，虽人各有集，集各有诗，诗各自为体，或尚理致，或负材力，或逞辩博，少者千篇，多至万首，要皆经义策论之有韵者尔，非诗也。自二三巨儒及十数大作家，俱未免此病。"③这样批评宋诗是否允当，下面还要讨论，但其中反映出宋人学问大，爱读书，却是真实的，所谓"家藏玉唾几千卷，手校韦编三十秋"（谢逸《寄隐居士》）。浏览宋代文学，表达倾心书卷之意的句子俯拾皆是。陈与义名句"客子光阴诗卷里，杏花消息雨声中"（《怀天经智老因访之》），魏庆之《诗人玉屑》将其列入"宋朝警句"中。④宋代士人以在书卷里度光阴为乐，陈与义的另一首诗也说"向来贪读书，闭户生白髭"（《正月十二日》）。宋人读书，读得勤奋，如孔平仲诗云："诸生诵弦何妨静，满席图书不废勤。"（《昼眠呈梦锡》）许月卿诗云："筮仕弗如归亦好，读书未了死方休。"（《挽李左藏》）清明时节有求讨薪火的习俗，也与读书联系，"昨日邻

---

① 司马光编著：《资治通鉴》，中华书局2013年版，第27—28页。

② 司马光编著：《资治通鉴》，中华书局2013年版，第28页。

③ 刘克庄：《后村先生大全集》卷九四，"四部丛刊"本，第14页。

④ 魏庆之：《诗人玉屑》，中华书局2007年版，第116页。

家乞新火，晓窗分与读书灯"（王禹偁《清明》）。家有诗书，以至于"惟有南风旧相识，偷开门户又翻书"（刘攽《新晴》）。山程水驿中也有书影，如"相随小书卷，开读短灯檠"（叶适《赠高竹有外侄》），"贪寻旧日鸥边宿，露湿船头数轴书"（武衍《秋夕清泛》）。而专讲读书技巧的苏轼"八面受敌"读书法更是为人称道，其云：

> 故愿学者，每次作一意求之。如欲求古今兴亡治乱圣贤作用，但作此意求之，勿生余念。又别作一次求事迹故实典章文物之类，亦如之。他皆仿此。……他日学成，八面受敌，与涉猎者不可同日而语也。①

黄庭坚自己读书刻苦，孜孜以求，所谓"俯仰之间已陈迹，暮窗归了读残书"（《池口风雨留三日》），并以诗书传家岸——"万卷藏书宜子弟，十年种木长风烟。"（《郭明甫作西斋于颍尾，请予赋诗二首》）他谆谆告诫文人："士大夫三日不读书，则义理不交于胸中，对镜觉面目可憎，向人亦语言无味。"②清人翁方纲时，尚亲见黄庭坚读书摘录35幅，732行，所录"皆汉、晋间事"，并说"尝于《永乐大典》中见山谷所为《建章录》者，散见数十条，正与此册相类。然后知古人一字一句皆有来处"③。

处于这种文化氛围浸润之中，宋代文人多为官僚、学者、文士的复合型人才，其知识结构远比汉唐人广博宏大。以欧阳修为例，政治方面，他由进士甲科入仕，官至枢密副使、参知政事，曾参与范仲淹的"庆历新政"。文学方面，他诗、文、词、赋、文论，样样精通，文入唐宋八大家之列，诗词亦佳，理论批评为诗文革新领袖，提出"诗穷而后工"之说，其《六一诗话》首创诗话这一批评体裁，后蔚为大观，是古代文学批评的重要形式。史学方面，他主持编纂了《新唐书》，并著有《新五代史》。其《六一居士传》云："吾家藏书一万卷，集录

---

① 孔凡礼点校：《苏轼文集》，中华书局1986年版，第1822页。

② 孔凡礼点校：《苏轼文集》，中华书局1986年版，第2542页。

③ 翁方纲：《复初斋文集》，光绪三年刻本，第12—13页。

三代以来金石遗文一千卷，有琴一张，有棋一局，而常置酒一壶。""以吾一翁，老于此五物之间。"①浓郁的书卷和人文气息中，培养出典型的政治家、文学家及学者的复合型人才，这在唐代是少见的。此外，能代表宋诗风貌的苏轼、黄庭坚，也具备这种三位一体的特点。尤其是苏轼，更是宋型文化孕育出的百科全书式的人才。这与环绕其四周的浓郁人文氛围无疑是分不开的。这对宋人作诗文、讲究学问和功力、以文为诗、以才学为诗、以议论为诗的影响无疑是巨大而深远的。

（三）品性涵养：宋型文化的内在体认

品性者，品节心性之谓也。品节，指品格气节；心性，指心术禀性。重视内在的品格心术的修养，是宋型文化的一大特征，并在文学思想中留下了痕迹。终宋之世，品性涵养始终是文官士人群体关注的精神境界。宋人之读书多，学问博大精深，已缕述如上。需要指出的是，宋人所说的"学问"，不仅指读书时融会贯通前人的知识、经验和技巧，以充实丰富自己的知识储藏，更是指高尚品节的涵养、清旷胸襟的陶冶和内在心性的修炼。对外在客观世界的科学认识和知识积累，只是宋人读书求知的第一个层面，其更深一层的内涵在于对主观世界内在心性的体认和反省。

宋人所谓学问之道，实乃包含两个相互重叠交融的世界，王禹偁有句云"子美集开诗世界，伯阳书见道根源"（《日长简仲咸》），即极其简明地透露出其中端倪。崇尚读书，"客子光阴书卷里""读书未了死方休"，向杜甫等大师前贤学习，是一种境界；但这还不够，还要修身养性，治心养气，以求"见道根源"，这才是更博大的精神气象。读书穷理与治心养性密切关联。黄庭坚尝云："读书欲精不欲博，用心欲纯不欲杂。读书务博，常不尽意；用心不纯，讫无全功。治经之法，不独玩其文章，谈说义理而已，一言一句，皆以养心治性。"②

① 李逸安点校：《欧阳修全集》，中华书局2001年版，第634—635页。
② 黄庭坚：《黄庭坚全集》，四川大学出版社2001年版，第655页。

又：“但须勤读书令精博，极养心使纯净，根本若深，不患枝叶不茂也。”[1]洪炎赞扬黄庭坚“其发源以治心修性为宗本，放而至于远声利、薄轩冕，极其致，忧国爱民，忠义之气蔼然见于笔墨之外”[2]。司马光亦云：“玉蕴石而山木茂，珠居渊而岸草荣，皆物理自然。虽欲掩之，不可得已。”[3]这里既有士人领袖“先天下之忧而忧，后天下之乐而乐”的人格品质的自觉培养，有儒家心性对主体内在道德人格的日锻月炼，也有庄、禅那种建立在直觉顿悟内心体验基础之上的超越世间是非荣辱的生存智慧，还有与自然物理相激荡推摩而从中获得的艺术感悟。所有这些，都属于内在品格心性的涵养范畴，都对宋代文学面貌及文学思想发展产生了影响。

负有强烈的使命感和责任感，是宋人品性涵养的第一层面。生长于文官政治的社会氛围中，宋代士人群体本身就负载着治国安天下的直接使命，对社会负有不可推卸的责任，所以他们尤重气节，高扬儒家以天下为己任的积极入世思想，对社会、政治投注了极大热情。与民同忧乐，是一种古老的儒家学说，《孟子·梁惠王下》：“乐民之乐者，民亦乐其乐；忧民之忧者，民亦忧其忧。乐以天下，忧以天下，然而不王者，未之有也。”而范仲淹则更进一步提出“先天下而忧而忧，后天下而乐而乐”的著名士大夫处世原则，道德更高，境界更美，成为有宋一代士风的精神旗帜，使得尊奉政治品节和高尚人格成为士人处世的群体自觉。南宋人王十朋《读岳阳楼记》诗有云“先忧后乐范文正，此言此志高孟轲”，朱熹也推崇范仲淹“大厉名节，振作士气，故振作士大夫之功为多”[4]。苏舜钦有云：“奋舌说利害，以救民膏肓。不然弃砚席，挺身赴边疆。喋血鏖羌戎，胸胆森开张，弯弓射挽枪，跃马埽大荒，功勋入丹青，名迹万世香。”（《舟中感怀寄馆中诸君》）万丈豪气，颇有盛唐边塞气象。有宋一代，兴衰安危，此起彼伏，而士人的精神面貌始终昂扬不衰，实有赖于这种博大人生境界

---

① 黄庭坚：《黄庭坚全集》，四川大学出版社2001年版，第498页。

② 黄庭坚：《黄庭坚全集》，四川大学出版社2001年版，第2380页。

③ 李之亮笺注：《司马温公集编年笺注》（第五册），巴蜀书社2009年版，第187页。

④ 黎靖德编：《朱子语类》，中华书局1986年版，第3086页。

的塑造。诚如《宋史·忠义传序》所论："真、仁之世，田锡、王禹偁、范仲淹、欧阳修、唐介诸贤，以直言谠论倡于朝，于是中外搢绅知以名节相高，廉耻相尚，尽去五季之陋矣。故靖康之变，志士投袂，起而勤王，临难不屈，所在有之。及宋之亡，忠节相望，班班可书，匡直辅翼之功，盖非一日之积也。"①有宋一代忠臣义士的数目，超越前代。《宋史·忠义传》，皇皇10卷，所载278人。而查《新唐书》只有3卷，所载仅59人。在人数上，宋为唐的4倍有余，可见宋代崇尚节气之一斑。魏时曹植有"捐躯赴国难，视死忽如归"（《白马篇》）的豪言，但毕竟未亲身实践，曹植抑郁而死，而非战死沙场；而宋人文天祥的名句"人生自古谁无死，留取丹心照汗青"，却是用自己的生命去实践了的，并且凝结成一股充塞天地的浩然正气，世世代代为后人楷模。在以天下为己任的大前提下，宋人之积极参政，表现在方方面面，兹举两端。一为结党"为公"。《礼记·礼运》曰："大道之行也，天下为公，选贤与能，讲信修睦。"宋代党争，素称激烈。但它不同于唐代牛李党争，恩怨是非皆出于私门意气，而是为如何治理好天下的"公事"而争，为不同政见而争。北宋时期围绕庆历、熙宁变法而展开的新旧两党之争，颇有近代政党竞争的萌芽性质。由于是"为公"而争，细查《宋史》，持不同政见的政治家虽形同水火，但并非为私利而要置对方于死地，而是仍有交往过从，如范仲淹与吕夷简、苏轼与王安石、王安石与吕惠卿等。欧阳修所著《朋党论》大倡"君子之朋"，其特征是："所守者道义，所行者忠信，所惜者名节。以之修身，则同道而相益，以之事国，则同心而共济。"②这种理论之所以产生在宋代，绝非偶然，它是宋代士风孕育出的积极参政议政意识。二为限制君权。由于晚唐五代一幕幕君主无能的闹剧，在儒家"民为邦本"的思想基础上，宋代士人逐步萌生出对君权神圣性的怀疑。苏轼则大胆提出"事君不以私"的原则："君为社稷死，我则同其归。顾命有治乱，臣子得从违。"③刘黻也曾上书皇帝："政事由中书则治，不由中书则乱，天下事当与天

---

① 脱脱等：《宋史》，中华书局1977年版，第13149页。

② 李逸安点校：《欧阳修全集》，中华书局2011年版，第297页。

③ 王文诰辑注：《苏轼诗集》，中华书局1982年版，第2184—2185页。

下共之，非人主所可得私也。"①邓牧则进一步发挥道："所谓君者，非有四目两喙，鳞头而羽臂也；状貌咸与人同，则夫人固可为也。"②陆游《家世旧闻》记其高祖陆轸，曾对仁宗"举笏指御榻曰：'天下奸雄睥睨此座者多矣，陛下须好作，乃可长保'"，而仁宗不以为念，次日"以其语告大臣，取陆轸淳直如此"。③这实在是宋代士风培育出的自由言论精神。欧阳修《镇阳读书诗》云"开口揽时事，论议争煌煌"，实为这种精神的生动写照。

重视内在心性的反省与修炼，是宋人品性涵养的第二层面。治心养气，是有宋一代学术之精华，弥漫渗透到文化的各个层面。庄、禅讲究直觉顿悟、重视内心体验以超越世间是非荣辱的哲学，被宋儒消化吸收，融会贯通，取精用宏，发展成一种忽略向外在事功用力（如治国平天下）而重视内在心性修养（如格物致知）的儒者智慧。而治心养气，正是儒、道、佛三家合流的思维交汇点。它不仅指道德追求，还是一种心性智慧。追求道德挺立、品节高尚的儒家境界与庄、禅向往超然物外的清旷胸襟，实有相通之处。要之，宋学之儒、道、释三家交融，关键在深入心灵世界，探索内心奥秘，其思维之敏锐、深刻和细腻，大大超越了专注训诂考据的汉儒和"宁为百夫长，胜作一书生"的唐代士人。治心养气对苏、黄等一代大师的心态产生了深刻影响，使作家具有深于情而不为情所困，寓意于物而不滞着于物的清旷胸怀，具有超然物外、与道为一、将生活艺术化的品格。苏辙曾论苏轼说："亡兄子瞻，予师友也。父兄之学，皆以古今成败得失为议论之要。以为士生于世，治气养心，无恶于身，推是以施之人，不为苟生也。"④苏轼贬谪黄州后即讲究禅理气数，以安心调气为养生之法。其《答秦太虚书》云："吾侪渐衰，不可复作少年调度，当速用道书方士之言，厚自养炼。"⑤所以其弟子秦观说："苏氏之道，最深于性命自得之际；其次则器足以

① 脱脱等：《宋史》，中华书局1977年版，第12248页。
② 邓牧：《伯牙琴》，中华书局1959年版，第4页。
③ 陆游：《陆放翁集》（第二十四册），商务印书馆1931年版，第97页。
④ 苏辙：《栾城集》，上海古籍出版社2009年版，第1212页。
⑤ 孔凡礼点校：《苏轼文集》，中华书局1986年版，第1535页。

任重，识足以致远。至于议论文章，乃其与世周旋，至粗者也。"①而秦观自己也是讲究心性涵养的高手，其《心说》认为，"心不在我"，"心不在物"，"心不在物我之间"，"虽不在我，未始离我；虽不在物，未始离物；虽不在物我之间，而亦未始离乎物我之间者：此心之真也。譬如虚空焉，虚空者，即之不亲，远之不疏，万物方有则与之有，万物方无则与之无。俯仰消息，唯万物之与俱"。②晁补之称黄鲁直"于治心养气，能为人所不为。故用于读书为文字，致思高远，亦似其为人"③。黄庭坚有《听崇德君鼓琴》诗云："两忘琴意与己意，乃似不著十指弹。禅心默默三渊静，幽谷清风淡相应。丝声谁道不如竹，我已忘言得真性。罢琴窗外月沉江，万籁俱空七弦定。"④苏、黄诸公将庄禅智慧潜移默化地融入艺术思维，不仅与宋文化发展的反省思考相吻合，开有宋一代以内心涵养论诗之先河，而且与程朱理学讲究心性诚明的哲学体认和道德修养相关联。

（四）人文气象：宋代文化的艺术底蕴

受文教风气陶染，宋人的赏玩审美趣味多向负载着文化及智力活动的物象倾斜，这与"唐人好诗，多是征戍、迁谪、行旅、离别之作，往往能感动激发人意"⑤的外向型审美倾向有明显不同。宋初，古文运动先驱之一王禹偁作《黄州新建小竹楼记》，就已透露出这种讯息：

> 子城西北隅，雉堞圮毁，蓁莽荒秽，因作小楼二间，与月波楼通。远吞山光，平挹江濑，幽阒辽夐，不可具状。夏宜急雨，有瀑布声；冬宜密雪，有碎玉声；宜鼓琴，琴调虚畅；宜咏诗，诗韵清绝；宜围棋，子声丁丁然；

① 秦观著，徐培均笺注：《淮海集笺注》，上海古籍出版社2000年版，第981页。
② 秦观著，徐培均笺注：《淮海集笺注》，上海古籍出版社2000年版，第833页。
③ 晁补之：《鸡肋集》卷三三，文渊阁四库全书本，第12页。
④ 黄庭坚：《黄庭坚全集》，四川大学出版社2001年版，第1018页。
⑤ 严羽著，郭绍虞校释：《沧浪诗话校释》，人民文学出版社1983年版，第198页。

宜投壶，矢声铮铮然；皆竹楼之所助也。公退之暇，披鹤氅，戴华阳巾，手执《周易》一卷，焚香默坐，销遣世虑。江山之外，第见风帆沙鸟，烟云竹树而已。待其酒力醒，茶烟歇，送夕阳，迎素月，亦谪居之胜概也。①

在此，突出的是琴、诗歌、围棋、投壶、《周易》、香等人文意象，而自然景致退居次要位置。南宋陆游有诗，名为《书室明暖，终日婆娑其间，倦则扶杖至小园，戏作长句二首》，题目中就已透露出流连书卷、赏玩人文的意味，诗云："重帘不卷留香久，古砚微凹聚墨多。"又如《临安春雨初霁》云："矮纸斜行闲作草，晴窗细乳戏分茶。"秦观《浣溪沙》词："淡烟流水画屏幽"，"宝帘闲挂小银钩"。古砚、矮纸、画屏、银钩，无不暗示着宋人对这些作为文化心智物质载体的浓厚兴趣。王国维云："近世学术多发端于宋人，如金石学亦宋人所创学术之一。宋人治此学，其于搜集、著录、考订、应用各方面无不用力，不百年间，遂成一种之学问。"②对此结论，李清照著《金石录后序》是极妙的形象诠释。赵李夫妇嗜金石，对人文器物一往情深，其每"市碑文果实归，相对展玩咀嚼，自谓葛天氏之民也"，"每获一书，即同共勘校，整集签题。得书画彝鼎，亦摩玩舒卷，指摘疵病，夜尽一烛为率"。日积月累，其成果"取上自三代，下迄五季，钟、鼎、甗、鬲、盘、彝、尊、敦之款识，丰碑大碣、显人晦士之事迹，凡见于金石刻者二千卷"。靖康之难，赵李仓皇南奔，"乃先去书之重大印本者，又去画之多幅者，又去古器之无款识者，后又去书之监本者，画之平常者，器之重大者"，即使这样凡屡减去，"尚载书十五车"。③可见其收藏之丰富。宋人之嗜好人文，于此可见一斑。

对此，宋人赵希鹄之言可视为一总结："唐张彦远作《闲居受用》，至首载斋阁应用而旁及酝酿脯羞之属。……谁谓君子受用如斯而已乎？……殊不知吾辈自有乐地。悦目初不在色，盈耳初不在声。尝见前辈诸老先生多畜法书、名画、

---

① 王禹偁：《小畜集》，商务印书馆1937年版，第241—242页。

② 姚淦铭、王燕编：《王国维文集》（第四卷），中国文史出版社1997年版，第12页。

③ 李清照著，王延梯注：《漱玉集注》，山东人民出版社1979年版。

古琴、旧砚，良以是也。明窗净几，罗列布置，篆香居中，佳客玉立相映。时取古人妙迹，以观鸟篆蜗书，奇峰远水，摩娑钟鼎，亲见商周，端砚涌岩泉，焦桐鸣玉佩，不知人世。所谓受用清福，孰有逾此者乎？"①其中描绘出一幅典型的宋代人文气象图画，形象地诠释了王国维"宋代学术方面最多进步，亦最著"一语。其直接结果，就是形成了宋代文学的人文优势。以宋诗为例，人文意象上升到突出的地位。琴、棋、书、画、笔、墨、纸、砚、金石、书法、绘画等人文心智的文化载体，频繁出现，取代唐人所尚的自然意象而在诗歌中出现的次数占压倒优势，兹不赘举。苏轼曾作《凤翔八观》，所咏为石刻、绘画、陵墓、雕塑、建筑等，全为人文意象；黄庭坚诗中，书册出现了120次，翰墨53次，茶82次，人文对象所占比重亦极大。题画诗，唐人中杜甫写得最多，但也不过2首，而苏、黄二人就写了200余首。即使在激愤悲慨的爱国诗中，人文意象亦有所体现。陆游《追忆征西幕中旧事》诗云："关辅遗民意可伤，腊封三寸绢书黄。亦知虏法如秦酷，列圣恩深不敢忘。"《五月十一日夜且半梦从大驾亲征尽复汉唐故地》云："冈峦极目汉山川，文书初用淳熙年。""凉州女儿满高楼，梳头已学京都样。"浓烈的爱国情怀凝聚在蜡封、文书、服饰等人文意象上。此外，陆游写农村生活，描写对象也富于人文色彩，如《游山西村》："箫鼓追随春社近，衣冠简朴古风存。"《小舟游近村舍舟步归》："斜阳古柳赵家庄，负鼓盲翁正作场。死后是非谁管得，满村听说蔡中郎。"箫鼓、春社、衣冠、负鼓说书，都十分富于人文气息。

自然意象历来是文学的根基，可在宋人笔下，也多呈现出人文气。如陈师道《春怀示邻里》云："断墙着雨蜗成字，老屋无僧燕作家。"曾巩《雪咏》云："沙水渺相合，扁舟在画屏。啄草鸟雀踪，篆字遗纵横。"林逋《孤山寺端上人房写望》云："阴沉画轴林间寺，零落棋枰葑上田。"刘敞《微雨登城二首》："浅深山色高低树，一片江南水墨图。"经宋人心灵的过滤，自然风景化作了篆字、画屏、画轴、棋盘等文物载体。宋人笔下，自然意象表现得抽象化、概括

中国古代著述思想研究

---

① 赵希鹄：《洞天清录·序》，文渊阁四库全书本。

化，成为一种负载人格精神的人文符号。唐人写桃花，是一次性体验的具体之象，如"去年今日此门中，人面桃花相映红"（崔护《题都城南庄》），地点、人物、桃花之象，确有其物。而宋人写桃花，则有一种抽象意味，如黄庭坚《答黄几复》："桃李春风一杯酒，江湖夜雨十年灯。"桃李春风，江湖夜雨，是多次人生体验的沉淀叠印，而不是一次性的此情此景。其他如陈与义《再登岳阳楼》："草木相连南服内，江湖异态栏干前。"陆游《南定楼遇急雨》："江山重复争供眼，风雨纵横乱入楼。"以上都有这种写意化、概括化的倾向，与"花近高楼伤客心，万方多难此登临"（杜甫《登楼》）的实地、实景及具象明显不同。另外，这种人文化指向在散文和词的创作中亦很突出，如范仲淹《岳阳楼记》、苏轼《前赤壁赋》《后赤壁赋》、欧阳修《秋声赋》等，亦有此种倾向，兹不展开论述。当然，这点体现最充分的是对梅、竹、莲、菊精神内蕴的描写。唐人咏物，重在外在之感官经验，如"待到重阳日，还来就菊花"（孟浩然《过故人庄》），"春潮带雨晚来急，野渡无人舟自横"（韦应物《滁州西涧》），即使写景高手如王维，其名句"月出惊山鸟，时鸣春涧中"（《鸟鸣涧》），"坐看苍苔色，欲上人衣来"（《书事》），"君自故乡来，应知故乡事。来日绮窗前，寒梅著花未？"（《杂诗》）等，对外物的出色描摹，同时不无意趣点染。而宋人注重的是其内在精神意蕴，把品性涵养等人文精神灌注其中。

梅与竹，是宋诗、宋词及宋画的描写对象，几乎成为宋人精神品格的集体象征。林逋爱梅，梅花在其笔下，实际已成为一种高洁人格的象征，其《梅花二首》云："众芳摇落独暄妍，占尽风情向小园。疏影横斜水清浅，暗香浮动月黄昏。"咏梅不仅描绘其外在形状特征，更贵写出内在精神，从此，林逋之梅花就成为宋代士人高洁品格的一种象征。另外陆游有《卜算子·咏梅》词，其云："无意苦争春，一任群芳妒。零落成泥碾作尘，只有香如故。"虽意绪惨淡，却也不著一字，而尽得梅花之神，洁白孤高之品性，尽在其中。梅花精神，传至宋末，南宋谢枋得《武夷山中》云："十年无梦得还家，独立青峰野水涯。天地寂寥山雨歇，几生修得到梅花？"在此，梅花又象征着不屈不挠的民族气节。江湖派大师刘克庄因《梅花》诗被编入《江湖集》中，被诬讥刺权相史弥远，遭受文字狱而免官。史弥远死，刘复出，作《病后访梅九绝》，其一云："梦得因桃数左迁，长源为柳忤当权。幸然不识桃并柳，却被梅花累十年。"在此，桃、柳、梅花都极富人文内涵。除梅外，宋人亦喜竹。唐人咏竹，重在意趣，如"隔牖风惊竹，开门雪满山"（王维《冬晚对雪忆胡居士家》），"竹喧归浣女，莲动下渔舟"（《山居秋暝》）。宋人则重内在意蕴，文同诗《此君庵》咏竹云："斑斑堕箨开新筠，粉光璀璨香氛氲。我常爱君此默坐，胜见无限寻常人。"苏轼《于潜僧绿筠轩》云："可使食无肉，不可居无竹。无肉令人瘦，无竹令人俗。人瘦尚可肥，士俗不可医。"以竹寄托人文情怀，以是否爱竹作为雅俗之分界，出语警策，议论精辟，足见宋人精神寄托之高雅。

宋人周围环绕的人文气象，对文学思想的影响是明显的。宋代文学思想的精华，多与绘画有关，如苏轼之"不俗"的思想，就是以竹为寄托对象（无竹令人俗），而竹是宋人丹青的主要对象。苏轼本人爱画竹，并激赏文同画竹，并且产生了诗中有画及诗画同源思想，审美意蕴丰富。这无疑与宋代士人较高的人文涵养及浓郁的绘画意识有关，而它又是以绘画艺术的繁荣为前提的。宋人绘画，自荆浩、关仝、董源、巨然之后，继之以黄筌之花卉，李公麟之人物，郭熙、米芾及其子友仁之山水，崔白之花鸟，皆卓绝一时。郭熙著《林泉高致集》，郭若虚著《图画见闻志》，从山水人物画的实际经验深入探讨绘画美学内涵，为绘画发展提供了理论依据。宋人的又一功绩，是变唐人画工之画为士大夫之画。对此，苏轼有专论："观士人画，如阅天下马，取其意气所到。乃若画工，往往只取鞭策皮毛槽枥刍秣，无一点俊发，看数尺许便卷。"①宋徽宗赵佶爱画，本人又是杰出画家，画风承袭黄筌、徐熙、崔白等，在花鸟画方面造诣极高。他于崇宁三年（1104年）所建立的画学，是中国乃至世界上最早的绘画专业学院，有着系统完备的招生、考试、教学制度。赵佶亲任院长，亲自教学，从而造就了一大批"院体画"派艺术家。皇室上层及士大夫中有如此浓郁的醉心绘画的赏玩心态，对其他艺术门类不会没有影响，且画本身就是沟通不同艺术门类的媒介。宋

---

① 孔凡礼点校：《苏轼文集》，中华书局1986年版，第2216页。

代皇家画院招生，用诸如"踏花归来马蹄香"的写景诗句作为考试题目，要求画家用诗歌的情思来构思境界。徽宗时，蔡京执政，任命著名书画家、苏轼的挚友米芾为书画院院长，把以画为诗的文艺政策落到实际操作的层面。而诗人们也普遍追求画意，笔下出现了"江山如画"的思想。在此方面，文同尤为突出，他是画家，观察自然时多以色彩、构图、线条的画眼，寻觅诗意。试看："客路逢江国，人家占画图。"（《江山主人》）"独坐水轩人不到，满林如挂《暝禽图》。"（《晚栖湖上寄景孺》）"见山楼迥倚晴虚，看展终南百幅图。"（《寄永兴吴龙图给事》）诗情画意，融合一体。如此丰厚的绘画意识积淀，直接催化了画论与诗论、文论的联姻。此方面之集大成者，当推苏轼，所以在此以他为例。除善诗能文之外，苏轼还工于书画，是北宋文人画的中坚人物，与表兄文同、挚友米芾形成了一个绘画流派。相传是苏轼作的画，如《木石图卷》等，枯竹怪石，萧散空寂，重在写意，人称"子瞻作枯木，枝干虬屈无端，石皴硬亦怪怪奇奇无端，如其胸中盘郁也"[①]。苏轼还明白宣示了自己所属文人画派的宗旨："东坡虽是湖州派，竹石风流各一时。前世画师今姓李，不妨题作辋川诗。"（《次韵子由题憩寂图后》）文同善墨竹，萧散飘逸，为文人画"湖州派"主将；李，即文人画家李公麟，画亦超逸；从"辋川诗"的赞语中，可看出苏轼对王维的推崇。苏轼本人的绘画素养也很高，对画理进行了细心揣摩，曾云："余尝论画，以为人禽宫室器用皆有常形。至于山石竹木，水波烟云，虽无常形，而有常理。常形之失，人皆知之。常理之不当，虽晓画者有不知。"[②]他称赞文同之画曰："与可之于竹石枯木，真可谓得其理者矣。如是而生，如是而死，如是而挛拳瘠蹙，如是而条达畅茂根茎节叶，牙角脉缕，千变万化，未始相袭，而各当其处。合于天造，厌于人意。盖达士之所寓也欤。"[③]。概括而言，苏氏画论精华有三：

一为神似贵于形似，其《传神记》云："传神之难在目。顾虎头云：'传形

---

① 米芾：《画史》，商务印书馆1936年版，第41页。

② 孔凡礼点校：《苏轼文集》，中华书局1986年版，第367页。

③ 孔凡礼点校：《苏轼文集》，中华书局1986年版，第367页。

写影，都在阿睹中。'……吾尝见僧惟真画曾鲁公，初不甚似。一日，往见公，归而喜甚曰：'吾得之矣。'乃于眉后加三纹，隐约可见……遂大似。"① 又《书鄢陵王主簿画折枝二首》云："论画以形似，见与儿童邻。赋诗必此诗，定非知诗人。"②

二为诗画有共同艺术规律，其云："诗画本一律，天工与清新。边鸾雀写生，赵昌花传神。何如此两幅，疏淡含精匀。谁言一点红，解寄无边春。"③（《书鄢陵王主簿画折枝二首》）又《书摩诘蓝田烟雨图》："味摩诘之诗，诗中有画。观摩诘之画，画中有诗。"④

三为论物我同一，主客交融，其云："与可画竹时，见竹不见人。岂独不见人，嗒然遗其身。其身与竹化，无穷出清新。庄周世无有，谁知此疑神。"⑤（《书晁补之所藏与可画竹二首》）又《文与可画筼筜谷偃竹记》云："竹之始生，一寸之萌耳，而节叶具焉。……今画者乃节节而为之，叶叶而累之，岂复有竹乎！故画竹必先得成竹于胸中，执笔熟视，乃见其所欲画者，急起从之，振笔直遂，以追其所见，如兔起鹘落，少纵则逝矣。"⑥

这几点，都对宋代文学思想产生了很大影响。

除苏轼外，其余宋代大家的文学思想亦有此种人文化的倾向，如欧阳修论琴艺："弹虽在指声在意，听不以耳而以心。心意既得形骸忘，不觉天地白日愁云阴。"（《赠无为军李道士二首》）其《盘车图》论画"古画画意不画形，梅诗咏物无隐情。忘形得意知者少，不若见诗如见画"，"萧条淡泊，此难画之意，画者得之，览者未必识也。故飞走、迟速、意浅之物易见，而闲和、严静、趣远之心难形"⑦。黄庭坚更是直接把书画与文章结合而论，其云："凡书画当

① 孔凡礼点校：《苏轼文集》，中华书局1986年版，第401页。
② 王文诰辑注：《苏轼诗集》，中华书局1982年版，第1525页。
③ 王文诰辑注：《苏轼诗集》，中华书局1982年版，第1525—1526页。
④ 孔凡礼点校：《苏轼文集》，中华书局1986年版，第2209页。
⑤ 王文诰辑注：《苏轼诗集》，中华书局1982年版，第1522页。
⑥ 孔凡礼点校：《苏轼文集》，中华书局1986年版，第365页。
⑦ 李逸安点校：《欧阳修全集》，中华书局2001年版，第1976页。

观韵。往时李伯时为余作李广夺胡儿马，挟儿南驰，取大黄弓引满以拟追骑，观箭锋所直发之，人马皆应弦也。伯时笑曰：'使俗子为之，当作中箭追骑矣。'余因此深悟画格，此与文章同一关纽，但难得人入神会耳。"[1]弃形取神，为艺术共同规律，绘画与文章实有相通之处。打通书、画、诗、文，实为黄庭坚文学思想的一大特色，他在《题乐毅论后》的名句"随人作计终后人，自成一家始逼真"[2]，就是由书法所悟出的文艺规律。在《道臻师画墨竹序》中他说："与可之于竹，殆犹张（旭——引者注）之于书也。"[3]书画共同之处于在"运用之妙，存乎一心"，他引申阐述说："夫心能不牵于外物，则其天守全，万物森然出于一镜，岂待含墨吮笔槃礴而后为之哉！故余谓臻：欲得妙于笔，当得妙于心。"[4]宋人文论，此类例子还很多，如道学家邵雍就有《诗画吟》，探讨诗歌与绘画这两门不同艺术的共同艺术规律："画笔善状物，长于运丹青。丹青入巧思，万物无遁形。诗笔善状物，长于运丹诚。丹诚入秀句，万物无遁情。"其他不一一赘举。很显然，对书画的品评使宋人对艺术的理解有所深化，从而给文学思想带来一种博大贯通的人文气象。

要之，有宋一代，实施文官政治，优待士人，使大批文人通过科举渠道走向仕途，他们不仅在政治上有发言权，在文坛上也是左右风气的领袖人物。大批文人进入政界，使宋型文化在形成之初就弥漫着浓郁的书卷气息，形成迥异于唐型文化的人文气象。文官政治，是理解宋型文化的入手处；书卷风流，是宋代文人的普遍具备的文化素质；而人文气象，则反映出宋人审美趣味更趋向内倾式的人文心智活动。这些文化心理背景，是宋代文学存在的社会基础，对文学思想的影响也是不可低估的。如宋人讲究以议论为诗，以博学为诗，以文字为诗，与宋人读书多、学问广博深厚就有明显联系。更为重要的是，宋代文人多入仕途，带来的并非仅仅是书卷风流和人文气象，还有深刻地影响了其精神世界的另一面，

---

① 黄庭坚：《黄庭坚全集》，四川大学出版社2001年版，第729页。

② 黄庭坚：《黄庭坚全集》，四川大学出版社2001年版，第712页。

③ 黄庭坚：《黄庭坚全集》，四川大学出版社2001年版，第416页。

④ 黄庭坚：《黄庭坚全集》，四川大学出版社2001年版，第416页。

即：其在仕途，多遇险恶，而这又形成了宋代文人多变命运，从而塑造着其双重人格和二元心态，最终对著述思想产生影响。

第二节　复杂矛盾、多变命运与双重人格

宋代是一个充满矛盾的时代，这些矛盾通过士人心态这一敏感的文化心理中介过渡而影响到文艺创作，最终也在文学思想中顽强地留下了痕迹。简言之，矛盾的时代导致了此期士人的双重人格，而双重的人格又塑造了宋人二元化审美思维习惯，使其具有极大的包容兼顾性，对矛盾互补的理论范畴十分敏感，在对立并存中屡出新意，如"以俗为雅""点铁成金""以故为新""情理并存""道技互补""有法无法"等，表现在文学思想上有一种互补、转化、并存的兼容性特征。这样，矛盾的时代—双重的人格—二元化文学思想格局，就形成探究此期文学思想的一条思维链条。所以，了解宋代错综复杂的矛盾和它所导致的宋人心态和思维方式，是理解宋代文学思想的又一入手处。

总体上看，唐代中后期藩镇割据，即拉开了中国封建社会由盛转衰悲剧的序幕，"渔阳鼙鼓动地来，惊破霓裳羽衣曲"，君弱臣强，动乱不止。而安史之乱只是一支序曲，真正上演国势积弱、国土日蹙、"垂泪对宫娥"的第一幕正剧是在宋代。但这又是一个文化学术极其发达的时代，在哲学、文学、学术、艺术领域都出现了繁荣昌盛的局面，产生了苏轼、朱熹这样足以雄视百代的文化大师。大危大安，大荣大辱，国势之弱与文化之强，是直觉上宋代呈现给后人的第一个矛盾。此外，困扰宋朝的矛盾还有许多，称得上是情况多变、错综复杂。概而言之，宋人面临着三大关乎生存的矛盾：一为民族生存矛盾，二为社会生存矛盾，三为士人个体生存矛盾。这些矛盾的交互作用，最终促成了宋人二元审美心态结构的形成。

先看民族生存矛盾。宋初，有鉴于"方镇之重，君强臣弱"的历史教训，统治者的心思全向防范内乱上用力，采取了"守内虚外""强干弱枝"等一系列强化中央集权制措施，彻底铲除了为患百余年的藩镇割据势力。宋人解决了藩镇割

据，理顺了中央和地方的关系，但旧的矛盾解决了，新的矛盾又在酝酿、激化。首先是民族矛盾加剧。终宋之世，北方异族南侵的阴影始终笼罩朝野，南北两宋都亡于异族的铁骑之下。宋朝虽结束了五代十国的分裂局面，但它再无力向外拓展，不但难以从西北劲敌辽国、西夏、吐蕃手中收复失地，而且北伐屡战屡败，连年割地赔款，以妥协退让求得偏安的暂时安宁。宋王朝始建，南北均受敌，太祖和赵普等审时度势，共同商定了"先南后北"的战略，对南方割据政权采取攻势，对北方异族政权则暂时采取守势。太宗在平定南方割据势力后，曾两次北伐，均为辽军所败，这显示宋对外已无力拓边，只能采取守势，维持一种偏安局面。守成，是宋朝一脉相承的帝王心态。真宗景德三年（1006年），"邵晔上邕州至交址水陆路及控制宜州山川等图，帝曰：'祖宗辟土广大，唯当慎守，不必贪无用地，苦劳兵力。'"①慎守祖宗土地，不思开疆拓土，是宋朝国力限制下的一种普遍心理。宋代实行以文制武的国策，对有才干的武将防范过严。建隆二年（961年）宋太祖问赵普："天下自唐季以来，数十年间，帝王凡易八姓，战斗不息，生民涂地，其故何也？吾欲息天下之兵，为国家长久计，其道何如？"赵普便说："此非他故，方镇太重，君弱臣强而已。今所以治之，亦无他奇巧，惟稍夺其权，制其钱谷，收其精兵，则天下自安矣。"②于是往往以不懂军事的文臣管理边务，所谓"内宥密而外方镇，多以儒臣任。武臣剟去角牙"③。这些肤柔骨脆的文官面对强悍的北方异族的铁骑一触即溃，毫无抵抗能力，导致军政形势愈来愈严峻，正如朱熹所言："靖康之祸，虏骑所过，莫不溃散。"④不使武将临边，主要是对唐末以来的藩镇之祸心有余悸，担心难以驾驭。但凡事有一利必有一弊，文臣武用，疏于武备，确实革除了藩镇之弊，但也造成了国势长期积弱，最终导致亡国。宋祚虽绵延300余年，却始终笼罩着异族南下饮马的阴影。靖康之难，金人掳徽钦二帝及后妃皇子三千余人北去，舆服、法器、铜人、

①　脱脱等：《宋史》，中华书局1977年版，第131页。

②　李焘：《续资治通鉴长编》，中华书局1993年版，第49页。

③　吕祖谦编：《宋文鉴》，中华书局1992年版，第1236页。

④　黎靖德编：《朱子语类》，中华书局1986年版，第3070页。

浑天仪、图书、府州地图被搜罗一空。北宋人文，于斯扫地！南宋末年，元兵入侵，宋室南奔，后宫殿臣载于一船，史有"楼船载国"之称。公元1279年，8岁的宋代末代皇帝赵昺被赶至广东崖山一孤岛，元兵勒马岩上，四面胡笳悲鸣，赵昺投海自尽。宋于是亡。可见，终宋之世，始终没能摆脱"但悲不见九州同"的被动局面。陆游有诗题为《五月十一日夜且半梦从大驾亲征尽复汉唐故地》，很能代表宋人心态：收复汉唐故地。但这些都只在宋代文人一厢情愿的梦中。与民族矛盾相紧密联系的，是主战与主和的矛盾，皇室上层的偏安心态，与有识之士的收复失地的北伐心态，这对矛盾，贯穿两宋始终。陆游诗《关山月》："和戎诏下十五年，将军不战空临边。朱门沉沉按歌舞，厩马肥死弓断弦。"就写出这种状态。

再看社会生存矛盾。文官政治的要害是以文驭武，以分制专。但由于军政形势，还是难免专权的政治弊端。元人修《宋史》，南宋四大权相秦桧、韩侂胄、史弥远、贾似道，就有三人被列入了《奸臣传》。秦、韩、史、贾四大权相，擅权达72年之久，占南宋152年统治时期的将近一半。他们为相期间，排斥异己，网罗党羽，控制台谏，抑制言路，实际上左右了南宋的政局，对政治、经济、军事、文化诸方面皆有很大影响。此外，维持高度中央集权制的运作，需要一个庞大的文官集团，这就造成官僚机构的臃肿庞杂，行政效率低下。由于要避免一人专权，行政上就要采取分化事权、相互牵制的做法，这必然要添置机构，多增加副职，必然造成科举取士松弛。北宋初至道元年（995年），王禹偁上疏言五事，其一就是"艰难选举，使入官不滥"，其云："太祖之世，每岁进士不过三十人，经学五十人。重以诸侯不得奏辟，士大夫罕有资荫，故有终身不获一第，没齿不获一官者。……（太宗——引者注）临御之后，不求备以取人，舍短用长，拔十得五。在位将逾二纪，登第殆近万人，虽有俊杰之才，亦有容易而得。"[1]自北宋至南宋的300余年间，机构重叠，官员冗滥的状况愈演愈烈，成为一种不可逆转的趋势。王禹偁上疏，亦言及"减冗兵，并冗吏"，

---

① 脱脱等：《宋史》，中华书局1977年版，第9796页。

其云："未及第时，一州止有刺史一人、司户一人，当时未尝阙事。自后有团练推官一人，太平兴国中，增置通判、副使、判官、推官，而监酒、榷税算又增四员。曹官之外，更益司理。……一州既尔，天下可知。冗吏耗于上，冗兵耗于下，此所以尽取山泽之利，而不能足也。"①宋人入仕门径甚多，科举之外，还有幕僚。幕僚体制确立后，不断臃肿膨胀，正俸之外，另有"增给"，名目繁多。司马光也说："又自古百官皆有常员，而国家用磨勘之法，满岁则迁。日滋月益，无复限极。使以一官至数百人，则俸禄有增而无损矣。"②至南宋，由于编员人数众多，幕僚简直与通判、县官等同，成为文人入仕后的升官捷径。幕僚之外，还出现了"添差"的属官，即编额之外的冗员。如宋孝宗时，吴太后的侄子吴琚，"添差两浙路转运司干办公事"，"不厘务"；吴琰"再添差两浙西路安抚司参议官，依旧厘务"③。所谓"不厘务"的"添差"官员，完全是不管事的闲官。北宋真宗一次裁员即达19万5000余人。迄于南宋，"州县之地不广于前，而陛下官五倍于旧"④。这就势必造成吏治的混乱和腐败，地方官员"进之退之，席不暇暖"⑤，大多苟且因循，不思建树。"大臣出而典郡者，非以逸老，则为左迁……峨冠长佩，容与于天下。贤者建宫墙以论道，其次饰亭榭以冶游，其下攘民财以自润"⑥，实为大多数地方官的真实写照。兼之事权分割，各不相知，即使有贤者能人在任，亦会因掣肘太多而无法施展抱负才华。其恶果是"百年之忧，一朝之患，皆上所独当，而群臣不与也"⑦。这些"不可纪极"的冗官冗费都要转移分担到人民身上，其负担之重，可想而知。民不聊生，弊端百出。此外，打仗要军费开支，打败仗要赔款，如史载："自熙宁以来用兵……

---

① 脱脱等：《宋史》，中华书局1977年版，第9795、9796页。

② 李之亮笺注：《司马温公集编年笺注》（第三册），巴蜀书社2009年版，第189页。

③ 刘琳、刁忠民、舒大刚等校点：《宋会要辑稿》，上海古籍出版社2014年版，第289页。

④ 四川大学古籍整理研究所编，曾枣庄、刘琳主编：《全宋文》（第十二册），巴蜀书社1990年版，第194页。

⑤ 王夫之：《宋论》，商务印书馆1936年版，第37页。

⑥ 王夫之：《宋论》，商务印书馆1936年版，第150页。

⑦ 黎谅编：《水心先生文集》卷四，"四部丛刊"本，第12页。

官军、熟羌、义保死者六十万人，钱谷银绢不可胜计。"①这都要从人民身上榨取。正如李觏诗所说："太平无武备，一动未能安。……役频农力耗，赋重女工寒。""产业家家坏，诛求岁岁新。平时不为备，执事彼何人。"②宋朝赋税苛重，所谓"古者刻剥之法，本朝皆备"③。对此，有研究者说："这其实是不够的，因为宋朝还创造了不少自古未有的刻剥之法。……宋时的苛捐杂税，特别是地区性的苛捐杂税之多，简直不可胜数，即使是当时的封建官员，也无法进行那怕是较全面的、较完整的统计。"④里正、户长、保长等催税官凶如虎狼，农户不堪其苦，恰如诗人所描绘的："盘鸡岂能供大嚼，杯酒安足直一醉。沥血祈哀容贷纳，拍案邀需仍痛詈，百请幸听去须臾。冲夜捶门谁叫呼，后胥复持朱书急急符，预借明年一年租。"其造成的民不聊生的惨状就是："早曦赫空岁不熟，炊甑飞尘煮薄粥。翁媪饥雷常转腹，大儿嗷嗷小儿哭。愁死未死此何时，县道赋不遗毫厘。科胥督欠烈星火，诟言我已遭榜笞。壮丁偷身出走避，病妇抱子诉下泪。掉头不恤尔有无，多寡但照帖中字。"（赵汝鐩《翁媪叹》）后周时有法令：每缴一石米外加二斗"雀鼠耗"，宋承袭之，名为"省耗"。李觏《获稻诗》就描绘了人民这种痛苦："青黄先后收，断折伛偻拾。鸟鼠满官仓，于今又租入。"⑤

如此多的社会弊端相交织、集中，势必造成国家财力贫弱，国力衰退，隐藏着诸多危机，正如朱熹所概括的："今天下大势，如人有重病，内自心腹，外达四支，无一毛一发不受病者。"⑥这就激发了宋朝有识之士的改革变法意识。仁宗庆历年间，范仲淹、韩琦、富弼、欧阳修等人分别被委以重任，企望在政治上有所更张，首先要解决的就是内外官员过于冗滥的吏治问题，以及徭役赋税过

中国古代著述思想研究

424

① 冯琦原编，陈邦瞻纂辑，张溥论正：《宋史纪事本末》，中华书局1955年版，第311页。

② 左赞编：《直讲李先生集》卷三六，"四部丛刊"本，第3、4页。

③ 黎靖德编：《朱子语类》，中华书局1986年版，第2708页。

④ 王曾瑜：《宋朝的两税》，《文史》第十四辑，1982年。

⑤ 左赞编：《直讲李先生集》卷三五，"四部丛刊"本，第3页。

⑥ 脱脱等：《宋史》，中华书局1977年版，第12758页。

重的农业生产问题。熙宁年间，为富国强兵，又有王安石变法，其上书首先就直接针对国家财政："今天下之财力日以困穷，风俗日以衰坏，患在不知法度，不法先王之政故也。……因天下之力以生天下之财，收天下之财以供天下之费，自古治世，未尝以财不足为公患也，患在治财无其道尔。"①熙宁二年（1069年）后，先后施行兴农田、水利、青苗、均输、将兵、保甲、募役、市易、保马、方田诸法。由于封建制度本身痼疾的制约，变法改革必然要触动既得利益者，况且凡事有一利必有一弊，于是由变法主张之不同，导致政治见解之不同，继而发展成激烈的党争。变法，守旧，形同水火；新党，旧党，不共戴天。党争频繁而激烈，是宋代政治史的一大特色。这必然要影响到以入仕作为人生寄托之一的宋代士人个体命运。于是与其他因素一起构成第三种生存矛盾：士人个体之生存矛盾。

历史上，中国古代文人一般要走入仕宦生涯，文士、官吏，一而二，二而一，本是常情。而宋代实施文官政治的结果是，"文"与"官"的距离从来没有贴得这样密切，这样直接。王水照先生指出："宋代士人的身份有一个与唐代不同的特点，即大都是集官僚、文士、学者三位于一身的复合型人才，其知识结构一般远比唐人淹博融贯，格局宏大。"他还说："政治家、文章家、经术家三位一体，是宋代'士大夫之学'的有机构成。"②官僚、文士、学者三位一体的有机构成，使宋代文人同时具备参政主体、文学领袖及学术楷模的身份，也使政局的跌宕变化无一不以他们为中介，最终影响到文学思想。

一身而兼二任，使宋代士人心态与主流意识形态呈现出一种既亲和认同又疏离背反、既矛盾又互补的现象，它最终影响塑造着宋代文学的基本面貌。时代社会中错综复杂的矛盾状态所导致的宋代士人宦海沉浮，命运多舛，通过士人心态这一中介，在文学思想中留下了痕迹。一般来说，宋代士人一身而兼二任：就"文"的方面来说，他们以自己丰厚的文化底蕴和人文气质构成宋型文化特

---

① 脱脱等：《宋史》，中华书局1977年版，第10542页。

② 王水照主编：《宋代文学通论》，河南大学出版社1997年版，第27页。

有的书卷风流及人文气象；就"官"的方面而论，他们有着"先天下之忧而忧"的远大政治抱负，又无一不被卷入凶险叵测的政治旋涡中，他们宦海沉浮，命运多舛。我们可以开出一长串名单：范仲淹、王禹偁、王安石、欧阳修、苏轼、黄庭坚、司马光、朱熹、文天祥……这些宋代文化名人无不卷入了险恶的党争，其命运的大起大落，升沉变化，无不与社会政局紧密牵连。李纲的《病牛》就像是他们伤痕累累心境的集体写照："耕犁千亩实千箱，力尽筋疲谁复伤？但得众生皆得饱，不辞羸病卧残阳。"而同时，他们又是文坛上呼风唤雨、左右一代风气的大师巨匠，他们的命运升沉变化不可避免地要影响到其文学趣味和审美追求。

"文"与"官"结盟导致士人的多变的命运，而多变命运则培育出宋人双重的文化人格。

宋代文人命运之多变，多与为"官"有关；而在以人治为政治本色的封建社会，为官本身就潜藏着两重性：初登仕途，春风得意，志向远大，精神昂扬向上；仕途蹭蹬，宦海浮沉，险恶万状，九死一生，饱经忧患，则容易避开现实矛盾，向心智深处寻求超越解脱。宋代文化根基肇于北宋，而绵延于北宋的新旧党争几乎祸及所有文士，并遗祸后代。恰如王夫之所指出的："朋党之兴，始于君子，而终不胜于小人，害乃及于宗社生民，不亡而不息。宋之有此也，盛于熙、丰，交争于元祐、绍圣，而祸烈于徽宗之世，其始则景祐诸公开之也。"①北宋士大夫因政见不同而结党，其根本原因在于积贫积弱的国势，北宋国势突出标志是冗兵、冗吏和冗费，于是引发庆历新政和王安石变法，遂成新旧两党，论争不已。它既是政见之争，又是学术之争、文化之争。其突出的一个辩题，就是君子小人之辩。双方互相指责对方为"小人"，自己为"君子"，表现出强烈的封闭性和排他性。恰如沈松勤先生所言："作为在'以儒立国''重文轻武'的国策下走上政治舞台的新儒者，北宋士人既是振兴儒学、创建宋学的主要力量，他们以饱满的热情发展了儒家学说，但由于喜同恶异、党同伐异，又自我践踏了文化，阻碍了文化的健全发展。"在以个人意气为基础的党争意识的驱使下，学术

---

① 　王夫之：《宋论》，商务印书馆1936年版，第72页。

和道德人格最终被政治所异化，所扭曲。这不仅导致了自我践踏文化的劫难，同时形成了文人的政治分野。①

宋初，古文运动领袖就已难避此祸。史载王禹偁"遇事敢言，喜臧否人物，以直躬行道为己任。尝云：'吾若生元和时，从事于李绛、崔群间，斯无愧矣'"。只因正道直行，语多规讽，"以是颇为流俗所不容，故屡见摈斥"，虽历经挫折，志气不稍屈，他被贬"出知黄州，尝作《三黜赋》以见志。其卒章云：'屈于身而不屈于道兮，虽百谪而何亏！'"②范仲淹"每感激论天下事，奋不顾身，一时士大夫矫厉尚风节，自仲淹倡之"。遭贬放逐后还朝，仍"以天下为己任，裁削倖滥，考覆官吏，日夜谋虑兴致太平"。③胡应麟曾说："宋世人才之盛，亡出庆历、熙宁间，大都尽入欧、苏、王三氏门下。"④熙宁之后，形成了三大文人群，即以王安石及其门生故吏为主干的新党文人群，以苏轼为核心的"苏门诸子"，及以黄庭坚为领袖的江西诗派。这三大文人群都有以师友为纽带、以文事为因缘的特点。其中，王安石与苏轼都是"欧门"翘楚，黄庭坚则又是"苏门四君子"之一，其中师友渊源密切，但政治上又尖锐对立，视若仇敌。"苏门"文人群体就是在新党文人的迫害下，过早地结束了政治和文学生命。这种对立和分野，甚至影响到第二代、第三代文人群体，如以黄庭坚为"初祖"的江西诗派，就是在此基础上形成的横跨两宋、具有鲜明党派色彩的一个文学流派。

欧、苏、王，这统领宋代文坛的三大文化名人，无一不卷入了党争旋涡。欧阳修"学者求见，所与言，未尝及文章，惟谈吏事，谓文章止于润身，政事可以及物"⑤。但胸中抱负是一回事，严酷现实是另一回事，他们因理想精神与现实操作之间的矛盾，被社会无情地抛入汹涌澎湃、险恶多变的政治旋涡中去。带有

---

① 沈松勤：《北宋文人与党争》，人民出版社1998年版，导论第4—5页。

② 脱脱等：《宋史》，中华书局1977年版，第9799、9798页。

③ 脱脱等：《宋史》，中华书局1977年版，第10268、10275页。

④ 胡应麟：《诗薮》，中华书局1958年版，第298页。

⑤ 脱脱等：《宋史》，中华书局1977年版，第10381页。

"人治"种种弊端的封建政治的运作，本身就缺乏科学性，使人的命运具有不确定性。史载，欧阳修"方贬夷陵时，无以自遣，因取旧案反复观之，见其枉直乖错不可胜数，于是仰天叹曰：'以荒远小邑，且如此，天下固可知。'"①以小见大，宋代士人的命运也在这种种"枉直乖错"的捉弄之中。宋代政治，素多党争。党争一起，双方固执己见，意气用事，相互非难，甚至有人乘机挟私报复，政治斗争中掺杂了许多非政治因素。坦诚直言、志趣相投者，被诬为朋党，《宋史·范仲淹传》："自任子之恩薄，磨勘之法密，侥倖者不便，于是谤毁稍行，而朋党之论浸闻上矣。"②《宋史·欧阳修传》："初，范仲淹之贬饶州也，修与尹洙、余靖皆以直仲淹见逐，目之曰'党人'。自是，朋党之论起，修乃为《朋党论》以进。""修论事切直，人视之如仇。""修以风节自持，既数被污蔑。"③王安石变法，依政见不同分为新旧两党，北宋名人多卷入其中，命运随时局变化而浮沉。王安石本为欧阳修所提拔后进，修"及守青州，又以请止散青苗钱，为安石所诋，故求归愈切。""欧阳修乞致仕，冯京请留之，安石曰：'修附丽韩琦，以琦为社稷臣。如此人，在一郡则坏一郡，在朝廷则坏朝廷，留之安用？'乃听之。"④后变法多舛，旧党崛起，王安石本人也在激烈党争中败下阵来。至于苏轼，则更是政治的牺牲品，他不赞同新法，认为朝廷"求治太急，听言太广，进人太锐"，王安石变法有"用人之失"，以自己的政见全面批评新法。结果遭到变法"新进"们的憎恨，成为"乌台诗案"的牺牲品，被贬黄州，命运自此急转直下，屡遭贬谪，越贬越远，饱经生死忧患。其《自题金山画像》概括一生云："心似已灰之木，身如不系之舟。问汝平生功业，黄州惠州儋州。"宦海仕途之险恶，心绪之黯淡凄凉，于此可见。庆历党争、熙丰新政、乌台诗案、元祐更化、绍述之政……政坛翻云覆雨，仕途险恶，大批士大夫相继被废黜贬谪，迁徙流放，万死投荒，历尽坎坷。

① 脱脱等：《宋史》，中华书局1977年版，第10380—10381页。
② 脱脱等：《宋史》，中华书局1977年版，第10275页。
③ 脱脱等：《宋史》，中华书局1977年版，第10376、10380页。
④ 脱脱等：《宋史》，中华书局1977年版，第10547页。

中国古代著述思想研究

欧、苏、王等核心人物如此，其他名士也难逃厄运。苏轼得意弟子秦观，"绍圣初，坐党籍，出通判杭州。以御史刘拯论其增损实录，贬监处州酒税。使者承风望指，候伺过失，既而无所得，则以谒告写佛书为罪，削秩徙郴州，继编管横州，又徙雷州。……及死，轼闻之叹曰：'少游不幸死道路，哀哉！世岂复有斯人乎！'"[①]黄庭坚的生命小舟，亦在宦海中颠簸浮沉，晚年全在颠沛流离中度过。"元祐更化"，司马光为首的旧党得势，立即起用饱受新党打击的士人，包括苏轼、苏辙、黄庭坚、程颢、程颐等。哲宗亲政，政局大变，元祐大臣尽遭贬斥。山谷因参与修《神宗实录》被指控失实，诋毁朝政，先后被贬为涪州别驾、黔州安置，又移戎州，在蜀中度过6年。徽宗继位，蔡京秉政，山谷流寓鄂州。因写《承天院塔记》获"幸灾谤国"之罪，流放至宜州羁管。他描绘自己后半生的境况是："某待罪于此，谢病杜门，粗营数口衣食，使不至寒饥，买地畦菜，已为黔中老农耳。""万死投荒，一身吊影，不复齿于士大夫矣""忧患之余，癃瘵未复，须发半白……已成铁人石心，亦无儿女之恋矣。"[②]又如大理学家朱熹，胸中本有冲天之志，认为："君父之仇不与共戴天。今日所当为者，非战无以复仇，非守无以制胜。"[③]"隆兴议和"后，又感叹："腐儒空感慨，无策静狼烟。"（《感事再用回向壁间旧韵二首》）亦有经国伟略，乾道五年（1169年）曾上书："天下之务莫大于恤民，而恤民之本，在人君正心术以立纪纲。"且云："莫大之祸，必至之忧，近在朝夕，而陛下独未之知。"由于不知帝王心术，出言太直，导致"上读之，大怒曰：'是以我为亡也。'熹以疾请祠，不报"。他亦有务实才干，就任浙东时"凡丁钱、和买、役法、榷酤之政，有不便于民者，悉厘而革之。于救荒之余，随事处画，必为经久之计。有短熹者，谓其疏于为政，上谓王淮曰：'朱熹政事却有可观。'"但他在仕途上也是屡遭坎坷，其学说被诬为"伪学"，与其志同道合者被诬为"伪党"，进而升级为"逆党"，以至险遭杀身之祸——"右谏议大夫姚愈论道学权臣结为死党，窥

---

① 脱脱等：《宋史》，中华书局1977年版，第13113页。

② 黄庭坚：《黄庭坚全集》，四川大学出版社2001年版，第1766—1767、466、1985页。

③ 脱脱等：《宋史》，中华书局1977年版，第12753页。

伺神器。乃命直学士院高文虎草诏谕天下，于是攻伪日急，选人余嘉至上书乞斩熹"①。

　　沿着这些宋代文化名人的命运轨迹巡视，我们不难发现这样的规律：他们早年都有远大抱负及强烈的参政议政意识。以范仲淹为例，据载，范仲淹"每感激论天下事，奋不顾身，一时士大夫矫厉尚风节，自仲淹倡之"。欧阳修、陆游等也有"开口揽时事，议论争煌煌""山河兴废供骚首，身世安危入倚楼"的抱负，并有过一番作为，甚至不无得意政绩。而政治运作的险恶风浪和残酷现实使其屡遭贬谪，历经坎坷，命运往往一下子把他们逼到了生死关头；于是其精神重心也从治国平天下的社会问题转移到化解生活忧患的人生问题。在民族生存、社会生存矛盾的双重挤压下，他们又不得不面对严酷的人生矛盾。宋代文人命运多变，导致了其双重文化人格的形成。当他们仕途顺利时，其精神重心在经世致用，与政治及社会改革相适应，要求诗文革新，为文关注民族矛盾、民生疾苦等现实问题，入世态度积极向上，诗文风格也务实、昂扬明快。当他们遭遇坎坷时，其精神世界里弥漫着遭贬处穷和贬中忧生的双重心理，其重心在于化解人生忧患，向庄、佛、禅等内心智慧寻求解脱超越，喜好探讨精研文艺审美问题，而经过物我合一的精神过滤，诗文风格更臻炉火纯青，达到新的自由活泼境界。

　　更值得注意的是："文""官"一体的人才结构使他们的人生寄托和生命价值不仅仅在为"官"，还有为"文"的广阔天地。既然生存的价值和意义难以从外在的事功的"官"里得以实现，那么只有到表现个人丰富情感世界的"文"中去寻觅。"文"，广义的人文世界，诗、文、词、书、画、哲理、禅悟，对他们来说无不具有化解人生忧患的生命意义，可以使他们在变幻莫测的人生和险恶叵测的政治风浪中求得身心的清静和安宁。宋人专一在文艺上用力，纷纷在文学创作和美学理论思辨上创出奇迹，与此不能说没有关系。苏轼初贬黄州，即"间一二日辄往，焚香默坐，深自省察，则物我相忘，身心皆空，求罪垢所从生而不

---

　　① 脱脱等：《宋史》，中华书局1977年版，第12753、12754、12756、12768页。

可得。一念清静，染污自落，表里翛然，无所附丽"①。而苏氏诗文，正是在遭到贬斥后悟透人生、方逐渐达到化境。欧阳修在《梅圣俞诗集序》所总结的"然则非诗之能穷人，殆穷者而后工也"②，带有鲜明的宋代士人心理烙印。"穷而后工"说本源于司马迁的"发愤著书"说，这是一个古老的命题，人人侧重不同。司马迁侧重于一个"愤"字，舒泻幽愤；其后韩愈注重的是"不平"，以"物不平则鸣"从物理及生理基础上解释了"鸣"的内在逻辑；而欧阳修注意的则是一个"穷"字，是命运之"穷"与文章之"工"的联系。这一"穷"字带有鲜明的宋代士人命运特征，宋代士人的多"穷"命运最终对文章之"工"发生了影响，使其达到艺术审美的佳境。

于是，"文""官"的结盟使维系社会政治规范的群体自觉与珍视个体生命价值和内心丰富情感这两极在宋人身上巧妙地结合起来，使他们的心理结构极富包容兼顾的精神弹性：他们既关注经世致用，又钟情文艺审美；既向内收敛，又向外辐射扩展；既关注民生疾苦和民族矛盾，又追求心灵的宁静淡泊；豪放，豪放到"生当作人杰，死亦为鬼雄"，婉约，以至于"此情无计可消除，才下眉头，却上心头"；同为一人，儿女情长，可以缠绵到"惜春常怕花开早，何况落红无数"，英雄气概，可以豪壮到"壮岁旌旗拥万夫""醉里挑灯看剑"……范仲淹、欧阳修、王安石、苏轼、黄庭坚、陆游、辛弃疾、李清照，几乎随便拿出一位大家来，就可以在其身上看到这种双重心理结构的表现，于此可见宋代士人心灵的复杂和深邃，具有兼顾包容许多彼此矛盾成分的性质。

这种通融兼顾、二元互补的心理特质不仅表现在文学领域，还反映在著述思想方面。宋人心灵，极富弹性与包容性，与之相对应，宋代著述思想中，极多二元互补、对立统一的命题和范畴，在对立并存中屡出新意。如政教功利与艺术审美并存、理学与文学融为一体、豪放婉约并存的二元互补著述现象，此外，像"诗画一律""诗文相生""以俗为雅""点铁成金""以故为新""情理并

---

① 孔凡礼点校：《苏轼文集》，中华书局1986年版，第392页。

② 李逸安点校：《欧阳修全集》，中华书局2001年版，第612页。

存""道技互补""有法与无法""死法与活法"这样的对立互补范畴，在宋人笔下比比皆是，表现出思想上的一种互补、转化、并存的兼容性特征，这明显与宋人多变命运所塑造的双重人格及心智类型有关。考察宋代文学思想史会发现，几乎任何一个理论范畴都可以找到与之对立的观点。有时这种对立互补现象就存在于同一流派、甚至同一人身上。这是宋代著述思想的一大特征，现择其要者论之。

第三节　宋人二元互补的创新智慧

（一）以师古为革新

有宋一代，文学有长足进展，可以说是充满创新精神的时代。但这种创新有其鲜明的特色，即以故为新。具体来说，就是以师古为革新，于模仿求创新，立法度以纳新。宋人善于吸纳前人精华，熔铸自己智慧，海纳百川，有容乃大，推陈出新，自铸伟辞。宋代文化是一种成熟型文化，重视学理的储积和知识的积累，有浓厚的人文色彩。而人文精神之一就是青睐前辈留下的文学遗产，尊崇古典文化，对古人及其成就怀有敬畏之心，醉心于借鉴模仿前人的艺术技巧。细观宋人历次文学运动，无不始于倡导师古、复古，随后有识之士崛起，取其精华，去其糟粕，最终形成自家面目。所谓"文律运周，日新其业。变则其久，通则不乏"①。这种趋势在宋初就初露锋芒。

宋初，文学风气基本在唐人精神的笼罩之下，师古、学古风气很浓。正如《蔡宽夫诗话》所云：

> 国初沿袭五代之余，士大夫皆宗白乐天诗，故王黄州主盟一时。祥符天禧之间，杨文公、刘中山、钱思公专喜李义山，故昆体之作，翕然一变，而

---

① 刘勰著，范文澜注：《文心雕龙注》，人民文学出版社1958年版，第521页。

文公尤酷嗜唐彦谦诗，至亲书以自随。景祐、庆历后，天下知尚古文，于是李太白、韦苏州诸人，始杂见于世。杜子美最为晚出，三十年来学诗者，非子美不道，虽武夫女子皆知尊异之，李太白而下殆莫与抗。[①]

由此可知，白居易、李商隐、李白、韦应物、杜甫都曾是宋人主要模仿的对象，而以杜甫为最。南宋严羽《沧浪诗话·诗辨》中总结得更为全面："国初之诗尚沿袭唐人：王黄州学白乐天，杨文公、刘中山学李商隐，盛文肃学韦苏州，欧阳公学韩退之古诗，梅圣俞学唐人平澹处。至东坡、山谷始自出己意以为诗，唐人之风变矣。山谷用工尤为深刻，其后法席盛行，海内称为江西宗派。近世赵紫芝、翁灵舒辈，独喜贾岛、姚合之诗，稍稍复就清苦之风；江湖诗人多效其体，一时自谓之唐宗。"[②]不仅宋初三体宗唐，其后王禹偁、欧阳修、苏轼、黄庭坚，直至南宋的四灵、江湖派无不宗唐。其中影响最大的江西诗派更是强调多读书，"无一字无来处"，"取古人之陈言入于翰墨，如灵丹一粒，点铁成金"。[③]与江西诗派有关的几部诗话，无不贯穿着真诚的学古精神，如《洪驹父诗话》《王直方诗话》《潜溪诗眼》《童蒙诗训》《李希声诗话》《陵阳先生室中语》等。里面记载着黄庭坚的谆谆告诫："学者若不见古人用意处，但得其皮毛，所以去之更远。"[④]这被宋人奉为圭臬。

综观宋代历次有成就的文学运动，无不以复古为前奏，拉开运动的帷幕。如宋初为反对靡弱文风，强调道统、文统的重建，实际上就是一场复古运动。其倡导者柳开曾剖解其中的道理："子责我以好古文，子之言何谓为古文，古文者，非在辞涩言苦，使人难读诵之，在于古其理，高其意，随言短长，应变作制同古人之行事，是谓古文也。"并明确提出："吾之道，孔子、孟轲、杨雄、韩愈

---

① 郭绍虞辑：《宋诗话辑佚》，中华书局1980年版，第398—399页。

② 严羽著，郭绍虞校释：《沧浪诗话校释》，人民文学出版社1983年版，第26—27页。

③ 黄庭坚：《黄庭坚全集》，四川大学出版社2001年版，第475页。

④ 郭绍虞辑：《宋诗话辑佚》，中华书局1980年版，第318页。

之道；吾之文，孔子、孟轲、杨雄、韩愈之文。"①散文领域素有"纵横吾宋是黄州"之称的王禹偁也说："今为文而舍六经，又何法焉？"②他称赞孙何的文章"凡数十篇，皆师戴六经，排斥百氏，落落然真韩柳之徒也"③。石介《怪说中》则直接指斥西昆体，力倡恢复古道：

> 今杨亿穷妍极态，缀风月，弄花草，淫巧侈丽，浮华纂组，刓锼圣人之经，破碎圣人之言，离析圣人之意，蠹伤圣人之道，使天下不为《书》之《典》《谟》《禹贡》《洪范》，《诗》之《雅》《颂》，《春秋》之经，《易》之《繇》《爻》《十翼》；而为杨亿之穷妍极态，缀风月，弄花草，淫巧侈丽，浮华纂组。其为怪大矣！④

他还专著《尊韩》篇，尊之为贤人之至，为古文运动摇旗呐喊："不知更几千万亿年复有孔子，不知几千百数年复有吏部。"⑤可知，反对靡弱文风的武器历来就是古人之道、古人之文。要之，宋代文坛开幕之始，就从师古入手，反对前代遗存的靡弱文风，寻求自身的创新之路。除了众所周知的几大文学流派大复古主张之外，凡是有建树的文坛领袖，也无不提倡从学古、师古入手。如王安石就曾"尽假唐人诗集，博观而约取，晚年始尽深婉不迫之趣"⑥。王禹偁《再答张扶书》云："远师六经，近师吏部，使句之易道，义之易晓。"⑦又《赠朱严》云："谁怜所好还同我，韩柳文章李杜诗。"宋代诗文革新领袖欧阳修欲变革文风也是从学古入手，其《与张秀才第二书》云："君子之于学也务为道，为道必求知古，知古明道，而后履之以身，施之于事，而又见于文章而发之，以

---

① 张景编：《河东先生集》卷一，"四部丛刊"本，第11页。
② 王禹偁：《小畜集》，商务印书馆1937年版，第253页。
③ 王禹偁：《小畜集》，商务印书馆1937年版，第267页。
④ 石介：《徂徕石先生文集》，中华书局1984年版，第62—63页。
⑤ 石介：《徂徕石先生文集》，中华书局1984年版，第79页。
⑥ 何文焕辑：《历代诗话》，中华书局1981年版，第419页。
⑦ 王禹偁：《小畜集》，商务印书馆1937年版，第254页。

信后世。"①他本人早年作诗多取法李、杜，晚年学陶渊明，作《和陶诗》百余首。杨万里也善于向前人学习，其《读诗》云："船中活计只诗编，读了唐诗读半山。不是老夫朝不食，半山绝句当早餐。"其成熟的"诚斋体"也是在"参透"了唐人、王安石、陈师道、江西诗派诸多艺术手法之后，才达到炉火纯青的水平。

实际上，宋人学古本身就蕴含着极强烈的创新意识。宋人学杜成风，而杜甫本人恰恰是强调师古的典范，所谓"别裁伪体亲风雅，转益多师是吾师"（《戏为六绝句》）。这种模仿师古中实际已含创新因素，"读书破万卷，下笔如有神"是也。对此，宋祁有一精彩概括：

> 杜子美之于诗，实积众家之长，适当其时而已。昔苏武、李陵之诗长于高妙，曹植、刘公幹之诗长于豪逸，陶潜、阮籍之诗长于冲澹，谢灵运、鲍照之诗长于峻洁，徐陵、庾信之诗长于藻丽于是杜子美者，穷高妙之格，极豪逸之气，包冲澹之趣，兼峻洁之姿，备藻丽之态，而诸家之作所不及焉。然不集诸家之长，杜氏亦不能独至于斯也。②

学古、师古只是手段，自成一家才是目的。所以王禹偁十分赞赏韩愈所说："吾不师今，不师古，不师难，不师易，不师多，不师少，惟师是尔！"③苏洵在《上欧阳内翰书》中细致讲述了自己学古而后创新的体会：

> 由是尽烧囊时所为文数百篇，取《论语》《孟子》《韩子》及其他圣人贤人之文，而兀然端坐终日以读之者，七八年。方其始也，入其中而惶然，博观于其外而骇然以惊；及其久也，读之益精，而其胸中豁然以明。若人之言固当然者，然犹未敢自出其言也。时既久，胸中之言日益多，不能自制，

① 李逸安点校：《欧阳修全集》，中华书局2001年版，第978页。

② 秦观著，徐培均笺注：《淮海集笺注》，上海古籍出版社2000年版，第751页。

③ 王禹偁：《小畜集》，商务印书馆1937年版，第254页。

试出而书之。已而再三读之，浑浑乎觉其来之易矣。①

现身说法，十分生动。杨万里学古人，但更重自家面目，正如其《跋徐恭仲省干近诗》云："传派传宗我替羞，作家各自一风流。黄、陈篱下休安脚，陶、谢行前更出头。"陶、谢、黄、陈曾是老师，但自己青出于蓝胜于蓝，熔铸百家竞风流。这种境界如他自己所说："学诗须透脱，信手自孤高。衣钵无千古，丘山只一毛。"（《和李天麟》）然而这却是真积力久、厚积薄发的结果，周必大《跋杨廷秀石人峰长篇》一文细述了这一过程：

> 今时士子见诚斋大篇短章，七步而成，一字不改，皆扫千军，倒三峡，穿天心，透月胁之语。至于状物姿态，写人情意，则铺叙纤悉，曲尽其妙。遂谓天生辨才，得大自在，是固然矣。抑未知公由志学至从心，上规赓载之歌，刻意风雅颂之什；下逮左氏、庄、骚、秦、汉、魏、南北朝、隋、唐以及本朝，凡名人杰作，无不推求其词源，择用其句法。五六十年之间，岁锻月炼，朝思夕惟，然后大悟大彻。笔端有口，句中有眼，夫岂一日之功哉！②

真是"看似寻常最奇崛，成如容易却艰辛"，要做到"笔端有口，句中有眼"，不假思索，脱口而出，谈何容易！其中不知呼吸吐纳了多少前人的知识和技巧积累，方臻此境界。

杨万里只是一位杰出代表，强调由学古而自成一家面目的文学思想在宋人议论中俯拾即是。吕本中《童蒙诗训》云："老杜诗云：'诗清立意新'，最是作诗用力处，盖不可循习陈言，只规摹旧作也。……近世人学老杜多矣，左规右矩，不能稍出新意，终成屋下架屋，无所取长。独鲁直下语，未尝似前人而卒

---

① 苏洵：《嘉祐集》卷十一，"四部丛刊"本，第2页。

② 周必大：《益公题跋》，中华书局1985年版，第43页。

与之合，此为善学。"①学古，但不泥古，方为善学。又李之仪《跋吴思道诗》记载："东坡尝谓余曰：'凡造语，贵成就，成就则方能自名一家。'"②姜夔也说："一家之语，自有一家之风味。如乐之二十四调，各有韵声，乃是归宿处。模仿者语虽似之，韵亦无矣。"③又戴复古《论诗十绝》："意匠如神变化生，笔端有力任纵横。须教自我胸中出，切忌随人脚后行。"可见"自成一家"是宋人的共识。宋人认为，本朝人所取得的成就正是这种追求的结果。如吕本中评苏、黄曰："自古以来语文章之妙，广备众体，出奇无穷者，唯东坡一人；极风雅之变，尽比兴之体，包括众作，本以新意者，唯豫章一人，此二者当永以为法。"④苏、黄分别代表宋诗方向，都是自出机杼，别成一家。尤其是黄庭坚，影响更大，其诗风长期笼罩文坛。其以师古为创新的脉络诚如刘克庄所说："豫章稍后出，会粹百家句律之长，究极历代体制之变，搜猎奇书，穿穴异闻，作为古律，自成一家。虽只字半句不轻出，遂为本朝诗家宗祖，在禅学中比得达摩，不易之论也。"⑤

（二）于模仿求创新

宋人之以故为新，除了以师古为革新的总体趋势外，还有具体的师法原则，形成了两个重要的理论范畴，即点铁成金、夺胎换骨。它们都源于宋代最有影响力的江西诗派。其中，点铁成金的理论概括见于黄庭坚的《答洪驹父书》："自作语最难，老杜作诗，退之作文，无一字无来处，盖后人读书少，故谓韩、杜自作此语耳。古之能为文章者，真能陶冶万物，虽取古人之陈言入于翰墨，如灵丹一粒，点铁成金也。"⑥夺胎换骨的理论表述见于惠洪的《冷斋夜话》："山谷

① 郭绍虞辑：《宋诗话辑佚》，中华书局1980年版，第596页。

② 李之仪：《姑溪居士全集》，商务印书馆1935年版，第309页。

③ 何文焕辑：《历代诗话》，中华书局1981年版，第683页。

④ 郭绍虞辑：《宋诗话辑佚》，中华书局1980年版，第604页。

⑤ 曾枣庄、刘琳主编：《全宋文》（第三百二十九册），上海辞书出版社、安徽教育出版社2006年版，第108页。

⑥ 黄庭坚：《黄庭坚全集》，四川大学出版社2001年版，第475页。

云：诗意无穷而人才有限，以有限之才追无穷之意，虽渊明、少陵不得工也。然不易其意而造其语，谓之换骨法；窥入其意而形容之，谓之夺胎法。"①从上述理论表述来看，无论"夺胎换骨"还是"点铁成金"，都强调模仿前人，不过一为词语的沿袭、意象的重复，一为构思的沿袭、意境的重复。虽然它们的出现都与江西诗派宗祖黄庭坚有关，但从宏观的文学思想发展来看，它之所以发生在宋代，却有着历史逻辑上的必然性。

从所处的历史位置来看，宋人已处于不得不模仿前人的境地。正如蒋士铨《辨诗》所云："宋人生唐后，开辟真难为。"对此，钱锺书先生有一段精彩分析：

中国古代著述思想研究

> 前代诗歌的造诣不但是传给后人的产业，而在某种意义上也可以说向后人挑衅，挑他们来比赛，试试他们能不能后来居上、打破纪录，或者异曲同工、别开生面。……有唐诗作榜样是宋人的大幸，也是宋人的大不幸。看了这个好榜样，宋代诗人就学了乖，会在技巧和语言方面精益求精；同时，有了这个好榜样，他们也偷起懒来，放纵了摹仿和依赖的惰性。瞧不起宋诗的明人说它学唐诗而不像唐诗，这句话并不错，只是他们不懂这一点不像之处恰恰就是宋诗的创造性和价值所在。②

这段话有两层意思：1.宋人之走模仿之路有文学自身发展规律的逻辑必然性；2.宋人不是单纯模仿，而是含有创新因素，这正是其价值所在。宋人以模仿为创新，即所谓"夺胎换骨""点铁成金"，涉及的艺术语言、技巧、意境的范围很广，简略言之，可分为语言意象和构思意境两个层次。

先看语言意象层次，包含典故的运用。宋人生唐后，诗歌已达极盛，而盛极必衰是事物一般规律。宋人已处于一个无法回避前人的时代，触目皆是陈言

---

① 释惠洪：《冷斋夜话》卷一，文渊阁四库全书本，第9页。
② 钱锺书选注：《宋诗选注》，人民文学出版社1958年版，序言第13—14页。

俗句。其境地正如王安石所说："世间好语言，已被老杜道尽；世间俗言语，已被乐天道尽。"①江西诗派的另一骨干韩驹也说："目前景物，自古及今，不知凡经几人道。今人下笔，要不蹈袭，故有终篇无一字可解者。盖欲新而反不可晓耳。"②道出宋人的尴尬境地：好词、好句、好景、好意、好境，都已被前人说尽，而欲创新，不得不向险涩生僻上用力，而又会导致艰涩难懂。黄庭坚也认识到"自作语最难"，他之强调"点铁成金"正是试图摆脱这种尴尬境地的一种文学理论对策。北宋时苏轼就说："诗须要有为而作，用事当以故为新，以俗为雅。"③即指语言用典而言。后黄庭坚也说："盖以俗为雅，以故为新，百战百胜，如孙、吴之兵，棘端可以破镞，如甘蝇、飞卫之射，此诗人之奇也。"④其语实本东坡。南宋间本黄庭坚旨意而说诗的《诗宪》也确认了模仿的合理性：

> 因袭者，用前人之语也。以陈为新，以拙为巧，非有过人之才，则未免以蹈袭为愧。魏道辅云："诗恶蹈袭，古人亦有蹈袭而愈工，若出己意者。盖思之精，则造语愈深也。"转意者，因袭之变也。前者既有是语矣，吾因而易之，虽语相反，皆不失为佳。⑤

可见，在宋人眼中，因袭、蹈袭古人并非绝对贬义，主要看是否能自转新意。

杨万里《诚斋诗话》中对"点铁成金"有具体阐述：

> 诗家用古人语，而不用其意，最为妙法。如山谷《猩猩毛笔》是也。猩猩喜著屐，故用阮孚事。其毛作笔，用之钞书，故用惠施事。二事皆借人事以咏物，初非猩猩毛笔事也。《左传》云："深山大泽，实生龙蛇。"而山

---

① 转引自胡仔纂集：《苕溪渔隐丛话》（前集），人民文学出版社1962年版，第90页。

② 转引自魏庆之：《诗人玉屑》，中华书局2007年版，第265页。

③ 孔凡礼点校：《苏轼文集》，中华书局1986年版，第2109页。

④ 黄庭坚：《黄庭坚全集》，四川大学出版社2001年版，第126页。

⑤ 转引自张高评编：《宋诗综论丛编》，丽文文化事业股份有限公司1993年版，第360页。

谷《中秋月》诗云："寒藤老木被光景，深山大泽皆龙蛇。"《周礼·考工记》云："车人盖圜以象天，轸方以象地。"而山谷云："大夫要宏毅，天地为盖轸。"《孟子》云："《武成》取二三策。"而山谷称东坡云："平生五车书，未吐二三策。"①

所举都是"用古人语，而不用其意"的典范，由于已经脱离了原始文本意义，这些陈言俗语已成为相对独立的语言意象，可以获得全新的审美意义。如以"深山大泽皆龙蛇"来形容寒藤老木，与《左传》原典意思全然不同，这种陈言新用就有"点铁成金"的意义。

所谓"换骨"指在采用前辈诗人成辞时，取其意而变其言辞，使语句工妙甚于原作。如李白有云："鸟飞不尽暮天碧。"又："青天尽处没孤鸿。"黄庭坚用其意而变其语云："瘦藤挂到风烟上，乞与游人眼豁开。不知眼界阔多少，白鸟去尽青天回。"②除成语典故外，宋人还多袭前人成句。如乐府《门有车马客》古题和陶渊明《饮酒》诗"心远地自偏"，黄庭坚凑成"非无车马客，心远境亦静"（《次韵张询斋中晚春》）。胡仔细读王安石《临川集》，发现"雨来未见花间蕊，雨后全无叶底花，蜂蝶纷纷过墙去，却疑春色在邻家"一诗，原来是从唐人王驾《晴景》"脱胎"而来，仅仅改动七字。黄庭坚《题小景扇》诗"草色青柳色黄，桃花零乱杏花香。春风不解吹愁去，春日偏能惹恨长"，原来是从唐人贾至《春思二首》中来，只改五字。③黄庭坚还袭用前人诗句。如《病起荆江亭即事十首》之一："近人积水无鸥鹭，时有归牛浮鼻过。"任渊注云："《北梦琐言》陈咏诗曰：'隔岸水牛浮鼻渡，傍溪沙鸟点头行。'此本陋句，一经妙手，神采顿异。山谷此句当有所指，或云运判陈举颇以为憾，其后遂有宜州之行。"④唐人王维于李嘉祐诗"水田飞白鹭，夏木啭黄鹂"前分别加两叠字

---

① 丁福保辑：《历代诗话续编》，中华书局1983年版，第141页。

② 转引自胡仔纂集：《苕溪渔隐丛话》（前集），人民文学出版社1962年版，第235页。

③ 丁福保辑：《历代诗话续编》，中华书局1983年版，第136页。

④ 黄庭坚著，任渊、史容、史季温注：《山谷诗集注》，上海古籍出版社2003年版，第356页。

号之令，精彩数倍。杜甫有句"桃花细逐杨花落，黄鸟时兼白鸟飞"（《曲江对酒》）。宋人深爱这种句式，广泛模仿。如梅尧臣之"南岭禽过北岭叫，高田水入低田流"（《春日拜垄经田家》）。在宋人眼中，这种利用古人成句而稍加改造不能算抄袭，而是含有创造因素。据《蒲氏漫斋录》记载："刘梦得言'茱萸'二字，更三诗人道之，而有工否。杜公云：'更把茱萸仔细看'，王右丞云：'遍插茱萸少一人'，朱仿云：'学他少年插茱萸'，杜句为优。逮东坡有'酒阑何必看茱萸'之句，则又高出工部一等。"[1]总之，宋人之点铁成金不无循规蹈矩之弊，但更富于创新因素，这也正是宋人能在唐后独成自家面目的重要原因。

再看构思意境层次。"点铁成金"侧重词语意象，"夺胎换骨"说的则是构思意义层次，如云"不易其意而造其语，谓之换骨法；窥入其意而形容之，谓之夺胎法"[2]，都有一"意"字统领。当然也不尽严格。如周紫芝《竹坡诗话》记载：

> 白乐天《长恨歌》云："玉容寂寞泪阑干，梨花一枝春带雨。"人皆喜其工，而不知其气韵之近俗也。东坡作送人小词云："故将别语调佳人，要看梨花枝上雨。"虽用乐天语，而别有一种风味，非点铁成黄金手，不能为此也。[3]

讲的是气韵意境层次的问题，也用了"点铁成金"一语。总之，在宋人心目中，点铁成金也好，夺胎换骨也罢，都是借承袭前人而自成一家面目。因为本来词语与意思是一而二、二而一的事，所以其中界限并不严谨。据《宋诗纪事》载，宋人十分善于承袭前人：

① 王大鹏、张宝坤、田树生等编选：《中国历代诗话选》，岳麓书社1985年版，第991页。
② 释惠洪：《冷斋夜话》卷一，文渊阁四库全书本，第9页。
③ 何文焕辑：《历代诗话》，中华书局1981年版，第346页。

《陵阳室中语》：一日，因坐客论鲁直诗体制新巧，客举鲁直此诗云，"石吾甚爱之，勿使牛砺角。牛砺角尚可，牛斗残我竹。"如此体制甚新。公徐云，"独漉水中泥，水浊不见月。不见月尚可，水深行人没"。盖是李太白《独漉篇》也。山谷亦效此语意耳。①

被时人认为如此"新巧"之作也难免蹈袭，可见当时风气。

"夺胎换骨"本是道教术语，指托借他胎而转生，换掉俗骨而成仙骨。黄庭坚借此来比喻师法前人而不露迹象，形成一个新的生命。曾记载这一概念的惠洪在《冷斋夜话》举例说明何为"夺胎换骨"：

如郑谷《十月菊》曰："自缘今日人心别，未必秋香一夜衰。"此意甚佳，而病在气不长。……所以荆公菊诗曰："千花万卉凋零后，始见闲人把一枝。"东坡则曰："万事到头终是梦，休休休，明日黄花蝶也愁。"……凡此之类，皆换骨法也。……乐天诗曰："临风抄秋树，对酒长年身。醉貌如霜叶，虽红不是春。"东坡南中作诗云："儿童误喜朱颜在，一笑那知是醉红。"凡此之类，皆夺胎法也。②

可知，夺胎换骨虽有前人词语或意思的痕迹在，但已蜕去其形貌，而得己之神髓。如苏轼之诗，浑然他独有的幽默、旷达、诙谐的精神气韵，已得自家面貌，与白诗判若两人。由于汉语常用字毕竟有限，经前人之手沾染，欲不重复、不蹈袭，已不可能。于是要更加锻炼，善于夺胎换骨。陈岩肖《庚溪诗话》卷下曾记载何为善夺胎：

晋宋间，沃州山帛道猷诗曰："连峰数千里，修林带平津。茅茨隐

中国古代著述思想研究

---

① 厉鹗辑撰：《宋诗纪事》，上海古籍出版社1983年版，第813页。
② 释惠洪：《冷斋夜话》卷一，文渊阁四库全书本，第9—10页。

不见，鸡鸣知有人。"后秦少游诗云："荻蒲深处疑无地，忽有人家笑语声。"僧道潜号参寥，有云："隔林仿佛闻机杼，知有人家在翠微。"其源乃出于道猷，而更加锻炼，亦可谓善夺胎者也。①

马永卿《嬾真子》卷二专有《作诗换骨法》一节，辨析何为"换骨"：

旧说载王禹玉久在翰苑，曾有诗云："晨光未动晓骖催，又向坛头饮社杯。自笑治聋终不是，明年强健更重来。"或曰："古人之诗有此意乎？"仆曰：白乐天为忠州刺史，九日题途溪云："蓍草席铺枫岸叶，竹枝歌送菊花杯。明年尚作南宾守，或值重阳更一来。"亦此意也。但古人作诗，必有所拟，谓之神仙换骨法，然非深于此道者，亦不能也。②

实际上，"夺胎"与"换骨"，"夺胎换骨"与"点铁成金"，宋人常常混用，其间边界并不严格，都是强调在模仿前人中转出自己的新意，并且不局限于诗歌领域。如陈后山《示三子》："去远即相忘，归近不可忍。儿女已在眼，眉目略不省。喜极不得语，泪尽方一哂。了知不是梦，忽忽心未稳。"谢枋得《谢叠山诗话》评曰：

杜子美乱后见妻子诗云："夜阑更秉烛，相对如梦寐。"辞情绝妙，无以加之。晏词窃其意云："今宵剩把银缸照，犹恐相逢是梦中。"周词反其意云："夜永有时分明，枕上觑著孜孜地。烛暗时酒醒，元来又是梦里。"皆不如后山祖杜工部之意，著一转语："了不知是梦，忽忽心未稳。"意味悠长，可与杜工部争衡也。③

---

① 丁福保辑：《历代诗话续编》，中华书局1983年版，第176页。
② 俞鼎孙、俞经编辑：《儒学警悟》，中国书店2010年版，第106页。
③ 转引自蔡正孙：《诗林广记》，中华书局1982年版，第317页。

其实，这已经不是单纯仿效，而是一种共同的人生体验，看似相似，实际上已有个人独到的感受在内，已不完全像唐人，所以不能说是单纯模仿了。这也正应验了钱锺书先生所说"这一点不像之处恰恰就是宋诗的创造性和价值所在"。姜夔云："一家之语，自有一家之风味。如乐之二十四调，各有韵声，乃是归宿处。模仿者语虽似之，韵亦无矣。鸡林其可欺哉！"①这颇能代表宋人对创新的看法，借此作本小节结束语。

（三）重技法以纳新

文学是语言的艺术。语言意味着一种规范，一种限制，一种法度，以保证把神韵、意境、妙悟等落到实处，可以在实际中操作。尤其是诗歌，它本身就是一种独特的形式，所以在技法方面尤为讲究。所谓"意翻空而易奇，言征实而难巧也"。宋人于此，亦给予高度重视，总结了许多经验和模式。简言之，可分为章法、句法、字法三部分。

章法，是对篇章结构的布置安排，它是一种对通篇整体结构的全面考虑。宋人之重视章法，主要是从增强文学的陌生化审美效果入手。平庸、重复、千人一面历来是文学的死敌，凡能傲睨艺苑、领袖文坛的巨匠，无不冥思苦想推陈出新，如杜甫所云"语不惊人死不休"。从外表形式上看，诗词在韵律、对偶、字数方面皆有严格规定，所以欲求陌生变化只有向别处着眼。如范温《潜溪诗眼》就曾指出：

> 老杜诗凡一篇皆工拙相半，古人文章类如此。皆拙固无取，使其皆工，则峭急而无古气，如李贺之流是也。然后世学者，当先学其工者，精神气骨，皆在于此。如《望岳诗》云："齐鲁青未了"，《洞庭诗》云："吴楚东南坼，乾坤日夜浮。"语既高妙有力，而言东岳与洞庭之大，无过于此。后来文士极力道之，终有限量，益知其不可及。《望岳》第二句如此，故先

---

① 何文焕辑：《历代诗话》，中华书局1981年版，第683页。

云："岱宗夫何如？"《洞庭诗》先如此，故后云："亲朋无一字，老病有孤舟。"使《洞庭诗》无前两句，而皆如后两句，语虽健，终不工。《望岳诗》无第二句，而云"岱宗夫何如"，虽曰乱道可也。今人学诗多得老杜平慢处，乃邻女效颦者。①

宋人从杜甫诗句中总结出"工拙相半"的重要法则，即一件文学作品不应一个面孔，而要注意多元参差，起伏不平，力求给人一种陌生化的美感。尤其是律诗，每句字数相同，形式本身已很平板，就应在其他方面寻求变化，工拙相半就是一法。一首诗，既有优美、精巧的"雅致"成分，又有拙朴、粗糙的"平俗"成分，如所举杜诗，雅俗相间，奇趣自生。实际上，这不仅仅局限于一部作品的章法安排，宋人已将其发展为一种文学思想，即"以俗为雅"。

为增强陌生化效果，江西诗派还总结出"打诨出场"法，由黄庭坚首先提出："作诗正如作杂剧，初时布置，临了须打诨，方是出场。"②"打诨"一语，源于魏晋以来的参军戏，表演时由参军发出可笑的言行，叫作"打诨猛入"；苍鹘（角色名）以楂瓜击打并责问，然后参军予以一个出乎意料的回答，是为"打诨猛出"。"出"，即退场。将其运用到诗歌领域，意思是说诗的前面可以平淡无奇，而结尾则要费心思、出新意，如"打诨猛出"一样使人悟出其中奥妙，心中留存隽永诗味。《王直方诗话》曾记，黄庭坚读秦少章诗曾"恶其终篇无所归也"，即结尾无甚出人意料之处。黄庭坚本人是身体力行了这一原则，其《题伯时画顿尘马》诗云："竹头抢地风不举，文书堆案睡自语。忽看高马顿风尘，亦思归家洗袍袴。"前两句与主旨"题画马"毫无关系，实际上是写文官乏味平庸的生活，与马抖落风尘形成鲜明对照。第三句切入正题，骏马抖落身上风尘，于是联想到自己也应洗净红尘中的污浊，过一种归隐清静的生活。短短四句，包含三种意思，其间跳跃性很大，是对"打诨出场"的形象化解释。苏轼作

第七章　二元矛盾互补：宋型文化与宋人著述思想

---

① 郭绍虞辑：《宋诗话辑佚》，中华书局1980年版，第323页。
② 郭绍虞辑：《宋诗话辑佚》，中华书局1980年版，第14页。

诗也有这种特点，如吕本中所说，"波澜浩大，变化不测；如作杂剧，打猛诨入，却打猛诨出"①。宋人于此，心领神会，多于结尾处见奇。如徐俯诗《春日游湖上》："双飞燕子几时回，夹岸桃花蘸水开。春雨断桥人不渡，小舟撑出柳荫来。"前两句平平无奇，第三句突起变化，桥断不渡，顿生悬念，结句又有跳跃，小舟出柳，不仅景好，又与断桥呼应，咀嚼感觉余味不尽。此外，翻阅宋人笔记、诗话，还可见诸如"奇正相生""语断意联""顿挫"等法，谈及谋篇布局的种种奥妙。

句法较章法更具体一层。所谓"宋调"特重筋骨锻炼，所以宋人尤重句法。黄庭坚曾概括说："拾遗句中有眼，彭泽意在无弦。"（《赠高子勉》）无论多么玄妙的意韵、飞越的神思都要借助句式来表现，所以与其高谈阔论妙悟不如踏实辨析具体诗句作法。他还说："传得黄州新句法，老夫端欲把降幡。"（《次韵文潜立春日三绝句》）苏轼也重句法，其《次韵赠清凉长老》云："安心有道年颜好，遇物无情句法新。"

句法变化首先表现在宋人有意识地将散文句式入诗，如《王直方诗话》记载：

> 山谷尝谓余云："作诗使《史》《汉》间全语为有气骨。"后因读浩然诗，见"以吾一日长"，"异方之乐令人悲"及'吾亦从此逝'，方悟山谷之言。②

此外是重诗家本身句法。普闻《诗论》总结说：

> 诗家云：炼字莫如炼句，炼句莫若得格；格高本乎琢句，句高则格胜矣。天下之诗，莫出于二句，一曰意句，二曰境句。境句则易琢，意句难

① 郭绍虞辑：《宋诗话辑佚》，中华书局1980年版，第590页。
② 郭绍虞辑：《宋诗话辑佚》，中华书局1980年版，第87—88页。

中国古代著述思想研究

制。境句人皆得之，独意不得其妙者，盖不知其旨也。所以鲁直、荆公之诗出于流辈者，以其得意句之妙也。"①

究竟什么是"意句"，他举黄庭坚的名句"桃李春风"一联为例说："春风桃李但一杯，而想像无聊屡空为甚；飘蓬寒雨十年灯之下，未见青云得路之便，其羁孤未遇之叹具见矣。其意句亦就境中宣出。桃李春风，江湖夜雨，皆境也，昧者不知，直谓境句，谬矣。"②吕本中《童蒙诗训》记："或称鲁直'桃李春风一杯酒，江湖夜雨十年灯'，以为极至。鲁直自以此犹砌合，须'石吾甚爱之，勿使牛砺角。牛砺角尚可，牛斗残我竹'，此乃可言至耳。"③

据此可知，宋人眼中的"极致"好句不仅是对仗工稳，而是"石吾甚爱之"这样从前很少入诗的散文句法，反而以其"体致新巧，自作格辙"，能形成一种陌生化效果而受宋人青睐。

宋人还讲究一种"错综句法"，即常说的倒装句。惠洪《天厨禁脔》记：

"红稻啄残鹦鹉粒，碧梧栖老凤凰枝。"……"缫成白雪桑重绿，割尽黄云稻正青。"……"林下听经秋苑绿，江边扫叶夕阳僧。"前子美作，次舒王作，次郑谷作……以事不错综，则不成文章。若平直叙之，则曰："鹦鹉啄残红稻粒，凤凰栖老碧梧枝。"而以"红稻'于上，以"凤凰"于下者，错综之也。④

倒装，主要是为了在有限字数内造成陌生新奇的效果，使语言在新的搭配关系中获得活力。宋人学杜，尤为称道这种讲究变化的句法，如云：

---

① 陶宗仪等编：《说郛三种》，上海古籍出版社2012年版，第1008页。

② 陶宗仪等编：《说郛三种》，上海古籍出版社2012年版，第1008页。

③ 郭绍虞辑：《宋诗话辑佚》，中华书局1980年版，第590页。

④ 释惠洪：《石门洪觉范天厨禁脔》卷上，明正德丁卯刻本，第15—16页。

杜子美善于用事，及常语多离析，或倒句，则语峻而体健，意亦深稳，如"露从今夜白，月是故乡明"是也。白乐天工于对属，寄元微之曰："白头吟处变，青眼望中穿。"然不若杜云"别来头并白，相见眼终青"尤佳。①

总之，宋人总想在诗歌严谨的规定中寻求突破，自立新意，因而对前人不合常规的"句法"十分敬佩，有意模仿。江西诗派好造奇语，常用错综、离析、倒装、省略、压缩等手段，打破正常语法搭配，力求使语言清新活泼，富于特殊美感。

字法包含炼字，但范围比炼字宽。同章法和句法一样，字法的运用，可以把陌生化效果最终落到实处，给人以新奇美感。唐人以重炼字，贾岛"推敲"即其代表。宋人于此，尤为重视，并有更深入的见解，触及其深层美学意蕴，据《诗人玉屑》记载：

韩子苍言作诗不可太熟，亦须令生；近人论文，一味忌语生，往往不佳。东坡作《聚远楼》诗，本合用"青山绿水"对"野草闲花"，此一字太熟，故易以"云山烟水"，此深知诗病者。予然后知陈无己所谓"宁拙毋巧，宁朴毋华，宁粗毋弱，宁僻毋俗"之语为可信。②

"亦须令生"，很能代表宋人遣词用字的审美心态，字法较章法、句法更纤小，但更为具体，魏庆之由用一字"亦须令生"悟出江西诗派"宁拙毋巧"等大的美学原则，可见其重要性。苏轼强调："清诗要锻炼，乃得铅中银。"（《崔文学甲携文见过》）他在《书赠徐信》中还说："大抵作诗当日煅月炼，非欲夸奇斗异，要当淘汰出合用事。"③所谓"煅炼"（锻炼），就包含炼字，要选择最能表现诗意神韵的字来达意。黄庭坚也说："覆却万方无准，安排一字有

---

① 王得臣：《麈史》，上海古籍出版社1986年版，第43页。

② 魏庆之编：《诗人玉屑》，上海古籍出版社1978年版，第135—136页。

③ 孔凡礼点校：《苏轼文集》，中华书局1986年版，第2562页。

神。"所谓"安排一字"的工夫如罗大经云：

> 作诗要健字撑拄，要活字斡旋，如"红入桃花嫩，青归柳叶新"，"弟子贫原宪，诸生老伏虔"。"入"与"归"字，"贫"与"老"字，乃撑拄也。"生理何颜面，忧端且岁时"，"名岂文章著，官应老病休"。"何"与"且"字，"岂"与"应"字，乃斡旋也。撑拄如屋之有柱，斡旋如车之有轴，文亦然。诗以字，文以句。①

范温《潜溪诗眼》也说："句法以一字为工，自然颖异不凡，如灵丹一粒，点铁成金也。浩然云：'微云澹河汉，疏雨滴梧桐。'工在'澹''滴'字。"②又举例说："好句要须好字，如李太白诗：'吴姬压酒唤客尝'，见新酒初熟，江南风物之美，工在'压'字。"③又："陈舍人从易偶得《杜集》旧本，至《送蔡都尉》云：'身轻一鸟'，其下脱一字。陈公因与数客各以一字补之，或曰疾，或曰落，或曰起，或曰下，莫能定。其后得一善本，乃是'身轻一鸟过'。陈公叹服，一过字为工也。"④以上数例，都是以一字见工，如用"过"字较轻，又能传达出飘忽而过的动感，而"疾""落""起""下"等字都太实，且"过"字可指鸟，亦可指人，而其他字只能坐实在鸟的动作，所以"过"字为佳，难怪众人叹服。另外，《唐子西文录》中还记载了同类故事："东坡作《病鹤诗》，尝写'三尺长胫瘦躯'，缺其一字，使任德翁辈下之，凡数字。东坡徐出其藁，盖'阁'字也。此字既出，俨然如见病鹤矣。"⑤在"长胫"和"瘦躯"之间置一"阁"字，使病鹤瘦弱的躯体难以承受三尺长胫的病态跃然纸上，远较他字优胜。王平甫《甘露寺》诗云："平地风烟飞白鸟，半山云

① 罗大经：《鹤林玉露》，中华书局1983年版，第108页。
② 郭绍虞辑：《宋诗话辑佚》，中华书局1980年版，第333页。
③ 郭绍虞辑：《宋诗话辑佚》，中华书局1980年版，第321页。
④ 郭绍虞辑：《宋诗话辑佚》，中华书局1980年版，第333—334页。
⑤ 何文焕辑：《历代诗话》，中华书局1981年版，第444页。

水卷苍藤。"苏轼指出："精神全在卷字，但恨飞字不称耳。"于是改为'翻'字，王为之叹服。①像这类着一妙字境界全出的例子在宋人笔下比比皆是，又如《藏海诗话》所记："老杜诗云：'行步欹危实怕春。''怕春'之语，乃是无合中有合。谓'春'字上不应用'怕'字，今却用之，故为奇耳。"②春日美好，人多赏春、惜春、伤春之语，而杜甫独着一"怕"字，将老年衰迈之态和盘托出。

宋人于此还总结出五七言律诗用字的具体规律：

> 潘邠老言："七言诗第五字要响，如'返照入江翻石壁，归云拥树失山村'，翻字、失字，是响字也。五言诗第三字要响，如'圆荷浮小叶，细麦落轻花'，浮字、落字是响字也。所谓响者，致力处也。'予窃以为字字当活，活则字字当响。"③

潘大临倡"响"字，吕本中倡"活"字，用语不同，用心实一，即注重在极其有限的文字空间中激活诗意，所谓"诗眼"是也。宋人经潜心研究，认识到所谓活字、响字是能在句中灵活联结腾挪的虚字，如副词、联词、介词等。宋人从模仿唐人中得出的结论是，能用好实字不难，难在用好虚字，如方回《瀛奎律髓》载：

> 凡为诗，非五字七字皆实之为难，全不必实，而虚字有力之为难。"红入桃花嫩，青归柳叶新"，以"入"字"归"字为眼。"冻泉依细石，晴雪落长松"，以"依"字"落"字为眼。"欅柳枝枝弱，枇杷树树香"，以"弱"字"香"字为眼。凡唐人皆如此，贾岛尤精，所谓敲门推门，争精微

于一字之间是也。①

用精一字，获得诗眼，可方回并未就此打住，接着深入挖掘：

> 然诗法但止于是乎？惟晚唐诗家不悟，盖有八句皆景，每句中下一工字
> 以为至矣，而诗全无味。所以诗家不专用实句实字，而或以虚为句，句之中
> 以虚字为工，天下之至难也。②

虚字为工，天下至难，范晞文也有这种认识：

> 虚活字极难下，虚死字尤不易，盖虽是死字，欲使之活，此所以为
> 难。老杜"古墙犹竹色，虚阁自松声"及"江山有巴蜀，栋宇自齐梁"，
> 人到于今诵之。予近读其《瞿塘两崖》诗云："入天犹石色，穿水忽云
> 根。""犹""忽"二字如浮云著风，闪烁无定，谁能迹其妙处。他如"江
> 山且相见，戎马未安居"，"故国犹兵马，他乡亦鼓鼙"，"地偏初衣袷，
> 山拥更登危"，"诗书遂墙壁，奴仆且旌旄"，皆用力于一字。③

虚字之难，盖因其本身并不表意，而须借助其他实字出神入化，用得好，反
而比实字更佳。叶梦得也已认识到这一问题："诗人以一字为工，世固知之，惟
老杜变化开阖，出奇无穷，殆不可以形迹捕。如'江山有巴蜀，栋宇自齐梁'。
远近数千里，上下数百年，只在'有'与'自'两字间，而吞纳山川之气，俯仰
古今之怀，皆见于言外。《滕王亭子》'粉墙犹竹色，虚阁自松声'，若不用
'犹'与'自'两字，则余八言凡亭子皆可用，不必滕王也。"④此类例子，宋

---

① 方回：《瀛奎律髓》卷四三，文渊阁四库全书本，第8页。
② 方回：《瀛奎律髓》卷四三，文渊阁四库全书本，第8页。
③ 丁福保辑：《历代诗话续编》，中华书局1983年版，第418页。
④ 何文焕辑：《历代诗话》，中华书局1981年版，第420页。

人著作尤其诗话中还有许多，兹不赘述。同时，文论中也有此类议论，如楼昉论文就特重虚字，其《过庭录》说："文字之妙，只在几个助辞虚字上，看柳子厚答韦中立、严厚与二书，便得此法。助辞虚字是过接斡旋千转万化处。"①对此，或可以谢榛的一段话结束此节："凡多用虚字便是讲，讲则宋调之根。"②

第四节　学问功力与兴趣妙悟

宋型文化弥漫着浓厚的书卷气，文教风流，浸润两宋。读书广博，学问精湛，影响并塑造着宋代文学及其文学思想。讲究读书、学问、功力，是促成所谓"宋调"形成的重要因素。但这样看并不全面，与读书穷理、讲究学问相对应，宋代还有重视兴趣和妙悟、讲究别材和别趣的文学思想。学问功力与兴趣妙悟并行，构成宋代文学思想中一对重要的审美理论范畴。

宋代理学盛行，就理学家而言，读书意在穷理格物，涵养心性；对文学家而言，读书在于探本穷源。这里所谓的"本"和"源"，不是现实生活，而是儒家的经义。宋人以"道"作为精神探讨的主要对象，所以特别讲究学术的渊源。在学术上，治经乃是为学的基本功夫；在文学创作上，也要向读书学问中汲取营养。正如陆游所说："诗岂易言哉！一书之不见，一物之不识，一理之不穷，皆有憾焉。"③严羽标举"兴趣""妙悟"，但也说"非多读书，多穷理，则不能极其至"④。

宋型文化的代表人物苏轼、黄庭坚尤其具有文化渊源继承的历史意识，自觉地从古代文化中汲取营养。苏轼在《书吴道子画后》中说："智者创物，能者述焉，非一人而成也。君子之于学，百工之于技，自三代历汉至唐而备矣。故诗至于杜子美，文至于韩退之，书至于颜鲁公，画至于吴道子，而古今之变，天下

---

① 陶宗仪等编：《说郛三种》，上海古籍出版社2012年版，第783页。

② 丁福保辑：《历代诗话续编》，中华书局1983年版，第1224—1225页。

③ 陆游：《渭南文集》卷三九，"四部丛刊"本，第16页。

④ 严羽著，郭绍虞校释：《沧浪诗话校释》，人民文学出版社1983年版，第26页。

之能事毕矣。"①苏门一派，强调博学多才，门下文人均有极高的文学素养。苏轼向王安石推荐秦观时说："今得其诗文数十首，拜呈。词格高下，固无以逃于左右，独其行义修饬，才敏过人，有志于忠义者，某请以身任之。此外，博综史传，通晓佛书，讲习医药，明练法律，若此类，未易以一二数也。"②由此可见宋人文化涵养之高。

黄庭坚论诗，亦极重诗外功夫，将治经视为作诗的渊源和根本。其《答洪驹父书》云："词笔从横，极见日新之效。更须治经，探其渊源，乃可到古人耳。"③其《与徐师川书》云："诗政欲如此作。其未至者，探经术未深，读老杜、李白、韩退之诗不熟耳。"④《与徐甥师川》又云："须精治一经，知古人关捩子，然后所见书传，知其旨趣，观世故在吾术内。……文章乃其粉泽，要须探其根本，本固则世故之风雨不能漂摇。"⑤在此，治经的意义已远远超出学术的承传，而是一种作诗的基本艺术涵养。宋人于此多有会心，如黄庭坚曾说："好作奇语自是文章病，但当以理为主。理得而辞顺，文章自然出群拔萃。"⑥读书穷理，甚至成为最有影响力的江西诗派之重要纲领，黄庭坚论作诗法云："但始学诗，要须每作一篇，辄须立一大意，长篇须曲折三致焉，乃为成章耳。……读书要精深，患在杂博。因按所闻，动静念之，触事辄有得意处，乃为问学之功。文章惟不构空强作，诗遇境而生，便自工耳。"⑦

他的《答洪驹父书》更是江西诗派的纲领性文章，其云："自作语最难，老杜作诗，退之作文，无一字无来处，盖后人读书少，故谓韩、杜自作此语耳。古之能为文章者，真能陶冶万物，虽取古人之陈言入于翰墨，如灵丹一粒，点铁

---

① 孔凡礼点校：《苏轼文集》，中华书局1986年版，第2210页。

② 孔凡礼点校：《苏轼文集》，中华书局1986年版，第1444页。

③ 黄庭坚：《黄庭坚全集》，四川大学出版社2001年版，第475页。

④ 黄庭坚：《黄庭坚全集》，四川大学出版社2001年版，第479页。

⑤ 黄庭坚：《黄庭坚全集》，四川大学出版社2001年版，第486页。

⑥ 黄庭坚：《黄庭坚全集》，四川大学出版社2001年版，第470页。

⑦ 黄庭坚：《黄庭坚全集》，四川大学出版社2001年版，第1684页。

成金也。"①在另一处，还具体有所指地批评道："所送新诗，皆兴寄高远，但语生硬，不谐律吕，或词气不逮初造意时，此病亦只是读书未精博耳。'长袖善舞，多钱善贾'，不虚语也。"②以上都是讲创作要有本钱，这本钱，不只是现实生活，还要熔铸书本知识，他举例说："观杜子美到夔州后诗，韩退之自潮州还朝后文章，皆不烦绳削而自合矣。"③同是对王观复，他还说："王观复作书，语似沉存中，它日或当类其文。然存中博极群书，至于《左氏春秋传》、班固《汉书》，取之左右逢其原，真笃学之士也。观复下笔不凡，但恐读书少耳。"④黄认为只有像沈括那样掌握大量的书本知识，写作起来才能左右逢源，出语不凡。刘勰《文心雕龙·神思》提出"积学以储宝"，宋人于此，心领神会。楼钥就说："诗之众体，惟大篇为难，非积学不可为，而又非积学所能到。必其胸中浩浩，包括千载，笔力宏放，间见层出，如淮阴用兵，多多益善。变化舒卷，不可端倪，而后为不可及。"⑤

李清照批评秦观"专主情致，而少故实，譬如贫家美女，虽极妍丽丰逸，而终乏富贵态"⑥。所谓"富贵态"，是指学富五车的人文资质，有此资质，便可超越前贤，正如罗大经所说："凡作文章，须要胸中有万卷书为之根柢，自然雄浑有筋骨，精明有气魄，深醇有意味，可以追古作者。"⑦这种博学的风气对文学产生了深刻影响，当时就在文学批评领域有所反应，严羽就曾有准确的批评——"近代诸公乃作奇特解会，遂以文字为诗，以才学为诗，以议论为诗。夫岂不工，终非古人之诗也"。⑧掉书袋，重议论学问，不重形象思维，成为对宋诗、宋调特色的盖棺论定，直至近当代仍有人指责宋人不重形象思维。

中国古代著述思想研究

---

① 黄庭坚：《黄庭坚全集》，四川大学出版社2001年版，第475页。

② 黄庭坚：《黄庭坚全集》，四川大学出版社2001年版，第470页。

③ 黄庭坚：《黄庭坚全集》，四川大学出版社2001年版，第470页。

④ 黄庭坚：《黄庭坚全集》，四川大学出版社2001年版，第670页。

⑤ 楼钥：《攻媿集》卷五二，"四部丛刊"本，第19—20页。

⑥ 转引自胡仔纂集：《苕溪渔隐丛话》（后集），人民文学出版社1962年版，第254页。

⑦ 罗大经：《鹤林玉露》，中华书局1983年版，第332页。

⑧ 严羽著，郭绍虞校释：《沧浪诗话校释》，人民文学出版社1983年版，第26页。

与讲究功力学问相联系的是主张"苦吟"，即不是从瞬间的灵感顿悟去作诗，而是下苦功夫，冥思苦想，呕心沥血，惨淡经营，这也是宋调的一个特征。宋人的创造力已远远逊于唐人，于是不得不从模仿一路去思谋创新，所谓花样繁多的"换骨""夺胎"等锻炼之法，就是一例。如江西诗派笔下就颇多人工雕琢的斧凿痕。这种风气经由南宋"四灵"的晚唐体诗派，而影响到江湖诗派，又构成一种讲究苦吟的线索。如翁卷《送徐灵渊》："从来苦吟思，归赋若多篇。"赵紫芝《十日》："苦吟无爱者，写在户庭间。"江湖派著名诗人刘克庄受其影响，但他不仅注意炼字琢句，也重视炼意，其《赵孟侒诗题跋》云："诗必穷始工，必老始就，必思索始高深，必煅炼始精粹。"①其他江湖派诗人也多崇尚"苦吟"，如赵汝镋专门写有《苦吟》诗："几度灯花落，苦吟难便成。寒窗明月满，楼上打三更。"周文璞《自笑》诗："自笑萧条甚，微吟坐到昏。"严粲《荐福寺》："石径秋痕苔藓深，谁将清气润修林。戴公堤上古时月，几度凉宵照苦吟。"林昉《春归》："老去客游空剑气，日来心事只诗囊。幽情一点云天远，独鸟无声飞夕阳。"但此派诗人多狭窄窘促，局限于一己的穷愁抑郁之中，如戴复古的《世事》："世事真如梦，人生不肯闲。利名双转毂，今古一凭栏。春水渡傍渡，夕阳山外山。吟边思小范，共把此诗看。"

实际上，公允地说，强调学问功力、苦吟与讲究兴趣妙悟并重，逻辑思维与形象思维并存，才能准确地把握宋代文学创作及文学思想领域的相关现象。与学问功力对立的是讲究兴趣妙悟的文学思想，其代表人物是严羽。严羽的族弟严粲，属于江湖派诗人，受其影响，严羽的思想与江西余脉以来的正统派明显不同。戴复古《祝二严》诗说："羽也天资高，不肯事科举。风雅与骚些，历历在肺腑。持论伤太高，与世或龃龉。长歌激古风，自立一门户。"②寥寥数语，把严羽之为人、思想及诗论倾向和盘托出，尤其指明了他不屑于跟随人后的特征，这是他能够提出与主流诗风不同的见解的个人文化背景。严羽的最大贡献是提出

---

① 刘克庄：《后村先生大全集》卷一〇六，"四部丛刊"本，第15页。
② 戴复古：《石屏诗集》卷一，"四部丛刊续编"本，第18页。

了与时流完全相悖的主张，建立起一套与主流正统诗论迥异的理论体系："诗有别材，非关书也；诗有别趣，非关理也。然非多读书，多穷理，则不能极其至。所谓不涉理路，不落言筌者，上也。"①"别材""别趣"说是严羽诗论的核心，其"妙悟"及"兴趣"说均由此生发而来。"别材"，即不同于读书穷理的特殊才能，更不同于"苦吟"，而是一种出于直觉感悟的艺术才能，它不是靠苦读苦思获得的。这种思维能力并非不涉及学问和道理，如他也提到"多读书，多穷理"，但更强调"不涉理路，不落言筌"，重在抒写性灵。他举例说："且孟襄阳学力下韩退之远甚，而其诗独出退之上者，一味妙悟而已。"②

与"别材""别趣"说紧密联系的是"妙悟"说，诗人的特殊才能通过"妙悟"才起作用。"妙悟"是一种直觉能力，颇像某种不可言说的神秘宗教体验，所以他说"大抵禅道惟在妙悟，诗道亦在妙悟""惟悟乃为当行，乃为本色"，并举例说："然悟有浅深，有分限，有透彻之悟；有但得一知半解之悟。汉魏尚矣，不假悟也。谢灵运至盛唐诸公，透彻之悟也；他虽有悟者，皆非第一义也。"③对诗的悟性有深浅的不同，汉魏至盛唐诸公，多从胸臆中流出，无意为诗而诗已工，并臻于妙境，浑然天成，不见人工斧凿痕迹。盛唐之后，人为因素及理性抽象成分愈来愈多，已经落入第二义了。正如他在《沧浪诗话·诗评》中所说："南朝人尚词而病于理；本朝人尚理而病于意兴；唐人尚意兴而理在其中；汉魏之诗，词理意兴，无迹可求。"④在《沧浪诗话·诗辨》中，他对有宋一代人工雕琢风气尤为不满，矛头所指更为尖锐："山谷用工尤为深刻，其后法席盛行，海内称为江西宗派。近世赵紫芝、翁灵舒辈，独喜贾岛、姚合之诗，稍稍复就清苦之风；江湖诗人多效其体，一时自谓之唐宗；不知止入声闻辟支之果，岂盛唐诸公大乘正法眼者哉！"⑤

---

① 严羽著，郭绍虞校释：《沧浪诗话校释》，人民文学出版社1983年版，第26页。

② 严羽著，郭绍虞校释：《沧浪诗话校释》，人民文学出版社1983年版，第12页。

③ 严羽著，郭绍虞校释：《沧浪诗话校释》，人民文学出版社1983年版，第12页。

④ 严羽著，郭绍虞校释：《沧浪诗话校释》，人民文学出版社1983年版，第148页

⑤ 严羽著，郭绍虞校释：《沧浪诗话校释》，人民文学出版社1983年版，第26—27页。

别趣，是诗人运用别材、妙悟的自然结果。诗人具有别样的才能，具有妙悟的能力，诗作就有感染人的特别趣味。这种趣味是读者直接从诗歌整体氛围感受到的意境，出自天然感兴，与"理路""言筌"无关，所以叫作"兴趣"："诗者，吟咏情性也。盛唐诸人惟在兴趣，羚羊挂角，无迹可求。故其妙处透彻玲珑，不可凑泊，如空中之音，相中之色，水中之月，镜中之象，言有尽而意无穷。"①特别强调"盛唐诸人惟在兴趣"，是指盛唐诗歌那种弥漫于整体意境氛围中的诗意美感，读者能感受到它情景交融的存在，但想解释时又无法确切说明，无迹可求，故其诗有兴象玲珑之美。如李白《金陵酒肆留别》："风吹柳花满店香，吴姬压酒劝客尝。金陵子弟来相送，欲行不行各尽觞。请君试问东流水，别意与之谁短长！"又王昌龄《芙蓉楼送辛渐》："寒雨连江夜入吴，平明送客楚山孤。洛阳亲友如相问，一片冰心在玉壶。"浑然一体，难以句摘，诗意在似有若无之间，真达到了"空中之音，相中之色，水中之月，镜中之象"的境界，言语虽尽，却仍给人以无穷的回味联想，有余音绕梁、三日不绝的美感。兴趣、妙悟并非严羽一人独得之秘，对此理宋人中多有心领神会者，如杨万里在《答建康府大军库监门徐达书》曾说："大氐诗之作也，兴，上也；赋，次也；赓和，不得已也。我初无意于作是诗，而是物、是事适然触乎我，我之意亦适然感乎是物、是事。触先焉，感随焉，而是诗出焉，我何与哉，天也！斯之谓兴。"②兴，即感兴，兴趣，是一种直觉的艺术能力，与严羽兴趣说接近。杨万里曾描述自己"辞谢唐人及王、陈、江西诸君子，皆不敢学，而后欣如"③的情形，也就是决定不落他人窠臼，从自然触发中寻找诗意灵感，他的诗歌实践是"步后园，登古城，采撷杞菊，攀翻花竹，万象毕来，献予诗材，盖麾之不去，前者未雠，而后者已迫，涣然未觉作诗之难也。盖诗人之病去体将有日矣，方是时，不惟未觉作诗之难，亦未觉作州之难也"④。"触先焉，感随焉"，最终达

---

① 严羽著，郭绍虞校释：《沧浪诗话校释》，人民文学出版社1983年版，第26页。

② 杨万里：《诚斋集》卷六七，"四部丛刊"本，第5—6页。

③ 杨万里：《诚斋集》卷八十，"四部丛刊"本，第8页。

④ 杨万里：《诚斋集》卷八十，"四部丛刊"本，第8页。

到"万象毕来"，也属于一种直觉妙悟。

值得注意的是，严羽尽管强调兴趣妙悟，但也重视读书学问的作用。有力的证据就是他在讲授怎样"悟入"之时也没忘记读书和才学："先须熟读《楚词》，朝夕讽咏以为之本；及读《古诗十九首》，乐府四篇，李陵、苏武、汉、魏五言皆须熟读，即以李、杜二集枕藉观之，如今人之治经，然后博取盛唐名家，酝酿胸中，久之自然悟入。"[①]于此也可见时代风气的熏染，只不过他将读书等摆在次要附属的地位。他在谈怎样达到"妙悟"境界时也提到博观的重要："试取汉、魏之诗而熟参之，次取晋、宋之诗而熟参之，……又取晚唐诸家之诗而熟参之，又取本朝苏、黄以下诸公之诗而熟参之，其真是非亦有不能隐者。"离开"熟参"，"妙悟"只是一句空话。

要之，严羽标举一种兴象玲珑、镜花水月之美，这对以江西诗派为代表的宋诗堆垛学问、补缀奇字、思理长而情韵短、波澜富而含蓄少等弊端，无疑是有矫正作用的。同时，他在有意批评流俗、远离主流诗歌风气的同时，无意中使宋代文学思想又多了一对审美理论范畴：学问功力和兴趣妙悟。

第五节　定法与活法

法，即规矩、法度，具体到文艺，指其在表达媒介、形式、技巧上的基本规范。陆游有云："道向虚中得，文从实处工。"这就简明地说出其中道理，即文学是语言的艺术，任何玄虚的审美韵味、气象、兴象、妙悟、兴趣等，无不依赖于具体的结构、语词、声律、技巧等实有之物，即"由道返艺"，否则都是空谈。这也就是刘勰所说的"意翻空而易奇，言征实而难巧"（《文心雕龙·神思》）之意。宋人于此，多有会心。宋人的审美创造能力较之唐人稍逊一筹，而理性的认识、判断能力却高出前贤，加之他们所走的是一条以模仿、复古为革新的路子，所以对艺术技巧的切磋、揣摩、精研及深思熟虑尤为重视，是为"定

---

① 严羽著，郭绍虞校释：《沧浪诗话校释》，人民文学出版社1983年版，第1页。

法"。而规矩、法度发展到一定程度，又引发了追求"活法""无法"等理论的思考与实践。

"辨句法"是宋人重视规矩法度的重要标志之一，它源于以黄庭坚为首的江西诗派对杜诗艺术技巧的倾慕和模仿。这是一种与"辨味"即把握诗歌整体意境氛围完全不同的批评鉴赏方式。学习诗艺，总要有具体可行的入门路径，"辨句法"就是通过对具体诗句中的语言结构及造句之法的把握，揭示诗人立意命笔的个性特征，从而把十分玄虚的韵、味、气、格等落到实处，让人有所依循。这也是江西诗派能纵横文坛的秘诀所在。黄庭坚像杜甫一样，主张通过严格的诗律句法的训练，达到高妙自然的境界，他笔下多有对"句法"的推崇，如"传得黄州新句法，老夫端欲把降幡"（《次韵文潜立春日三绝句》），"诗来清吹拂衣巾，句法词锋觉有神"（《次韵奉答文少激推官纪赠二首》），"句法俊逸清新，词源广大精神"（《再用前韵赠子勉四首》）。黄庭坚喜欢杜甫的重要原因，就是他句律精深，认为其"虽数十百韵，格律益严。盖操持诗家法度如此"①。因此，黄庭坚把"句法"作为诗歌创作的中心问题予以强调，把能否认识并运用好"句法"视为判断诗歌优劣最重要的因素。他曾说："杜之诗法出审言，句法出庾信。"②"作省题诗，尤当用老杜句法。"③并称赞陈师道"其作诗渊源，得老杜句法，今之诗人不能当也"④。自黄庭坚拈出"句法"之说后，江西诗人纷纷响应，其圈内人士几乎无人不谈句法。洪朋云："笔力挟雷霆，句法佩琼玖。"⑤洪刍云："山谷父亚夫诗自有句法。"⑥（《洪驹父诗话》）王直方云："庭坚之诗竟从谢公得句法。"⑦而当时人中，对黄氏"句法"之说领悟较深、论述较透的是惠洪和范温。惠洪是黄的方外之交，他的"句法"理

① 转引自郭绍虞辑：《宋诗话辑佚》，中华书局1980年版，第266页。

② 转引自何文焕辑：《历代诗话》，中华书局1981年版，第303页。

③ 黄庭坚：《黄庭坚全集》，四川大学出版社2001年版，第484页。

④ 黄庭坚：《黄庭坚全集》，四川大学出版社2001年版，第467页。

⑤ 洪朋：《洪龟父集》卷上，文渊阁四库全书本，第1页。

⑥ 郭绍虞辑：《宋诗话辑佚》，中华书局1980年版，第428页。

⑦ 郭绍虞辑：《宋诗话辑佚》，中华书局1980年版，第16页。

论，强调"句中有眼"。所谓"句眼"，就是最能体现一首诗的妙处所在。其云："用事琢句，妙在言其用，不言其名。此法惟荆公、东坡、山谷三老知之。荆公曰：'含风鸭绿鳞鳞起，弄日鹅黄袅袅垂。'此言水柳之用，而不言水柳之名也。东坡别子由诗：'犹胜相逢不相识，形容变尽语音存。'此用事而不言其名也。山谷曰：'管城子无食肉相，孔方兄有绝交书。'又曰：'语言少味无阿堵，冰雪相看有此君。'又曰：'眼见人情如格五，心知世事等朝三。'格五，今之蹙融是也。《后汉》注云：'常置人于险处耳。'然句中眼者，世尤不能解。"[1]他的"句法"论已含有不拘绳墨的思想，"如渊明曰'采菊东篱下，悠然见南山'，其浑成风味，句法如生成"。[2]还说："句法欲老健有英气，当间用方俗言为妙。如奇男子行人群中，自然有颖脱不可干之韵。"[3]又："对句法，诗人穷尽其变，不过以事以意以出处具备谓之妙。如荆公曰：'平昔离愁宽带眼，迄今归思满琴心。'又曰：'欲寄荒寒无善画，赖传悲壮有能琴。'乃不若东坡征意特奇，如曰：'见说骑鲸游汗漫，亦曾扪虱话辛酸。'又曰：'蚕市风光思故国，马行灯火论当年。'又曰：'龙骧万斛不敢过，渔舟一叶纵掀舞。'以鲸为虱对，以龙骧为渔舟对，大小气焰之不等，其意若玩世。谓之秀杰之气终不可没者，此类是也。"[4]范温的"句法"理论则不重气格，而侧重于炼意，认为"炼句不如炼意"，"非老于文学不能道此"。他说："古人律诗亦是一片文章，语或似无伦次，而意若贯珠。……今人不求意处关纽，但以相似语言为贯穿，以停稳笔画为端直，岂不浅近也哉。"[5]范还强调要有识见，见出诗人命意的深邃缜密之处。其云："诗有一篇命意，有句中命意。如老杜上韦见素诗，布置如此，是一篇命意也。至其道迟迟不忍去之意，则曰：'尚怜终南山，回首清渭滨'，其道欲与见素别，则曰：'常拟报一饭，况怀辞大臣'，此句中

① 释惠洪：《冷斋诗话》卷四，文渊阁四库全书本，第7页。
② 释惠洪：《冷斋诗话》卷四，文渊阁四库全书本，第1页。
③ 释惠洪：《冷斋诗话》卷四，文渊阁四库全书本，第8页。
④ 释惠洪：《冷斋诗话》卷四，文渊阁四库全书本，第6页。
⑤ 郭绍虞辑：《宋诗话辑佚》，中华书局1980年版，第318—320页。

命意也。盖如此然后顿挫高雅。又有意用事，有语用事。李义山'海外徒闻更九州'，其意则用杨贵妃在蓬莱山，其语则用邹子云：'九州之外，更有九州'，如此然后深稳健丽。"①范温还用其理论核心"有余意之谓韵"来发挥黄庭坚的"句法"理论，他说："识有余者，无往而不韵也。"②再玄妙的用意也要由句法和炼字来体现，所以"句法""炼字"一类技巧亦具备一定的独立性。他曾说："句法之学，自是一家工夫。昔尝问山谷：'耕田欲雨刈欲晴，去得顺风来者怨。'山谷云：'不如"千岩无人万壑静，十步回头五步坐"。'此专论句法，不论义理，盖七言诗四字三字作两节也。此句法出《黄庭经》，自'上有黄庭下关元'已下多此体。张平子《四愁诗》句句如此，雄健稳惬。"③

受时风熏染，即使是重兴趣的严羽也表现出对"法"的重视，其《沧浪诗话·诗辨》云："诗之法有五：曰体制，曰格力，曰气象，曰兴趣，曰音节。"④他在《沧浪诗话·诗评》中也说："论诗以李、杜为准，挟天子以令诸侯也。少陵诗法如孙吴，太白诗法如李广。少陵如节制之师。"⑤《沧浪诗话》中专有《诗体》和《诗法》两章，专论诗歌的体格和法式。其《诗法》篇云："辩家数如辩苍白，方可言诗。"⑥所谓"家数"，就包括具体的诗歌作法。他在谈到具体的作诗法式时说："学诗先除五俗：一曰俗体，二曰俗意，三曰俗句，四曰俗字，五曰俗韵。"⑦"对句好可得，结句好难得，发句好尤难得。"⑧"发端忌作举止，收拾贵在出场。"⑨"语忌直，意忌浅，脉忌露，味忌短，音韵忌散缓，亦忌迫促。"⑩至南宋后期，重视诗法成为文学思想的重心

---

① 郭绍虞辑：《宋诗话辑佚》，中华书局1980年版，第325—326页。

② 郭绍虞辑：《宋诗话辑佚》，中华书局1980年版，第374页。

③ 郭绍虞辑：《宋诗话辑佚》，中华书局1980年版，第330—331页。

④ 严羽著，郭绍虞校释：《沧浪诗话校释》，人民文学出版社1983年版，第7页。

⑤ 严羽著，郭绍虞校释：《沧浪诗话校释》，人民文学出版社1983年版，第168—170页。

⑥ 严羽著，郭绍虞校释：《沧浪诗话校释》，人民文学出版社1983年版，第136页。

⑦ 严羽著，郭绍虞校释：《沧浪诗话校释》，人民文学出版社1983年版，第108页。

⑧ 严羽著，郭绍虞校释：《沧浪诗话校释》，人民文学出版社1983年版，第112页。

⑨ 严羽著，郭绍虞校释：《沧浪诗话校释》，人民文学出版社1983年版，第113页。

⑩ 严羽著，郭绍虞校释：《沧浪诗话校释》，人民文学出版社1983年版，第122页。

之一。刘克庄《后村诗话》里的"新集"六卷，全部采摘唐人诗作编辑而成，加以品评，颇有以唐人为法的思想。另一位江湖诗人周弼编辑《三体唐诗》，专选唐人的"七言截句""七言律诗""五言律诗"，以"虚""实"为说，具体指明唐人的作诗之法。如"七言律诗""五言律诗"的作法有："四实""四虚""前虚后实""前实后虚"等，并分别予以解释。以"五言律诗"为例：

> 四实：中四句全写景物，开元、大历多此体，华丽典重之中，有雍容宽厚之态，是以难也。后人为之，未免堆垛少味。
>
> 四虚：中四句皆写情思，自首至尾如行云流水，空所依傍。元和以后流于枯瘠，不足采矣。
>
> 前虚后实：前联写情而虚，后联写景而实；实则气势雄健，虚则态度谐婉。轻前重后，剂重适均，无窒塞轻佻之患。大中以后多此体，至今宗唐诗者尚之。
>
> 前实后虚：前联写景，后联写情，前实后虚，易流于弱。盖发兴尽则难于继落句，稍间以实，其庶乎。①

这种倾向在范晞文的《对床夜语》表现得也很明显，他尤重作诗的字法。如云："老杜多欲以颜色字置第一字，却引实字来，如'红入桃花嫩，青归柳叶新'是也。不如此，则语既弱而气亦馁。"②又云："岑参有句云：'愁雨悬空山。''悬'字不易及。裴说用之云：'岳面悬青雨。'点化既工，尤胜于岑。李峤有'星月悬秋汉'，唐僧有'雪溜悬南岳'，又'悬灯雪屋明'，皆于'悬'字上见工。"③又云："诗用生字，自是一病。苟欲用之，要使一句之意，尽于此字上见工，方为稳帖。如唐人'走月逆行云'，'芙蓉抱香死'，'笠卸晚峰阴'，'秋雨慢琴弦'，'松凉夏健人'，'逆'字'抱'字'卸'

① 周弼编：《三体唐诗》选例，文渊阁四库全书本，第3页。
② 丁福保辑：《历代诗话续编》，中华书局1983年版，第423—424页。
③ 丁福保辑：《历代诗话续编》，中华书局1983年版，第437页。

中国古代著述思想研究

字'慢'字'健'字，皆生字也，自下得不觉。"①

重视体格法式的文学思想，在词法理论上也有表现。与诗坛上江湖派讲究锻炼字句相呼应，南宋词坛作家也多注重审音协律和语言的锤炼。沈义父《乐府指迷》曾记："癸卯，识梦窗。暇日相与倡酬，率多填词，因讲论作词之法。然后知词之作难于诗。"②并详细记录了吴文英所讲论的词法：

> 盖音律欲其协，不协则成长短之诗。
>
> 下字欲其雅，不雅则近乎缠令之体。
>
> 用字不可太露，露则直突而无深长之味。
>
> 发意不可太高，高则狂怪而失柔婉之意。③

协律，雅致，含蓄，柔婉，几乎概括了南宋后期格律派词人的大部分创作纲领，沈氏《乐府指迷》中的词法理论就是在这个基础上加以发挥的。如云："要求字面，当看温飞卿、李长吉、李商隐及唐人诸家诗句中字面好而不俗者，采摘用之。"④即是下字要雅。如云："炼句下语，最是紧要，如说桃，不可直说破桃，须用'红雨''刘郎'等字。如咏柳，不可直说破柳，须用'章台''灞岸'等字。"⑤又："咏物词，最忌说出题字。如清真梨花及柳，何曾说出一个梨、柳字。"⑥即是忌直露。如云："近世作词者，不晓音律，乃故为豪放不羁之语，遂借东坡、稼轩诸贤自诿。诸贤之词，固豪放矣，不豪放处，未尝不叶律也。"⑦最能体现这种理论的，是吴文英自己的创作，他懂音律，能自度曲，格律精工，字面博丽典雅，雕绘满眼，观之如七宝楼台。张炎对此评价说："句

---

① 丁福保辑：《历代诗话续编》，中华书局1983年版，第444—445页。

② 唐圭璋编：《词话丛编》，中华书局1986年版，第277页。

③ 唐圭璋编：《词话丛编》，中华书局1986年版，第277页。

④ 唐圭璋编：《词话丛编》，中华书局1986年版，第279页。

⑤ 唐圭璋编：《词话丛编》，中华书局1986年版，第280页。

⑥ 唐圭璋编：《词话丛编》，中华书局1986年版，第284页。

⑦ 唐圭璋编：《词话丛编》，中华书局1986年版，第282页。

法中有字面，盖词中一个生硬字用不得。须是深加煅炼，字字敲打得响，歌诵妥溜，方为本色语。如贺方回、吴梦窗，皆善于炼字面，多于温庭筠、李长吉诗中来。"①

除上述之外，翻阅宋人诗话，还可以发现诸如"工拙相半""断句旁入他意""打诨出场""语断意连""奇正相生"等法，此不赘言。总之，由此可以看出宋人对法度规矩的重视。

可另一方面，宋人又表现出极强的灵活性。他们没有循规蹈矩，做法度的奴隶，而是从规范法度中发现了自由的乐趣，很好地处理了有法与无法、死法与活法，即规矩与自由的关系。无拘无束，逍遥自在，不为任何"法"所限，这种活泼自由的倾向在苏轼的创作中已显露头角。苏轼仕途坎坷，饱经忧患，中年之后悟透人生哲理，死亡的考验和外界生存条件的严酷，使他倍加珍惜内在生命价值，在审美观照中获得精神的超越和解脱，胸襟清净坦荡，思想自由活泼，诗文愈显炉火纯青。苏轼《与子由弟》书云："任性逍遥，随缘放旷，但尽凡心，无别胜解。以我观之，凡心尽处，胜解卓然。但此胜解，不属有无，不通言语，故祖师教人，到此便住。"②由禅宗的"以心传心，不立文字"悟到文艺思维的"不通言语"及"无思之思"。其《文说》云：

> 吾文如万斛泉源，不择地皆可出，在平地滔滔汩汩，虽一日千里无难。及其与山石曲折，随物赋形，而不可知也。所可知者，常行于所当行，常止于不可不止，如是而已矣。其他虽吾亦不能知也。③

显示不为任何法度所拘的自由放旷精神，这也正是苏轼后期创作的特色。这也是为什么苏轼对所谓"法"有自己的理解："出新意于法度之中。寄妙理于豪

中国古代著述思想研究

---

① 唐圭璋编：《词话丛编》，中华书局1986年版，第259页。

② 孔凡礼点校：《苏轼文集》，中华书局1986年版，第1834页。

③ 孔凡礼点校：《苏轼文集》，中华书局1986年版，第2069页。

放之外。"①即使在论述具体技法的宋人诗话中，也有主张活法的思想。如叶梦得《石林诗话》论用字云："诗人以一字为工，世固知之，惟老杜变化开阖，出奇无穷，殆不可以形迹捕。如'江山有巴蜀，栋宇自齐梁'。远近数千里，上下数百年，只在'有'与'自'两字间，而吞纳山川之气，俯仰古今之怀，皆见于言外。《滕王亭子》：'粉墙犹竹色，虚阁自松声。'若不用'犹'与'自'两字，则余八言凡亭子皆可用，不必滕王也。此皆工妙至到，人力不可及，而此老独雍容闲肆，出于自然，略不见其用力处。今人多取其已用字模放用之，偃蹇狭陋，尽成死法。不知意与境会，言中其节，凡字皆可用也。"②他主张艺术技巧与直觉、灵感的天然结合，造句用词意与境会，如他推崇的："王荆公晚年诗律尤精严，造语用字，间不容发。然意与言会，言随意遣，浑然天成，殆不见有牵率排比处。"③

当然，最能体现宋人"活法"精神的是吕本中，他的"活法"说体现了南北宋之际苏、黄文学思想的合流，全面整合、概括了以苏、黄为代表的宋代诗学精神。他所作《夏均父集序》完整地表述了"活法"说。夏均父，即夏倪，江西派诗人，吕曾有诗提及他："璧老投冠去学禅，堂堂一鼓阵无前。平生老伴唯均父，马病途穷不著鞭。"（《闲居感旧偶成十绝乘兴有作不复诠次》）可见俩人交谊之厚。绍兴三年（1133年），夏病死后六年，吕本中为其集作序。序云："学诗当识活法。所谓活法者，规矩备具，而能出于规矩之外；变化不测，而亦不背于规矩也。是道也，盖有定法而无定法，而无定法而有定法，知是者，则可以与语活法矣。谢元晖有言：'好诗转圆美如弹丸。'此真活法也。近世惟豫章黄公首变前作之弊，而后学者知所趋向，必精尽知，左规右矩，庶几至于变化不测。然余区区浅末之论，皆汉魏以来有意于文者之法，而非无意于文者之法也。"④他还具体举例，以"活法"代替句法，其《童蒙诗训》云："潘邠老

---

① 孔凡礼点校：《苏轼文集》，中华书局1986年版，第2210—2211页。

② 何文焕辑：《历代诗话》，中华书局1981年版，第420—421页。

③ 何文焕辑：《历代诗话》，中华书局1981年版，第406页。

④ 刘克庄：《后村先生大全集》卷九五，"四部丛刊"本，第14页。

言：'七言诗第五字要响，如"返照入江翻石壁，归云拥树失山村"，翻字、失字是响字也。五言诗第三字要响，如"圆荷浮小叶，细麦落轻花"，浮字、落字是响字也。所谓响者，致力处也。'予窃以为字字当活，活则字字自响。"①潘邠老固定"响字"的位置，正是"死法"；吕氏认为字字活，则无处不是"响字"，是为"活法"。

宋代诗人中，最能体现这种挥洒自如、变化不测创作个性的，当属苏轼，吕之强调"好诗转圆美如弹丸"，实际上是上承苏轼所推崇的"新诗如弹丸"。江西诗派自吕本中作宗派图起，上学杜甫精严诗律，群起效仿黄山谷之规矩备具、用功深刻。实际上，宋诗的发展证明苏、黄两脉不可分。黄诗的深于功力，如无苏诗自由活泼的自然气韵贯穿，容易流于尖巧生涩。黄庭坚已经意识到这一点，所以才既讲"句中有眼"，又说"意在无弦"，既以有规矩入，又从无规矩出。苏、黄诗学，同源而异流，吕本中的"活法"说，实际体现了苏、黄诗学精华的合流，满足了宋诗发展变化的理论需要。它将苏诗那种"无意于文者之法"与黄诗那种"有意于文者之法"辩证统一起来，是一种较全面的概括和总结，对此后的诗歌发展有积极的指导意义。其后，许多诗人都受"活法"精神影响，如张元幹、张孝祥、辛弃疾、陆游等都提及"活法"与创作的关系。

宋代诗的创作人中，世所公认实践并发展了吕本中"活法"精神的，当属杨万里的"诚斋体"。周必大称"诚斋万事悟活法"，张镃更直接称诚斋体为"活法诗"，其云："造化精神无尽期，跳腾踔厉即时追。目前言句知多少，罕有先生活法诗。"（《携杨秘监诗一编登舟因成二绝》）江湖派领袖人物刘克庄也认为杨万里的诗真正实践了"活法"精神："后来诚斋出，真得秀所谓活泼，所谓流转完美如弹丸者，恨紫微公不及见耳。"②杨万里本人论诗之语虽没提到"活法"二字，但实际上已体现了这一理论。杨本人学诗从江西派入手，即先从所谓"死法"学起。其《诚斋荆溪集序》云："予之诗始学江西诸君子，既又学

---

① 郭绍美辑：《宋诗话辑佚》，中华书局1980年版，第587页。

② 刘克庄：《后村先生大全集》卷九五，"四部丛刊"本，第7页。

后山五字律，既又学半山老人七字绝句，晚乃学绝句于唐人，学之愈力，作之愈寡。……戊戌三朝时节赐告少公事，是日即作诗，忽若有寤，于是辞谢。唐人及王、陈江西诸君子皆不敢学，而后欣如也。"①

除江西诗派外，杨氏还研讨琢磨过许多家"句法"，如云："晚因子厚识渊明，早学苏州得右丞。忽梦少陵谈句法，劝参庾信谒阴铿。"（《书王右丞诗后》）又："不分唐人与半山，无端横欲割诗坛。半山便遣能参透，犹有唐人是一关。"（《读唐人及半山诗》）又："要知诗客参江西，政似禅客参曹溪。不到南华与修水，于何传法更传衣。"（《送分宁主簿罗宏材秩满入京》）遍参众家之后，渐渐悟出诗理，进入独具面目、自成一家的成熟阶段，如他所云："予少作有诗千余篇，至绍兴壬午七月皆焚之，大概江西体也。今所存曰《江湖集》者，盖学后山及半山及唐人者也。"② 从绍兴壬午（1162年）焚稿摆脱江西派窠臼，到淳熙戊戌（1178年）辞谢唐人，中间历经十多年自己苦苦探索，终于达到"自欣"的自由程度，创造出以新、奇、活、趣为特色的"诚斋体"。因此也悟到"活法"精神所在，其云："句法天难秘，工夫子但加。参时且柏树，悟罢岂桃花？"又云：

> 学诗须透脱，信手自孤高。衣钵无千古，丘山只一毛。句中池有草，字外目俱蒿。可口端何似？霜螯略带糟。

透脱，就是不呆板，不拘泥，以透脱的灵性与眼光直接从外物获得艺术感觉，用贴近自然的眼光观察日常生活，捕捉万物的奇趣新意，思绪活泼，这样创造出来的作品字里行间充满机趣。如他那些充满活泼机趣的名句"梅子留酸软齿牙，芭蕉分绿与窗纱"（《闲居初夏午睡起》），"泉眼无声惜细流，树阴照水爱晴柔"（《小池》），"雨来细细复疏疏，纵不能多不肯无。似妒诗人山入

---

① 杨万里：《诚斋集》卷八十，"四部丛刊"本，第7—8页。
② 杨万里：《诚斋集》卷八十，"四部丛刊"本，第7页。

眼，千峰故隔一帘珠"（《小雨》）。在细微之处对生活有新奇独到的发现，活泼生机中夹杂幽默风趣，仿佛笔端有口，出口成章，此即"活法"之功也。"活法"是诗人长期将真积力久的涵养与活泼透脱的灵性水乳交融的结果，杨万里于此多有会心，如云："哦诗只道更无题，物物秋来总是诗。"（《戏笔》）又："城里哦诗枉断髭，山中物物是诗题。"（《寒食雨中同舍约天竺得十六绝句呈陆务观》）在《诚斋荆溪集序》中，杨万里还进一步描述悟到"活法"的快感：

自此每过午，吏散庭空，即携一便面，步后园，登古城，采撷杞菊，攀翻花竹，万象毕来，献予诗材，盖麾之不去，前者未雠，而后者已迫，涣然未觉作诗之难也。盖诗人之病去体将有日矣，方是时，不惟未觉作诗之难，亦未觉作州之难也。①

由于体验到"活法"的妙处，杨万里力主"去词去意"，将人工机巧的成分降到最低限度，使"活法"理论又有升华。其云："夫诗何为者也？尚其词而已矣！曰：善诗者去词。然则尚其意而已矣！曰：善诗者去意。然则去词、去意，则诗安在乎？曰：去词、去意，而诗有在矣。然则诗果焉在？曰：尝食夫饴与荼乎？人孰不饴之嗜也？初而甘，卒而酸。至于荼也，人病其苦也，然苦未既，而不胜其甘。诗亦如是而已矣。"②这明显从司空表圣的"味在酸咸之外"演变而来，由此也可见"活法"与讲究兴趣神韵一派的联系。

综观宋人对诗法规范的态度，可一言以蔽之，曰："盖有定法而无定法，而无定法而有定法。"③宋人认识并处理好了"定法"与"活法"的辩证联系，灵活地在实践中加以运用，理论上出现了不少新的见解，实践中自成一家，出现了如杨万里这样的高手，极大丰富了艺术表现力。

---

① 杨万里：《诚斋集》卷八十，"四部丛刊"本，第8页。
② 杨万里：《诚斋集》卷八十，"四部丛刊"本，第2—3页。
③ 刘克庄：《后村先生大全集》，"四部丛刊"本，第14页。

中国古代著述思想研究

第六节　忌俗为雅与以俗为雅

雅俗之辨，是宋代文学思想中又一对重要范畴。宋人对此，亦表现出辩证思维的灵活性。他们既维护文学雅致的正宗性，讲究忌俗为雅、当行本色，又大胆地吸收民间口语入诗词，过滤提纯，化俗为雅，并且能正确地对待民间文学思潮的涌起，使忌俗为雅与以俗为雅成为又一对富于二元互补色彩的理论范畴。

雅者，正也，标准、规范之谓也。宋之前，已有较为成型之议论。《诗大序》云："至于王道衰，礼义废，政教失，国异政，家殊俗，而变风、变雅作矣。"[1]雅，亦曰正。李白《古风》云："正声何微茫，哀怨起骚人。"时代背景不同，雅正语义的指向也各异。具体到文学批评领域，也有各种文体雅正的标准。曹丕《典论·论文》："夫文，本同而末异。盖奏议宜雅，书论宜理，铭诔尚实，诗赋欲丽。"[2]陆机的《文赋》划分得更为细密："诗缘情而绮靡，赋体物而浏亮。碑披文以相质，诔缠绵而凄怆。"[3]宋人论文，亦重雅正，张炎《词源》云："古之乐章、乐府、乐歌、乐曲，皆出于雅正。"[4]在宋人手中，雅正意识就发展成"当行本色"的理论。

关于什么是诗、词、文的当行本色标准，宋人意见并不统一，但他们强调文体风格应有各自的审美规定性却是一致的。宋代文学思想中有一种强烈的"尊体"倾向，即强调诗、文、词各自文体的本色。他们在谈及"当行本色"时，实际是强调作者必须有专门的艺术训练、职业敏感及独特思维表现方式。关于"当行本色"的定义，郭绍虞引陶明濬《诗说杂记》卷七云："本色者，所以保全天趣者也。故夷光之姿必不肯污以脂粉；蓝田之玉，又何须饰以丹漆，此本色之所以可贵也。当行者，谓凡作一诗，所用之典，所使之字，无不恰如题分。未有支离灭裂，操末续颠，而可以为诗者也。"郭绍虞先生说："所以'天工不足，济

---

① 《十三经注疏》整理委员会整理，李学勤主编：《十三经注疏·毛诗正义》，北京大学出版社1999年版，第14页。

② 萧统编：《文选》，上海古籍出版社1986年版，第2271页。

③ 萧统编：《文选》，上海古籍出版社1986年版，第766页。

④ 唐圭璋编：《词话丛编》，中华书局1986年版，第255页。

以人巧，剪裁堆叠，陈陈相因，偷意偷词，无从著我'者不能算本色；'作古诗则近于试帖，作近体诗又类于词曲'，亦不能称为当行。"①可知，本色，犹本来之色；当行，犹言本行，非他行。围绕当行本色，宋人见解精彩纷呈。

南宋人陈造曾说："文章自有体，豫章翁语学者法也。不见春华众木乎？红白色香，洪纤秾淡，具足娟好。翁属思运笔类是，文而文，诗而诗，词而词，体不同而皆工，可法也，要自有体之言求之。"②陈师道《后山诗话》也严格区分文体界限，其云："退之以文为诗，子瞻以诗为词，如教坊雷大使之舞，虽极天下之工，要非本色。今代词手，惟秦七、黄九尔，唐诸人不迨也。"又云："苏子瞻词如诗，秦少游诗如词。"③他以韩愈、苏轼、秦观为例，从反面强调"尊体"、维护"本色"的意义。他认为韩诗、苏词固然精妙绝伦，但韩诗与散文表现手法接近，苏词与诗歌接近，这就抹杀了文、诗、词作为"有意味的形式"的美学意义。

词本身这种文体具体的艺术"本色"和"当行"究竟是什么，李清照对词有一段精辟议论："至晏元献、欧阳永叔、苏子瞻，学际天人，作为小歌词，直如酌蠡水于大海，然皆句读不葺之诗尔，又往往不协音律者，何邪？盖诗文分平侧，而歌词分五音，又分五声，又分六律，又分清浊轻重。"④根据她的分析，词"别是一家"的当行本色特征有这样一些基本艺术素质：协律，铺叙，典重，情致，故实。不遵循这些要求，就容易将词写成"不协音律"的"句读不葺之诗"，而非词也。这同陈师道所云"虽极天下之工，要非本色"是一致的。张炎《词源》亦云："辛稼轩、刘改之作豪气词，非雅词也。"⑤那么，"雅词"的标准是什么？似乎也是向技巧上用力。其云："句法中有字面，盖词中一个生硬

① 皆见严羽著，郭绍虞校释：《沧浪诗话校释》，人民文学出版社1983年版，第111—112页。

② 陈造：《江湖长翁集》卷二三，文渊阁四库全书本，第21页。

③ 何文焕辑：《历代诗话》，中华书局1981年版，第309、312页。

④ 转引自胡仔纂集：《苕溪渔隐丛话》（后集），人民文学出版社1962年版，第254页。

⑤ 唐圭璋编：《词话丛编》，中华书局1986年版，第267页。

字用不得。须是深加煅炼，字字敲打得响，歌诵妥溜，方为本色语。"①又云："词之作必须合律，然律非易学，得之指授方可。……音律所当参究，词章先宜精思，俟语句妥溜，然后正之音谱，二者得兼，则可造极玄之域。"②以上也都是从音律技巧上着眼的。对"雅"的追求一直是宋人的趣味所在。北宋末万俟咏的词集，就分为"雅词"与"侧艳"两体。

南渡后，一时文人词集竞以"雅词"为名，总集有曾慥的《乐府雅词》、鲖阳居士的《复雅歌词》、佚名的《典雅词》；别集则有张安国的《紫微雅词》、程垓的《书舟雅词》、赵彦端的《宝文雅词》等。其中鲖阳居士的《复雅歌词》50卷，收词4000余首，基本可视为至北宋末为止的前代词坛总集。而变雅派则不太注重词体的净化，如王若虚所云："晁无咎云：'东坡词小不谐律吕，盖横放杰出，曲子中缚不住者。'其评山谷则曰：'词固高妙，然不是当行家语，乃著腔子唱和诗耳。'"③

词是如此，那么诗有哪些规定呢？严羽《沧浪诗话》认为："大抵禅道惟在妙悟，诗道亦在妙悟。且孟襄阳学力下韩退之远甚，而其诗独出退之之上者，一味妙悟而已。惟悟乃为当行，乃为本色。"④《诗法》篇中也说："须是本色，须是当行。"⑤还说："诗难处在结裹。譬如番刀，须用北人结裹，若南人便非本色。"⑥结裹就是言语装束，善舞番刀是北人本色，因此装扮也须是北人，由此亦可知"本色"为本来面目之意，即强调非认知性的直觉感悟能力乃是作诗的当行本色。吟咏情性，直觉妙悟，才是作诗的本色。刘克庄于此也有自己见解："余尝谓以情性礼义为本，以鸟兽草木为料，风人之诗也。以书为本，以事为料，文人之诗也。世有幽人羁士，饥饿而鸣，语出妙一世；亦有硕师鸿儒，宗

① 唐圭璋编：《词话丛编》，中华书局1986年版，第259页。

② 唐圭璋编：《词话丛编》，中华书局1986年版，第265页。

③ 丁福保辑：《历代诗话续编》，中华书局1983年版，第516—517页。

④ 严羽著，郭绍虞校释：《沧浪诗话校释》，人民文学出版社1983年版，第12页。

⑤ 严羽著，郭绍虞校释：《沧浪诗话校释》，人民文学出版社1983年版，第111页。

⑥ 严羽著，郭绍虞校释：《沧浪诗话校释》，人民文学出版社1983年版，第124页。

主斯文，而于诗无分者。"①以情性礼义为其意趣，以鸟兽草木为其形象，才是诗的"当行本色"；而以书为本，以事理为料，乃是经义策论、学术文章的要素，而与诗无涉。姜夔的分析更为细腻："守法度曰诗，载始末曰引，体如行书曰行，放情曰歌，兼之曰歌行。悲如蛩螿曰吟，通乎俚俗曰谣，委曲尽情曰曲。"②所以宋人主张各用所长，严守藩篱，不得越俎代庖，正如李之仪所说："司马相如、扬雄之于词赋，司马迁、刘向之于叙事，李陵、苏武之于诗，是以其所长自得，而因其所自得者发之于言耳。主于离娄之视，不能代师旷之听，轮扁、庖丁不能互任其手。故能叙事者未必工于诗，而善词赋者未必达于叙事，盖各有所专，而其他虽通，终不得而胜也。"③"各有所专"云云，与李清照的"乃知别是一家"相呼应，见出宋人对于本色藩篱之严。

宋人严别雅俗的又一理论表现是直接强调"不俗"，并将其作为一重要的审美范畴。诸多名家均论及此。"不俗"，是宋时习见之论。严羽《沧浪诗话·诗法》开宗明义即云："学诗先去五俗：一曰俗体，二曰俗意，三曰俗句，四曰俗字，五曰俗韵。"④所谓"俗体"云云，即无独创己见、沿袭剽窃、生吞活剥、腐气满纸的作品。此语似袭韩愈《答李翊书》所谓："惟陈言之务去，戛戛乎其难哉。"⑤姜夔亦云："人所易言，我寡言之，人所难言，我易言之，自不俗。"⑥徐度也说："陈参政少学诗于崔德符，尝问作诗之要。崔曰：凡作诗，工拙所未论，大要忌俗而已。"⑦朱子论诗亦言："须先识得古今体制、雅俗乡背，仍更洗涤得尽肠胃间夙生荤血脂膏。"⑧

---

① 刘克庄：《后村先生大全集》卷一〇六，"四部丛刊"本，第3页。

② 何文焕辑：《历代诗话》，中华书局1981年版，第681页。

③ 曾枣庄主编：《宋代序跋全编》，齐鲁书社2015年版，第427页。

④ 严羽著，郭绍虞校释：《沧浪诗话校释》，人民文学出版社1983年版，第108页。

⑤ 韩愈著，马其昶校注：《韩昌黎文集校注》，上海古籍出版社1986年版，第170页。

⑥ 何文焕辑：《历代诗话》，中华书局1981年版，第680页。

⑦ 魏庆之：《诗人玉屑》，中华书局2007年版，第155页。

⑧ 朱杰人、严佐之、刘永翔主编：《朱子全书》（第二十三册），上海古籍出版社、安徽教育出版社2002年版，第3095—3096页。

"不俗"，同时也是苏黄诗学所追求的趣味之一，其中黄氏尤其崇尚"不俗"。苏轼《于潜僧绿筠轩》诗云："可使食无肉，不可居无竹。无肉令人瘦，无竹令人俗。人瘦尚可肥，士俗不可医。"黄庭坚《跋东坡字后》评云："东坡简札，字形温润，无一点俗气。"①《论子瞻书体》云："观其少年时字画已无尘埃气，那得老年不造微入妙也！"②苏、黄同为宋代书法名家，"不俗"也是他们论书的主要标准，亦适用于评画评诗。黄庭坚《姨母李夫人墨竹》云："小竹扶疏大竹枯，笔端真有造化炉。人间俗气一点无，健妇果胜大丈夫。"他在《书嵇叔夜诗与侄榎》中说："士生于世，可以百为，唯不可俗，俗便不可医也。"又说："叔夜此诗，豪壮清丽，无一点尘俗气。凡学作诗者，不可不成诵在心。"③其《题意可诗后》尤其指出："宁律不谐，而不使句弱；用字不工，不使句俗。"④由于苏黄的大力提倡，"不俗"就成为苏门一派文人的趣味追求，以至影响到宋代文坛。苏轼评价他人的重要标准就是"不俗"。如《书黄鲁直诗后二首》："读鲁直诗，如见鲁仲连、李太白，不敢复论鄙事，虽若不入用，亦不无补于世也。"⑤《与米元章书》说："示及数诗，皆超然奇逸，笔迹称是，置之怀袖，不能释手。"⑥"不俗"首先是一种人格境界。黄庭坚在《书嵇叔夜诗与侄榎》一文中在论诗不俗后，紧接着论人品之不俗。作家若人品高洁，胸襟磊落，其诗文书画中自然弥漫着超脱尘俗的高逸之气。所以黄庭坚尤重"养心探道"的涵养功夫，如云："然孝友忠信，是此物（指学问文章——引者注）之根本，极当加意养以敦厚醇粹，使根深蒂固，然后枝叶茂尔。"⑦在道与文、理与辞的关系上，他主张前者是第一位的，如云："但当以理为主。理

---

① 黄庭坚：《黄庭坚全集》，四川大学出版社2001年版，第771页。

② 黄庭坚：《黄庭坚全集》，四川大学出版社2001年版，第1433页。

③ 黄庭坚：《黄庭坚全集》，四川大学出版社2001年版，第1562页。

④ 黄庭坚：《黄庭坚全集》，四川大学出版社2001年版，第665页。

⑤ 孔凡礼点校：《苏轼文集》，中华书局1986年版，第2122页。

⑥ 孔凡礼点校：《苏轼文集》，中华书局1986年版，第1777页。

⑦ 黄庭坚：《黄庭坚全集》，四川大学出版社2001年版，第1365页。

得而辞顺，文章自然出群拔萃。"①又云："文章盖自建安以来，好作奇语，故其气象衰苶，其病至今犹在。唯陈伯玉、韩退之、李习之、近世欧阳永叔、王介甫、苏子瞻、秦少游乃无此病耳。"②所以他推崇杜甫首先是从忠君爱国的角度出发，称其"虽在流落颠沛，未尝一日不在本朝，故善陈时事，句律精深，超古作者，忠义之气，感发而然"③。山谷所言"不俗"，在他笔下有三方面表现：其一是抒写个人情怀，表现诗人与世乖合、孤高放旷的特点，揭示内心复杂的矛盾，从而塑造一个耿介兀傲的形象；其二是描绘人物形象，展现多彩的人物画廊，其笔下多为一些卓荦超群而又生平坎坷怀才不遇的奇人异士；其三是涉及绘画、音乐、书法等艺事，不仅再现艺术的意境美，而且寄托嵌崎磊落的情怀，借梅、松、竹等高扬精神人格之美。

忌俗为雅的对立范畴，是以俗为雅。宋人虽严于雅俗之辨，但并不胶柱鼓瑟，而是二元互补，大胆在实践中运用。反映在理论思维上，就是强调"以俗为雅"。对此，黄庭坚一言以蔽之云："试举一纲而张万目。盖以俗为雅，以故为新。"④将"以俗为雅"作为一种统领万目的纲领，这是理解宋人雅俗二元辩证观念的一把钥匙。在人生观念上，宋人所谓的脱俗并不是指外在生活的超凡和处世行为的出众，而是指内心世界对生活的感受和领悟与常人不同。因而享尽俗世快乐，亦可自称为"居士"。李之仪曾论曰："东坡老人云：'惟有王城最堪隐，万人如海一身藏。'信矣其能知隐者。尝试言之，隐无不可也，能定则能隐矣。"⑤宋人多染禅气，《坛经》云："法无在世间，于世出世间。勿离世间上，外求出世间。"在哲学上，宋人多采取"超世而不避世"的态度，这表现在文学思想上，必然形成"求雅而不避俗"的倾向。黄庭坚云："在家出家，无俗

中国古代著述思想研究

---

① 黄庭坚：《黄庭坚全集》，四川大学出版社2001年版，第470页。

② 黄庭坚：《黄庭坚全集》，四川大学出版社2001年版，第471页。

③ 转引自胡仔纂集：《苕溪渔隐丛话》（后集），人民文学出版社1962年版，第112页。

④ 黄庭坚：《黄庭坚全集》，四川大学出版社2001年版，第126页。

⑤ 李之仪：《姑溪居士全集》，商务印书馆1935年版，第286页。

可舍。"又："心若出家身若住，何须更觅剃头书。"①又著《写真自赞》云："似僧有发，似俗无尘。作梦中梦，见身外身。"②直接影响黄庭坚诗论的是所谓"真俗"二谛。"真谛"是指关于佛性本体的真理，亦名"第一义谛"；"俗谛"指虚幻不实的现象世界，亦名"世谛"或"俗谛"。吉藏《二谛义》论述二者相反相成："俗非真则不俗，真非俗则不真。非真则不祖，俗不碍真；非俗则不真，真不碍俗。俗不碍真，俗以真为义；真不碍俗，真以俗为义也。"③这种人生哲学也浸入宋人的审美趣味中，黄庭坚本人就崇尚一种似乎脱口而出的自然境界："但熟观杜子美到夔州后古律诗，便的句法简易，而大巧出焉。平淡而山高水深，似欲不可企及，文章成就，更无斧凿痕，乃为佳作耳。"（《与王观复书三首》）在创作中，他在表面的奇崛兀傲之下，时有清新自然之句出现，如最负盛名的《赠黄几复》诗，也有"桃李春风一杯酒，江湖夜雨十年灯"这样如脱口而出的清新洒利之句。其他如"黄流不解浣明月，碧树为我生凉秋"（《汴岸置酒赠黄十七》），"小雨藏山客坐久，长江接天帆到迟"（《题落星寺》），"山随宴坐画图出，水作夜窗风雨来"（《题胡逸老致虚庵》），"落木千山天远大，澄江一道月分明"（《登快阁》）。实际上，"以文为诗"，以散文的笔法、技巧来写诗，这本身就透露出"以俗为雅"的讯息。

葛兆光先生甚至认为，宋诗与近代的白话诗有着不解之缘，他说："由于有了'适与'、'复'、'随处'、'疑'、'犹'、'欲'、'那复'、'无由'、'还'、'独'等不标识实在视觉物的语助之词的间隔，意象被'疏离'了，意脉被贯通了，换句话说，由于有了这些语助之词，诗句显得疏朗而流畅了；同时，不仅意象不再'脱节'，就连句与句之间的意脉也因为有了'跨句'和'复叠'的现象而显得十分连贯。象'人家在何处？云外一声鸡'的一问一答，'春风疑不到天涯，二月山城未见花'的一因一果，'人生到处何所似，应似飞鸿踏雪泥'的自言自语。……由于'踏泥留爪'与'飞鸿鸿飞'意象的

---

① 黄庭坚：《黄庭坚全集》，四川大学出版社2001年版，第600页。

② 黄庭坚：《黄庭坚全集》，四川大学出版社2001年版，第560页。

③ 转引自黄宝华：《黄庭坚评传》，南京大学出版社2011年版，第301页。

反复迭出，打破了律诗'一句一意'的格式，使得前四句层层递进，环环相扣，意义便曲折而连贯。"④确实，宋诗成就之一就是灵活运用虚字，以达到白描口语化的程度，如"春阴垂野草青青，时有幽花一树明"（苏舜钦《淮中晚泊犊头》），"愿得人间皆似我，也应四海少荒田"（王禹偁《畲田词五首》），"何事吟余忽惆怅，村桥原树似吾乡"（王禹偁《村行》），"欲把西湖比西子，浓妆淡抹总相宜"（苏轼《饮湖上，初晴后雨》），"人似秋鸿来有信，事如春梦了无痕"（苏轼《正月二十日，与潘、郭二生出郊寻春，忽记去年是日同至女城作诗，乃和前韵》），"不识庐山真面目，只缘身在此山中"（苏轼《题西林壁》），"新月已生飞鸟外，落霞更在夕阳西"（张耒《和周廉彦》），"余花犹可醉，好鸟不妨眠"（唐庚《醉眠》），"未到江南先一笑，岳阳楼上对君山"（黄庭坚《雨中登岳阳楼望君山二首》），"但知家里俱无恙，不用书来细作行"（黄庭坚《新喻道中寄元明用觞字韵》），等等。词里也有，如"莫听穿林打叶声，何妨吟啸且徐行""回首向来萧瑟处，归去，也无风雨也无晴"（苏轼《定风波》）等，以下还要提到。

以俗为雅的思想在词的创作和批评中也有体现。词是随着燕乐的兴盛而流行的合乐歌词，用于达官贵人及文人士大夫的享乐生活，其本身就是一种由胡夷之声和里巷之曲组成的俗乐。《新唐书·礼乐志》中曾提到俗乐之二十八调即燕乐二十八调之俗名。其特点是音较宽，节奏起伏跌宕，旋律婉转曲折，与被称为"华夏正声"的中正和平的雅乐及从容和缓的清商乐，有质的不同。因此，从词的出身方面考察，它本身就有"俗"的性质，浅近清新，易于上口，应是其当行本色。但后经文人士大夫的改造，逐渐向"雅致"一途发展，并对其"雅"的本质提出了种种规定性。如李清照所指出的"词别是一家"，张炎所强调的"盖词中一个生硬字用不得。须是深加煅炼，字字敲打得响，歌诵妥溜，方为本色语"。⑤这种要求，与其缘起民间之"俗"已有很大距离。随着词人的队伍不断

④　葛兆光：《从宋诗到白话诗》，载张高评编：《宋诗综论丛编》，丽文文化事业股份有限公司1993年版。

⑤　唐圭璋编：《词话丛编》，中华书局1986年版，第259页。

扩大，宋词在发展过程中也不断吸收民间文化营养，在不失词的"当行本色"的同时，大胆实践"以俗为雅"。即利用其出身本色的民间之"俗"，创造出一种似"俗"实"雅"的词体风格，一种经过过滤、精炼、提纯而达到的更高艺术境界，其基本特点是雅含俗中、似俗实雅。

如柳永就以市井新声入词，丰富了词的艺术表现力，将市井民间那种较少受到约束的情欲和放荡表现得淋漓尽致。宋人徐度评论说："其词虽极工致，然多杂以鄙语，故流俗人尤善道之。其后，欧、苏诸公继出，文格一变，至为歌词，体制高雅，柳氏之作，殆不复称于文士之口，然流俗好之自若也。"①褒贬是否恰当且不论，其将柳词定位于"流俗好之"是很准确的。柳词吸收了大量口语入词，风格通俗爽利，极富口语化的音乐性，如《鹤冲天·黄金榜上》《定风波·自春来惨绿愁红》《望海潮·东南形胜》《雨霖铃·寒蝉凄切》等，都是朗朗上口，适于吟唱。有的简直是脱口而出，如《爪茉莉》："巴巴望晓，怎生挨、更迢递。料我儿、只在枕头根底。等人来，睡梦里。"又《定风波》："自春来，惨绿愁红，芳心是事可可……无那，恨薄情一去，音书无个。"这些极其符合市民大众的口味。因此，才会有"凡有井水饮处，即能歌柳词"的高普及率。对此，宋人已有定论，胡仔尝云："柳之乐章，人多称之，然大概非羁旅穷愁之词，则闺门淫媟之语；若以欧阳永叔、晏叔原、苏子瞻、黄鲁直、张子野、秦少游辈较之，万万相辽。彼其所以传名者，直以言多近俗，俗子易悦故也。"②后人所评多以此为本。

《四库全书总目》卷一九八《〈乐章集〉提要》认为："盖词本管弦冶荡之音，而永所作旖旎近情，故使人易入。虽颇以俗为病，然好之者终不绝也。"③况周颐甚至认为柳词与金、元时俚俗北曲之兴也有潜在联系："柳屯田《乐章

① 转引自柳永：《柳永词集》，上海古籍出版社2017年版，第191页。

② 胡仔纂集：《苕溪渔隐丛话》（后集），人民文学出版社1962年版，第319页。

③ 转引自柳永著，陶然、姚逸超校笺：《乐章集校笺》，上海古籍出版社2016年版，第819页。

集》，为词家正体之一，又为金、元以还乐语所自出。"①这是很有眼光的。词坛另一大家李清照虽极力维护词"别是一家"的雅正纯洁，不使其与诗文混淆，对柳永词的"虽协音律而词语尘下"颇有微词，但她本人的实践也走了一条"以俗为雅"的道路。李清照所创制的"易安体"的部分特色就是体近人情，如从口出，委婉曲折，将最深沉的内心感受口语化、白描化。她的佳作都呈现出精练、提纯后的白描化特征，能以浅俗之语，发清新之思。如"知否，知否，应是绿肥红瘦"（《如梦令》），"此情无计可消除，才下眉头，却上心头"（《一剪梅》），"莫道不销魂，帘卷西风，人比黄花瘦"（《醉花阴》），"不知蕴藉几多香，但见包藏无限意"（《玉楼春》），"薄衣初试，绿蚁新尝。渐一番风，一番雨，一番凉"（《行香子》），"谁怜憔悴更凋零，试灯无意思，踏雪没心情"（《临江仙》），等等。就是那首读来回肠荡气的《夏日绝句》，也像是脱口而出："生当作人杰，死亦为鬼雄。至今思项羽，不肯过江东。"恰如学者所论："不论'炼句精妙'或'平淡入调'，在'易安体'中，均能自然泽成，打点匀净，研炼至极，转趋平淡，虽妙到毫端，却不见痕迹。"②况周颐说："易安笔情近浓至，意境较沉博，下开南宋风气。"③辛弃疾作《丑奴儿近》一词，词题下明言"博山道中效李易安体"，也是倾心于浅俗语言，白描手法。如云"青旗卖酒，山那畔，别有人家。只消山水光中，无事过这一夏"，"野鸟飞来，又是一番闲暇"。毫不费力之中，自有锤炼。辛词中还多有化用李易安词句之处，如"有时三盏两盏，淡酒醉蒙鸿"（《水调歌头》），"一川落日熔金"（《西江月》），"剩水残山无态度，被疏梅，料理成风月，两三雁，也萧瑟"（《贺新郎》），等等。浅近白描在辛词中多有体现，如"稻花香里说丰年，听取蛙声一片""七八个星天外，两三点雨山前"（《西江月》），"大儿锄豆溪东，中儿正织鸡笼，最喜小儿无赖，溪头卧剥莲蓬"（《清平乐》），

中国古代著述思想研究

① 转引自柳永著，陶然、姚逸超校笺：《乐章集校笺》，上海古籍出版社2016年版，第894页。

② 景圣琪：《"易安体"中"别是一家"的展现》，《小说评论》2008年第S2期。

③ 转引自李清照著，徐培均笺注：《李清照集笺注》，上海古籍出版社2017年版，第562页。

都是声情摇曳、趣味横生的词作品。这实际是更高境界的"雅"。

以俗为雅的另一表现是民间文学的兴起，并以不同方式影响着文学思想，为文学思想注入新鲜活力。城市都会经济的繁荣和市民文化的兴起是宋文化成熟的重要基础，通俗文化与雅正文化交融，也促成了"以俗为雅"的文学思想的形成，其主要表现就是戏曲及小说批评的涌现和对文学思想的影响。历来难登大雅之堂的小说戏曲进入文人视野，在笔记和诗话中出现了简单的小说和戏曲批评，为文学思想增添了新的门类。篇幅所限，不赘述。

第七节　宋人心态：向内收敛与向外辐射

关于宋代士人心态，学界有一种说法是将其概括为向内收敛，属于内缩型、自守型的心态。其一种解释是："宋代文学的主流是在一个普遍存在着加强自我抑制的要求的社会里成长起来的，而它之能够成为这个社会的主流文学，就正是由于其与普遍的社会要求相适应。"[1]意识形态内的自我抑制必然导致审美趣味的阴柔内敛，"它在社会潜意识的领域里，造成了一种时代性的忧郁症和迟暮感，一种内向型、自守型的文化心态，塑成了整整一代人的脆弱伤感性格。这种心态和性格，带有很大成分的自虚性和自弃性质。它在承平岁月，追求的是美酒佳人的晏安逸乐；在离乱时期，则表现为欲说还休的悲愁和颓放，而缺乏的独独是扩疆拓域、威凌八方的汉唐气魄"[2]。这种判断的内在逻辑为：国势衰颓，疆土收缩，士人心态也必然随之向内收敛。说宋人心态向内收敛，虽部分地抓住了此期士人心态的基本特征，但不全面。宋代文化极富弹性和包容性，宋人心态也是如此，呈现一种对立互补的二元化格局。内敛的心态和侧重描写主观内心体验的文学倾向，只描述了宋人文化心态的一部分，与之相对应的是向外辐射或扩展。向

---

[1]　章培恒：《宋诗简论》，载张高评编：《宋诗综论丛编》，丽文文化事业股份有限公司1993年版，第48页。

[2]　周来祥、仪平策：《论宋代审美文化的双重模态》，载张高评编：《宋诗综论丛编》，丽文文化公司1993年版，第409页。

内收敛与向外辐射扩展，其中并不乏"扩疆拓域、威凌八方的汉唐气魄"，于是构成宋代文坛上又一对立互补的矛盾审美现象，它也必然会影响到文学思想。

宋人心态向外辐射扩张的主要文学表现是表达积极入世精神和抒发爱国悲愤。但除此之外，仅从审美追求角度观察，宋人心态已呈现出向迥异于幽约细美的方向倾斜的趋势，如在诗歌创作中追求雄奇豪迈的风格。这方面的先驱是石延年。欧阳修在康定二年（1041年）所作《石曼卿墓表》中说他"少亦以气自豪，读书不治章句，独慕古人奇节伟行非常之功，视世俗屑屑，无足动其意者。自顾不合于世，乃一混以酒，然好剧饮，大醉，颓然自放"①。诗如其人，有一种奋发自许的英雄气概。如《古松》："直气森森耻屈盘，铁衣生涩紫鳞干。影摇千尺龙蛇动，声撼半天风雨寒。苍藓静缘离石上，丝萝高附入云端。"②与宋初诸公沉湎个人欢娱、追求幽微细美情致不同，石延年的诗体现出一种向个人细腻幽微的情思之外寻求寄托的审美追求，表现出一种洒脱大气，正符合当时关注并积极参与时政的追求个体人格挺立的士人的心理愿望，因而风靡一时，形成一种以雄豪为美的文学思想。范仲淹《祭石学士文》说："曼卿之诗，气雄而奇。大爱杜甫，独能嗣之。曼卿之心，浩然无机。天地一醉，万物同归。"③欧阳修《哭曼卿》诗云："嗟我识君晚，君时犹壮夫。信哉天下奇，落落不可拘。"④石介《三豪诗送杜默师雄》序云："近世作者，石曼卿之诗，欧阳永叔之文辞，杜师雄之歌篇，豪于一代矣。"⑤对此风气的来龙去脉，总结最全面的是苏舜钦，他在《石曼卿诗集序》中说："国家祥符中，民风豫而泰，操笔之士，率以藻丽为胜。惟秘阁石曼卿与穆参军伯长，自任以古道，作之文，必经实不放于世，而曼卿之诗，又特振奇发秀。盖取古之所未至，托讽物象之表，警时鼓众，未尝徒役，虽能文者累数十百言，不能卒其意，独以劲语蟠泊，会而终于篇，而复气横

---

① 李逸安点校：《欧阳修全集》，中华书局2001年版，第373页。
② 厉锷辑撰：《宋诗纪事》，上海古籍出版社1983年版，第241页。
③ 范仲淹：《范文正公集》，商务印书馆1937年版，第140页。
④ 李逸安点校：《欧阳修全集》，中华书局2001年版，第19页。
⑤ 石介：《徂徕石先生文集》，中华书局1984年版，第13页。

意举，洒落章句之外，学者不可寻其屏阃而依倚之，其诗之豪者欤！"①苏舜钦
本人也是追求雄豪风格的佼佼者。其《对酒》诗云："长歌忽发泪迸落，一饮一
斗心浩然。"《赠释秘演》："作诗千篇颇振绝，放意吐出吁可惊。不肯低心事
镌凿，直欲淡泊趋杳冥。"所谓"不肯""直欲"云云，明确表明一种迥异于向
内收敛的审美态度，就是要张扬生命个性，向外辐射扩张。如其《奉酬公素学士
见招之作》，颇有唐人边塞豪气："秋风八月天地肃，千里明回草木焦。夕霜惨
烈气节劲，激起壮思冲斗杓。岂如儿女但悲感，唧唧吟叹随螗蜩。拟攀飞云抱明
月，欲踏海门观怒涛。"不是儿女情长，而是壮思凌云，欲攀明月，踏海观涛，
表现出一种上穷碧落下黄泉的向外求索精神，明显与向内收敛心态迥异。他的
《舟中感怀寄馆中诸君》颇有唐人边塞之风："奋舌说利害，以救民膏肓。不然
弃砚席，挺身赴边疆。喋血鏖羌戎，胸胆森开张。弯弓射樏枪，跃马扫大荒。
功勋入丹青，名迹万世香。"万丈豪气，不减唐人之"宁为百夫长，胜作一书
生"。苏因此受到文坛领袖欧阳修的赞扬："众奇子美貌，堂堂千人英。我独疑
其胸，浩浩包沧溟。沧溟产龙鼍，百怪不可名。是以子美辞，吐出人辄惊。其于
诗最豪，奔放何纵横！"②所谓"沧溟""百怪"云云，颇似韩愈《调张籍》中
"精诚忽交通，百怪入我肠。刺手拔鲸牙，举瓢酌天浆"等对险怪风格的推崇，
于此可看出宋人的审美追求中也不无雄奇的一面。欧阳修的《庐山高赠同年刘中
允归南康》《明妃曲和王介甫作》等就是这种理论的实践，他亦自负地说："吾
诗《庐山高》，今人莫能为，惟李太白能之，《明妃曲》后篇，太白不能为，惟
杜子美能之；至于前篇，则子美亦不能为，惟吾能之也。"③这种雄健豪放的风
格亦出现在梅尧臣、王安石、王令等人笔下。

这种倾向在苏轼的笔下中也有表现。他的创作中一以贯之的是清旷坦荡的
胸襟和自由洒脱的个性，他有人生虚幻、浮生如梦的体验，却能始终乐观旷达，
潇洒自如，不受任何束缚；身边琐事、幽微细美的情思，已经远远不能负载其自

第七章 二元矛盾互补：宋型文化与宋人著述思想

---

① 苏舜钦：《苏舜钦集》，上海古籍出版社1981年版，第165页。

② 李逸安点校：《欧阳修全集》，中华书局2001年版，第752页。

③ 转引自胡仔纂集：《苕溪渔隐丛话》（前集），人民文学出版社1962年版，第200页。

由洒脱的个性和丰富多元的精神世界。他的第一首豪放词《江城子·密州出猎》结尾为"会挽雕弓如满月，西北望，射天狼"，视野开阔，豪气直上云霄，明显从屈原《九歌·东君》"青云衣兮白霓裳，举长矢兮射天狼，操余弧兮反沦降，援北斗兮酌桂浆"中演化而来。最大限度地向外辐射开放，是屈子精神的鲜明特色，读屈赋，会感到其精神世界的多维和博大，碧落黄泉，任意驰骋，日月星辰，并为我用。读苏轼的创作也是如此，常有向外辐射的精神指向。如他著名的《水调歌头》，"明月几时有，把酒问青天。不知天上宫阙，今夕是何年"，想象丰富，意境开阔，超出尘外，个人体验已与宇宙生命浑然一体，故有一种超越凡俗的博大气象。又如《赤壁赋》："白露横江，水光接天。纵一苇之所如，凌万顷之茫然。浩浩乎冯虚御风，而不知其所止；飘飘忽如遗世独立，羽化而登仙。"观察宇宙之大，透视时间之久，精神世界获得了自由，以生命的密度覆盖了生命的长度，个体的小我也就在瞬间中获得了永恒。辛弃疾笔下也有类似意境，其《太常引》词云："一轮秋影转金波，飞镜又重磨。把酒问姮娥：被白发欺人奈何？乘风好去，长空万里，直下看山河。斫去桂婆娑，人道是清光更多。"境界开阔，不减苏氏。

当然，宋人精神心态向外辐射开放的最显著的表现是抒发爱国豪情和亡国悲愤。纵观两宋诗、词、文，慷慨激昂的雄奇情调始终激荡在字里行间。这是因为，强悍野蛮的北方异族侵略的阴影，始终笼罩在宋人的心头。因而，反抗异族侵略、收复失地就成为宋人歌吟中久唱不衰的主旋律。如欧阳修就写过《边户》诗："家世为边户，年年常备胡。儿童习鞍马，妇女能弯弧。胡尘朝昔起，虏骑蔑如无。邂逅辄相射，杀伤两常俱。"对边地人民尚武、骁勇精神的赞美推崇不减曹植《白马篇》中的"长驱蹈匈奴，左顾凌鲜卑""捐躯赴国难，视死忽如归"。又如黄公度《悲秋》诗："丈夫感慨关时事，不学楚人儿女悲。"这种悲愤情调一般都要寻取辽阔博大的景物作为寄托，以适应向外辐射开放的精神宇宙空间。如文天祥的《正气歌》："天地有正气，杂然赋流形。下则为河岳，上则为日星。于人曰浩然，沛乎塞苍冥。"浩然正气，超越时空界限，向外辐射扩展，充塞于天地之间，境界极其阔大。在李纲、陈亮、岳飞、刘过、张元幹、张孝祥、辛弃疾、陆游、刘克庄、文天祥、谢枋得、谢翱等人笔下，这种情绪和意象反复出现，已能构成一条完整的审美线索，与追求幽约细美的向内收敛心态形成鲜明对照。这是考察宋代文学思想必须要注意到的。即使在以"要眇宜修"为正宗的词中，也出现了对"其文小""其质轻""其径狭""其境隐"①这一质的规定性的美学突破，形成"其景大，其质厚，其观阔，其境显"的美学现象。

一种心态或曰时代精神，最终总是以一群人甚至一个人为代表。宋代文学之博大浑厚气象，论词以辛稼轩为词坛翘楚，论诗则以陆放翁为群伦领袖。宋人说诗，好论气象。严羽《沧浪诗话·诗辨》云："诗之法有五：曰体制，曰格力，曰气象，曰兴趣，曰音节。"②他独拈出"气象"作为诗歌五法之一，并以此法鉴别唐、宋诗之异——"唐人与本朝人诗，未论工拙，直是气象不同""本朝人尚理而病于意兴；唐人尚意兴而理在其中"③。人论唐诗，尤其乐道"盛唐气象"。而陆游之诗虽不乏宋诗本色，却极具博大雄浑的唐人气象。他将李白之豪放飘逸与杜甫之沉郁顿挫熔于一炉，博采众长，转益多师，铸成一己之气象。正如方回所论："放翁诗出于曾茶山，而不专用江西格，间出一二耳。有晚唐，有中唐，亦有盛唐。"④理学大师朱熹对其推崇备至曰："放翁老笔尤健，在今当推为第一流。"⑤宋人罗大经注意到这一点："朱文公于当世之文，独取周益公，于当世之诗，独取陆放翁。盖二公诗文，气质浑厚故也。"⑥陆游学李杜等盛唐大家，首先心仪"盛唐气象"。试看其《草书歌》："倾家酿酒三千石，闲愁万斛酒不敌。今朝醉眼烂岩电，提笔四顾天地窄。忽然挥扫不自知，风云入怀天借力。神龙战野昏雾腥，奇鬼摧山太阴黑。此时驱尽胸中愁，捶床大叫狂堕帻。吴笺蜀素不快人，付与高堂三丈壁。"明显从李白诗《江夏赠韦南陵冰》中

---

① 缪钺：《诗词散论》，上海古籍出版社1982年版，第56—60页。

② 严羽著，郭绍虞校释：《沧浪诗话校释》，人民文学出版社1983年版，第7页。

③ 严羽著，郭绍虞校释：《沧浪诗话校释》，人民文学出版社1983年版，第144、148页。

④ 方回：《瀛奎律髓》卷四，文渊阁曲库全书本，第16页。

⑤ 朱杰人、严佐之、刘永翔主编：《朱子全书》（第二十三册），上海古籍出版社、安徽教育出版社2002年版，第3108页。

⑥ 罗大经：《鹤林玉露》，中华书局1983年版，第319页。

"愁来饮酒二千石,寒灰重暖生阳春""我且为君捶碎黄鹤楼,君亦为吾倒却鹦鹉洲"演化而来。陆诗即使置于盛唐诗中,也足以乱真。又如李白《行路难》中有"停杯投箸不能食,拔剑四顾心茫然"的意象,陆诗中亦有"黄金错刀白玉装,夜穿窗扉出光芒。丈夫五十功未立,提刀独立顾八荒"(《金错刀行》)之句;李白有《日出行》:"日出东方隈,似从地底来。历天又入海,六龙所舍安在哉?其始与终古不息,人非元气,安得与之久徘徊!"陆诗亦有《日出入行》:"吾闻开阖来,白日行长空。扶桑谁曾到,崦嵫不可穷。但见旦旦升天东,但见暮暮入地中。"意境开阔,有吞吐宇宙气象。这种向外辐射开放式的审美追求,与抒发爱国悲愤结合起来,就更有一种雄浑气势。陆游存诗近万首,爱国忧时之思是主要精神因子,这又接近"每饭不忘君"的杜甫精神。不同于杜甫以平民的身份而"穷年忧黎元,叹息肠内热",陆游是渴望以一个战士的身份血染疆场,马革裹尸。这就赋予他的作品一种杜诗里所没有的英豪尚武之气,所谓"集中十九从军乐,亘古男儿一放翁"(《读陆放翁集》)。如《三月十七日夜醉中作》:"前年胗鲸东海上,白浪如山寄豪壮。去年射虎南山秋,夜归急雪满貂裘。今年摧颓最堪笑,华发苍颜羞自照。谁知得酒尚能狂,脱帽向人时大叫。逆胡未灭心未平,孤剑床头铿有声。破驿梦回灯欲死,打窗风雨正三更。"由于这种情怀的博大浑厚,也要寻找相应的景物作为寄托,纤细小景显然不能成为其载体,只有向外寻求寄托。陆诗的境界,是"楼台夜雪瓜洲渡,铁马秋风大散关"(《书愤》),是"三万里河东入海,五千仞岳上摩天"(《秋夜将晓出篱门迎凉有感》),是"夜阑卧听风吹雨,铁马冰河入梦来"(《十一月四日风雨大作》),是"饥鹘掠檐飞磔磔,冷萤堕水光熠熠"(《夏夜不寐有赋》),是"呼鹰小猎新霜后,弹剑长歌夜雨时"(《猎罢夜饮示独孤生》),辽阔恢宏,意境开阔,颇有"天风浪浪,海山苍苍"的雄奇之美。陆诗中的"盛唐气象",还得益于岑参、高适边塞诗的浸润。他在《跋岑嘉州诗集》中说:"予自少时,绝好岑嘉州诗……尝以为太白、子美之后,一人而已。"[1]并赋诗云:"公诗

---

① 陆游:《陆放翁集》(第三册),商务印书馆1931年版,第49页。

信豪伟，笔力追李杜。……零落财百篇，崔嵬多杰句。工夫刮造化，音节配韶
韺。我后四百年，清梦奉巾履。……诵公天山篇，流涕思一遇。"（《夜读岑嘉
州》）陆诗中边塞豪气不让高、岑，如《九月十六日夜梦驻军河外遣使招降诸城
觉而有作》："杀气昏昏横塞上，东并黄河开玉帐。昼飞羽檄下列城，夜脱貂裘抚
降将。将军枥上汗血马，猛士腰间虎文帐。阶前白刃明如霜，门外长戟森相向。"

  另外值得注意的是，由于宋代主战派屡受排斥，有志之士壮志难酬，陆游
等人收复失地、统一九州的愿望只是一厢情愿，在现实中难以实现，于是向梦境
中寻找寄托，这无疑又扩大了诗歌的表现范围，增强了表现力。这一点在陆游诗
中表现得尤为充分。陆诗中，虚拟边塞和梦中雄豪频繁出现，从而获得一种现实
难以实现的替代性满足。如《五月十一日夜且半梦从大驾亲征尽复汉唐故地》，
就是写一种梦里的心理满足——"冈峦极目汉山川，文书初用淳熙年。驾前六军
错锦绣，秋风鼓角声闻天。苜蓿峰前尽亭障，平安火在交河上。凉州女儿满高
楼，梳头已学京都样。"诗人完全没有这种体验和经历，诗中的地名、年代、边
制、史事，都是书本材料，以收复失地的灵魂贯穿起来，读来撼人心魄。梦境，
扩大了陆游诗的取材范围，使其更具备向外辐射扩展的性质，获得一种"自恨不
如云际雁，南来犹得过中原"（《枕上偶成》）的自由。据不完全统计，陆诗中
涉及梦境的诗有近百首之多。如"破驿梦回灯欲死，打窗风雨正三更"（《三月
十七日醉中作》）；"山河兴废供搔首，身世安危入倚楼，横槊赋诗非复昔，梦
魂犹绕古梁州"（《秋晚登城北门》）；"雪上急追奔马迹，官军夜半入辽阳"
（《雪中忽起从戎之兴戏作四首》）；"夜阑卧听风吹雨，铁马冰河入梦来"
（《十一月四日风雨大作》）；"万里关河孤枕梦，五更风雨四山秋"（《枕上
作》）；等等。磅礴恢宏，悲壮沉郁，在宋代诗歌风格中确实是别开生面。他的
词也有梦境，其《夜游宫》副标题就是"记梦寄师伯浑"，词云"雪晓清笳乱
起，梦游处，不知何地，铁骑无声望似水。想关河：雁门西，青海际"，都是梦
中所见，难以忘怀。陆游本人论诗，也特重气象，其《感兴》诗曰："饱以五车
读，劳以万里行。险艰外备尝，愤郁中不平。山川与风俗，杂错而交并。邦家志
忠孝，人鬼参幽明。感慨发奇节，涵养出正声。故其所述作，浩浩河流倾。"

他在《跋东坡七夕词后》中曾说："昔人作七夕诗，率不免有珠栊绮疏惜别之意。惟东坡此篇，居然是星汉上语，歌之曲终，觉天风海雨逼人。学诗者当以是求之。"①可见他是有意识追求"作星汉上语"的豪放风格。当代学者有评曰："司空图《诗品》所谓'观花匪禁，吞吐大荒。由道返气，处得以狂。天风浪浪，海山苍苍。真力弥满，万象在旁'之境界，是对诗歌'气象'之生动具体的表述，有宋一代，唯《剑南诗稿》得之。"②愿以此语作为本节的结尾。

要之，只看到宋人心态具有向内收敛的性质是不全面的，由于多种时代环境因素的"合力"作用，如上所述，它还具有向外辐射扩展的性质。当他们关注个人情感世界，抒发隐秘幽微的情思时，他们的心态是向内收敛的；而当他们关注时事民生，抒发爱国悲愤、人生忧患时，其心态又是向外辐射扩展的。这样，向内收敛与向外辐射，就构成宋代文学思想的又一二元对立互补现象。这一现象直接催生了文学领域里婉约、豪放并存的审美现象的形成。

第八节 婉约、豪放审美现象并存

婉约、豪放的审美现象，出现在词的领域，但并非词这一文体所能局限的。它是宋代文学思想中对立互补的二元审美现象所催生的美学之花。这一对代表文艺美学形态两极的审美理论范畴之所以出现在宋代，是令人深思的，因而也是可进一步深入挖掘的。按照本章"二元矛盾互补著述思想范畴"的思路，它是向内收敛与向外辐射扩展并存的宋人心态在文艺美学领域的集中反映。理解这一问题，应从三个层面观察：1.从文学本身运动的内部规律而言，宋人心态中向内收敛、趋于沉静保守的倾向，使他们隐微细腻的个人情思在词这一文体中找到了寄托，将婉约阴柔的气质情性发挥到了极致。物极必反，因而引发了有识之士的改革意识，追求与之迥异的阳刚豪放的美学风格和情调。2.从文学外部环境和因素

---

① 陆游：《陆放翁集》（第三册），商务印书馆1931年版，第67页。

② 沈家庄：《论放翁气象》，《文学遗产》1999年第2期。

而言，宋代军政采取守势，国势积贫积弱，使爱国情怀和收复失地的豪情壮志成为一时的主旋律，苍凉沉郁的情感需要博大辽阔的景物寄托，因而形成了与婉约情怀迥异的美学追求。3.从地理风土环境的因素看，"婉约"一般是南国人文地理环境所孕育出的美学之花，而"豪放"则多与北方风土物候有所牵涉，尤其是抒发收复失地的爱国悲愤，总要涉及北方风物，如著名的岳飞《满江红》"三十功名尘与土，八千里路云和月""驾长车踏破、贺兰山缺"，辛弃疾《破阵子》"醉里挑灯看剑，梦回吹角连营。八百里分麾下炙，五十弦翻塞外声，沙场秋点兵"都属于博大辽阔的北土风物，与《花间集》中一脉缠绵樽前月下的南国香软景观显然有别。下面试从这三方面展开分析。

1.从文学本身的内部运动规律看。词是一种音乐文学，是中国诗进一步趋于音乐化的产物，人常言"倚声填词""审调节唱"，所以它先天就具有极强的抒情娱乐性。"永明体"与沈宋格律诗，已经有把诗歌与音乐结合起来的倾向，但其结果只是造成了视觉上的成功（整齐、对偶），而距离听觉上的完美（跌宕起伏，抑扬顿挫，长短参差）还有距离。词以燕乐为滋养，最终完成了诗歌与音乐在听觉上的结合。由于燕乐声调繁多，为适应演唱需要，新词牌就被源源不断地创造出来。词既与音乐互为表里，就必须适应音乐感荡性灵的魅力与纤细精巧的风格。正如刘尧民先生在《燕乐的抒情价值与词》中所说："词的'婉约'的抒情调子，这一点灵感，却是燕乐的染色，燕乐的灵魂。……形迹方面，燕乐给与它的言情的工具，即长短句的工具；在精神方面，燕乐给与它特殊的灵感。"[1]又因它问世之始，即被用于娱宾遣兴，所歌多为男女恋情，所歌者多为翩翩少女，就形成其最初的缠绵柔婉的风格。所谓"递叶叶之花笺，文抽丽锦；举纤纤之玉指，拍按香檀"，"镂玉雕琼，拟化工而迥巧；裁花剪叶，夺春艳以争鲜。不无清绝之辞，用助娇娆之态"[2]，形象而准确地道明了词以"婉约"为正宗本色的质的规定性。洵如缪钺先生所论：

---

① 刘尧民：《词与音乐》，云南人民出版社1982年版，第275页。

② 赵崇祚编，杨景龙校注：《花间集校注》，中华书局2017年版，旧序第1页。

词体之所以能发生，能成立，则因其恰能与自然之一种境界，人心之一种情感相应合而表达之。此种境界，此种情感，永存天壤，则词即永久有人欣赏，有人试作。以天象论，斜风细雨，淡月疏星，词境也；以地理论，幽壑清溪，平湖曲岸，词境也；以人心论，锐感灵思，深怀幽怨，词境也。[①]

由词本身的"音乐出身"和"娱乐目的"所决定，它一出现，就适应了残唐五代上层社会的精神需要，成为他们享乐活动的有机组成部分。于是，对词要求柔婉、华靡、摇曳多姿，使之向偏于女性美的阴柔一途发展，对女性的生理满足升华为心理审美满足。翻开晚唐五代词，"晚妆初了明肌雪，春殿嫔娥鱼贯列"等对女性及其相关事物的细腻描绘比比皆是。可以说，在中国文学史上，从文体角度考察，还没有哪一种文体像词这样，被文人士大夫推向缘情绮靡、幽微柔婉的阴柔之美的极致。所以，仅从文学内部规律来看，"婉约风流"即已成为词的传统正宗风格，无形中为创建新词风作了准备。正如王国维所云："盖文体通行既久，染指遂多，自成习套。豪杰之士亦难于其中自出新意，故遁而作他体，以自解脱。"[②]此语虽是论文体，亦可移来论文艺潮流。人之气质、性情本来就有阳刚与阴柔两大基本类型，如司空图《诗品》中所粗略划分，形之于文字，前者则为"雄浑""劲健""豪放""旷达""悲慨"等，后者则为"冲淡""纤秾""含蓄""清奇""委曲"等。词即是抒情性极强的文体，不可能只表现人的气质性情的一极，只能说由于某种原因，另外一极尚未被开掘，处于"冬眠"状态。一旦有人在思想境界、审美趣味、品性涵养及人生体验诸方面达到一定高度，超越"花间"词风的狭窄纤细，词风就会为之一变。苏轼即其人选也。苏轼不仅具备挑战传统词风的客观条件，更可贵的，是有变革词风的主观意识。他作《江城子·密州出猎》之后，致书鲜于侁说："近却颇作小词，虽无柳七郎风

---

① 缪钺：《诗词散论》，上海古籍出版社1982年版，第63页。

② 谢维扬、房鑫亮主编：《王国维全集》（第一卷），浙江教育出版社、广东教育出版社2009年版，第477页。

味，亦自是一家。呵呵。数日前，猎于郊外，所获颇多。作得一阕，令东州壮士抵掌顿足而歌之，吹笛击鼓以为节，颇壮观也。"①可见苏轼是在自觉创建有别于花间传统的"别是一家"的风格，以雄风豪气代替"雌声学语"，从"抵掌顿足""吹笛击鼓"可以想见其音调之激越，声情之奔放。

苏轼改革词风，引起社会普遍关注，在当时就有反应。据俞文豹《吹剑续录》所载：

> 东坡在玉堂，有幕士善讴，因问："我词比柳词何如？"对曰："柳郎中词，只好十七八女孩儿，执红牙拍板，唱'杨柳外，晓风残月'，学士词，须关西大汉，执铁板，唱'大江东去'。"公为之绝倒。②

此为元祐时事，苏轼时为翰林学士。可见当时人已初步具有分辨这两种风格的审美能力。其后，王灼《碧鸡漫志》中说苏轼"指出向上一路，新天下耳目，弄笔者始知自振"③。胡寅《题酒边词》评曰："一洗绮罗香泽之态，摆脱绸缪宛转之度，使人登高望远，举首高歌，而逸怀浩气超然乎尘垢之外。于是《花间》为皂隶，而柳氏为舆台矣。"④刘辰翁《辛稼轩词序》亦云："词至东坡，倾荡磊落，如诗如文，如天地奇观，岂与群儿雌声学语较工拙。"⑤它们都一致承认苏氏变革词风、倡导豪放的历史功绩。

2.从文学外部的社会时代环境来看。词起源于晚唐五代，大盛于宋。词发展至宋代，尤其是南宋，就必须要面对一种社会心态，即士大夫阶层追求人格挺立，自强不息、抵御外侮、收复失地的呼声越来越高。这种呼声，不仅没有因宋朝屡屡割地赔款直至亡国而消歇，而是随着军政形势的愈来愈恶劣，反而更

---

① 孔凡礼点校：《苏轼文集》，中华书局1986年版，第1560页。

② 陶宗仪等编：《说郛三种》，上海古籍出版社2012年版，第429页。

③ 王灼著，岳珍校正：《碧鸡漫志校正》，巴蜀书社2000年版，第37页。

④ 郭绍虞主编：《中国历代文论选》（第二册），上海古籍出版社1979年版，第360页。

⑤ 邓广铭笺注：《稼轩词编年笺注》，上海古籍出版社1978年版，第564页。

加洪亮，振聋发聩。这种心态及情怀，不仅残唐五代未有，北宋前期亦不多见。于是，词这种当时最流行的文体自然就成为容纳这种社会情绪的载体。这是无法选择的。这也是"豪放"词终于能为自己争得一席之地的根本原因。词至苏轼，已经从表现题材、意境、思想内涵诸方面打开了局面，而关注时事和国家命运的有识之士"以气节自负，以功业自许"，充满着追求事功的激情，又丰富了词的表现对象，向词中注入了一种活力，使其境界更为阔大。司空图《诗品》所描绘的"具备万物，横绝太空，荒荒油云，寥寥长风"，"大风卷水，林木为摧"，"壮士拂剑，浩然弥哀"，即其境也。南渡之后的中兴词人群体即是这方面的代表。他们发扬了前辈作家的爱国精神，壮怀激烈，气吞山河，或昂扬慷慨，或沉郁顿挫，但总体风格可归于豪放，被人称为豪放派。属于此派的作家有张孝祥、韩元吉、辛弃疾、陈亮、陆游、刘过等，至南宋后期，又有刘克庄、方逢辰、文天祥、谢枋得、汪元量等人。他们没有共同的组织形式和理论主张，但共同的抱负和志向使他们的创作风格趋于一致，从而形成了审美价值取向基本相同的作家群体。这一群体的基本特征是用作品抒发渴望建功立业、收复失地的雄心壮志，因而他们的作品具有豪放的气势。

从寄托情怀的角度看，正像花间词人将词作为娱宾遣性、"用助娇娆之态"的工具一样，豪放词人亦自觉地把词作为表达个人豪情壮志的工具，只不过其所寄托有异而已。其明显标志之一就是用词来酬唱赠答，豪放词人的许多名作都是出于唱答目的。其词中"壮""豪""雄""猛""金戈铁马""气吞万里"等字眼俯拾即是。如叶梦得《点绛唇》："老去情怀，犹作天涯想。空惆怅！少年豪放，莫学衰翁样。"又《水调歌头》："岁将晚，客争笑，问衰翁：平生豪气安在？"陈与义《临江仙》："忆昔午桥桥上饮，坐中多是豪英。"张孝祥《念奴娇·张仲钦提刑行边》："壮志长歌，故人一笑，趁得梅花月。"《水调歌头·送谢倅之临安》："好把文经武略，换取碧幢红旆，谈笑扫胡尘。"酬唱中，互相勉励，气度豪迈，情感炽烈。如韩元吉《水调歌头·和庞祐甫见寄》："笑谈间，风满座，气横秋。平生壮志，长啸起舞看吴钩。"刘过的《沁园春·送辛幼安弟赴桂林官》："猛士云飞，狂胡灰灭，机会之来人共知。何为者，望桂林西去，一骑星驰。"陈亮与辛弃疾在鹅湖相会时的赠答尤其为人称道，陈亮《贺新郎·怀辛幼安用前韵》云："天下适安耕且老，看买犁卖剑平家铁。壮士泪，肝胆裂。"辛弃疾则应答道："我最怜君中宵舞，道男儿到死心如铁。看试手，补天裂。"（《贺新郎·同父见和再用韵答之》）他们同声相应，同气相求，借酬答抒写胸中万丈豪情。辛弃疾脍炙人口的名句——"马作的卢飞快，弓如霹雳弦惊。了却君王天下事，赢得生前身后名，可怜白发生！"（《破阵子》）就是酬答之作，题为"为陈同甫赋壮词以寄之"，"壮词"二字，道出此派的审美追求。这样，以词为抒情载体，豪放词人完全摆脱了花间席上由女性演唱的和乐传统，词成为豪士之间交往唱答的言情工具。而在这一松散的群体中，辛稼轩是其中翘楚。

稼轩之词，如放翁之诗，沉郁顿挫，雄深雅健，吞吐宇宙，有英雄气概。他以自己的英豪才气，将自苏轼开始的"如诗如文，如天地奇观"的词境又有所拓展，使豪放词的存在更具有艺术上的合理性。诚如宋人刘辰翁《辛稼轩词序》所说："及稼轩横竖烂熳，乃如禅宗棒喝，头头皆是；又如悲笳万鼓，平生不平事并厄酒，但觉宾主酣畅，谈不暇顾。词至此亦足矣。……斯人北来，喑呜鸷悍，欲何为者；而谗摈销沮、白发横生，亦如刘越石。陷绝失望，花时中酒，托之陶写，淋漓慷慨，此意何可复道。"① 范开《稼轩词序》则专从"气节"角度论述："公一世之豪，以气节自负，以功业自许，方将敛藏其用以事清旷，果何意于歌词哉，直陶写之具耳。故其词之为体，如张乐洞庭之野，无首无尾，不主故常；又如春云浮空，卷舒起灭，随所变态，无非可观。无他，意不在于作词，而其气之所充，蓄之所发，词自不能不尔也。"②

3.从人文地理风土环境的因素看。影响词风的，不仅有文学内部规律及时代社会因素，还有地理环境因素，宋代文风、诗风亦有这种区分。王祥先生分析了北宋诗人的地理分布之后指出：

---

① 邓广铭笺注：《稼轩词编年笺注》，上海古籍出版社1978年版，第564—565页。

② 邓广铭笺注：《稼轩词编年笺注》，上海古籍出版社1978年版，第561页。

学界一般认为北宋时期文化中心在北方，以汴、洛为中心，至南宋而南移（宋史及经济史亦有此说法）。如果从北宋诗人的地理分布状况，再结合宋代文学之演进情形来看，这一说法显然还缺少坚实的基础。首先要注意的是，北方诗歌虽然略输南方一筹，但北方以文名家者并不少，据《全宋文》所录，宋初时北方散文家要比南方为多，即使到后来，文的数量也不逊色于南方。而且北方之文与南方之文也很不同，它不是那种注重艺术性的"纯文学性"的文，而是以实用性为主的质朴无华的文，它不是像南方那样通过文来显示文人的艺术才能，而是通过文来表达思想、政见，传达信息。在这种意义上，可以说南方成就在诗，而北方成就在文。这是地域环境使然，北方地域的厚实凝重与北方文学的凝重稳健，南方地域的轻灵清秀与南方文学的清秀俊逸，有着地理、文化的一致性，这是在讨论南北文学差异时不能不考虑的事情。①

杨海明先生曾著《试论宋词所带有的"南方文学"特色》②和《试论唐宋词中的"南国情味"》③两文，就此问题进行专门论述，颇多新见。词诞生之初，从文学功用看，是"镂玉雕琼""栽花剪叶"，被用于娱宾遣兴的目的，而若从孕育它的风土因素看，其背景则是典型的南方环境。这两种因素交织在一起，构成词以南国婉约风格为正宗的基础。

五代是词的重要发展时期，当时词坛上有两个中心，一为西蜀，一为南唐，地理上都属于南方，都极具南国风味。西蜀派奉温庭筠、韦庄为首，开"花间"风气，其笔下流动着浓郁的南方山水灵性。如温庭筠《忆江南》："梳洗罢，独倚望江楼。过尽千帆皆不是，斜晖脉脉水悠悠，肠断白蘋洲。"至于韦庄，那五首著名的《菩萨蛮》，活脱一幅幅江南水墨图画——"春水碧如天，画船听

---

① 王祥：《北宋诗人的地理分布及其文学史意义分析》，《文学遗产》2006年第6期。

② 杨海明：《试论宋词所带有的"南方文学"特色》，《学术月刊》1984年第1期。

③ 杨海明：《试论唐宋词中的"南国情味"》，《文学遗产》1987年第1期。

雨眠""骑马倚斜桥，满楼红袖招""桃花春水绿，水上鸳鸯浴"。而南唐，其南方特征更为鲜明，其政权中心在建康（今江苏南京），苏州、杭州、扬州、洪州（今江西南昌）等南方繁华城市都在其治下，王建笔下的扬州是"夜市千灯照碧云，高楼红袖客纷纷。如今不似时平日，犹自笙歌彻晓闻"（《夜看扬州市》）。李璟、李煜、冯延嗣全系金陵（今江苏南京）、扬州人，他们脍炙人口的名句"菡萏香销翠叶残，西风愁起绿波间"（李璟《摊破浣溪沙》），"问君能有几多愁，恰似一江春水向东流"（李煜《虞美人》），"风乍起，吹皱一池春水"（冯延巳《谒金门》）等等，都纯然一派南国风物。杨海明先生从统计学角度评述说："据周笃文同志《宋词》统计，宋词作者籍贯可考者约八百余人，其中北人仅占17.4%，而南人占了82.6%。据唐圭璋师《宋词四考》中统计，宋代词人中，占籍最多的是浙江（200人）、江西（120人）、福建（91人）、江苏（71人）四省，而这些省分都属南方。宋词的著名作者中，仅朱敦儒、李清照和辛弃疾为北人——但就连这三位，南渡后都一直生活在南方。……因此，从籍贯问题上，我们可以看到南人在两宋词坛上的活跃，想见到南方文学的传统势力在两宋词坛上所占的优势。"基于此，他进一步总结说："大体上可以这样说，北方文学多表现出一种'阳刚之美'，而南方文学则多呈现为'阴柔之美'。而从宋词（婉约词）的'词为艳科'和以'婉约'为'本色'这两个特点来看，它基本上可以归入到以表现'阴柔之美'为主的'南方文学'类型中去。"①杨海明先生还在另一篇论文中分别以"水之'钟秀'于词，功莫大焉""'烟水迷离'帮助造就了词境的柔美性""'斜桥红袖'帮助造就了词情的香艳性""'江南小气'帮助造就了词风的软弱性"为子题，详尽剖析了造成宋词"南国情味"种种因素。②上文已提及，豪放词风的崛起多与北方因素有关，北方异族威胁激起了宋人尤其是南宋有识之士的反抗，于是一些与北方民族生活相关联的器物及意象大量涌入词坛，与豪壮英雄之气结合在一起，给词坛带来一股阳刚雄风。这样

---

① 杨海明：《试论宋词所带有的"南方文学"特色》，《学术月刊》1984年第1期。

② 杨海明：《试论唐宋词中的"南是情味"》，《文学遗产》1987年第1期。

一来，婉约词作为缠绵悱恻的"阴柔之美"的载体，集中体现了"南国情味"的婉丽特色；随着豪放词的出现，又涌现出刚柔相济、摧刚为柔的风貌，出现了婉约、豪放并存的文学现象，使宋人的阳刚、阴柔性情得到了全面充分的展现。其中道理被清人田同之一语道破："填词亦各见其性情，性情豪放者，强作婉约语，毕竟豪气未除。性情婉约者，强作豪放语，不觉婉态自露。故婉约自是本色，豪放亦未尝非本色也。"①

这种二元互补的现象也会反映在文学思想上。最早意识到宋词中有两种审美倾向的是欧阳修，魏泰《东轩笔录》曾记："范文正公守边日，作《渔家傲》乐歌数阕，皆以'塞下秋来'为首句，颇述边镇之劳苦。欧阳公尝呼为穷塞主之词。"②可见欧阳修已意识到范词表现出一种迥异于花间以来流行词风的风格，范词颇述塞外苦寒，在文学史上屡被称为开宋代豪放词先声，可知北宋早期就已有两种词风存了。后来苏轼变革词风，使词坛上二元对立互补风格并存的现象更为明显。宋人散见的议论中也多有反映，如"少游诗似小词，先生小词似诗"③，"子瞻以诗为词，如教坊雷大使之舞，虽极天下之工，要非本色"④。李清照也有"乃知别是一家，知之者少"⑤的见解，词家"审音协律"的藩篱更严——"盖诗文分平侧，而歌词分五音，又分五声，又分六律，又分清浊轻重。"据此，她对苏轼也有直率的批评："苏子瞻，学际天人，作为小歌词，直如酌蠡水于大海，然皆句读不葺之诗尔，又往往不协音律者。"（李清照《论词》）从中可见两派词风的矛盾所在，实际也指明了婉约与豪放词的重要区别。明确使用"婉约""豪放"概念的是明人张綖等，他在《诗余图谱》凡例中说："按词体大略有二：一体婉约，一体豪放。婉约者欲其辞情酝藉，豪放者欲其气象恢弘。盖亦存乎其人，如秦少游之作，多是婉约，苏子瞻之作，多是豪放。"

① 唐圭璋编：《词话丛编》，中华书局1986年版，第1455页。

② 魏泰：《东轩笔录》，中华书局1983年版，第126页。

③ 郭绍虞辑：《宋诗话辑佚》，中华书局1980年版，第93页。

④ 何文焕辑：《历代诗话》，中华书局1981年版，第309页。

⑤ 以上皆转引自胡仔纂集：《苕溪渔隐丛话》（后集），人民文学出版社1962年版，第254页。

他还说："大抵词体以婉约为正，故东坡称少游为之词手，后山评东坡词'虽极天下之工，要非本色'。"①其后，明人徐师曾在《文体明辨序论》中所论即来源于此。明代后七子之一的王世贞，承接此说，将词分为正变二体："之诗而词，非词也。之词而诗，非诗也。言其业，李氏、晏氏父子、耆卿、子野、美成、少游、易安至矣，词之正宗也。温韦艳而促，黄九精而险，长公丽而壮，幼安辨而奇，又其次也，词之变体也。""词至辛稼轩而变，其源实自苏长公，至刘改之诸公极矣。"②明人之后，论者大约沿袭此两分法，总的趋势是以婉约为正宗，崇婉抑豪，但也有例外。如清人刘熙载认为花间以来的婉丽词风属于变调，而苏辛词却是返入正途："太白《忆秦娥》，声情悲壮，晚唐五代，惟趋婉丽，至东坡始能复古。后世论词者，或转以东坡为变调，不知晚唐、五代乃变调也。"③并提出了崇豪抑婉的观点。要之，自明人提出"婉约""豪放"的概念后，这种"两分法"的思维方式就几乎统治了词论领域，并对近代、现代的学者都有影响，直至今日，学界们受其影响。

要之，"文"与"官"的结盟使宋人的心理结构极富弹性，维系社会政治规范的群体自觉与珍视个体生命价值和内心丰富情感这两极在宋人身上巧妙地结合起来。在宋代，几乎是随便拿出一位大家来，都可以在其身上看到这种双重心理结构的表现。与之相对应，宋人著述思想中，极多二元互补、对立统一的命题和范畴。而这种文学思想上所体现的互补、转化、并存的兼容性特征，明显又与宋代文人多变命运所塑造的双重人格及心智类型有关。这样，复杂矛盾—多变命运—双重人格—二元互补心态—矛盾对立统一理论范畴，就构成观察宋代著述思想的又一条思维逻辑链条。同理，其他宋代著述思想中比较重要的问题，例如"向内收敛与向外辐射"及"豪放、婉约现象并存"等问题，也都体现出这种二元互补、矛盾并存的特征，这是考察宋代著述思想时要特别注意的。

---

① 张綖：《增正诗馀图谱》凡例，明万历二十九年刻本。

② 唐圭璋编：《词话丛编》，中华书局1986年版，第385、391页。

③ 刘熙载著，袁津琥校注：《艺概注稿》，中华书局2009年版，第497页。

若有知音见采，不辞遍唱阳春

中国古代著述思想研究

　　说来惭愧，这本小书，从萌生想法、形成框架到付梓问世，前后竟历十余年，若仅从时间角度看，也算得上是超龄的"十年磨一剑"了。关于"古代著述思想"的想法滥觞于新世纪之初，其后其思旋起旋灭，写作断断续续，不成系统。直到2012年初才鼓足勇气，以本书同名申报国家哲学社会科学基金项目，报后心怀忐忑，不知是否得遇知音，因为所谈所论都不是什么新问题，只是变换了一个观照视角而已。居无何，竟蒙不弃，获得审批，其时窃喜，大有"音实难知，知实难逢，逢其知音，千载其一乎"之感。于是，我才开始了正式的"中国古代著述思想"研究之旅。可以说，没有国家社科项目审批专家的理解和肯定，也就没有这本小书，饮水思源，本书即将付梓之际，要特别感谢国家社科项目的审评专家给了笔者完成它的机会和勇气。有时候，我们前行的道路上特别需要这样的肯定和激励，晏殊所谓"若有知音见采，不辞遍唱阳春"（《山亭柳》），殆非虚言。

　　而今，随着第七章"二元矛盾互补：宋型文化与宋代著述思想"的结束，对于"中国古代著述思想"的探讨也告一个段落。同任何写作一样，本书虽然提出了一个尚有探讨空间的话题——著述思想，并尝试着对其进行梳理、论析，但还是留下不少遗憾与不足。

其中，最大的不足是缺乏系统性，即本书所列的七章之间缺乏一种系统的联系。这与本人的知识结构偏于古代文学和古代文学理论有关，实际上，"中国古代著述思想"是一个涵盖极广的命题，按照中国古代学术经、史、子、集的著述分类，本书主要涉及了"集"的部分，对经、史、子偶有涉猎，挂一漏万；而且仅就集部而言，其中所要探讨的问题也很多，很多。刘勰《文心雕龙·神思》尝言："方其搦翰,气倍辞前,暨乎篇成,半折心始。"本书也是一样，刚开始构思"中国古代著述思想"这一命题时，构想较为宏大，堪称"气倍辞前"，但到了实际操作时，发现所要跨越的历史朝代很多，涉及的问题很多，很多领域的知识并不具备，于是原先的构思范围只能缩小，也就是彦和所谓的"半折心始"了。其时，如若严格地用高标准来衡量，何止"半折"。由于本书侧重以问题、命题为纲，所以从整体性、系统性角度考察，各部分之间缺乏一种前后相续的逻辑联系，所以就这样以"专题研究"的方式呈现于读者面前了。

从"解决问题"的角度看，囿于笔者的学力、才力与思力，目前要毫无遗漏或较为全面地完成一部通史式的《中国古代著述思想研究》，确有不小难度；但如果从"提出问题"，即填补空白、开拓新的研究领域的角度看，则本书或有一点小小的的价值与意义。如前所论，"著述"是中国古代汉语的成词，这个词语不仅能够概括中国古人的著书写作行为，还能拆分为"著"和"述"两个单词，分别代表"创作，创新，欲自立新说"和"传承、复述、不自出新意"这两层含义，这一点，在第二章"述而不作：著述思想与思维方式"已经梳理、辨析得很清楚了，兹不赘言。从"著述思想"的角度重新观照中国文化，会发现许多新的研究角度，会开拓研究者的视野，会提出新的问题，例如本书中就把"述而不作"作为一个单独的论述对象，而其立意基础显然就是"著述思想"，而非其他什么思想，比如"学术思想""史学思想"或"文学思想"。其他各章也都具有这种特点，即在论述某一个"著述思想"时要提出一个带有思辨性的理论命题。

后记，与前言不同：前言，多述已知之思；后记，则多涉未尽之意。从探

索空间来看，本书所涉及的有些话题还有待延展。比如，"述而不作"在本书中，虽然只是一章的容量，实际上，这是一个贯穿于中国著述思想史的宏观性问题，具有普遍意义，可以继续延伸，发展成一本如《述而不作考论》之类的书，亦可尝试。延续这种思路，或还可以思考这样的问题：古代文献中有大量的"注疏""义疏"，它们既是古人解读经典的一种"阐释"方法，亦可视为一种"著述"方式，即"疏而不作"，它与"述而不作"十分接近，或可说是其"近亲"，完全可纳入"述而不作"的研究视野。注疏、义疏等，表面上看只是对权威著作的注释、解释，但提供了大量的知识、文献背景，但也可视为是"著述"方式之一种，古代文史领域，素有"四大名注"之说，即：《三国志》裴松之注，《世说新语》刘孝标注，《文选》李善注，郦道元《水经注》。其后，还有朱熹的《四书集注》，仇兆鳌的《杜诗详注》，阮元的《十三经注疏》等，阎若璩的《尚书古文疏证》，惠栋的《尚书古文考》等，皆为一代"名注"，如仔细梳理、挖掘，其中不无可以称为"著述思想"的内容。"注""疏"等，并非无"作"，而是多有读书心得与义理阐发。例如朱熹的《四书集注》，就是其一部影响深远的代表性著作，极好地承载和阐发了其理学思想。注、疏、传、笺、解、章句等，在古代文献中权重极大，从"因循而不自立新意"的本质上说，它们都可归入"述而不作"的范畴，从"著述思想"的分析角度看，大有继续深入的必要。这样，有关"述而不作"要说的话就更多了。再把眼光放远一点，系统梳理，构思《中国注疏学研究》之类的选题，也未尝不可。

再比如，在探讨《庄子》寓言隐喻的著述思想时，本书试图将其与笔者正在思考的另一个问题——思想修辞——联系起来，认为：寓言隐喻，作为《庄子》运用十分娴熟并臻于炉火纯青的著述方式，无疑有着很强烈、鲜明的修辞色彩，因为寓言本质上是一种比喻的艺术，而比喻又无疑是一种最为常见的修辞格。但是，像《庄子》这样以寓言隐喻贯通全书的修辞，又明显超越了纯粹语言层面的修辞。于是，就涉及要区分一般意义的修辞和《庄子》这样将其作为一种整体构思和思维方式的修辞。笔者倾向于将前者视为语言修辞，而将后者视为思想修辞。于是，由探讨《庄子》寓言隐喻的著述思想发轫，可以延伸扩展思考一种思维方式与修辞方式的交叉范畴——思想修辞。从思想或哲学的角度看，它是一种思维的方式；而若从修辞学的角度看，它又富含十分鲜明的修辞元素。并据此进而指出：《庄子》中的寓言运用具有一种整体上的修辞功能，这种修辞不是语言层面上的，故可称为"思想修辞"，而"寓言假说"可视为其一种表现形式。《庄子》寓言，形象直观，活泼生动，且富含思想，是表达其思想观念最好的载体。读《庄子》寓言，常会感觉思想与形象如影随形，如盐在水，难分彼此。恰如闻一多所说："读《庄子》，分不出哪是思想的美，哪是文字的美。那思想和文字、外形和本质的极端的调和，那种不可捉摸的浑圆的机体，便是文章家的极致。"显然，这是"修辞"的力量。某种意义上，本书第三章"《庄子》'三言'：著述方式与思想方法"中对于"思想修辞"的探讨，就是笔者对于这种要求改变目前中国修辞研究侧重于"语言修辞"诉求及呼吁的实际探索。尤其考虑到有关"广义修辞"或"大修辞"的研究在国内刚刚起步，由《庄子》"寓言隐喻"出发进而研究"思想修辞"，或有更大的价值与意义。当然，此为后话，主要看今后的心情与精力。

在此，还应感谢周振明先生和百花洲文艺出版社促成本书问世。作为该社的学术图书编辑，周先生早于2016年8月就与我联系出版事宜。据悉，作为一家地方文艺出版社，该社曾推出过《中国近代小说大系》《国学大师丛书》《二十世纪欧美文论丛书》《二十世纪中国学术论辩书系》《中国美学范畴丛书》《马克思主义哲学在中国传播与发展的百年历史》《鲁迅与20世纪中国研究丛书》等重点图书，同时也出版了《纸牌屋》《致我们终将逝去的青春》等畅销书。由此看来，该社很重视对文化、学术类出版物的布局与投入。与我联系，应是从历年国家社科入选项目中获得的信息，表现出对《中国古代著述思想研究》有着浓厚的兴趣，其云"我们认为，该课题有着非常重要的出版价值"，这又表现出该社对繁荣学术的关切与重视。当时本课题已近结项，正在寻找出版社，加之本人生性慵懒，崇尚"极简哲学"，凡事不喜繁复、枝节横生，继续寻找也未必没有结果，但若舍此求彼，还不知要耗费多少时间和精力，与本人之"尚简"相悖。加之窃以为凡有新意的思想观念，其最大价值在于萌生及形成之际，作为一个精

神"产品"，能问世为人所知即可 …… 综合考虑，有这样的机会来敲门，自然应允，于是就基本与其确定了合作意向。其后，周先生每逢年节，必致问候，殷殷之意，真诚恳切，锲而不舍，最终促成了本书的出版。至今，我也没有去过百花洲文艺出版社所在地南昌，与周先生也从未谋面。双方合作，全凭信任；沟通商榷，全赖邮件。值此拙作付梓之际，要向周振明先生及百花洲文艺出版社致以特别的感谢与敬意。近期又获悉，2020年，百花洲出版社在全国文艺社码洋大排名中位列第五。作为一家地方出版社，在纸质出版物整体低迷的大势下，能取得这样的成绩很不容易。祝百花洲再接再厉，繁花似锦，坚持自己的品位，行稳致远。

另外，中山大学中文系教授孙立先生为本书作序，要特别致以谢意。孙立教授长期致力于古代文学、古代文学批评史的研究，在此领域耕耘，成绩斐然，并精通日文，曾任日本国立九州大学文学部外籍教授、早稻田大学文学学术院访问研究员。他与我是同行、同道，对我所研究的话题、领域十分了解，拙作付梓，邀其作序，孙教授欣然应允。所写序言，颇解其中味，其中"贴合古人的语境，进而探求古人的著述之心"，要言不烦，切中肯綮，显示出对本书所论问题较深的理解。追忆和孙教授的缘分始于2014年在恩施召开的"中国古代文学理论学会第十九届年会"，此前素昧平生。参会后分在一个小组里，因学科背景、研究领域接近，加之都是20世纪50年代生人，身世遭际、时代印痕、对问题的看法，也都较相同，接触中感觉二人脾气秉性、为人处世、趣味爱好等方面，颇多契合之点，相看两不厌，在一起可聊的话也就很多。会议后星散南北，各自忙于自己的事情，其间我每有博士答辩、项目鉴定等琐事，总要劳其拨冗，而孙教授也从不推辞，屡解燃眉之急。身在高校任职，闲少忙多，有形的工作、无形的压力，聚集一起，使人少有闲暇，能如此连续善意助人，可见其为人之忠厚可靠。这次拙作问世，又蒙孙教授拨冗为序，激我前行……思忆间颇感语言之贫乏，只能迢望南天，一并遥致谢意。

"著述思想"，是一个交叉性、弹性很大的跨学科研究课题，因为从行为角度观察，著述就是写作，而无论经学、史学、子学、文学、哲学都需要写作；但

中国古代著述思想研究

是著述又远非写作所能概括，因为并非所有的写作都可称为"著述"，即：除了"写作"这种行为之外，著述还带有更高一层的目的性，即著书立说，而"著书立说"的背后又有着"立言不朽""卮言达意""述而不作""发愤著书""唯务折衷"等不同思想的肌理与层面。显然，并非所有的写作都是可以纳入"著书立说"和"立言不朽"范畴之内的，于是，就有了思考、探索"中国古代著述思想"的必要。这本小书，就记载着这一探索深深浅浅的足迹。

扩展延伸，系统整合，补足完善，皆有待来哲。

刘 畅

辛丑年二月三十于津门寓所

后
记